Psychologie in Studium und Beruf

Maximilian Mendius · Simon Werther
Hrsg.

Psychologie in Studium und Beruf

Welche Berufsfelder es zu entdecken gibt
und was für eine erfüllte Karriere wichtig ist

3. Auflage

Mit Beiträgen von Marcella Ammerschläger, Claudia Clos, Stefan Dippold, Wolfgang Fastenmeier, Josef A. Fischer, Jan Frederichs, Maria Gavranidou, Birgit Heppt, Sophie Herbst, Franziska Hirt, Andra Kämpfer, Viola K. Kraus, Martin Krause, Fredi Lang, Monika Lauer Perez, Jan Mayer, Katharina Mendius, Maximilian Mendius, Luiza Olos, Silvia Oßwald-Meßner, Marie-Christine Reiswich, Eline Rimane, Hans-Peter Schmalzl, Klaus Seifried, Regina Staudenmaier-Milutinović, Birgit Stephan, Ulrich Stephany, Mahena Stief, Sigrid Stiemert-Strecker, Susanne Tippelt, Elisabeth Unterauer, Simon Werther, Jürgen Wolf, und Elena Yundina

Hrsg.
Maximilian Mendius
Gauting, Deutschland

Simon Werther
Hochschule München University of Applied Sciences
München, Deutschland

Zusätzliches Material zu diesem Buch finden Sie auf http://www.lehrbuch-psychologie.springer.com.

ISBN 978-3-662-68507-5   ISBN 978-3-662-68508-2   (eBook)
https://doi.org/10.1007/978-3-662-68508-2

Die Deutsche Nationalbibliothek verzeichnet diese Publikation in der Deutschen Nationalbibliografie; detaillierte bibliografische Daten sind im Internet über https://portal.dnb.de abrufbar.

© Der/die Herausgeber bzw. der/die Autor(en), exklusiv lizenziert an Springer-Verlag GmbH, DE, ein Teil von Springer Nature 2024
Das Werk einschließlich aller seiner Teile ist urheberrechtlich geschützt. Jede Verwertung, die nicht ausdrücklich vom Urheberrechtsgesetz zugelassen ist, bedarf der vorherigen Zustimmung des Verlags. Das gilt insbesondere für Vervielfältigungen, Bearbeitungen, Übersetzungen, Mikroverfilmungen und die Einspeicherung und Verarbeitung in elektronischen Systemen.
Die Wiedergabe von allgemein beschreibenden Bezeichnungen, Marken, Unternehmensnamen etc. in diesem Werk bedeutet nicht, dass diese frei durch jede Person benutzt werden dürfen. Die Berechtigung zur Benutzung unterliegt, auch ohne gesonderten Hinweis hierzu, den Regeln des Markenrechts. Die Rechte des/der jeweiligen Zeicheninhaber*in sind zu beachten.
Der Verlag, die Autor*innen und die Herausgeber*innen gehen davon aus, dass die Angaben und Informationen in diesem Werk zum Zeitpunkt der Veröffentlichung vollständig und korrekt sind. Weder der Verlag noch die Autor*innen oder die Herausgeber*innen übernehmen, ausdrücklich oder implizit, Gewähr für den Inhalt des Werkes, etwaige Fehler oder Äußerungen. Der Verlag bleibt im Hinblick auf geografische Zuordnungen und Gebietsbezeichnungen in veröffentlichten Karten und Institutionsadressen neutral.

Einbandabbildung: © Dzianis Vasilyeu / stock.adobe.com

Planung/Lektorat: Marion Krämer, Judith Danziger
Springer ist ein Imprint der eingetragenen Gesellschaft Springer-Verlag GmbH, DE und ist ein Teil von Springer Nature.
Die Anschrift der Gesellschaft ist: Heidelberger Platz 3, 14197 Berlin, Germany

Wenn Sie dieses Produkt entsorgen, geben Sie das Papier bitte zum Recycling.

Inhaltsverzeichnis

1	**Einleitung und Zielsetzung**	1
	Maximilian Mendius und Simon Werther	
2	**Studienabschlüsse**	7
	Jan Frederichs, Fredi Lang, Maximilian Mendius und Simon Werther	

I Berufsfelder in der klinischen Psychologie und Psychotherapie

3	**Grundsätzliches zum Studium der klinischen Psychologie**	21
	Katharina Mendius und Eline Rimane	
4	**Tätigkeiten in Kliniken**	31
	Marcella Ammerschläger	
5	**Tätigkeiten in eigener Praxis**	43
	Marie-Christine Reiswich (geb. Fischer)	
6	**Tätigkeiten in Beratungseinrichtungen**	67
	Sigrid Stiemert-Strecker und Jürgen Wolf	
7	**Tätigkeiten in interkulturellen Kontexten**	85
	Maria Gavranidou	
8	**Anforderungen an Tätigkeiten in der klinischen Psychologie**	101
	Katharina Mendius	

II Berufsfelder in der Wirtschaftspsychologie

9	**Grundsätzliches zum Studium der Wirtschaftspsychologie**	109
	Simon Werther und Maximilian Mendius	
10	**Tätigkeiten in der Arbeitspsychologie**	115
	Luiza Olos	

11	**Tätigkeiten in der Personalpsychologie**	127
	Maximilian Mendius und Simon Werther	

12	**Tätigkeiten in der Organisationspsychologie**	143
	Ulrich Stephany	

13	**Tätigkeiten in Training und Coaching**	159
	Maximilian Mendius und Simon Werther	

14	**Tätigkeiten in der Unternehmensberatung**	175
	Maximilian Mendius und Simon Werther	

15	**Tätigkeiten in der Markt- und Meinungsforschung**	189
	Birgit Stephan	

16	**Anforderungen an Tätigkeiten in der Wirtschaftspsychologie**	203
	Maximilian Mendius und Simon Werther	

III Berufsfelder in der pädagogischen Psychologie

17	**Grundsätzliches zum Studium der pädagogischen Psychologie**	211
	Martin Krause	

18	**Tätigkeiten im Bereich der Bildungsberatung und -evaluation**	217
	Martin Krause	

19	**Tätigkeiten in der Fort- und Weiterbildung**	229
	Josef A. Fischer	

20	**Anforderungen an Tätigkeiten in der pädagogischen Psychologie**	243
	Josef A. Fischer	

IV Berufsfelder in der Forschung und Lehre

21	**Tätigkeiten an Universitäten**	253
	Birgit Heppt und Regina Staudenmaier-Milutinović	

22	**Tätigkeiten an Hochschulen**	267
	Mahena Stief und Simon Werther	

23	**Tätigkeiten an Forschungseinrichtungen**	277
	Sophie Herbst	
24	**Anforderungen an Tätigkeiten als Forscher:innen und Dozent:innen**	293
	Birgit Heppt und Regina Staudenmaier-Milutinović	

V Weitere Berufsfelder

25	**Tätigkeiten in der Berufspsychologie**	301
	Regina Staudenmaier-Milutinović	
26	**Tätigkeiten im Bereich Data Science**	309
	Andra Kämpfer	
27	**Tätigkeiten in der Familienpsychologie**	319
	Stefan Dippold	
28	**Tätigkeiten in der Friedenspsychologie**	333
	Monika Lauer Perez	
29	**Tätigkeiten in der forensischen Psychologie**	347
	Elena Yundina und Susanne Tippelt	
30	**Tätigkeiten in der Gesundheitspsychologie**	359
	Claudia Clos	
31	**Tätigkeiten in der klinischen Neuropsychologie**	371
	Franziska Hirt und Elisabeth Unterauer	
32	**Tätigkeiten in der Polizeipsychologie**	385
	Silvia Oßwald-Meßner und Hans-Peter Schmalzl	
33	**Tätigkeiten in der Schulpsychologie**	397
	Klaus Seifried	
34	**Tätigkeiten in der Sportpsychologie**	413
	Jan Mayer	
35	**Tätigkeiten in der Verkehrspsychologie**	425
	Wolfgang Fastenmeier	

VI Weitere Themen rund um den Berufseinstieg

36 Bewerbung 441
Viola K. Kraus

37 Vor dem Vertragsabschluss 457
Maximilian Mendius und Simon Werther

38 Selbstständigkeit 463
Viola K. Kraus

39 Arbeitslosigkeit 469
Maximilian Mendius und Simon Werther

40 Die Schweigepflicht als Wesensmerkmal des Psycholog:innenberufs 473
Jan Frederichs und Fredi Lang

41 Ausblick 491
Maximilian Mendius und Simon Werther

Herausgeber- und Autorenverzeichnis

Über die Autor:innen

Dipl.-Psych. Marcella Ammerschläger
Psychologische Psychotherapeutin, Supervisorin, ist seit sieben Jahren in einer Kinder- und Jugendpsychiatrie im ambulanten Bereich angestellt. Sie studierte Psychologie in Bamberg mit den Studienschwerpunkten Klinische Psychologie, Entwicklungspsychologie und Verhaltenstherapie. Nach dem Diplom arbeitete sie sechs Jahre in einem Sozialpädiatrischen Zentrum. Nach der Approbation zur Psychologischen Psychotherapeutin einschließlich der Abrechnungsgenehmigung im Kinder- und Jugendlichenbereich wechselte sie in die Kinder- und Jugendpsychiatrie. Dort betreut sie Patienten im diagnostischen sowie therapeutischen Bereich, organisiert Kriseninterventionen und schreibt zusätzlich Gutachten über straffällige Jugendliche. Zudem engagiert sie sich in der Weiterbildung für jüngere Kollegen, hält Vorträge, Seminare und Workshops über verschiedene Fachthemen. Seit einem Jahr ist sie von der Psychotherapeutenkammer anerkannt. Seit 2014 hat sie eine eigene Lehrpraxis mit Kassenzulassung in Landshut von einem Altersbereich von 6 bis 86 Jahre und bildet junge Kollegen in ihrer Praxis aus (600 Psychosomatikstunden). Zusätzlich ist sie Selbsterfahrungsleiterin bei jungen Kollegen.

Dipl.-Psych. Claudia Clos
ist als Referentin für Arbeitspsychologie und stellvertretende Abteilungsleitung im Geschäftsbereich Prävention der Kommunalen Unfallversicherung Bayern tätig. Sie berät und betreut versicherte Unternehmen im Bereich psychische Belastungen, hält Seminare und leitet Projekte zur Gefährdungsbeurteilung psychischer Belastungen. Zuvor war sie als Projektleitung für Hochschulkooperationen bei der TÜV SÜD Akademie für die Einführung neuer Studiengänge zuständig. Claudia Clos studierte Diplompsychologie an der Ludwig-Maximilians-Universität (LMU) München mit den Schwerpunktfächern Arbeits- und Organisationspsychologie sowie Klinische Psychologie. Sie absolvierte eine Ausbildung zum Systemischen Coach und zur Supervisorin und ist nebenher als Fachjournalistin für psychologische Themen tätig.

Dipl.-Psych. Stefan Dippold
ist systemischer Berater, Therapeut und Supervisor. Er hat viele Jahre in der Jugendhilfe gearbeitet, u. a. in einem Team für aufsuchende Familientherapie und als Leiter eines psychologischen Fachdienstes einer stationären Jugendhilfeeinrichtung. Seit 2019 führt er mit zwei Kolleg:innen die „Systemische Praxis Corneliusstraße" in München für Beratung, Therapie und Supervision von Einzelpersonen, Paaren, Familien und Teams. Neben der Arbeit als Therapeut und Supervisor ist die Lehre ein wichtiger Teil seiner Tätigkeit. Seit 2003 bietet er Weiterbildungskurse für systemische Beratung am JuKas in Brixen, Südtirol, an und von 2011 bis 2023 war er als Lehrender und Kursleiter für Weiterbildungsgänge in systemischer Beratung und Therapie am Münchner Institut für systemische Weiterbildung (MISW) tätig. Sein aktuelles Projekt ist gemeinsam mit seinen Praxiskolleg:innen die Gründung und der Aufbau eines eigenen Weiterbildungsinstituts.

Prof. Dr. phil. Wolfgang Fastenmeier
Studium der Psychologie (arbeits- und verkehrspsychologischer Schwerpunkt) mit den Nebenfächern Pädagogik und Soziologie an der LMU München. Von 1986 bis 1991 Leitung und Durchführung verkehrs- und arbeitswissenschaftlicher Forschungsprojekte am Lehrstuhl für Psychologie der TU München. Seit 1991 Leiter des privaten Forschungsinstitutes mensch-verkehr-umwelt (mvu). Leitung und Durchführung zahlreicher verkehrs- und arbeitswissenschaftlicher Forschungs- und Beratungsprojekte. Seit 2008 Obergutachter im Fahrerlaubniswesen in Kooperation mit dem Institut für Rechtsmedizin der LMU München. Seit November 2012 Inhaber der Professur für die Psychologie des Verkehrswesens an der Psychologischen Hochschule Berlin (PHB). Seit 2016 Präsident der Deutschen Gesellschaft für Verkehrspsychologie e. V. (DGVP). Mitgliedschaft in verschiedenen Verbänden; Mitarbeit in nationalen und internationalen wissenschaftlichen Begleitgremien. Herausgeber und Autor wissenschaftlicher Bücher und Zeitschriften, zahlreicher wissenschaftlicher Fachbeiträge in Büchern und Fachzeitschriften sowie einer Reihe von Forschungsberichten, Expertisen etc. im nationalen und internationalen Rahmen.

Dr. Josef A. Fischer
ist im Veränderungsmanagement der BMW Group tätig. Neben unternehmensweiten Strategien im Rahmen des Transformationsmanagements erarbeitet er Konzepte zur Förderung organisationaler Entwicklungsprozesse. In diesem Kontext hat er unterschiedliche Qualifizierungen für Führungskräfte und Expert:innen verantwortet. Als Senior Trainer bzw. Coach einer Schweizer Managementberatung und in der Executive Education der Universität St. Gallen hat er zahlreiche Weiterbildungsprogramme für Fach- und Führungskräfte konzipiert und durchgeführt. Er ist Autor zahlreicher Studien und Artikel in den Themenbereichen psychologische Sicherheit, Teamlernen und Transformation. Josef A. Fischer studierte Psychologie an der LMU München mit den Schwerpunktfächern Organisations- und Wirtschaftspsychologie und Pädagogische Psychologie sowie dem Nebenfach Psychopathologie. Er promovierte berufsbegleitend im Bereich Strategy & Management an der Universität St. Gallen und absolvierte mehrere Fortbildungen als systemischer Berater und Coach.

Jan Frederichs
ist Rechtsanwalt und seit Mitte 2017 als Syndikusrechtsanwalt im Berufsverband Deutscher Psychologinnen und Psychologen tätig. Er befasst sich mit den Anfragen der Mitglieder des Berufsverbandes zur Berufsausübung. Vielfach betreffen diese die Schweigepflicht, die Niederlassung, Steuerfragen, Vertragsgestaltungen, Abrechnungsfragen, Datenschutz usw. Im Rahmen des Schutzes der Berufsbezeichnung werden Musterprozesse geführt. Darüber hinaus schreibt er Abhandlungen zu Rechtsfragen der Praxis in diversen Veröffentlichungen des Berufsverbands. Innerhalb des Berufsverbands ist er außerdem Justiziar der Sektion Verband Psychologischer Psychotherapeuten. 2009 durchlief er die theoretische Weiterbildung zum Fachanwalt für Medizinrecht. Er ist auch als Dozent für berufsrechtliche Fragen in der Psychotherapeutenausbildung tätig.

Dr. Maria Gavranidou

ist Psychologische Psychotherapeutin und hat die Leitung des MVZ Zentrum für psychische Gesundheit in München, in dem überwiegend Menschen mit Migrationshintergrund behandelt werden. Darüber hinaus ist sie Dozentin, Supervisorin und Selbsterfahrungsleiterin für Verhaltenstherapie. Sie studierte an der LMU München Psychologie mit den Schwerpunktfächern Klinische Psychologie und Klinische Entwicklungspsychologie, promovierte an der Gesamthochschule Paderborn zu Gender und Psychopathologie. Sie hat an der LMU im Fach Klinische Psychologie und Psychotherapie als Assistentin gearbeitet und dort im Bereich Risikoforschung und Traumapsychotherapie geforscht. Anschließend war sie im Referat für Gesundheit und Umwelt der Landeshauptstadt München für die Prävention und Gesundheitsförderung von Menschen mit Migrationshintergrund und Fluchterfahrungen tätig. Sie hatte u. A. Lehr- und Forschungsaufträge an den Universitäten Sarajevo, Aristotelische Universität Thessaloniki, Friedrich-Schiller-Universität Jena u. a. Sie war außerdem an verschiedenen internationalen Projekten beteiligt. Dazu gehörten die kultursensible Adaptation der Testbatterie Child Behavior Checklist von Achenbach in Bosnien und die Entwicklung des Curriculums Traumatherapie für paraprofessionelle in Nordossetien im Auftrag der Kindernothilfe.

Dr. Birgit Heppt

ist wissenschaftliche Mitarbeiterin an der Humboldt-Universität zu Berlin in Kooperation mit dem Institut zur Qualitätsentwicklung im Bildungswesen (IQB). Zuvor war sie als wissenschaftliche Mitarbeiterin am Arbeitsbereich für Empirische Bildungsforschung an der Freien Universität Berlin beschäftigt. Von 2021 bis 2022 hat sie am Institut für Erziehungswissenschaften der Humboldt-Universität zu Berlin die Professur für Pädagogische Psychologie vertreten. Ihre Forschungsinteressen gelten insbesondere der Diagnostik, Entwicklung und Förderung sprachlicher Kompetenzen bei Kindern im Grundschulalter sowie der Professionalisierung von Lehr- und Fachkräften für den Umgang mit sprachlicher und migrationsbezogener Heterogenität. Birgit Heppt studierte an der LMU München Psychologie (Diplom; Schwerpunktfächer: Arbeits- und Organisationspsychologie und Familienpsychologie) und promovierte in Psychologie (Dr. rer. nat.) an der Humboldt-Universität zu Berlin. Auch ihre Habilitation zur Erlangung der Lehrbefähigung für das Fach Psychologie hat sie an der Humboldt-Universität zu Berlin angefertigt.

Dr. Sophie Herbst

hat an der LMU München Psychologie (Diplom, Schwerpunkte Arbeits- und Organisationspsychologie, Neurokognitive Psychologie) sowie Neurocognitive Psychology (M. Sc.) studiert. Nach einem 1,5-jährigen Forschungsaufenthalt an der Harvard Medical School promovierte sie von 2010 bis 2014 an der Berlin School of Mind and Brain, gefolgt von einer Postdoc-Zeit am Max-Planck-Institut für Kognitions- und Neurowissenschaften in Leipzig. Von 2016 bis 2017 war sie wissenschaftliche Mitarbeiterin des Instituts für Psychologie an der Universität zu Lübeck. Dann wechselte sie für eine einjährige Postdoc-Phase nach Frankreich, an das Institut Neurospin, Gif sur Yvette (nahe Paris). Hier ist sie seit 2018 als Wissenschaftlerin in der Arbeitsgruppe „Cognition & Brain Dynamics" tätig. Sie ist Mutter von zwei Kindern.

Dipl.-Psych. Franziska Hirt
Klinische Neuropsychologin, ist seit 2024 in der München Klinik in der Neurologischen Tagesklinik tätig. Dort liegt ihr Schwerpunkt auf der Durchführung von Diagnostik und Therapie bei Patient:innen mit erworbener Hirnschädigung. Zudem ist sie im stationären Bereich zuständig für Diagnostik und Therapie bei neurologischen Patient:innen mit neurodegenerativen Erkankungen (Parkinson, Demenzen). Zuvor arbeitete sie 14 Jahre im Neuro Reha Team Pasing (früher Praxis Prof. Dr. med. W. Fries), einer Tagesklinik für neurologische Komplexbehandlung und Nachsorge, in der sie Patient:innen mit erworbener Hirnschädigung behandelte. Über mehrere Jahre war sie auch Mitarbeiterin in der Helios-Amper-Klinik Indersdorf in der geriatrischen Rehabilitation und war dort für Diagnostik und Therapie bei Patient:innen mit erworbener Hirnschädigung sowie mit neurodegenerativen Erkrankungen sowohl im ambulanten als auch im stationären Bereich zuständig. Seit 2017 ist sie nebenbei als neuropsychologische Gutachterin auf selbständiger Basis tätig. 2017 schloss sie die Weiterbildung zur Klinischen Neuropsychologin bei der Gesellschaft für Neuropsychologie e.V. (GNP) ab. Franziska Hirt studierte an der LMU München Psychologie mit den Schwerpunktfächern Klinische Psychologie und Psychotherapie, Familienpsychologie sowie Klinische Neuropsychologie mit einem einjährigen Auslandsaufenthalt in Spanien.

Dr. Andra Kämpfer
ist Spezialistin für Produktionsstrategien und -konzepte bei der BMW Group mit Fokus auf die Entwicklung und Begleitung von internationalen Qualifizierungsstrategien im Umbruch zur E-Mobilität. Nach ihrem Studium der Psychologie an der Universität Trier (B. Sc.) und der Universität Bonn (M. Sc.) promovierte Andra Kämpfer am Lehrstuhl für Psychologische Diagnostik der Humboldt-Universität zu Berlin (Dr. rer. nat.). Die Promotion absolvierte sie in Kooperation mit der Abteilung Recruiting Methoden, Systeme und Tools der BMW Group und entwickelte in diesem Zuge innovative Instrumente zur Personalauswahl.

Viola K. Kraus (geb. Skepeneit)
studierte Psychologie in London (Bachelor), Organisationspsychologie und Conflict Management in New York (Master) an der Columbia University-TC. Nach Arbeitsstationen bei Mercer in London und Barilla in Italien (HR) arbeitete sie schließlich als Organisations- und Change-Management-Beraterin bei Deloitte Consulting in New York und Frankfurt. 2010 gründete Sie talentEQ. Als Karriereberaterin gibt sie an Universitäten deutsche und englische Workshops zum Thema Karrierefindung und englisches Bewerbungstraining. Unter anderem kooperiert sie mit der LMU (Department Biology) und bietet jungen Wissenschaftlern (PhD) individuelle Karriereberatung an. Als Organisationsberaterin und Trainerin hat Sie erfolgreich mit einer Kollegin „Tandem Consulting" eingeführt: Zwei Beraterinnen teilen sich ein Projekt und können sich jederzeit vertreten. Gemeinsam beraten sie Firmen im Bereich Organisationsdesign, Personalförderung und Change Management. Darüber hinaus werden Workshops zum Thema Teamentwicklung angeboten, insbesondere mit dem Fokus auf Konfliktmanagement und virtueller Zusammenarbeit. Mit Lehraufträgen (Organisationspsychologie) an der LMU und PH Freiburg ermöglicht sie Studierenden Einblick in die Praxis. Als zertifizierte und ehrenamtliche Mediatorin des Institute for Mediation and Conflict Resolution in New York City kehrt sie regelmäßig zu ihrer Ausbildungsinstitution zurück.

Dipl.-Psych. Martin Krause

arbeitet als wissenschaftlicher Referent am Staatsinstitut für Frühpädagogik (IFP). Das Institut ist eine nachgeordnete Behörde des Bayerischen Staatsministeriums für Arbeit und Sozialordnung, Familie und Integration (StMAS). Zu seinen Forschungs- und Arbeitsschwerpunkten zählen die Beobachtung und Dokumentation frühkindlicher Entwicklungsprozesse, Bildungsmonitoring und Einrichtungsqualität. Nebenberuflich ist er als Fortbildner und wissenschaftlicher Berater für verschiedene Institutionen und Einrichtungsträger tätig. Martin Krause hat Psychologie an der LMU München im Zweitstudium studiert. Als Schwerpunktfächer belegte er Familienpsychologie, Emotions- und Motivationsforschung sowie Klinische Psychologie. Sein Erststudium hat er an der Hochschule München absolviert. Dort studierte er Soziale Arbeit mit dem Schwerpunkt Jugendarbeit und schloss als Dipl. Soz.-Päd. (FH) ab. Er verfügt über langjährige Berufserfahrung als pädagogischer Mitarbeiter in der Kinder- und Jugendarbeit.

Dipl.-Psych. Fredi Lang

MPH, hat das Studium der Psychologie an der Freien Universität Berlin mit dem Diplom und anschließend Public Health mit dem Master abgeschlossen. Er war viele Jahre tätig in der Prävention und Intervention in den Bereichen HIV und Aids sowie Drogenabhängigkeit, der Koordination und Qualitätssicherung einer Telefonberatung, der Planung und Umsetzung von Präventionskampagnen und in der Koordination und Erstellung medizinischer Informationsreihen und Broschüren. Seit 2001 ist er Referatsleiter für Fach- und Bildungspolitik im Berufsverband Deutscher Psychologinnen und Psychologen e. V. (BDP) und mit den Fachgebieten und Kompetenzprofilen von Psychologinnen und Psychologen vertraut. Seine Arbeitsschwerpunkte sind u. a. Gesundheitspolitik und gesundheitliche Versorgung, Gesundheitsförderung und Arbeitsschutz, Qualitätssicherung in der Diagnostik, berufsethische Richtlinien und fachliche Standards sowie Kinderschutz. Fredi Lang ist Mitglied im Diagnostik- und Testkuratoriums der Föderation Deutscher Psychologenvereinigungen, Mitglied im Normenausschuss DIN 33430 und dem ISO10967 Spiegelausschuss, Sprecher der Ethikkommission der Föderation Deutscher Psychologenvereinigungen, Mitglied in der Präsidiumskommission Berufsethik des BDP und deutscher Repräsentant im Board on Ethics des Dachverbands der europäischen Psychologen EFPA.

Monika Lauer Perez

studierte Psychologie an der Universidad del Salvador in Buenos Aires, Argentinien. Nach Beendigung der Militärdiktaturen und der Rückkehr des Landes zur Demokratie entwickelte sie, gemeinsam mit einem Gremium internationaler Kolleg:innen, eine spezifische Traumatherapie für Traumata aufgrund von politisch motivierter Gewalt, die zu diesem Zeitpunkt noch nicht existierte. Sie arbeitete therapeutisch mit den Folteropfern der Diktaturen und ihren Angehörigen sowie mit Angehörigen von Verschwundenen, Opfern des zur traurigen Berühmtheit gelangten sog. *Argentinischen Todes*. In Deutschland erlangte sie einen Masterabschluss in dem interdisziplinären Studiengang der Friedenswissenschaften der FernUniversität Hagen. Als Fachkraft im Zivilen Friedensdienst arbeitete sie in Ecuador als Psychologin und Teammitglied der dortigen Wahrheitskommission (2007–2010), die im Auftrag des damaligen Präsidenten Rafael Correa die Menschenrechtsverletzungen durch staatliche Akteure von 1982 bis 2008 untersuchte. Nach ihrer Rückkehr war sie als Leiterin der Personalentwicklung für Fachkräfte in der Entwicklungszusammenarbeit und im Zivilen Friedensdienst von Agiamondo weltweit verantwortlich. Als leitende Länderreferentin führte sie zehn Jahre lang das Länderreferat Kolumbien bei dem katholischen Lateinamerika-Hilfswerk Adveniat. Die katholische Bischofskonferenz Kolumbiens *CEC – Conferencia Episcopal de Colombia* lud sie nach Beendigung ihrer Tätigkeit bei Adveniat ein, als Beraterin für Versöhnung- und Friedensarbeit den Aufbau des Friedens nach 60 Jahren Bürgerkrieg in Kolumbien zu unterstützen.

Prof. Dr. Jan Mayer
(Dipl.-Psych., M. A. Sportwissenschaft, Dr. phil.). Professor an der Deutschen Hochschule für Prävention und Gesundheitsmanagement in Saarbrücken. Leiter der Zentralen Koordination Sportpsychologie des Deutschen Olympischen Sportbundes. Seit 1998 freiberufliche Tätigkeit als Sportpsychologe in der Betreuung von Spitzensportlern und (National-) Mannschaften (zurzeit TSG 1899 Hoffenheim, Olympiastützunkt Rhein-Neckar, Golfclub St. Leon). Gesellschafter der Coaching Competence Cooperation Rhein-Neckar GbR. Jan Mayer studierte an der Ruprecht-Karls-Universität in Heidelberg Sportwissenschaft (M. A.) und Psychologie (Dipl.-Psych.) und promovierte in Sportwissenschaft zum Thema Mentales Training in der Rehabilitation.

Dr. phil. Dipl.-Psych. Katharina Mendius
studierte Psychologie an der LMU München mit den Schwerpunkten Klinische Neuropsychologie und Klinische Entwicklungspsychologie. In Zusammenarbeit mit dem Lehrstuhl für Neuropsychologie der LMU und dem kbo-Heckscher-Klinikum in München fertigte sie ihre Doktorarbeit zur kognitiven Reserve und zum kognitiven Leistungsprofil bei Kindern mit psychiatrischen Erkrankungen an. Katharina Mendius verfügt zudem über Erfahrung im Bereich Lehre sowie Kinder- und Jugendpsychiatrie und Biofeedback bei Erwachsenen. Derzeit befindet sich Katharina Mendius in psychotherapeutischer Weiterbildung.

Dipl.-Psych. Maximilian Mendius
ist bei der BMW Group in der Organisationsentwicklung tätig. Zuvor war er mehrere Jahre als Führungskraft auf nationaler und internationaler Ebene in den Themenbereichen Recruiting, Diagnostik, HR IT Systeme und Talent Acquisition Strategie im Einsatz. In diesem Kontext verantworteten Herr Mendius und sein Team die Entwicklung und Umsetzung innovativer Methoden zur Personalgewinnung und zur Personalauswahl. Zudem war Herr Mendius in diesem Themengebiet auch in Verbänden und Arbeitskreisen (u. a. Mitgliedschaft Spiegelausschuss für die Weiterentwicklung der ISO 10667) tätig. Zuvor war er als Managementberater bei der globalen Unternehmensberatung Accenture und als wissenschaftlicher Mitarbeiter am Lehrstuhl für Organisations- und Wirtschaftspsychologie der LMU München tätig. Während seines Psychologiestudiums arbeitete er zudem freiberuflich als Trainer für Kommunikation und Zivilcourage. Maximilian Mendius studierte an der LMU München Psychologie mit den Schwerpunktfächern Wirtschafts- und Organisationspsychologie und Human Ressource Management sowie dem Nebenfach Betriebswirtschaftslehre.

Dr. Luiza Olos
absolvierte das Studium der Wirtschaftswissenschaften in Rumänien und das der Psychologie an der Freien Universität Berlin. Zwischen 2002 und 2011 forschte und lehrte sie dort im Be-

reich Arbeits-, Berufs- und Organisationspsychologie, insbesondere zu den Themen Arbeitspsychologie, berufliche Entwicklung, neue Erwerbsbiografien und Professionalisierung der Psychologie. Im Rahmen ihrer Dissertation untersuchte sie die Berufsverläufe von Psychologinnen und Psychologen mit sog. Portfolio-Karrieren, d. h. Berufsverläufen mit parallelen Erwerbstätigkeiten. Luiza Olos hat selbst eine solche Karriere: Neben der wissenschaftlichen Arbeit umfasst ihr Tätigkeitsportfolio auch Laufbahnberatung und Coaching von Studierenden, Selbstständigen, Führungskräften und Multijobbern sowie die Konzeption und Durchführung von Maßnahmen der individuellen und betrieblichen Gesundheitsförderung. Seit 2019 leitet sie das Projekt zur Diversity-Förderung „Leichter durch Studium" an der Zentraleinrichtung Studienberatung und Psychologische Beratung der Freien Universität Berlin.

Prof. Dr. Silvia Oßwald-Meßner
Dipl.-Psych., ist Professorin für Psychologie an der Hochschule für Polizei Baden-Württemberg in Villingen-Schwenningen. Nach einem Studium der Psychologie und Philosophie in Bamberg arbeitete sie zunächst in einer Unternehmensberatung in München, wandte sich dann der Wissenschaft zu und arbeitete am Lehrstuhl für Sozialpsychologie an der LMU München. Hier promovierte sie 2007 zum Dr. phil. mit dem Thema „Zivilcourage". 2009 wechselte sie zum Zentralen Psychologischen Dienst der Bayerischen Polizei und war vorwiegend im Bereich Personalauswahl- und Personalentwicklung für die Polizei tätig; Beratungen oder Einsatzbegleitung zählten aber ebenso zu ihrem Aufgabenspektrum. Seit 2014 lehrt sie hauptamtlich an Hochschulen der Polizei: von 2014 bis 2021 an der Hochschule für den Öffentlichen Dienst Bayern, Fachbereich Polizei, und seit 2021 als Professorin für Psychologie an der Hochschule für Polizei Baden-Württemberg. Ihre aktuellen Forschungs- und Arbeitsschwerpunkte sind sexuelle Belästigung am Arbeitsplatz, Zivilcourage, Rassismus, Diskriminierung und Fremdenfeindlichkeit sowie belastende Ereignisse im Polizeiberuf.

Dipl. Psych. Marie-Christine Reiswich (geb. Fischer)
arbeitet als Psychotherapeutin mit hälftigem Versorgungsauftrag mit Babys, Kindern, Jugendlichen und Erwachsenen in eigener Praxis, eingebettet in einem multidisziplinären Gesundheitszentrum mit Frauengesundheitsschwerpunkt. Weiterhin ist sie freiberuflich als Supervisorin und in der Lehre an unterschiedlichen Universitäten und Ausbildungsinstituten tätig. Frau Reiswich studierte an der LMU München Psychologie mit den Schwerpunktfächern Klinische Psychologie und Familienpsychologie, absolvierte die Psychotherapieausbildung in Verhaltenstherapie und erlangte Zusatzqualifikationen in Psychoonkologie, Biofeedback, Traumatherapie, Sexualtherapie und gynäkologischer Psychosomatik. Nach dem Studium arbeitete Frau Reiswich u. a. in einer psychosomatischen Klinik, in einer Beratungsstelle für Essstörungen, in einer Ausbildungsambulanz sowie in einem medizinischen Versorgungszentrum.

Dr. phil. Dipl.-Psych. Eline Rimane
hat an der LMU München Psychologie mit den Schwerpunkten Klinische Neuropsychologie und Klinische Entwicklungspsychologie studiert. Im Anschluss hat sie mehrere Jahre an der Katholischen Universität Eichstätt-Ingolstadt als wissenschaftliche Mitarbeiterin gearbeitet und verschiedene drittmittelgeförderte Therapiestudien aufgebaut und koordiniert. In diesem Rahmen hat sie ihre Doktorarbeit über die Wirksamkeit einer entwicklungsangepassten

Traumatherapie für Jugendliche mit Gewalterfahrungen geschrieben. Sie hat außerdem mehrere Jahre als wissenschaftliche Referentin für die Psychotherapeutenkammer Bayern und das Deutsche Jugendinstitut (DJI e. V.) gearbeitet. Aktuell befindet sie sich in der Abschlussphase ihrer Ausbildung zur Psychologischen Psychotherapeutin.

Dr. phil. Hans-Peter Schmalzl
Dipl.-Psych, war vor seiner Versetzung in den Ruhestand von 2014 bis 2020 Leiter des Zentralen Psychologischen Dienstes der Bayerischen Polizei beim Polizeipräsidium München. Seit 1983 arbeitete er dort als Polizeipsychologe in allen Aufgaben betraut, die in den Arbeitsbereich eines Polizeipsychologen fallen können. Von 1991 bis 1996 lehrte er als Dozent im Fachbereich Gesellschaftswissenschaften der Polizei-Führungsakademie in Münster-Hiltrup (heute: Deutsche Hochschule der Polizei). Er studierte Psychologie und Philosophie an den Universitäten Regensburg, Boulder, Colo. (USA) und Marburg. Diplom 1982 in Psychologie an der Philipps Universität Marburg, Promotion 2008 von der Universität Regensburg mit einer Dissertation zum Thema „Einsatzkompetenz im polizeilichen Streifendienst". Seine langjährigen Arbeitsschwerpunkte waren Einsatzkompetenz, Deeskalation, Bewältigung von Konflikt- und Bedrohungslagen, Umgang mit Menschen in psychischen Ausnahmesituationen, Psychologie der Extremsituation und kollektives Verhalten bei Großveranstaltungen.

Dipl.-Psych. Klaus Seifried
Schulpsychologiedirektor a. D., studierte in Frankfurt und Berlin. Er ist Lehrer, Diplompsychologe und Psychologischer Psychotherapeut. Er arbeitete 12 Jahre als Lehrer an Berliner Schulen, bevor er 1990 Schulpsychologe im Berliner Bezirk Wedding wurde. Insgesamt war er 26 Jahre als Schulpsychologe tätig, davon 13 Jahre als Leiter des Schulpsychologischen und inklusionspädagogischen Beratungszentrums Tempelhof-Schöneberg in Berlin. Im September 2016 wurde Klaus Seifried pensioniert und arbeitet seitdem freiberuflich als Supervisor und Coach für Schulleitungen, hält Vorträge und bietet Fortbildungen zu schulpsychologischen Themen an. Klaus Seifried ist seit vielen Jahren im Bundesvorstand der Sektion Schulpsychologie des Berufsverbandes Deutscher Psychologen aktiv und organisiert u. a. den Bundeskongress für Schulpsychologie. Er ist Herausgeber des *Handbuches Schulpsychologie* und des Buches *Krisen im Schulalltag*, die beide im Kohlhammer-Verlag erschienen sind.

Dr. Regina Staudenmaier-Milutinović (geb. Staudenmaier)
ist seit 2014 Fachpsychologin in der Abteilung „Psychologische Fach- und Fallarbeit" des Berufspsychologischen Service der Bundesagentur für Arbeit in der Zentrale in Nürnberg. Davor hat sie das Einarbeitungsprogramm für Psycholog:innen bei der Bundesagentur für Arbeit absolviert und war als Agenturpsychologin an mehreren Standorten und als Fachpsychologin in der Steuerungseinheit Bayern tätig. Sie hat an der LMU München Psychologie mit den Schwerpunktfächern Arbeits- und Organisationspsychologie sowie Familienpsychologie (Abschluss: Diplom) studiert. Im Anschluss daran war sie als wissenschaftliche Mitarbeiterin am Lehrstuhl für Empirische Unterrichtsforschung der Friedrich-Alexander-Universität Erlangen-Nürnberg tätig und hat als Stipendiatin des Programms „Förderung der Chancengleichheit für Frauen in Forschung und Lehre" der Friedrich-Alexander-Universität Erlangen-Nürnberg ihre Promotion abgeschlossen.

Dipl.-Psych. Birgit Stephan

ist als Director Customer Insights bei der celebrate company tätig. In ihrer Rolle verantwortet sie die konzernweite Entwicklung von kundenzentriertem, datengetriebenem Arbeiten in den Bereichen Produkt- und Businessentwicklung, Marketing sowie Service. Davor hat sie bei der Amazon Media Group das globale Voice of Customer Programm aufgebaut, das Kund:innen und Mitarbeiter:innen mithilfe verschiedener Marktforschungs- und Kundenerlebnisansätzen zusammen bringt. Neben dem Themenfeld Customer Experience ist ihr das (Vor-)Leben einer modernen und werteorientierten Unternehmenskultur wichtig, die sie bei der celebrate service GmbH im Rahmen ihrer Tribe Lead- und Geschäftsführertätigkeit kontinuierlich gefördert hat. Birgit Stephan studierte Psychologie (Diplom) und Betriebswirtschaftslehre (B. Sc.) an der LMU München mit Schwerpunkt Organisations- und Wirtschaftspsychologie sowie Marketing. Aktuell promoviert sie als externe Doktorandin am Center for Leadership & People Management der LMU München.

Dr. Ulrich Stephany

(M. Sc. Psychologie) leitet bei der BMW AG das Ideenmanagement. Nach seinem Studium der Wirtschaftspsychologie (B. Sc.) und der Psychologie (M. Sc.) an der Ruhr-Universität Bochum hat Ulrich Stephany als Doktorand bei der BMW AG an der LMU München bei Prof. Dr. Felix C. Brodbeck am Lehrstuhl Organisations- und Wirtschaftspsychologie promoviert (Dr. phil.) und war Leiter des Transformationsmanagements bei BMW Financial Services (2013–2021). Ausbildungen in Mediation und Coaching sowie in systemischer Beratung.

Prof. Dr. Mahena Stief

ist seit 2008 Professorin für Soziale Kompetenzen und Psychologie an der Hochschule Augsburg. Dort gründete sie das Zentrum für Sprachen und Interkulturelle Kommunikation mit einem Team von 50 Personen aus über 15 Nationen. Vor der Berufung an die Hochschule war sie selbstständige Trainerin, Coach und Beraterin für KMUs (kleine und mittlere Unternehmen), staatliche Organisationen und Großunternehmen aus verschiedenen Branchen (z. B. Energiewirtschaft, IT, Automotive, Versicherungen). Mahena Stief hat 2001 zu „Bedingungen von Berufserfolg" an der Universität Erlangen-Nürnberg promoviert und 1997 ihr Diplom als Psychologin in Eichstätt erworben, mit den Schwerpunkten Wirtschaftspsychologie und Erwachsenenbildung. Ihre heutigen Praxisschwerpunkte sind Personalentwicklung, Führungsverhalten, Teamarbeit, Gesundheitsmanagement, Change Management und Coaching.

Dipl.-Psych. Sigrid Stiemert-Strecker

ist Mitarbeiterin und Stellvertretende Leitung der Caritas-Beratungsstelle für Eltern, Kinder, Jugendliche und Familien – Erziehungsberatung – in München-Sendling. Seit mehr als 20 Jahren arbeitet sie im Bereich der Beratung mit den Schwerpunkten Trennung und Scheidung, Mädchen und Pubertät sowie Beratung von Eltern mit einem frühgeborenen oder einem behinderten Kind. Weiterhin arbeitet sie seit vielen Jahren in zwei Münchner Kinderkrippen als krippenpsychologischer Fachdienst und ist als „insoweit erfahrene Fachkraft" im Rahmen des Kinderschutzes tätig. Freiberuflich ist sie als Ausbilderin und Lehrsupervisorin am Carole Gammer Institut für Systemische Therapie tätig sowie als Supervisorin im Bereich der Jugendhilfe, der Frühförderung und in Kindertagesstätten. Sigrid Stiemert-Strecker studierte an der

LMU München Psychologie mit den Schwerpunktfächern Reflexive Sozialpsychologie und Pädagogische Psychologie/Familienpsychologie. Sie absolvierte eine Ausbildung zur Systemischen Therapeutin sowie zur Systemischen Supervisorin und Organisationsberaterin am Carole Gammer Institut für Systemische Therapie (CGIST) in München (jeweils Anerkennung durch die Deutsche Gesellschaft für Systemische Therapie). Darüber hinaus ist sie Psychologische Psychotherapeutin und ausgebildete Traumafachberaterin.

Dr. Susanne Tippelt

ist Psychologische Psychotherapeutin in der Klinik für Forensische Psychiatrie und Psychotherapie am Bezirkskrankenhaus Günzburg. Zu ihren Aufgaben dort gehören neben der Behandlung suchtkranker Patienten u. a. die Mitarbeit in verschiedenen Forschungsprojekten und die Erstellung von Gutachten. Sie studierte an der LMU München Psychologie mit den Schwerpunktfächern Klinische Psychologie und Klinische Entwicklungspsychologie und absolvierte in dieser Zeit Praktika in der JVA München und in der Forensischen Psychiatrie des Klinikums München-Ost. Nach dem Diplom war sie als wissenschaftliche Mitarbeiterin und Doktorandin in der Abteilung für Forensische Psychiatrie der Psychiatrischen Klinik der LMU München tätig. Parallel absolvierte sie die Ausbildung zur psychologischen Psychotherapeutin mit Schwerpunkt Verhaltenstherapie.

Dipl.-Psych. Elisabeth Unterauer

studierte Psychologie an der LMU München mit den Schwerpunkten Klinische Neuropsychologie und Klinische Psychologie und Psychotherapie. Sie arbeitete über 10 Jahre als klinische Neuropsychologin im Neuro Reha Team Pasing (früher Praxis Prof. Dr. med. W. Fries), einer Tagesklinik für neurologische Komplexbehandlung und Nachsorge, in der sie Personen mit erworbenen Hirnschädigungen behandelte. Daneben war sie mehrere Jahre am Institut für Schlaganfall- und Demenzforschung (ISD) am Klinikum der Universität München sowie in der Arbeitsgruppe Klinische und Experimentelle Neuropsychologie der Psychiatrischen Klinik im Klinikum rechts der Isar tätig. Ihre Schwerpunkte lagen ebenda in der neuropsychologischen Funktionsdiagnostik bei psychiatrischen Krankheitsbildern und der Früh- und Differentialdiagnostik neurodegenerativer Erkrankungen sowohl in der klinischen Versorgung als auch im Rahmen von klinischen Forschungsstudien. 2019 schloss sie die Weiterbildung zur Klinischen Neuropsychologin bei der Gesellschaft für Neuropsychologie e.V. (GNP) ab. Derzeit befindet sie sich in der Ausbildung zur Psychologischen Psychotherapeutin mit systemischer Vertiefung.

Prof. Dr. Simon Werther

Dipl.-Psych., ist Professor Leadership an der Hochschule München und Mitglied der Forschungsgruppe New Work. Davor hatte er eine Professur für Innovationsmanagement an der Hochschule der Medien Stuttgart. Darüber hinaus ist er Mitgründer und wissenschaftlicher Beirat des Softwareunternehmens HRinstruments in München, das eine digitalisierte Feedback-Toolbox für mittelständische Unternehmen und Großkonzerne entwickelt. Von Instant Feedback über moderne Varianten von Puls- und Mitarbeiterbefragungen bis hin zu People Analytics und Employee Experience Dashboards unterstützt HRinstruments seine Kunden beim Kulturwandel in Richtung Arbeitswelt 4.0. Simon Werther ist außerdem Co-Vorsitzender der Jury des HR Innovation Award. 2017 wurde er vom Personalmagazin als einer der 40 führenden HR-Köpfe ausgezeichnet. Als Keynote Speaker und Autor von Büchern und Zeitschriftenbeiträgen beschäftigt er sich mit vielfältigen Themen von Arbeit 4.0 über Coworking bis hin zu New Work. In früheren beruflichen Stationen war er Geschäftsführer am Münchner Institut für systemische Weiterbildung, wissenschaftlicher Mitarbeiter und Doktorand am Lehrstuhl für Organisations- und Wirtschaftspsychologie der LMU München, Lehrbeauftragter an zahlreichen Hochschulen im gesamten deutschsprachigen Raum sowie Gründer und langjähriger Inhaber einer Internetagentur. Er studierte Diplompsychologie an der LMU München mit mehreren Auslandsaufenthalten in China.

Dipl.-Psych. Jürgen Wolf
Psychologischer Psychotherapeut. Er ist Leiter der Erziehungsberatungsstelle des evangelischen Beratungszentrums in München (ebz), mit einer Außenstelle in einem sozialen Brennpunkt und einer Beratungsstelle, die sich um schulische Belange kümmert. Neben der High-Conflict-Beratung macht er vor allem Beratung von Familien mit jugendlichen Kindern und Therapie, Beratung und Coaching von jungen Erwachsenen. Er war viele Jahre Mitarbeiter der virtuellen Beratungsstelle der Bundeskonferenz für Erziehungsberatung (bke). Seit vielen Jahren ist er Ausbilder und Supervisor für ehrenamtliche Beraterinnen am Kinder- und Jugendtelefon und bei „Jugendliche beraten Jugendliche". Freiberuflich als Ausbilder und Supervisor tätig, u. a. als Lehrtherapeut und Lehrsupervisor am Carole Gammer Institut für Systemische Therapie (CGIST). Dozententätigkeit an den Fachhochschulen in München und bei den Psychotherapieausbildungsinstituten CIP und VFKV. Jürgen Wolf hat in Freiburg studiert. Praktikum während des Studiums an der städtischen Erziehungsberatung. Konzeptionsarbeit im Bereich Kindergruppen bei Trennung und Scheidung. Zusammenarbeit mit Prof. Fthenakis in München zum selben Thema. Ausbildung in Gesprächspsychotherapie, Systemischer Familientherapie in Weinheim, Hypnosystemischer Kinder- und Jugendlichentherapie und Systemischer Supervision und Organisationsberatung. Schematherapeut und ACT. Mitautor des Elternratgebers *Der Elterncoach. Aus der Online-Beratung mit Jugendlichen.*

Dr. phil. Elena Yundina
ist wissenschaftliche Mitarbeiterin in der Abteilung für Forensische Psychiatrie der Klinik für Psychiatrie und Psychotherapie der LMU München. Sie ist verantwortlich für die Erstellung von Gutachten, Durchführung von Forschungsprojekten und Betreuung von Praktikanten und Masteranden. Sie studierte an der Ruhr-Universität Bochum Psychologie mit Nebenfächern Forensische Psychiatrie und Kriminologie und promovierte an der Friedrich-Schiller-Universität Jena. Während des Studiums absolvierte sie ein Praktikum am Institut für Forensische Psychiatrie der Universität Duisburg-Essen und war als studentische Hilfskraft in einer Kanzlei für Strafrecht sowie in der Sektion Rechtspsychologie des BDP tätig.

Autorenverzeichnis

Marcella Ammerschläger Praxis Ammerschläger, München, Deutschland

Claudia Clos München, Deutschland

Stefan Dippold München, Deutschland

Wolfgang Fastenmeier Institut mensch-verkehr-umwelt (mvu), München, Deutschland

Josef A. Fischer München, Deutschland

Jan Frederichs Berufsverband Deutscher Psychologinnen und Psychologen, Berlin, Deutschland

Maria Gavranidou Zentrum für Psychische Gesundheit MVZ, München, Deutschland

Birgit Heppt Berlin, Deutschland

Sophie Herbst NeuroSpin, Bât 145, CEA/SAC/DRF/Joliot, Gif-sur-Yvette, Frankreich

INSERM, Cognitive Neuroimaging Unit, Gif-sur-Yvette, Frankreich

Franziska Hirt München, Deutschland

Andra Kämpfer München, Deutschland

Viola K. Kraus München, Deutschland

Martin Krause München, Deutschland

Fredi Lang Berufsverband Deutscher Psychologinnen und Psychologen, Berlin, Deutschland

Jan Mayer Heidelberg, Deutschland

Katharina Mendius Gauting, Deutschland

Maximilian Mendius Gauting, Deutschland

Luiza Olos Berlin, Deutschland

Silvia Oßwald-Meßner Hochschule für Polizei Baden-Württemberg, Villingen-Schwenningen, Deutschland

Monika Lauer Perez Frau Inés Klissenbauer, c/o Adveniat e. V., Essen, Deutschland

Herausgeber- und Autorenverzeichnis

Marie-Christine Reiswich (geb. Fischer)   Hamburg, Deutschland

Eline Rimane   München, Deutschland

Hans-Peter Schmalzl   Zentraler Psychologischer Dienst der Bayerischen Polizei, München, Deutschland

Klaus Seifried   Berlin, Deutschland

Regina Staudenmaier-Milutinović   Fürth, Deutschland

Birgit Stephan   München, Deutschland

Ulrich Stephany   München, Deutschland

Mahena Stief   Technische Hochschule Augsburg, Augsburg, Deutschland

Sigrid Stiemert-Strecker   München, Deutschland

Susanne Tippelt   Klinik für Forensische Psychiatrie und Psychotherapie am BKH Günzburg, Günzburg, Deutschland

Elisabeth Unterauer   München, Deutschland

Simon Werther   Hochschule München University of Applied Sciences, München, Deutschland

Jürgen Wolf   München, Deutschland

Elena Yundina   Professur für Kriminalpsychologie, Hochschule Macromedia - University of Applied Sciences, München, Deutschland

Begutachtungsabteilung der Klinik für Forensische Psychiatrie und Psychotherapie, kbo Isar-Amper-Klinikums Region München, Haar / München, Deutschland

Einleitung und Zielsetzung

Maximilian Mendius und Simon Werther

Inhaltsverzeichnis

Literatur – 6

■ **Liebe Leser:innen,**

„Faszination Psychologie" – es fiel uns sehr leicht, uns für diesen Titel für die ersten beiden Auflagen zu entscheiden. Die Psychologie mit all ihren Eigenheiten und spannenden Facetten hat für uns Herausgeber eine besondere Bedeutung, die wir Ihnen auf den ersten Seiten gerne darstellen möchten und die auch in dieser 3. Auflage im Mittelpunkt stehen. Wir freuen uns sehr, dass wir Ihr persönliches Interesse an der Psychologie und ihren vielfältigen Berufsfeldern wecken konnten und laden Sie ein, mit uns verschiedene Möglichkeiten des Psychologiestudiums kennenzulernen, spannende Berufsfelder zu entdecken und den Grundstein für eine erfüllte Karriere zu legen. Das vorliegende Buch soll und kann kein Ersatz für eine vertiefte Auseinandersetzung mit der Psychologie im Rahmen eines Studiums sein, sondern soll Sie dabei unterstützen, für sich zu entscheiden, welcher Beruf in einem psychologischen Tätigkeitsfeld für Sie infrage kommen könnte oder auch ob ein Studium und welches Studium der Psychologie für Sie passend ist. Dabei war es seit der 1. Auflage vor über 10 Jahren unser Anspruch, immer auch diejenigen zu Wort kommen zu lassen, die die Berufsfelder der Psychologie prägen und die dazu beitragen, dass sich die Psychologie immer wieder erneuert und weiterentwickelt.

Umso mehr hat es uns gefreut, dass die ersten beiden Auflagen auf solch eine positive Resonanz gestoßen sind und wir die Gelegenheit haben, mit dieser 3. Auflage an den Erfolg anzuknüpfen. In der aktuellen Auflage konnten wir weitere spannende Themenfelder aufgreifen, bestehende Tätigkeitsfelder aktualisieren und es werden somit noch mehr Expert:innen zu Wort kommen.

Vor mehr als 15 Jahren waren wir beide selbst mitten im Psychologiestudium und haben uns immer wieder gefragt, welche Berufsfelder für Psycholog:innen nach dem Studium zur Auswahl stehen und was diese konkret im Arbeitsalltag auszeichnet. Über das eine oder andere Praktikum und Kontakte zu Praktiker:innen haben sich zwar erste Einblicke ergeben, doch haben wir einen umfassenden Überblick über die faszinierende Vielfalt der Berufsfelder für Psycholog:innen vermisst. Aus diesem Gedanken heraus entstand die Idee, zu versuchen, ein entsprechendes Angebot auf die Beine zu stellen. Zur Umsetzung haben wir Anfang 2007 mit befreundeten Kommilitonen den gemeinnützigen Verein Psychologie in Beruf in Praxis e. V. (PBP) gegründet. Satzungsgemäßes Ziel dieses Vereins war es, interessierten Studierenden und Schüler:innen einen berufsorientierenden Einblick in die praktische Tätigkeit von Psycholog:innen zu ermöglichen. Darüber hinaus wollten wir junge Studierende ermutigen, ihre Karriereplanung nicht anhand pauschaler Empfehlungen möglichst gleichförmig zu gestalten, sondern die eigenen Interessen im Sinne einer ganzheitlichen, individuellen Karriereplanung in den Mittelpunkt zu stellen, auch wenn bisweilen Widerstände auftreten sollten. Der Austausch mit Praktiker:innen, die die Psychologie seit Jahren mit Leben füllen, ist in diesem Zusammenhang essenziell. Aus diesem Grund veranstaltete der PBP in Kooperation mit der Fachschaft Psychologie und dem Department Psychologie der Ludwig-Maximilians-Universität München über 15 Jahre regelmäßig einen Berufsinformationskongress für Psychologiestudierende aus dem gesamten deutschsprachigen Raum. Obwohl wir aufgrund von räumlichen Beschränkungen nie allen Interessent:innen die Möglichkeit geben konnten, am Berufsinformationskongress teilzunehmen, konnten wir schon mehrere Tausend an der Psychologie Interessierte mit Expert:innen aus der Praxis vernetzen. Im Rahmen des 5. PBP-Kongress 2011 entstand die Idee, diesen Austausch über ein Buchprojekt weiter zu vertiefen und somit das Grundmotiv des PBP noch intensiver in die Welt zu tragen. Seit der Veröffentlichung der Erstauflage 2013

Einleitung und Zielsetzung

gelangte das Buch über viele Kanäle an interessierte Leser:innen und trug dazu bei, eine intensive Auseinandersetzung mit den vielfältigen Möglichkeiten, die eine Psychologieausbildung bieten kann, über die Grenzen des Vereins hinaus anzuregen. In der Zwischenzeit haben wir stetig positive Rückmeldungen, aber auch wertvolle Anregungen für eine Weiterentwicklung dieses Herausgeberbandes erhalten. Und so trafen wir gemeinsam mit dem Springer Verlag die Entscheidung, die 3. Auflage anzugehen. Das Ergebnis halten Sie nun in Ihren Händen.

An dieser Stelle möchten wir uns bei allen ehemaligen Vorständ:innen, Mitgliedern, Helfer:innen, Referent:innen, Moderator:innen und allen anderen Unterstützer:innen des PBP bedanken, die mit ihrem wertvollen Engagement und ihrem umfangreichen zeitlichen Einsatz den Grundstein für dieses Buch gelegt haben.

■ **Was dieses Buch kann – und was es nicht kann**

Dieses Buch soll Ihnen einen praxisnahen und vor allem authentischen Orientierungsrahmen geben, der Sie bei Ihrer Studienwahl und -planung sowie bei Ihrem individuellen Berufseinstieg in den facettenreichen und faszinierenden Berufsfeldern der Psychologie unterstützt. Insbesondere die Vorstellung individueller Karrierewege und persönlicher Perspektiven ist uns dabei wichtig, da Sie über Schwerpunkte in Studium und Ausbildung einige Weichen stellen können, die den Erfolg in einem bestimmten Berufsbild wahrscheinlicher machen. Der Erfolg lässt sich aber im negativen wie positiven Sinne nicht immer planen. Es kann und darf nie Patentrezepte geben, sodass Sie immer Ihren eigenen Weg finden und gehen werden. Gerade mithilfe der individuellen Erfahrungsberichte und der dort vorgestellten vielfältigen Karrierewege wollen wir Ihnen aufzeigen, dass Sie das eigentliche Ziel manchmal erst über Umwege erreichen können oder sich manchmal auf dem Weg dahin eine völlig andere neue Alternative in den Vordergrund stellt, der Sie mit Offenheit begegnen sollten.

Die Kapitel dieses Bandes folgen einer einheitlichen Gliederung: Beschreibungen des Berufsfelds werden gezielt durch Perspektiven aus der Wissenschaft und durch die Sicht von praktisch tätigen Psycholog:innen ergänzt. Bitte wundern Sie sich nicht, wenn Aspekte mehrfach genannt werden oder wenn die von den Autor:innen dargestellten Sachverhalte nicht zu 100 % deckungsgleich mit den Meinungen der Wissenschaftler:innen und Praktiker:innen sind. Wir haben hier bewusst die Vielfalt und die unterschiedlichen Perspektiven beibehalten, die eine Tätigkeit als Psycholog:in eben mit sich bringt. Die Vielfalt der Berufsfelder von Psycholog:innen hat in den letzten Jahren mit steigenden Studierenden- und Absolvent:innenzahlen weiter zugenommen (Antoni, 2024). Dementsprechend vielfältig sind naheliegenderweise auch die Erfahrungen von Wissenschaftler:innen und Praktiker:innen, die oftmals noch in einer anderen Phase studiert haben und sozialisiert wurden, nachdem Psychologie als Studiengang ursprünglich primär an Präsenz-Universitäten verankert war.

Wir möchten Sie, liebe Leser:innen, auf eine authentische und spannende Reise durch die verschiedenen Betätigungsfelder von Psycholog:innen im Arbeitsleben einladen. Wir wollen dabei auch praktische Fragen hoher Alltagsrelevanz beantworten und gleichzeitig die individuelle Verantwortung für eine erfolgreiche Karriereplanung betonen. Bitte haben Sie Verständnis dafür, dass wir im Rahmen dieses Buches nicht auf das komplette Spektrum psychologischer Berufe eingehen können. Wir haben uns bemüht, Ihnen eine möglichst repräsentative und spannende Auswahl vorzustellen, und konnten diese in der Ihnen vorliegenden 3. Auflage noch erweitern. Die Psychologie ist immer in Bewegung, da sich ihr als relativ junger Disziplin immer wieder neue Forschungsperspektiven und damit mittelfristig neue Berufsbilder und Einsatzmöglichkeiten eröffnen. Nutzen Sie unser Buch als Ausgangspunkt, und entdecken Sie selbst die weiteren Horizonte. Dieses Buch kann und will nicht den persönlichen Dialog mit Praktiker:innen ersetzen. Es soll Ihnen vielmehr eine Idee davon vermitteln, wie vielfältig und faszinierend die Möglichkeiten sind, die oftmals unter dem Begriff Berufe in der Psychologie zusammengefasst werden. Sie können für sich selbst entscheiden, welche Bereiche Sie vertieft mit Praktika, auf Kongressen oder in Gesprächen kennenlernen möchten und was Ihnen persönlich besonders zusagt.

Uns ist es ein vorrangiges Anliegen, dass dieses Buch nicht als „Aufstiegsbeschleuniger" für möglichst geradlinige Karrieren und Lebensläufe ohne Ecken und Kanten verstanden wird. Wir plädieren ausdrücklich dafür und sehen uns hier auch in Gesprächen, die wir mit den Autor:innen und uns bekannten Praktiker:innen aus den verschiedensten Tätigkeitsfeldern geführt haben, in unserer Auffassung bestätigt, dass sowohl das Studium als auch die Schwerpunktsetzung insbesondere von persönlichen Interessen geprägt sein sollten. Die Motivation für die Auswahl eines Berufs in der Psychologie sollte immer der eigene Antrieb sein und nicht die Aussicht auf hohe Verdienstmöglichkeiten oder anderweitige externe Anreize. Wir sind davon überzeugt, dass jede:r Psycholog:in früher oder später einer spannenden und faszinierenden Tätigkeit im Rahmen der eigenen Interessen nachgehen kann, auch wenn sicherlich Durststrecken zu überwinden sind. Hier sprechen wir durchaus aus eigener Erfahrung, nachdem wir selbst schwierige Phasen der Arbeitslosigkeit und der Umorientierung nach dem Studium erlebt haben.

Ein bedeutendes Erfolgskriterium für alle psychologischen Berufsfelder ist für uns die persönliche Begeisterung und Faszination für das jeweilige Tätigkeitsfeld, ob im klinischen, im wirtschaftlichen oder in einem ganz anderen Bereich. Die vor vielen Jahren erfolgte Umstellung auf das Bachelor- und Mastersystem hat die Freiräume während des Studiums sicherlich nicht vergrößert. Doch möchten wir Sie alle ermutigen, vielfältige Erfahrungen neben dem Studium zu sammeln und Ihren Interessen Raum zu geben. Ein Auslandsaufenthalt wird Sie prägen und ein Leben lang begleiten, wenn Sie ihn antreten, weil Sie darauf Lust haben – wird er nur als für den Lebenslauf erforderliche „Pflichtübung" verstanden, sollten Sie besser darauf verzichten.

Wir sehen Psycholog:innen gerade in der heutigen schnelllebigen und zahlengetriebenen Welt als wichtige Botschafter:innen einer Humanisierung des Privat- und Arbeitslebens, die selbstverständlich stets im Kleinen bei einem selbst beginnt. Die beste und vor allem langfristig wirksamste Motivation für das eigene Handeln ist immer echtes Interesse, echte Faszination und echte Begeisterung! Gleichzeitig sehen wir alle Psycholog:innen in der Verantwortung für das Eintreten und das Vorleben von Diversität, Inklusion, Akzeptanz und ein friedliches Miteinander. Die Kriege auf unserem Planeten wurden in den letzten Jahren noch einmal sichtbarer und sind näher an und sogar nach Europa gerückt, während wir uns in Deutschland und in Europa gleichzeitig weiterhin in einer privilegierten Situation befinden. Umso wichtiger ist es, dass wir alle unseren Beitrag für mehr Frieden und mehr Verständnis leisten und als Brückenbauer:innen für ein menschliches Miteinander agieren.

Wir haben alle Autor:innen dazu ermutigt und aufgerufen, dass wir gemeinsam den Grundgedanken von Diversität, Inklusion, Akzeptanz und Gleichberechtigung durch eine dazu passende Sprache transportieren. Die Entscheidung, unserer Ermutigung und unserem Aufruf zu folgen bleibt den jeweiligen Autor:innen überlassen, sodass die Umsetzung in den verschiedenen Kapiteln unterschiedlich erfolgt.

Eine der zentralen Institutionen, die sich in Deutschland mit den Belangen der Psychologie und der in den verschiedenen Themenfeldern tätigen Psycholog:innen beschäftigt,

Einleitung und Zielsetzung

ist der Bundesverband Deutscher Psycholoigninnen und Psychologen (BDP). Auch der BDP hält eine vertiefte Auseinandersetzung mit der Psychologie und ihren Möglichkeiten für essenziell, wie Sie dem folgendem Grußwort der Präsidentin entnehmen können. Wir freuen uns sehr, dass der BDP - im Gegensatz zu anderen psychologischen Verbänden - dieses Buchprojekt bereits in der dritten Auflage sowohl mit einem Grußwort als auch mit inhaltlichen Beiträgen aktiv unterstützt.

Unser herzlicher Dank gilt allen Autor:innen, die uns mit ihrer einzigartigen Expertise unterstützt haben und mit denen die Zusammenarbeit zu jedem Zeitpunkt eine große Freude war.

Ganz herzlich bedanken wir uns bei allen wissenschaftlichen Expert:innen und Praktiker:innen, die für Beiträge und Interviews zur Verfügung standen. Wir bedanken uns darüber hinaus beim Springer Verlag, besonders bei Frau Marion Krämer, für die weiterhin äußerst angenehme und unkomplizierte Zusammenarbeit und für die ausgezeichnete Betreuung. Unser Dank gilt darüber hinaus allen studentischen Mitarbeitenden, die uns engagiert und tatkräftig in allen Phasen des Publikationsprozesses unterstützt haben.

Wir wünschen Ihnen eine spannende, faszinierende und interessante Lektüre und viel Begeisterung auf Ihrer persönlichen psychologischen Entdeckungsreise!

Herzliche Grüße und viel Freude beim Lesen, Maximilian Mendius und Simon Werther

Grußwort des BDP zur 3. Auflage

Das Interesse an der Psychologie ist seit Jahrzehnten hoch. Und aktuell zeigt sich, dass „die Psychologie" in Zeiten von Transformation, globalen und multiplen Krisen und Konflikten gefragter ist denn je. Das hohe Interesse zeigt sich in weiterhin steigenden Studierendenzahlen (Bühner, 2023) und in einer immer größeren Vielfalt an Studiengängen mit „-psychologie" im Titel. Wir begegnen immer häufiger Psychologinnen und Psychologen, wenn in Medien über Erklärungen und Lösungsansätze gesellschaftlicher Entwicklungen diskutiert wird, und sowohl die Breite wie auch Differenzierung der Arbeitsfelder nimmt stetig zu – Digitalisierung und der Einsatz von KI seien hier nur beispielhaft als Treiber genannt.

Gleichzeitig hat die Mehrzahl der Studienanfänger:innen nach wie vor klinisch-psychologische und psychotherapeutische Berufsfelder vor Augen. Umso wichtiger ist ein fundiertes Nachschlagewerk, wie Maximilian Mendius und Simon Werther es mittlerweile schon in der 3. Auflage zusammenstellen, das einen aktuellen Überblick über psychologische Arbeitsfelder liefert. Ein abgeschlossenes Psychologiestudium bietet zahlreiche Optionen auf vielfältige und anspruchsvolle Tätigkeiten auch außerhalb des psychotherapeutischen Bereichs. Es kommen laufend weitere Arbeitsfelder dazu, und bisweilen sehen sich Psycholoiginnen und Psychologen mit der Aufgabe konfrontiert, vor dem Hintergrund der jeweiligen Anforderungen recht pragmatisch eine neue Stelle zu entwerfen, nicht selten die eigene.

Es sind also nicht nur günstige Zeiten für alle, die ein abgeschlossenes Psychologiestudium aufweisen. Gefragt sind obendrein Gestaltungswillen, ständige Lernbereitschaft und Teamgeist, auch und speziell in der multiprofessionellen Zusammenarbeit. Als besonders hilfreich erweist sich ein gutes Selbstbewusstsein die eigenen Kompetenzen betreffend. Es lohnt sich, die Alleinstellungsmerkmale zu sichten, die Berufsangehörige schon dank ihres Studiums haben und die „uns" von anderen Professionen unterscheiden: Neben umfangreichen Diagnostikkenntnissen seien beispielhaft die Kenntnisse der Testtheorie, der Interventionsplanung sowie der Evaluation genannt. Mit anderen Worten: Von der Analyse der Problemstellung über die Planung und Auswahl der Erfolg versprechenden Maßnahmen bis hin zur Überprüfung des Erfolgs bringen wir einen gut gefüllten Werkzeugkoffer mit. In zahlreichen Teams arbeiten wir mit Kolleginnen und Kollegen zusammen, die über diese Kompetenzen nicht verfügen oder weniger gut ausgebildet sind, und in denen wir mit einem (selbst)bewussten Beitrag psychologischer Expertise einen besonderen Mehrwert bieten können.

Ein besonderes Augenmerk möchte ich auf die notwendige Heterogenität unseres Berufsstandes legen: Auch die Gruppen der Kund:innen, Patient:innen oder Auftraggeber:innen sollte von den Berufsangehörigen abgebildet werden – entsprechend sind der Psychologie ein ausgewogenes Geschlechterverhältnis und (noch) mehr soziokulturelle Vielfalt zu wünschen.

Und nicht nur psychologische Arbeitsfelder unterliegen einem ständigen Wandel. Die Novellierung des Psychotherapeutengesetzes 2019, dessen Konsequenz ein Masterstudiengang „Klinische Psychologie/Psychotherapie" mit Approbationsmöglichkeit ist, lässt uns nicht nur gespannt auf die Veränderung der Studienlandschaft blicken, sondern wirft auch Fragen hinsichtlich der Weiterbildung und der beruflichen Perspektiven der „neuen" Psychotherapeut:innen auf. So bleibt abzuwarten, wie und welche beruflichen Identitäten sich bilden, inwiefern Psychologie als Klammer von psychologischen, klinisch-psychologischen, psychotherapeutischen und neuen Anwendungsfeldern wirkt und wie sich die jeweiligen Arbeitsmärkte entwickeln werden. Als Berufsverband sehen wir mit Bedauern, dass die Novellierung des Gesetzes zu viele relevante Punkte unbeantwortet lässt. Obendrein sehen wir das Potenzial der Novellierung, die Profession zu spalten.

Wir – der Berufsverband, idealerweise unterstützt von vielen Berufsangehörigen – sind also auch hier in unserer gestaltend-beratend-konstruktiven Rolle und Kompetenz gefragt.

Ich danke den Herausgebern und Autor:innen von *Psychologie in Studium und Beruf* für dieses Werk. Allen an der Psychologie Interessierten wünsche ich eine gewinnbringende Lektüre.

Berlin, im Januar 2024
Thordis Bethlehem
Präsidentin des BDP e. V.

Literatur

Antoni, C. H. (2024). Berufsfelder von Psychologinnen und Psychologen. *Psychologische Rundschau*.

Bühner, M. (2023). Zur Lage der Psychologie. *Psychologische Rundschau, 74*(1), 1–20.

Studienabschlüsse

Jan Frederichs, Fredi Lang, Maximilian Mendius und Simon Werther

Inhaltsverzeichnis

2.1 Bedeutung der Psychologie – 8

2.2 Überblick über Studienabschlüsse – 9
 Bachelor – 9
 Master – 12
 Promotion – 13
 Berufsbegleitendes Studium – 14

2.3 Titelschutz der Berufsbezeichnung „Psychologin" und „Psychologe" – 15

2.4 Fazit – 17

 Literatur und weiterführende Quellen – 17

© Der/die Autor(en), exklusiv lizenziert an Springer-Verlag GmbH, DE, ein Teil von Springer Nature 2024
M. Mendius, S. Werther (Hrsg.), *Psychologie in Studium und Beruf*,
https://doi.org/10.1007/978-3-662-68508-2_2

Der erste Schritt zu einer spannenden Tätigkeit in einem der in den folgenden Kapiteln dargestellten Berufsfelder ist natürlich das Studium der Psychologie, das insbesondere nach der Bologna-Reform in unterschiedlichen Varianten im europäischen und internationalen Raum möglich ist. Im folgenden Kapitel fokussieren wir uns der Einfachheit halber auf deutschsprachige Universitäten und Hochschulen für angewandte Wissenschaften – viele Informationen sind allerdings auch auf andere Länder übertragbar.

2.1 Bedeutung der Psychologie

Maximilian Mendius und Simon Werther

Die Bedeutung der Psychologie in der Gesellschaft hat in den letzten Jahrzehnten aus verschiedenen Gründen zugenommen, was sich auch in den Studierendenzahlen widerspiegelt. Nach dem Bericht von Bühner (2023) zur Lage der Psychologie haben die Studierendenzahlen in 2020 erstmals die Marke von 100.000 überschritten. Aktuellen Statistiken von Destatis zufolge liegen sie inzwischen bei über 110.000. Der positive Trend ist allerdings vor allem durch die stark ansteigenden Studierendenzahlen an der Fernuni Hagen, an Fachhochschulen und an privaten Hochschulen zustande gekommen. Der Anteil der Studierenden an (staatlichen) Universitäten nimmt dabei mit 40 % im Verhältnis weiter ab. Die durchschnittliche Studiendauer im Bachelor beträgt 6,5 Jahre, wobei das Durchschnittsalter beim Abschluss 23,3 Jahre beträgt. Der Master wird mit durchschnittlich 25,3 Jahren abgeschlossen. Der Frauenanteil ist mit 79,4 % im Bachelorstudium und 82 % im Masterstudium weiterhin sehr hoch.

Aus Sicht des Arbeitsmarkts bedeutet diese positive Entwicklung natürlich auch, dass im Kontext von Personalentscheidungen nach strengeren Maßstäben gemessen werden kann, da mehr Psychologieabsolvent:innen verfügbar sind. Auf der anderen Seite ist in den aktuellen Zeiten des umfassenden Arbeitskräftemangels gerade eine Ausbildung, die so vielfältige Perspektiven und Einsatzmöglichkeiten bietet wie die Psychologie ein entscheidender Vorteil. Folgt man Antoni (2024) konnte die gestiegene Absolvent:innenzahl problemlos vom Arbeitsmarkt aufgenommen werden. Allerdings unterscheidet sich das Angebot an offenen Stellen zwischen den Beschäftigungsfeldern deutlich - vielen Einsatzmöglichkeiten im klinischen Umfeld oder im Arbeitsschutz stehen z. B. nur geringe Bedarfe im Bereich Rechtspsychologie gegenüber - mehr dazu erfahren Sie in den einzelnen Kapiteln. Um sich eine gute Ausgangsposition für den angestrebten späteren Einsatz zu verschaffen, ist in jedem Fall im ersten Schritt eine bewusste Entscheidung für einen Bachelor, d. h. Bachelor of Science (B. Sc.) vs. Bachelor of Arts (B. A.), Universität vs. Hochschule für angewandte Wissenschaften, allgemeiner Bachelor vs. spezifischer Bachelor wichtig, da jede der Ausprägungen verschiedene Möglichkeiten eröffnet. Es ist zum jetzigen Zeitpunkt noch nicht vorherzusehen, ob sich dieser Trend steigender Studierenzahlen bei gleichzeitiger positiver Arbeitsmarktlage weiterhin fortsetzen wird. Allerdings kann man zum einen aufgrund des steigenden Bedarfs im klinischen Bereich und der im Wirtschaftsbereich anhaltenden Entwicklung zugunsten von Dienstleistungsberufen weiterhin optimistisch in die Zukunft blicken, was die Berufsperspektiven für ausgebildete Psycholog:innen angeht. Gleichzeitig führt diese positive Entwicklung aber auch dazu, dass Standards diskutiert werden müssen und von den Berufsverbänden auch politische Stellungnahmen notwendig sind: Was macht einen „vollwertigen" Bachelorstudiengang Psychologie aus? Welche Kompetenzen muss ein:e „vollwertiger" Psycholog:in mitbringen? Was unterscheidet ein sehr gutes psychologisches Studium von einem weniger guten? Diese Fragen drängen sich immer stärker in den Vordergrund, da die Unterschiede zwischen Bachelor of Arts, Bachelor of Science sowie verschiedenen Kombinationsstudiengängen mit Psychologie in der Studiengangsbezeichnung und die Konsequenzen für die Beschäftigungsfähigkeit in verschiedenen Kontexten eine Herausforderung darstellen.

Der Titelschutz gewinnt für Psycholog:innen deshalb immer mehr an Bedeutung, worauf im entsprechenden Abschnitt von den Experten Jan Frederichs und Fredi Lang des Berufsverbandes Deutscher Psychologinnen und Psychologen (BDP) vertieft eingegangen wird, da sich bei diesem Thema in der letzten Zeit zahlreiche Neuigkeiten ergeben haben (▶ Abschn. 2.3).

2.2 Überblick über Studienabschlüsse

Maximilian Mendius und Simon Werther

Grundsätzlich kann zwischen Bachelor, Master und Promotion unterschieden werden. Das Diplom ist letztlich an allen deutschsprachigen Universitäten ausgelaufen, sodass darauf nicht eingegangen wird. Die bisherigen Diplomstudiengänge wurden vollständig an allen Universitäten in Bachelor- und Masterstudiengänge überführt, sodass eine intensivere Auseinandersetzung mit Bachelor- und Masterstudiengängen sinnvoller ist. Eine umfassende Darstellung zur Entwicklung des Psychologiestudiums über die letzten Jahrzehnte und die verschiedenen Auswirkungen der Reformen findet sich bei Weber (2024). Eine Besonderheit bei Psychologie stellt dabei auch die Psychotherapieausbildung dar, die in den letzten Jahren umfassend reformiert wurde. An dieser Stelle verweisen wir für weitere Details auf den Teil I „Berufsfelder in der klinischen Psychologie und Psychotherapie".

Das zweistufige Studiensystem ist aktuell der Standard im deutschsprachigen Raum, d. h., auf einen 3- bzw. 4-jährigen Bachelor kann ein (in den meisten Fällen) 1- bis 2-jähriger Master folgen. Das bedeutet vor allem auch, dass nach dem Bachelor eine weitere Bewerbungsphase notwendig ist, um einen Masterstudienplatz zu erhalten, sofern dies für die persönliche Karriereplanung als sinnvoll betrachtet wird. Es kann somit nicht sicher davon ausgegangen werden, dass der Master an der gleichen Universität oder Hochschule wie der Bachelor absolviert werden kann, da in den Masterstudiengängen aufgrund der zahlreichen Bewerber:innen in Kombination mit begrenzten Plätzen ebenfalls umfangreiche Auswahlprozesse erfolgen. Positiv formuliert bedeutet es aber auch, dass eine Veränderung des Studienschwerpunkts durch das zweistufige Studiensystem erleichtert wird, dass ein Wechsel der Universität und Hochschule vereinfacht wird und dass ein früherer Berufseinstieg direkt nach dem Bachelor ebenfalls leichter möglich wird. Insofern bringt dieses zweistufige Studiensystem sowohl Vor- als auch Nachteile mit sich. Letztlich liegt die Verantwortung bei jedem Einzelnen, sich um das Studium herum durch vielfältige Praxiserfahrungen und persönliche Weiterentwicklung intensiv mit der Psychologie zu beschäftigen – die Universität oder Hochschule für angewandte Wissenschaft ist hier immer nur die offizielle Grundlage für alle individuellen Möglichkeiten.

Bachelor

Beim Bachelor muss vor allem zwischen einem Bachelor of Science (B. Sc.) und einem Bachelor of Arts (B. A.) unterschieden werden. Insbesondere an privaten und staatlichen Hochschulen wird im Gegensatz zu Universitäten oftmals ein Bachelor of Arts (B. A.) vergeben (siehe z. B. ▶ www.ipu-berlin.de und ▶ www.hft-stuttgart.de). Dabei orientiert sich der Bachelor of Science mehr an einem wissenschaftlich orientierten Studium, was wiederum vor allem bei Arbeitgeber:innen, die großen Wert auf Forschung legen, zu einer höheren Akzeptanz führt und von den Berufs- und Dachverbänden eher akzeptiert wird. Das bedeutet allerdings nicht, dass ein Bachelor of Arts kein guter Studiengang sein kann, lediglich ist hier der wissenschaftliche Fokus nicht so dominant. Oftmals werden in diesen an Hochschulen für angewandte Wissenschaften angebotenen Studiengänge bereits deutlich längere Praxisphasen in den Studienplan integriert. Gerade wenn direkt nach dem Bachelor ein Berufseinstieg in einem weniger wissenschaftlichen, sondern eher angewandten Feld angestrebt wird, kann ein Studium an diesen Hochschulen eine interessante und in einigen Fällen sogar die bessere Alternative darstellen – vor allem da man hier teilweise bereits berufsbezogene Schwerpunkte legen kann.

Einen Anhaltspunkt kann hier die Liste liefern, die die vom BDP anerkannten Bachelor- und Masterstudiengänge aufführt (siehe ▶ www.bdp-verband.de/profession/studium-und-weiterbildung/anerkannte-studiengaenge). Zudem hat die Deutsche Gesellschaft für Psychologie (DGPs) eigene Empfehlungen zum Thema Bachelor- und Masterstudiengänge formuliert (siehe ▶ www.dgps.de/fileadmin/user_upload/PDF/Empfehlungen/Empfehlungen_des_Vorstands_Bachelor_und_Master_15_12_14.pdf). Eine Übersicht zu Studienprogrammen findet man dort ebenfalls (siehe ▶ www.dgps.de/psychologie-studieren/faecher-im-psychologiestudium).

Die Gründe für eine fehlende Anerkennung durch den BDP können unter anderem sein, dass nicht ausreichend Psychologieleistungspunkte im Studium vorgesehen sind. Das ist insbesondere bei kombinierten Studiengängen der Fall, zum Beispiel bei Bachelorstudiengängen in Wirtschaftspsychologie. Außerdem müssen die zentralen psychologischen Grundlagenfächer, beispielsweise Allgemeine Psychologie, Persönlichkeitspsychologie, Entwicklungspsychologie, Biologische Psychologie, im Curriculum als Pflichtinhalte vorgesehen sein. Zum aktuellen Stand sind in dieser Auflistung jedoch auch Studiengänge noch als nicht anerkannt dargestellt, die an den definierten Qualitätsmaßstäben ausgerichtet wurden. Einige Studiengänge sind noch zu „neu" und es lag zum Veröffentlichungszeitpunkt dieses Buches noch keine finale Beurteilung vor. Sollte also Ihr Wunschstudiengang noch keine Anerkennung haben, ist das nicht automatisch ein schlechtes Zeichen, da die Anerkennung möglicherweise zeitverzögert erfolgt. Wir empfehlen Ihnen in jedem Fall, bei der konkreten Entscheidungsfindung mehrere Informationsquellen zu nutzen. Im Zweifel kontaktieren Sie einfach direkt die/den Studiengangskoordinator:in, und erfragen Sie, ob und bis wann mit einer offiziellen Anerkennung gerechnet werden kann.

Unserer Meinung nach ist es durchaus sinnvoll, sich im Bachelorstudium intensiv mit den Grundlagenfächern auseinanderzusetzen, da diese eine wichtige Basis für alle Anwendungsfelder darstellen. In den folgenden Kapiteln zu Anwendungsfeldern der Psychologie wird an vielen Stellen deutlich, dass die Grundlagenfächer alles andere als trockene Theorie darstellen, die man einmal für die Prüfung lernt und nie wieder benötigt. So spielen in der klinischen Psychologie die Entwicklungspsychologie und die biologische Psychologie eine besondere Rolle, in der Wirtschaftspsychologie sind die Sozialpsychologie und die Persönlichkeitspsychologie besonders wichtig, um exemplarisch zwei Beispiele zu nennen. Für uns zeichnet sich ein:e echte:r Psycholog:in insbesondere dadurch aus, dass sie/er über den Tellerrand ihres/seines eigenen Anwendungsfelds schaut und die grundlegenden Theorien der Psychologie kennt, die oftmals übergreifend über mehrere Anwendungsfelder relevant sind – das ist erst einmal unabhängig von einem Bachelor of Science oder einem Bachelor of Arts. Es ist vielmehr eine Grundeinstellung und ein Selbstverständnis, sich wirklich intensiv mit der Psychologie auseinanderzusetzen, aber auch über die Grenzen des Studiums hinweg persönliche Erfahrungen zu sammeln und interessante Themen auch Jahre nach dem Studium fundiert zu vertiefen.

Neben der Entscheidung zwischen B. Sc. und B. A. steht auch die Entscheidung des Studienschwerpunkts und der Hochschulwahl an. Bei den meisten Bachelorstudiengängen in Psychologie an deutschen Universitäten handelt es sich um einen allgemeinen Bachelor ohne spezifischen Schwerpunkt. Die Schwerpunktsetzung erfolgt hier häufig in fortgeschrittenen Semestern, zum Beispiel können dann 2 aus 4 Schwerpunkten gewählt werden. Das ist ein anderes Modell als an vielen privaten und staatlichen Hochschulen für angewandte Wissenschaften, bei denen kombinierte Studiengänge angeboten werden, zum Beispiel Wirtschaftspsychologie oder Gesundheitspsychologie. Dabei ist der Vorteil, dass bereits eine intensive Schwerpunktsetzung im gesamten Studium erfolgt, was im Sinne eines Berufseinstiegs nach dem Bachelor sinnvoll erscheinen kann. Der Nachteil ist allerdings, dass Sie sich bereits vor Beginn des Bachelors für einen Schwerpunkt entscheiden müssen, obwohl die Vielfalt der Psychologie noch gar nicht greifbar ist. Vorteil und Nachteil zugleich stellt bei Studiengängen wie Wirtschaftspsychologie die Kombination aus Psychologie mit Betriebswirtschaftslehre dar – das ist einerseits im interdisziplinären Sinn sinnvoll, weil bei Tätigkeiten in der Wirtschaft auch BWL-Kenntnisse erforderlich sind. Andererseits schwingt hier bisweilen von Berufsverbänden der Vorwurf mit, dass Studiengänge dieser Art nichts Halbes und nichts Ganzes sind, weil kein fundiertes Studium der Psychologie erfolgt und in vielen Fällen sinnvolle Grundlagenfächer fehlen.

Bei der Hochschulwahl kann in erster Linie zwischen Universitäten und Hochschulen für angewandte Wissenschaften unterschieden werden, wobei bei Hochschulen noch einmal zwischen staatlichen und privaten Hochschulen unterschieden werden muss. Grundsätzlich lässt sich festhalten, dass die am besten etablierten Studiengänge der Psychologie in ihrer gesamten thematischen Breite an staatlichen Universitäten verortet sind. Das hängt sicherlich auch damit zusammen, dass diese die längste Geschichte haben, nachdem die Psychologie an Hochschulen für angewandte Wissenschaften im Vergleich zu Universitäten eine junge Disziplin ist. Eine pauschale Empfehlung lässt sich daraus allerdings nicht ableiten, da es immer von Ihren persönlichen Interessen und Vorstellungen abhängt. An Universitäten ist das Studium sicherlich in vielen Fällen wissenschaftlicher. Dagegen ist es an Hochschulen für angewandte Wissenschaften in vielen Fällen praxisbezogener, insbesondere da Professor:innen und Dozent:innen, die an Hochschulen für angewandte Wissenschaften tätig sind, umfangreiche Erfahrungen in der Praxis nachweisen müssen. Die Kehrseite der Medaille kann sein, dass diese Dozent:innen keine so starke Verankerung in der Forschung haben, wobei sich in den letzten Jahren durch vermehrte Förderung von Forschung und durch das Promotionsrecht für Hochschulen für angewandte Wissenschaften in einigen Bundesländern in Deutschland viele Veränderungen ergeben haben. Das kann für einige von Ihnen ein Vorteil sein, während es für andere wiederum ein Nachteil ist. An einigen Universitäten und Hochschule für angewandte Wissenschaften gibt es einen Tag der offenen Tür oder Informationsveranstaltungen für Interessent:innen, bei denen oftmals auch in Lehrveranstaltungen hineingeschnuppert werden kann – das ist sicherlich eine tolle Möglichkeit, um ein Gefühl für die Passung zwischen Universität bzw. Hochschule für angewandte Wissenschaft und eigenen Vorstellungen zu bekommen.

Der Bachelor stellt laut Bologna-Reform bereits den ersten berufsqualifizierenden Abschluss dar, auch wenn dies von den Universitäten teilweise anders interpretiert wird. Nach dem bereits über 10 Jahre zurückliegenden Bericht zur Lage der Psychologie (Frensch, 2013) haben bei einer Absolventenbefragung von Bachelorstudierenden allerdings nur 6 % angegeben, dass sie ein halbes Jahr nach dem Studium berufstätig waren. Das hängt sicherlich auch damit zusammen, dass durch die Umstellung des Studiensystems zum damaligen Zeitpunkt etablierte Konzepte für die Anstellung von Bachelorabsolvent:innen fehlen. Das gilt sowohl für die Absolvent:innen als auch für die Professor:innen und Dozent:innen sowie für die Arbeitgeber:innen. Laut dem Bericht zur Lage der Psychologie (Abele-Brehm, 2017) haben 83 % der Bachelorstudierenden auch einen Master absolviert, wobei die Berechnung nicht völlig zuverlässig ist. Es zeichnet sich also der Trend ab, dass die Mehrheit aller Bachelorstudierenden auch den Master absolvieren möchte und tatsächlich auch absolviert. In der Praxis nimmt gerade von Unternehmen die Offenheit gegenüber Bachelorabsolventen zu, worauf auch in den folgenden Kapiteln eingegangen wird. Speziell sei hier auf den Teil VI „Weitere Themen rund um den Berufseinstieg" verwiesen, das zahlreiche damit zusammenhängende Themen aufgreift. Vom BDP gibt es einen Bachelor Reader mit umfangreichen Informationen, der ebenfalls hilfreiche Informationen zur Verfügung stellt (siehe ▶ www.bdp-verband.de/fileadmin/user_upload/BDP/website/dokumente/PDF/Profession/Ausbildung/anerkannte-studiengange_2022.pdf).

Wir möchten an dieser Stelle noch einmal ausdrücklich betonen, dass in bestimmten Anwendungsfeldern der Psychologie, zum Beispiel in der Wirtschaftspsychologie oder auch in Beratungsstellen, durchaus ein erfolgreicher Berufseinstieg direkt nach dem Bachelor möglich ist. Sowohl manche Berufs- und Dachverbände als auch einige Arbeitgeber haben in der Zwischenzeit bereits umfassend und erfolgreich Erfahrungen zu den Qualifikationen von Bachelorstudierenden gesammelt, sodass ein fundiertes Studium in 3 bis 4 Jahren möglich ist, wenn auch Angebote außerhalb des Studiums gesucht und wahrgenommen werden. In dieser Hinsicht weichen wir in unserer Sichtweise grundlegend von den teilweise doch sehr verallgemeinernd formulierten Empfehlungen insbesondere der DGPs ab. Es gibt viele Anwendungsfelder der Psychologie, in denen ein Master alles andere als zwingend erforderlich ist – sowohl auf einer rechtlichen als auch auf einer kompetenzbasierten Ebene gibt es demnach keine Eintrittshürden. Insofern plädieren wir für eine sehr bewusste und informierte Entscheidung für oder gegen ein Masterstudium, auch wenn sowohl an den Universitäten als auch in den Verbänden der Master oftmals als zwingend erforderlich dargestellt wird.

Ab dem Jahr 2024 ergibt sich bei der Zulassung zu Bachelorstudiengängen der Psychologie an Universitäten mit der Einführung des BaPsy-DGPS eine entscheidende Veränderung. Die DGPs hat mit drei Experten der Testentwicklung ein Verfahren entwickelt, das in Kombination mit dem Numerus clausus über den Hochschulzugang entscheidet. Dabei sind durch die Bewerbenden Testaufgaben in den Dimensionen schlussfolgerndes Denken, Mathematikkenntnisse, Psychologieverständnis deutsch und Psychologieverständnis englisch zu absolvieren. Dieses Testergebnis wird je nach teilnehmender Institution in unterschiedlichem Maße mit der Abiturnote zu einem Gesamtwert verrechnet, der dann über den Hochschulzugang entscheidet. Weitere Details zum BaPsy-DGPS finden sich auf den entsprechenden Webseiten (▶ www.dgps.de/psychologie-studieren/infos-zum-studium/studieneignungstest-psychologie).

Master

Nachdem der Bachelor bereits der erste berufsqualifizierende Abschluss ist, dient der Master insbesondere an Universitäten vor allem der wissenschaftlichen Ausbildung der Studierenden und damit auch als Vorbereitung auf eine spätere wissenschaftliche

Tätigkeit und eine Promotion. Von den Universitäten wird das unterschiedlich gehandhabt, doch steht die Wissenschaftlichkeit hier eindeutig im Vordergrund. Bei einer Entscheidung für einen Masterstudiengang muss also bewusst überlegt werden, ob er direkt im Anschluss an den Bachelor absolviert werden muss oder ob ein Berufseinstieg bereits sinnvoll und möglich ist. Letztlich hängt diese Entscheidung immer von den eigenen Interessen und der individuellen Lebensplanung ab. Alternativ kann es sich auch anbieten, ein sog. *gap year* einzulegen. Dieses Modell wird primär im wirtschaftlichen Kontext angeboten und zielt darauf ab, dass Studierende, die bereits ihren Masterplatz sicher haben, ein Jahr Pause zwischen Bachelor und Master nehmen und in diesem Jahr eines oder mehrere Praktika absolvieren.

Bei Interesse an einer klinischen Tätigkeit stellt sich diese Frage momentan nicht, da die Psychotherapeutenausbildung momentan nur nach einem Masterstudiengang bzw. künftig in den Masterstudiengang integriert absolviert werden kann. Weitere Informationen finden Sie dazu in Teil I „Berufsfelder in der klinischen Psychologie und Psychotherapie". Hier haben sich in der letzten Zeit vielfältige Änderungen ergeben. Den aktuellen Stand erfahren Sie immer beim BDP (siehe ▶ www.bdp-verband.de) oder auch bei der DGPs (siehe ▶ www.dgps.de).

Grundsätzlich gelten für die Entscheidung für einen Masterstudiengang die gleichen Aspekte wie beim Bachelor. Allerdings ist hier eine Schwerpunktsetzung sinnvoll und empfehlenswert, da bereits im Bachelor ein umfangreicher Überblick über die Psychologie vermittelt wurde. Dabei gibt es Masterstudiengänge mit Schwerpunktsetzung innerhalb des Studiengangs (d. h. Sie studieren einen Master in Psychologie und können sich innerhalb des Studiums entscheiden) sowie Masterstudiengänge zu einem einzigen Schwerpunkt (d. h., Sie studieren beispielsweise einen Master in klinischer Psychologie und können dementsprechend keinen wirtschaftspsychologischen Schwerpunkt im Studium wählen). Auch bei Masterstudiengängen kann zwischen Universitäten und Hochschulen für angewandte Wissenschaften gewählt werden, wobei hier die gleichen Grundsätze gelten wie bei der Entscheidung für ein Hochschulart beim Bachelorstudiengang.

Einen Überblick über Masterstudiengänge und die jeweils gültigen Zugangsvoraussetzungen bietet die DGPs (siehe oben). Dabei muss bei der Masterbewerbung berücksichtigt werden, dass oftmals langwierige Vorarbeiten notwendig sind, beispielsweise Englischtests oder vergleichbare Nachweise. Es empfiehlt sich deshalb auf jeden Fall, dass Sie sich frühzeitig über die Zugangsvoraussetzungen der von Ihnen präferierten Masterstudiengänge informieren und frühzeitig mit der Vorbereitung der Bewerbung beginnen. Darüber hinaus ist es auf jeden Fall sinnvoll, dass Sie sich für mehrere Masterstudiengänge bewerben, da die Auswahlverfahren sehr unterschiedlich sind und auch die Beliebtheit der Studienorte stark variiert. Dabei muss ein auf den ersten Blick weniger attraktiver Studienort kein Nachteil sein, da an kleineren Universitäten häufig eine intensivere Betreuung der Studierenden möglich ist.

Promotion

Allgemein lässt sich sagen, dass bei Interesse an einer Promotion ein Studium an einer Universität empfehlenswert sein kann, da hier die Zugangsmöglichkeiten zur Promotion und auch die Kontaktmöglichkeiten mit potenziellen Betreuer:innen oftmals besser sind. Durch das Promotionsrecht für Hochschulen für angewandte Wissenschaften in einigen Bundesländern in Deutschland finden hier aktuell viele Veränderungen statt, wobei der Zugang zu einer Promotion sicherlich über Kontakte an Universitäten immer noch einfacher ist. Eine

Entscheidung für eine Promotion sollte in jedem Fall bewusst getroffen werden, da es sich bei empirischen Promotionen in der Psychologie um umfangreiche Projekte handelt, die realistisch einen Zeithorizont von 3 bis 5 Jahren benötigen. Auch an Hochschulen für angewandte Wissenschaften ohne Promotionsrecht sind Promotionen möglich, wobei die Betreuung dann oftmals durch eine:n Professor:in dort und durch eine:n Professor:in an einer kooperierenden Universität mit Promotionsrecht erfolgt. Im Gegensatz zu Universitäten ist das Promotionsrecht an Hochschulen für angewandte Wissenschaften an einen Nachweis der Publikations- und Forschungstätigkeit des jeweiligen Fachbereichs gekoppelt, um eine Qualitätssicherung zu gewährleisten. Eine professionelle wissenschaftliche Betreuung der Promotion ist also durchaus auch an Hochschulen für angewandte Wissenschaften möglich.

Weitere Informationen zur Promotion und zu damit verbundenen Berufsfeldern finden Sie in Teil IV „Berufsfelder in der Forschung und Lehre". Gerne verweisen wir an dieser Stelle auch an Ihre Dozent:innen und Professor:innen, wenn Sie bereits im Studium sind, nachdem sich beinahe jeder im akademischen Umfeld mit diesem Thema auseinandersetzen wird.

Berufsbegleitendes Studium

Sollten Sie beruflich bereits Fuß gefasst haben und anstreben, noch eine höherrangige akademische Qualifikation zu erlangen, so ist dies natürlich ebenfalls möglich. In einem Angestelltenverhältnis bestehen hier verschiedene Möglichkeiten, und je nach Bundesland gibt es unterstützende gesetzliche Regelungen wie z. B. das Weiterbildungsgesetz (NRW) oder das Gesetz zur Förderung der Erwachsenenbildung (Bayern). Auch viele Tarifverträge und innerbetriebliche Regelungen geben Leitplanken zur berufsbegleitenden Weiterqualifizierung vor. Wichtig ist dann, dass Sie sich z. B. bei einem aufbauenden Master danach erkundigen, ob dieser auch in Teilzeit oder blockweise absolviert werden kann.

Führen Sie hier auf jeden Fall rechtzeitig ein Gespräch mit Ihrer Führungskraft und mit dem Personalwesen Ihres Arbeitgebers, und klären Sie die Möglichkeiten ab. Wenn das Masterstudium inhaltlich auch im Interesse des Arbeitgebers liegt, können oft interessante Modelle zur Lastenverteilung vereinbart werden. Beispielsweise erhalten Sie eine Arbeitszeitreduktion von 50 %, Ihr Entgelt wird aber nur um 40 % reduziert, oder der Arbeitgeber trägt etwaige Studien- oder Prüfungsgebühren. Hier gilt es, im Dialog individuell zu verhandeln.

Ähnlich verhält es sich mit Promotionen außerhalb der Universitäten. Selbstverständlich benötigen Sie eine:n Professor:in an einer entsprechenden Einrichtung, die Promotionen betreuen darf. Die eigentliche Forschungsarbeit und begleitende Tätigkeiten absolvieren Sie jedoch bei Ihrem Arbeitgeber. Hier gibt es entweder wie im letzten Abschnitt angesprochen Modelle mit Teilfreistellung oder in manchen Firmen explizite Doktorand:innenprogramme. Bei derartigen Promotionen ist es besonders wichtig, dass Sie auch Zeit dafür einplanen, das Netzwerk der betreuenden Universität zu nutzen, da Ihre Kolleg:innen im Betrieb zwar häufig fachliche Expertise, aber meist wenig Erfahrung in der Forschung haben. Ein großer Vorteil dieser angewandten Forschung ist, dass Sie oft eine berufliche Problematik durch vertiefte Analyse lösen können und Sie als Nebeneffekt eine Möglichkeit zur Promotion mit attraktiven Konditionen haben. Eine berufsbegleitende Industriepromotion kann auch ein Türöffner zu einer Karriere als Professor:in an einer Hochschule für angewandte Wissenschaften sein, worauf im entsprechenden Kapitel an späterer Stelle eingegangen wird.

2.3 Titelschutz der Berufsbezeichnung „Psychologin" und „Psychologe"

Jan Frederichs und Fredi Lang

Psychologie ist als Gattungsbegriff zwar beliebig verwendbar, als professionelle Dienstleistung ist sie aber Psycholog:innen vorbehalten. Psycholog:innen bieten also professionelle Psychologie an und stehen dafür mit der Verwendung der Berufsbezeichnung.

Psychologie ist „in", deshalb gibt es gelegentlich auch andere Anbieter:innen, die sich damit schmücken, unter der Bezeichnung Psychologie aber letztlich eher „Küchenpsychologie" anbieten. Täuschungen zu vermeiden, ist auch deshalb wichtig, weil es für Lai:innen nicht ganz offensichtlich ist, wenn sie eine schlechte Dienstleistung erhalten. Selbst in einer guten psychologischen Dienstleistung stellt sich der Erfolg nicht stets auf die Schnelle ein, nicht selten gibt es anfänglich sogar Verschlechterungen. Außerdem kann die Beziehung zwischen (angeblichen?) Psycholog:innen und ihren jeweiligen Klient:innen für Ausnutzung und Missbrauch von Macht anfällig sein. Wie können die Angesprochenen merken, dass ihnen die angebotene Dienstleistung wenig bzw. nicht nachhaltig nützt? Wie können Kund:innen, Verbraucher:innen, Klient:innen und auch Patient:innen letztlich tatsächlich eine gute psychologische Dienstleistung erhalten? Indem sie darauf vertrauen können, dass mit der Verwendung der Berufsbezeichnung „Psychologin" und „Psychologe" eine gute professionelle Dienstleistung angeboten wird.

Allerdings ist dieses Vertrauen der Angesprochenen nicht automatisch geschützt. Es gibt kein „Psycholog:innengesetz", das regelt, wer sich so bezeichnen darf. Der BDP hatte in seiner Satzung viele Jahre lang die Schaffung eines solchen Gesetzes als Verbandsaufgabe stehen. Es ist letztlich 1998 ein Psychotherapeutengesetz geworden, denn nur der Patient:innenschutz rechtfertigte seinerzeit den Eingriff in die Berufsfreiheit. In der Folge ist der freie Beruf der Psychotherapeut:innen geregelt, während der freie Beruf der Psycholog:innen noch nicht reguliert ist. Mithin ist auch nicht eindeutig vorgegeben, wer diese Berufsbezeichnungen führen darf.

Es bleibt aber das Wettbewerbsrecht, also in Deutschland insbesondere das Gesetz gegen den unlauteren Wettbewerb (UWG), das nicht nur den fairen Wettbewerb untereinander, sondern auch den Verbraucherschutz zum Ziel hat. Gemäß § 5 UWG darf man nicht über seine Befähigung in die Irre führen. Insbesondere Konkurrent:innen und teilweise deren Berufsverbände können das gerichtlich prüfen lassen.

Die höchstrichterliche Rechtsprechung aus dem Jahr 1985, wonach sich ein Heilpraktiker nicht als „praktischer Psychologe" bezeichnen darf, hält nun schon über 30 Jahre. Es gab und gibt eine Reihe weiterer Gerichtsurteile, die diese Grundsatzentscheidung bestätigt haben. Zum Beispiel urteilte das Landgericht Hamburg 2003 (Aktenzeichen 416 O 6/03): „Der nicht fachspezifische Verkehr weiß, dass es ein Psychologiestudium gibt, das zu einem Abschluss führt, und geht deswegen ohne weitere Anhaltspunkte davon aus, dass ein Psychologe über ein entsprechendes Fachstudium verfügt. Über die Frage der Berufsbezeichnungen im Einzelnen wird der Verkehr, der beabsichtigt, die Dienste eines Psychologen in Anspruch zu nehmen, keine konkreten Vorstellungen hegen …"

Allerdings unterliegt auch die Psychologie Entwicklungen und sich verändernden Rahmenbedingungen. Aber Angriffe oder Zweifel an der Einheit der Psychologie kommen weniger aus der Profession selbst als von anderen Anbieter:innen, die gerne auch an diesem Markt partizipieren wollen.

Das Studienfach der Psychologie hat – anders als einige andere nicht gesetzlich regulierte klassische Disziplinen – den potenziellen Freiraum im sog. Bologna-Prozess nicht zum Anlass genommen, das Fach beliebig in viele kleine Untergebiete aufzuteilen. Statt dessen findet sich in durchaus bemerkenswerter Weise fast ausnahmslos die Einheit der Psychologie in einer konsistenten Fortführung der Studieninhalte wieder. Die Möglichkeiten des Bologna-Prozesses wurden zwar auch für diverse Schwerpunktbildungen genutzt, allerdings innerhalb bzw. aufbauend auf einem weiterhin grundständigen Studium der Psychologie. Zwar gibt es – vor allem in der Außenwerbung – auch Studiengänge, die das Wort „Psychologie" verwenden und die zu den akademischen Graden Bachelor oder Master führen, obwohl sie einem in Deutschland und Europa üblichen grundständigen Psychologiestudium nicht entsprechen. Aber dies bleibt eine Randerscheinung ohne nennenswerte praktische Bedeutung.

Gleichwohl sind es diese Studienanbieter:innen und mehr oder weniger notgedrungen ihre wenigen Absolvent:innen im Nachgang, die sich ebenfalls als Psycholog:in bezeichnen wollen und behaupten, die ständige Rechtsprechung würde wegen angeblich mannigfaltiger Möglichkeiten nicht mehr gelten.

Es ist hingegen nach wie vor die hochwertige professionelle Dienstleistung der Psychologie als Angebot von Psycholog:innen, die für wissenschaftliche Fundierung, humanistische Prägung sowie fachliche und ethische Verantwortung steht, also für Kompetenzen, die nur in einem umfassenden Psychologiestudium (ggf. inklusive Schwerpunktbildung) angelegt und vermittelt werden.

Das Oberlandesgericht Schleswig hat 2016 bestätigt, dass man sich nur dann als Psycholog:in bezeichnen darf, wenn man Psychologie studiert hat; ein einjähriger Fernlehrgang reicht dazu nicht aus. Gleichwohl wird gerne unter Berufung auf den Bologna-Prozess behauptet, das sei alles nicht richtig und schon jede klitzekleine Ausbildung, die von sich behaupten kann, Psychologie zu vermitteln, befähige zur Psychologin oder zum Psychologen.

Vor diesem Hintergrund bleibt das Vertrauen der Klient:innen, Kund:innen, Patient:innen und Verbraucher:innen in die Professionalität von Psychologie, wenn sie von Psycholog:innen angeboten wird, schutzwürdig und schutzbedürftig. Das ist eine Aufgabe für die Allgemeinheit und die Profession. Am Ende ist dies nicht nur eine Aufgabe des Titelschutzes, also des wettbewerbsrechtlichen Vorgehens gegen die Irreführung über die Befähigung durch angebliche Psycholog:innen, sondern auch eine Maxime für die Gestaltung von Studienangeboten. Auch wenn der Markt möglicherweise den Bedarf an besonderen Spezialisten suggeriert, bestehen grundlegende Zweifel, dass ausreichende Kompetenzen der Psychologie in Schmalspurausbildungen vermittelt werden können. Mithin setzt sich auch der Eindruck durch, dass der Markt doch letztlich nur Psycholog:innen braucht, die auf Basis eines allgemeinen Psychologiestudiums spezialisiert sind.

Damit korrespondiert der Titelschutz. Das Wettbewerbsrecht schaut auf die Vorstellung der angesprochenen Verkehrskreise. Welche Kompetenzen erwarten diese von Anbieter:innen, die sich als Psycholog:innen bezeichnen? Müssen sie dafür eine konkrete Vorstellung über deren akademischen Werdegang haben oder dürfen sie darauf vertrauen, dass alle Psycholog:innen im Wesentlichen gleich qualifiziert sind? Diese Fragen sind auch wiederkehrend Gegenstand von Rechtsstreitigkeiten. Titelschutz und damit einhergehend Verbraucher:innenschutz bleibt eine laufende Aufgabe.

Viele rechtliche Probleme, insbesondere der Abgrenzung, ließen sich gesetzlich regeln. Zwar soll in einer freiheitlich-demokratischen Grundordnung nicht mehr gesetzlich geregelt werden als nötig, aber gerade bei der für Manipulation und Missbrauch anfälligen Dienstleistung der Psychologie, wenn sie von unprofessionellen Anbieter:innen angeboten wird, ist die Forderung nach einer gesetzlichen Regelung im Hinblick auf den Vertrauens- und Verbraucher:innenschutz plausibel. Deshalb fordert der BDP inzwischen als Satzungsziel ein Psycholog:innengesetz und führt zur professionellen Profilierung die Marke „Psycholog:in BDP" ein.

Vor dem Hintergrund der Erfahrungen des BDP, dass gesetzliche Initiativen häufig einen längeren Zeitraum in Anspruch nehmen, erscheint es sinnvoll, darauf nicht zu warten, sondern das Thema „Marke" vorab zu betreiben und die Marke durch ein Berufsgesetz abzulösen. Die Initiativen für die Marke und die formal stärkere berufsgesetzliche Regelung werden parallel weiter betrieben.

2.4 Fazit

Maximilian Mendius und Simon Werther

Zusammenfassend können wir als Psycholog:innen sehr positiv in die Zukunft blicken, was sich auch an den offen gemeldeten Stellen der letzten Jahre zeigt (Abele-Brehm, 2017; Bühner, 2023). Arbeitslose Psycholog:innen sind somit die Seltenheit. Dies liegt sicherlich auch daran, dass wir in unterschiedlichen Anwendungsfeldern tätig werden und somit auch wirtschaftliche und gesellschaftliche Krisenzeiten besser abfedern können als sehr spezialisierte Disziplinen.

Dennoch wird die Entwicklung der nächsten Jahre spannend, da sowohl durch die zunehmende Bedeutung der Psychologie an Hochschulen für angewandte Wissenschaften als auch durch die Reform der Psychotherapieausbildung umfassende Veränderungen im Gange sind, die uns Psycholog:innen direkt betreffen. Umso spannender wird es, wenn wir diese Veränderungen aktiv mitgestalten und somit unserem Berufsstand in Politik und Gesellschaft weiter Gehör verschaffen!

Literatur und weiterführende Quellen

Abele-Brehm, A. (2017). Zur Lage der Psychologie. *Psychologische Rundschau, 68*(1), 1–19.

Berufsverband Deutscher Psychologinnen und Psychologen (BDP). (2022). Vom BDP im Hinblick auf eine BDP-Mitgliedschaft als psychologische Studiengänge anerkannte Bachelorstudiengänge (aktualisiert Mai 2022). www.bdp-verband.de/fileadmin/user_upload/BDP/website/dokumente/PDF/Profession/Ausbildung/anerkannte-studiengange_2022.pdf. Zugegriffen am 14.05.2024.

Berufsverband Deutscher Psychologinnen und Psychologen (BDP). www.bdp-verband.de. Zugegriffen am 14.05.2024.

Berufsverband Deutscher Psychologinnen und Psychologen (BDP). Anerkannte Studiengänge: Bachelor- und Master-Studiengänge Psychologie. www.bdp-verband.de/profession/studium-und-weiterbildung/anerkannte-studiengaenge. Zugegriffen am 14.05.2024.

Bühner, M. (2023). Zur Lage der Psychologie. *Psychologische Rundschau, 74*(1), 1–20.

Deutsche Gesellschaft für Psychologie (DGPs). (2014). Empfehlungen des DGPs-Vorstands zu Bachelor- und Masterstudiengängen in Psychologie. Verabschiedet vom Vorstand im Dezember 2014. www.dgps.de/fileadmin/user_upload/PDF/Empfehlungen/Empfehlungen_des_Vorstands_Bachelor_und_Master_15_12_14.pdf. Zugegriffen am 14.05.2024.

Deutsche Gesellschaft für Psychologie (DGPs). www.dgps.de. Zugegriffen am 14.05.2024.

Deutsche Gesellschaft für Psychologie (DGPs). Fächer im Psychologiestudium. www.dgps.de/psychologie-studieren/faecher-im-psychologie-studium. Zugegriffen am 14.05.2024.

Deutsche Gesellschaft für Psychologie (DGPs). Studieneignungstest für den Bachelorstudiengang Psychologie BaPsy-DGPs. www.dgps.de/psychologie-studieren/infos-zum-studium/studieneignungstest-psychologie. Zugegriffen am 14.05.2024.

Frensch, P. A. (2013). Zur Lage der Psychologie als Fach, Wissenschaft und Beruf. *Psychologische Rundschau, 64*(1), 1–15.

Hochschule für Technik (HFT) Stuttgart. www.hft-stuttgart.de. Zugegriffen am 14.05.2024.

Internationale Psychoanalytische Universität (IPU). www.ipu-berlin.de. Zugegriffen am 14.05.2024.

Weber, H., Erdfelder, E., Gundlach, H. & Spinath, B. (2024). Die Entwicklung des Psychologiestudiums in Deutschland. Psychologische Rundschau, 75(2):107–118.

Berufsfelder in der klinischen Psychologie und Psychotherapie

In diesem Teil des Buches wird auf unterschiedliche Berufsfelder der klinischen Psychologie und Psychotherapie eingegangen. Die klinische Psychologie stellt ein bedeutendes Tätigkeitsfeld innerhalb der Psychologie dar, das sich der Diagnose, Behandlung und Prävention psychischer Störungen widmet sowie die Förderung psychischer Gesundheit zum Ziel hat. Die Berufsfelder in der klinischen Psychologie sind vielseitig und adressieren unterschiedliche Aspekte der mentalen Gesundheitsversorgung. Viele klinische Psycholog:innen arbeiten als Psychotherapeut:innen in privaten Praxen, Kliniken oder Therapiezentren, in denen sie ein breites Spektrum an therapeutischen Dienstleistungen anbieten, darunter die kognitive Verhaltenstherapie und andere psychotherapeutische Verfahren. Sie führen Einzel-, Paar-, Familien- und Gruppentherapien durch, um Patient:innen mit einer Vielzahl an psychischen Problemen zu unterstützen. In psychiatrischen Krankenhäusern wiederum sind sie an der Diagnostik sowie der Behandlungsplanung beteiligt und unterstützen die Durchführung von Therapieprogrammen. Dort arbeiten sie oft in multidisziplinären Teams, die Ärzt:innen, Pflegepersonal und andere Therapeut:innen einschließen. Zudem bieten klinische Psycholog:innen auch Beratung und Krisenintervention für Personen in akut belastenden Lebenssituationen an. Ob in institutionellen Beratungszentren, im Rahmen von Notfallteams oder bei Telefonseelsorgen – sie stehen Menschen in Krisen mit professioneller Hilfe zur Seite.

Inhaltsverzeichnis

Kapitel 3 **Grundsätzliches zum Studium der klinischen Psychologie – 21**
Katharina Mendius und Eline Rimane

Kapitel 4 **Tätigkeiten in Kliniken – 31**
Marcella Ammerschläger

Kapitel 5 **Tätigkeiten in eigener Praxis – 43**
Marie-Christine Reiswich (geb. Fischer)

Kapitel 6 **Tätigkeiten in Beratungseinrichtungen – 67**
Sigrid Stiemert-Strecker und Jürgen Wolf

Kapitel 7 **Tätigkeiten in interkulturellen Kontexten – 85**
Maria Gavranidou

Kapitel 8 **Anforderungen an Tätigkeiten in der klinischen Psychologie – 101**
Katharina Mendius

Grundsätzliches zum Studium der klinischen Psychologie

Katharina Mendius und Eline Rimane

Inhaltsverzeichnis

3.1 Inhalte des Bachelorstudiums – 22

3.2 Inhalte des Masterstudiums – 22

3.3 Was ist bei der Studienplanung zu bedenken? – 23

3.4 Praxis schon im Studium – 28

3.5 Die Wahl der richtigen Universität – 28

Literatur – 29

© Der/die Autor(en), exklusiv lizenziert an Springer-Verlag GmbH, DE, ein Teil von Springer Nature 2024
M. Mendius, S. Werther (Hrsg.), *Psychologie in Studium und Beruf*,
https://doi.org/10.1007/978-3-662-68508-2_3

Welches sind die Kernsymptome einer Schizophrenie? Welchen Fragebogen könnten Sie einsetzen, um eine Selbstauskunft über verschiedene psychopathologische Symptome zu erhalten? Welche Merkmale weisen erfolgreiche Präventionsprogramme auf? Welche Verfahren haben sich in der Behandlung von Phobien als wirksam herausgestellt?

Nach dem erfolgreichen Abschluss eines Studiums mit dem Schwerpunkt klinische Psychologie bzw. Psychotherapie sollten Sie in der Lage sein, die oben aufgeführten Fragen zu beantworten. Im Studium der klinischen Psychologie und Psychotherapie wird über Beschreibung, Diagnostik, Prävention und Therapie von Störungen des menschlichen Erlebens und Verhaltens gelehrt. In diesem Rahmen kommt auch den Grundlagenfächern wie z. B. der Allgemeinen Psychologie oder der Biologischen Psychologie eine große Bedeutung zu, da die dort behandelten Prinzipien einen wichtigen Beitrag zum Verständnis klinischer Störungsbilder und Therapieformen leisten. Das Studium der klinischen Psychologie und Psychotherapie bereitet auf eine Vielzahl von Tätigkeitsfeldern vor, wie Tätigkeiten in Kliniken (▶ Kap. 4), selbstständige Arbeit in eigener Praxis (▶ Kap. 5) und Tätigkeiten in Beratungsstellen (▶ Kap. 6). Darüber hinaus ist die klinische Psychologie eine wichtige Grundlage zahlreicher weiterer Tätigkeitsfelder, beispielsweise Berufsfelder als Familienpsycholog:in (▶ Kap. 27), als klinische:r Neuropsycholog:in (▶ Kap. 31) oder auch als Gesundheitspsycholog:in (▶ Kap. 30).

Aufgrund neuer gesetzlicher Regelungen ist insbesondere die Studienplanung im klinischen Bereich (▶ Abschn. 3.3) deutlich komplexer geworden, denn die Masterabschlüsse werden zunehmend auf Abschlüsse in klinischer Psychologie und Psychotherapie umgestellt, um im Anschluss an den Masterabschluss die Approbationsprüfung mit dem Ziel der Heilerlaubnis zu absolvieren.

3.1 Inhalte des Bachelorstudiums

Der Bachelor gilt nach der Bologna-Reform bereits als erster berufsqualifizierender Hochschulabschluss. Gleichzeitig muss er als erstes Studium auch wichtige Grundlagen vermitteln, auf denen dann ein eventuell anschließendes Masterstudium aufbauen kann. Gemäß der Approbationsordnung ist ein polyvalenter Bachelor erlaubt, d. h., Inhalte im Bachelorstudium dürfen breit aufgestellt sein und verschiedene Bereiche der Psychologie abdecken. Ein derartiges Bachelorstudium darf gewählt werden, auch wenn ein Master in klinischer Psychologie und Psychotherapie folgen soll.

Für den Fachbereich der klinischen Psychologie liegen die inhaltlichen Schwerpunkte im Bachelor auf der Vorstellung verschiedener Störungsbilder und ihrer Diagnostik: Störungen des Erlebens und Verhaltens werden klar definiert, ihre Symptomatik und ihre Einteilung/Klassifikation in verschiedene Kategorien werden beschrieben. Weiter werden mögliche Erklärungen für Entstehung und Verlauf der Störungsbilder gegeben sowie Methoden und Verfahren der Diagnostik gelehrt und kritisch diskutiert. Auch wenn Methoden der Intervention tendenziell ausführlich im Masterstudium behandelt werden, schließen bereits viele Bachelorstudiengänge Intervention im Studienplan ein.

3.2 Inhalte des Masterstudiums

Der Master ist ein – in der Regel fachlich auf dem Bachelor aufsetzender – zweiter berufsqualifizierender Abschluss. Die im Bachelorstudium gelehrten Grundlagen werden vertieft. Dabei können sowohl forschungspraktische Aspekte (z. B. Methoden der Psychotherapieforschung) als auch psychologisch-therapeutische Arbeit (z. B. Verhaltenstherapie) behandelt werden.

Mit dem neuen Psychotherapeutengesetz (PsychThG; ▶ Abschn. 3.3) wurden auch die Rahmenbedingungen und Inhalte des Masterstudiums der klinischen Psychologie und Psychotherapie genauer definiert, als das vor der Gesetzesreform der Fall war. So ist im Gesetz festgelegt, dass Teile des Studiums die verschiedenen wissenschaftlich geprüften und anerkannten psychotherapeutischen Verfahren und Methoden beinhalten müssen. Hierbei handelt es sich um die Psychotherapieverfahren (manchmal auch als Therapieschulen bezeichnet), die auch von den gesetzlichen Krankenkassen übernommen werden. Das sind die systemische Therapie, Verhaltenstherapie, analytische Psychotherapie und tiefenpsychologisch fundierte Psychotherapie (siehe auch ▶ Abschn. 3.3). Dass an den Universitäten nun alle diese Verfahren gelehrt werden müssen, ist insofern erwähnenswert, da zum Zeitpunkt der Reform an vielen Universitäten ein verhaltenstherapeutischer Schwerpunkt bestand. Die Integration der anderen wissenschaftlich anerkannten Verfahren dürfte damit eine Herausforderung bei der Etablierung der neuen Studiengänge darstellen.

Neben der vertieften Vermittlung von anwendungspraktischem Wissen dient das Masterstudium auch dazu, Studierende durch intensive Theoriearbeit auf eine spätere Forschungstätigkeit vorzubereiten. So ist an den meisten Universitäten der Masterabschluss Voraussetzung für eine spätere Promotion – vereinzelt werden inzwischen jedoch auch schon Promotionsmöglichkeiten nach dem Bachelor im Rahmen sog. Fast-Track-Modelle angeboten.

3.3 Was ist bei der Studienplanung zu bedenken?

Möchte man klinische Psychologie studieren, ist man schnell mit der Frage konfrontiert, ob man später als Psychotherapeut:in arbeiten möchte oder nicht. Entsprechend muss man seinen Bachelor- und Masterstudiengang wählen. Denn seit Neuestem beginnt die Ausbildung zum/zur Psychotherapeut:in schon im Studium. Wenn Sie dieses abschließen, können Sie auch direkt im Anschluss die Behandlungserlaubnis als Psychotherapeut:in, die sog. Approbation, erwerben. Dass dies direkt nach Ende des Studiums möglich ist, ist ein Ergebnis der Gesetzesreform aus dem Jahr 2020. Hier wurde das Psychotherapeutengesetzes (PsychThG), das im Jahr 1999 eingeführt wurde, komplett überarbeitet. Vor der Reform musste man nach einem Studium der Psychologie eine Ausbildung absolvieren, um die Approbation als Psychotherapeut:in und die Möglichkeit, mit den Krankenkassen abzurechnen, zu erlangen. Seit dem 1. September 2020 ist dieser Weg ein komplett anderer: Wer Psychotherapeut:in werden möchte, muss zunächst ein Studium, das den gesetzlichen Vorgaben (d. h. der Approbationsordnung) entspricht, absolvieren. Das Studium besteht aus einem 3-jährigen Bachelorstudiengang und einem 2-jährigen Masterstudiengang (▶ Abschn. 3.1 und 3.2). Möchte man diesen Weg gehen, muss man die entsprechend anerkannten Bachelor- bzw. Masterstudiengänge wählen. Nach Ende des Studiums erfolgt dann – ähnlich wie bei den Mediziner:innen – die Approbationsprüfung. Anschließend durchläuft man eine berufliche Weiterbildung zum/zur Fachpsychotherapeut:in.

Neben der neuen Weiterbildung läuft aktuell auch noch das alte System der psychotherapeutischen Ausbildung weiter. Der alte Weg zum/zur Psychotherapeut:in mit Studium und Ausbildung ist nur noch für Personen möglich, die vor dem 1. September 2020 ein Studium begonnen haben, das zur Ausbildung berechtigt. Diese Ausbildungen im Rahmen der Übergangsregelungen müssen allerdings spätestens bis zum 1. September 2032 abgeschlossen sein (in Härtefällen bis zum 31. August 2035). Gleichzeitig ist zum aktuellen Zeitpunkt noch unklar, bis wann eine Ausbildung nach den alten Regelungen noch begonnen werden kann – für die eigene Planung sollte man ausreichend Zeit für die Absolvierung der Ausbildung einplanen. So zeigt eine neuere Studie (Nübling et al., 2020) zu den alten Ausbildungsbedingungen, dass man mit einer durchschnittlichen Ausbildungsdauer von etwa 5 Jahren rechnen sollte.

Durch die Reform haben sich auch die Berufsbezeichnungen für Psychotherapeut:innen verändert. Personen, die nach den alten Regeln die Ausbildung gemacht haben, werden als Psychologische Psychotherapeut:innen (PP) bzw. Kinder- und Jugendlichenpsychotherapeut:innen (KJP) bezeichnet. Personen, die nach den neuen Regeln die Approbation nach dem Studium erwerben, heißen dagegen einfach Psychotherapeut:innen. Haben diese auch noch die Weiterbildung absolviert, werden sie als Fachpsychotherapeut:innen bezeichnet. In den nächsten Jahrzehnten wird es diese verschiedenen Berufsbezeichnungen nebeneinander geben. Wichtig ist hier noch zu wissen, dass diese Bezeichnungen geschützt sind und nur von Personen mit Approbation getragen werden dürfen.

Einer der größten Unterschiede zwischen neuem und alten Aus- bzw. Weiterbildungsweg sind sicherlich die hierfür qualifizierenden Studienabschlüsse. Während für die neue Weiterbildung ein Studium mit Bachelor und Master in klinischer Psychologie und Psychotherapie gemäß der Approbationsordnung vorgeschrieben ist, sind für die alte Ausbildung verschiedene Studienabschlüsse zugelassen. Für die Ausbildung zum/zur Psychologischen Psychotherapeut:in (primär für die Behandlung Erwachsener) ist ein Abschluss im Studiengang Psychologie, die das Fach klinische Psychologie einschließt, Voraussetzung. Für die Ausbildung zum/zur Kinder- und Jugendlichenpsychotherapeut:in ist neben Psychologie auch ein Abschluss in den Studiengängen Pädagogik oder Sozialpädagogik zugelassen. Die individuelle Prüfung der Zulassungsvoraussetzungen für die alte Ausbildung ist Aufgabe der Landesprüfungsämter für Psychotherapie – dies sind die zuständigen Behörden des jeweiligen Bundeslandes, in dem die Ausbildung absolviert wird. Wer Fragen dazu hat, ob sein Studienabschluss für die alte Ausbildung qualifiziert, sollte sich an sein zuständiges Landesprüfungsamt wenden.

Die gesetzlichen Regelungen zur alten Aus- und neuen Weiterbildung sind umfassend. Dennoch ist es wichtig, sich mit diesen für die eigene Planung auseinanderzusetzen, denn letztendlich findet man hier die Informationen, die zählen. ◘ Tab. 3.1 gibt einen Überblick über die verschiedenen gesetzlichen Grundlagen und wo diese zu finden sind.

Da sich immer weniger Studienabsolvent:innen für den alten Ausbildungsweg entscheiden werden, konzentrieren sich die weiteren Ausführungen in diesem Kapitel auf den neuen Weg zum/zur Psychotherapeut:in.

Durch die Festlegung der Studieninhalte im Gesetz sind die Spielräume der Universitäten bei der Ausgestaltung der Studiengänge zur klinischen Psychologie und Psychotherapie zwar etwas geringer geworden, dennoch unterscheiden sich diese weiterhin und sollten vor Aufnahme des Studiums verglichen werden.

Besteht der Wunsch, nach dem Bachelor ein Masterstudium aufzunehmen, ist es sehr wichtig, frühzeitig Informationen zur Anerkennung von Studienleistungen einzuholen und die belegten Studieninhalte dementsprechend gut zu planen. Gleiches gilt bei einem Wechsel der Universität oder einem Auslandsaufenthalt.

Ist es das Ziel, das Studium mit der Approbation abzuschließen bzw. nach dem Psychologiestudium die Weiterbildung zum/zur Fachpsychotherapeut:in aufzunehmen, so ist es zwingend erforderlich, einen Master anzuschließen und generell zu überprüfen, ob das eigene Studium die Bedingungen der Approbationsordnung erfüllt.

Grundsätzliches zum Studium der klinischen Psychologie

■ Tab. 3.1 Die gesetzlichen Grundlagen für die alte Aus- und neue Weiterbildung von Psychotherapeut:innen

Gültigkeit	Name	Inhalt	Hier abrufbar
Alte Ausbildung (allgemein)	Psychotherapeutengesetz (PsychThG) vom 16. Juni 1998	Regelung der Ausübung von Psychotherapie durch Psychotherapeut:innen; hier finden sich auch Regelungen zur Ausbildung: gültig bis zum 31. August 2020.	Im Online-Archiv des Bundesgesetzblattes: ▶ www.bgbl.de (In der Suche den hier gelisteten Namen eingeben.)
Alte Ausbildung (für PP)	Ausbildungs- und Prüfungsverordnung für Psychologische Psychotherapeuten (PsychTh-APrV) vom 18. Dezember 1998	Rahmenbedingungen der Ausbildung für PP; hier finden sich auch die Voraussetzungen der Zulassung für Personen, die vor dem 1. September 2020 ein entsprechendes Studium begonnen haben.	
Alte Ausbildung (für KJP)	Ausbildungs- und Prüfungsverordnung für Kinder- und Jugendlichenpsychotherapeuten (KJPsychTh-APrV) vom 18. Dezember 1998	Rahmenbedingungen der Ausbildung für KJP; hier finden sich auch die Voraussetzungen der Zulassung für Personen, die vor dem 1. September 2020 ein entsprechendes Studium begonnen haben.	
Neue Weiterbildung (allgemein) und alte Ausbildung (Übergang)	Psychotherapeutengesetz (PsychThG) vom 5. November 2019	Das ab 1. September 2020 gültige Gesetz zur Regelung der Ausübung von Psychotherapie durch Psychotherapeut:innen; hier finden sich auch Regelungen zu Studium und neuer Weiterbildung; für Personen, die noch die alte Ausbildung machen, finden sich hier die Übergangsregelungen.	Auf der Webseite „Gesetze im Internet": ▶ www.gesetze-im-internet.de/psychthg_2020/index.html
Neue Weiterbildung (Studium/Approbation)	Approbationsordnung für Psychotherapeutinnen und Psychotherapeuten (PsychThApprO) vom 4. März 2020	Rahmenbedingungen des Studiums und der Approbation für Personen mit Studienbeginn ab dem 1. September 2020	Auf der Webseite „Gesetze im Internet": ▶ www.gesetze-im-internet.de/psychthappro/PsychThApprO.pdf
Neue Weiterbildung (nach der Approbation)	Muster-Weiterbildungsordnung Psychotherapeut:innen	Rahmenbedingungen der neuen Weiterbildung für Personen, die das Approbationsstudium abgeschlossen haben; „Muster", da die Weiterbildungsordnung von der jeweiligen Landespsychotherapeutenkammer verabschiedet wird	Auf der Webseite der BPtK: ▶ https://api.bptk.de/uploads/Muster_Weiterbildungsordnung_Psychotherapeut_innen_der_B_Pt_K_d6427e628e.pdf

Abkürzungen: Bundespsychotherapeutenkammer (BPtK), Kinder- und Jugendlichenpsychotherapeut:innen (KJP), Psychologische Psychotherapeut:innen (PP), Psychotherapeutenkammer Bayern (PTK Bayern)

Die Weiterbildung dauert mindestens 5 Jahre, wobei mindestens 2 davon in der ambulanten und 2 in der stationären Versorgung absolviert werden müssen. Ein Jahr kann wahlweise auch in institutionellen Bereichen erfolgen (z. B. in der Jugendhilfe oder Erziehungsberatung). Sie ist hauptberuflich vorgesehen, kann aber auch in Teilzeit absolviert werden, wodurch sich allerdings die Weiterbildungszeit verlängert. Im Rahmen der Weiterbildung erfolgt zum einen eine Spezialisierung in einem sog. Gebiet (Erwachsene, Kinder und Jugendliche oder neuropsychologische Psychotherapie), zum anderen in einem wissenschaftlich anerkannten Psychotherapieverfahren (hierbei handelt es sich zugleich um die Verfahren, die von den gesetzlichen Krankenkassen übernommen werden): systemische Therapie, Verhaltenstherapie, analytische Psychotherapie und tiefenpsychologisch fundierte Psychotherapie.

Comer (2001) charakterisiert die beiden letztgenannten Verfahren als Konzentration auf unbewusste, innere Konflikte des Menschen. Die Verhaltenstherapie „befasst sich mit eingeschliffenen Verhaltensweisen und wie sie erlernt werden" (Comer, 2001, S. 45), wobei in der modernen Verhaltenstherapie auch kognitive Prozesse eine Rolle spielen, also „Denkprozesse und -inhalte, die dem Verhalten zugrunde liegen" (Comer, 2001, S. 45). Die systemische Therapie legt den Fokus auf die aktuellen Beziehungen von Menschen, vor allem von Familien, und sieht den Umgang von Menschen mit ihren alltäglichen Beziehungen als einen Auslöser von psychischen Erkrankungen (BPtK, 2021). Sie zählt zwar schon länger zu den wissenschaftlich anerkannten Verfahren, wurde aber für Erwachsene erst im Jahr 2019 und für Kinder/Jugendliche im Januar 2024 auch als sog. Richtlinienverfahren und damit als Leistung der gesetzlichen Krankenversicherung anerkannt.

Zusätzlich zu den oben genannten Richtungen existiert eine Reihe weitere Therapieverfahren (z. B. Gestalttherapie, Logothera- pie, Familientherapie, Kunsttherapie), die Sie im Studium der klinischen Psychologie kennenlernen werden. Auch im Rahmen der Weiterbildung können Sie sich noch weiter spezialisieren. Hierfür gibt es die sog. Weiterbildungsbereiche „Spezielle Psychotherapie bei Diabetes", „Spezielle Schmerzpsychotherapie" oder „Sozialmedizin". Wer eine Bereichsweiterbildung abschließt, darf dann die entsprechende Zusatzbezeichnung mit seiner Berufsbezeichnung führen.

Einer der Hauptgründe, die Psychotherapieausbildung zu reformieren, war die finanziell prekäre Lage der früheren Psychotherapeut:innen in Ausbildung. Diese mussten die Ausbildungskosten selbst tragen und wurden für einen Großteil ihrer Ausbildung nicht oder nur sehr schlecht vergütet, weshalb viele während ihrer Ausbildung in Nebenjobs Geld verdienen oder Kredite aufnehmen mussten. Die „neuen" Psychotherapeut:innen sollten dagegen in allen Phasen der Weiterbildung Anspruch auf ein angemessenes Gehalt haben. Hierfür haben sich die politischen Vertreter:innen des Berufsstandes an verschiedenen Stellen eingesetzt. Zum Zeitpunkt der Veröffentlichung dieses Buches waren Inhalte und Struktur der neuen Weiterbildung zwar bereits ausgearbeitet und die gesetzlichen Grundlagen großteils geschaffen, allerdings war die Frage der Finanzierung noch offen. Ohne Klärung dieser Frage, können keine ausreichenden psychotherapeutischen Weiterbildungsplätze geschaffen werden und das Gelingen der Reform der Psychotherapeut:innenausbildung ist in Gefahr. Es bleibt zu hoffen, dass dies schnell geklärt wird, damit Psychotherapeut:innen bald in die neue Weiterbildung starten können.

An der Gestaltung der neuen Weiterbildung waren verschiedene Gruppen und Vertreter:innen des Berufsstandes beteiligt. Gebündelt wurde dieser Prozess durch die Bundespsychotherapeutenkammer (BPtK), die das zentrale berufspolitische Gremium für Psychotherapeut:innen darstellt. Wer sich über die aktuellen Entwicklungen in

Bezug auf die Weiterbildung informieren oder genauere Informationen dazu finden möchte, sei auf die Webseite der BPtK verwiesen: ▶ https://bptk.de/.

Mehr Informationen zur Berufspolitik von Psychotherapeut:innen und Engagementmöglichkeiten finden sich außerdem in ◘ Tab. 3.2.

Nach einem Masterstudium kann auch eine Promotion angeschlossen werden. Einen Überblick zu den verschiedenen Berufsfeldern in der Forschung und Lehre bietet Teil IV.

Eine Untersuchung unter Diplompsycholog:innen hat gezeigt: Jede:r sechste absolviert gleichzeitig eine Psychotherapieausbildung und eine Promotion. Dies sind häufiger Männer und Personen, bei denen keine Kinder im Haushalt leben. Promovend:innen gehen dabei nicht häufiger davon aus, die Psychotherapieausbildung nicht im vorgesehenen Zeitrahmen fertigstellen zu können: Über 50 % der Promovend:innen als auch Nichtpromovend:innen denken, länger als 3 bzw. 5 Jahre zu brauchen (Sonntag et al., 2012).

◘ Tab. 3.2 Berufsverbände, Berufspolitik und Möglichkeiten zum Engagement im Studium

Wo?	Was kann ich dort machen?
An den Universitäten	Für diejenigen, die sich schon im Studium engagieren und einen ersten Einblick in die Berufspolitik bekommen möchten, sind die Fachschaften bzw. Studierendenvertretungen an den jeweiligen Universitäten eine gute Anlaufstelle. Die Psychologie-Fachschaften sind wiederum in der Psychologie-Fachschaften-Konferenz (PsyFaKo) vernetzt. Die PsyFaKo hat sich auch bei der Novellierung des Psychotherapeutengesetzes engagiert und sich für studierendenfreundliche Lösungen eingesetzt.
Fach- und Berufsverbände	Fach- und Berufsverbände vertreten die Interessen ihrer Mitglieder und setzen sich z. B. bei berufspolitischen Themen für deren Belange ein. Es gibt eine lange Liste an psychotherapeutischen Fach- und Berufsverbänden. Diese orientieren sich teilweise an den verschiedenen Therapieverfahren, Berufsgruppen usw. Welcher Verband für einen selbst der passende ist, hängt sicher von vielen Faktoren ab. Bei einigen kann man bereits während des Studiums Mitglied werden und so einen Einblick in deren Arbeit erhalten. Gerade wenn es in Richtung Approbationsprüfung geht, haben manche Verbände auch Angebote wie Prüfungstrainer, Altklausuren etc. Außerdem bieten einige zusätzlich Vernetzungsangebote für den Nachwuchs an. Es lohnt sich also schon im Studium, hierauf einen Blick zu werfen. Übrigens haben manche Verbände auch ein Angebot für Psycholog:innen, die sich nicht für den Weg zur Psychotherapeut:in entschieden haben, sondern z. B. in Beratungsstellen arbeiten.
In den Kammern	Mit Erwerb der Approbation werden Psychotherapeut:innen Pflichtmitglied in ihrer jeweiligen Landespsychotherapeutenkammer. Die Kammern sind sog. Körperschaften des öffentlichen Rechts und üben staatliche Aufgaben zur Berufsaufsicht aus. Gleichzeitig vertreten sie die Interessen der Psychotherapeut:innen. Diese wählen ihre Vertreter:innen in die entsprechenden Gremien der Kammern (Delegiertenversammlung und Vorstand). Die Landeskammern sind wiederum in der Bundespsychotherapeutenkammer (BPtK) organisiert, die auf Bundesebene die Interessen des Berufsstandes vertritt. Inwiefern Psychotherapeut:innen, die noch die Ausbildung machen, Mitglieder in ihrer jeweiligen Landeskammer sein können, hängt vom jeweiligen Bundesland ab. Manche Länder haben eine freiwillige, andere eine Pflichtmitgliedschaft. Nur noch wenige Bundesländer haben keine Möglichkeit der Mitgliedschaft für Psychotherapeut:innen in Ausbildung. Vertreter:innen der Auszubildenden gibt es aber in allen Landeskammern. Diese sind auch auf Bundesebene in der „Bundeskonferenz der PiA (BuKo PiA)" organisiert (mit „PiA" werden die Psychotherapeut:innen in Ausbildung bezeichnet). Wie dieses System auf die Strukturen des neuen Weges zum:zur Psychotherapeut:in übertragen werden kann, ist aktuell noch unklar.

3.4 Praxis schon im Studium

Praktisch-psychologische Arbeit muss bzw. sollte nicht erst nach dem Studium beginnen. Auch für Studierende bestehen eine Reihe von Möglichkeiten, schon während der Studienzeit anwendungspraktische Erfahrung zu sammeln. Zuerst sind an dieser Stelle die – (teilweise) in der Studienordnung bzw. in der Approbationsordnung festgelegten – Praktika zu nennen. Sie bieten umfassende Möglichkeiten, die verschiedenen Berufsfelder der klinischen Psychologie kennenzulernen. Einige Tätigkeiten können unter Supervision auch von den Praktikant:innen selbst ausgeführt werden. Im Gegensatz zum wirtschaftlichen Bereich werden klinische Praktika jedoch oftmals nicht vergütet, vor allen Dingen, wenn es sich um Pflichtpraktika handelt. Dementsprechend ist eine entsprechende Kostenplanung notwendig – eine Investition, die sich jedoch später in jedem Fall auszahlt. Entweder weil man zusätzliche Praxiserfahrung für den Beruf gesammelt hat oder weil die Erkenntnis gereift ist, dass eventuell doch nicht die klinische Psychologie das Berufsfeld ist, in dem man für eine lange Zeit tätig sein möchte.

Eine Verbindung von Vergütung und fachnahen Tätigkeiten bieten Stellen für Hilfswissenschaftler:innen, beispielsweise für die Unterstützung von Forschungsprojekten. Auch in eine Abschlussarbeit kann die praktisch-klinische Tätigkeit einfließen, indem empirische Daten z. B. bei einer Patientengruppe erhoben und/oder ausgewertet werden. Da die Untersuchung klinischer Stichproben sehr komplex und demzufolge relativ zeitaufwendig ist, eignen sich entsprechende Themen besser für die Masterarbeit.

3.5 Die Wahl der richtigen Universität

Wie bei den meisten Entscheidungen im Leben gilt: Es gibt nicht das Patentrezept für die Wahl der richtigen Universität. Vielmehr ist darauf zu achten, dass sich unter Berücksichtigung festgelegter Einschränkungen (z. B. Numerus clausus) eine möglichst optimale Passung zwischen den persönlichen Wünschen und den Angeboten der Universitäten ergibt. Dabei können im individuellen Fall neben den vermittelten Lehrinhalten auch der Studienort und die dortige Infrastruktur eine große Rolle spielen. Wichtig ist, an dieser Stelle zu erwähnen, dass der Numerus clausus gerade an den renommierten Universitäten oft relativ streng ist. Sollte es aufgrund der Abiturnote nicht möglich sein, das Bachelorstudium an der Traumuniversität aufzunehmen, so besteht nach dem Bachelor auch noch die Möglichkeit, den Studienort zu wechseln. Hierfür ist es – wie bereits erwähnt – wichtig, sich frühzeitig über Zulassungsvoraussetzungen und eventuelle Notengrenzen zu informieren.

Bei der Auswahl der Universität kann auf verschiedene Informationsquellen zurückgegriffen werden. Zum einen findet man Informationen zum Studium auf der Seite des Fakultätentags Psychologie (▶ https://fakultaetentag-psychologie.de). Der Fakultätentag Psychologie vertritt die psychologischen Institute und Fachbereiche an deutschen Universitäten. Hier findet man auch die Planungen der universitären Institute zum Angebot der Studiengänge B. Sc. Psychologie, M. Sc. Psychologie und M. Sc. Psychologie mit Schwerpunkt klinische Psychologie und Psychotherapie (M. Sc. KliPPs) nach Inkrafttreten des neuen Psychotherapeutengesetzes. Weiter informiert auch die PsyFaKo über das Studium und stellt auf ihrer Webseite eine Masterliste mit angebotenen Studiengängen bereit: ▶ https://psyfako.org.

Ebenso informieren die verschiedenen Berufsverbände (◘ Tab. 3.2) über das Studium, wie beispielsweise der Berufsverband Deutscher Psychologinnen und Psychologen (BDP). Vonseiten des BDP werden regelmäßig Bachelor- und Masterstudiengänge bezüglich ihrer Qualität, der inhaltlichen Ausgestaltung und des Deckungsgrades zu den Empfehlungen der Kultusministerkonferenz oder des Europäischen Zertifikats in Psychologie geprüft. Die Ergebnisse dieser Begutachtung können aktuell auf der Homepage des BDP abgerufen werden (siehe ▶ www.bdp-verband.de/profession/studium-und-weiterbildung/anerkannte-studiengaenge). So gibt es zum einen eine Auflistung der vom BDP anerkannten Studiengänge, zum anderen aber auch eine Negativliste der (momentan) nicht anerkannten Studiengänge. In den entsprechenden Listen ist ebenfalls spezifiziert, welche Spezialisierungen in den anerkannten Studiengängen möglich sind, z. B. klinische Psychologie, Wirtschaftspsychologie etc.

In Bezug auf Studiengänge, die für die Aufnahme einer Weiterbildung zum/zur Fachpsychotherapeut:in anerkannt sind, stellen teilweise auch die jeweiligen Landesprüfungsämter für Psychotherapie Listen bereit, an welchen Universitäten und Hochschulen derzeit staatlich anerkannte und akkreditierte Studiengänge angeboten werden.

Informieren Sie sich in jedem Fall auf den Internetseiten Ihrer Wunschuniversität bezüglich der angebotenen Inhalte und der Verteilung der ECTS-Punkte. Hilfreich sind in diesem Zusammenhang neben der Studienordnung vor allem die sog. Modulhandbücher, in denen Detailinformationen zu allen im Studiengang abgebildeten Inhalten sowie der entsprechenden Veranstaltungsform (z. B. Vorlesung, Seminar), den Semesterwochenstunden und der vergebenen ECTS-Punkte enthalten sind. Neben den Angeboten der offiziellen Studienberatungsstellen der Universitäten bieten oft auch Fachschaften der jeweiligen Universitäten Informationen von Studierenden für Studierende an.

In den folgenden Kapiteln erhalten Sie nun einen Überblick zu den Tätigkeitsfeldern in der klinischen Psychologie, sei es in Kliniken (▶ Kap. 4), in eigener Praxis (▶ Kap. 5) oder in Beratungsstellen (▶ Kap. 6).

Nutzen Sie Ihr Studium, um sich die Inhalte anzueignen, die Sie interessieren, und bereits erste Erfahrungen in der Praxis zu sammeln. Es lohnt sich!

Literatur

Berufsverband Deutscher Psychologinnen und Psychologen e. V. (BDP). Anerkannte Studiengänge. www.bdp-verband.de/profession/studium-und-weiterbildung/anerkannte-studiengaenge. Zugegriffen am 14.05.2024.

Bundesgesetzblatt (BGBl.) – Verkündungsblatt der Bundesrepublik Deutschland. Online-Archiv der von 1949 bis 2022 erschienenen Ausgaben. www.bgbl.de. Zugegriffen am 14.05.2024.

Bundesministerium der Justiz (BMJ). (2023). Approbationsordnung für Psychotherapeutinnen und Psychotherapeuten (PsychThApprO) vom 4. März 2020 (BGBl. I S. 448), die zuletzt durch Artikel 1 der Verordnung vom 25. Mai 2023 (BGBl. 2023 I Nr. 139) geändert worden ist. www.gesetze-im-internet.de/psychthappro/PsychThApprO.pdf. Zugegriffen am 14.05.2024.

Bundesministerium der Justiz (BMJ). Gesetz über den Beruf der Psychotherapeutin und des Psychotherapeuten. www.gesetze-im-internet.de/psychthg_2020/index.html. Zugegriffen am 14.05.2024.

Bundespsychotherapeutenkammer (BPtK). (2021). Wege zur Psychotherapie. www.wege-zur-psychotherapie.org/wp-content/uploads/2021/08/bptk_wege-zur-psychotherapie_2021.pdf. Zugegriffen am 04.05.2024.

Bundespsychotherapeutenkammer (BPtK). (2022). Muster-Weiterbildungsordnung Psychotherapeut*innen in der Fassung der Beschlüsse des 38. Deutschen Psychotherapeutentages in Berlin (digital) am 24. April 2021, zuletzt geändert auf dem 41. Deutschen Psychotherapeutentag in Berlin am 18. und 19. November 2022. https://api.bptk.de/uploads/Muster_Weiterbildungsordnung_Psychotherapeut_innen_der_B_Pt_K_d6427e628e.pdf. Zugegriffen am 14.05.2024.

Comer, R. S. (2001). *Klinische Psychologie*. Spektrum Akademischer Verlag.

Fakultätentag Psychologie. https://fakultaetentag-psychologie.de. Zugegriffen am 14.05.2024.

Nübling, R., Hartmann, L., Murzen, S., Niedermeier, K., & Petzina, R. (2020). Psychotherapeuten in Ausbildung (PiA): Rahmenbedingungen in den Ausbildungsinstituten und Abschnitt der Praktischen Ausbildung Ergebnisse der PiA Studie 2019. Teil II. *Psychotherapeutenjournal, 19*(3), 222–231.

Psychologie Fachschaften Konferenz (PsyFaKo). https://psyfako.org. Zugegriffen am 14.05.2024.

Sonntag, A., Spangenberg, L., Brähler, E., Strauß, B., & Glaesmer, H. (2012). Zur Vereinbarkeit von Promotion und Psychotherapieausbildung für Psychologinnen und Psychologen. *Zeitschrift für Klinische Psychologie und Psychotherapie, 41*, 125–129.

Tätigkeiten in Kliniken

Marcella Ammerschläger

Inhaltsverzeichnis

4.1	Psychiatrie – was ist das? – 33	
4.2	Psychologe in einer Psychiatrie – ein ganz besonderes Tätigkeitsfeld? – 33	

    Aufgaben im Rahmen der Tätigkeit – 34
    Patienten mit schweren psychischen Störungen – 36
    Regelmäßige Kriseninterventionen – 36
    Interdisziplinäre Zusammenarbeit – 37
    Hierarchische Arbeitsstruktur – 37
    Weiterbildung zum Psychologischen Psychotherapeuten – 37
    Arbeitszeit – 37
    Einkommen – 38
    Karrieremöglichkeiten – 38
    Berufliche Weiterbildung – 38
    Selbstständigkeit – 38

4.3   Die Rolle von Psychologen im Berufsfeld der Psychiatrie – 39

4.4   Anforderungen an eine Tätigkeit als Psychologe in der Psychiatrie – 40
    Schwerpunktsetzung – 40
    Computer- und Sprachkenntnisse – 40
    Praktika – 40
    Beurteilung des Psychologiestudiums aus Berufsperspektive – 40

© Der/die Autor(en), exklusiv lizenziert an Springer-Verlag GmbH, DE, ein Teil von Springer Nature 2024
M. Mendius, S. Werther (Hrsg.), *Psychologie in Studium und Beruf*,
https://doi.org/10.1007/978-3-662-68508-2_4

Eine gängige Definition findet sich bei Brockhaus: „Die Psychiatrie ist ein Teilgebiet der Medizin, das sich mit der Erkennung und Behandlung, sowie Rückfallverhütung psychischer Störungen befasst" (Brockhaus-Enzyklopädie, Mannheim 2006, Band 22, S. 233).

Diese Definition ist allgemein formuliert und gilt sowohl für Psychiatrien für Erwachsene als auch für Spezialisierungen nach bestimmten Altersgruppen, wie z. B. Kinder- und Jugendpsychiatrien oder Gerontopsychiatrien für ältere Patienten.

Im folgenden Kapitel wird das Tätigkeitsfeld für Psychologen in einer Klinik bzw. Psychiatrie mit allen damit verbundenen Besonderheiten dargestellt.

Ein Szenario

Ein 7-jähriges Mädchen verbarrikadiert sich in seinem Zimmer, weint und weigert sich, die Mutter ins Zimmer zu lassen. Das Mädchen schreit: „Ich habe Bauchschmerzen und kann nicht in die Schule."

Die Eltern sind verzweifelt und wissen nicht, was mit ihrer Tochter los ist. Sie melden das Mädchen in der Schule krank. Eine Nachbarin rät daraufhin den Eltern, sich für Ihre Tochter professionelle Hilfe – vielleicht in einer Kinder- und Jugendpsychiatrie – zu holen.

Die Mutter ruft in der Klinik an und bittet um einen Untersuchungstermin, da ihre Tochter nicht mehr in die Schule wolle und drohe wegzulaufen. Die Mutter wird vom Klinikpersonal zuerst am Telefon beruhigt und erhält dann kurzfristig einen Termin.

Die Eltern kommen mit der Tochter in die Klinik und stellen sich vor. Dort erklärt ihnen der behandelnde Psychologe den Ablauf der geplanten Untersuchungen: Nach einem ersten ausführlichen Gespräch über das aktuelle Anliegen der Eltern findet eine körperliche Untersuchung durch einen Arzt, danach eine psychologische Testung und anschließend ein Beratungsgespräch über die diagnostischen Ergebnisse und Therapieempfehlungen statt.

Ziel des Gesprächs ist es, die aktuellen Probleme, die Entwicklungsgeschichte des Mädchens und die Ressourcen der Familie zu erfassen. Für die Familie aus dem Beispiel ergibt sich folgendes Bild:

Die Mutter (35 Jahre, Architektin) und der Vater (36 Jahre, KFZ-Mechatroniker) sind verheiratet und leben mit ihrer 7-jährigen Tochter in einer Großstadt. Sie verbringen ihre Freizeit gerne zu dritt in den Bergen. Bereits im Kindergarten hat sich das Mädchen eher zurückhaltend und schüchtern verhalten. Das Mädchen beschäftigt sich gerne alleine und hat die Hobbys Klavier spielen sowie Tierbilder ausmalen.

Mit dem Schulstart ist das Mädchen noch stiller geworden und erzählt kaum noch von der Schule. Die Eltern haben bemerkt, dass sie nur schwer einschlafen kann, wenig isst und einen ernsten Gesichtsausdruck hat. Anfangs hat ihre Tochter die Hausaufgaben noch sehr gewissenhaft erledigt, in letzter Zeit findet sie jedoch angeblich ihre Hefte nicht und lernt nichts mehr für die Schule.

Um die Gründe dafür zu erfahren, besucht die Mutter daraufhin die Sprechstunde der Lehrerin und erfährt, dass ihre Tochter zwar sehr gute Leistungen bringe, allerdings in der Klasse eine Außenseiterin sei.

Es werden die Stärken (z. B. Kreativität, Musikalität) und Verhaltensauffälligkeiten des Mädchens (z. B. sozialer Rückzug, Schulverweigerung) erfragt, um eine Diagnose stellen zu können. Danach untersucht ein Arzt das Mädchen auf körperliche Auffälligkeiten und Krankheiten. Die Einbeziehung einer medizinischen Perspektive ist für eine fundierte Diagnosestellung wichtig. Die anschließende psychologische Testung wird auf die diagnostische Fragestellung abgestimmt. In ihr werden überwiegend Intelligenztests, Persönlichkeitsfragebögen oder klinische

Verfahren, wie z. B. das BAV (Bochumer Angstverfahren) angewendet, um für die Diagnosestellung neben den Gesprächsinformationen auch standardisierte Daten erheben zu können.

Am Ende der diagnostischen Phase, nach ca. zwei Untersuchungsterminen, erfahren die Eltern in einem Gespräch die Diagnose und die Therapieempfehlung. Der Psychologe erklärt die Untersuchungsergebnisse und gibt den Eltern Informationen darüber, aus welchen Gründen ihre Tochter nicht mehr in die Schule gehen möchte und wie sie sich in Zukunft am besten verhalten können. Im geschilderten Fall wurde eine sehr gute intellektuelle Begabung bei dem Mädchen festgestellt, das bereits erste depressive Verhaltensweisen, wie heimliches Weinen, sozialen Rückzug, Schlafprobleme und Appetitmangel zeigte. Das Mädchen berichtete dem Psychologen, dass es sehr traurig darüber sei, dass es keine Freundinnen finden könne. Es dürfe bei seinen Klassenkameraden nicht mitspielen, werde geschubst und geschlagen. Es werde auch bedroht, dass es in ein Kellerloch eingesperrt werde, wenn es den Eltern davon erzähle.

In diesem Beispiel könnte der Psychologe den Eltern des 7-jährigen Mädchens mit der vermutlichen Diagnose einer emotionalen Störung mit sozialer Ängstlichkeit (F93.2) folgende Hypothesen erklären und Therapieempfehlungen geben: Aufgrund der guten Begabung macht sich das Mädchen vermutlich komplexe Gedanken in sozialen Situationen und verarbeitet soziale Reaktionen öfter sensibler als andere Gleichaltrige. Da die meisten sozial unsicheren Kinder sehr gute soziale Kompetenzen haben, sie jedoch aufgrund angstbesetzter Gedanken nicht in die Tat umsetzen können, empfiehlt man den Kindern „Mutmach-Gedanken" einzuüben und kleine „Mutproben mit Erfolgsgarantie" auszuprobieren.

Die Aufgabe des Psychologen hinsichtlich Diagnostik und Psychoedukation ist beendet. Es kann nun besprochen werden, ob der Psychologe in der Psychiatrie die Therapie selbst übernimmt oder ob die Patienten an einen niedergelassenen Psychotherapeuten weitervermittelt werden.

4.1 Psychiatrie – was ist das?

Psychologen können sowohl im ambulanten als auch im stationären Bereich einer Psychiatrie arbeiten. Im ambulanten Bereich einer Psychiatrie werden überwiegend Patienten zur Diagnostik schwerer psychischer Störungen oder zur Begutachtung komplexer Krankheitsbilder vorgestellt. Im stationären Bereich gibt es die Möglichkeit einer Krisenintervention oder einer intensiven Therapie der diagnostizierten psychischen Erkrankung.

Viele Menschen haben in Deutschland eine große Abneigung oder Angst vor der Psychiatrie. Sie erzählen Horrorgeschichten über weiße Männer, die andere Menschen in eine Zwangsjacke stecken und mit einer großen Spritze ruhigstellen. Nach wie vor sind Psychiatrien deshalb ein beliebtes Thema in Film und Fernsehen, beispielsweise in „Einer flog über das Kuckucksnest", „Zeit des Erwachens" oder „A Beautiful Mind".

4.2 Psychologe in einer Psychiatrie – ein ganz besonderes Tätigkeitsfeld?

Die Tätigkeit eines in einer Psychiatrie tätigen Psychologen weist gegenüber anderen psychologischen Berufsbildern als klinischer Psychologie charakteristische Besonderheiten auf, die in den folgenden Abschnitten näher dargestellt werden.

Aufgaben im Rahmen der Tätigkeit

Wie für viele andere Berufe gilt auch für die in der Psychiatrie arbeitenden Psychologen, dass es keinen Tagesablauf gibt, der stetig wiederkehrt. Jedoch gibt es typische Elemente, die den Tagesablauf prägen, wie in ◘ Abb. 4.1 exemplarisch dargestellt ist.

In den folgenden Abschnitten werden die verschiedenen Aufgabengebiete dargestellt, die im Rahmen der Tätigkeit als Psychologe im Arbeitsalltag in der Klinik relevant sind.

Zu den *diagnostischen Aufgaben* zählen beispielsweise die Erhebung der Krankheitsgeschichte (Anamnese), das Erstellen des psychopathologischen Befunds (Überblick über alle vorliegenden psychischen Störungen) und das Durchführen, Auswerten und Interpretieren von spezifisch ausgewählten Testverfahren (z. B. Intelligenztest, Persönlichkeitstest). Die Informationen und Verhaltensauffälligkeiten werden in einer Diagnose nach dem internationalen Klassifikationssystem ICD-10 zusammengefasst. Das ICD-10 hilft anhand der genauen Definition der einzelnen Störungsbilder bei der Klassifikation oder Diagnostik. Die somatischen Störungen nehmen den Großteil des Klassifikationssystems ein, die psychologischen Störungen sind unter F zu finden, z. B. ist eine leichte depressive Episode mit dem Kürzel F32.0 codiert.

Der Psychologe informiert den Patienten im Rahmen der *Psychoedukation* über die Ergebnisse der diagnostischen Untersuchung, erklärt ihm die Diagnose und diskutiert mit ihm die weitere Behandlung. Der Patient erhält einen Überblick über die Ursachen und Konsequenzen seiner Erkrankung. Er lernt, was seine Erkrankung für ihn im Alltag bedeutet und welche Hilfsmöglichkeiten und Ressourcen es für ihn gibt.

Der Psychologe führt selbstständig *Therapiesitzungen* bei Patienten durch. Die Gestaltung einer Therapiestunde hängt von der Therapierichtung ab, in der der Psychologe ausgebildet wurde, z. B. psychoanalytisch, tiefenpsychologisch-orientiert, systemisch, gesprächspsychotherapeutisch oder verhaltenstherapeutisch. Die meisten Psychotherapeuten haben die Verhaltenstherapie als Schwerpunkt in ihrer Weiterbildung gewählt. In der Verhaltenstherapie werden die Auslöser für die Erkrankung und die Konsequenzen der Verhaltensauffälligkeit untersucht, z. B. dass das Ausgrenzen eines Mädchens aus der Klassengemeinschaft (Auslöser) zu ersten depressiven Verhaltensweisen (Verhaltensauffälligkeit) führt

Uhrzeit	Tätigkeit
08:30	Interdisziplinäre Morgenbesprechung über die Ereignisse in der Nacht der stationären Patienten durch den Dienstarzt
09:00	Erstes Patientengespräch mit Erhebung der Krankheitsgeschichte, Anamnese
11:00	Schreiben des Befunds über den Patienten, Erhebung der Fremdanamnese durch Kontaktaufnahme zu Arzt und Schule nach Schweigepflichtentbindung
11:30	Besprechung mit Psychologenkollegen über neuen Persönlichkeitstest
12:00	Mittagessen
12:30	Besprechung im interdisziplinären Team mit Oberarzt über Patienten
13:30	Psychologische Untersuchung bei einem zweiten Patienten: Gespräch und Intelligenzdiagnostik, Persönlichkeitsdiagnostik
15:00	Therapie von einem ängstlichen Jungen
16:00	Therapie von einem hyperaktiven Mädchen
17:00	Arbeitsende

◘ **Abb. 4.1** Beispiel für einen Tagesablauf eines in der Psychiatrie arbeitenden Psychologen

und eine Krankmeldung für die Schule Erleichterung, aber auch Problemvermeidung (Konsequenzen), mit sich bringt. Es werden sowohl Gedanken, Gefühle, physiologische Reaktionen, als auch Verhaltensweisen analysiert. In der Therapie soll der Patient lernen, wie er mit seinen Fähigkeiten die problematische Situation eigenständig wieder besser lösen kann. Oft wird zuerst in einem Rollenspiel trainiert, wie das adäquate Verhalten für die Krisensituation aussehen könnte. Danach wird der Patient motiviert, das Geübte im Alltag selbstständig auszuprobieren. Im Falle des Mädchens, sich z. B. auf dem Pausenhof Hilfe zu holen, wenn es geschlagen wird.

Im Vergleich zu einer Psychotherapie ist eine *Krisenintervention* eine kurzzeitige Intervention mit vielen organisatorischen Aufgaben. Ein Beispiel für eine Krisenintervention wäre ein aggressiver randalierender Jugendlicher in der Schule, der eine Amokdrohung ausgesprochen hat. Nun ist eine gute Zusammenarbeit mit Eltern, Schule, Polizei, Arzt und Sozialpädagogen gefragt, die folgendermaßen ablaufen könnte: Die Eltern werden von der Schule benachrichtigt. Bei stark verweigernd-oppositionellem Verhalten wird zusätzlich die Polizei eingeschaltet, die den Jugendlichen in die Kinder- und Jugendpsychiatrie bringt, um eine mögliche Fremdgefährdung auszuschließen. Ein Arzt, Psychologe und/oder Sozialpädagoge in der Psychiatrie beurteilt den Jugendlichen diagnostisch und gibt eine Einschätzung über die Fremdgefährdung ab. Für den Psychologen sind dann neben der Diagnostik des Jugendlichen viele organisatorische Aufgaben, wie Telefonate mit verschiedenen Personen, Einrichtungen und eine konkrete Planung der aktuellen Unterbringung zu erledigen.

Der Psychologe ist verpflichtet die Gesprächsinhalte oder Verhaltensübungen mit dem Patienten zu *dokumentieren*. Die Ergebnisse von Testverfahren, Krankheitssymptomen, Diagnosen und daraus abgeleiteten Therapieempfehlungen werden oft in einem Befund zusammengefasst. Der Befund darf nur nach Schweigepflichtentbindung durch den Patienten weitergeleitet werden.

Darüber hinaus kann der Psychologe auf Wunsch auch einen sehr umfangreichen Befund erstellen, der dann meist als *Gutachten* bezeichnet wird. Gutachten werden überwiegend im forensischen Bereich geschrieben, z. B. bei Fragestellungen bezüglich der Schuldfähigkeit eines 17-jährigen U-Bahn-Schlägers zum Tatzeitpunkt (▶ Kap. 29). Gutachten werden oftmals gesondert vergütet, sodass die Möglichkeit besteht, sich mit der Tätigkeit als Gutachter etwas dazuzuverdienen.

Neben den schriftlichen Dokumentationen muss der Psychologe bei Teambesprechungen mit Vorgesetzten über seine Patienten mündlich referieren und seine *Fälle vorstellen*, z. B. das Vorgehen bei Diagnostik und Therapie beschreiben und unklare Fragestellungen und/oder Hypothesen darlegen. Dies trägt zur Qualitätssicherung der Behandlung bei.

Oft werden Patientenfälle durch Psychologen auch im Rahmen einer kollegialen Weiterbildung oder Supervision in der Klinik vorgestellt. Es gibt oftmals die Möglichkeit, Vorträge, Seminare oder Supervision für Kollegen aus unterschiedlichen Berufsgruppen anzubieten.

Der Psychologe in einer Psychiatrie führt selbstständig Aufgaben am Patienten durch, bespricht jedoch im Team unter Leitung eines Vorgesetzten die Behandlung oder setzt sie gemeinsam um. Die Rolle des Psychologen innerhalb des Teams und der Klinik ist individuell unterschiedlich, meist abhängig von der Fachkompetenz und dem selbstbewussten Auftreten des Einzelnen sowie den inneren Kommunikationsstrukturen und Hierarchien der Klinik.

Neben den Aufgabenbereichen eines Psychologen in der Psychiatrie sind bei einer beruflichen Entscheidung für oder gegen eine Anstellung in einer Psychiatrie oft die Rahmenbedingungen des Arbeitsverhältnisses entscheidend.

> **Eine Perspektive aus der Wissenschaft**
>
> *Prof. Dr. med. Dr. phil. Dorothea Huber ist Chefärztin an der Klinik für Psychosomatische Medizin und Psychotherapie, Klinikum Harlaching, Städtisches Klinikum München und Professorin an der International Psychoanalytic University (IPU), Berlin, in den Fächern Klinische Diagnostik und Forschungsmethoden:*
>
> Ich bin seit 35 Jahren in der klinischen Psychologie tätig, sowohl an Universitätsinstituten, als auch an Universitätskrankenhäusern – es ist mir dabei noch keine fünf Minuten langweilig gewesen. Ein Haupteinsatzgebiet von klinischen Psychologen an psychosomatischen und psychiatrischen Kliniken ist natürlich die psychotherapeutische Versorgung. Die zwei größten Therapieschulen, die auch vom deutschen Krankenkassensystem finanziert werden und an den meisten Kliniken praktiziert werden, sind die Psychodynamische Therapie und die Verhaltenstherapie. Ein weiteres großes Feld für klinische Psychologen ist die klinische Diagnostik. Alle großen Psychiatrischen Kliniken haben eine eigene Abteilung mit mehreren klinischen Psychologen. Es geht hier um Intelligenz- und Leistungsdiagnostik, aber auch um Persönlichkeitsdiagnostik, Diagnostik von bestimmten Krankheitsbildern und differenzialdiagnostische Überlegungen (z. B. die Unterscheidung von einem depressiven vs. einem dementen Konzentrations- und Leistungsdefizit).
>
> Neben diesen beiden großen Einsatzbereichen von klinischen Psychologen an Kliniken, nämlich der stationären Psychotherapie und der klinischen Diagnostik, werden Psychologen an Kliniken häufig in Forschungsprojekten wegen ihrer guten methodischen Ausbildung sehr geachtet und eingesetzt. Auch die Fähigkeit von Psychologen, basierend auf ihrer Ausbildung in Testaufbau und Testanalyse, für ganz spezifische Fragestellungen selbst Tests entwickeln zu können, ist hier häufig gefragt.
>
> So wie ich es erlebt habe, bietet der klinische Bereich ein sehr abwechslungsreiches und vielfältiges Arbeitsfeld für Psychologen.

Patienten mit schweren psychischen Störungen

Patienten in einer Psychiatrie sind meist an komplexen psychischen Störungen mit starkem Ausprägungsgrad erkrankt. Es werden in einer Psychiatrie beispielsweise häufig schizophrene oder affektiv instabile Patienten oder Menschen mit Persönlichkeitsstörungen behandelt. Manchmal sind die Patienten gleichzeitig an mehreren psychischen Störungen erkrankt und zeigen z. B. sowohl depressive Symptome als auch eine Suchterkrankung. Bei diesem simultanen Vorliegen mehrerer psychischer Störungen spricht man von Komorbidität. Die von Fall zu Fall verschiedenen Patienten und ihre individuellen Lebens- und Krankheitsgeschichten stellen für Ärzte und Psychologen immer wieder große Herausforderungen dar.

Regelmäßige Kriseninterventionen

Eine besondere fachliche und menschliche Herausforderung sind Kriseninterventionen bei suizidalen Patienten, bei denen es um Entscheidungen um Leben und Tod gehen kann. Es werden in der Psychiatrie oftmals schwerstkranke Menschen behandelt, die beispielsweise hochgradig depressiv sind und – aufgrund erhöhten Suizidrisikos – nicht mehr ambulant in einer Praxis therapiert werden können. Es finden deshalb regelmäßig Kriseninterventionen in einer Psychiatrie statt, bei denen der Arzt und der

Psychologe aktuelle Suizidgedanken erfragen und den Patienten bei akuter Suizidalität auf die Station aufnehmen. Besonders herausfordernd für alle Beteiligten sind Patienten, die versuchen mit Suizidalität andere Menschen zu manipulieren. Dementsprechend verlangt die Diagnostik und Therapie bei suizidalen Patienten hohe Fachkompetenz und eine gute Zusammenarbeit im Fachteam.

Interdisziplinäre Zusammenarbeit

Bei einer Tätigkeit in der Klinik ist die interdisziplinäre Zusammenarbeit zwischen Ärzten, Psychologen, Sozialpädagogen und anderen Therapeuten entscheidend. Jede Berufsgruppe sammelt ihren Kompetenzen entsprechend Informationen über den Patienten und tauscht sich im Team über Diagnose- und Therapieempfehlungen aus.

Hierarchische Arbeitsstruktur

In der Psychiatrie trägt immer der Vorgesetzte, meist ein Oberarzt, die Verantwortung für diagnostische und therapeutische Entscheidungen. Er korrigiert teilweise die Befunde oder bietet seinen Mitarbeitern bei schwierigen Patienten Supervision an. Besonders entlastend ist es, wenn der Oberarzt bei einer Krisenintervention mit suizidalen Patienten Unterstützung leistet. Je höher die fachliche Qualifizierung des einzelnen Psychologen ist, umso selbstständiger können Psychologen in einem Team unter der Leitung eines Oberarztes arbeiten. Letztlich liegt die Gesamtverantwortung jedoch immer bei einer leitenden Person.

Weiterbildung zum Psychologischen Psychotherapeuten

Detaillierte Informationen zur Weiterbildung zum Psychologischen Psychotherapeuten finden sich in ▶ Kap. 3. In Abhängigkeit vom aktuellen Ausbildungsstatus oder der Berufserfahrung gestaltet sich die Rolle oder der Aufgabenbereich des Psychologen in der Klinik sehr unterschiedlich. Junge Berufseinsteiger werden beispielsweise gerne bei sozialen Kompetenztrainings als Co-Therapeut mitgenommen oder dürfen psychologische Tests durchführen und auswerten. Dagegen gehört zum Aufgabenbereich eines eher erfahrenen Psychologen die selbstständige Betreuung des Patienten von der Diagnostik bis zur Therapie. Gerade die Aufgaben von jungen Berufseinsteigern sind von Klinik zu Klinik sehr unterschiedlich.

Arbeitszeit

In der Psychiatrie ist effektives Arbeiten eine wichtige Voraussetzung, um die anfallenden Aufgaben (Patientenbehandlung, Auswertung der Tests, vollständige Dokumentation und Befunderhebung) während der Arbeitszeit zu bewältigen. Im Tarifvertrag für den öffentlichen Dienst (TVöD) ist eine Psychologen-Vollzeitstelle mit 38,5 Wochenstunden angegeben. Zahlreiche Psychologen in Kliniken arbeiten allerdings auch in Teilzeit.

Gerade in der Psychiatrie, in der schwerstkranke Patienten behandelt werden, könnten Psychologen sehr lange und intensiv wöchentlich arbeiten. Deshalb ist wichtig, dass man sich als Psychologe selbst gut strukturieren kann und sich bezüglich der Diagnostik und Therapie auf spezifische Fragestellungen fokussiert.

Bei Notfällen kann es sein, dass man die Arbeitszeit an einem Tag verlängern muss. Die Überstunden können aber meist an einem anderen Tag wieder abgebaut werden. In wenigen Kliniken müssen Psychologen auch Nacht- oder Wochenenddienste leisten. Es ist aber in jedem Fall wichtig, vor einer Vertragsunterzeichnung abzuklären, inwiefern Überstunden in der Klinik erwünscht sind oder vorausgesetzt werden.

Einkommen

Im Vergleich zum hohen und intensiven Arbeitsaufkommen mit hoher Verantwortung in der Psychiatrie fällt das Einkommen in Kliniken eher gering aus. Es ist meist in Anlehnung an den TVöD geregelt, der eine Höhergruppierung in Abhängigkeit von der Berufserfahrung vorsieht. Psychologische Psychotherapeuten sind darin nicht ausdrücklich berücksichtigt. Es wird davon ausgegangen, dass ein approbierter Psychologe mindestens 5 Jahre Berufserfahrung vorweisen kann.

Der Berufseinstieg als Psychologe ohne Approbation erfolgt üblicherweise in EG 13, wohingegen bei Berufserfahrung von mindestens 5 Jahren nach der Approbation meistens die Einstufung in EG 14 erfolgt.

Üblicherweise erhält man eine Jahressonderzahlung von ca. 60 % des durchschnittlichen Bruttogehalts der letzten 3 Monate einmalig im November. Bei privaten Krankenhauskonzernen gibt es oft Haustarifverträge, die vom TVöD abweichen können.

Leider ist eine Gleichstellung der angestellten approbierten Psychologen mit den angestellten Fachärzten, also eine Eingruppierung in EG 15, ein Einzelfall.

Karrieremöglichkeiten

Die Approbation zum Psychotherapeuten oder eine weitere Spezialisierung, beispielsweise als Gutachter, Supervisor oder Neuropsychologe, werden in Kliniken gern gesehen und u. U. im Rahmen einer freiwilligen Höhergruppierung durch den Arbeitgeber honoriert.

Es gibt auch Kollegen, die eine Doppelapprobation sowohl im Erwachsenen- als auch im Kinder- und Jugendlichenbereich anstreben oder sich nach einer Weiterbildung in der Verhaltenstherapie eine Zusatzqualifikation bei tiefenpsychologisch-orientierten Verfahren erarbeiten. Dies kann der Arbeitgeber ebenfalls durch Höhergruppierung vergüten.

An der Spitze steht die Besetzung einer Leitungsposition, z. B. als leitender Psychologe. Die damit verbundene Verantwortung schlägt sich durch die Eingruppierung in eine höhere Gehaltsstufe nieder. Allerdings sind Leitungspositionen selten und verlangen vom Bewerber hohe Fachkompetenz und langjährige klinische Praxis sowie eine dementsprechende zeitliche Investition bei der Ausübung der Leitungsposition.

Unabhängig von den Zusatzqualifizierungen ist es die Pflicht jedes Psychologen, sich regelmäßig fortzubilden, um die Behandlung der Patienten nach dem neuesten wissenschaftlichen Stand sicherzustellen. Es muss deshalb in regelmäßigen Abständen gegenüber den Psychotherapeutenkammern eine gewisse Anzahl an Fortbildungspunkten nachgewiesen werden, wie im folgenden Abschnitt erläutert wird.

Berufliche Weiterbildung

Die Psychotherapeutenkammer hat ein Punktesystem eingeführt, bei dem die Psychologen nach der Approbation in einem Zeitraum von 5 Jahren mind. 250 Fortbildungspunkte sammeln und bei der Kammer einreichen müssen. Berufliche Weiterbildung ist somit für alle Psychotherapeuten verpflichtend. Danach erhält man ein Fortbildungszertifikat, das die erfüllte Fortbildungspflicht bestätigt. Im TVöD sind 5 Fortbildungstage jährlich geplant, für die von der Klinik meist ein Zuschuss gezahlt wird.

Selbstständigkeit

Nach erfolgreicher Approbation steht es jedem Psychologen frei, sich in einer eigenen Praxis niederzulassen (▶ Kap. 5). Nur selten wird ein Angestelltenverhältnis mit einer Tätigkeit in der Praxis kombiniert, da dies in vielen Fällen nicht von der Klinikleitung genehmigt wird bzw. zeitlich schwer miteinander zu vereinbaren ist.

Es sind auch Veränderungen innerhalb einer selbstständigen Tätigkeit in der Praxis möglich, beispielsweise kann nach der Approbation mit den Krankenkassen direkt abgerechnet oder eine Sicherstellungsassistenz in einen halben Kassensitz umgewandelt werden.

Die Niederlassung in einer eigenen Praxis ist streng reglementiert. Man muss sich um einen Kassensitz bewerben und kann ihn nach einem aufwendigen Auswahlverfahren gegen Zahlung einer Ablösesumme übernehmen.

Eine weitere Option ist die Selbstständigkeit in einer Privatpraxis, mit der man sich nach der Approbation ohne Kauf eines Kassensitzes niederlassen kann. Behandelt werden können Privatpatienten und Selbstzahler, wobei zu beachten ist, dass viele Tarife bei privaten Krankenversicherungen keine oder nur ein geringes Stundenkontingent an Psychotherapie übernehmen.

4.3 Die Rolle von Psychologen im Berufsfeld der Psychiatrie

Aktuell stellt die Tätigkeit in einer Psychiatrie sicherlich ein sehr interessantes Berufsfeld dar, da Psychologen dort sehr unterschiedliche Krankheitsbilder in verschiedener Ausprägung kennenlernen. Für junge Berufseinsteiger bedeutet dies eine hohe Lernkurve, sowohl hinsichtlich der Krankheitsbilder als auch im Umgang mit den einzelnen Patienten. Es macht Spaß, unterschiedliche Menschen kennenzulernen und die Behandlungserfolge seiner Patienten mitzuerleben. Wer gerne im Team arbeitet und sich einem Vorgesetzten unterordnen kann, ist hier als Psychologe genau richtig.

Da aktuell besonders viele Frauen im klinischen Bereich arbeiten, wird es eine Zukunftsaufgabe sein, männliche Psychologen/Psychotherapeuten für die Behandlung von Patienten und für die Übernahme geschlechtsspezifischer Aufgaben zu gewinnen. Die Zukunft der Psychiatrie und die Rolle des Psychologen bleiben spannend. Durch das Abrechnungssystem in der Psychiatrie OPS (Operationen- und Prozedurenschlüssel im Gesundheitswesen) werden mittlerweile auch psychotherapeutische Leistungen besonders berücksichtigt und erwirtschaften guten Gewinn. Der Psychotherapeut erfährt deshalb im Klinikalltag tendenziell eine Aufwertung. Aufgrund dieser Abrechnungsmodalitäten besteht hoher Druck bei den Mitarbeitern in der Psychiatrie, die Patienten möglichst schnell und effektiv zu behandeln. Die Tendenz geht folglich dahin, dass ein Patient eher zu schnell entlassen wird. Es stellt sich zukünftig sicherlich die Frage nach einer angemessenen Effektivität bei der Patientenbehandlung mit einer sich anschließenden ambulanten Weiterbehandlung.

Eine effektive Behandlung ist oft nur durch eine gute interdisziplinäre Zusammenarbeit in der Psychiatrie möglich. Im interdisziplinären Fachteam wird es für die berufliche Zukunft des Psychologen wichtig sein, wie sich die Psychologen oder Psychotherapeuten weiterhin positionieren können. Eine entscheidende Aufgabe der Psychotherapeutenkammer wird sein, die Funktion und die Kompetenzen der Psychotherapeuten zu definieren und im Vergleich zu den Ärzten hervorzuheben und/oder abzugrenzen. Es sollte betont werden, dass sich insbesondere die Psychologen sowohl durch ihr Studium als auch durch die lange Weiterbildung für die selbstständige Durchführung von Psychotherapien qualifizieren.

Die Psychiatrie bietet künftigen Psychologen ein spannendes Berufsfeld, das aber auch besondere Anforderungen an die Mitarbeiter stellt. Die Bereitschaft zur Weiterqualifizierung, große Lernfähigkeit sowie die Kunst des effektiven Arbeitens sind neben Stressbewältigungs- und Problemlösestrategien für Krisensituationen und sozialer Teamfähigkeit sicherlich wichtige Soft Skills für künftige Psychologen.

4.4 Anforderungen an eine Tätigkeit als Psychologe in der Psychiatrie

In den folgenden Abschnitten wird kurz dargestellt, wie man den Anforderungen, die an Psychologen in der Psychiatrie gestellt werden, begegnen kann.

Schwerpunktsetzung

Besonderes Interesse sollte man für die Diagnostik und Therapie klinischer Störungsbilder mitbringen. Ein Praxisseminar in Psychopathologie, in dem der Student erste Kontakte z. B. in einer Psychiatrie mit schizophrenen Patienten knüpfen kann, könnte hilfreich sein. Auch ein medizinisches Nebenfach, wie beispielsweise Psychosomatik, kann eine berufliche Weiche stellen. Auch die seit der Umstellung auf die gestuften Studiengänge immer häufiger angebotenen praxisorientierten Seminare über Kommunikationsfähigkeiten/soziale Kompetenzen – u. a. mithilfe von Videofeedback – können sofort bei Berufseinstieg gewinnbringend eingesetzt werden.

Bei der Bachelor- oder Masterarbeit besteht manchmal die Möglichkeit, z. B. nach einem Praktikum in der Klinik eine wissenschaftliche Arbeit mit Patientendaten aus der Klinik zu verfassen. Neben der Möglichkeit, so schon während des Studiums anwendungspraktische Erkenntnisse zu sammeln und diese aufzubereiten, kann der angehende Psychologe sich auch gegenüber der Klinikleitung positionieren und über die von ihm zur Verfügung gestellten wissenschaftlichen Ergebnisse in Erinnerung bleiben.

Computer- und Sprachkenntnisse

Die gängigen Computerkenntnisse, wie Office-Anwendungen, sind wünschenswert. Sprachkenntnisse, z. B. Englisch oder Türkisch sind bei Patienten mit Migrationshintergrund sicherlich vorteilhaft.

Praktika

In den Bachelor- und Masterstudiengängen sind in den entsprechenden Studienordnungen mehrwöchige Pflichtpraktika festgeschrieben. Aufgrund der oftmals großen Diskrepanz zwischen dem in den Lehrveranstaltungen vermittelten Wissen und dem psychologischen Berufsalltag ist es wichtig, sich über Praxiseinsätze, z. B. in einer Praxis oder Klinik, selbst ein realitätsnahes Bild von psychologischen Tätigkeiten zu machen. Bei Praktika ist eine intensive Anleitung des Praktikanten eine wichtige Voraussetzung für den Lernerfolg, sodass dies unbedingt bei einem Bewerbungsgespräch für eine Praktikumstelle durch den Praktikanten erfragt werden sollte.

Beurteilung des Psychologiestudiums aus Berufsperspektive

Im Psychologiestudium werden sehr viele interessante theoretische Inhalte vermittelt, die allerdings nicht direkt mit dem psychologischen Berufsalltag in einer Klinik zusammenhängen. So wäre es beispielsweise von Vorteil, die einzelnen psychischen Störungen intensiv anhand von Patienten während des Studiums durchzusprechen. Eine praxisorientierte Vorstellung der Durchführung, Auswertung und Interpretation von den in der Klinik relevanten Testverfahren erscheint ebenfalls sinnvoll. Aber auch Übungen für einen adäquaten Umgang mit Krisen- oder Stresssituationen sowie Kommunikations- und soziale Kompetenztrainings erleichtern den Einstieg in den psychotherapeutischen Berufsalltag.

Eine Perspektive aus der Praxis

Dr. Katrin Rathgeber, Freiberuflich in eigener Praxis, als Dozentin und Supervisorin; in der Leitung eines staatlich anerkannten Ausbildungsinstituts für PP/KJP; leitende Psychologin einer psychiatrischen Klinik – 1 Tag/Woche, Psychologische Psychotherapeutin, Klinische Psychologie und Organisationspsychologie

Wieso haben Sie sich für diese Tätigkeit entschieden?

Freiberuflichkeit: Flexibilität; breites Störungsspektrum und Freiheit in der Wahl von Spezialisierungen; Möglichkeit zu selbst gewählten Fort- und Weiterbildungen; im Rahmen der ambulanten Tätigkeit wird der komplette psychotherapeutische Behandlungsverlauf durchgeführt (nicht nur ausschnittsweise wie im stationären Rahmen); bessere Verdienstmöglichkeiten als im stationären Bereich; bessere Vereinbarkeit mit weiteren beruflichen Tätigkeiten sowie anderen Lebensbereichen; langfristig Möglichkeit der Arbeitszeitreduktion und ggf. neuer Praxisformen (Anstellung etc.).

Ausbildungsinstitut: Möglichkeit zur Mitgestaltung von Ausbildungsstrukturen; Vermittlung von Wissen und Erfahrungen; Nähe zur Berufspolitik; Nähe zu Weiterentwicklungen psychotherapeutischer Methoden; anhaltende Reflexion therapeutischen Handelns.

Psychiatrie: Interesse an Strukturen des Gesundheitssystems; Auseinandersetzung mit akuter und chronischer Symptomatik von psychischen Störungen sowie mit Psychopharmakotherapie; Berufspolitik – Psychologen in der Psychiatrie, Ausbildungskandidaten in der Psychiatrie.

Was glauben Sie, können Psychologen in diesem Berufsfeld bewegen?

Psychologen/Psychologische Psychotherapeuten sind eine zentrale Säule bei der Behandlung psychischer Störungen. Weder stationäre noch ambulante Behandlung psychischer Störungen ist noch ohne Psychotherapie, die überwiegend von Psychologen durchgeführt wird, vorstellbar. Die Psychologie stellt die theoretische Grundlage von Psychotherapie dar, sodass durch Psychologen auch Weiterentwicklungen der Psychotherapie zu erwarten sind. Durch erfolgreiche Arbeit ist von einer allmählichen Verbesserung des Berufsimages auszugehen sowie von realistischeren Vorstellungen über Psychotherapie in der Bevölkerung.

Was hat Sie an Ihrer Tätigkeit am meisten überrascht?

Dass keine Depression der anderen gleicht; das unerschöpfliche Weiterbildungspotenzial; dass das Vorurteil „Psychotherapie ist: ein wenig reden" so schwer auszumerzen ist.

Ist es überhaupt möglich, diesen Beruf mit einem normalen Familienleben zu vereinen?

Insbesondere die Freiberuflichkeit lässt sich gut auf die Bedürfnisse in anderen Lebensbereichen abstimmen.

Welchen Tipp haben Sie für Psychologen, die sich überlegen im klinischen Bereich zu arbeiten?

Sich bei jedem Klienten zu überlegen, weshalb die geplante Intervention genau bei dem Klienten wirken soll (also nach einem Erklärungsmodell zu arbeiten).

Stoßen Sie manchmal auf Vorurteile wegen Ihrer Ausbildung?

Leider ja. Dramatisch finde ich Vorurteile, wenn sie von nicht psychotherapeutisch tätigen Ärzten stammen.

Fazit

Ich war sehr gern in der Kinder- und Jugendpsychiatrie tätig, da es für mich spannend war, mit den unterschiedlichsten Patienten diagnostisch und therapeutisch zu arbeiten. Es machte mir auch viel Spaß, mich mit den Kollegen, die meist unterschiedlichste Spezialisierungen haben, auszutauschen und dazuzulernen.

Tätigkeiten in eigener Praxis

Marie-Christine Reiswich (geb. Fischer)

Inhaltsverzeichnis

5.1 Psycholog:in/Psychotherapeut:in in eigener Praxis – was ist das? – 45

5.2 Psycholog:innen in eigener Praxis – ein ganz besonderes Tätigkeitsfeld? – 50
Typischer Ablauf eines Therapieprozesses – 50
Rahmenbedingungen für die Tätigkeit als Psychotherapeut:in – 51
Aufgaben und Arbeitszeiten im Rahmen der Tätigkeit – 52
Internationalität als Psychotherapeut:in – 53
Einkommen – 54
Persönliche Weiterbildung – 56

5.3 Anforderungen an eine Tätigkeit als Psycholog:in in eigener Praxis – 58
Schwerpunktsetzung – 63
Computer- und Sprachkenntnisse – 63
Praxis, Praxis, Praxis – 64

5.4 Vor einer Niederlassung in eigener Praxis – 65

Literatur – 65

Im folgenden Kapitel wird die Tätigkeit von Psycholog:innen in eigener Praxis, insbesondere niedergelassenen Psychologischen Psychotherapeut:innen vorgestellt. Nach dem Psychologiestudium kann eine psychotherapeutische Ausbildung, wahlweise für Kinder und Jugendliche und/oder Erwachsene begonnen werden, mit der Option in einer Klinik oder in eigener Praxis Patient:innen psychotherapeutisch zu behandeln. Auch ist es möglich, als Psycholog:in ohne Psychotherapieausbildung selbstständig in eigener Praxis zu arbeiten. Laut Angaben der Kassenärztlichen Bundesvereinigung (KBV) nahmen 2020 31.308 Psychologische Psychotherapeut:innen an der vertragsärztlichen Versorgung in Deutschland teil, dabei liegt der Anteil an Psychologischen Psychotherapeut:innen, die Teilzeit tätig sind bei 63,6 % (KBV, 2021). Anhand eines anschaulichen Beispiels wird der Alltag einer Psychologischen Psychotherapeutin beschrieben sowie im Anschluss auf die Anforderungen und Rahmenbedingungen der Tätigkeit als selbstständige:r Psychotherapeut:in eingegangen. Zum Abschluss gewährt uns ein Experteninterview mit Fr. Dr. Stäbler einen persönlichen Einblick in den Alltag einer selbstständigen Psychotherapeutin.

Ein Szenario

Frau Müller, 35 Jahre alt, leidet seit einem halben Jahr an Antriebslosigkeit, empfundener Perspektivlosigkeit, an einem „Gefühl der Gefühllosigkeit" und an Zukunftsängsten. Nachts hat sie Schwierigkeiten ein- und durchzuschlafen und grübelt viel. Tagsüber ist sie schnell erschöpft und merkt, dass sie bei ihrer Arbeit als Kindererzieherin weniger belastbar ist. Nachdem Frau Müller ihrem Hausarzt ihre wahrgenommenen Veränderungen geschildert hat und dieser einen Verdacht auf eine depressive Episode als Ursprung ihrer Beschwerden erkennt, wird sie zu einem Psychologischen Psychotherapeuten überwiesen. Nachdem sie bereits acht Psychotherapeut:innen kontaktiert hat, die jedoch keine Therapieplätze haben, macht sie einen Termin über die Terminservicestelle bei Frau Schneider aus. In der Sprechstunde wird der Psychotherapiebedarf ermittelt, und Frau Müller kann zunächst in unregelmäßigen Abständen als „Springerin" zur Psychotherapie kommen. Nach den Sprechstunden und probatorischen Sitzungen (Erstbehandlungssitzungen zur Klärung der Frage, ob Klient:in und Therapeut:in zusammenpassen und ob eine Psychotherapie sinnvoll ist) sowie nach einer ausführlichen Diagnostikphase erhebt Frau Schneider biografische und anamnestische Angaben, um einen Kurzzeittherapieantrag bei der Krankenkasse stellen zu können. Nachdem es Frau Müller im ersten bewilligten Therapiekontingent anfängt, deutlich besser zu gehen (die depressiven Einbrüche kommen immer seltener vor, auch hat Frau Müller die dysfunktionalen Muster ihres Verhaltens erkannt und erste Entspannungsübungen erlernt), wird von der Therapeutin ein Umwandlungsantrag zur Langzeittherapie geschrieben, um die Themen und Ziele der Patientin, u. a. das Setzen von Grenzen, Veränderung von negativen Kognitionen, Aufbau von regelmäßigen selbstwertfördernden Aktivitäten sowie Rückfallprophylaxe, zu erarbeiten.

Frau Müller ist eine von 18 Patient:innen, die von Frau Schneider ambulant behandelt werden. Frau Schneider teilt sich mit drei weiteren Kolleg:innen (ein Arzt und zwei Psycholog:innen mit anderer Therapieausrichtung) Praxisräume in München. Dabei gestaltet Frau Schneider ihre Arbeitszeiten selbstständig und verbringt von Montag bis Donnerstag täglich ca. 8 h in den eigenen Praxisräumen. Aufgrund der häufigen Berufstätigkeit ihrer Patienten bietet Frau Schneider auch Früh- und Spättermine um 7.00 Uhr und um 20.00 Uhr an. Neben den eigentlichen Therapiesitzungen teilt Frau Schneider ihren Stundenplan so ein, dass sie genug Zeit zur Vor- und Nachbereitung sowie für die Dokumentation der Sitzungen hat. Zudem plant sie Zeit ein für das Erstellen der Kassenanträge und der Therapieverlängerungen, für das Auswerten der Diagnostik- und Testbögen und das Erstellen von Berichten, wenn diese von Kliniken oder Kollegen benötigt werden. Aufgrund ihrer Zusatzqualifikation als Gruppentherapeutin bietet sie eine ambulante wöchentliche Gruppentherapie für junge Frauen mit Essstörungen, sowie ein wöchentliches Training sozialer Kompetenzen an. Um sich bei schwierigen Themen oder bei Unsicherheiten im Rahmen der Therapie Unterstützung zu holen, geht Frau Schneider einmal alle 6 Wochen zu einer Supervisorin. Zum gegenseitigen Austausch hat Frau Schneider mit ehemaligen Ausbildungskolleg:innen eine Intervisionsgruppe gebildet, die sich einmal monatlich in ihrer Praxis für ca. 3 h trifft. Frau Schneider nimmt außerdem regelmäßig an Fortbildungsveranstaltungen teil, die meist am Wochenende angeboten werden. Aktuell bildet sie sich in Schematherapie weiter. Sie ist zudem in zwei Arbeitszirkeln – im Bereich Essstörungen und im Bereich Frauengesundheit – vernetzt, die sich einmal im Quartal treffen.

Ein Jahr später geht es Frau Müller weiterhin zunehmend besser. In den Therapiesitzungen geht es aktuell nicht mehr vordergründig um die depressive Symptomatik, die sich erfreulicherweise stabilisiert hat. Der Fokus liegt auf dem Selbstwertaufbau und der Stärkung der Fähigkeiten, Grenzen zu setzen und Nein zu sagen. Auch konnte Frau Müller, die Auswirkungen einer Trennung, die zum Zeitpunkt der laufenden Therapie stattfand und sie zeitweise in eine Krise brachte, psychotherapeutisch aufgreifen und einen gesunden Umgang damit finden.

5.1 Psycholog:in/ Psychotherapeut:in in eigener Praxis – was ist das?

Die Berufe des/der Psychologischen Psychotherapeut:innen (PP) und Kinder- und Jugendpsychotherapeut:innen (KJP) basieren auf den gesetzlichen Grundlagen des „Gesetzes über die Berufe des Psychologischen Psychotherapeuten und des Kinder- und Jugendpsychotherapeuten" (PsychThG), das 1998 verabschiedet wurde. Aus dem PsychThG ist der Titelschutz des/der Psychotherapeut:in, die Ermächtigung zur vertragsärztlichen Versorgung und die Mitgliedschaft zu den Kassenärztlichen Vereinigungen hervorgegangen. Die Ausbildung zum/zur Psychotherapeut:in wird im PsychThG ebenfalls beschrieben. Um im Rahmen einer niedergelassenen Tätigkeit in eigener Praxis die Therapiesitzungen mit den Krankenkassen abrechnen zu können, ist eine Approbation Voraussetzung. Man kann sich bei der Ausbildung zwischen unterschiedlichen Therapieformen entscheiden (▶ Kap. 3). Jedoch ist nicht jedes wissenschaftlich anerkannte Verfahren (beispielsweise Gestalttherapie oder Gesprächspsychotherapie) kassenrechtlich anerkannt und ermöglicht deshalb auch keine Abrechnung mit den Kassen im ambulanten Bereich. 2021 wurden die Psychotherapie-Richtlinien auch aufgrund der Corona-Pandemie aktualisiert und es ergaben sich zahlreiche Neuerungen, die u. a. auch Videobehandlung (einzel- und gruppentherapeutisch) ermöglichen. Nach diesen sind allein die tiefenpsychologisch-fundierte, die analytische, die verhaltenstherapeutische sowie die systemische Psychotherapie (Letztere erst seit 2019) kassenrechtlich anerkannte Verfahren. Mit diesem Ziel vor

Augen ist nach dem Abschluss der Psychotherapie-Ausbildung, d. h. das Absolvieren der insgesamt mindestens 4200 Stunden (▶ Abschn. 3.3) und das erfolgreiche Bestehen der schriftlichen und mündlichen Prüfung, zunächst die Approbation zu beantragen. Eine Übersicht über die unterschiedlichen Bausteine der Psychotherapie-Ausbildung bietet ◘ Tab. 5.1.

Zusammenfassend ist die Ausbildung zum/zur Psychologischen Psychotherapeut:in kosten- und zeitintensiv bei geringem Verdienst. Die Ausbildung in Psychotherapie wurde 2020 neu geregelt. Nach einem Bachelorstudium Psychologie soll ein Masterstudium Psychologie mit Schwerpunkt klinische Psychologie und Psychotherapie folgen, das zusätzlich die Staatsprüfung mit dem Abschluss „Approbation" vorsieht. Das Studium kann dabei nur an Universitäten angeboten werden. Nähere Informationen zu diesen Neuregelungen finden sich in ▶ Abschn. 3.3, Grundsätzliches zum Studium der klinischen Psychologie in ▶ Kap. 3.

Wer sich also niederlassen möchte, wie Frau Schneider im beschriebenen Beispiel, muss die Kassenzulassung beantragen. Dazu lassen sich PP bei der kassenärztlichen Vereinigung (KV) des jeweiligen Zulassungs-

◘ Tab. 5.1 Bausteine der psychotherapeutischen Ausbildung

	Inhalt	Anzahl der Stunden	Kosten bzw. Verdienst
Theoretische Ausbildung	Grundkenntnisse	200 h	Insgesamt ca. 10.000–15.000 €
	Vertiefte Ausbildung, verfahrensspezifische Behandlungskonzepte und -techniken/Üben von verfahrensspezifischen Techniken	400 h	
Selbsterfahrung	Einzel-/Gruppenselbsterfahrung	Mind. 120 h	Ca. 2.000–5.000 €
Praktische Tätigkeit I	Psychiatrisch klinische Einrichtung	Mind. 1200 h	Bei Vollzeittätigkeit gesetzlicher Anspruch[a] auf eine Vergütung von mindestens 1.000 € monatlich
Praktische Tätigkeit II	Einrichtung der psychosomatisch/psychotherapeutischen Versorgung (Klinik/Einrichtung/Praxis)	Mind. 600 h	
Praktische Ausbildung	Patientenbehandlung meist in der Institutsambulanz oder in von der zuständigen Landesbehörde anerkannten ambulanten und stationären Einrichtungen	Mind. 600 h mit mindestens 6 Behandlungen	Evtl. Beteiligung an den Einnahmen durch die Abrechnung mit den Krankenkassen
	Supervision bei mind. 3 Supervisoren	Mind. 150 h, davon mind. 50 h Einzelsupervision	45 Min. zwischen 90 und 120 €
Freie Spitze	Literaturstudium, schriftliche Aufgaben, Intervision, Arbeitskreise, Workshops, Verwaltungsarbeit	930 h	In der Regel keine Kosten

[a] Gültig seit dem 1. September 2020

bezirkes in das Arztregister eintragen. Zurzeit werden Psychotherapeut:innen nach erfolgreicher Prüfung zunächst auf eine Warteliste gesetzt, da es in den meisten größeren Ballungsräumen (beispielsweise München, Berlin, Hamburg) aufgrund der „Überversorgung" keine Niederlassungsmöglichkeit – also keine freien Kassensitze – gibt. Approbierten Psychotherapeut:innen bleiben folgende Optionen: abwarten, sich in eine Praxis einkaufen (sehr kostenintensiv, 20.000 bis 100.000 €), im Rahmen einer Sicherstellungsassistenz oder eines Jobsharings in eine bereits bestehende Praxis einsteigen.

Laut der Deutschen Psychotherapeuten-Vereinigung (DPtV) leiden in Deutschland ca. 17,8 Mio. Deutsche an einer psychischen Krankheit, das entspricht ca. 27,8 % der Gesamtbevölkerung. Seit Beginn der Corona-Pandemie hat sich der Bedarf bei Erwachsenen um 60 %, bei Kindern und Jugendlichen um 40 % erhöht. Demgegenüber stehen für höchstens 1,5 Mio. Patienten Behandlungsplätze zur Verfügung. 40 % der Patient:innen warten nach Feststellung des Bedarfs im Rahmen einer Sprechstunde mindestens 3 bis 9 Monate auf den Beginn einer Behandlung (BPtK, 2021). Aufgrund der Diskrepanz zwischen der hohen und dringenden Nachfrage vonseiten der Patienten und der starken Reglementierung der Kassensitze (und auch, um den „starren" Vorgaben der Kassenvereinigung zu entkommen) entschließen sich viele approbierte Psycholog:innen, eine Privatpraxis zu gründen. Denn das Erlangen einer Approbation ermöglicht auch die Niederlassungsfreiheit, also die Möglichkeit, sich überall niederlassen zu können (im Unterschied zur KV-Niederlassung, die an einen Planungsbereich gebunden ist). In Deutschland sind etwa 2000 Psychotherapeut:innen ohne Kassenzulassung tätig (Lubbadeh, 2012). Aufgrund der Neuverhandlung der psychotherapeutischen Leistungen im Rahmen der Gebührenordnung für Psychotherapeut:innen, die seit dem 01.07.2024 in Kraft tritt, ist die Behandlung von Privatpatient:innen auch deutlich attraktiver geworden, weil die Honorarempfehlungen deutlich erhöht wurden und bisher unbezahlte Leistungen neu aufgenommen wurden z. B. die Erstellung eines psychopathologischen Befundes oder die biographische Anamnese, was wiederum die Attraktivität einer Privatpraxis erhöht.

Thematisch sind die Angebotsmöglichkeiten unendlich. Ob Stressprävention, Coaching oder Beratung – Psycholog:innen können je nach Interessen und Wissen ihre Dienste anbieten. Dabei sind folgende Möglichkeiten gegeben: Abrechnung von Privatpatient:innen, Selbstzahler:innen, Spezialverträge mit einigen Krankenkassen sowie Patient:innen im Kostenerstattungsverfahren. Es ist dabei nicht ungewöhnlich, dass Psycholog:innen in eigener Privatpraxis aus finanziellen oder Sicherheitsgründen neben der Praxistätigkeit auch anderen (teils angestellten) Tätigkeiten nachgehen, beispielsweise als Dozent:innen, Gruppenleiter:innen, Coaches o. Ä. Psychotherapeut:innen in eigener Praxis sind in der Regel nicht an die Telematikstruktur (TI) angebunden, die sehr kostenintensiv ist und nur teilweise von der Kassenvereinigung durch Pauschalen erstattet wird. So müssen aktuell aufgrund der zunehmenden Digitalisierung die niedergelassenen Praxen zahlreiche Zusatzmodule kaufen und nachweisen, die jedoch für Psychotherapeut:innen nicht nutzbar sind (für andere Arztgruppen jedoch schon, z. B. für das eRezept oder die eArbeitsunfähigkeitsbescheinigung). Eine Tätigkeit in eigener Privatpraxis unterliegt solchen Anforderungen demzufolge nicht.

In ◘ Tab. 5.2 finden Sie eine Zusammenfassung möglicher Vor- und Nachteile einer Psychotherapieausbildung, die die Entscheidung bezüglich der Gründung einer Privatpraxis sicherlich beeinflussen. Wer jedoch psychotherapeutisch mit den Leistungen der anerkannten Verfahren arbeiten möchte (und nicht nur beratend / coachend) muss die Ausbildung durchlaufen oder zumindest die Psychotherapieerlaubnis nach dem Heilpraktikergesetz erlangen.

◘ Tab. 5.2 Vor- und Nachteile einer Psychotherapieausbildung

	Vorteile	Nachteile
Zeitrahmen	Angebot von Teilzeitmodellen	Zeitintensive Ausbildung; Veranstaltungen an Abenden und Wochenenden (meist Freitag bis Sonntag); viele Fahrtwege, zumeist mehrere Arbeitsstellen
Finanzielle Variablen	Finanzierungsmodelle möglich z. B. durch Bafög oder durch Bildungskredite, Finanzierungsprogramme durch Banken; Ermäßigungen bei den monatlichen Ausbildungskosten möglich	Kostenintensive Ausbildung (zwischen 15.000–100.000 €); eine zusätzliche Einnahmequelle ist in vielen Fällen notwendig
Vereinbarkeit von Familie und Beruf	Bei Teilzeitmodellen gute Vereinbarkeit bei guten Unterstützungsstrukturen möglich; z.T. Theorie und Supervision online möglich	Trotz Teilzeitmodell gute Organisation (z. B. bei Kindern) sowie finanzielle Absicherung notwendig
Vereinbarkeit von Ausbildung und Beruf	Teilzeitmodelle möglich; Verfügbarkeit weniger gut bezahlter Stellen zur Absolvierung der praktischen Tätigkeit; oft mit Wartezeit verbunden; Möglichkeit einer Festanstellung nach Absolvierung der praktischen Tätigkeit	Bei Vollzeitmodellen Nebentätigkeit kaum möglich; meistens sehr geringes Einkommen während der praktischen Tätigkeit; lange Wartezeit für eine Tätigkeit im klinischen Setting oder in Praxen
Psychotherapie	Kassenrechtliche Anerkennung für einen größeren Patientenkreis zugänglich; Möglichkeit zur Approbation	Einschränkung bei der Wahl des Therapieverfahrens; großer bürokratischer Aufwand (Anträge, Austausch mit Behandler:innen etc.)
Inhalte der Ausbildung	Vertiefte Auseinandersetzung mit Basiskenntnissen aus dem Studium; Seminare und Workshops mit zum Teil renommierten Psychotherapeut:innen/Praktiker:innen	Inhalte sind nach Gegenstandskatalogen sortiert; Neuere/exotischere Therapieformen und -techniken werden meist nicht erlernt; redundante Themen und qualitativ sehr heterogene Theorieworkshops
Vernetzung	Einbindung in einem Ausbildungskurs, dadurch Vernetzung und Austausch	Sehr hohe Selbstständigkeit, Organisation und Verantwortung notwendig

Um die langen Wartezeiten der Patient:innen zu reduzieren, wurde im April 2017 die neue Psychotherapie-Richtlinie in Kraft gesetzt: Seitdem müssen alle niedergelassenen Psychotherapeut:innen bei halbem Kassensitz 100 min (bei vollem 200 min) pro Woche telefonische Sprechstunden sowie 50 min (bei vollem 100 min) pro Woche eine psychotherapeutische Sprechstunde anbieten, die den Terminservicestellen gemeldet werden muss. Die Sprechstunden sollen es Patient:innen ermöglichen, zeitnah eine erste Unterstützung und Orientierung zu bekommen. Weitere Veränderungen, die in Kraft getreten sind, sind in ◘ Tab. 5.3 zu finden.

Durch die Corona-Pandemie haben sich ab 2020 ebenfalls neue Regelungen für psychotherapeutische Praxen ergeben: Psychotherapeut:innen können bis zu maximal 30 % ihrer Gesamtleistungen patient:innenübergreifend per Video anbieten (ausgenommen sind dabei Sprechstunden und Probatorik; bei Akutbehandlung gilt die 30-%-Grenze

Tab. 5.3 Veränderungen für niedergelassene Psychotherapeut:innen seit April 2017

	Bisher	Neue Psychotherapie-Richtlinie
Sprechstunde	Keine Sprechstunde notwendig	– Sprechstunden, insgesamt 6 × 25 Min. möglich für Erwachsene – Sprechstunden insgesamt 10 × 25 Min. möglich für Kinder und Jugendliche
Akutbehandlung	Keine Akutbehandlung	Akutbehandlung: nach mindestens 50 Min. Sprechstunde, bis zu 12 Stunden (h; nur anzeigepflichtig)
Probatorik	Probatorik von 6 Sitzungen	Probatorik: – Erst möglich nach mindestens 50 Min. Sprechstunde oder Akutbehandlung; 2–4 h für Erwachsene, 2–6 h für Kinder und Jugendliche – 2 h verpflichtend für Kurz- oder Langzeittherapie
Kurzzeittherapie	24 h; antrags- und gutachterpflichtig (sowohl für tiefenpsychologisch fundierte, analytische als auch Verhaltenstherapie)	– Kurzzeittherapie: 12 h oder 24 h; beide antrags-, aber nicht mehr gutachterpflichtig – Systemische Therapie, Kurzzeittherapie wie die anderen Verfahren geregelt
Langzeittherapie	– Verhaltenstherapie: bis zu 80 h; antrags- und gutachterpflichtig – Tiefenpsychologisch fundierte Psychotherapie: bis zu 100 h; antrags- und gutachterpflichtig – Psychoanalytische Psychotherapie: bis zu 150/300 h; antrags- und gutachterpflichtig – Keine Angaben zur Rückfallprophylaxe notwendig	– Bei Wechsel von Kurzzeittherapie zu Langzeittherapie, Gutachten notwendig. Bei zweiter Fortführung (z. B. von 60 auf 80 h, erneut Gutachten notwendig). – Bei allen Verfahren ist die zweite Fortführung nur gutachterpflichtig, wenn die Krankenkasse das für angemessen hält. – Systemische Therapie: als Verfahren neu aufgenommen, bis zu 48 h antrags- und gutachtenspflichtig; im Mehrpersonensetting möglich. – Rezidivprophylaxe: Bereits im Antrag einer Langzeittherapie muss angegeben werden, ob und in welchem Umfang eine Rezidivprophylaxe notwendig wird (8–16 h bei Erwachsenen, 10–20 h bei Kindern und Jugendlichen innerhalb von 2 Jahren nach der Psychotherapie nutzbar). Bei Therapien mit überwiegender Gruppentherapie oder als alleinige Gruppentherapie ist die Beantragung gutachterfrei.

pro Behandlungsfall). Sobald Psychotherapeut:innen ihre Approbation erlangt haben, werden sie von den Psychotherapeutenkammern angeschrieben, da eine Mitgliedschaft in der jeweils zuständigen Psychotherapeutenkammer obligatorisch ist. Diese Mitgliedschaft bringt die Verpflichtung mit sich, neben dem Leisten von Mitgliedsbeiträgen (im Schnitt 300 €) Fortbildungspunkte zu sammeln (250 Punkte in 5 Jahren). Fortbildungspunkte können u. a. durch die Teilnahme an Fort- und Weiterbildungen (die Kosten werden meist selbst getragen), Intervision, Supervision bzw. Arbeitskreisen oder Lektüre von Fachliteratur erlangt werden. Durch eigene angebotene Dozent:innentätigkeit sowie Supervision können ebenfalls Punkte gesammelt werden.

Gründung einer Privatpraxis

Frau Natalie Fischer, Psychologin in eigener Praxis in Germering bei München, berichtet von ihren Erfahrungen über die Gründung einer Privatpraxis:

Nach relativ weit fortgeschrittener Verhaltenstherapieausbildung ruht diese seit einigen Jahren, um mehr Zeit für meine Familie und mich selbst zu haben, doch das Wissen daraus sowie aus einer Vielzahl von Zusatzausbildungen kann ich in meiner ambulanten Arbeit auch ohne Approbation und Kassenzulassung weitergeben. Die Verfahren, die ich anbiete, finden in der Regel – trotz ihrer Effizienz – sowieso keine Kostenübernahme durch die gesetzlichen Kassen. So arbeite ich als zertifizierte Biofeedbacktherapeutin/Supervisorin, habe eine Ausbildung in klinischer Hypnose absolviert sowie eine langjährige Meditationslehrerausbildung, bin zertifizierte Kursleiterin für autogenes Training und mentales Training und lasse in meine achtsamkeitsbasierte Psychotherapie u. a. Meditations- und Entspannungstechniken mit einfließen. Parallel dazu bin ich als Teampsychologin in einem Kindergarten tätig und gebe als Dozentin Seminare und Unterricht zu verschiedensten psychologischen Themen (wie Kommunikation, Stressbewältigung, Entspannung und Biofeedback). Die Leistungen, die ich psychotherapeutisch erbringe, werden auf Selbstzahler:innenbasis abgerechnet bzw. von privaten Kassen in der Regel bezuschusst (Basis hierfür ist die Psychotherapieerlaubnis nach dem Heilpraktikergesetz). Ich habe mich, als meine Tochter geboren wurde, gegen die Weiterführung der Therapieausbildung entschieden, weil dieser Weg mit Familie und mehreren Jobs zeitlich und finanziell schwer zu vereinbaren war, und habe es bis heute nicht bereut: Die Nachfrage nach meinen Leistungen ist da, und ich genieße es, inhaltlich frei arbeiten zu können und dabei keinen Kassenantrags- und Kostenabrechnungsaufwand betreiben zu müssen.

5.2 Psycholog:innen in eigener Praxis – ein ganz besonderes Tätigkeitsfeld?

In einer eigenen Praxis trifft man in der Regel selten Patient:innen mit sehr schweren psychischen Störungen an, wie beispielsweise Patient:innen mit einer akuten Psychose. Meist kommen Patient:innen mit psychischen Störungen, die im Rahmen einer ambulanten Behandlung gut zu unterstützen und zu „halten" sind, wobei es immer wieder auch zu Krisen (suizidale Krisen, „critical life events", Exazerbation der Symptomatik, prodromale Symptomatik) oder zu störungsspezifischen Komplikationen und Dekompensationen kommen kann (z. B. bei Essstörungen zu starkes Untergewicht), sodass dann auch eine stationäre Aufnahme nötig ist. Psychotherapeut:innen diagnostizieren und behandeln psychische Krankheiten, wobei hauptsächlich zwei Dinge wichtig sind: Zum einen der Aufbau einer tragfähigen therapeutischen Beziehung, zum anderen die Anwendung von Reflexionstechniken, und je nach Therapiemethode auch praktische Übungen und „Hausaufgaben", die während der Therapie und insbesondere zwischen den Sitzungen gelernt und eingeübt werden.

Typischer Ablauf eines Therapieprozesses

Der/die Psychotherapeut:in vereinbart in der Regel nach telefonischer Kontaktaufnahme einen ersten Gesprächstermin zum Kennenlernen und zur Abklärung, ob eine behandlungsbedürftige Erkrankung vorliegt

(Sprechstunde) und, ob die ambulante Therapie als solches indiziert ist. Sprech- und Probatorikstunden geben die Möglichkeit, sich gegenseitig kennenzulernen und für beide Parteien (oder bei der systemischen Therapie zwischen verschiedenen Parteien im Mehrpersonensetting) herauszufinden, ob eine gemeinsame therapeutische Arbeit möglich ist oder nicht. Wenn eine gemeinsame Arbeit möglich ist, müssen sowohl Patient:in als auch Psychotherapeut:in bei der Krankenkasse einen Antrag auf Psychotherapie stellen. Wird eine Langzeittherapie beantragt, muss der/die Therapeut:in zusätzlich einen Bericht schreiben, in dem die Notwendigkeit der Behandlung begründet werden muss. Dieser Bericht wird von einem/einer psychotherapeutischen Gutachter:in überprüft. Befürwortet der/die Gutachter:in die Behandlung, übernimmt die Krankenkasse die Kosten und es kann mit der Psychotherapie begonnen werden. Erst nach mindestens 2 Probatorikstunden und Zusage über die Kostenübernahme wird gemeinsam eine bestimmte Therapie mit Zielen und Teilschritten erarbeitet (die Kurzzeittherapie ist nicht mehr gutachter:innenpflichtig, daher kann direkt nach der Probatorik nach Bewilligung des Antrages mit der Therapie begonnen werden).

In der ersten Therapiephase geht es darum, dass der/die Patient:in seine/ihre Erkrankung besser versteht (Psychoedukation und Biographiearbeit) und, dass eine vertrauensvolle und tragfähige therapeutische Beziehung entsteht. In der mittleren Therapiephase, welche den größten Teil der Behandlung ausmacht, geht es darum, sich mit den Themen und Problemen des/der Patient:in auseinanderzusetzen und Wege und Strategien zu finden, diese zu bewältigen. Die Schwerpunkte und Inhalte der Psychotherapie sind sehr individuell und abhängig vom angewandten Therapieverfahren und von den Vorerfahrungen, Fähigkeiten und Ressourcen des Patienten. Der Abschluss einer Therapie geht immer mit Abschiednehmen einher und fällt vielen Patient:innen (und naturgemäß auch Therapeut:innen) oft schwer. In den letzten Therapiestunden sollten gemeinsam mit den Patient:innen das Abschiednehmen und die damit verbundenen Gefühle und Gedanken reflektiert werden. Außerdem geht es darum, dass die Patient:innen die Therapie Revue passieren lassen und sich für die prioritätere Zukunft rüsten. In diesem Zusammenhang begegnet man häufig folgenden Fragestellungen: Habe ich meine Ziele erreicht? Welches sind die weiteren Ziele? Was kann ich tun, wenn meine Beschwerden wieder auftreten? Es werden gewöhnlich Notfallpläne und Strategien zur Rückfallprophylaxe erarbeitet.

Rahmenbedingungen für die Tätigkeit als Psychotherapeut:in

Als Psycholog:in ohne Therapieausbildung und in eigener Praxis ist die Gestaltung weniger abhängig von den Vorgaben der Krankenkassen. Das ermöglicht eine freiere Arbeitsgestaltung. Hier können gemeinsam mit Patient:innen Zeitrahmen und Ziele besprochen werden. In der Regel ist der Ablauf der Sitzungen wie oben beschrieben, kann jedoch auch variieren, wenn anstatt einer Psychotherapie eher eine Beratung oder ein Coaching im Vordergrund steht.

Der „Psychomarkt" ist sicherlich eine Berufsnische mit Zukunft. Leider wird allerdings deutlich, dass immer mehr unseriöse und wenig wissenschaftlich gesicherte Therapieangebote Menschen in Not anziehen können und mit Angeboten von selbstständigen Psycholog:innen in Konkurrenz stehen. Auch sind neben Psychologischen Psychotherapeut:innen (PP) viele Ärztliche Psychotherapeut:innen (ÄP) in eigener Praxis zu finden, die ebenfalls als Konkurrent:innen betrachtet werden können. Anzumerken ist, dass PP die zeitlich intensivere und somit sicherlich intensivere Ausbildung zum/zur Psychotherapeut:in absolvieren. Das Curriculum für ÄP beinhaltet ca. 600 h, das Curriculum für PP über 4000 h.

Aufgaben und Arbeitszeiten im Rahmen der Tätigkeit

Die Arbeitszeiten sind meist flexibel, zumal man meist alleine in eigener Praxis arbeitet. Jedoch sind auch in diesem Berufsbereich der Psychologie die Arbeitszeiten stark von den Bedürfnissen der Patient:innen abhängig. In der Tat bieten niedergelassene Psychotherapeut:innen immer öfter Früh-, Spät- oder Wochenendtermine an, um sich den beruflichen Erfordernissen der Patient:innen anzupassen. Eine Terminplanung mit Erwachsenen scheint gestaltbarer zu sein als mit Kinder- und Jugendlichen, da diese an Kindergarten- und Schulzeiten fest gebunden sind.

In der Verhaltenstherapie findet in der Regel wöchentlich eine 50-minütige Sitzung statt. Eine Kurzzeittherapie umfasst 24 Sitzungen, eine Langzeittherapie 45 Sitzungen. In besonderen Fällen kann sie auf bis zu 80 Sitzungen verlängert werden. Neu ist seit der neuen Psychotherapie-Richtlinie die Akutbehandlung, die 12 h umfasst und sofort nach der ersten Sprechstunde oder ggf. Probatorik gestartet werden kann (diese muss der Krankenkasse lediglich gemeldet werden). Die analytische Psychotherapie wird normalerweise mit 2 bis 3 Sitzungen wöchentlich veranschlagt. Insgesamt umfasst in diesem Falle eine Psychotherapie in der Regel 160 Sitzungen, kann aber bis auf 300 Sitzungen verlängert werden. In der tiefenpsychologisch-fundierten Psychotherapie findet wöchentlich eine Sitzung statt. Diese umfasst bis zu 50 Sitzungen, kann aber bis auf 100 Sitzungen verlängert werden. In der systemischen Therapie kann eine Langzeittherapie bis zu 48 h umfassen und dabei auch mit größeren Zeitabständen stattfinden.

Laut der DPtV (2021) arbeiten Psychotherapeut:innen im Schnitt 44 h die Woche, davon 28 h im Kontakt mit Patient:innen.

Die Aufgaben von Psycholog:innen in niedergelassener Praxis gleichen denen, die in ▶ Kap. 4 vorgestellt werden. Neben der Diagnostik, der Psychoedukation, den Therapiesitzungen, der Krisenintervention und eventueller Gutachtenerstellung beinhaltet die Tätigkeit als niedergelassene:r Therapeut:in folgende Aufgabenbereiche:

— Anträge stellen/Verlängerungen schreiben
— (Therapie-)berichte schreiben (für die Krankenkassen, Mitbehandler:innen oder nach Beendigung der Therapie)
— Austausch mit Kollegen/Telefonanrufe bei Ärzten und Krankenkassen/evtl. Planung von Klinikaufenthalten, Soziotherapie etc.
— Vor- und Nachbereitungen der Sitzungen (z. B. Nachlesen von Therapiemanualen, Informationssuche über bestimmte Medikamente, Planung eines Konfrontationstrainings)
— Im Kinder- und Jugendbereich: Schulbesuche, Vernetzung mit Lehrern, Logopäden, Sozialpädagogen etc.
— Fragebögen/Tests auswerten
— Dokumentation der Sitzungen (kurze Zusammenfassung der Therapiesitzung mit Zielen und nachfolgenden Schritten)
— Rechnungen schreiben
— Buchhaltung
— Warteliste pflegen und aktualisieren
— Netzwerkarbeit betreiben
— Weitere bürokratische Aufgaben wie Abrechnung erstellen, Anfragen beantworten, Websitepflege

Als Selbstständige:r in eigener Praxis können zusätzliche Angebote wie Notfalltelefonate, Telefonsprechstunden, SMS-Kontakte mit den Patient:innen individuell vereinbart werden. Dabei ist zu beachten, dass viele dieser Zusatzangebote und anfallenden Arbeiten (gerade Therapiemöglichkeiten mit neuen Medien beispielsweise Apps oder Chat-Dienste etc.) von den Krankenkassen aktuell nicht in dieser Form übernommen und vergütet werden. Niedergelassene Kolleg:innen berichten im Schnitt von mindestens 10 bis 15 h unbezahlter Arbeit bei voller Niederlassung. Wenn Psychotherapeut:innen die Zulassung für Gruppentherapie erworben haben, können diese, je nach persönlichen Interessen und Schwerpunkten, Gruppen anbieten, um mehr Patient:innen zu versorgen (Gruppentherapie wird auch besser vergütet und ist gutachterantragsfrei, um Psychotherapeut:innen zu ermutigen, mehr davon anzubieten und die Versorgungslücke zu verringern).

Zu Beginn der Therapie können mit Zustimmung der Patient:innen zusätzlich Angehörige (z. B. Eltern oder Partner:innen) zu einem gemeinsamen unterstützenden Gespräch eingeladen werden (im systemischen Setting ist die Mehrpersonenarbeit integraler Bestandteil der Therapie). Auch können bei störungsspezifischen Interventionen Hausbesuche oder Exkursionen notwendig werden, z. B. ein Hausbesuch mit Exposition bei einer Patientin mit Zwangsstörung oder eine Konfrontation im Tierpark bei einem Patienten mit spezifischer Spinnenphobie. In ◘ Abb. 5.1 werden die Aufgaben eines Psychotherapeuten in eigener Praxis dargestellt.

Psychotherapeut:innen können – auch wenn sie sich nicht mehr in der Ausbildung befinden – an Supervisionssitzungen (Besprechung von Patient:innen mit erfahrenen Psychotherapeut:innen) teilnehmen. Laut Angaben niedergelassener Psychotherapeut:innen werden diese in der Regel monatlich in Anspruch genommen.

Auch Intervision ist ein Angebot, das von vielen Psychotherapeut:innen genutzt wird. In diesen meist monatlich angebotenen Sitzungen werden Patient:innen mit weiteren Kolleg:innen (beispielsweise in der eigenen Praxisgemeinschaft) besprochen. Intervisionen dienen dem Ideenaustausch, der Stärkung und Unterstützung im psychotherapeutischen Verlauf. Sie können störungsspezifisch (z. B. essstörungsspezifische Intervision) oder störungsübergreifend genutzt werden und werden eigenständig von den Intervisionsteilnehmer:innen oft in den eigenen Praxisräumen organisiert. Ein empfehlenswertes Portal zur Vernetzung, Neugründung oder Finden von Intervisionsgruppen (auch bereits in der Ausbildung zum PP) ist https://intervisionsportal.de.

Internationalität als Psychotherapeut:in

Die Studiengänge und Qualifikationsanforderungen, die zu einer selbstständigen und eigenverantwortlichen Berufstätigkeit als Psycholog:in oder Psychotherapeut:in führen, unterscheiden sich weltweit teilweise

Uhrzeit	Tätigkeit
8:00	Ankunft Praxis, Frühstück, E-Mails beantworten, Akten sortieren und vorbereiten
09:00–09:50	Erste Therapiestunde: 35-jähriger Mann, rezidivierende, depressive Episode
10:00–10:50	Zweite Therapiestunde, 22-jährige Frau, emotional-instabile Persönlichkeitsstörung
11:00–11:50	Dritte Therapiestunde, Probatoriksitzung Fremdanamnese, Mutter eines 16-jährigen Mädchens, Verdacht auf Anorexia nervosa
12:00–12:50	Vierte Therapiestunde, 36-jährige Frau, Agoraphobie, Expositionssitzung– Fahrt mit dem Bus
13:00–14:00	Mittagspause
14:00–14:50	Fünfte Therapiestunde, 40-jährige Frau mit 4 Monate altem Baby, mittelgradige, depressive Episode mit postpartalem Beginn
15:00–15:50	Telefonische Sprechstunde
15:50–16:30	Kaffeepause mit Vorbereitung der Gruppensitzung
16:30–18:10	Gruppentherapie für Frauen mit postpartalen Störungen (Angst/Depression)
18:10–19:30	Büroarbeit, Dokumentation, Vor- und Nachbereitungsarbeit

◘ Abb. 5.1 Beispiel für einen Tagesablauf eines Psychotherapeuten in eigener Praxis

erheblich. Innerhalb von Europa kann zumindest seit Einführung von Bachelor- und Masterstudiengängen von einer Annäherung gesprochen werden, was die Inhalte des Studiums angeht. Psychotherapie ist als Weiterbildung von Land zu Land unterschiedlich geregelt. Auch können sich das Verständnis von Psychotherapie und die Zielsetzung von Therapien von Land zu Land erheblich unterscheiden. In Frankreich dient Psychotherapie neben der störungsspezifischen Zielsetzung der persönlichen Veränderung, Reifung und Stärkung im Sinne eines inneren Wachstumsprozesses (Sonnenmoser, 2011). In Israel muss Psychotherapie in der Regel selbst bezahlt werden, eine Weiterbildung als Psychotherapeut:in ist freiwillig (Sonnenmoser, 2017). Die Berufsbezeichnungen „Psychotherapeut" und „Psychoanalytiker" nicht geschützt, die Psychotherapie-Ausbildung nicht gesetzlich geregelt und Berufsausübende nicht registriert. Somit steht der Zugang zum Beruf des/der Psychotherapeut:in jedem auch ohne Qualifizierung und fachliche Ausbildung offen. Ähnlich ist die Situation beispielsweise auch in Österreich, Polen oder Großbritannien. Auch können die Studiengänge unterschiedliche Schwerpunkte bzw. Orientierungen an bestimmten Psychotherapieschulen haben: In Frankreich ist die Ausbildung gekoppelt mit einer starken psychoanalytischen, in Spanien hingegen mit einer kognitiv-behavioralen Ausrichtung. In Ländern außerhalb Europas wie beispielsweise China wurde seit November 2002 damit begonnen, eine Art Staatsexamen für Psychotherapie in ganz China einzuführen, um die Ausübung der Psychotherapie zu lizenzieren. Unabhängig davon dürfen in China Personen mit ganz unterschiedlichen Bildungs- und Berufsabschlüssen Beratung und Psychotherapie anbieten.

Vor diesem Hintergrund ist eine Niederlassung in eigener Praxis außerhalb Deutschlands abhängig vom Status, von der Berufsbezeichnung, von den Anforderungen und Erwartungen der Patienten sowie von den Strukturen des Gesundheitssystems und somit mit einem gewissen Risiko verbunden. Es ist weiterhin noch wenig über Anerkennungsverfahren bekannt. Das Europäische Zertifikat in Psychologie (EuroPsy) der Vereinigung Europäischer Psychologenverbände European Federation of Psychologists Associations (EFPA) ist ein erster Ansatz, europaweite gültige Bildungs- und Ausbildungsstandards zu bescheinigen und Inhaber:innen als in dem Fachgebiet kompetente und vertrauenswürdige Psycholog:innen auszuweisen (BDP, 2024). Auch bilden sich immer mehr überregionale Kooperationsprojekte in der Psychotherapie, wie beispielsweise die Deutsch-Chinesische Akademie für Psychotherapie e. V., die Deutsch-Türkische Gesellschaft für Psychiatrie, Psychotherapie und psychosoziale Gesundheit e. V. oder die gemeinnützige GmbH Psychologen über Grenzen. Eine ebenfalls sehr aktive Vereinigung ist die International Union of Psychological Science (IUPsyS o. J.), die die Weiterentwicklung von internationaler Wissenschaft und den Austausch bezüglich der Profession als solcher fördert.

Einkommen

Das Einkommen niedergelassener Psychotherapeut:innen oder Psycholog:innen hängt von der Anzahl der abgeleisteten Therapiestunden und somit dem Arbeitsumfang ab. Auch unterscheidet sich das monatliche Einkommen von approbierten Psychotherapeut:innen von nichtapprobierten Psychotherapeut:innen und steht in einem engen Zusammenhang mit den angebotenen Leistungen: Eine Verhaltenstherapiesitzung kostet 100,55 €, eine Biofeedbacksitzung ca. 130 €, eine Coachingsitzung kann bis zu 300 € und eine paartherapeutische Sitzung bis zu 350 € kosten. Eine genaue Einordnung des Einkommens bei Psychotherapeut:innen hängt von vielen Faktoren ab: u. a. davon, ob die Leistungen vom Kassensystem getragen werden oder Selbstzahler:innenleistungen abgerechnet werden, in welchem Umfang Psychotherapeut:innen arbeiten und welche Leistungen sie abrechnen (z. B. extrabudgetäre Leistungen). Der Durchschnittsüberschuss der Psychologischen Psychotherapeuten und Kinder- und Jugendlichenpsychotherapeut:innen liegt laut der DPtV bei 61.000 € (im Vergleich dazu ist der Überschuss bei Einzelpraxen im somatisch-medizinischen Bereich mindestens doppelt so hoch). Nach Abzug aller Kosten (Telematik- und IT-Kosten, Steuerzahlungen, eigene Kranken- und Pflegeversicherung, Altersvorsorge, Fortbildungs- und etwaige andere Kosten) liegt der Gewinn lediglich bei 23,5 % des ursprünglichen Umsatzes, das entspricht ca. 3000 bis 6000 € im Monat (DPtV, 2016).

In der praktischen Arbeit bekommen niedergelassene Psychotherapeut:innen monatlich eine festgelegte Zahlung der Kassenvereinigung: Diese wird anhand der Daten von vier Quartalen ermittelt und nach Vereinbarung zwischen der Kassenvereinigung und den Psychotherapeut:innen individuell festgesetzt. Nach jedem Quartal werden dann anhand der Daten aus der Quartalsabrechnung die restlichen Einnahmen von der Kassenvereinigung überwiesen. Es ergeben sich also ein festes monatliches Einkommen und eine quartalsbezogene Nachzahlung (die oft erst sehr verzögert nach ein bis zwei Quartalen ausgezahlt wird.

Eine Perspektive aus der Wissenschaft

Priv.-Doz. Dr. Markos Maragkos ist Leiter der AVM-Ambulanzen in München und Regensburg, Psychologischer Psychotherapeut und lizenzierter Traumatherapeut. Im Folgenden erläutert er, was Psycholog:innen in eigener Praxis leisten können und was im Studium und auf dem Weg zu einer (niedergelassenen) Psychotherapeut:innentätigkeit zu empfehlen ist.

Psycholog:innen in niedergelassener Praxis können meiner Meinung nach viel erreichen: Sie können Menschen in ausweglos erscheinenden Situationen (beispielsweise bei Schicksalsschlägen) helfen, wieder einen Faden zum Leben zu finden. Auch wird deutlich, dass sich Menschen im psychotherapeutischen Setting „berührbar" zeigen und dass in einem vertrauensvollen Rahmen der zwischenmenschliche Kontakt die beste Möglichkeit bietet, zu helfen. Ich empfehle, während des Studiums den Schwerpunkt auf den Bereich klinische Psychologie zu legen und Interesse für Teilbereiche, beispielsweise Traumafolgestörungen oder Angststörungen, zu entwickeln. Auch sollte die Bachelor- bzw. Masterarbeit im klinischen Bereich geschrieben werden. Eine Dissertation ist nicht obligatorisch, aber eine fachliche Vertiefung und nicht zuletzt auch ein „schönes Aushängeschild" für die eigene Praxis. Im Rahmen des Studiums geben Praktika im klinischen Bereich einen guten Einblick in die Tätigkeit und somit einen Vorgeschmack auf die weitere, eventuell freiberufliche Tätigkeit in eigener Praxis.

Auf dem Weg zur Psychotherapieausbildung bzw. -weiterbildung und zur Tätigkeit als niedergelassene:r Psychotherapeut:in sollten sich Student:innen und junge Psycholog:innen überlegen, ob sie es „aushalten", tagtäglich Menschen mit psychischen Schwierigkeiten zu sehen und ihnen Unterstützung zu geben. Für mich wäre das als alleinige Tätigkeit nicht vorstellbar, weswegen ich zusätzlich in der Lehre und in zahlreichen Projekten, beispielsweise im Bereich der Psychotraumatologie, tätig bin. Zu Beginn der psychotherapeutischen Tätigkeit hatte ich Angst vor der Verantwortung und davor, einen Fehler zu machen, der „kostet". Umso wichtiger ist es, Supervision und Intervision in Anspruch zu nehmen, bei der Wahl des Instituts darauf zu achten, welche Unterstützungsangebote möglich sind, Austausch mit Kolleg:innen sowie gute und stabile Strategien zum „Abschalten" zu haben.

Angehenden Psychotherapeut:innen, insbesondere denjenigen, die eine Tätigkeit in niedergelassener Praxis anstreben, sollte klar sein, dass diese anstrengend, zeitaufwendig und mit Verwaltungsarbeit verbunden ist. Um Beruf und Familie zu vereinbaren, ist es wichtig eine:n Partner:in zu haben, die/der Verständnis für späte Arbeitszeiten oder Veranstaltungen am Wochenende hat. Auch sollte man als Psychotherapeut:in bereit sein, sich selbst auf eine gute Weise fortwährend infrage zu stellen. In diesem Zusammenhang ist auch Selbsterfahrung notwendig und bereichernd.

Bezüglich der Tätigkeit als niedergelassene:r Psycholog:in begegnet man im privaten und ambulanten Bereich zahlreichen Vorurteilen und Unwissen vonseiten anderer. Aus meiner Berufserfahrung kenne ich die weitreichende Meinung, dass Psycholog:innen alles wüssten oder selbst keine Probleme oder Schwierigkeiten hätten. Der typische Satz, dem jeder in diesem Beruf begegnen kann und dem auch ich begegnet bin, lautet: „Du als Psycholog:in müsstest doch …" Aufgrund dieser Vorurteile ist es im Rahmen einer ambulanten Therapie wichtig, dem/r Patient:in die Möglichkeiten und Grenzen einer Psychotherapie zu erklären und genaue Berufsbezeichnungen und Unterschiede (z. B. zwischen der Rolle einer/s Psychiater:in und einer/s Psychotherapeut:in) zu erläutern.

Kurz zusammengefasst kann das Studium der Psychologie eine gute Basisqualifikation für die spannende und abwechslungsreiche Arbeit als (niedergelassene:r) Psychotherapeut:in darstellen. Eine Aus-/Weiterbildung zur/zum Psychotherapeut:in stärkt die Verbindung zwischen Theorie und Praxis, die Auseinandersetzung mit sich selbst und die Kompetenzen zum Aufbau einer tragfähigen Therapeut-Patient-Beziehung.

Persönliche Weiterbildung

Neben den obligatorischen 250 Fortbildungspunkten, die als Psychologische Psychotherapeut:innen alle 5 Jahre zu erbringen sind, empfiehlt es sich darüber hinaus, weitere zusätzliche Verfahren und Therapieformen zu erlernen, deren Anwendungsbereiche störungsübergreifend oder störungsspezifisch sein können. Dabei gilt es zu beachten, dass zusätzliche Therapieverfahren größtenteils als Selbstzahler:innenleistungen abgerechnet werden müssen, da diese von den Kassen oft nicht rechtlich anerkannt sind. In den ◘ Tab. 5.4 und 5.5 werden unterschiedliche zusätzliche Therapieformen und Zusatzqualifikationen aufgezeigt. Die Mehrzahl der Psychotherapeut:innen/Psycholog:innen bieten neben dem gewählten kassenrechtlich anerkannten Verfahren zusätzliche therapeutische Angebote an. Ein Blick auf die Visitenkarten und Webseiten niedergelassener Psycholog:innen untermauert diese Annahme.

Tätigkeiten in eigener Praxis

Tab. 5.4 Eine Auswahl kassenrechtlich nichtanerkannter Verfahren

Therapieform	Informationsquellen
Gestalttherapie	▶ www.dgik.de
Logotherapie	▶ www.dgle.org
Psychodrama	▶ https://psychodrama-deutschland.de
Körpertherapie	▶ https://koerperpsychotherapie-dgk.de
Mal-/Kunst-/Gestaltungstherapie	▶ https://dgkt.de
Musiktherapie	▶ www.musiktherapie.de
Tanztherapie	▶ www.dgt-tanztherapie.de
Hypnotherapie	▶ https://dgh-hypnose.de
Provokative Therapie	▶ https://provokativ.com
Bio- und Neurofeedbacktherapie	▶ https://dgbfb.de
Traumatherapie	▶ www.degpt.de
Lauftherapie	▶ www.lauftherapie-vdl.de
Sexualtherapie	▶ www.dgfs.info

Tab. 5.5 Eine Auswahl kassenrechtlich teils anerkannter Zusatzqualifikationen

Zusatzqualifikation	Informationsquellen
Psychoonkologie/Psychokardiologie	▶ www.dapo-ev.de ▶ https://pso-ag.org/de/index.php ▶ https://dgk.org
Klinische Neuropsychologie	▶ www.gnp.de
Notfallpsychologie	▶ www.bdp-klinische-psychologie.de/fachgruppen/gruppe16.shtml
Entspannungsverfahren (Autogenes Training, PMR)	▶ https://dg-e.de
EMDR	▶ www.emdr.de
Störungs- bzw. problemspezifische Trainings (u. a. soziales Kompetenztraining, emotionales Kompetenztraining, ADHS-Training, Selbstsicherheitstraining, Anti-Aggressions-Training, Stressbewältigungstraining) sowie psychotherapeutische Therapieunterformen (beispielsweise Schematherapie, Katathymes Bilderleben, Akzeptanz- und Commitmenttherapie [ACT], dialektisch-behaviorale Therapie, Cognitive Behavioral Analysis System of Psychotherapy [CBASP], übertragungsfokussierte Psychotherapie)	Diese werden in Ausbildungsinstituten, Kliniken oder Privatakademien in ganz Deutschland angeboten.
Eltern-, Säuglings- und Kleinkinderpsychotherapie	▶ www.gaimh.org

5.3 Anforderungen an eine Tätigkeit als Psycholog:in in eigener Praxis

Neben den fachlichen Kompetenzen, die man im Studium und in ersten Praktika erworben haben sollte, sind Empathie, Offenheit, Interesse, Beziehungsfähigkeit, Reflexionsfähigkeit und Belastbarkeit wichtige Grundvoraussetzungen für den psychotherapeutischen Beruf. In der Ausbildung geht es hauptsächlich darum, diese Fähigkeiten auszuweiten und zu lernen, wie Beziehungsprozesse ablaufen und dabei die eigenen Grenzen und die des/der Patient:in wahrzunehmen und zu akzeptieren. Besonders wichtig ist es, auch die bei sich selbst ablaufenden Prozesse und aufkommenden Empfindungen zu reflektieren und diese von denen der Patient:innen abzugrenzen. Im Rahmen des Studiums und der Ausbildung ist ein Blick über den Tellerrand wichtig: Interesse für tiefergehende Kenntnisse von Störungen und ihrer Genese, Interventionstechniken, neuere Forschungsergebnisse und Fertigkeiten sowie Fortbildungsmöglichkeiten sind Pflicht. Das Erlernen von Abgrenzungs-, Distanzierungs- und Selbstunterstützungskompetenzen ist ebenfalls ein wesentlicher Punkt. Auch das Erkennen und Angehen eigener Vulnerabilitäten ist für eine psychotherapeutische Tätigkeit von hoher Wichtigkeit. Frühwarnzeichen für Überlastung und Erschöpfung bei sich selbst erkennen zu können und die Arbeitsweise entsprechend anzupassen, hilft dabei, psychisch gesund zu bleiben. Sich kultur- und gendersensitives Wissen und Konzepte anzueignen, ist bei wachsender Anzahl an behandlungsbedürftigen Migrant:innen, Flüchtlingen sowie Menschen mit vielfältigen Geschlechtsidentitäten und sexuellen Orientierungen ebenfalls wichtig. Eine weitere wichtige Kompetenz, die es während der Ausbildung zu entwickeln gilt, ist die Fähigkeit zur Selbstfürsorge und die Selbsterfahrung, also das Ausprobieren von Interventionen, die dann später mit Patient:innen eingeübt werden. Zudem erscheint es sinnvoll, sich mit neueren Medien, Social Media und Digitalisierung in der täglichen Arbeit auseinanderzusetzen und diese in die psychotherapeutische Tätigkeit zu integrieren, da dies ein wichtiger Bestandteil der Lebenswelt von Patient:innen ist.

Neugierde und geistige sowie zeitliche Flexibilität sind weitere Eigenschaften, die eine psychotherapeutische Arbeit einfordert. Die Arbeit als Psychotherapeut:in bietet viel Raum für Kreativität: Es können neue Patient:innenmaterialien erstellt werden (z. B. Mutkärtchen oder Gute-Laune-Poster), Modelle und Übungen angepasst, individualisiert und kreativ mithilfe von z. B. Bastelmaterialien, Flipchart oder Impact-Techniken visualisiert und erstellt werden.

Ein gutes Gedächtnis oder die Fähigkeit, stimmig zu dokumentieren, sowie eine gute Organisation erleichtern die tägliche Arbeit, die zu einem großen Teil darin besteht, sich die unterschiedlichen Themen, Diagnosen, Schwerpunkte, Hausaufgaben oder Anliegen der vielen Patient:innen, die behandelt werden, zu merken. Bei Vorliegen einer eigenen psychischen Erkrankung als Psychotherapeut:in sollte bereits im Studium oder spätestens während der Ausbildung eine Therapie begonnen werden und eine weitere Begleitung in Form von suppportiven Gesprächen, Selbsterfahrung oder weiteren Therapiesitzungen, gewährleistet werden. Auch empfiehlt es sich mit dem eigenen Therapeuten das Vorgehen und die Gestaltung des Psychotherapeutenalltags zu besprechen. Wenn eine akute Symptomatik vorhanden ist, ist es empfehlenswert die Tätigkeit als Psychotherapeut:in zu pausieren, da eine Ausgeglichenheit, eine Zuverlässigkeit und eine hohe Belastbarkeit notwendig sind und manche Patient:innen oder Störungsbilder die eigene Symptomatik „triggern" können.

Tab. 5.6 Angebote für Psychotherapeuten in Ausbildung (PiA o. J.)

Anbieter	Website	Angebote
Verdi – Arbeitsgruppe PiA (o. J.)	▶ https://gesundheit-soziales-bildung.verdi.de/ueber-uns/gremien/ag-pia	Vernetzung, Broschüren, Kampagnen
Psychotherapeuten in Ausbildung (PiA)	▶ http://psychotherapeutenwiki.de	Zusammenstellung von Informationen für PiA; Facebook Gruppe: ▶ www.facebook.com/pia.im.streik/?locale=de_DE
Deutsche Psychotherapeutenvereinigung (DPtV) – PiA Portal (o. J.)	▶ www.piaportal.de	Forum, Linksammlung, E-Learning, Veranstaltungen, Hotline
Deutsche Gesellschaft für Verhaltenstherapie – PiA AG (o. J.)	▶ www.dgvt.de/der-dgvt-verein/pia-ag	Vernetzung, Treffen, Informationen
Berliner Pia	▶ https://piaforum.de/pia-sein	Vernetzung, Forum, Informationen
Klinik- und Institutsvergleiche Student:innen der Psychologie	▶ https://psyfako.org	Master-Erfahrungsberichte, Praktikumsdatenbank, Berufsweg Psychotherapie

Der Weg zur Niederlassung in eigener Praxis ist mit Anstrengung und Risiken verbunden. Gerade Ausbildungskandidat:innen sollten in Anbetracht der geringen Bezahlung und der teils mangelhaften Betreuung im Rahmen der praktischen Ausbildung eine hohe Motivation und Frustrationstoleranz aufweisen. In dieser oft stressreichen Zeit berichten Psychotherapeut:innen in Ausbildung (PiA), dass sie zwischen Unter- und Überforderung schwanken. Viele werden in den Kooperationspraxen- und -kliniken als vollwertige Kräfte eingesetzt und fühlen sich oft „allein gelassen" in der Arbeit mit zum Teil hoch belasteten Patient:innen (Learning-by-doing-Prinzip statt Lernen mit Anleitung oder am Modell), was oft zu Motivationstiefs oder Abbruchtendenzen führen kann. Immer wieder kommt es verstärkt zu Demonstrationen und Streiks („Psychotherapeut:innen in Ausbeutung"), um die immer noch reformbedürftigen Ausbildungszustände publik zu machen und eine Verbesserung des Vergütungszustandes zu erreichen. Zeitungen wie *Die Zeit* oder die *Süddeutsche Zeitung* greifen die Arbeitsbedingungen von Psychotherapeut:innen auf und leisten dadurch einen Beitrag zur besseren Sichtbarkeit dieser Berufsgruppe. Um die aktuellen Entwicklungen und die Veränderungen der Psychotherapieausbildung zu verfolgen, empfiehlt sich zu Beginn der Psychotherapieausbildung die Vernetzung mit anderen Psychotherapeut:innen in Ausbildung sowie das Nutzen der Angebote von Berufsverbänden. Ein Überblick über diese Angebote wird in ◘ Tab. 5.6 dargestellt.

Eine Perspektive aus der Praxis

Frau Dr. Stäbler, Diplom-Psychologin, Psychologische Psychotherapeutin mit Schwerpunkt Verhaltenstherapie und systemische Therapie (approbiert, in eigener Praxis) sowie Psychoonkologie, Dozentin und Supervisorin an verschiedenen Ausbildungsinstituten für Verhaltenstherapie, Promotion zum Thema Borderline-Persönlichkeitsstörung

Wieso haben Sie sich für eine Tätigkeit als niedergelassene Psychotherapeutin entschieden?

Ich habe mich für eine Tätigkeit als niedergelassene Psychotherapeutin entschieden, weil das intensive Arbeiten mit Patient:innen mit sehr unterschiedlichen Störungsbildern möglich ist. Auch werden durch die längerfristige Begleitung der therapeutische Prozess sowie die Ergebnisse und Erfolge der Therapie sichtbar.

Außerdem kann ich mich als Selbstständige besser weiterentwickeln und selbst verwirklichen, da die eigene Persönlichkeit und die eigenen Vorstellungen deutlicher in die Tätigkeit einfließen.

Zudem bietet diese Tätigkeit eine gute Vereinbarkeit von Familie und Beruf und ermöglicht das Ausüben von parallelen Tätigkeiten, z. B. eine Dozent:innentätigkeit.

Was glauben Sie, können Psycholog:innen in diesem Berufsfeld bewegen?

Psycholog:innen können durch ihre Tätigkeit die Bedeutung der Zuwendungsmedizin aufzeigen und stärken. Sie können dem Menschen als Individuum konkrete Hilfe, insbesondere auch Hilfe zur Selbsthilfe bei schweren (psychischen) Erkrankungen oder persönlichen Krisen bieten, sie bei der Vergangenheitsbewältigung unterstützen und/oder ihnen zu einem selbstbestimmteren, versöhnteren, stimmigeren und lebensbejahenderen Leben verhelfen.

Auch leisten sie einen gesellschaftlichen Beitrag im Sinne von Wiederherstellung oder Erhaltung der Berufsfähigkeit des Patient:innen oder können durch Stabilisierung der Patient:innen auch deren Beziehungen, Familie etc. stabilisieren.

Ferner tragen Psycholog:innen durch ihre Beratung und Begleitung dazu bei, die negativen Auswirkungen des modernen Berufslebens (ständige Verfügbarkeit, Konkurrenzkampf und Perfektionismus) oder der Mehrfachbelastung durch Beruf und Familienleben (Kinder, alte, pflegebedürftige Eltern) zu begrenzen. Dadurch können im Idealfall Folgeerkrankungen wie Burn-out und Depressionen verhindert werden.

Auch können Psycholog:innen Patient:innen angesichts schwindender religiöser Bindungen und einem veränderten Rollenverständnis bei der Sinnsuche unterstützen.

Was hat Sie an Ihrer Tätigkeit am meisten überrascht?

Es hat mich am meisten überrascht, dass zum Teil in relativ kurzer Zeit gute Erfolge in der Therapie erzielt werden können und dass jeder einzelne Patient, auch wenn er schwerstkrank ist, über zum Teil unerwartete Ressourcen verfügt, die in der Therapie entdeckt und nutzbar gemacht werden können.

Welchen Tipp haben Sie für Psycholog:innen, die sich überlegen, in eigener Praxis zu arbeiten?

Zusätzlich zu den unter Psychische Gesundheit von Psychotherapeut:innen erwähnten Erfahrungswerten kann ich folgende Tipps, die für mich persönlich hilfreich waren, weitergeben:

Um Nerven, Zeit und eventuell auch finanzielle Ressourcen zu schonen, kann es sinnvoll sein, sich erst dann als Psychotherapeut:in niederzulassen, wenn man sicher und endgültig einen Kassensitz zugesprochen bekommen hat (es geht natürlich auch erst einmal ohne, da ja auch Privatpatient:innen kommen und es die Möglichkeit der Kostenerstattung für gesetzlich Versicherte gibt, jedoch ist das Kostenerstattungsverfahren sehr nerven- und zeitaufwendig und zum Teil auch geringer honoriert). In diesem Zusammenhang ist es sinnvoll, sich frühzeitig umzuhören, welche (älteren) Kolleg:innen ihre Praxis aufgeben oder einen halben Kassensitz verkaufen möchten.

Es kann nützlich sein, viele und gute Kontakte zu Kolleg:innen und Ärzt:innen zu haben, im Sinne einer Zusammenarbeit und Kooperation.

Auch kann es sinnvoll sein, neben der selbstständigen Tätigkeit trotzdem noch eine Anstellung zu haben (nützliche Kontakte, regelmäßiger Verdienst).

Folgende Tipps kann ich zusätzlich empfehlen: Die KfW Bankengruppe übernimmt im Rahmen des „Gründercoaching Deutschland" fast die gesamten Kosten für ein „Gründungs-Coaching" bei einem/einer professionellen Coach:in. Auch ist es wichtig, sich eingehend bezüglich des Abschlusses diverser Versicherungen, beispielsweise einer Berufshaftpflichtversicherung, einer Krankentagegeldversicherung oder einer Berufsunfähigkeitsversicherung, sowie bezüglich einer privaten Altersvorsorge beraten zu lassen.

Psychische Gesundheit von Psychotherapeut:innen

In Filmen und Serien werden Psychotherapeut:innen oft als vulnerable Berufsgruppe gezeichnet mit depressiv/melancholischen Persönlichkeitszügen (siehe „In Treatment"), Hang zu Süchten (siehe „Gypsy") oder Problemen in der Partnerschaft (siehe „Wanderlust" oder „In Therapie"). Psychotherapeut:innen sind tagtäglich mit den psychischen Problemen der Patient:innen beschäftigt: Diese Belastung kann Auswirkungen auf ihre eigene Gesundheit haben, insbesondere wenn die eigene Selbstfürsorge nicht gewährleistet ist. Weitere Gründe, die das Risiko psychischer Beeinträchtigungen bei Psychotherapeut:innen erhöhen sind u. a.:

— Bestimmte Patient:innengruppen und -reaktionen, z. B. Aggressivität, Hass, Suizidalität, Misstrauen, Ambivalenz oder emotionale Instabilität
— Die Therapeut:in-Patient:in-Beziehung als solche (hier einige Beispiele: „Resonanzkörper" für Gefühle des Patient:innen, eigene Reaktivierung belastender Erinnerungen, Nähe-Distanz-Schwankungen)
— Einengende Charakteristika des Behandlungssettings wie Zeitdruck, begrenzte Kontingente, Erwartungsdruck („mach mich glücklich" oder „repariere mich")
— Mitgefühlsermüdung und das Erleben von Erfolgen/Anerkennung als risikoreiche Verführung, „zu viel zu leisten" (mit Burn-out- oder Burn-on-Risiko verbunden)
— Überhöhte (eigene) Ansprüche, z. B. „Retter:in sein wollen", immer erreichbar sein, hohe Kontrollmotive
— Identitäts- und Rollenwechsel: Psychotherapeut:in vs. Privatmensch

Die wissenschaftliche Forschung hierzu ist im deutschsprachigen Raum kaum vorhanden. Eine Studie von Simpson et al. (2019) zeigt, dass fast die Hälfte von 433 befragten Psychotherapeut:innen (47,9 %) ein mittleres bis hohes Erschöpfungsniveau aufgrund ihrer beruflichen Tätigkeit angeben. Eine weitere Studie (Simionato & Simpson, 2018) zeigt, dass – neben Depression, Ängsten, Suizidalität, Substanzmissbrauch und Mitgefühlsmüdigkeit – ein Burn-out als häufigste Ursache der Berufsunfähigkeit von Psychotherapeut:innen gilt (55 % der Befragten waren im mittleren bis hohen Ausmaß von Burn-out betroffen). In einer weiteren Studie von Reis et al. (2014) mit über 700 befragten Psychotherapeut:innen gaben 45 % eine hohe emotionale Erschöpfung an, 30 % beschrieben ein vermindertes subjektives Wohlbefinden. Vor dem Hintergrund dieser Studien scheint die Fähigkeit, zwischen Beruf und Privatleben/Familie zu trennen und als Psychotherapeut:in auf sich und seine eigenen Belastungsgrenzen zu achten sowie ausreichende Selbstfürsorge zu betreiben, um präventiv Überlastungen entgegenzusteuern, besonders wichtig zu sein.

Frau Dr. Stäbler (Eine Perspektive aus der Praxis) empfiehlt aus eigener Erfahrung Folgendes: „Für mich ist es wichtig, klare Arbeitszeiten festzulegen und einzuhalten, mir selber klare Regeln zu schaffen und Grenzen zu setzen (beispielsweise: wann ist das Notfallhandy an und wann nicht). Gleichzeitig sehe ich es als Notwendigkeit, mir genug und komplette Auszeiten zu gönnen, was durchaus bedeuten kann, dass im Urlaub E-Mail- und handyfreie Zeit herrscht. Zudem erachte ich die Trennung von Wohn- und Arbeitsort als sinnvoll, da ich den Arbeitsweg zum ‚Umschalten' nutzen kann. Was mir zusätzlich hilft, sind Super- und Intervision sowie Tür- und Angelgespräche mit den Kolleg:innen. In diesem Rahmen nutze ich die Zeit, um über Patientenprobleme zu sprechen".

Rehahn-Sommer und Kämmerer (2019) geben – neben den bereits erwähnten Kompetenzen für die Arbeit in eigener Praxis – noch folgende Empfehlungen für eine gelingende Selbstfürsorge:

– Kontinuierliche Reflexion der eigenen Arbeitshaltung sowie der eigenen Selbstansprüche und der moralischen Einstellungen
– Selbstachtsamkeit und Selbstmitgefühl
– Ein Privatleben, das die Möglichkeit zur Befriedigung von Grundbedürfnissen, wie beispielsweise Anerkennung oder Sicherheit, bietet
– Im Privatleben viel Raum für Kreativität, Leichtigkeit, Freude, Humor
– Im Privatleben das Erleben von Gemeinschaft und von sozialem Kontakt
– Beschäftigen mit „Nicht-Psychothemen"
– Bewegung und Aktivität sowie Entspannung
– Kenntnis eigener vulnerabler Punkte und hilfreiches Umgehen damit
– Selbstvalidierung und -ermutigung sowie die Fähigkeit, sich Unterstützung zu holen (auch bei eigener Not)

Die Tätigkeit in eigener Praxis ermöglicht eine flexible Arbeitseinteilung, die eine Tätigkeit in Kombination mit dem Aufbau einer Familie möglich macht, jedoch zur Gefahr wird, „Arbeit mit nach Hause zu nehmen". Zudem erwähnt Frau Dr. Stäbler in diesem Zusammenhang: „Ein Problem ist, dass mit Familie oft in Teilzeit gearbeitet wird. Das bedeutet, man hat nur die Hälfte an Einkünften wie in Vollzeit arbeitende Psychotherapeut:innen, aber nahezu die gleichen Kosten!" Laut Frau Dr. Stäbler ist, wie sicher in vielen anderen anspruchsvollen und zeitintensiven Berufen auch, eine niedergelassene Tätigkeit nur dann möglich, wenn man viel Unterstützung hat bzw. sich organisiert und über eine gute „Logistik" verfügt: „Das heißt, dass man Partner:innen hat, die voll hinter einem stehen und die für entstehende Mehrbelastung Akzeptanz zeigen, dass man über Betreuungsplätze (Krippe, Kindergarten, Tagesmutter, Hort o. Ä.) für die Kinder verfügt und dass optimalerweise Großeltern oder Verwandte ‚Notfallbetreuung' übernehmen können."

Auch ist es wichtig, zu erwähnen, dass die Arbeit in eigener Praxis strukturiertes, diszipliniertes und organisiertes Arbeiten notwendig macht und mit viel (oft unbezahlter und wenig zufriedenstellender) Bürokratie verbunden ist.

Jede:r angehende Psychotherapeut:in sollte genau wissen, was sein eigenes Therapieverfahren leisten kann und sollte zusätzlich noch andere, kassenrechtlich nicht anerkannte Verfahren kennen. Auch sollte ihm bewusst sein, dass die Therapiezeit mit den Patient:innen nicht der realen Arbeitszeit entspricht, diese jedoch allein vergütet wird. Und es kommen noch Absagen der Patient:innen hinzu. Dazu ist es, u. a. aus finanziellen Gründen oder aus Gründen der Psychohygiene, nicht unüblich, dass Psychotherapeut:innen neben der vertragsärztlichen Tätigkeit weiteren Tätigkeiten nachgehen, z. B. als Dozent:innen, Supervisor:innen, Coaches, Autor:innen oder – immer mehr im Kommen – als Healthcare-Influencer:innen, die mit Podcasts, Blogs oder Tik-Tok-Kanälen Aufklärungs- oder Präventionsarbeit leisten.

Schwerpunktsetzung

Voraussetzung für die Approbation ist ein Schwerpunkt im Bereich der klinischen Psychologie oder ein Master mit Schwerpunkt klinischer Psychologie/Psychotherapie/Neuropsychologie (▶ Kap. 3). Klinische Psychologie vermittelt wissenschaftliche und praktische Kompetenzen bei der Erkennung und Behandlung psychischer Störungen.

Einige Universitäten bieten eine Anzahl an Nebenfächern, die von Psychologiestudierenden besucht werden können: empfehlenswert für eine psychotherapeutische Ausbildung bzw. eine Tätigkeit als niedergelassene:r Psychotherapeut:in sind Zusatzfächer oder Nebenfächer wie z. B. interkulturelle Kompetenz/Kommunikation, Kinder- und Jugendpsychiatrie, Pädiatrie und Kinderonkologie, Psychosomatik, Psychiatrie, Neuropsychiatrie, Sexualmedizin, Erziehungswissenschaften, Pädagogik, Soziologie oder Philosophie.

Eine Diplom- oder Masterarbeit im klinischen Bereich, meist in Kooperation mit einem Institut oder einer Klinik, ermöglicht die Vertiefung in einem Teilbereich der klinischen Psychologie und Psychotherapie, die praktische Erfahrung und Auseinandersetzung mit Diagnostik und therapeutischen Interventionen und das Sammeln von Expertenwissen für eine spätere selbstständige Tätigkeit. Eine Dissertation ist für eine Tätigkeit in eigener Praxis keine zwingend notwendige Voraussetzung.

Gegen Ende des Studiums sollten sich Psycholog:innen mit der Frage: „Psychotherapieausbildung, ja oder nein?" aktiv auseinandersetzen. An Universitäten werben die Universitäten selbst, aber auch andere Ausbildungsinstitute mit Informationsabenden oder Schnupperworkshops für Studierende: Ein Blick auf das schwarze Brett der Universität oder in Foren der Fachschaften für Psychologie lohnt sich. Eine Übersicht über Ausbildungsinstitute bietet die jeweilige Landespsychotherapeutenkammer (▶ https://bptk.de/). In verschiedenen Städten, beispielsweise in Hamburg, Köln oder Würzburg, bieten auch Universitäten die Ausbildung zum/zur psychologischen Psychotherapeut:in an.

Computer- und Sprachkenntnisse

Die gängigen Computerkenntnisse, wie Office-Anwendungen, sind wünschenswert. Im Rahmen der Diagnostik sind Statistikkenntnisse und Fertigkeiten in einer der Statistik-Computer-Anwendungen durchaus zu empfehlen. Zahlreiche niedergelassene Psychotherapeut:innen nutzen eine Praxissoftware zur Verwaltung, zur Dokumentation, zur Abrechnung etc. Die Einarbeitung wird im Rahmen von Seminaren, Online-Tutorien oder durch Veranstaltungen von Berufsverbänden vereinfacht. Wer neben seiner praktischen Tätigkeit seine Expertise durch Blogs, Podcasts oder Social-Media-Kanäle/-Profile ergänzen möchte, profitiert von Vorerfahrungen mit Grafikprogrammen oder Aufnahmesoftwaren.

Die meisten Psychotherapeut:innen dokumentieren ihre Sitzungen weiterhin klassisch im Paper-Pencil-Verfahren. Durch die zunehmende Digitalisierung und aus Klimaschutzgründen ergeben sich neue Dokumentationsmöglichkeiten mit spezifisch zugeschnittenen Praxissoftware-Programmen (z. B. Tomedo). Grundkenntnisse im Umgang mit neueren Medien (z. B. Tablets oder Apps) sind daher von Vorteil.

Sprachkenntnisse, z. B. Englisch, Französisch, Italienisch sowie Türkisch, Polnisch, Russisch und weitere „exotischere" Sprachen wie Dari oder Kisuaheli, sind aufgrund wachsender Zahlen von Patient:innen mit Migrationshintergrund gerade in Ballungsräumen mit hohem Migrant:innenanteil vorteilhaft und wünschenswert. Laut der Deutschen Gesellschaft für Psychiatrie, Psychotherapie und Nervenheilkunde (DGPPN) repräsentieren Menschen mit Migrationshintergrund nur 14 % der Patient:innen in der ambulanten Psychotherapie, jedoch erkranken Migrant:innen in Deutschland z. B. um fast 60 % häufiger an Depressionen als Einheimische (DGPPN, 2012). Hieraus wird deutlich, dass die psychotherapeutische Versorgung bei Migrant:innen mangelhaft ist.

Praxis, Praxis, Praxis

Im Rahmen des Psychologiestudiums repräsentieren Praktika meist einen Teil der Leistungen, die zu erbringen sind. Für eine spätere Tätigkeit als niedergelassene:r Psycholog:in kann im Rahmen von Praxispraktika in das Berufsfeld „hineingeschnuppert" werden. In Praxen werden jedoch nur wenige Praktikumsplätze für Psychologiestudierende angeboten. Wer jedoch nicht darauf verzichten möchte, kann von Psycholog:innen geführte Praxen direkt per E-Mail anschreiben und fragen, ob ein Praktikum möglich wäre. Dafür eignen sich insbesondere Medizinische Versorgungszentren (MVZ) oder größere Gemeinschaftspraxen mit Behandlungsschwerpunkten und multidisziplinären Teams. Ebenfalls zu empfehlen sind Beratungsstellen, die oft auch Patient:innenkontakt ermöglichen. Auch empfehlen sich Anfragen bei Berufsverbänden wie dem BDP oder der Deutschen Gesellschaft für Psychologie (DGPs). Hier sind Praktikumsdatenbanken für Psychologiestudierende zu finden. Das Abschließen einer Mitgliedschaft ist für Student:innen zumeist kostenlos. Die Vernetzung in beruflichen Gruppen über LinkedIn und Facebook sind an dieser Stelle ebenfalls zu empfehlen. Auch veröffentlichen einige Universitäten ihre Praktikumsdatenbanken für Psychologiestudierende im Internet: Auch hier lohnt sich eine zeitintensive Recherche. Die (zumeist für PiA kostenlose) Mitgliedschaft in beruflichen Facherbänden wie die Deutschsprachige Gesellschaft für Verhaltenstherapie (DGVT) kann ebenfalls hilfreich sein.

Wer unsicher ist, ob er in einer Klinik, in einer Beratungsstelle oder in eigener Praxis arbeiten möchte, sollte im Berufsfeld der klinisch tätigen Psycholog:innen im Rahmen eines Psychosomatik- oder Psychiatriepraktikums erste Erfahrungen sammeln. Empfehlenswert ist ebenfalls ein Praktikum in einer Beratungsstelle, um den feinen Unterschied zwischen Beratung und Therapie kennenzulernen (▶ Kap. 6). Eigeninitiative in Form von telefonischer oder Priorität-Kontaktaufnahme und Initiativbewerbungen lohnt sich! Vorsicht: Hegen Sie keine zu hohen Erwartungen. Das Hospitieren in Einzeltherapien ist in den wenigsten Praktika möglich!

Praktika im Ausland werden meistens in Klinikeinrichtungen oder Projekten (z. B. Straßenkinderprojekten) angeboten. Um möglichst kostengünstig Auslandserfahrungen zu sammeln, ist der Kontakt zu gemeinnützigen Vereinen oder zu von Studierenden entwickelten Programmen zu empfehlen (siehe z. B. ▶ www.via-ev.org oder ▶ https://asa.engagement-global.de), die zum Teil neben Volontäreinsätzen oder Freiwilligenprojekten fachgebundene Praktika im Bereich der Psychologie anbieten.

5.4 Vor einer Niederlassung in eigener Praxis

Vor einer Niederlassung empfiehlt sich eine Beratung durch Berufsverbände. Diese bieten kostenlose Beratungsgespräche für Mitglieder an und dies in allen Bereichen, die relevant werden (z. B. IT, Honorar, Qualitätsmanagement). Auch vernetzen sich die Mitglieder in einzelnen Sektionen (z. B. freiberufliche Psycholog:innen, Psychologische Psychotherapeut:innen) und können aufgrund ihrer Erfahrungswerte wertvolle Tipps und Tricks weitergeben. Die DPtV und die Deutsche Psychologen Akademie (DPA) bieten zahlreiche Broschüren, Seminare und Video-Tutorials für junge Psychotherapeut:innen u. a. zu den Themen Start in die Selbstständigkeit, Existenzgründung und Praxisführung an. Auch die jeweiligen Psychotherapeutenkammern bieten Beratungsgespräche an. Frau Dr. Stäbler berichtet im Interview von weiteren Erfahrungen und Unterstützungsangeboten vor einer Niederlassung (Eine Perspektive aus der Praxis).

Fazit
Die Arbeit als Psycholog:in in eigener Praxis ist eine Tätigkeit, die den Raum für die Entfaltung individueller Ideen und Visionen im Bereich der psychotherapeutischen Arbeit ermöglicht. Von der Gestaltung der Therapieräume bis hin zu den angebotenen Therapiemöglichkeiten bietet die eigene Praxis eine abwechslungsreiche, dynamische und herausfordernde Arbeit. Diese Tätigkeit ist jedoch mit einem höheren Risiko und einer stärkeren, oft zu Beginn beängstigenden Autonomie und dem Gefühl, ein:e Einzelkämpfer:in zu sein, verknüpft. Eine vorherige oder komplementäre Tätigkeit beispielsweise in einer Klinik, als Supervisor:in, in der Lehre oder in Beratungsstellen ist im Sinne des Austausches sicherlich nicht falsch. Auch eine Vernetzung mit Kolleg:innen im Sinne einer eigenen Praxis unter dem Dach einer größeren, multidisziplinären Gemeinschaftspraxis kann ein austauschreiches und gewinnbringendes Arbeiten gewährleisten.

Literatur

Best, D., et al. (2008). *Approbiert, was nun? Berufseinstieg für Psychologische Psychotherapeuten und Kinder- und Jugendlichenpsychotherapeuten*. Psychotherapeutenverlag.

Berufsverband Deutscher Psychologinnen und Psychologen e. V. (BDP). (2024). Profession: Das EuroPsy-Zertifikat. www.bdp-verband.de/profession/europsy. Zugegriffen am 14.05.2024.

Brähler, E., Geyer, M., & Hessel, A. (2005). *Lebensqualität, Wohlbefinden, berufliche Gratifikationskrisen bei niedergelassenen Psychologischen Psychotherapeuten*. Vortrag 07.11.2005, Köln.

Bundespsychotherapeutenkammer (BPtK). https://bptk.de/. Zugegriffen am 14.05.2024.

Bundespsychotherapeutenkammer (BPtK). (2021). BPtK-Auswertung: Monatelange Wartezeiten bei Psychotherapeut:innen. www.bptk.de/pressemitteilungen/bptk-auswertung-monatelange-wartezeiten-bei-psychotherapeutinnen. Zugegriffen am 14.05.2024.

Deutsche Gesellschaft für Psychiatrie, Psychotherapie und Nervenheilkunde (DGPPN). (2012). Deutsche Gesellschaft für Psychiatrie, Psychotherapie und Nervenheilkunde zum Thema Perspektiven der Migrationspsychiatrie in Deutschland. www.dgppn.de/_Resources/Persistent/7e810b2fd033c8a7d0b13479dc516ad310e11fa1/2012-09-12-dgppn-positionspapier-migration.pdf. Zugegriffen am 14.05.2024.

Deutsche Gesellschaft für Verhaltenstherapie – PiA AG. (o.J.). www.dgvt.de/der-dgvt-verein/pia-ag. Zugegriffen am 14.05.2024.

Deutsche Psychotherapeutenvereinigung e. V. (DPtV). PiA Portal. (o.J.). www.piaportal.de. Zugegriffen am 14.05.2024.

Deutsche Psychotherapeutenvereinigung e. V. (DPtV). (2016). Warum die Einkommen der Psychotherapeuten so niedrig sind. Psychotherapie aktuell. www.dptv.de/fileadmin/Redaktion/Bilder_und_Dokumente/Wissensdatenbank_oeffentlich/DPtV_Hintergrund/DPtV-Hintergrund-2016-1.pdf. Zugegriffen am 14.05.2024.

Deutsche Psychotherapeutenvereinigung e. V. (DPtV). (2021). Report Psychotherapie 2021 (2. Aufl. Mai 2021/Stand: März 2021). www.dptv.de/fileadmin/Redaktion/Bilder_und_Dokumente/Wissensdatenbank_oeffentlich/Report_Psychotherapie/DPtV_Report_Psychotherapie_2021.pdf. Zugegriffen am 14.05.2024.

Engagement Global. ASA Programm. https://asa.engagement-global.de. Zugegriffen am 14.05.2024.

European Certificate in Psychology (EuroPsy). www.europsy.de. Zugegriffen am 14.05.2024.

International Union of Psychological Science (IUPsyS). (o.J.). www.iupsys.net. Zugegriffen am 14.05.2024.

Kassenärztliche Bundesvereinigung (KBV). (2021). Arztzahlstatistik 2021: Größte Zuwächse bei Psychologischen Psychotherapeuten – Trend zur Anstellung hält an. www.kbv.de/html/1150_57561.php. Zugegriffen am 14.05.2024.

Lubbadeh, J. (2012). Psychologen-Mangel in Deutschland: Therapeut verzweifelt. www.spiegel.de/gesundheit/psychologie/psychotherapie-warum-es-zu-wenige-psychologen-in-deutschland-gibt-a-820748.html. Zugegriffen am 14.05.2024.

Psychologie Fachschaften Konferenz (PsyFaKo). https://psyfako.org. Zugegriffen am 14.05.2024.

Psychotherapeuten in Ausbildung (PiA). (o.J.). http://psychotherapeutenwiki.de. Zugegriffen am 14.05.2024.

Rehahn-Sommer, S., & Kämmerer, A. (2019). Prophylaxe von Belastungsreaktionen bei Psychotherapeutinnen: Risikofaktoren erkennen und Resilienz stärken. *Psychotherapeutenjournal, 4(2019)*, 365–372.

Reis, D., Schröder, A., & Schlarb, A. (2014). Wohlbefinden, Burn-out und Ressourcen bei Psychotherapeuten. *Psychotherapeut, 59*(1), 46–51.

Simionato, G., & Simpson, S. (2018). Personal risk factors associated with burnout among psychotherapists: A systematic review on the literature. *Journal of Clinical Psychology, 74*(9), 1431–1456.

Simpson, S., Simionato, G., Smout, M., van Vreeswijk, M. F., Hayes, C., Sougleris, C., & Reid, C. (2019). Burnout amongst clinical and councelling psychologists: The role of early maladaptive schemas and coping modes as vulnerability factors. *Clinical Psychology & Psychotherapy, 26*, 35–46.

Sonnenmoser, M. (2011). Reihe Psychotherapie in Europa: Frankreich, Hochburg der Psychoanalyse. Deutsches Ärzteblatt. www.aerzteblatt.de/archiv/81279/Reihe-Psychotherapie-in-Europa-Frankreich-Hochburg-der-Psychoanalyse. Zugegriffen am 14.05.2024.

Sonnenmoser, M. (2017). Reihe Internationale Psychotherapie: Israel – In der Regel nur für Selbstzahler. Deutsches Ärzteblatt. https://www.aerzteblatt.de/archiv/192433/Reihe-Internationale-Psychotherapie-Israel-In-der-Regel-nur-fuer-Selbstzahler. Zugegriffen am 14.05.2024.

Verdi – Arbeitsgruppe PiA. (o.J.). https://gesundheit-soziales-bildung.verdi.de/ueber-uns/gremien/agpia. Zugegriffen am 14.05.2024.

Verein für internationalen und interkulturellen Austausch (VIA e. V.). www.via-ev.org. Zugegriffen am 14.05.2024.

Tätigkeiten in Beratungseinrichtungen

Sigrid Stiemert-Strecker und Jürgen Wolf

Inhaltsverzeichnis

6.1 Arbeit in Beratungsstellen – was ist das? – 70

6.2 Psychologische Beratung – ein ganz besonderes Tätigkeitsfeld? – 73
Aufgaben im Rahmen der Tätigkeit – 73
Mobilitätsbereitschaft – 75
Arbeitszeit – 75
Einkommen – 76
Karrieremöglichkeiten – 77
Berufliche Weiterbildung – 77
Selbstständigkeit – 78

6.3 Die Rolle von Psycholog:innen im Berufsfeld der Beratung – 78

6.4 Anforderungen an eine Tätigkeit in einer Beratungseinrichtung – 79
Schwerpunktsetzung – 79
Fachliche Inhalte – 79
Computerkenntnisse – 80
Sprachkenntnisse – 80
Praxis, Praxis, Praxis – 80

Literatur – 83

© Der/die Autor(en), exklusiv lizenziert an Springer-Verlag GmbH, DE, ein Teil von Springer Nature 2024
M. Mendius, S. Werther (Hrsg.), *Psychologie in Studium und Beruf*,
https://doi.org/10.1007/978-3-662-68508-2_6

In diesem Kapitel wird die Tätigkeit als Psycholog:in in dem spannenden und vielfältigen Berufsfeld der Beratungsstellen vorgestellt. Erwähnt werden soll an dieser Stelle vor allem die Vielfalt an verschiedenen Beratungsstellen: Es gibt Beratungsstellen für Eltern, Kinder, Jugendliche und Familien (Erziehungsberatungsstellen), Ehe-, Paar- und Lebensberatungsstellen (EPFL), Schwangerschaftsberatungsstellen, Kinderschutzzentren, Beratungsstellen für Psychische Gesundheit (SPDi), Beratungsstellen/Psychologische Dienste für Ausländer, Beratungsstellen bei Missbrauch (für Mädchen/Frauen und Jungen/Männer), Beratungsstellen für Essstörungen, Suchtberatungsstellen, Beratungsstellen bei Suizidgefährdung, Beratungsstellen mit Schwerpunkt Trennung und Scheidung. Diese Aufzählung ist sicherlich nicht vollständig und soll auch nur das breite Spektrum an psychosozialen Hilfen verdeutlichen. Kennzeichen aller Beratungsstellen ist ihre Kostenfreiheit (zumeist Mischfinanzierungen durch den Träger, die Kommune, den Bezirk und das Bundesland; mitunter auch Beteiligung durch den Gesundheitsbereich) und der niedrigschwellige Zugang für die Klientel. Die Tätigkeit unterscheidet sich hinsichtlich der jeweiligen Themenschwerpunkte der Beratungsstelle.

Da die Autorin und der Autor dieses Kapitels langjährig in einer Erziehungsberatungsstelle tätig sind, haben wir uns weitestgehend auf diese Einrichtung des psychosozialen Beratungsbereichs fokussiert.

Anhand eines Fallbeispiels wird eine typische Beratungssituation dargestellt. Anschließend wird auf die Besonderheiten dieses Berufsfeldes eingegangen und es wird beschrieben, welche besondere Rolle Psycholog:innen in diesem Bereich der psychosozialen Beratung spielen können. Ein Interview mit einer erfahrenen Erziehungsberaterin und mit einer langjährigen Mitarbeiterin einer Beratungsstelle für Psychische Gesundheit sowie das persönliche Statement der Verfasserin und des Verfassers des Kapitels zum Thema Erziehungsberatung ist am Ende zu lesen.

Ein Szenario

Barbara Fuchs ist seit 10 Jahren in der Beratungsstelle für Eltern, Kinder, Jugendliche und Familie in einem Stadtteil von München beschäftigt; sie arbeitet zusammen mit ihren sechs Fachkolleg:innen (drei Sozialpädagog:innen, zwei Psycholog:innen, ein Pädagoge) und einer Verwaltungsmitarbeiterin. Jeden Mittwochvormittag treffen sich alle zum gemeinsamen Team, um Fälle (Intervision) und Organisatorisches zu besprechen und um die Neuanmeldungen zu verteilen.

Frau Fuchs hat nächste Woche noch einen freien Sprechstundentermin und bekommt mitgeteilt, dass Frau Meier ihre nächste Klientin sein wird. Sie wird allein kommen und es ist bislang bekannt, dass es ihr nicht gut geht, sie sich depressiv fühlt, sie mit ihren Töchtern Schwierigkeiten hat und deshalb dringend eine Beratung braucht. Als Frau Meier in der Sprechstunde erscheint, merken die beiden Frauen, dass sie sich wohl schon einmal gesehen haben. Frau Meiers Töchter, die mittlerweile 10 und 7 Jahre alt sind, waren früher einmal in der Kinderkrippe, die von Frau Fuchs schon viele Jahre als krippenpsychologischer Fachdienst begleitet wird. Frau Meier erinnert sich an die Elternabende, die zusammen mit Frau Fuchs stattgefunden haben und die sie inhaltlich sehr interessant fand und ihr auch hilfreich waren. Frau Meier fängt ohne Scheu an zu erzählen; der Druck, unter dem sie steht, wird geradezu greifbar. Sie fühle sich depressiv, aber meist nur dann, wenn sie mit ihrem Mann zusammen sei; bei ihrer Arbeit und auch in der Freizeit fühle sie sich wohl und spüre auch Lebenskraft. Sie spricht davon, dass eigentlich seit vielen Jahren die Ehe nicht mehr gut funktioniere, dass sie und ihr Mann sehr verschieden seien und sie sich in ihrer gegenseitigen Entwicklung eher behindern als unterstützen würden. Und auch die Kinder würden mittlerweile die spannungsgeladene Stimmung zuhause mitbekommen und sich manchmal auch einmischen, wenn es Auseinandersetzungen gäbe. Frau Meier spürt im Verlauf des Gesprächs immer deutlicher, dass sie sich von ihrem Mann trennen wolle und dass es an der Zeit sei, die früher abgesprochene Vereinbarung, dass man den Kindern doch das gemeinsame Elternhaus erhalten wolle, infrage zu stellen.

Frau Meier kommt noch zu zwei weiteren Einzelgesprächen, in denen ihre Entscheidung zur Trennung immer mehr Gestalt annimmt. In den Gesprächen bereitet sie sich auch darauf vor, ihren Mann von der Entscheidung in Kenntnis zu setzen. Sie sagt ihm auch, dass danach ein am besten gemeinsam geführtes Gespräch mit beiden Kindern anstehe, welches jedoch hier an der Beratungsstelle vorbereitet werden könne. Herr Meier nimmt das von seiner Frau mitgeteilte Beratungsangebot der EB (Erziehungs- und Familienberatungsstelle) an, zu einem Gespräch zu einem Kollegen von Frau Fuchs zu kommen. Beim Kollegen Martin Kusch hat er Zeit und Ruhe, über die für ihn doch plötzliche Entscheidung seiner Frau, sich zu trennen, zu sprechen und auch die entsprechenden Gefühle zuzulassen. Nach zwei Gesprächen bei Herrn Kusch willigt er ein, ein Gespräch zu viert zu führen, in dem die Trennung und das Gespräch mit den Töchtern darüber Thema sein soll. Trotz aller Gefühle der Verletzung (Wut, Ärger, Hilflosigkeit, Trauer, …) schaffen es die Eltern, mit ihren beiden Töchtern ein gutes Gespräch zu führen und wie erwachsene Personen die Verantwortung für ihr Handeln zu übernehmen und die Töchter so zumindest ein wenig zu entlasten.

Die nächste Zeit wird anstrengend für alle Familienmitglieder, da alle noch in einer Wohnung zusammenwohnen und die Eltern die Vereinbarung getroffen haben, dass derjenige Elternteil ausziehen wird, der zuerst eine Wohnung findet. Die Kinder sollten möglichst in der bisherigen Wohnung bleiben können. In dieser Zeit kommen die beiden Mädchen auf eigenen Wunsch – sie haben von den Eltern erfahren, dass diese in einer Beratungsstelle waren – zu Frau Fuchs und sprechen mit ihr über die Situation zuhause und wie anstrengend es manchmal mit den Eltern sei. Aber sie können auch ihre Trauer und ihre Wut über die Entscheidung der Eltern ausdrücken sowie ihre Bitte formulieren, dass doch Frau Fuchs mit ihrer Mutter sprechen solle, die immer so abwertend über ihren Papa reden würde. Der Papa täte das zwar auch, aber nicht so heftig wie die Mama. In einer nächsten gemeinsamen Sitzung wird dieses Thema angesprochen und versucht, den Eltern deutlich zu machen, dass sie bei jeder Abwertung des anderen Elternteils gleichzeitig auch einen Teil der Kinder abwerten, denn diese bestehen ja aus Anteilen beider Eltern. In dieser und in weiteren Sitzungen zu viert werden auch die Bedingungen der Trennung sowie die Umgangs- (im Fall des gemeinsamen Haushalts also, wer wann bei den Kindern zuhause ist) und Ferienregelungen besprochen. Herr Meier findet schon bald eine Wohnung ganz in der Nähe, die groß genug für drei Personen und auch bezahlbar ist. Nach dem Auszug des Vaters beschließen die Eltern, dass die beiden Töchter die Hälfte der Zeit beim Vater und die andere Hälfte bei der Mutter leben sollen, was aufgrund der Nähe der beiden Wohnungen gut realisierbar erscheint. Viele Gespräche zu viert folgen, teilweise mit hoch emotionalem Inhalt und sinnlosem Kampf um das unwiederbringlich Verlorene. Parallel dazu sind aber auch die schulischen Schwierigkeiten der älteren Tochter Anna immer wieder ein Thema: Die Rechtschreibung im Fach Deutsch ist ein riesiges Problem und die Lehrerin der vierten Klasse vermutet eine Rechtschreibstörung oder gar eine Legasthenie. In Absprache mit Anna, die sonst eine sehr gute Schülerin ist, beschließt Frau Fuchs eine diagnostische Abklärung im Hinblick auf eine vermutete Rechtschreibstörung zu beginnen und im Weiteren an eine Kinder- und Jugendpsychiaterin zu verweisen. In der Kinderpsychiatrischen Praxis wird ein entsprechendes Gutachten zur Vorlage beim Schulpsychologen erstellt, um Anna im Fach Deutsch einen Nachteilsausgleich zu gewähren und sie legasthenie-therapeutisch zu unterstützen.

Die Beratung der Eltern findet mit der Zeit in größeren Abständen statt; parallel zur Beratung läuft auch das gerichtliche Verfahren der Scheidung. Mit der Scheidung sind die wichtigsten – vor allem auch die finanziellen – Dinge geregelt und das neue Leben als getrennt lebende Eltern beginnt sich einzuspielen. Frau und Herr Meier sowie die beiden Töchter haben jedoch jederzeit die Möglichkeit, sich direkt an Frau Fuchs bzw. an Herrn Kusch zu wenden, falls erneut Fragen oder Probleme auftauchen sollten.

6.1 Arbeit in Beratungsstellen – was ist das?

Das herausragendste Merkmal der Arbeit in Beratungsstellen ist die kollegiale Zusammenarbeit im multiprofessionellen Team. Ein solches Team kann durch seine zwischenmenschliche Unterstützung viel zur Entlastung der einzelnen Teammitglieder beitragen, da es nahezu immer möglich ist, nach einer anstrengenden, mit belastenden Themen angefüllten Beratungsstunde mit einer/m Kolleg:in zu sprechen. Man muss schwierige Aufgaben nicht alleine bewältigen, sondern Fallbesprechungen im Team sowie Supervision durch eine Person von außen sind etablierte Formen der fachlich-kollegialen Unterstützung. Dies wird von allen Kolleg:innen, die in Beratungseinrichtungen tätig sind, ausgesprochen wertgeschätzt.

Ein weiteres Kennzeichen für die Arbeit in Beratungsstellen ist die große Variantenbreite sowohl im Setting der Beratung als auch im zeitlichen Umfang. Beraten werden von Schwierigkeiten unmittelbar betroffene Personen, aber auch deren Angehörige sowie Menschen im persönlichen Umfeld, die mit der/m Klient:in zu tun haben. Jede:r Bürger:in hat einen gesetzlich festgelegten Anspruch auf Hilfen und Beratung durch Beratungsstellen verschiedener Art. Für die Betroffenen entstehen keinerlei Kosten. Die Klient:innen können Probleme besprechen und sich über Hilfsmöglichkeiten informieren. Es können aber auch weitergehende therapeutische Angebote vermittelt werden. Zeitlich können sich Beratungen von einmaligen Terminen bis hin zur Begleitung über mehrere Jahre erstrecken; auch nach Beendigung einer Beratung haben die Klient:innen jederzeit die Möglichkeit, sich bei neuen Problemen wieder an die Beratungsstelle bzw. sogar an dieselben Berater:innen zu wenden. Die Mitarbeiter:innen aller Beratungsstellen unterliegen der Schweigepflicht.

Nahezu alle in der Einführung genannten Beratungsstellen, Dienste und Zentren sind in den jeweiligen Bundesländern in Landesarbeitsgemeinschaften und/oder in bundesweit aktiven Dachverbänden organisiert. Für nähere Informationen zu den diversen Beratungseinrichtungen sind diese fachlichen Organisationen ausgesprochen hilfreich und bieten detaillierte Informationen zum jeweiligen Beratungsbereich.

- **Erziehungsberatung**

Korrekterweise spricht man von Beratungsstellen für Eltern, Kinder, Jugendliche, junge Erwachsene und Familien, um so zu verdeutlichen, an wen sich das Beratungsangebot wendet. Meist handelt es sich um Beziehungsarbeit, sodass Erziehungsberatung nur einen Teilbereich der Beratungstätigkeit ausmacht. Dennoch spricht man oft nur von Erziehungs- und Familienberatungsstellen, da sich dies auch leicht mit EB abkürzen lässt. Erziehungsberatungsstellen sind spezialisierte Fachberatungsstellen, die eine Sozialleistung gemäß SGB VIII darstellen. Sie stellen pädagogisch-psychologisches Wissen bereit, um Kinder, Jugendliche, junge Erwachsene und Eltern sowie ggf. pädagogische Fachkräfte bei Entwicklungs- und Erziehungsfragen oder Familien- und Schulproblemen, insbesondere in Übergangszeiten, frühzeitig zu unterstützen.

In Deutschland gibt es mehr als 1000 Erziehungsberatungsstellen, an denen insbesondere Sozialpädagog:innen, Psycholog:innen, aber auch andere Professionen wie Heilpädagog:innen, Pädagog:innen, Logopäd:innen und Kinder- und Jugendpsychiater:innen zusammenarbeiten, um dem gesetzlichen Anspruch auf Multiprofessionalität des Beratungsteams optimal gerecht werden zu können.

Erziehungsberatung wird von verschiedenen Trägern kostenfrei angeboten:
- Öffentliche städtische und kreisangehörige Träger
- Freie Träger (Caritasverband, Diakonisches Werk, Arbeiterwohlfahrt, Pro Familia und eine Vielzahl von Vereinen, welche oft unter dem Dachverband des Deutschen Paritätischen Wohlfahrtsverbandes (Der Paritätische) organisiert sind)

Die gesetzliche Grundlage in Deutschland ist der Rechtsanspruch auf Hilfen zur Erziehung für Eltern gem. § 27 SGB VIII im Allgemeinen und der § 28 SGB VIII – Erziehungsberatung – im Speziellen. Die Aufgaben der Erziehungsberatungsstellen sind in mehreren Vorschriften des Kinder- und Jugendhilfegesetzes (SGB VIII) geregelt (§§ 16 Abs. 2; 17; 18 Abs. 3; 28 SGB VIII), wobei in § 28 SGB VIII die Einrichtungen ausdrücklich als Anbieter genannt und Vorgaben an ihre Organisation und Arbeitsweise niedergelegt werden:

„Erziehungsberatungsstellen und andere Beratungsdienste und -einrichtungen sollen Kinder, Jugendliche, Eltern und andere Erziehungsberechtigte bei der Klärung und Bewältigung individueller und familienbezogener Probleme und der zugrunde liegenden Faktoren, bei der Lösung von Erziehungsfragen sowie bei Trennung und Scheidung unterstützen. Dabei sollen Fachkräfte verschiedener Fachrichtungen zusammenwirken, die mit unterschiedlichen methodischen Ansätzen vertraut sind."

Ratsuchende Eltern, Kinder und Jugendliche, junge Erwachsene, aber auch Großeltern, Erzieher:innen und Lehrer:innen können sich unmittelbar an eine Beratungsstelle am Ort bzw. in der Region oder im Landkreis wenden. Die Beratung ist persönlich, vertraulich, auf Wunsch anonym und kostenfrei. Außerdem besteht ein Wahlrecht, an welcher Beratungsstelle man sich beraten lassen möchte.

Ein Schwerpunkt in der praktischen Arbeit ist u. a. die Beratung von Personensorgeberechtigten bei Trennung und Scheidung der Eltern und die Beratung von Alleinerziehenden. Häufig wird auch bei auffälligem Sozialverhalten und bei Schulproblemen von Kindern sowie bei Schwierigkeiten im Zusammenleben mit Jugendlichen Erziehungsberatung in Anspruch genommen. Bei jugendlichen Ratsuchenden und jungen Erwachsenen liegt der Schwerpunkt auf der Identitätsentwicklung. Die Erziehungsberatung und andere psychologische Beratungsstellen sind immer vertraulich; die Berater:innen unterliegen der Schweigepflicht im Sinne des § 203 StGB (Offenbarung von Privatgeheimnissen). Kinder und Jugendliche und junge Erwachsene können sich in Not- und Konfliktlagen auch selbstständig an Beratungsstellen wenden, darauf haben sie gem. § 8 Abs. 3 SGB VIII einen Rechtsanspruch. Dieser Rechtsanspruch und die Beteiligung von Kindern und Jugendlichen in Jugendhilfe-Verfahren erfuhr im § 8, Absatz 1–4 Kinder- und Jugendstärkungsgesetz (KJSG vom 03.06.2021/in Kraft getreten am 10.06.2021) eine inhaltliche Differenzierung und Ausweitung.

Hinzu kommen präventive Leistungen wie z. B. Elternabende, Elterntrainings und Gruppenangebote für Eltern und Kinder. Von den Hilfen zur Erziehung ist die Erziehungsberatungsstelle das niedrigschwelligste, kostengünstigste und präventivste Angebot, welches stark nachgefragt und wertgeschätzt wird. Erziehungsberatungsstellen wirken vor allem in die Breite, d. h. das Spektrum reicht von offenen Sprechstundenangeboten bis hin zu konkreten Krisenintervention.

Ein weiterer Schwerpunkt liegt in der Vernetzung und Kooperation mit anderen sozialen Einrichtungen, Institutionen des Schulsystems sowie Einrichtungen des Gesundheitswesens. Die Erziehungsberatungsstelle befindet sich an der Schnittstelle zwischen Jugendhilfe (Jugendamt, ambulante, teilstationäre und stationäre Hilfen zur Erziehung), dem Gesundheits- (Kinder- und Jugendpsychiatrie, Kinder- und Jugendärzt:innen, niedergelassene Kinder- und Jugendlichenpsychotherapeut:innen, aber auch Beratungsstellen für Psychische Gesundheit und Erwachsenenpsychiatrie) und Bildungssystem (Kindertagesstätten, Schule und Berufsausbildung) und füllt so eine wichtige Lücke zwischen den genannten Systemen, indem sie Aufgaben – teilweise auch als Hauptverantwortliche/r im Fall und koordinierend im Sinne von *case management* – übernimmt, Diagnostik und Screenings durchführt und Hilfen vermittelt.

Neben den Betroffenen selbst gibt es auch andere Auftraggeber:innen, die aufgrund der finanziellen Abhängigkeit der Beratungsstellen zunehmend die Dienstleistung Beratung in Anspruch nehmen und hierdurch vermehrt eine Fachberatung einfordern. In diesen Bereich der Familienberatung gehören Aufträge, die durch die Mitarbeiter des ASD (Allgemeiner Sozialdienst) bzw. der Sozialbürgerhäuser/ Jugendämter an die Beratungsstellen vermittelt werden. Hierbei erfolgt die Beratung über einen Hilfeplan, in dem Themen und Ziele der Beratung in Kooperation mit allen Beteiligten, auch den Familienmitgliedern, erarbeitet und schriftlich fixiert werden. Die Beratung ist nur noch begrenzt freiwillig, Beratungskontrakte können nicht mehr so ohne weiteres verändert werden; zumindest ist eine bestimmte Absprache mit dem Fremdauftraggeber abzuklären. Hierzu gehören Fälle, in denen eine mögliche Kindeswohlgefährdung nicht ausgeschlossen werden kann, oder aber Familien, deren Kind stationär untergebracht ist und die Eltern die Auflage bekommen, familientherapeutische Gespräche in Anspruch zu nehmen, um die familiären Strukturen positiv zu verändern und so eventuell eine erfolgreiche Rückführung des Kindes in die Familie zu ermöglichen. Ein weiterer direkter Auftraggeber ist die Polizei im Hinblick auf die Beratung von straffällig gewordenen strafunmündigen Kindern unter 14 Jahren sowie die Familiengerichte, die über die gerichtsnahe Beratung eine Beteiligung der Beratungsstellen an familiengerichtlichen Prozessen vorsieht. Klientel dieser Beratung sind oft sog. High-Conflict-Fälle, die eine mediative Form der Familienberatung notwendig machen und viele Ressourcen personeller, zeitlicher und emotionaler Art binden. Die Beratungsaufträge leiten sich von den gerichtlichen Anträgen der Eltern im Hinblick auf Aufenthaltsbestimmung, Sorge- und Umgangsrecht ab.

Letztendlich liegt der Aufgabenschwerpunkt der Familienberatung aber originär in der Aktivierung und Stärkung der Ressourcen der Familie, die zur selbstständigen Lösung der familiären Probleme nötig sind. Die Berater:innen geben Hinweise und Anregungen und versuchen gemeinsam mit der Familie Lösungswege und Handlungsmöglichkeiten zu erarbeiten. Jedoch muss die Familie zur Problembewältigung selbst aktiv werden, indem sie die erarbeiteten Lösungen umsetzt.

6.2 Psychologische Beratung – ein ganz besonderes Tätigkeitsfeld?

Im Folgenden werden Besonderheiten und Charakteristika dargestellt, die bei der Tätigkeit in Beratungseinrichtungen wichtig sind. Dabei können die Aufgaben von Berater:innen aufgrund der Vielfalt unterschiedlicher Beratungseinrichtungen mit ihren spezifischen Schwerpunkten stark variieren.

Aufgaben im Rahmen der Tätigkeit

Im Hinblick auf Zielsetzung und Vorgehen der Beratungstätigkeit in einer Beratungsstelle ist es hilfreich, den Beratungsprozess in drei Stufen zu untergliedern (nach Schneewind, 1999):
1. Erfassung des „Ist-Zustandes": Auseinandersetzung mit und Verstehen der aktuellen Problemlage.
2. Erfassung des „Soll-Zustandes": Entwicklung und Bewertung von Zukunftsbildern und präzise Beschreibung der Ziele.
3. Umsetzung des „Soll-Zustandes" in die Realität. Die Ratsuchenden werden bei der Verwirklichung der Ziele unterstützt.

Zudem werden drei Formen der Beratung (Schneewind, 1999) unterschieden:

1. Die krisenbezogene Beratung bei akuten Notsituationen,
2. die problembezogene Beratung, die umfassende Informationen über das spezifische Problem beinhaltet, und
3. die präventive Beratung, die der Aufklärung und Kompetenzentwicklung der Betroffenen dient.

Wie bereits oben beschrieben unterscheiden sich die Schwerpunkte je nach Beratungseinrichtung. Die Erziehungs- und Familienberatungsstellen helfen vor allem bei Fragen zur Entwicklung und Erziehung von Kindern; dazu gehören Erziehungs- und Schulschwierigkeiten, Verhaltensauffälligkeiten, Entwicklungsverzögerungen und psychosomatische Beschwerden. Die Beratung setzt hierbei an der Beziehung an, insbesondere bei Eltern-Kind-Konflikten, aber auch bei Beziehungs- und Kommunikationsschwierigkeiten der Eltern. Dementsprechend wird Beratung oft bei Fragen der Partnerschaft, Trennung und Scheidung sowie der Ausübung des Umgangsrechts nichtsorgeberechtigter Elternteile in Anspruch genommen. Zusammenfassend kann man sagen, dass die Erziehungsberatungsstellen bei allen Fragen, die Eltern, Familien, Kinder und Jugendliche betreffen, generell als erste Anlaufstelle herangezogen werden können. Diese niedrigschwellige Erstansprechbarkeit gilt entsprechend auch für alle anderen Beratungsstellen.

Die Beratung an sich kann in unterschiedlicher personeller Zusammensetzung erfolgen. Auch von der Berater:innenseite her ist es bisweilen sinnvoll, die Beratung cotherapeutisch durchzuführen, d. h. im günstigsten Fall mit zwei Berater:innen unterschiedlichen Geschlechts; sinnvoll ist dies insbesondere bei extrem problematischen Paardynamiken und Umgangsregelungen getrennt lebender Elternpaare.

Online-Erziehungsberatung als neueste Entwicklung

Seit 2005 betreibt die Bundeskonferenz für Erziehungsberatung e.V. (bke) als politischer und fachlicher Dachverband eine mediengestützte, virtuelle Beratungsstelle (VBSt) für Eltern (▶ https://eltern.bke-beratung.de/) und Jugendliche (▶ https://jugend.bke-beratung.de). In dieser virtuellen Beratungsstelle arbeiten ca. 80 Berater:innen aus Erziehungsberatungsstellen mit und ergänzen so das regionale Beratungsangebot.

Gemäß der Definition der bke soll die VBSt jungen Menschen und Eltern bei Familien- und Erziehungsproblemen Hilfe anbieten, „für die die bestehenden Erziehungsberatungsstellen schwer erreichbar sind oder bei denen Hemmschwellen bestehen, diese Stellen aufzusuchen."

Besondere Vorteile der virtuellen Beratungsstelle:
- Es besteht eine extrem niedrige Hemmschwelle, diese aufzusuchen.
- Sie ist 24 h erreichbar.
- Es gibt keine längere Wartezeit und keine Anmeldung.
- Die Beratung ist anonym und kostenfrei.

Hierbei gibt es unterschiedliche Möglichkeiten, die VBSt zu nutzen: Entweder über das für alle Ratsuchende (nach Anmeldung) und Interessierte (nur mitlesend) gleichermaßen zugängliche Forum, über reservierte Einzelchats, Gruppenchats, Themenchats oder offene Sprechstunden.

Gerade Jugendliche und junge Erwachsene finden so einen leichten Zugang und lernen Beratung kennen, da sie dort erreicht werden, wo sie sich ohnehin häufig aufhalten – im Internet. Außerdem fällt es ihnen aufgrund der Anonymität leichter, auch brisante Themen wie Gewalt oder Missbrauch zu thematisieren.

Aber auch Eltern, die aufgrund ihrer Lebenssituation keine Beratungsstelle persönlich aufsuchen können, weil sie z. B. in ländlichen Regionen leben, erhalten so die Möglichkeit, sich beraten zu lassen. Und manche Ratsuchende finden nach einer Onlineberatung nicht selten auch persönlich den Weg in eine Beratungsstelle.

Eine Perspektive aus der Wissenschaft

Prof. Dr. Heiner Keupp ist emeritierter Professor für Sozialpsychologie und Experte für Gemeindepsychologie. Im folgenden Absatz erläutert er, welche Rolle Psycholog:innen im Beratungsbereich spielen:

Eine Rundreise durch die unterschiedlichen Beratungseinrichtungen der Stadt München wäre für mich eine wunderbare Wiederbegegnung mit vielen ehemaligen Studierenden aus unserem Vertiefungs- oder Schwerpunktfach „Reflexive Sozialpsychologie". Vor allem die sozialpsychiatrischen Beratungsangebote und Beratungsstellen für Familien, Kinder und Jugendliche (EB) nehmen hier einen besonders wichtigen Platz ein. In den 70er- und 80er-Jahren des letzten Jahrhunderts gab es die faszinierende Möglichkeit, diese Handlungsfelder aufzubauen bzw. weiterzuentwickeln. In dieser Zeit gab es ein gesamtgesellschaftliches Reformklima und es war mein Anliegen, dieses Veränderungsklima selbst und mit meinen Studierenden zu nutzen und für die Psychologie neue Bewährungsmöglichkeiten zu schaffen. Das bedeutete aber auch, den universitären Elfenbeinturm zu verlassen, der oft nur „Trockenschwimmen" anzubieten hatte. Mir war wichtig, dass unsere Studierenden erste Realerfahrungen in der Praxis machen sollten und ich habe mit ihnen in Zukunftswerkstätten darüber nachgedacht, welche psychosozialen Beratungsangebote wichtig sind bzw. erst aufgebaut werden müssten. In den Beratungseinrichtungen haben sie erfahrene Psycholog:innen kennenlernen können, die selbst entscheidend daran mitgewirkt haben, dass es ihre Institution überhaupt gibt. Es war also wichtig, dass Psycholog:innen nicht nur im berufsständischen Sinne mehr Selbstbewusstsein entwickeln sollten, sie sollten sich vor allem einen wachen Blick für gesellschaftliche Entwicklungen und deren Folgen für die davon betroffenen Menschen erarbeiten. Und sie sollten sich mit guten Ideen, fachlichen Innovationen und politischem Mut einmischen, was viele auch getan haben. Und als ich 2008 zu meiner Abschiedsvorlesung einlud, kamen gestandene und selbstbewusste Kolleg:innen aus vielen vergangenen Generationen und es erfüllte mich mit Stolz, was sie geschaffen haben und welch einen Reichtum die Stadt München und das Land über die Grenzen der Stadt hinaus durch ihre tägliche Arbeit und durch ihre Bereitschaft, immer wieder neue Projekte zu schaffen, gewonnen hat.

Mobilitätsbereitschaft

Klassische Beratung findet fast immer in den Beratungsstellen statt, d. h. Grundlage der Beratung ist die sog. „Komm"-Struktur; die Klient:innen kommen zur/m jeweiligen Berater:in. Die Beratung findet dann entweder im Zimmer der Berater:innen oder – falls mehrere Personen oder ganze Familien beraten werden – in einem größeren Raum der Beratungsstelle statt.

Bei Beratungsstellen für psychische Gesundheit z. B. ist die „Geh"-Struktur aufgrund der psychischen Problematik der Klientel wesentlich verbreiteter. Aber auch in Erziehungsberatungsstellen ist dies Teil der Arbeit. So finden Hausbesuche in Familien statt, bei denen z. B. ein Familienmitglied behindert und nur wenig mobil ist, oder es werden Hausbesuche zu diagnostischen Zwecken vereinbart. Eine gewisse Mobilität innerhalb des Stadtteils bzw. des Landkreises, für den man als Beratungsstelle tätig ist, ist mittlerweile Standard. So finden im Rahmen der Fallarbeit etwa Beobachtungen von Kindern in Kindertageseinrichtungen oder Schulen statt oder die Beratungsstelle bietet Außensprechstunden in anderen Einrichtungen wie z. B. Kinderkrippen oder Familienzentren an. Auch im Rahmen der übergreifend fachlichen und fallbezogenen (Hilfeplangespräche, Helferkonferenzen) Vernetzung mit Kindertagesstätten, Schulen oder anderen Institutionen der Jugendhilfe oder des Gesundheitswesens werden oftmals Gespräche außerhalb der Beratungsstelle geführt. Gleiches gilt für Aktivitäten der Mitarbeiter:innen von Beratungsstellen auf sozialpolitischer Ebene, wie z. B. die Teilnahme an überregionalen Arbeitskreisen oder an Kinder- und Jugendhilfeausschüssen.

In manchen Beratungsstellen kann im Rahmen von aufsuchender Beratung oder Therapie auch eine direkte Arbeit vor Ort bei den Familien und Jugendlichen stattfinden (▶ Kap. 27).

Arbeitszeit

Beim Umfang und der Einteilung der Arbeitszeit sind im Bereich der Beratung vielerlei Varianten möglich. Viele Berater:innen arbeiten in Teilzeit, um eventuell auch noch die Möglichkeit zu haben, freiberuflich tätig sein zu können oder Zeit für ihre eigene Familie und die Kinder zu haben. Der Arbeitsumfang je Arbeitstag kann sehr verschieden sein, kann aber manchmal auch 10 h betragen, wenn ein Krisenfall zu bewältigen ist oder Beratungsstunden am späten Nachmittag oder frühen Abend angeboten werden. Diese zeitbezogene Klientelfreundlichkeit ist qualitativ sinnvoll und insbesondere dann notwendig, wenn beide Eltern berufstätig sind. Neben der wöchentlichen festgelegten Arbeitszeit gibt es in den meisten Beratungsstellen aber auch eine sog. „Mobilzeit"-Regelung, d. h. in Zeiten vermehrter Beratungsnachfrage ist es möglich, Mehrarbeitsstunden zu leisten und diese in Zeiten geringerer Nachfrage (Schulferienzeiten) entsprechend wieder abzubauen. Diese mobilen Arbeitszeitregelungen ermöglichen es den Mitarbeiter:innen in allen Arten von Beratungsstellen, auf akute Krisen zeitnah und intensiv zu reagieren, was zum einen sehr klientelfreundlich ist, zum anderen aber den einzelnen Mitarbeiter:innen ein gehöriges Maß an Selbstverantwortung dem Umfang der eigenen (Mehr-)Arbeitszeit bzw. der eigenen Psychohygiene gegenüber abverlangt.

Einkommen

Da es sich bei der Tätigkeit in Beratungsstellen fast immer um eine Festanstellung handelt, richtet sich die Bezahlung nach den tarifrechtlichen Verträgen, die die Träger der jeweiligen Einrichtung unterzeichnet haben. Aufgrund des mittlerweile fast überall eingeführten TVöD ist das Gehalt von Berufsanfänger/innen etwas niedriger als noch vor einigen Jahren, ähnliches gilt für die nach Lebensalter ansteigenden Gehaltsstufen und das Gehalt nach dem Bewährungsaufstieg, d. h., wenn man z. B. mehr als 10 Jahre beim selben Träger beschäftigt ist. Neben der Festanstellung gibt es aber auch die Möglichkeit, als Honorarkraft in Beratungsstellen tätig zu sein. ◘ Tab. 6.1 gibt einen Überblick über die Bezahlung in Beratungseinrichtungen.

Die Steigerung des Gehalts ist meist verbunden mit der Übernahme von Leitungsverantwortung, aber ergibt sich auch bei entsprechend langjähriger Tätigkeit beim selben Träger. Es kann allerdings auch passieren, dass man bei einem Wechsel der Arbeitsstelle von einem öffentlichen zu einem freien Träger (z. B. einem kirchlichen) oder umgekehrt Einbußen beim Gehalt in Kauf nehmen muss, da die jeweiligen Steigerungsstufen des Gehalts beim früheren Träger vom Träger der neuen Arbeitsstelle nicht übernommen werden müssen. Dies ist bei Arbeitsstellenwechsel zu beachten, aber – wie so vieles – selbstverständlich Verhandlungssache.

Vorteilhaft bei der Festanstellung bei großen Trägern sind oft die Zusatzangebote wie die trägereigene Rentenversicherung und/oder die Zusatzkrankenversicherung. Aber auch Angebote der Gesundheitsprävention oder von Seminaren im Rahmen der Work-Life-Balance (z. B. Besinnungstage im Kloster), die als Arbeitszeit angerechnet werden (meist 3 Tage im Jahr bzw. entsprechende Stundenanzahl), sind psychohygienisch hilfreich und tragen zur Erhaltung der eigenen Arbeitskraft bei.

◘ **Tab. 6.1** Honorar und Gehalt in Beratungseinrichtungen

Tätigkeit	Honorarkraft	Festanstellung als Einsteiger	Festanstellung als Leiter
Stundenhonorar	38–45 €	–	–
Bruttomonatsgehalt	–	Ca. 4000 €	Ca. 6500 €
Wochenarbeitszeit	5–30 h	39 h (auch TZ möglich)	39 h
Bruttostundenlohn	–	25,64 €	42,63 €

Tätigkeiten in Beratungseinrichtungen

Karrieremöglichkeiten

Die Aufstiegsmöglichkeiten innerhalb von Beratungsstellen sind begrenzt. Meist arbeitet man sehr viele Jahre als Mitarbeiter:in und übernimmt eventuell die Position der stellvertretenden Leitung; allerdings sollte dann die eigene Wochenarbeitszeit mindestens 20 h betragen. Wird die Leitungsstelle frei (bei den meisten Beratungsstellen durch Berentung des/r bisherigen Leiters/in), so kann man sich um diese bewerben, befindet sich dann aber meist in Konkurrenz mit anderen Bewerber:innen, da die Träger verpflichtet sind, alle Stellen öffentlich auszuschreiben. Die Übernahme der Leitung einer Beratungsstelle ist meist mit einer Gehaltserhöhung verbunden, es sei denn, man hat bei diesem Träger bereits die Endstufe des Bewährungsaufstiegs (meist nach 10 Arbeitsjahren) erreicht und befindet sich auf derselben Gehaltsstufe wie die/der Leiter:in.

Als Leiter:in einer Beratungsstelle hat man neben der üblichen Beratungstätigkeit noch viele weitere Aufgaben zu erfüllen wie z. B. Personalführung (Personalgespräche, Genehmigung von Fortbildungen); das Regeln aller Angelegenheiten, die die Beratungsstelle als Einrichtung betreffen (Räume, Ausstattung, Renovierung, ggf. Umzug); Zusammenarbeit mit weiteren Vorgesetzten des Trägers (Budget, Personal, Jahresplanung, Erweiterung der Tätigkeitsbereiche evtl. durch Zusatzfinanzierungen); Zusammenarbeit mit den Kooperationspartner:innen vor Ort wie z. B. dem Jugendamt und den kommunalen Geldgebern – hierzu gehört auch die hauptverantwortliche Erstellung des Jahresberichts. Ein Drittel der Arbeitszeit bzw. ca. 13 Wochenstunden sind für diese Leitungstätigkeiten als Minimum zu veranschlagen. Als Leiter:in einer Beratungsstelle kann man sich auch kommunalpolitisch engagieren und sich in bestimmte politische Gremien einbringen, z. B. im Kinder- und Jugendhilfeausschuss oder Bezirksausschuss. Bei manchen Trägern werden den Leiter:innen von Beratungsstellen auch noch andere Aufgabenbereiche übertragen wie z. B. die Fachaufsicht über Kindertagesstätten oder die Leitung anderer Beratungsstellen, was dann jeweils das Zeitbudget für die Beratungsarbeit mit Klient:innen entsprechend schmäler werden lässt.

Berufliche Weiterbildung

Für die Aufnahme einer Tätigkeit in einer Beratungsstelle benötigt man ein abgeschlossenes Hochschul- bzw. Fachhochschulstudium in einer psychologischen oder sozialwissenschaftlichen Disziplin (Psychologie, Sozialpädagogik/Sozialarbeit, Erziehungswissenschaft/Pädagogik, Heilpädagogik). Ein Masterstudiengang in Psychologie ist Einstellungsvoraussetzung, wohingegen Sozialpädagog:innen auch mit einem Bachelorabschluss eingestellt werden können, von Vorteil sind in jedem Fall bereits begonnene oder abgeschlossene therapeutische Zusatzqualifikationen.

Die am häufigsten anzutreffende therapeutische Zusatzausbildung in der Erziehungsberatung und auch in anderen Beratungsstellen ist die Systemische (Familien-)Therapie verbunden mit der Systemischen bzw. Hypnosystemischen Kinder- und Jugendlichenpsychotherapie (siehe beispielsweise ▶ https://dgsf.org). Schon lange Zeit kassenzugelassenen Therapieausbildungen wie die Verhaltenstherapie, die Psychoanalyse sowie tiefenpsychologisch-orientierte Therapien kommen hingegen seltener vor.

Aufgrund der hohen Zahl an Ratsuchenden aus dem Bereich Trennung und Scheidung können auch eine Mediationsausbildung (▶ www.bmev.de) und fundierte Kenntnisse im Familienrecht sinnvoll sein.

Im entwicklungspsychologischen Bereich erweist sich eine Weiterbildung zur integrativen Eltern-, Kinder- und Säuglingsberaterin nach Papousek oder die Weiterbildung zur bindungsbasierten Beratung und Therapie (oft videogestützte Verfahren) nach Karlheinz Brisch oder George Downing bzw. anderen Bindungstherapeut:innen (z. B. Marte Meo) als sehr hilfreich.

Aufgrund der Zunahme an psychisch belasteten Ratsuchenden werden Fortbildungen zur Traumafachberatung oder Traumatherapie in Beratungsstellen immer wichtiger. Gleiches gilt für Kenntnisse zum Bundeskinderschutzgesetz, insbesondere den § 8a SGB VIII betreffend. Spezielle Fortbildungen zu diesem Themenbereich bieten u. a. die Kinderschutzzentren an (▶ www.kinderschutz-zentren.org).

Während ältere Berater:innen oft im Rahmen der Übergangslösung noch die Approbation als Psychologische:r Psychotherapeut:in bzw. als Kinder- und Jugendlichenpsychotherapeut:in erworben haben, ist aktuell weder die Approbation als Psychologische:r Psychotherapeut:in noch die als Kinder- und Jugendlichenpsychotherapeut:in erforderlich. Der Erwerb dieser (vor allem systemisch basierter) Approbationen stellt aktuell jedoch eine durchaus sinnvolle Ergänzung dar, die in manchen Bundesländern auch finanziell honoriert wird.

Bei der Bundeskonferenz für Erziehungsberatung e.V. (bke) kann neben einer Reihe von bereichsrelevanten Fortbildungen auch eine spezielle vierjährige Weiterbildung zum Erziehungs- und Familienberater absolviert werden (▶ www.bke.de). Ebenso bietet auch das evangelische Zentralinstitut in Berlin (EZI) überregional eine 3-jährige Weiterbildung zur integrierten familienorientierten Beratung an. Diese umfasst die Tätigkeit als Psychologische:r Berater:in in den Bereichen Erziehungs- und Familienberatung, Paar- und Lebensberatung, Beratung im Zusammenhang mit Schwangerschaft und Schwangerschaftskonflikten.

Da das Aufgabengebiet in Beratungsstellen sehr vielfältig ist und immer wieder neue Schwerpunkte hinzukommen, werden laufend Weiterqualifizierungen in Form von themenspezifischen Fortbildungsangeboten sowohl gewünscht als auch erwartet. Normalerweise werden die Mitarbeiter:innen hierfür bis zu einem gewissen Maß freigestellt und auch finanziell bezuschusst, was jedoch je nach Träger unterschiedlich sein kann.

Selbstständigkeit

Viele Berater:innen in Beratungsstellen arbeiten in Teilzeit und sind daher oft noch parallel freiberuflich tätig. Viele offerieren in freier Praxis Paar- und Familientherapie (▶ Kap. 27). Einige sind auch im Fortbildungsbereich (Universitäten und Fachhochschulen, aber auch therapeutische Ausbildungsinstitute und sonstige Organisationen und Unternehmen) tätig oder bieten freiberuflich Supervision an (▶ Kap. 13 sowie ▶ Kap. 19).

6.3 Die Rolle von Psycholog:innen im Berufsfeld der Beratung

In Beratungsstellen gilt die Multiprofessionalität als Grundprinzip, d. h. im Team arbeiten neben Psycholog:innen vor allem Sozialpädagog:innen, manchmal auch Pädagog:innen, Kinder- und Jugendpsychiater:innen, Heilpädagog:innen oder andere Berufsgruppen; immer aber auch Verwaltungskräfte bzw. Teamassistent:innen. In Erziehungsberatungsstellen unterscheidet sich die Tätigkeit der Psycholog:innen von denen der anderen Berufsgruppen vor allem im Bereich der Diagnostik, insbesondere die Entwicklungs- und Leistungsdiagnostik (hier vor allem auch die Teilleistungsschwächen) und den sozio-emotionalen Bereich betreffend. Die universitäre Ausbildung von Psycholog:innen befähigt diese mehr und kompetenter für diagnostische Tätigkeiten. Mehr Grundwissen haben Psycholog:innen auch im Bereich der Psychopathologie, bei Behandlungsmöglichkeiten psychischer Erkrankungen und bei der Diagnostik kinder- und jugendpsychiatrischer Störungsbilder. Das Wissen und die Kompetenzen der Psycholog:innen werden im multiprofessionellen Team in Erziehungsberatungsstellen meist in Fallbesprechungen abgefragt, aber auch die ergänzende Diagnostik eines Kindes, dessen Familie bei einem/r Sozialpädagog:in in Beratung ist, ist bisweilen notwendig. Die Erkenntnisse aus der Diagnostik fließen mit den aus der sozialpädagogischen Sichtweise gewonnenen Erkenntnissen zusammen und werden der Familie in reflektierter Form bei einem gemeinsamen Termin mitgeteilt. Die Zusammenarbeit mit den Kolleg:innen der anderen Professionen ist eine gute Art und Weise, die Stärken und das Spezialwissen jedes einzelnen Teammitglieds im Sinne eines Synergieeffektes der Klientel zugutekommen zu lassen. Zur Diagnostik gehört selbstverständlich auch die Erstellung schriftlicher Stellungnahmen und Empfehlungen.

6.4 Anforderungen an eine Tätigkeit in einer Beratungseinrichtung

Ein:e Berater:in sollte vor allem über ein großes Fachwissen und praktische Erfahrung im sozialen Bereich verfügen. Neben der genannten Fachkompetenz ist vor allem eine große fachliche, organisatorische und zeitliche Flexibilität notwendig, um sich immer wieder auf die neuen Anforderungen einzustellen. Am allerwichtigsten erscheint jedoch eine hohe Konflikt- und Teamfähigkeit zu sein. Die Arbeit in den Beratungsstellen verlangt von den Berater:innen immer wieder ein hohes Innovationspotenzial, verbunden mit einer gehörigen Portion an Vernetzungsfähigkeit. Aber auch die Bereitschaft, sich aktuellen Entwicklungen im Bereich der Beratung zu stel-

len und kontinuierlich entsprechende Fortbildungen zu besuchen, gehört zum Anforderungsprofil. Im Bereich Beratung erweisen sich Grundkenntnisse in Gesprächspsychotherapie und Systemischer Gesprächsführung als unumgänglich, ergänzt durch spieltherapeutisches Fachwissen in Erziehungsberatungsstellen.

Außerdem ist ein Wissen um die jeweilige Sozialstruktur der Region und deren Angebote notwendig.

Jede Beraterin und jeder Berater sollte alle nachgefragten Problembereiche annähernd gleichermaßen abdecken können. Dennoch kommt es aufgrund spezieller Vorlieben und Fachkenntnissen sowie entsprechender Fortbildungen zu einer gewissen Schwerpunktsetzung in den Teams.

Schwerpunktsetzung

Sicherlich scheint zunächst ein Studium mit einer Schwerpunktsetzung in der klinischen Psychologie für die Tätigkeit als Berater:in sinnvoller als ein Studium mit wirtschaftspsychologischer oder neuropsychologischer Ausrichtung. Aber auch mit anderen Schwerpunktsetzungen ist ein Berufseinstieg in die Beratung gut möglich. Hilfreich ist jedoch sicherlich, sich eine Universität auszusuchen, die eine Ausrichtung auf den psychosozialen Bereich anbietet, z. B. Familienpsychologie, Sozialpsychologie, Gemeindepsychologie, Gesundheitspsychologie oder ähnliche Schwerpunkte.

Fachliche Inhalte

Als Nebenfach zu empfehlen ist nahezu alles, was den Blick über den psychologischen Tellerrand hinaus weitet. Naheliegend wären Seminare aus den Bereichen Pathologie oder Psychiatrie, aber auch ethnologische, theologische oder andere geisteswissenschaftliche Fächer können sinnvoll und wertvoll sein, insbesondere aufgrund der Zunahme der Klientel aus unterschiedlichen Kulturen und Religionen in der Beratung.

Computerkenntnisse

Computergestützte Diagnoseprogramme haben aufgrund der hohen Kosten bisher kaum Einzug in den Alltag in Beratungsstellen gefunden. Ansonsten werden die üblichen Computerkenntnisse und der Umgang mit gängigen Programmen erwartet und vorausgesetzt. Insbesondere das Erstellen einer PowerPoint-Präsentation für Vorträge und Schulungen sollte möglich sein. Da über die Beratungstätigkeit eine anonymisierte Statistik geführt wird, werden hierzu spezifische Kenntnisse vermittelt. Als Leiter:in einer Beratungsstelle ist es unabdingbar, mit der Auswertung der Jahresstatistik vertraut zu sein und auch Kenntnisse der grafischen Darstellung zu haben; dies ist der wichtigste Teil des Jahresberichts, der als Arbeitsnachweis zu erstellen ist und an die Geldgeber:innen und Kooperationspartner:innen verteilt wird.

Sprachkenntnisse

Da je nach regionaler Lage der Beratungsstellen die jeweilige Klientel zuweilen bis zu 70 % aus Personen mit Migrationshintergrund besteht, wären spezielle Sprachkenntnisse sehr wünschenswert. So kann in München beispielsweise in den Erziehungsberatungsstellen in folgenden Sprachen beraten werden: Englisch, Französisch, Spanisch, Italienisch, Kroatisch, Portugiesisch, Farsi, Türkisch, Ukrainisch, Russisch.

Auch auf spezielle Zielgruppen haben sich Beratungsstellen inzwischen eingestellt, so gibt es z. B. in München die Möglichkeit, dass sich Gehörlose in Gebärdensprache beraten lassen können. Außerdem gibt es Beratungsstellen, die sich auf die Beratung von Sinti und Roma spezialisiert haben und eine Beratungsstelle mit dem Schwerpunkt russischer Migranten.

Praxis, Praxis, Praxis

Neben dem Studium sind Erfahrungen mit praktischen Tätigkeiten im Sozialbereich sehr willkommen. Hierzu gehören insbesondere ehrenamtliche Tätigkeiten im Bereich Jugendleiter, Mitarbeit am „Kinder- und Jugendtelefon" (KJT), der „Nummer gegen Kummer", bei „Jugendliche beraten Jugendliche" oder bei der Telefonseelsorge. Auf alle Fälle sollte man während des Studiums ein mindestens sechswöchiges Praktikum in einer Beratungsstelle absolviert haben, um so schon einmal die Möglichkeit zu haben, das Tätigkeitsgebiet und die spezifischen Abläufe einer Beratungsstelle kennenzulernen. Falls es während des Studiums die Möglichkeit gibt, ein Praktikum in „gestreckter" Form absolvieren zu können, sollte man dies nutzen. Über einen längeren Zeitraum in einer Beratungseinrichtung mitarbeiten zu können ist eine ausgesprochen gute Möglichkeit, die Arbeit in diesem Bereich kennenzulernen, weil nur so auch die Mitarbeit an einem länger dauernden Fall erlebt und reflektiert werden kann. Weiterhin ergeben sich auch andere Kontakte zu bestimmten Mitarbeiter:innen der Einrichtung und möglicherweise wird es Tätigkeiten geben, die selbstständig ausgeführt werden können, z. B. co-beraterisches Arbeiten oder Einzelgespräche mit Jugendlichen, während der/die Berater:in mit einem Elternteil arbeitet, oder auch die Einzelförderung mancher Kinder.

Für den Einstieg in das Berufsfeld der Beratung sollte man auf alle Fälle flexibel sein und sich nicht darauf versteifen, gleich nach dem Studium in seiner Wunscheinrichtung arbeiten zu können. Auch parallel zur (Teilzeit-) Arbeit in einem anderen Berufsfeld (z. B. der Forschung) gibt es immer wieder die Möglichkeit, stundenweise entweder als Honorarkraft zu arbeiten oder eine befristete Stelle als Elternzeitvertretung zu übernehmen. Darüber hinaus gibt es oftmals die Option auf Stundenbasis als Erziehungsbeistand oder im Rahmen Aufsuchende/r Familienberatung/-therapie tätig zu werden. Es empfiehlt sich, die Zeit nach dem Studium zu nutzen, um eine Therapieausbildung (z. B. in Systemischer Beratung und Familientherapie) zu beginnen und so die eigenen Einstellungschancen zu erhöhen. Während dieser Ausbildungszeit ist es jedoch notwendig, das theoretisch Gelernte auch praktisch anzuwenden. Falls man keine Festanstellung in einem solchen Bereich hat, lohnt es sich bei Beratungsstellen nachzufragen, ob man als Praktikant:in bei entsprechenden Therapien und zusammen mit erfahrenen Berater:innen, die am besten dieselbe Ausbildung absolviert haben, aktiv mitarbeiten kann.

Manchmal führt der Weg zum Ziel eben über Umwege. So haben die wenigsten – uns bekannten – Berater:innen gleich nach dem Studium in dem Beratungskontext begonnen, in dem sie heute arbeiten. Oftmals waren sie in Einrichtungen der (teil-)stationären Jugendhilfe, als Legasthenie- oder Dyskalkulie-Therapeut:in, im Bereich der Frühförderung oder der Kinder- und Jugendpsychiatrie, aber auch universitär oder anderweitig in der Forschung tätig. All diese Tätigkeiten schmälern nicht die Chance auf einen Einstieg in den Wunschbereich einer Beratungsstelle, sondern erhöhen ihn vielmehr. Die gemachten Erfahrungen in diesen Arbeitsfeldern tragen dazu bei, sich in vielen Bereichen der Jugendhilfe zuhause zu fühlen und so die notwendige und sinnvolle Vernetzung der Arbeit in Beratungsstellen erfolgreich umsetzen zu können.

Eine Perspektive aus der Praxis

Bettina Erifiu-Wolf, Caritas Beratungsstelle für Eltern, Kinder, Jugendliche und Familien – Erziehungsberatung, Freising; Leiterin der Einrichtung, Dipl.-Psychologin, Psychologische Psychotherapeutin, Psychodrama-Therapeutin, Systemische Familienberatung (Freiburg)

Heidi Grolik, Sozialpsychiatrischer Dienst/Caritas Beratungsstelle für psychische Gesundheit, München-Laim, Dipl.-Psychologin, Psychologische Psychotherapeutin, Gesprächs-Psychotherapeutin, Klinische Psychologie und Psychiatrie als Nachbarfach (München)

Wieso haben Sie sich für eine Tätigkeit in einer Beratungseinrichtung entschieden?

Bettina Erifiu-Wolf: Die Arbeit sollte eine im Beratungsbereich sein und mein Ziel war, mit Kindern und Jugendlichen zu arbeiten. EB ist ein sehr vielfältiger Arbeitsbereich, der sich nicht nur auf Beratung beschränkt, sondern er beinhaltet auch therapeutische Kindergruppen, Multiplikatorenarbeit, Prävention und Vorträge. Wichtig war für mich auch, im Team und vernetzt arbeiten zu können.

Heidi Grolik: Schon im Studium hatte ich großes Interesse an der Psychiatrie und machte in diesem Bereich ein Praktikum. Zu arbeiten begann ich jedoch – eher untypisch für Psycholog:innen – im Bereich der offenen Altenhilfe, der allgemeinen sozialen Beratung, der gemeindeorientierten sozialen Arbeit und der Schuldnerberatung. All diese Kenntnisse waren jedoch wichtig und hilfreich für meine jetzige Tätigkeit im gemeindepsychiatrischen Beratungsfeld SPDi. Besonders reizvoll ist es für mich, im multiprofessionellen Team zu arbeiten.

Was glauben Sie, können Psycholog:innen in diesem Berufsfeld bewegen?

Bettina Erifiu-Wolf: Das klinisch-psychologische Wissen sowie neuropsychologische Kenntnisse werden in die Beratungsstellenarbeit integriert, was sich positiv auf die Zusammenarbeit mit dem Gesundheitsbereich auswirkt, da die Kooperation sozusagen auf Augenhöhe und mit einer gemeinsamen Sprache stattfinden kann.

Heidi Grolik: Zielsetzung der SPDi ist die Hilfe zur Daseinsvorsorge, zur medizinischen Vorsorge, zur sozialen Rehabilitation sowie die Förderung der Lebensqualität von Menschen mit psychischen Erkrankungen. Dazu müssen medizinische, soziale und emotional-kognitive Aspekte ganzheitlich betrachtet werden. Als Psychologin lege ich evtl. mehr Gewicht auf den Beziehungsaspekt und nehme mir viel Zeit für den emotional-kognitiven Bereich bei den Patienten. Auch die Vermittlung der Patient:innen zu niedergelassenen Therapeut:innen (oft auch Psycholog:innen) ist eine meiner Aufgaben.

Was hat Sie an Ihrer Tätigkeit am meisten überrascht?

Bettina Erifiu-Wolf: Die meisten Kinder kommen oft mit einer großen Offenheit, wenig Reserviertheit und durchaus neugierig in die Beratung, auch wenn sie meist nicht wissen, was sie in der Beratung erwartet.

Heidi Grolik: Die Vielfältigkeit der Menschen und ihrer Lebensgeschichten sowie ihrer Problemlagen, aber auch das breite Spektrum an Tätigkeiten vom therapeutisch-beraterischen Einzelsetting bis zur lebenspraktischen Unterstützung und Begleitung im Alltag sowie bei Krisen.

Ist es überhaupt möglich, diesen Beruf mit einem normalen Familienleben zu vereinen?

Bettina Erifiu-Wolf: Die vielen Teilzeitstellen und auch das in den Schulferien geringere Arbeitsaufkommen machen es möglich, seinen Urlaub oft in den Ferienzeiten der eigenen Kinder zu nehmen.

Heidi Grolik: Ja. Die Arbeitszeiten sind gut geregelt, es gibt z. B. nur selten Wochenenddienste, wenn man für den Krisendienst Psychiatrie eingeteilt ist. Vorteilhaft ist auch die flexible Gleitzeit, d. h. ich kann morgens später beginnen und dafür abends länger arbeiten.

Welchen Tipp haben Sie für Psycholog:innen, die sich überlegen, in der Beratung zu arbeiten?

Bettina Erifiu-Wolf: Nur zu! Die EB ist mit Sicherheit ein Bereich, in dem in den nächsten Jahren viele junge Kolleg:innen gesucht werden, da dieser Bereich tendenziell überaltert ist und viele Stellen neu besetzt werden.

Heidi Grolik: Auf jeden Fall im Beratungsbereich ein Praktikum machen. Weiterhin sind nichtpsychologische Kenntnisse, z. B. aus dem (sozial-)rechtlichen Bereich, von Vorteil.

Stoßen Sie manchmal auf Vorurteile wegen Ihrer Ausbildung?

Bettina Erifiu-Wolf: Ja, manchmal; wird aber zunehmend weniger. Früher musste man sich mehr erklären, dass man nicht ständig, d. h. auch in seiner Freizeit, alle seine Mitmenschen „analysiert". Teilweise wird man gefragt, wie man mit all dem Schweren umgeht und gut für den eigenen Abstand, den eigenen Schutz sorgt.

Heidi Grolik: Ich nenne hier nur zwei Zitate, die ich immer wieder gehört habe: „Ah, dann durchschaust du mich also sofort!" und „Ach, das ist aber ein harter Job!"

Was ist hilfreich, um ein/e gute/r Berater:in zu werden?

Bettina Erifiu-Wolf: Hilfreich für das beraterisch-therapeutische Arbeiten mit anderen Menschen ist es, sich selbst gut zu kennen und infrage stellen zu können sowie das eigene Handeln zu reflektieren und ggf. zu verändern. Hier ist Selbsterfahrung bzw. eine eigene Therapie sehr nützlich; erst wenn ich selbst Klient:in war, weiß ich, wie sich das anfühlt, und ich kann die Offenheit und das Vertrauen meiner Klient:innen würdigen.

Fazit

Die psychologische Tätigkeit in einer Beratungsstelle – und in unserem Fall in einer Erziehungsberatungsstelle – ist ein so vielfältiges und auch befriedigendes Arbeitsfeld, dass es nicht verwundert, wie viele Kolleg:innen meist bis zum Ende ihres Berufslebens in diesem Bereich und oftmals auch beim selben Träger tätig bleiben. Die Arbeit mit den Familien wird nie langweilig, da jede Familie ihre ganz besondere Geschichte und ihre ganz besonderen Eigenheiten hat; keine Familie ist wie die andere. Sich mit einer Familie oder einzelnen Familienmitgliedern auf die Suche nach den familiären Strukturen zu machen erfordert schon eine gehörige Portion an Neugier, aber auch Beharrlichkeit und vor allem Offenheit für unterschiedliche Familienformen, für andere Kulturen und für Andersartigkeiten bzw. Besonderheiten. Ebenso wie in psychotherapeutischen Arbeitsfeldern spielen die (ausgedrückten oder auch unterdrückten) Emotionen der/s zu Beratenden eine herausragende Rolle. Das ist der Teil der Arbeit, der sie für den/die einzelne:n Berater:in auch manchmal zur Belastung werden lässt. In den Beratungen bzw. Familientherapien sind wir ja mit unseren Emotionen und Empfindungen Spiegelbild der Familie und sollten ausreichend Fertigkeiten entwickeln, diese Emotionen sprachlich ausdrücken zu können und die Familie damit und mit anderen „Techniken" der jeweiligen Therapierichtung auf den

Heidi Grolik: Eine eigene Selbsterfahrung, besser noch eine eigene Therapie ist ausgesprochen sinnvoll. Weiterhin ist es im Sinne der Work-Life-Balance hilfreich, im Privaten der Arbeit etwas entgegenzusetzen, was Freude macht, z. B. Gartenarbeit.

Lösungsweg zu führen. Bisweilen geht es aber einfach ums Mitfühlen und Aushalten ausgesprochen schwieriger familiärer Situationen, z. B. wenn eine Familie ein behindertes oder chronisch erkranktes Kind hat oder wenn eine schwer depressive Mutter für Monate in eine Psychiatrische Klinik muss oder wenn ein an Krebs erkrankter Vater nach langer palliativer Pflege stirbt und die Mutter zusammen mit ihren drei Kindern, die zu Halbwaisen geworden sind, Unterstützung sucht. Dennoch sind oft gerade diese Fälle von zwischenmenschlicher Wärme geprägt und die persönlichen Dankmomente einiger Familien sind unschätzbar wertvoll und lassen einen diese Arbeit immer wieder gerne machen. Und man wird mit den Jahren und den vielen Fort- und Weiterbildungen sowie der eigenen zunehmenden Lebenserfahrung immer besser in seiner Tätigkeit. Mit 50 Jahren fühlt man sich als Berater:in sicherer als mit 30, was auch eine gewisse beruhigende Gelassenheit mit sich bringt und Zuversicht auf die letzten Jahre des Berufslebens ermöglicht. Aber auch die Kompetenzen der jungen Kolleg:innen, beispielsweise im virtuellen Bereich, sind gerade hinsichtlich der Arbeit mit Jugendlichen sehr wertzuschätzen. Und das voneinander Lernen bereichert!

Literatur

Schneewind, K. A. (1999). *Familienpsychologie*. Hogrefe.

Tätigkeiten in interkulturellen Kontexten

Maria Gavranidou

Inhaltsverzeichnis

7.1 Tätigkeiten in interkulturellen Kontexten – was ist das? – 88
Interkultureller Kontext – 89
Interkulturelle Kompetenz – 90
Modelle, die das Verständnis von Migration und Flucht verbessern – 92
Kenntnisse über Belastungen und Ressourcen infolge von Migration und Flucht – 93
Ist der Einsatz manualisierter Verfahren bei Psychotherapie im interkulturellen Kontext möglich? – 94

7.2 Tätigkeiten in interkulturellen Kontexten – ein ganz besonderes Tätigkeitsfeld? – 94

7.3 Die Rolle von Psycholog:innen in interkulturellen Kontexten – 95

© Der/die Autor(en), exklusiv lizenziert an Springer-Verlag GmbH, DE, ein Teil von Springer Nature 2024
M. Mendius, S. Werther (Hrsg.), *Psychologie in Studium und Beruf*,
https://doi.org/10.1007/978-3-662-68508-2_7

7.4 Anforderungen an eine Tätigkeit in interkulturellen Kontexten – 95
Schwerpunktsetzung – 96
Fachliche Inhalte – 96
Computerkenntnisse – 96
Sprachkenntnisse – 96
Praxis, Praxis, Praxis – 97

Literatur – 99

Im Folgenden werde ich aufzeigen, warum eine kultursensible Vorgehensweise, insbesondere durch die Berücksichtigung der Gruppenzugehörigkeitsmerkmale Kultur, Migrations- und Fluchterfahrungen die Beratungs- und psychotherapeutische Arbeit in interkulturellen Kontexten einerseits erfolgreich und effektiv für die Klient:innen und Patient:innen, andererseits spannend, zufriedenstellend und nie langweilig für die Beratenden und psychotherapeutisch Tätigen macht. Zunächst wird die Diversität der Klientel und Patient:innenschaft beschrieben, dann werden die interkulturellen Kontexte näher betrachtet und eine zentrale Handlungskompetenz für die Arbeit in interkulturellen Kontexten vorgestellt. Anschließend werde ich die Berücksichtigung der Gruppenmerkmale Kultur, Migrations- und Fluchterfahrungen im Rahmen meiner Tätigkeit als Psychologische Psychotherapeutin darstellen.

Die US-amerikanischen Gebrüder Sue stellen die Hypothese auf, dass in jeder Psychotherapie neben den individuellen (biografischen, familiären etc.) Merkmalen, die Gruppenzugehörigkeitsmerkmale (Gender, Altersgruppe, Religion, ethnische Zugehörigkeit, Schicht) und universellen Charakteristika (psychische und körperliche Aspekte, Krankheit und Tod, Benutzung von Symbolen und Sprache, etc.) berücksichtigt werden müssen. Die westlichen Psychotherapeut:innen haben sich, ihrer Meinung nach, zu sehr auf individuelle und/oder auf universelle Merkmale bezogen, Merkmale der Gruppenzugehörigkeit der Patient:innen jedoch vernachlässigt. Beratung und Psychotherapie in interkulturellen Kontexten können allerdings nur dann erfolgreich sein, wenn alle drei Dimensionen Eingang in die Arbeit finden: „Multicultural counseling and therapy can be defined as both a helping role and process that uses modalities and defines goals consistent with the life experiences and cultural values of clients, recognizes client identities to include individual, group, and universal dimensions, advocates the use of universal and culture specific strategies and roles in the healing process, and balances the importance of individualism and collectivism in the assessment, diagnosis and treatment of client and client systems" (Sue & Sue, 2003, S. 15).

Ein Szenario

Toni, Südamerikaner, 32 Jahre alt, seit 6 Jahren in Deutschland, verheiratet mit einer deutschen Frau (38 J.), ein Mädchen (4 J.). Toni arbeitet in der Modebranche als Lagerist. Er hat starke Rückenschmerzen, schläft und isst schlecht, hat viele Ängste, z. B. in der Öffentlichkeit essen (mit Kollegen) oder wenn er zu Behörden oder zur KITA seiner Tochter gehen muss. Deshalb schickt er seine Frau, geht nicht ins Kino, Konzert oder Theater. Er hat Angst, dass er für seine Sitznachbarn unangenehm riechen wird, seine Atemgeräusche diese stören könnten, generell hat er Angst davor, dass er auffallen könnte. Er berichtet, in sozialen Situationen zu schwitzen, zittrige Hände zu bekommen oder stimmlich zu entgleisen, Herzrasen und manchmal richtig Atemnot zu haben. Neben den Ängsten fühlt er sich unglücklich, niedergeschlagen, und manchmal denkt er, er hätte Ekuador besser nie verlassen.

Seit einiger Zeit gibt es viele Probleme in der Ehe, die Ehefrau fordert mehr Selbstständigkeit von ihm, will nicht alles für ihn tun. In der Arbeit hätte er außerdem die Chance, das Lager zu verlassen und eine künstlerische Aufgabe zu übernehmen, dafür müsste er aber eine Schulung machen, die er aufgrund der Ängste ablehnt. Die Einschränkungen in seinem Leben erhöhen den Leidensdruck, sodass er der Empfehlung seines Hausarztes folgt und sich entschließt, psychotherapeutische Hilfe in Anspruch zu nehmen. Er wünscht sich einen spanischsprachigen Therapeuten. Da er aber keinen Platz bei den wenigen, die es hier gibt, findet, beginnt er die Therapie bei mir. Es gefällt ihm, dass auch ich migriert bin, aus „Südeuropa" komme und „anders als die hiesigen" Menschen bin. Als Therapieziele benennt er, glücklicher zu werden, weniger Ängste zu haben und Hilfe bei einer wichtigen Entscheidung zu erhalten. Die Symptome der sozialen Phobie werden nicht explizit genannt. Aufgrund der präsentierten Symptomatik erhält er die Diagnose soziale Phobien und Depression. Es wird eine Psychotherapie mit dem zentralen Ziel begonnen, die sozialphobischen Ängste abzubauen, soziale Kompetenzen aufzubauen und die depressive Symptomatik zu verbessern.

Am Anfang der Therapie stellen sich eine Reihe von Problemen ein: Der Aufbau einer vertrauensvollen Beziehung wird durch ein großes Misstrauen des Patienten gegenüber der Therapeutin verlangsamt. Die Therapeutin und ihre Maßnahmen werden immer wieder geprüft, infrage gestellt, abgelehnt. Der Patient versäumt Stunden, kommt zu spät und macht seine Hausaufgaben nicht. Er fragt sich und die Psychotherapeutin, ob Therapie überhaupt in so einem Fall hilft.

Das Misstrauen und die fehlende Motivation werden durch die Therapeutin angesprochen. Es wird thematisiert, was ein Therapeut aus seinem Land anders gemacht hätte. Seine Antwort deutet auf seinen Wunsch hin, konkrete Hilfen bei seinen aktuellen Problemen zu erhalten. Nicht die Therapie der sozialphobischen Ängste, sondern seine Unzufriedenheit mit der Entscheidung, der deutschen Frau zu folgen und nach Deutschland zu migrieren, stehen für den Patienten im Vordergrund. Daraufhin werden der Prozess der Migration nach Sluzki sowie der Akkulturationskonflikt nach Berry vorgestellt und anhand seiner Migrationsgeschichte geprüft. Sein Migrationsmotiv wird ihm dabei verdeutlicht: Er wollte ein freieres und besseres Leben und hat dafür in Kauf genommen, eine ältere deutsche Frau zu heiraten. Er erkennt jedoch, dass die mitgebrachten Ressourcen und Kompetenzen für ein Leben hier nicht ausreichend sind. Er muss Neues lernen, einige Dinge, die er von der Heimat mitgebracht hat, aufgeben. Das ist ein schmerzhafter Abschieds- und Veränderungsprozess, und dabei wird er in der Therapie unterstützt.

Erst nachdem der Migrationsprozess und die daraus resultierenden Konflikte angesprochen und „gelöst" worden sind, ist T. bereit, sich auf die Therapie seiner Ängste einzulassen.

7.1 Tätigkeiten in interkulturellen Kontexten – was ist das?

Wie vielfältig sind unsere Klient:innen und Patient:innen in Deutschland? Migration, Flucht und Globalisierung haben dazu geführt, dass die Bevölkerung in Deutschland in den letzten sechs Jahrzehnten sehr heterogen geworden ist und damit auch die Klient:innen und Patient:innen, die wir beraten und behandeln. In Deutschland begann Mitte der 50er-Jahre die historisch letzte Migrationswelle. In der modernen Migrationsforschung wird Migration „als räumliche Verlagerung des Lebensmittelpunktes von Individuen oder Kollektiven (Familien, Gruppen, Bevölkerungen) verstanden" (Oltmer, 2015, S. 10). Drei Formen von Migration werden unterschieden, nämlich „Migration als Wahrnehmung von Chancen andernorts", „Migration als Reaktion auf Krisen", „Zwangs- und Gewaltmigration" (Deportationen, Flucht und Vertreibung). Alle drei Formen sind in der deutschen Bevölkerung mit Migrationshintergrund, deren Anteil 28,7 % beträgt (Statistisches Bundesamt, 2023), vertreten: Ab 1955 bis ca. 1970 wurden Arbeitskräfte aus dem südlichen Europa (Griechenland, Italien, Portugal, Spanien, Türkei und Exjugoslawien) und Nordafrika (Tunesien, Marokko) angeworben. Diese Arbeitskräfte sind anders als erwartet nicht nach einigen Jahren wieder zurückgekehrt, sondern haben ihre Familien nach Deutschland gebracht. Außerdem kamen Aussiedler:innen (Deutsche aus der ehemaligen Sowjetunion und den Ostblockländern), Bürgerkriegsflüchtlinge und mit der EU-Erweiterung auch viele EU-Ausländer:innen. Die Flüchtlingswelle hat insbesondere in den letzten Jahren stark zugenommen. Die Deutsche Gesellschaft, die auch ohne „Fremde" sehr vielfältig war (Merkmale Alter, Geschlecht, Bildung, Religion, städtisch vs. ländlich, Schichtzugehörigkeit, nord- vs. süddeutsch etc.), ist in den letzten Jahrzehnten „diverser" geworden. Diese Diversität führt dazu, dass beinahe jede Psychotherapiepraxis, Beratungseinrichtung oder Klinik zu einem *interkulturellen (Arbeits-)Kontext* werden kann.

Interkultureller Kontext

Als Spezialform der sozialen Überschneidungssituation, also Kontaktsituation bei der Menschen die eigenen und die Sichtweisen des anderen verstehen müssen, um angemessen darauf zu reagieren, hat Alexander Thomas die „kulturelle Überschneidungssituationen" (Thomas, 2011) definiert. Bei diesen Interaktionssituationen begegnen sich Individuen mit unterschiedlicher Sozialisation (z. B. ländlich vs. städtisch, Unter- vs. Oberschicht) und kulturellem Orientierungssystem. Kulturelle Überschneidungssituationen bergen viele Fallen und Schwierigkeiten, da sich Handlungsziele, Motive und Einstellungen der Interaktionspartner:innen beträchtlich unterscheiden können und somit nicht angemessen darauf geantwortet werden kann. Für eine Beratung oder Psychotherapie im interkulturellen Kontext bedeutet es, dass kulturelle Überschneidungssituationen zwischen Psycholog:innen bzw. Psychotherapeut:innen und Klient:innen bzw. Patient:innen stattfinden, mit dem Ziel ein psychisches Leiden zu beenden oder zu mindern, Konflikte und Probleme zu beheben, Verhalten und Erleben zu verändern. Dieses Ziel kann u. U. nicht erreicht werden, da die sozioökologischen Kontexte in denen Werte, Normen, Krankheits- und Heilungsmodelle entwickelt worden sind, stark voneinander abweichen. Das ist z. B. der Fall, wenn „individualistische" Psychotherapeut:innen Jugendliche, die eine „kollektivistische" Sozialisation erfahren haben, zu einem schnellen Auszug aus der Familie raten. Diese Jugendlichen sind dann in der eigenen Wohnung möglicherweise sehr unglücklich und erleben das Alleinleben nicht als Schritt in Richtung „psychische Gesundheit und Selbstfindung", sondern als „innere Leere und soziale Isolation". Psychologische Beratungstätigkeit und Psychotherapie erfordern im interkulturellen Kontext besondere Handlungskompetenzen, nämlich *interkulturelle Kompetenzen*.

Bevor ich im nächsten Abschnitt die interkulturellen Kompetenzen näher beschreibe, möchte ich kurz auf die Arbeitskontexte von Psycholog:innen und Psychotherapeut:innen eingehen, die als interkulturell gelten: Zum einen gibt es spezialisierte Einrichtungen, die eigens für die Beratung und Behandlung von Menschen mit Migrations- und/oder Flüchtlingshintergrund eingerichtet worden sind. Das sind oft kommunale Beratungseinrichtungen oder auch Beratungsangebote diverser Träger, wie der Psychologische Dienst für Ausländer der Caritas in München, Familien- und Erziehungsberatungseinrichtungen mit Schwerpunkt Migration der Arbeiterwohlfahrt (z. B. in München und Solingen), Gesundheitsberatungsstellen (z. B. Donna Mobile in München), Sozialpsychiatrische Dienste mit interkulturellem Schwerpunkt, spezielle Behandlungs- und Beratungszentren für Flüchtlinge (z. B. Refugio in München oder Stuttgart, Psychosoziales Zentrum für Flüchtlinge in Düsseldorf). Darüber hinaus haben niedergelassene Kolleg:innen mit Migrations- und/oder Flüchtlingshintergrund häufig Schwerpunktpraxen und behandeln Menschen aus ihrem Kultur- und Sprachkreis. Mittlerweile gibt es Medizinische Versorgungszentren, die einen interkulturellen Schwerpunkt haben und Patient:innen aus unterschiedlichen Ländern und Kulturen behandeln. Ich leite derzeit ein solches MVZ in München. Wir sind mehrsprachige Psychotherapeut:innen und behandeln Menschen unterschiedlichster Provenienz in ihren Muttersprachen und/oder in Deutsch, auch Patient:innen mit zum Teil eingeschränkten Deutschkenntnissen. Auch in manchen Kliniken für Psychosomatik und Psychiatrie sowie Rehabilitationseinrichtungen werden Maßnahmen speziell für Migrant:innen und Flüchtlinge angeboten. Interkulturelle Kontexte können sich jedoch auch bei nichtspezialisierten Einrichtungen ergeben, da Migrant:innen oft nicht die spezialisierten Angebote aufsuchen. Bei fortgeschrittener Integration empfinden viele Menschen mit Migrationshintergrund solche Angebote sogar als „diskriminierend" und „abwertend". Grundsätzlich können in jeder Praxis, in jeder Beratungseinrichtung, in jeder Klinik interkulturelle Kontexte bzw. kulturelle Überschneidungssituationen entstehen.

Interkulturelle Kompetenz

Alexander Thomas, einer der wenigen deutschen Psychologen, die sich mit Kultur befasst haben, sieht interkulturelle Kompetenz als eine unverzichtbare Schlüsselkompetenz, die Psycholog:innen schon in ihrer Ausbildung erwerben sollten, um für die beruflichen Herausforderungen in einer globalisierten Gesellschaft gerüstet zu sein (Thomas, 2013). Das Konzept der interkulturellen Kompetenz besteht aus drei Teilkompetenzen, nämlich aus der kognitiven, der affektiven und der pragmatischen Kompetenz (Erll & Gymnich, 2015, S. 11 ff.):

Kognitive Teilkompetenz umfasst dabei Wissen über andere Kulturen, z. B. individualistische vs. kollektivistische Kulturen im Sinne von Hofstede, aber auch länderspezifisches Wissen, wie etwa über Landschaft, Essen, Geschichte etc. Auf gar keinen Fall sind hier sog. Kulturwegweiser gemeint, die oft Stereotype verfestigen und Kulturalisierungen verstärken. Dadurch gelingt es mir nicht, mein Gegenüber wahrzunehmen, Diagnostik, Behandlungsmethoden und Beziehungsgestaltung können nur misslingen. So geht es etwa nicht darum, wie der „gemeine Grieche tickt", sondern was für ein Land Griechenland ist (arm, bergig, industrialisiert, ländlich u. Ä.), wie sein Schulsystem funktioniert, was wichtige Werte und Normen sind, welche Entwicklungs- und Erziehungsvorstellungen Eltern haben usw. Dieses Wissen erlaubt es mir, mir ein Bild von der Umgebung und dem Kontext zu machen, in dem meine Patient:innen großgeworden sind, ihre Motive und Ziele nachzuvollziehen, ihr Leid besser zu verstehen. Meine Patient:innen und Klient:innen können dabei als „Kulturexpert:innen" fungieren. Sie können mir am besten beschreiben, wie sie ihre Sozialisation mit ihren kulturspezifischen Anteilen erfahren haben. Auch Dolmetscher:innen und Sprachmittler:innen können hierbei behilflich sein.

Zur kognitiven Teilkompetenz gehört auch allgemeines, kulturtheoretisches Wissen, also Wissen über die Entwicklung und Funktionsweisen von Kulturen, die Entstehung von kulturellen Unterschieden und deren Implikationen, über die Veränderung von Kultur. Letzteres können Psycholog:innen und Psychotherapeut:innen z. B. anhand der Entwicklung und Veränderung der diagnostischen Kategorien in DSM und ICD nachvollziehen: So wurde z. B. in den 1980er-Jahren die Diagnose Posttraumatische Belastungsstörung eingeführt, Homosexualität als Störung ist dagegen abgeschafft.

Die kognitive Teilkompetenz Selbstreflexivität bezieht sich schließlich auf die Fähigkeit, die Kulturabhängigkeit unserer Normen, Einstellungen und Werte zu verstehen, uns immer wieder zu prüfen und die Allgemeingültigkeit unserer zentralen Haltungen infrage zu stellen. In ihrem Review „The weirdest people in the world?" stellten Henrich et al. (2010) fest, dass die meisten psychologischen Theorien auf Untersuchungen an einer sehr kleinen und relativ homogenen Population basieren. Sie beruhen nämlich übermäßig häufig auf US-amerikanischen Student:innen, die wie die Autor:innen schreiben, „Western, Educated, Industrialized, Rich, and Democratic, oder ‚WEIRD'" sind. Darüber hinaus sind die Leistungen der WEIRDs in der Regel ziemliche Ausreißer, wenn kulturvergleichende Studien vorliegen. Das gilt für eine Reihe von Einstellungen und Haltungen, aber auch für Wahrnehmungsfunktionen, soziale und andere grundlegende psychologische Funktionen. Das heißt, unser großes Theoriegebäude zum psychologischen Erleben und Verhalten ist vielleicht nur die Ausnahme von der menschlichen Regel!

Affektive Teilkompetenz beschreibt unser Interesse an und Aufgeschlossenheit gegenüber anderen Kulturen. Es ist mehr als ein „touristisches Interesse", und es geht nicht um eine „Schaulust", sondern vielmehr um Offenheit bei der Begegnung mit dem „Anderen". Empathie und Fähigkeit des Fremdverstehens und Ambiguitätstoleranz gehören des Weiteren zur affektiven Teilkompetenz (Erll & Gymnich, 2015, S. 13). Eine kultursensitive Haltung in der Psychotherapie zeichnet sich dadurch aus, dass ich als Therapeut:in meine Patient:innen offen und unvoreingenommen begegne. Barbara Abdallah-Steinkopff und ich haben das so definiert: „Kultursensitivität bedeutet dabei die Fähigkeit die eigene Arbeit kritisch und reflektiv zu betrachten, den Anliegen unserer Klientel offen und unvoreingenommen zu begegnen und Lösungen aus der Sicht, den Lebenszielen und -plänen der Klienten zu werten und zu unterstützen. Kultursensitivität ist keine außergewöhnliche, nur bei bestimmten Psychotherapeuten anzutreffende Eigenschaft, sondern eine Haltung, die Voraussetzung jeder guten Psychotherapie ist, ja sogar für jeden authentischen Kontakt" (Gavranidou & Abdallah-Steinkopff, 2008, S. 98).

Es geht hierbei um „echte" Empathie und „komplexe" Perspektivübernahme. Auch und obwohl ich noch nie „kriminelle" Handlungen begangen habe, kann ich sehr wohl verstehen, dass man unter bestimmten Lebensbedingungen, wenn das Überleben Priorität hat, wie z. B. bei Menschen auf der Flucht, „kriminell" werden kann. Meine Aufgabe als Psychotherapeut:in ist es, dieses Verhalten zu verstehen. Erst dann kann ich die richtigen Maßnahmen für eine Veränderung anbieten.

Pragmatisch-kommunikative Teilkompetenz meint den „Einsatz geeigneter kommunikativer Muster und wirkungsvoller Konfliktlösungsstrategien" (Erll & Gymnich, 2015, S. 14). Zunächst sind hier Sprachkenntnisse gemeint. Psychotherapie ohne das Kommunikationsmittel Sprache ist nicht möglich. In Strotzkas (1975) Definition von Psychotherapie werden verbale und nonverbale Kommunikation explizit als psychotherapeutische Mittel genannt; er verweist außerdem darauf, dass Einverständnis im Hinblick auf die Konzepte von „normalem" wie „abnormem" Verhalten sowie auch im Hinblick auf Therapieziele zwischen Patient:in und Therapeut:in bestehen müssen. „Normal" und „abnorm" sind jedoch Begrifflichkeiten und Konzepte, die kulturell und zeitgeschichtlich variieren und bei denen deshalb nicht a priori ein Konsens zwischen zwei Individuen angenommen werden kann. Weiterhin betont Strotzka, dass die eingesetzten „lehrbaren Techniken" einer emotionalen Bindung bedürfen, damit sie wirksam werden können. Die Herstellung einer Bindung und somit einer für die Psychotherapie tragfähigen Beziehung ist wahrscheinlich am ehesten und leichtesten bei Kommunikationspartner:innen möglich, die über die gleichen verbalen und nonverbalen Kommunikationsmittel verfügen (Kahraman, 2008). Dennoch ist eine kultursensible Psychotherapie auch dann möglich, wenn Patient:in und Psychotherapeut:in die Sprache der anderen nur mittelmäßig beherrschen bzw. in einer dritten Sprache kommunizieren (z. B. Englisch). Umgekehrt bedeutet das aber auch, dass Migrationshintergrund und Sprachkenntnisse keine hinreichende Bedingung für kultursensibles Vorgehen in der Psychotherapie sind. Psychotherapeut:innen mit Migrationshintergrund, die in ihrer Muttersprache behandeln, sind nicht unbedingt kultursensibel! Sie haben eine gemeinsame Sprache mit den Menschen aus ihrem Herkunftsland, sie haben aber möglicherweise nicht die gleiche subkulturelle Herkunft (z. B. Bildung, Schicht, Religion, Minderheit). Kultursensitivität ist mehr als die Behandlung von Migrant:innen durch Psychotherapeut:innen mit gleichem Migrationshintergrund in ihrer Muttersprache.

Ich möchte im Folgenden darstellen, was neben den interkulturellen Kompetenzen die Arbeit mit Menschen aus anderen Kulturen, Migrantinnen und Migranten mit und ohne Flüchtlingshintergrund erleichtern und verbessern kann.

Modelle, die das Verständnis von Migration und Flucht verbessern

Migrationserfahrungen sind per se weder traumatisierend noch gesundheitsförderlich. Sie können jedoch das Potenzial für beides enthalten. Sie können als Risikofaktoren für die Entwicklung somatischer und psychischer Störungen wirksam werden, genauso wie sie eine Chance für funktionale Entwicklung und persönliche Erfolge sein können. Der Prozess der Migration und die Verarbeitung der dabei gemachten Erfahrungen (positive wie negative) können im Rahmen einer Psychotherapie aufgearbeitet werden und zu psychischer Gesundung und Stabilität, ja sogar zu persönlichem Wachstum führen. Deswegen ist es wichtig, sie zu verstehen. Zwei Modelle finde ich für meine Arbeit besonders fruchtbar:

Nach dem Phasenmodell der Migration von Sluzki (2010) wird Migration als ein Prozess mit folgenden Phasen verstanden:
– Vorbereitung auf die Migration (Einholen von Informationen, die die Entscheidung zur Auswanderung unterstützen bzw. infrage stellen)
– Migrationsakt (Reisewege, wie der Flug nach Deutschland oder gefährliche und lange Fluchtwege)
– Überkompensierungsphase (Unstimmigkeiten und Widersprüche werden in der ersten Zeit nach der Ankunft im Aufnahmeland schöngeredet und verleugnet, Informationen, die die Entscheidung zu migrieren infrage stellen, werden übersehen und missachtet, im Sinne der kognitiven Dissonanz nach Festiger)
– Dekompensationsphase, da die idealisierte Sichtweise des Aufnahmelandes mit zunehmender Aufenthaltsdauer nicht mehr aufrechterhalten werden kann

Bei der letzten Phase handelt es sich um eine Phase der Frustration. Die Frage „War die Flucht, die Auswanderung, das Verlassen der Heimat eine gute Entscheidung?" steht im Vordergrund. Im Alltag wird schmerzhaft erfahren, dass man nicht „richtig" ist. Die mitgebrachten Kompetenzen und Fähigkeiten, Bewältigungsstrategien und Qualifikationen werden als ungenügend, defizitär, nicht angemessen oder als nicht notwendig erfahren. Das Selbstbild wird erschüttert, der Selbstwert untergraben. Man hat kaum Kontrolle über das eigene Leben, bestehende Bindungen sind nur noch aus der Distanz möglich, neue noch nicht aufgebaut. Hinzu kommen Diskriminierungserfahrungen (Abdallah-Steinkopff et al., 2023). Migrant:innen erleben sich als anders, und sie werden von den „Einheimischen" zu „anderen" gemacht. Die Folgen dieses „Othering"-Mechanismus werden erlebt, meist jedoch nicht reflektiert. Ängste vor dem Fremden und der Auseinandersetzung mit den Fremden, Ohnmachtsgefühle sowie Trauer um verlorengegangene Bezugspersonen, Kompetenzen und Zuständigkeiten, Möglichkeiten und Chancen sind die vorherrschenden kognitiv-emotionalen Zustände.

Das ist die Phase, in der sich die ersten Krisen einstellen, Depressionen und psychosomatische Erkrankungen folgen. Wenn das Ergebnis der Migrationsbewertung negativ ausfällt, Migration als soziale Niederlage und Misserfolg eingeschätzt wird (*social defeat*), dann ist die Anfälligkeit für psychische Störungen und Probleme erhöht (Cantor-Graee & Selten, 2005). In diesem Abschnitt des Migrationsverlaufs finden nach Sluzki Abwägungen über Integrationsbemühungen statt: Was soll langfristig von der Herkunftsgesellschaft beibehalten werden und was von der Aufnahmegesellschaft übernommen werden (siehe auch Akkulturationskonflikt weiter unten)? Abgeschlossen wird der Migrationsprozess durch konstruktive Anpassungsprozesse und die Bildung einer erweiterten Identität. Jede dieser Phasen zeichnet sich nach Sluzki durch ihre besonderen Belastungen und individuellen sowie familiären Bewältigungsmustern aus. Dieses Modell bietet mir einen guten theoretischen Rahmen, um das Prozesshafte in der Migrationsverarbeitung genauer zu verstehen, Hinweise auf mögliche Störungen schneller zu erfassen, aber auch Reifungsschritte und Ressourcen besser zu erkennen.

Ergänzend dazu kann das Akkulturationsmodell von Berry (1990), das den Akkulturationskonflikt in den Vordergrund stellt, das Verständnis für die migrationsbedingten psychischen Konflikte verticfen. Nach Berry wird in der interkulturellen Begegnung und dem daraus resultierenden Stress eine Akkulturationskrise ausgelöst. Zur deren Bewältigung müssen Migrant:innen (meist unbewusst) darüber entscheiden, ob und inwieweit sie wichtige kulturelle Bestandteile der Herkunftsgesellschaft aufgeben oder beibehalten bzw. ob und inwieweit sie wichtige kulturelle Aspekte der Aufnahmegesellschaft aufnehmen und pflegen. Berry nennt dabei vier Lösungsformen: *Assimilation* ist das Ergebnis einer Überanpassung an die Aufnahmegesellschaft. *Integration* liegt vor, wenn eine ausgewogene und Kontext abhängige Anpassung gewählt wird. *Segregation*, also Orientierung an die Herkunftsgesellschaft, sowie *Marginalisierung*, Ablehnung von Herkunfts- wie Aufnahmegesellschaft, sind die weiteren Lösungsmöglichkeiten des Akkulturationskonfliktes.

Kenntnisse über Belastungen und Ressourcen infolge von Migration und Flucht

Es ist wichtig, zu wissen, dass migrationsbedingte und migrationsspezifische Stressoren wie Sprachprobleme, fehlendes Wissen über Versorgung, Recht etc., Diskriminierungs- und Ausgrenzungserfahrungen, aber auch migrationsunspezifische Stressoren (z. B. Scheidung, Arbeitslosigkeit etc.) die psychische Gesundheit unserer Klientel besonders stark beeinträchtigen können. Daneben können kulturspezifische Stressoren zu psychischen Problemen führen. Hier kann es sich um Belastungen durch stark divergierende Normen, Werte, Alltagssituationen sowie extrem belastende und traumatische Erfahrungen in der Heimat, auf der Flucht und im Aufnahmeland handeln, die die Behandlung beeinflussen können.

Klient:innen und Patient:innen mit Migrations- und/oder Flüchtlingshintergrund verfügen jedoch auch über persönliche Ressourcen wie hohe Flexibilität, Anpassungsfähigkeit, Optimismus und Mut. Sie haben familiäre (Familienzusammenhalt, familiäre Unterstützung) und soziale Ressourcen (Einbindung in ethnische Communities, Unterstützungs- und Puffersysteme der Migrantenselbstorganisationen), die bei der Behandlung erfolgreich eingesetzt werden können. Schließlich haben sie Kenntnisse über die Kultur des Heimatlandes, des Aufnahmelandes und der Migrantenkultur. Kinder und Jugendliche sind meist bilingual, wenn nicht sogar multilingual.

7 Ist der Einsatz manualisierter Verfahren bei Psychotherapie im interkulturellen Kontext möglich?

In Handbüchern dargestellte Verfahren, die die einzelnen therapeutischen Schritte vorgeben, müssen nicht zwangsläufig „kulturunsensibel" sein. Das trifft jedenfalls nicht zu, wenn wir sie als Rahmen, als Wegweiser oder Vorgabe betrachten. Wenn wir sie allerdings sklavisch anwenden, dann sind sie auch innerhalb einer Kultur unbrauchbar. Wir wissen, dass Patient:innen mit Migrationshintergrund später und seltener ambulante Psychotherapie in Anspruch nehmen. Außerdem unterbrechen diese Patientengruppen die Psychotherapien häufiger oder beenden sie schneller. Möglicherweise sind Menschen anderer ethnischer Zugehörigkeit früher und mit anderen Therapiezielen zufrieden. Afroamerikaner:innen unterbrechen z. B. öfter als Euroamerikaner:innen die Therapie. Die afroamerikanischen Unterbrecher:innen geben aber häufiger als die euroamerikanischen an, dass ihnen die Therapie geholfen hat (Lester et al., 2010). Es kann also sein, dass ihnen schneller geholfen wird; oder es bestehen andere Gründe für die Unterbrechung der Therapie, wie z. B. organisatorische Gründe (Aufwand, um zur Praxis zu kommen, oder Therapiekosten).

Otto und Hinton (2006) haben nachgewiesen, dass kulturelle Anpassungen von anerkannten Verfahren möglich sind: sie haben z. B. die Cognitive Behavioral Traumatherapie (CBT) für kambodschanische und vietnamesische Flüchtlinge erfolgreich angepasst. Für eine erfolgreiche kulturelle Adaptation evidenzbasierter Verfahren ist es jedoch wichtig, die Sprache, Metaphern, Konzepte, Ziele und Motive sowie Techniken der betroffenen Patientengruppe zu berücksichtigen. In den vergangenen 20 Jahren konnten ausreichend empirische Daten gesammelt werden, die die Vorteile kulturell angepasster im Vergleich zu nichtadaptierten Interventionen aufzeigen (Hall et al., 2016).

7.2 Tätigkeiten in interkulturellen Kontexten – ein ganz besonderes Tätigkeitsfeld?

Tätigkeiten in interkulturellen Kontexten sind Tätigkeiten, bei denen die kulturellen Überschneidungssituationen nach Thomas u. U. sehr klein sind. Daher können bei der Arbeit viele Missverständnisse aufkommen. Das kann die Rolle von Psycholog:innen und Psychotherapeut:innen betreffen (siehe unten), aber auch die Funktion von Beratung und Psychotherapie, die Möglichkeiten und Grenzen dieser „westlichen" Interventionsform. Ein wichtiges Tätigkeitsmerkmal von Beratung und Psychotherapie in interkulturellen Kontexten stellt daher die Erklärung der Arbeitsweise dar. Hilfreich sind hierbei Metaphern, Bilder, Märchen und Geschichten – möglichst aus dem Land, der Kultur der Klient:innen und Patient:innen, aber auch weltbekannte Filme. Hier ist einerseits Transparenz, einfache Sprache, Kreativität und „Vermittlungskompetenz" erforderlich, andererseits aber auch Offenheit und Neugier gegenüber der Kultur der anderen, damit die kulturellen Überschneidungssituationen größer werden.

7.3 Die Rolle von Psycholog:innen in interkulturellen Kontexten

Migrant:innen und Flüchtlinge kommen nicht selten aus Kulturen, die Psychotherapie als Verfahren nicht kennen. Das hat Folgen für unsere Rolle als Psychotherapeut:innen. Es ist deshalb hilfreich, zu Beginn der Therapie (und auch Beratung) das Verfahren zu erklären und die eigene Rolle dabei zu beschreiben. Formale und inhaltliche Aspekte müssen transparent gemacht werden. Nähe- und Distanzprobleme können so besser gehandhabt werden, die Wahl des distanzierten „Sie" erläutert, die Möglichkeiten der Beziehung im Rahmen der Therapie erörtert. Therapeut:innen handeln empathisch, authentisch und wertfrei. Aber sie haben auch die Rolle der Integrationsvermittler:innen und -unterstützer:innen. Sie sind Modell und Projektionsfläche zugleich. Anhand ihres Verhaltens und ihrer Reaktionen können Migrant:innen und Flüchtlinge lernen, was in diesem Land üblich ist (z. B. wie und ob man die großen Feiertage begeht; warum Gleichberechtigung; warum Gewaltenteilung; Möglichkeiten der Freizeitgestaltung). Therapeut:innen sind jedoch auch Projektionsfläche für negative Gefühle, für Trauer und Angst, die aufgrund der Diskriminierungserfahrungen entstehen. Sie sind die Mehrheitsvertreter:innen und erfahren als solche die Ablehnung und den Groll, die der Aufnahmegesellschaft gelten.

Neben der Rolle als Berater:innen und Psychotherapeut:innen müssen wir uns in interkulturellen Kontexten stärker mit den Lebensbedingungen unserer Patient:innen und Klient:innen auseinandersetzen. Migrant:innen und insbesondere Flüchtlinge brauchen stärker als Nichtmigrant:innen unsere Unterstützung bei ihren Problemen im realen Lebensumfeld. Aufenthalts-, arbeitsrechtliche und Verrentungsanliegen können unsere Arbeit unterbrechen und beeinträchtigen. Hier müssen wir unterstützend eingreifen, indem wir an die entsprechenden Stellen vermitteln und verweisen. Vernetzung, Kooperation und Kommunikation mit anderen Berufsgruppen seitens der Therapeut:innen sind erforderlich, um den Belangen der Flüchtlinge und Migrant:innen in benachteiligenden Lebenslagen gerecht zu werden.

7.4 Anforderungen an eine Tätigkeit in interkulturellen Kontexten

Für die psychotherapeutische Arbeit und die Beratungsarbeit bei Menschen mit Migrations- und Fluchthintergrund sind neben einem Studium der Psychologie und eine Ausbildung zum Psychologischen Psychotherapeuten bzw. Kinder- und Jugendlichenpsychotherapeuten weitere Kenntnisse aus dem Bereich der Ethnologie und interkulturellen Kommunikation sowie Kenntnisse aus dem Bereich der Migrations- und Fluchtgeschichte der Menschen, die sich hier in Deutschland befinden, hilfreich. Als Kompetenzen sind, wie oben bereits dargestellt, neben den Grundkompetenzen einer Beratungs- und psychotherapeutischen Tätigkeit interkulturelle Handlungskompetenzen besonders wichtig. Berater:innen und Psychotherapeut:innen, die in interkulturellen Kontexten arbeiten, sollten eine „kindliche" Neugier entwickeln auf das Unbekannte oder Andersartige in ihren Klient:innen und Patient:innen. Unvoreingenommenheit und Bereitschaft dazu, sich auf das Abenteuer der interkulturellen Begegnung einzulassen, sind Grundvoraussetzungen für eine zufriedenstellende und erfolgreiche Arbeit.

Schwerpunktsetzung

Das Studium der Psychologie/Psychotherapie ist Voraussetzung. Ich persönlich finde gerade die Auseinandersetzung mit den Grundlagen der Psychologie als besonders fruchtbar und unterstützend für die Arbeit mit Menschen aus anderen Kulturen. Es ist wichtig, zu wissen, wie Emotionen, Kognitionen und Sprache sich entwickeln, wie das Gedächtnis funktioniert, die Motivation aufgebaut und vermindert wird, welche Prozesse der Informationsverarbeitung wann wie beeinträchtigt werden, welche entwicklungspsychologischen Modelle und Phasen existieren. Es ist jedoch auch sinnvoll, einen Schwerpunkt in Kultur- und kulturvergleichender Psychologie sowie in transkultureller Psychiatrie und Psychopathologie zu setzen. In den angelsächsischen Ländern gibt es hierzu eine reiche Tradition, weniger in Deutschland. Manche Universitäten beginnen mit der Einrichtung solcher Schwerpunkte.

Fachliche Inhalte

Die Aneignung von ethnologischen, geschichtlichen und geschichtspolitischen sowie auch religionswissenschaftlichen Kenntnissen kann sehr hilfreich sein. Nebenfächer aus diesen Bereichen sowie aus den Kommunikationswissenschaften mit einem Schwerpunkt in interkultureller Kommunikation erweitern den Wissenshorizont und ermöglichen dadurch ein besseres Verständnis für den Sozialisationskontext unserer Klient:innen und Patient:innen. Kurse und Seminare mit einem Schwerpunkt in interkultureller Kommunikation und interkultureller Kompetenz sind während der Ausbildung, aber auch zu Beginn der Arbeitsaufnahme in interkulturellen Kontexten dringend erforderlich.

Interkulturelle Supervisionen und Intervisionsgruppen mit bikulturellen Kolleg:innen können interkulturelle Kompetenz fördern und damit die Sicherheit für die Tätigkeit in diesen Kontexten erhöhen.

Computerkenntnisse

Es werden die üblichen, für Beratung und Psychotherapie geforderten Computerkenntnisse benötigt. Für die computerunterstützte Diagnostik fehlen noch die entsprechenden kulturangepassten diagnostischen Instrumente und Auswertungsprogramme. Dadurch wird häufig auf testdiagnostische Verfahren verzichtet. Wenn die sprachlichen Kenntnisse vorhanden sind und die Personen über einen längeren Zeitraum in Deutschland leben, können die Tests zur Orientierung und unter Vorbehalten eingesetzt werden und müssen entsprechend computerunterstützt ausgewertet werden.

Sprachkenntnisse

Wie bereits oben beschrieben, sind Sprachkenntnisse wichtig. Denn Beratung und Psychotherapie sind ohne sprachliche Verständigung kaum möglich. Englisch und Französisch sind Sprachen, die sehr gut bei der Arbeit mit Menschen aus afrikanischen Ländern eingesetzt werden können. Englisch als aktuelle Weltsprache ist darüber hinaus die Sprache der Wahl bei Menschen aus sehr unterschiedlichen Ländern. Da ein Teil der hier lebenden Migrant:innen und Flüchtlinge eine kurze und Fremdsprachen nicht beinhaltende Grundausbildung haben, sprechen sie oft schlecht Deutsch und kein Englisch. Hier kann man sich mit Dolmetscher:innen und Sprachmittler:innen behelfen. Die Sitzungen werden dadurch wesentlich länger und nicht alle Inhalte können gut angesprochen werden. Zudem ist die Beziehung durch Dritte gefiltert. Dennoch kann eine solche Beratung und Therapie erfolgreich sein. Die Kosten für Dolmetschereinsätze werden manchmal von der Kommune, dem Krankenhaus oder den Patient:innen selbst übernommen. Bei Flüchtlingen übernehmen es bisweilen die für sie zuständigen Behörden. Hier sollte man sich immer vorher bei den entsprechenden Stellen informieren. Wichtig für den Einsatz von Dolmetscher:innen und Sprachmittler:innen ist, dass sie für den Gesundheitsbereich und die Beratung und Psychotherapie geschult sind. Auch die Berater:innen und Psychotherapeut:innen sollten für den Einsatz von Dolmetscher:innen geschult werden. Manche Einrichtungen wie das Bayerische Zentrum für transkulturelle Medizin oder das Refugio in München bieten solche Schulungen für Dolmetscher:innen sowie Berater:innen und Psychotherapeut:innen an. Beim Dolmetschereinsatz sollte man außerdem auf die Psychohygiene und den Schutz der Dolmetschenden achten, insbesondere dann, wenn diese selber traumatisierende Erfahrungen gemacht haben.

Empfehlenswert ist es für an Sprachen interessierte Berater:innen und Psychotherapeut:innen, sich auf eine Sprache der großen hier lebenden Migranten- und Flüchtlingsgruppen einzulassen: Bei der Sprachauswahl wären also türkisch oder arabisch, russisch, ukrainisch oder spanisch zu empfehlen.

Praxis, Praxis, Praxis

Es ist sinnvoll und sehr hilfreich, während des Studiums Praktika in migrantenspezifischen Einrichtungen sowie in Schwerpunktpraxen und -klinikabteilungen zu machen. Auch empfiehlt es sich, Auslandssemester in unterschiedlichen Ländern zu verbringen, z. B. im Rahmen des Erasmusprogramms. Darüber hinaus können interkulturelle Kompetenzen im Rahmen von Praktika und ehrenamtlicher Tätigkeit in internationalen Hilfsprojekten von Nichtregierungsorganisationen (NGOs) erworben werden; das könnten etwa Organisationen sein wie Ärzte ohne Grenzen und Ärzte der Welt, Caritas, medica mondiale, terre des femmes, Kindernothilfe etc. Zusätzlich können ehrenamtliche Einsätze in der Flüchtlingshilfe, bei der (Hausaufgaben-)Betreuung von Kindern und Jugendlichen mit Migrationshintergrund die Handlungskompetenzen in interkulturellen Kontexten erweitern und verfestigen.

Eine Perspektive aus der Praxis

Frau Dr. Birsen Kahraman, Diplompsychologin, Psychologische Psychotherapeutin mit Schwerpunkt Verhaltenstherapie (approbiert); In eigener Kassenpraxis niedergelassen für Kinder, Jugendliche und Erwachsene; psychotherapeutische Tätigkeit mit Patient:innen verschiedenster Herkunft mit Migrations- und/oder Fluchtgeschichte in Deutsch, Englisch und Türkisch; Klinische Psychologie sowie Social Cognition, transkulturelle Psychiatrie und Kulturpsychologie, darüber hinaus Praktika in Einrichtungen für Migrant:innen. Einjähriger Aufenthalt in den USA, mit Schwerpunkten Cultural Studies und Social Cognition. Fortbildungen Traumapsychologie, Systemische und klientenzentrierte Psychotherapie; Dozentin und Supervisorin für Verhaltenstherapie und kultursensible Psychotherapie

Wieso haben Sie sich für eine Tätigkeit als niedergelassene Psychotherapeutin entschieden?

Weil ich therapeutisch mit Menschen arbeiten wollte. In der freiberuflichen Tätigkeit habe ich meine Möglichkeiten darin gesehen, eigene Behandlungsschwerpunkte zu setzen.

Haben Sie sich bewusst für die Arbeit in interkulturellen Kontexten entschieden?

Die Versorgungsangebote für Migrant:innen waren nicht ausreichend, das habe ich in meiner Beratungsstellentätigkeit sehr deutlich erlebt, und ich habe die Notwendigkeit gesehen, auch ein therapeutisches Versorgungsangebot für Migrant:innen zu schaffen. In der Beratungsstelle war ich für Migrant:innen mit türkischer Herkunftssprache im weitesten Sinne verantwortlich – schon das waren so unterschiedliche Menschen und Erfahrungen für mich, dass ich die Zusammenarbeit sehr reizvoll fand.

Was glauben Sie, können Psycholog:innen in diesem Berufsfeld bewegen?

Die Versorgung von psychisch belasteten Menschen ist trotz des ganz persönlichen und individuellen Rahmens immer auch eine gesellschaftliche Aufgabe, da es um Teilhabe und Inklusion oder – negativ gesagt – um Diskriminierung und Exklusion geht. Bei der Tätigkeit in interkulturellen Kontexten kommt mindestens noch eine weitere Kategorie dazu. Denn in der Regel sind Migrant:innen immer noch strukturell benachteiligte Menschen, die keinen gleichberechtigten Zugang zur Psychotherapie haben. Manchmal liegt es allein an der Sprache, in der sie sich wohlfühlen, häufig aber sind es auch die anderen Sozialisationsbedingungen. Eine kultursensible Psychotherapie kann neben der Behandlung psychischer Probleme, die Teilhabe von erkrankten Migrant:innen am gesellschaftlichen Leben ermöglichen bzw. verbessern – umgekehrt sehe ich, dass unbehandelte psychisch kranke Migrant:innen besonders segregiert leben.

Auf welche Schwierigkeiten stoßen Sie in Ihrer Arbeit als Psychotherapeutin in interkulturellen Kontexten?

Die Schwierigkeiten sind vor allem durch die schwierigen Lebenskontexte der Patient:innen bedingt, wie z. B. das Aufenthaltsunrecht, das sowohl die Ausbildung als auch die Arbeitsoptionen sehr einschränkt, was wiederum die Lebensqualität und Veränderungsmöglichkeiten beeinflusst. Migrant:innen werden spät in die Psychotherapie überwiesen. Dadurch ist der Grad der Chronifizierung stärker vorangeschritten, sodass sich die Behandlungsprozesse länger und schwieriger gestalten können; dies erfordert einen langem Atem und eine gewisse Zähigkeit vonseiten der Therapeut:innen.

Was hat Sie an Ihrer Tätigkeit am meisten überrascht?

Zum einen, wie kreativ schwer belastete und benachteiligte Menschen mit ihren Ressourcen umgehen können. Zum anderen wie zielstrebig sie Probleme, die zunächst unlösbar erschienen, in Angriff nehmen können, wenn sie die individuellen, kulturellen und migrationsbedingten Entstehungsfaktoren verstehen können.

Welchen Tipp haben Sie für Psycholog:innen, die sich überlegen, in interkulturellen Kontexten zu arbeiten?

Sie sollten sich mit der eigenen Familien- und kulturellen Geschichte intensiv und fortwährend auseinandersetzen und mit eigenen Grenzen und Sensibilitäten ebenso verständnisvoll und achtsam umgehen wie mit denen ihrer Klient:innen. Hilfreich ist es, wie ein Kind sehr neugierig und im Denken flexibel zu sein, seine Beobachtungsgabe zu schärfen sowie sich auf ein lebenslanges Lernen einzustellen – man lernt in transkulturellen Zusammenhängen nie aus. Gleichzeitig braucht es eine wertschätzende Zurückhaltung im Sinne von abwartender Offenheit angesichts vieler überraschender Inhalte und Wendungen.

Fazit

Abschließen möchte ich mit der These, dass jede Beratungs- und Psychotherapiesitzung als Tätigkeit im interkulturellen Kontext verstanden werden kann. Denn praktisch niemals haben Therapeut:in und Patient:in identische Gruppenmerkmale (Alter, Geschlecht, Bildungs- und Schichthintergrund etc.). Das Besondere an der Beratung und Psychotherapie mit Migrant:innen ist, dass die kulturellen Überschneidungssituationen kleiner sind. Denn wir haben weniger Kenntnisse über ihre Hintergründe und uns fehlen daher konkrete Handlungskompetenzen für die Begegnung mit ihnen. Interkulturelle Kompetenz kann hier Abhilfe leisten. Die Bereitschaft, sich mit seinen eigenen Stereotypen und Vorurteilen auseinanderzusetzen, sich einzugestehen, dass bei aller Reflektiertheit, jeder von uns in Kulturalisierungsfallen hineintappen kann, stellt eine Grundvoraussetzung für die Arbeit in interkulturellen Kontexten dar. Die tägliche (psychotherapeutische) Begegnung mit Menschen aus anderen Kulturen und soziökologischen Kontexten machen die Arbeit herausfordernd, aber auch sehr lebendig und spannend. Die Tätigkeit in interkulturellen Kontexten ist wie eine tägliche Abenteuerreise in die unendlichen Weiten der menschlichen Psyche.

Literatur

Abdallah-Steinkopff, B., Gavranidou, M., & Kahraman, B. (2023). *Heimweh und Heimatlosigkeit im Fokus von Beratung und Therapie*. Vandenhoeck & Ruprecht.

Berry, J. W. (1990). Psychology of acculturation. Understanding individuals moving between cultures. In R. W. Brislin (Hrsg.), *Applied cross-cultural psychology* (S. 232–253). SAGE.

Cantor-Graee, E., & Selten, J. P. (2005). Schizophrenia and migration: A meta-analysis and review. *American Journal of Psychiatry, 162*, 12–14.

Erll, A., & Gymnich, M. (2015). *Interkulturelle Kompetenzen* (3. Aufl.). Klett.

Gavranidou, M., & Abdallah-Steinkopff, B. (2008). Psychotherapeutische Arbeit mit Migranten: Alles anders oder Alles gleich? *Gestalttherapie, 22*(2), 93–106.

Hall, G. C. N., Ibaraki, A. Y., Huang, E. R., Marti, C. N., & Stice, E. (2016). A meta-analysis of cultural adaptations of psychological interventions. *Behavior Therapy*. https://doi.org/10.1016/j.beth.2016.09.005

Henrich, J., Heine, S. J., & Norenzayan, A. (2010). The weirdest people in the world? *Behavioral and Brain Sciences, 33*, 61–83.

Kahraman, B. (2008). *Die Kultursensible Therapiebeziehung. Störungen und Lösungsansätze am Beispiel türkischer Klienten*. Psychosozial.

Lester, K., Resick, P. A., Young-Xu, Y., & Arts, C. (2010). Impact of race on early termination and outcomes in posttraumatic stress disorder treatment. *Journal of Consulting and Clinical Psychology, 78*, 480–489.

Oltmer, J. (2015). *Zusammenhänge zwischen Migration und Entwicklung*. terre des hommes Deutschland e. V./Welthungerhilfe e. V.

Otto, M. W., & Hinton, D. E. (2006). Modifying exposure-based CBT for Cambodian refugees with posttraumatic stress disorder. *Cognitive and Behavioral Practice, 13*, 261–270.

Sluzki, C. E. (2010). Psychologische Phasen der Migration und ihre Auswirkungen. In T. H. Hegemann & R. Salman (Hrsg.), *Transkulturelle Psychiatrie* (S. 101–115). Psychiatrie Verlag.

Statistisches Bundesamt. (2023, April 20). Bevölkerung: Migration und Integration. Pressemitteilung Nr. 158. https://www.destatis.de/DE/Presse/Pressemitteilungen/2023/04/PD23_158_125.html. Zugegriffen am 14.05.2024.

Strotzka, H. (1975). *Psychotherapie: Grundlagen, Verfahren, Indikationen*. Urban & Schwarzenberg.

Sue, D. W., & Sue, D. (2003). *Counseling the culturally diverse* (4. Aufl.). Wiley.

Thomas, A. (2011). *Interkulturelle Handlungskompetenz*. Springer.

Thomas, A. (2013). Interkulturelle Handlungskompetenz, eine Schlüsselqualifikation für Psychologen. *Report Psychologie, 38*(11–12), 440–451.

Anforderungen an Tätigkeiten in der klinischen Psychologie

Katharina Mendius

Inhaltsverzeichnis

8.1 Die klinische Psychologie – eine angewandte Wissenschaft am und für den Menschen – 102

8.2 Fachliche und überfachliche Anforderungen an eine Tätigkeit im Bereich der klinischen Psychologie – 103
Fachliche Anforderungen – 103
Überfachliche Anforderungen – 104

Literatur – 105

© Der/die Autor(en), exklusiv lizenziert an Springer-Verlag GmbH, DE, ein Teil von Springer Nature 2024
M. Mendius, S. Werther (Hrsg.), *Psychologie in Studium und Beruf*,
https://doi.org/10.1007/978-3-662-68508-2_8

Im Folgenden soll ein Überblick bezüglich der Anforderungen gegeben werden, die an Psycholog:innen gestellt werden, die sich für eine Beschäftigung in einem klinischen Tätigkeitsfeld entscheiden. Dabei werden die – für die meisten klinischen Tätigkeitsfelder gültigen – fachlichen und überfachlichen Anforderungen dargestellt. Schließlich werden Anregungen gegeben, wie bereits im Studium einige Voraussetzungen für eine erfolgreiche Bewährung in einem klinischen Berufsumfeld gelegt werden können. An dieser Stelle ist jedoch anzumerken, dass es aufgrund der Vielfalt der klinischen Theorieschulen und verschiedenster Karrierewege kein Patentrezept gibt, das perfekt auf den Berufseinstieg vorbereitet. Hinter jeder Karriere steht eine individuelle Geschichte, wie auch in den Experteninterviews aus den vorangegangenen Kapiteln deutlich wird.

Möchte man Psychotherapie anbieten bzw. Heilkunde im Gebiet der Psychotherapie ausüben, so bedarf es einer ärztlichen Berufserlaubnis, einer Approbation oder einer Erlaubnis nach dem Heilpraktikergesetz für das Gebiet der Psychotherapie. Bei der Approbation handelt es sich um die Behandlungserlaubnis für Psychotherapeut:innen – ein Abschluss, der durch eine staatlich geregelte Ausbildung erworben wird (▶ Kap. 3). Dieser Abschluss erlaubt das Führen der geschützten Berufsbezeichnungen Psychotherapeut:in (für die neue Weiterbildung) oder Psychologische:r Psychotherapeut:in und Kinder- und Jugendlichenpsychotherapeut:in (für die alten Ausbildungen). Außerdem dürfen Personen, die diese Aus- bzw. Weiterbildungen mit Approbation abgeschlossen haben, psychotherapeutische Leistungen mit den gesetzlichen Krankenkassen abrechnen. Die folgenden Verfahren sind wissenschaftlich anerkannt und werden von den Krankenkassen übernommen: analytische Psychotherapie, tiefenpsychologisch fundierte Psychotherapie, systemische Therapie und Verhaltenstherapie.

Psychotherapeut:innen sind in ihrer Tätigkeit an diese wissenschaftlichen Standards gebunden. Dies wird über die Berufsaufsicht der Landespsychotherapeutenkammern, die es in jedem Bundesland gibt, sichergestellt und ist auch in der jeweiligen Berufsordnung festgesetzt. Jede:r Psychotherapeut:in ist Pflichtmitglied in der jeweiligen Landespsychotherapeutenkammer, die die gesetzliche Berufsvertretung und Selbstverwaltung des Berufsstandes darstellt. Für Heilpraktiker:innen gibt es dagegen keine gesetzlich geregelte Qualifizierung und damit keine bundesweit verbindlichen Standards. Vor diesem Hintergrund müssen Leistungen von Heilpraktiker:innen kritisch geprüft werden. Auch werden diese nicht von den gesetzlichen Krankenkassen übernommen. Wenn es die eigenen zeitlichen und finanziellen Ressourcen erlauben, ist die Aufnahme eines entsprechenden Studiums mit staatlich geregelter Aus- bzw. Weiterbildung für alle, die an der Ausübung von Psychotherapie interessiert sind, sicherlich eine gute Wahl. Die Bundespsychotherapeutenkammer (BPtK, 2022) fordert sogar seit einigen Jahren die Abschaffung der Heilpraktikererlaubnis für Psychotherapie.

8.1 Die klinische Psychologie – eine angewandte Wissenschaft am und für den Menschen

Als klinische:r Psycholog:in bzw. Psychotherapeut:in kommen Sie mit Klient:innen oder Patient:innen in Kontakt, die Ihre professionelle Hilfe benötigen, um ihren Alltag mit psychischen Beeinträchtigungen oder die mit anderen Krankheiten zusammenhängenden Auswirkungen auf die Psyche besser bewältigen zu können. Ziel einer psychologischen Tätigkeit im klinischen Kontext ist es nicht, sich als allwissenden

"Heiler" zu positionieren, sondern den Menschen Hilfe zur Selbsthilfe anzubieten.

In sehr vielen Fällen gelingt es, den Betroffenen Kompetenzen und Methoden zu vermitteln, sodass sie ihren Alltag wieder eigenständig und erfüllt bewältigen können.

Jedoch ist es bei psychischen Erkrankungen genauso unmöglich wie bei somatischen Erkrankungen, die Beeinträchtigungen aller Klient:innen oder Patient:innen zu lindern oder zu beseitigen oder allen einen angemessenen Umgang mit einer chronischen seelischen Behinderung zu vermitteln.

Es gehört also in diesem Tätigkeitsbereich zur Tagesordnung, mit dem Leid anderer Mitmenschen konfrontiert zu werden. Die Therapie von Kindern nach Kindesmisshandlung, Behandlung von Menschen mit Suchtkrankheiten, Beratung von Angehörigen psychiatrisch erkrankter Menschen, Rehabilitationsmaßnahmen von Menschen mit Gedächtnisstörungen etc. gehören zum Berufsbild von Personen, die in der klinischen Psychologie tätig sind. Eine belastende Situation kann sicher auch ein trotz intensiver therapeutischer Bemühungen erfolgter Suizid eines Patienten sein.

Für jede klinisch tätige Person gibt es individuell bestimmte Krankheitsbilder oder Situationen, die sie als besonders belastend empfindet. Es ist wichtig, für sich herauszufinden, welche das sind, um sich auf die individuellen Stärken konzentrieren zu können.

Diese Schilderung soll Sie nicht davon abschrecken, eine Entscheidung für ein klinisch psychologisches Tätigkeitsfeld zu treffen. Die Arbeit erfolgt immer mit dem Menschen als Ganzes, mit seinen Ressourcen, seiner individuellen Lebensgeschichte und seiner Persönlichkeit. Dies macht den Berufsalltag sehr abwechslungsreich. Außerdem werden Sie bei einer Tätigkeit im klinischen Bereich sehr oft Menschen begleiten und können somit eine hohe Sinnhaftigkeit der eigenen Tätigkeit erleben. Im Gegensatz zu vielen Tätigkeiten in der Wirtschaft sind die Ergebnisse erfolgreicher klinischer Arbeit deutlicher erkennbar, z. B. wenn es einem Patienten mit Panikattacken gelingt, wieder die U-Bahn zu benutzen.

In der klinischen Psychologie arbeiten Sie so unmittelbar wie wenige andere „am Menschen" – mit allen positiven und negativen Erfahrungen, die das mit sich bringt.

Eine zentrale Anforderung für eine erfolgreiche und zufriedenstellende Karriere in der klinischen Psychologie ist es, für sich zu entscheiden, ob man sich diese Arbeit zutraut. Daher ist es umso wichtiger, bereits während des Studiums im geschützten Raum als Praktikant:in oder bei Besuchen in der Psychiatrie realitätsnahe Erfahrungen zu sammeln. Wie für alle anderen Berufsbilder gilt: Wenn man das Gefühl hat, von den Belastungen, die ein Tätigkeitsfeld mit sich bringt, dauerhaft überfordert zu sein, so sollte man sich mit Rücksicht auf die eigene psychische Gesundheit ein alternatives Tätigkeitsfeld in der Psychologie oder einem gänzlich anderen Bereich suchen.

8.2 Fachliche und überfachliche Anforderungen an eine Tätigkeit im Bereich der klinischen Psychologie

In den vorangehenden Abschnitten werden zahlreiche Anforderungen an Tätigkeiten im klinischen Bereich spezifiziert. Diese sollen hier kurz zusammenfassend betrachtet werden.

Fachliche Anforderungen

Wie bereits in ▶ Kap. 3 beschrieben bietet es sich an, sich im Bachelor eine stabile Ausbildung im Bereich der Grundlagenfächer Allgemeine Psychologie, Biologische Psychologie oder Sozialpsychologie zu erarbeiten, die Sie dann im zweiten Teil des Bachelorstudiums aber vor allem im Masterstudium um Inhalte aus der klinischen Psychologie bzw. Psychotherapie ergänzen können. Für beide Studienabschnitte ist es von zentraler Bedeutung, sich intensiv mit den Themenfeldern psychologische Methodenlehre und Diagnostik auseinanderzusetzen, da Sie die dort vermittelten Inhalte, Modelle und Kompetenzen in fast allen psychologischen Tätigkeitsfeldern benötigen. Außerdem helfen speziell diese Methodenkenntnisse, sich von anderen Fachgruppen im interdisziplinären Team zu unterscheiden und damit auch die eigene Position zu stärken. Es lohnt sich also durchaus, eine gewisse Energie in diese für manche anfänglich praxisfern und abstrakt wirkenden Disziplinen zu investieren.

Grundsätzlich sollten Sie mögliche Schwerpunktsetzungen und Wahlfächer im Studium dazu nutzen, Ihre individuelle universitäre Lernbiografie zu gestalten. Dabei sollten Sie versuchen, persönliches Interesse und die Anforderungen des späteren Wunschberufs zu kombinieren. So können z. B. wirtschaftspsychologische Kenntnisse aus dem Bachelorstudium über Teamentwicklung und Gruppendynamik eine gute Ergänzung sein, wenn Sie häufig in interdisziplinären Teams arbeiten. Wie bereits ausgeführt, gibt es jedoch einige unabdingbare Voraussetzungen, wenn Sie nach dem Studium als Psychotherapeut:in arbeiten wollen. Wer im klinischen Bereich ohne Heilerlaubnis tätig sein möchte (z. B. in Beratungsstellen), hat freiere Gestaltungsmöglichkeiten innerhalb des Studiums.

Auch solide Computerkenntnisse und die Beherrschung gängiger Office-Anwendungen sind für praktisch alle klinischen Berufsfelder von Bedeutung. Wenn im gewählten Berufsbild zudem diagnostische Tätigkeiten anfallen, oder z. B. eine Therapiemethode auf ihre Wirksamkeit evaluiert werden soll, ist die Kenntnis von Statistikprogrammen hilfreich. Da jedoch viele Einrichtungen mit einer eigenen Administrationssoftware arbeiten, erfolgt die Vermittlung dieses Wissens häufig *on the job*.

Sprachkenntnisse sind zwar in vielen klinischen Kontexten kein Muss. Spätestens jedoch dann, wenn man sich über aktuelle Entwicklungen in der psychologischen Forschung auf dem Laufenden halten möchte, sind solide Englischkenntnisse erforderlich. Wie in den Kapiteln zu Tätigkeiten in Kliniken (▶ Kap. 4), in eigener Praxis (▶ Kap. 5), in Beratungsstellen (▶ Kap. 6) und in interkulturellen Kontexten (▶ Kap. 7) dargestellt, steigt der Anteil der Klient:innen oder Patient:innen mit Migrationshintergrund stetig an. Insofern können Sie Ihre eigene Position weiter stärken, wenn Sie über weitere Fremdsprachenkenntnisse und vor allem über relevantes interkulturelles Wissen verfügen.

Überfachliche Anforderungen

Neben den dargestellten fachlichen Anforderungen spielen besonders im klinisch psychologischen Bereich bestimmte Soft Skills eine große Rolle. Besonders wichtig ist es, über Fähigkeiten und Techniken der Gesprächsführung zu verfügen. An manchen Universitäten werden Wahlfächer oder Trainings angeboten, in denen man diese Fähigkeiten erwerben kann.

Außerdem ist es wichtig, ein großes Interesse an seinem Gegenüber mitzubringen und ihm eine wertschätzende Haltung, Offenheit und Aufgeschlossenheit zu zeigen, damit der Aufbau einer tragfähigen Beziehung zwischen Klient:in und Berater:in bzw.

zwischen Patient:in und Therapeut:in gelingen kann. Auch Kreativität und Flexibilität sind von großer Bedeutung, da sich alle Klient:innen bzw. Patient:innen voneinander unterscheiden und jede:r von ihnen individuell behandelt werden sollte.

Neben den Kompetenzen, die dazu befähigen erfolgreich mit Klient:innen bzw. Patient:innen zu arbeiten, ist die eigene Selbstfürsorge wichtig. Man darf die eigenen Bedürfnisse nicht außer Acht lassen, auch wenn die Arbeit bisweilen hohe Anforderungen an einen stellt. In diesem Zusammenhang ist die Fähigkeit zur Selbstreflexion für Tätigkeiten im klinischen Bereich von großer Bedeutung. Es ist wichtig zu erkennen, was die Interaktion mit Klient:in bzw. Patient:in mit der eigenen Person macht und welche Prozesse bei einem selbst ablaufen, um diese richtig einzuordnen. Wie in den vorangegangenen Kapiteln dargestellt, können Supervisions- oder Intervisionsangebote diese Reflexion unterstützen.

Da man sowohl in Kliniken als auch in Beratungsstellen oftmals in interdisziplinären Teams zusammenarbeitet, ist die Offenheit gegenüber anderen Berufsgruppen hilfreich, insbesondere um auch persönlich von den Lernmöglichkeiten, die die Arbeit in einem diversen Team mit sich bringt, profitieren zu können.

Fazit

Tätigkeiten in der klinischen Psychologie sind aufgrund der immer wieder neuen Interaktionssituationen und Bedingungsgefügen äußerst abwechslungsreich. Man sieht sich stetig neuen Herausforderungen gegenüber, hat aber durch die eigene psychologische Kompetenz und die Zusammenarbeit mit Fachexpert:innen anderer Berufsgruppen große Ressourcen, um diese zu meistern.

Literatur

Bundespsychotherapeutenkammer (BPtK). (2022). Heilpraktiker*innen in der Kritik. www.bptk.de/neuigkeiten/heilpraktikerinnen-in-der-kritik. Zugegriffen am 14.05.2024.

Berufsfelder in der Wirtschaftspsychologie

In diesem Teil werden die vielfältigen Tätigkeitsfelder von Wirtschaftspsycholog:innen dargestellt, beispielsweise in der Arbeitspsychologie, in der Personalpsychologie und in der Markt- und Meinungsforschung.

Inhaltsverzeichnis

Kapitel 9 Grundsätzliches zum Studium der Wirtschaftspsychologie – 109
Simon Werther und Maximilian Mendius

Kapitel 10 Tätigkeiten in der Arbeitspsychologie – 115
Luiza Olos

Kapitel 11 Tätigkeiten in der Personalpsychologie – 127
Maximilian Mendius und Simon Werther

Kapitel 12 Tätigkeiten in der Organisationspsychologie – 143
Ulrich Stephany

Kapitel 13 Tätigkeiten in Training und Coaching – 159
Maximilian Mendius und Simon Werther

Kapitel 14 Tätigkeiten in der Unternehmensberatung – 175
Maximilian Mendius und Simon Werther

Kapitel 15 Tätigkeiten in der Markt- und Meinungsforschung – 189
Birgit Stephan

Kapitel 16 Anforderungen an Tätigkeiten in der Wirtschaftspsychologie – 203
Maximilian Mendius und Simon Werther

Grundsätzliches zum Studium der Wirtschaftspsychologie

Simon Werther und Maximilian Mendius

Inhaltsverzeichnis

9.1 Inhalte des Bachelorstudiums – 110

9.2 Inhalte des Masterstudiums – 111

9.3 Was ist bei der Studienplanung zu bedenken? – 111

9.4 Praxis schon im Studium – 112

9.5 Die Wahl der richtigen Universität – 113

© Der/die Autor(en), exklusiv lizenziert an Springer-Verlag GmbH, DE, ein Teil von Springer Nature 2024
M. Mendius, S. Werther (Hrsg.), *Psychologie in Studium und Beruf*,
https://doi.org/10.1007/978-3-662-68508-2_9

Wie muss der Arbeitsplatz in einem Unternehmen gestaltet sein, damit Mitarbeitende bestmöglich arbeiten können? Wie lassen sich passende, qualifizierte Mitarbeitende für offene Stellen in einem mittelständischen Unternehmen auswählen? Wie lässt sich eine Mitarbeitendenbefragung in einem Großkonzern umsetzen? Wie lässt sich untersuchen, welche Produkte von Konsument:innen präferiert werden und wie Werbekampagnen zur Vermarktung dieser Produkte am besten gestaltet werden können?

Mit diesen Fragen beschäftigen Sie sich im Rahmen eines Studiums mit dem Schwerpunkt Wirtschaftspsychologie. Die Bandbreite der Anwendungsszenarien der Wirtschaftspsychologie ist dabei breit gefächert, was in den folgenden Kapiteln sehr deutlich wird – von Organisationspsychologie über Training und Coaching bis hin zu Marktforschung handelt es sich um ein vielfältiges Spektrum an teilweise sehr unterschiedlichen Tätigkeiten. Dabei können Sie Wirtschaftspsychologie an den meisten Universitäten sowohl im Bachelor als auch im Master studieren bzw. als Schwerpunkt wählen. Darüber hinaus ist zu beachten, dass es neben universitären Studiengängen auch vermehrt Studiengänge an oftmals privaten Hochschulen für angewandte Wissenschaften gibt. Diese Studiengänge können ebenfalls gute Studienbedingungen bieten, doch sind sie in vielen Fällen nicht von der DGPs oder vom BDP anerkannt, sodass ein weiterführendes Masterstudium an Universitäten oftmals nur unter erschwerten Bedingungen möglich ist.

9.1 Inhalte des Bachelorstudiums

Eines der Ziele der Bolognareform war es, im Vergleich zu den bestehenden Studienstrukturen jungen Menschen die Möglichkeit zu geben, mit einem berufsqualifizierenden ersten Hochschulabschluss schon früher in das Arbeitsleben zu starten – diese Rolle übernimmt aktuell der Bachelor. Im Bachelor wird also nicht nur das theoretische Fundament gelegt, auf das dann Masterstudiengänge zur weiteren inhaltlichen und methodischen Vertiefung aufbauen können. Im Idealfall werden dort bereits anwendungspraktische Kompetenzen vermittelt, die ein:e Absolvent:in für einen direkten Berufseinstieg nutzen kann. Hier zeigt sich ein Unterschied zwischen Studiengängen an Fachhochschulen und Universitäten. Erstere legen einen deutlich stärkeren Fokus auf praktische Erfahrung. In den meisten Fällen sind in Studiengängen an Hochschulen für angewandte Wissenschaften bereits im Bachelor ganze Praxissemester sowie umfangreiche Praxisprojekte vorgesehen. Damit ergibt sich oftmals eine Studiendauer von 7 Semestern. An Universitäten erfolgt eine stärkere Betonung der Grundlagenfächer und das Bachelorstudium ist in den meisten Fällen nach 6 Semestern abgeschlossen. Praxiserfahrung ist in den Studienordnungen der Universitäten meist in einem deutlich geringeren Umfang vorgesehen. Selbstverständlich kann man diese aber auch dort z. B. über ein Urlaubssemester in größerem Umfang erwerben – allerdings ergibt sich dadurch meist ein höherer Koordinationsaufwand.

Erfolgt an den Universitäten meist eine Ausbildung in einem allgemeinen Bachelor der Psychologie mit starkem Grundlagenfokus und der Wahl von Anwendungsfächern zur Mitte oder zum Ende des Studiums, gibt es insbesondere an Hochschulen für angewandte Wissenschaften bereits von Beginn an spezialisierte Bachelorstudiengänge, z. B. den Bachelorstudiengang Wirtschaftspsychologie. Gerade wenn ein direkter Berufseinstieg in ein wirtschaftspsychologisches Tätigkeitsfeld nach dem Bachelor angestrebt wird, stellen diese Studiengänge eine interessante Alternative dar. Möchte man sich jedoch offen halten, später in der Grundlagen- oder Anwendungsforschung zu arbeiten, ist eine breite Ausbildung in den etablierten Grundlagendisziplinen und der psychologischen Methodenlehre und Diagnostik, wie sie an den nicht spezialisierten universitären Studiengängen angeboten wird, zu empfehlen. Außerdem legt die Ausrichtung des Bachelorstudiums bereits zu einem gewissen Teil fest, welche Masterstudiengänge gewählt werden können. So ist es z. B. nicht ohne weiteres möglich, nach einem Bachelorstudiengang an einer Hochschule für angewandte Wissenschaften in ein Masterprogramm einer Universität zu wechseln.

Was die Inhalte im Bachelorstudium angeht, so sollte für eine Tätigkeit in der Wirtschaftspsychologie spezielles Augenmerk auf die Grundlagenfächer Allgemeine Psychologie, Sozialpsychologie, Differenzielle Psychologie und Persönlichkeitspsychologie sowie auf eine gute Methoden- und Diagnostikausbildung gelegt werden. Als Anwendungsfächer empfehlen sich auf den ersten Blick Arbeits- und Organisationspsychologie oder Markt- und Konsumentenpsychologie. Wie in den folgenden Kapiteln dargestellt, macht es aber je nach Berufswunsch durchaus Sinn, hier auch vermeintlich exotischere Anwendungsfächer zu wählen, z. B. Human Factors in Engineering für Arbeitspsychologie oder Klinische Psychologie und Pädagogische Psychologie für eine Tätigkeit im Coaching und Training. Bei der Wahl des Nebenfachs gelten ähnliche Leitlinien: Naheliegend sind insbesondere Betriebswirtschaftslehre (BWL), Volkswirtschaftslehre (VWL) oder Jura – sofern sie sich in die individuellen Interessen und Karrieremodelle einfügen. Gleichzeitig bieten aber auch gänzlich andere Nebenfächer, z. B. Informatik oder Philosophie wertvolle Einblicke. Mit der immer größer werdenden Relevanz des Themas künstliche Intelligenz empfiehlt es sich zudem, etwaige Angebote der Hochschulen bzw. Universitäten im Bereich Machine Learning oder Deep Learning, aber auch Wirtschaftsethik zu nutzen und sich so besser auf die Auseinandersetzung mit der Technologie vorzubereiten.

9.2 Inhalte des Masterstudiums

Der Master setzt im Regelfall fachlich auf dem Bachelor auf und dient dazu, die Grundlagenausbildung gezielt zu vertiefen. Eines der Kernziele von Masterstudiengängen an Universitäten ist es, die Teilnehmer:innen auf eine spätere wissenschaftliche Tätigkeit und damit insbesondere auf eine Promotion vorzubereiten – insofern liegt hier ein starker Fokus auf der Vermittlung aktuellster wissenschaftlicher Erkenntnisse und fortgeschrittener Methoden der Datenerhebung und -auswertung. Gleichzeitig bietet der Master auch genügend Raum, um vertiefte anwendungspraktische Erfahrungen zu sammeln – auch hier mit einem nochmals höheren Anteil zugunsten der Studiengänge an Hochschulen für angewandte Wissenschaften. Inhaltlich bieten sich für eine Tätigkeit als Wirtschaftspsycholog:in insbesondere Masterstudiengänge mit den Schwerpunkten Arbeits-, Betriebs- und Organisationspsychologie, angewandte Sozialpsychologie, Markt- und Konsumentenpsychologie oder Pädagogische Psychologie mit Schwerpunkt Erwachsenenbildung an (siehe auch Teil III). Für die Wahl der Nebenfächer finden die im ▶ Abschn. 9.1 zu den Inhalten des Bachelorstudiums getroffenen Aussagen ebenso Anwendung.

9.3 Was ist bei der Studienplanung zu bedenken?

Das Lehrangebot an Themenbereichen, die für eine Tätigkeit als Wirtschaftspsycholog:in relevant sind, unterscheidet sich von Universität zu Universität und von Hochschule zu Hochschule. Auch die Durchlässigkeit zwischen Universitäten und Hochschulen ist, wie bereits beschrieben, stark beschränkt.

Haben Sie den Wunsch, nach Abschluss des Bachelors ein bestimmtes Masterstudium zu beginnen, sollten Sie darauf achten, dass die relevanten zur Zulassung erforderlichen Inhalte im Bachelorstudium auch erworben werden können. Informieren Sie sich rechtzeitig über die Aufnahmevoraussetzungen und passen Sie ihre Studienplanung ggf. entsprechend an.

Insbesondere wenn Sie ein Auslandssemester planen, sollten Sie sich detailliert darüber informieren, welche an der angestrebten Partnerhochschule angebotenen Lehrveranstaltungen an Ihrer Heimathochschule bzw. Universität anerkannt werden können.

Nach dem erfolgreichen Abschluss eines Masterstudiums oder in Ausnahmefällen über ein Fast-Track-Modell nach einem Bachelorstudium kann eine Promotion aufgenommen werden. Grundsätzliche Informationen dazu finden Sie im Teil IV. Auch hier ist es wichtig, sich rechtzeitig über die gültigen Zulassungsvoraussetzungen zu informieren, insbesondere wenn die Ausbildung im Bachelor oder Master an einer Fachhochschule absolviert wurde.

9.4 Praxis schon im Studium

Gerade für Tätigkeitsfelder im wirtschaftlichen Bereich ist es von essenzieller Bedeutung, bereits parallel zur akademischen Ausbildung fachbezogene anwendungspraktische Erfahrungen zu sammeln. Hat man die Absicht, in einem renommierten Großunternehmen zu arbeiten, wird man trotz der Verschiebungen auf dem Arbeitsmarkt voraussichtlich mit vielen Mitbewerber:innen um eine Stelle konkurrieren. Bei vergleichbaren Abschlussnoten können der Nachweis vertiefter Praxiserfahrung und entsprechende Branchenkenntnisse zum ausschlaggebenden Faktor bei der Personalentscheidung werden. Im Idealfall sollte die Praxiserfahrung einen inhaltlichen Bezug zu der angestrebten Tätigkeit aufweisen.

Es bieten sich verschiedene Möglichkeiten an, um schon im Studium entsprechende Erfahrungen zu sammeln. Die gängigste Methode sind in der Studienordnung festgelegte oder freiwillige Praktika. Praktika bieten eine attraktive Möglichkeit, das Aufgabenspektrum von Wirtschaftspsycholog:innen in einem geschützten Raum unverbindlich kennenzulernen und selbst erste praktische Erfahrungen zu sammeln. Auch wenn in der Studienordnung teilweise nur kurze Zeiträume für Praktika vorgesehen sind, z. B. 6 Wochen Pflichtpraktikum, sollten Sie erwägen, das Praktikum z. B. über ein Urlaubssemester auf 3 bis 6 Monate zu verlängern. Dies hat für Sie den Vorteil, das Tätigkeitsfeld mit allen Vor- und Nachteilen ausführlich kennenzulernen und nach einem repräsentativen Zeitraum zu beurteilen, ob Sie sich eine Berufstätigkeit in diesem Bereich vorstellen können. Setzt man eine Einarbeitungszeit von 2 bis 4 Wochen an, um sich mit den gängigen Abläufen und Prozessen einer Arbeitsstelle vertraut zu machen, so werden Sie nach dieser Einarbeitungszeit auch für die aufnehmende Organisation immer attraktiver. Dies kann dazu führen, dass Sie nach und nach mehr Verantwortung oder eigene kleine Projekte übertragen bekommen. Wichtig ist in diesem Zusammenhang jedoch, darauf zu achten, dass ein Praktikum in erster Linie als Lernmöglichkeit für den Praktikant:innen und nicht als billige Arbeitskapazität für die einstellende Organisation genutzt werden sollte. Im Regelfall werden Praktika im wirtschaftlichen Bereich vergütet. Es ist sinnvoll, bei einem Bewerbungsgespräch die entsprechenden Konditionen zu erfragen und mit anderen Angeboten zu vergleichen. Handelt es sich um ein in der Studienordnung vorgeschriebenes Pflichtpraktikum, so muss die Praktikumsstelle keinen Mindestlohn vergüten. Bei freiwilligen Praktika mit einer längeren Dauer als 3 Monaten wird der gesetzliche Mindestlohn fällig. Das steigert zwar die finanzielle Attraktivität deutlich, schränkt aber teilweise auch die Möglichkeiten ein, da nicht für jede Praktikumsstelle die finanziellen Möglichkeiten gleich sind.

Neben dem Praktikum können Sie über Werkstudent:innentätigkeiten oder als studentische Mitarbeitende und Hilfswissenschaftler:innen erste praktische Erfahrungen sammeln. Hier steht jedoch im Gegensatz zu einem Praktikum nicht primär das Lernziel im Vordergrund, sondern Sie werden gezielt zur Ausführung einer bestimmten Aufgabe eingestellt.

Auch Studienabschlussarbeiten können in Kooperation mit Unternehmen in der Wirtschaft durchgeführt werden. Wichtig ist es hier, sich rechtzeitig darum zu kümmern, eine:n entsprechende:n Betreuer:in an der Hochschule zu finden – Unternehmen können und dürfen keine Prüfungsleistungen abnehmen. Insbesondere an Universitäten ist darauf zu achten, dass die praktische Studienabschlussarbeit den festgelegten wissenschaftlichen Kriterien genügt. Es steht allen Hochschuldozent:innen jederzeit frei, die Betreuung eines Themas aus diesem Grund abzulehnen.

9.5 Die Wahl der richtigen Universität

Wie bereits angedeutet, gibt es ein breites Angebot an wirtschaftspsychologisch ausgerichteten Studiengängen an Universitäten und Fachhochschulen. Eine universell gültige Richtlinie zur Auswahl der besten Hochschule können und wollen wir hier nicht darstellen. Besonders wichtig ist es, dass die Anforderungen und Möglichkeiten, die eine Hochschule bietet, mit Ihren Interessen und Fähigkeiten übereinstimmen.

Meist werden nicht alle Lehrinhalte an allen Hochschulen angeboten, insofern ist es auch wichtig für sich zu entscheiden, in welche Region man bereit ist für die akademische Ausbildung zu gehen. Auch hier sind wieder die individuellen Präferenzen und Anforderungen an einen Lebensmittelpunkt maßgebend. Insbesondere an renommierten Universitäten ist der Numerus Clausus relativ streng. Ab dem Jahr 2024 ergibt sich hier jedoch mit der Einführung des BaPsy-DGPS eine weitere Veränderung, auf die in ▶ Kap. 2 eingegangen wird. Entsprechend ist es möglich, dass das Bachelorstudium zunächst nicht an der präferierten Universität aufgenommen werden kann, sondern auf einen anderen Standort ausgewichen werden muss. Im Verlauf des Studiums oder zwischen Bachelor und Master bieten sich aber auch hier unter Berücksichtigung der Zulassungsvoraussetzungen, Anerkennungsmöglichkeiten und eventueller Notengrenzen wieder Möglichkeiten zum Wechsel.

Der Berufsverband Deutscher Psychologinnen und Psychologen (BDP) stellt eine Übersicht zur Verfügung, die die Wahl von Studienort und Hochschule unterstützen kann (▶ www.bdp-verband.de/profession/studium-und-weiterbildung/anerkannte-studiengaenge). Der BDP evaluiert regelmäßig Bachelor- und Masterstudiengänge bezüglich ihrer Qualität, der inhaltlichen Ausgestaltung und der Passung zu den von der Kultusministerkonferenz und des Europäischen Zertifikats in Psychologie definierten Anforderungen. Aus dieser Prüfung resultiert eine nach Fachgebiet differenzierte Kategorisierung bestehender Studiengänge in eine Positivliste empfohlener Studiengänge und eine Negativliste aktuell nicht empfohlener Studiengänge. Allerdings ist diese Liste nicht tagesaktuell. Derzeit sind einige qualitativ hochwertige an den Richtlinien des BDP orientierte Studiengänge noch nicht aufgeführt.

Daher sollten Sie, wenn Sie eine Universität oder Hochschule für angewandte Wissenschaften für sich in Erwägung ziehen, weitere Recherchen vornehmen. Besuchen Sie den entsprechenden Internetauftritt und informieren Sie sich über Studienstruktur, -inhalte und Zulassungsvoraussetzungen, kontaktieren Sie die Fachschaften, um realitätsnahe Erfahrungsberichte von Studierenden zu erhalten oder nutzen Sie die Studienberatungsstellen.

Die folgenden Kapitel bieten Ihnen vertiefte Einblicke in verschiedene Tätigkeitsfelder für Wirtschaftspsycholog:innen. Dort erhalten Sie dann auch jeweils individuell auf den einzelnen Beruf abgestimmte Ratschläge, wie das Studium gestaltet werden könnte. Viel Spaß in der spannenden und vielfältigen Welt der Wirtschaftspsychologie!

Tätigkeiten in der Arbeitspsychologie

Luiza Olos

Inhaltsverzeichnis

10.1 Arbeitspsychologie – was ist das? – 117

10.2 Arbeitspsychologie – ein ganz besonderes Tätigkeitsfeld? – 118
Aufgaben im Rahmen der Tätigkeit – 119
Karrieremöglichkeiten – 120
Persönliche Weiterbildung – 120
Freiberufliche Tätigkeit – 121

10.3 Die Rolle von Arbeitspsycholog:innen im Berufsfeld – 122

10.4 Anforderungen an die Tätigkeit von Arbeitspsycholog:innen – 123
Schwerpunktsetzung im Studium – 124
Fachliche Inhalte – 125
Anforderungen an die Person – 125
Praxis, Praxis, Praxis – 125

Literatur – 126

© Der/die Autor(en), exklusiv lizenziert an Springer-Verlag GmbH, DE, ein Teil von Springer Nature 2024
M. Mendius, S. Werther (Hrsg.), *Psychologie in Studium und Beruf*,
https://doi.org/10.1007/978-3-662-68508-2_10

Was haben Ihr Smartphone, das Surfen im Internet, Ihr Drehstuhl, der Schutzhelm auf der Baustelle und Ihre erfolgreiche Suche nach einem passenden Tätigkeitsfeld gemeinsam? Die Antwort ist: Arbeitspsychologie! Denn überall stehen im Hintergrund auch Überlegungen von Arbeitspsycholog:innen, die an der intuitiven Bedienbarkeit Ihres Smartphones, der Usability von Internetseiten, der ergonomischen Gestaltung des Bürostuhls, an der Arbeitssicherheit auf Baustellen oder an Beratungen, Büchern und Online-Tools im Bereich Berufsfindung (mit-)arbeiten. In diesem Beitrag erfahren Sie mehr über Tätigkeit und Aufgaben in unterschiedlichen arbeitspsychologischen Praxisfeldern und über typische Arbeit- bzw. Auftraggeber:innen. Sie lernen sowohl die Sichtweise eines Wissenschaftlers zu diesem Berufsfeld, als auch die einer Praktikerin kennen. Und Sie erfahren, was Sie selbst mitbringen sollten, wenn Sie in diesem Bereich tätig werden möchten, welche Anforderungen an persönliche, fachliche und methodische Kompetenzen gestellt werden. Einleitend lernen Sie eine typische Situation in der Arbeitswelt kennen, in der eine Organisation auf die Dienste einer Arbeitspsychologin zurückgreift.

Ein Szenario

Die Arbeitswoche von Michael Feuerbach – Leiter der Abteilung „Arbeitsschutz" des Heizkraftwerks Grunewald – hat schlecht angefangen: Es ist erst Montagnachmittag und schon liegen zwei Unfallmeldungen vor. Zum Glück nichts Gravierendes – ein Mitarbeitender hat sich geschnitten und ein anderer ist auf dem Weg zum Kamin gestürzt. Letzte Woche gab es auch ein paar Vorkommnisse und zum Monatsende müssen die Unfallstatistiken an die Berufsgenossenschaft Energie weitergeleitet werden. Deren Aufgabe ist es, Arbeitsunfällen und Berufskrankheiten vorzubeugen. Die Mitarbeitende des Geschäftsbereichs Prävention, Frau Schütze, berät und betreut die Mitgliedsunternehmen vor Ort, stellt Informationen zur Verfügung und untersucht Betriebsunfälle. Für Michael Feuerbach steht also bald wieder ein Gespräch mit Frau Schütze an, und es wird nicht einfach sein zu erklären, warum Unfälle im Kraftwerk immer wieder vorkommen und die Unfallzahlen partout nicht sinken wollen. Michael Feuerbach kann sich das selbst nicht erklären – er und sein Team haben doch alles richtig gemacht: Die Mitarbeitenden werden regelmäßig geschult und pauken die Arbeitsschutzvorschriften. Zudem gibt es für alle Tätigkeiten Gefährdungsbeurteilungen, die die erforderlichen Schutzmaßnahmen bestimmen. Wenn festgestellt wird, dass die Vorschriften nicht eingehalten werden, was leider viel zu oft vorkommt, wird sofort eine neue Unterweisung durchgeführt, manchmal für gesamte Teams. Es scheint sogar so zu sein, dass Mitarbeitende im Laufe des Jahres regelrechte „Belehrungsmarathons" durchlaufen. Warum greifen diese Maßnahmen nicht? Michael Feuerbach hat die ganze Palette seiner Handlungsmöglichkeiten erschöpft, und zwar ohne Erfolg. Er muss etwas tun, bevor ein noch schlimmerer Unfall passiert. Neue Lösungen müssen her! Er setzt sich mit Personalleiterin Claudia Sonnentag und mit dem Betriebsarzt zusammen, um Antworten auf folgende zwei Fragen zu suchen: „Warum sinken unsere Unfallzahlen nicht, obwohl wir so viel Geld und Zeit in Schulungen und Unterweisungen zur Arbeitssicherheit investieren?" und „Wie können wir unsere Methoden zur Analyse von Unfällen im Kraftwerk verbessern?". Im Laufe der Diskussion wird erstens deutlich, dass die Probleme nur von Expert:innen in diesem Bereich gelöst werden können und zweitens, dass diese von außen kommen müssen, um blinde Flecken im Unternehmen bzw. im Bereich Arbeitsschutz aufzudecken.

Claudia Sonnentag fällt dabei jemand ein: Frau Herzberg, die im letzten Monat Konfliktmanagementtrainings in der Zentrale durchgeführt hat. Sie ist eine sehr kompetente Arbeitspsychologin, ihre Trainings waren nicht nur wirksam, sondern haben auch viel Spaß gemacht. Michael Feuerbach beschließt, ihre Hilfe anzufordern. Er nimmt Kontakt auf, schildert die Problematik und bittet um ein Angebot. Frau Herzberg erstellt ein Angebot mit dem methodischen Vorgehen und handelt die Rahmenbedingungen (Zeitrahmen, Honorar) aus. Danach nimmt sie ihre Tätigkeit im Kraftwerk auf: Sie beobachtet und analysiert die Arbeitsabläufe, befragt die Mitarbeitenden und studiert die Unfallzahlen. Bei der Befragung der Mitarbeitenden wird deutlich, dass diese die Arbeitsschutzunterweisungen als lästig ansehen und die Wiederholungen sogar als Bestrafung. Sie verstehen den Sinn vieler Maßnahmen nicht, sehen einen Großteil der Sicherheitsvorkehrungen als Behinderung der „richtigen" Arbeit an und umgehen viele Sicherheitsregeln. Diejenigen Mitarbeitenden, die alle Vorschriften befolgen, werden von ihren Kollegen sogar als „Memmen" verspottet. Ergebnisse der Analyse der Unfallzahlen zeigen weiterhin, dass bislang nur die Unfälle, bei denen eine ärztliche Behandlung notwendig ist, im Fokus der Aufmerksamkeit standen. Im betrieblichen Alltag passieren jedoch viel häufiger scheinbar harmlose Unfälle, die vom werkseigenen Sanitäter behandelt werden. Auffallend viele dieser Unfälle sind Stolper-, Sturz- und Umknickunfälle, die sich auf dem Weg von einem Gebäudeteil zum anderen ereignen. Daraufhin analysiert Frau Herzberg diese Wege und ermittelt die gefährlichsten Stellen.

Auf der Basis der Untersuchungsergebnisse entwirft die Arbeitspsychologin Lösungsvorschläge auf zwei Ebenen: Erstens sollten die Mitarbeitenden im Rahmen von Kommunikationsmaßnahmen vom Sinn der Sicherheitsvorschriften überzeugt und zu deren Umsetzung motiviert werden. Denn Regeln werden meist nur dann befolgt, wenn sie begründet sind und gut erklärt werden. Bei unbequemen Vorschriften und Verhaltensweisen wollen Menschen von deren Notwendigkeit überzeugt sein, bevor sie diese freiwillig umsetzen. Zweitens werden die identifizierten Gefahrenquellen auf den Betriebswegen beseitigt bzw. die Betriebswege sicherer gestaltet. Diese Maßnahmen werden dann im Laufe der nächsten Wochen mit Unterstützung von Frau Herzberg erfolgreich durchgeführt.

Ein halbes Jahr später: Michael Feuerbach berichtet nun zufrieden der Frau Schütze von der Berufsgenossenschaft: „Das Sicherheitsbewusstsein unserer Mitarbeitenden ist gestiegen, sie arbeiten viel umsichtiger. Die Betriebswege wurden sicherer gestaltet. Unsere Unfallzahlen sind minimal!"

10.1 Arbeitspsychologie – was ist das?

Wie das Beispiel in Ein Szenario verdeutlicht, sind Arbeitspsycholog:innen auf die Analyse, Bewertung und Gestaltung von Arbeitstätigkeiten und Arbeitssystemen spezialisiert. Ziel ist es, die Arbeit so zu gestalten, dass die Gesundheit und Leistungsfähigkeit der Beschäftigten bewahrt wird und sie ihnen Lern- und Entwicklungsmöglichkeiten bietet.

Arbeit ist eine grundlegende, identitätsstiftende und existenzsichernde Komponente menschlicher Tätigkeit. Arbeitspsycholog:innen interessieren sich für deren unterschiedliche Aspekte, angefangen von der Berufssuche bis zum Übergang in den Ruhestand. Sie beschäftigen sich mit der Passung zwischen individuellen Eigenschaften/Kompetenzen und beruflichen

Umfeldern, mit Arbeitsmotivation, -bedingungen, -aufgaben und deren Gestaltung, mit den Auswirkungen von Arbeit (z. B. Stress), mit der Zusammenarbeit in Teams und mit der Einbindung von Beschäftigten im gesamten Organisationskontext, mit der Interaktion Mensch-Technik-Organisation usw. Arbeitspsycholog:innen befassen sich nicht nur mit Erwerbsarbeit, sondern auch mit Hausarbeit, mit ehrenamtlicher Arbeit, mit Freizeit, mit der Vereinbarkeit von Berufs- und Privatleben, und auch mit Fragen wie Arbeitslosigkeit oder Entfremdung von Arbeit. Sie sind in fast allen Branchen tätig, in Institutionen des Öffentlichen Dienstes (z. B. Ministerien, Arbeitsagenturen, Hochschulen) wie auch in der Privatwirtschaft in großen Unternehmen oder im Kultur- und Non-Profit-Bereich (und sogar auf hoher See als Schifffahrtspsycholog:innen).

Die Tätigkeit von Arbeitspsycholog:innen ist besonders dort nützlich und nachgefragt, wo Menschen als Mitarbeitende, Kund:innen oder Zielgruppen bedeutend sind – z. B. in Unternehmen mit hoher Personalquote und großer Wertschöpfung, wo die Leistungsfähigkeit einzelner Mitarbeitenden erhalten oder gesteigert werden soll (wie im IT-Sektor). Auch in Branchen mit hohen Risiken für den Arbeitsschutz (z. B. in Transportunternehmen) und/oder die Umwelt (z. B. Kernenergie) können Arbeitspsycholog:innen dazu beitragen, über technologische Risiken aufzuklären und menschliches Versagen zu minimieren.

Die Arbeitswelt wandelt sich kontinuierlich und damit auch die arbeitspsychologischen Tätigkeitsbereiche und Aufgaben. Immer neue Fragestellungen und Nischen auf dem Arbeitsmarkt ergeben sich für Psycholog:innen infolge der Globalisierung (z. B. Zusammenarbeit in interkulturellen Teams), der Durchdringung aller Arbeitsbereiche mit neuen Technologien (Chancen und Herausforderungen des Einsatzes von KI), der Individualisierung von Arbeitsverhältnissen und Arbeitszeiten (Wirkungen von Telearbeit) etc.

10.2 Arbeitspsychologie – ein ganz besonderes Tätigkeitsfeld?

Die menschliche Arbeit kann nicht losgelöst von ihren betrieblichen und gesellschaftlichen Kontexten betrachtet werden, deshalb lässt sich das arbeitspsychologische Tätigkeitsfeld nicht trennscharf abgrenzen: Es überschneidet sich mit den Bereichen der Wirtschafts-, Organisations-, Personal- und Gesundheitspsychologie sowie mit der Arbeitswissenschaft. Aus diesem Grund sind für Arbeitspsycholog:innen eine interdisziplinäre Perspektive und Kenntnisse aus den benachbarten Disziplinen wichtig.

Die Arbeitspsychologie fokussiert hauptsächlich Themen auf der individuellen Ebene in Organisationen: die Arbeit, das Verhalten und Erleben von Individuen in Organisationen bzw. am Arbeitsplatz. Hier lassen sich drei große Tätigkeitsbereiche unterscheiden, in denen es erstens um Individuen und ihre berufliche Entwicklung, zweitens um Bedingungen und Wirkungen von Arbeit und drittens um die Analyse und Gestaltung von Arbeitstätigkeiten geht (Kals & Gallenmüller-Roschmann, 2017). Im Folgenden werden beispielhaft zwei Tätigkeitsbereiche genauer vorgestellt: Arbeitssicherheit und Gesundheitsschutz sowie Psychologie in der Arbeitswissenschaft (Ergonomie).

- **Tätigkeitsbereich Arbeitssicherheit und Gesundheitsschutz**

Ziele von Arbeitspsycholog:innen in diesem klassischem Tätigkeitsfeld sind, wie das Eingangsbeispiel verdeutlicht, Arbeitsunfälle in Unternehmen zu reduzieren, Beschäftigte zum sicherheitsgerechten Verhalten zu motivieren und zu Verhaltens- und Einstellungsänderungen zu bewegen.

Im Laufe des Strukturwandels der Arbeit, der mit einer Restrukturierung von Organisationen, mit Verdichtung der Arbeit, Flexibilisierung von Arbeitsformen und -zeiten einhergeht, steigen auch die Belastungen für die Beschäftigten. Phänomene wie Mobbing, stressbedingte Erkrankungen, psychosomatische Störungen und Burn-out nehmen immer mehr zu. Deshalb haben sich die arbeitspsychologischen Aufgaben in Richtung Prävention und betriebliches Gesundheitsmanagement entwickelt, wie z. B.:

— Konzeption und Durchführung von Maßnahmen zur betrieblichen Gesundheitsförderung
— Entwicklung und Durchführung von Schulungs- und Trainingsprogrammen
— Beratung zur Verbesserung der betrieblichen Zusammenarbeit und zum Konfliktmanagement
— Beratung zu Themen wie Mobbing, Stress oder Burn-out

Arbeit- bzw. Auftraggebende im Bereich Arbeitsschutz sind Berufsgenossenschaften, der TÜV, Bundesbehörden, Hersteller und Betreiber im Transportwesen (Luftfahrtindustrie, Kfz-Hersteller, Schienenverkehr) oder in der Prozessindustrie (chemische Industrie, Elektrizitätsherstellung).

- **Tätigkeitsbereiche Ergonomie und Mensch-Technik-Interaktion**

Das Ziel ist hier, die menschliche Arbeit ausführbar, erträglich, zumutbar und zufriedenstellend zu gestalten. Die klassische Vorgehensweise zur Bewertung von Arbeitssystemen basiert auf dem Belastungs-Beanspruchungskonzept. Dabei setzt die Ergonomie an der Belastungsseite an, um optimale Voraussetzungen für das menschliche Handeln zu schaffen. Technische und organisatorische Leistungsbedingungen sollten an grundlegende menschliche Eigenschaften und Fähigkeiten angepasst werden. Praxisfelder finden sich in der ganzheitlichen Gestaltung von Arbeitsplätzen, -abläufen, -inhalten, -mitteln und -bedingungen durch die Gestaltung der technischen Produkte (Produktergonomie, Usability) oder der Fertigung (Produktionsergonomie).

An der Schnittstelle zur Ergonomie und zur Ingenieurspsychologie liegen Tätigkeitsbereiche, die sich mit Fragestellungen zur Mensch-Technik-Interaktion befassen. Heute werden überall intelligente Informations- und Kommunikationstechnologien eingesetzt, und Menschen müssen immer komplexere Maschinen bedienen. Arbeitspsychologische Fragen betreffen dabei z. B. die Technikgestaltung, die den Bedürfnissen und Fähigkeiten von Menschen entsprechen sollte, oder die neuen Herausforderungen, die sich in Zusammenhang mit der Nutzung moderner und zukünftiger Technologien stellen. Ziel ist es dabei, die Mensch-Technik-Interaktion zu optimieren und eine menschenzentrierte Technikgestaltung zu ermöglichen. Darauf beruhen z. B. Tätigkeitsbereiche in der Luft- und Raumfahrt, in der Fahrzeug- oder Medizintechnik, in der Automationspsychologie oder in der Psychologie neuer Medien.

Aufgaben im Rahmen der Tätigkeit

Im gesamten Bereich der Arbeitspsychologie finden sich drei übergreifende Aufgabentypen, die bestimmte Anforderungen für die Professionsangehörigen mit sich bringen (in Anlehnung an Joerin Fux & Stoll, 2006):

— Investigative bzw. Forschungsaufgaben wie die Analyse von Arbeitsformen und -systemen mithilfe systematischer Beobachtung und Forschung. Hierzu sind mathematisch-methodische Kompetenzen gefragt.
— Sozial-erzieherische Aufgaben, d. h. Unterrichten, Ausbilden, Beraten. Er-

forderliche persönliche Stärken sind vor allem das Interesse an zwischenmenschlichen Beziehungen sowie soziale Kompetenzen.
- Unternehmerische Aufgaben, d. h., wirtschaftlich denken sowie andere Menschen motivieren und führen. Hierzu sind Überzeugungs- und Führungsqualitäten notwendig.

Je nach Kontext haben Arbeitspsycholog:innen eine große Vielfalt konkreter Aufgaben. Neben den bereits erwähnten inhaltlichen Aufgaben im Bereich der Analyse, Bewertung und Gestaltung von Arbeitstätigkeiten und Arbeitssystemen führen Arbeitspsycholog:innen auch Beratungen hinsichtlich bestehender Probleme am Arbeitsplatz durch und erarbeiten Lösungsmöglichkeiten. Darüber hinaus halten sie arbeitspsychologische Vorträge, leiten Seminare und führen Workshops durch. Aufgrund der starken Einbindung in Unternehmenskontexte umfasst ein wichtiger Teil ihrer Arbeit organisatorische und kommunikative Aufgaben (z. B. Besprechungen im interdisziplinären Zusammenhang).

Viele ihrer diagnostischen Aufgaben erledigen Arbeitspsycholog:innen eigenständig, wobei sie sich auf ihre analytischen Fähigkeiten stützen. Bei der Erarbeitung von Lösungsmöglichkeiten kooperieren sie mit Personalfachkräften und Expert:innen anderer Berufsgruppen. Arbeitspsycholog:innen pendeln üblicherweise zwischen eigenem Büro und den Kundenbetrieben. Aus dem Büro heraus planen und organisieren sie ihre Tätigkeit, dort führen sie auch Beratungsgespräche (z. B. zu Themen wie Mobbing oder Stress). In den Organisationen der Kund:innen führen sie Arbeitsplatz- und Arbeitsablaufuntersuchungen durch oder trainieren Mitarbeitende im Rahmen von Workshops. Bei allen diesen Aufgaben ist eine hohe geistige Flexibilität und Mobilitätsbereitschaft gefragt.

Karrieremöglichkeiten

Der Berufseinstieg von Psycholog:innen kann sich als Suchphase von 1 bis 3 Jahren gestalten, in der unterschiedliche, ggf. parallele Tätigkeiten im Rahmen von Praktika, Teilzeitarbeit oder befristeten Jobs ausprobiert werden. Diese anfängliche Doppel- und Mehrgleisigkeit (Olos, 2011) setzt sich für viele Psycholog:innen sogar über den gesamten Berufsweg hinweg fort, sie entwickeln sog. Portfolio-Karrieren (d. h. mit einem Portfolio unterschiedlicher Tätigkeiten, z. B. in der Arbeits-, Gesundheitspsychologie und im Coaching-Bereich wie im Fall der Autorin dieses Kapitels). Typisch für die Berufswege von Psycholog:innen ist weiterhin der Wechsel von Arbeitgebenden und Beschäftigungsformen, woraus diskontinuierliche Berufsverläufe entstehen. Diese sind insbesondere für Frauen charakteristisch.

Speziell den Arbeitspsycholog:innen eröffnen sich sowohl im Angestelltenverhältnis als auch freiberuflich gute berufliche Perspektiven, denn die Rolle psychologischer Fragestellungen nimmt durch die zunehmende Komplexität der Arbeitssysteme, durch die Ausbreitung neuer Informationstechnologien und deren Folgen für die Arbeitswelt immer mehr zu.

Persönliche Weiterbildung

Graduierte Psycholog:innen sind einerseits laut Berufsordnung zur Weiterbildung verpflichtet, andererseits sind sie eine sehr fortbildungsfreudige Berufsgruppe. Arbeitspsycholog:innen können ihre Weiterbildungspfade frei gestalten und sich dabei nach eigenen Interessen, Vorlieben und/oder Markterfordernissen richten. Vielfältige (zertifizierte) Weiterbildungsangebote im arbeitspsychologischen Feld bietet die Deutsche Psychologen Akademie (DPA), z. B. im

Bereich „Betriebliches Gesundheitsmanagement (BGM) in der Praxis", „Resilient in der Krise" oder „Herausforderung Künstliche Intelligenz"(▶ www.psychologenakademie.de). Wichtiger als Trainer:innenausbildungen und Zertifikate sind für selbstständige Arbeitspsycholog:innen Lernerfahrungen durch umfangreiche Praxisprojekte oder die Zusammenarbeit mit erfahrenen selbstständigen Psycholog:innen, wodurch bessere Einblicke in die Bereiche Akquise, Projektaufbau und allgemeine Unternehmensführung als in größeren Unternehmen möglich sind. Weiterhin sind Existenzgründungskurse bzw. betriebswirtschaftliche Seminare empfehlenswert (▶ Kap. 11). Für Psycholog:innen im Bereich Arbeitsschutz ist die Zusatzqualifikation „Fachkraft für Arbeitssicherheit" sinnvoll. Zur Weiterbildung und Netzwerkbildung von Arbeitspsycholog:innen trägt der regelmäßige fachliche Austausch bei, z. B. im Rahmen der Sektion Wirtschaftspsychologie des Berufsverbandes Deutscher Psychologinnen und Psychologen (BDP; ▶ www.wirtschaftspsychologie-bdp.de) sowie auf Tagungen und Kongressen.

Freiberufliche Tätigkeit

Die freiberufliche Tätigkeit ist eine lohnende Option für Arbeitspsycholog:innen, am besten nachdem sie bereits umfangreichere Praxiserfahrungen gesammelt haben. Da der Markt für psychologische Dienstleistungen frei ist, haben selbstständige Arbeitspsycholog:innen einen großen Gestaltungsspielraum bezüglich der Auswahl und Kombination von Aufgabenfeldern und Tätigkeitsschwerpunkten. Das Anwendungsfeld ist so breit und vielfältig, dass es die Möglichkeit der Realisierung ganz unterschiedlicher fachlicher Interessen bietet. Freiberufler:innen haben zudem die Möglichkeit, ihre Arbeit selbstbestimmt zu gestalten, individuelle Arbeitszeitformen zu wählen und in gewissen Grenzen ihre Einkommenshöhe selbst zu steuern. Die Verdienstmöglichkeiten sind, insbesondere im Vergleich zu Tätigkeiten im klinischen Bereich, sehr gut.

Herausfordernd an der freiberuflichen Tätigkeit sind die hohen Anforderungen an Selbstmanagement- und Selbstmarketingkompetenzen. Arbeitspsycholog:innen müssen sich immer wieder auf neue Kunden mit unterschiedlichen Vorstellungen und Themen einstellen, sie müssen ihre Dienstleistungen schnell und fristgerecht erbringen und häufig auf kurzfristige Änderungswünsche der Kunden eingehen. Sie richten sich nach den zeitlichen Wünschen und Bedürfnissen ihrer Klienten und Auftraggeber. Sie konkurrieren mit anderen Anbietern mit teils anderem fachlichem Hintergrund: Dies sind z. B. Arbeitswissenschaftler:innen, Arbeitsmediziner:innen, Berater:innen sowie große (internationale) Unternehmensberatungen, die den Kunden umfangreiche Lösungspakete mit interdisziplinären Teams anbieten. Deshalb ist es sinnvoll, sich als Arbeitspsycholog:in mit anderen zusammenzuschließen und in Projekten und Netzwerken aktiv zu sein. Wenige freiberuflich tätige Psycholog:innen haben nur die Spezialisierung Arbeitspsychologie. Typisch ist vielmehr, wie bereits erwähnt, eine Doppel- oder Mehrgleisigkeit von Tätigkeiten mit einem breiten wirtschaftspsychologischen Leistungsspektrum, das auch berufs-, organisations-, gesundheitspsychologische und andere Angebote (darunter Coaching und sogar Psychotherapie) umfasst. Damit können Freiberufler:innen einerseits unterschiedliche individuelle Interessen verfolgen und andererseits die Risiken der Selbstständigkeit minimieren (Olos, 2011).

Eine Perspektive aus der Wissenschaft

PD Dr. Hans-Uwe Hohner war Privatdozent und Akademischer Rat im Bereich Arbeits-, Berufs- und Organisationspsychologie an der Freien Universität Berlin. Hier erläutert er die Perspektiven von Arbeitspsycholog:innen:

Diese sind sowohl in klassischen Bereichen tätig, in denen es z. B. um Arbeitssicherheit oder um die Wirkungen von Arbeit und ihre Gestaltung nach Humankriterien geht, als auch in neuen Bereichen, die sich durch den Wandel der Arbeitsgesellschaft ergeben wie z. B. die Themen Stress und Burnout, die Analyse und Bewertung der Wirkungen der Telekooperation oder die Gestaltung von Work-Life-Balance (▶ Kap. 30). Sie beschäftigen sich zunehmend häufiger mit neuen Arbeitsformen, beispielsweise mit den potenzierten Auswirkungen von gleichzeitiger Arbeitsverdichtung, unsicheren Arbeitsverhältnissen und familiärer Belastung bei vielen Beschäftigten. Weitere Themen ergeben sich aus dem Kontext projektförmiger Arbeit wie z. B. Autonomie versus Selbstausbeutung.

Organisationen sind komplexe Systeme, in denen Tätigkeiten, Personen (als Individuen und als Gruppen) und Strukturen miteinander verwoben sind. Arbeitspsycholog:innen sollten sich deshalb eine systemische, interaktionistische Betrachtungsweise zu eigen machen, d. h., sie sollen die Phänomene in ihren Zusammenhängen betrachten (z. B. die Arbeit im Bezug auf das Privatleben) sowie die Veränderungen dieser Dynamik über eine Zeitspanne hinweg berücksichtigen. Weiterhin sind gute Methodenkenntnisse und die Beherrschung von bedingungs- und personenbezogenen Arbeitsanalyseverfahren besonders sinnvoll. Die Faszination des Berufsfeldes Arbeitspsychologie liegt einerseits in der großen Vielfalt der fachspezifischen Aufgaben, weshalb die Berufsangehörigen ganz unterschiedliche individuelle Interessen verfolgen können, andererseits ist das Berufsfeld am Puls der Zeit: Der kontinuierliche Strukturwandel der Arbeit spiegelt sich unmittelbar in spannenden neuen Aufgaben. Arbeitspsycholog:innen kann es deshalb gar nicht langweilig werden!

10.3 Die Rolle von Arbeitspsycholog:innen im Berufsfeld

Arbeitspsycholog:innen haben eine besondere Rolle im „Mittelfeld" zwischen Organisationsebenen und Berufsgruppen und brauchen dafür besondere Mediationskompetenzen. Einerseits kooperieren sie sowohl mit Arbeitgebern bzw. Personalabteilungen als auch mit Arbeitnehmern bzw. Arbeitnehmervertretern (in der Regel Betriebsrät:innen). Sie versuchen dabei, die Interessen beider Seiten zu berücksichtigen und entsprechende Lösungsvorschläge zu erarbeiten. Andererseits ist in fast allen arbeitspsychologischen Berufsfeldern die Zusammenarbeit mit unterschiedlichen anderen Berufsgruppen, die zum Teil eine völlig andere Fachsprache sprechen sowie methodisch und inhaltlich andere Zielvorstellungen und Vorgehensweisen haben, charakteristisch. Psycholog:innen kooperieren im Bereich Arbeitsschutz mit Professionsangehörigen aus den Bereichen Technik und Arbeitsmedizin, Ergonom:innen arbeiten mit Spezialist:innen aus Informatik, Elektrotechnik, Maschinenbau oder Betriebswirtschaft zusammen. Deshalb ist es besonders sinnvoll, wenn Arbeitspsycholog:innen einen interdisziplinären Ausbildungshintergrund oder Kenntnisse in anderen Disziplinen haben.

Auch die Frage nach den Geschlechterverhältnissen im Tätigkeitsfeld ist interessant: Während die Psychologie ein sog. Frauenberuf ist (d. h., dass die Frauenanteile unter Erwerbstätigen und Studierenden bei mehr als 75 % liegen; Bundesagentur für Arbeit, 2023; CHE 2022), sind die Geschlechterverhältnisse im Tätigkeitsfeld Arbeitspsychologie ausgeglichener (ca. 60 % Frauen- und 40 % Männeranteile in der Sektion Wirtschaftspsychologie des BDP – Mitgliederservice, Stand: 2023), aber der Frauenanteil nimmt auch hier zu. Auf der Kundenseite stehen hingegen, insbesondere im Bereich Arbeitsschutz oder Ergonomie, vor allem männliche Mitarbeitende. Daraus ergeben sich besondere Herausforderungen, aber auch Chancen für Arbeitspsychologinnen, wie das abschließende Interview zeigt. In technikaffinen Bereichen, in der Zusammenarbeit mit großen Unternehmen und in Leitungspositionen sind männliche Psychologen dennoch überrepräsentiert.

10.4 Anforderungen an die Tätigkeit von Arbeitspsycholog:innen

Die Tätigkeit als Arbeitspsycholog:in setzt ein abgeschlossenes Studium im Bereich Psychologie voraus. Führungspositionen oder wissenschaftliche Tätigkeiten erfordern meist ein Masterstudium, ggf. auch die Promotion. Das Masterstudium sollte eine spezifische Ausrichtung aufweisen wie Arbeits- und Organisationspsychologie oder Wirtschaftspsychologie. Eine Promotion erhöht die Einstiegs- und Aufstiegschancen in der Praxis, insofern die Dissertation eine Praxisrelevanz vorweist und für Organisationen verwertbare Ergebnisse zur Verfügung stellt bzw. in Kooperation mit Organisationen verfasst wird. Wichtig ist dabei, dass sich dadurch der Praxiseinstieg nicht zu lange verzögert.

Eine Perspektive aus der Praxis

Dr. Christien Zedler, Institut für Arbeitspsychologie, Organisation und Prozessgestaltung, Berlin, Dipl.-Psychologin, promovierte Wirtschaftswissenschaftlerin (Dr. rer. Pol.)

Schwerpunkte im Psychologiestudium?

Als *Option Lover* belegte ich sowohl ABO- als auch Klinische Psychologie. Im ABO-Bereich besuchte ich Veranstaltungen wie Personaldiagnostik, Organisationsberatung und machte Praktika bei einer Großbank und einer Unternehmensberatung.

Berufliche Stationen?

Bereits im Studium war mir klar, dass ich mich selbstständig machen möchte. Deshalb jobbte ich anfangs in einer Unternehmensberatung und gründete danach eine eigene studentische Unternehmensberatung (STUNT e. V.), die bis heute erfolgreich anspruchsvolle Projekte durchführt. Nach dem Studium promovierte ich, auch um mehr Standing als Selbstständige zu haben. Parallel arbeitete ich als freiberufliche Dozentin an der Hochschule und führte kleinere Beratungsprojekte durch. Dann führte ich für eine Risikomanagement-Beratungsfirma Verhaltenstrainings und Schulungen zu Arbeitssicherheit in Kraftwerken durch. Nach der Promotion gründete ich mein eigenes Institut mit dem Ziel, beratend tätig zu sein und meine Projekte und Tätigkeiten frei gestalten zu können.

Was können Psycholog:innen in diesem Berufsfeld bewegen?

Psycholog:innen können im Energiesektor sogar sehr viel bewegen: Dort herrscht ein eher „mechanistisches" Menschenbild, Mitarbeitende sollen hauptsächlich durch Vorschriften und Unterweisungen „gesteuert" werden. Psycholog:innen bringen Technikern eine neue Sichtweise nahe: Sie nehmen Mitarbeitende vor allem als Menschen wahr und setzen effektive Methoden der Kommunikation und der Verhaltensänderung ein.

Was hat Sie an Ihrer Tätigkeit am meisten überrascht?

Dass im Energiesektor Psycholog:innen bereits mit ihrem geschulten Blickwinkel, gesundem Menschenverstand und mit einfachen psychologischen Konzepten (z. B. bezüglich Motivation, Wahrnehmung und Gruppeninteraktion) viele Probleme lösen können.

Ist es möglich, diesen Beruf gut mit dem Familienleben zu vereinbaren?

Es könnte aufgrund hoher Arbeitszeiten in bestimmten Projektphasen (einige Projekte dauern 3 Monate am Stück) und häufiger Reisetätigkeiten schwierig sein.

Haben Sie Tipps für diejenigen, die als selbstständige Arbeitspsycholog:innen arbeiten möchten?

Selbstständige Arbeitspsycholog:innen brauchen ein gesundes Selbstbewusstsein, ihre Dienstleistungen müssen beim Kunden anschlussfähig sein, sie sollten dessen Sprache sprechen und die Problemwahrnehmung der Kunden verstehen, d. h., was für die Kunden relevant ist. Und sie brauchen für den Einstieg einen Fuß in der Tür durch Jobs, Praktika oder Kontakte.

Stoßen Sie manchmal auf Vorurteile wegen Ihrer psychologischen Ausbildung?

Ja, manche fragen „Muss ich jetzt aufpassen, was ich sage?" oder „Komme ich jetzt auf die Couch?". Der Respekt vor einem „psychologischen" Blickwinkel ist aber hoch, und ich habe den Eindruck, eher auf dem Level eines Betriebsarztes wahrgenommen zu werden, wozu der Doktortitel sicher mit beiträgt.

Wie fühlen Sie sich als Frau in der Männerdomäne Energiesektor?

Ich sehe es als Vorteil bei psychologischen Themen, bei denen Techniker (ca. 95 % Männer) oftmals verunsichert sind. Einerseits helfen der Doktortitel und ein selbstbewusstes Auftreten, um die nötige Distanz herzustellen und ernstgenommen zu werden, andererseits sprechen die Mitarbeitenden etwas offener mit Psychologinnen.

Schwerpunktsetzung im Studium

Die Arbeitspsychologie ist ein Anwendungsfach, in dem viele psychologische Theorien, Methoden und Konzepte aus den Grundlagen- und Anwendungsfächern auf Arbeitskontexte angewandt werden. Erfahrene Berufspraktiker:innen in Arbeits-, Betriebs- und Organisationspsychologie (ABO-Psychologie) schreiben neben der Arbeits- und Organisationspsychologie folgenden Studienfächern, in denen interessierte Studierende ihre Schwerpunkte im Studium setzen sollten, die höchste Praxisrelevanz zu (Kanning et al., 2012):

- Sozialpsychologie (das Wissen um Gruppenprozesse hilft z. B. bei der Begleitung von Umstrukturierungsmaßnahmen)
- Methodenlehre (Statistik ist z. B. für die Überprüfung des Erfolgs einer bestimmten Maßnahme notwendig)
- Evaluation (z. B. bei der Einführung neuer Arbeitszeitmodelle)
- Allgemeine/Experimentelle Psychologie (Wahrnehmungs- und Aufmerksamkeits-

erkenntnisse sind notwendig, um Arbeitsplätze und -systeme zu optimieren)
- Biologische Psychologie (Stressmodelle liefern die Grundlage für die Prävention von Stress am Arbeitsplatz)
- Klinische Psychologie (Kenntnisse im Suchtbereich helfen bei der Prophylaxe von Suchterkrankungen am Arbeitsplatz)
- BWL im Nebenfach (erlaubt wertvolle Blicke über den Tellerrand hinaus und ist ggf. für die spätere freiberufliche Tätigkeit hilfreich)

Fachliche Inhalte

Folgende Methodenkenntnisse sind für eine arbeitspsychologische Tätigkeit notwendig:
- Kenntnisse in der deskriptiven und analytischen Statistik (inkl. entsprechende Programme) für den angemessenen Einsatz arbeitspsychologischer Erhebungsmethoden
- Erstellung von Versuchs- und Beobachtungsdesigns
- Methoden zur Datengewinnung: Zeitstudien, Aufgaben- und Tätigkeitsanalysen, verhaltensorientierte Beobachtungsanalysen, Interview- und Fragebogentechniken, physiologische Beanspruchungsmessungen
- Komplexe Auswertungs- und Analysemethoden

Anforderungen an die Person

Über fachliche Kompetenzen hinaus benötigen (insbesondere freiberuflich tätige) Arbeitspsycholog:innen ausgeprägte Sozialkompetenzen, ein professionelles Auftreten, die Bereitschaft und Fähigkeit, sich schnell und lösungsorientiert auf die Inhalte und Bezugssysteme der Kunden einzustellen und die Nutzenpotenziale der eigenen Dienstleistungen zu vermitteln. Je nach Tätigkeitsbereich und Aufgabenprofil sind folgende Kompetenzen und Fähigkeiten gefragt:

- Kommunikative Kompetenzen im Bereich der Präsentation, Gesprächsführung und Beratung
- Einfühlungsvermögen und die Fähigkeit, genau zuzuhören
- Bereitschaft und Fähigkeit, interdisziplinär mit Angehörigen anderer Berufe zusammenzuarbeiten
- Systemisches Denken
- Strategische, unternehmerische Kompetenzen

Praxis, Praxis, Praxis

Möglichst vielfältige Einblicke in die Realität der Arbeitswelt sind für einen gelungenen Berufseinstieg unerlässlich. ABO-Berufspraktiker:innen bewerten folgende Komponenten im Studium als praxisrelevant (Kanning et al., 2012): mehrere längere Praktika, Übungen/Projektseminare, Vorträge von Praktiker:innen, Exkursionen sowie Projektkooperationen mit der Wirtschaft bzw. Verwaltung. Praxiserfahrungen sollten möglichst frühzeitig erworben werden, z. B.:
- Bachelor-, Masterarbeit oder Promotion in Unternehmen schreiben
- Mitgliedschaft in Berufsverbänden wie z. B. in der Sektion Wirtschaftspsychologie im BDP, durch die interessante Kontakte zu Berufspraktiker:innen entstehen
- Kontakte über soziale Netzwerke, z. B. LinkedIn oder XING

Fazit
Worin die Faszination des Tätigkeitsfeldes Arbeitspsychologie für mich persönlich besteht? Ich arbeite selbst sehr gerne und sehe meine Berufung darin, andere Menschen dabei zu unterstützen, ihren beruflichen Weg zu finden und ihre Tätigkeit sinnvoll und gesundheitsförderlich zu gestalten sowie voller Motivation auszuüben.

Literatur

Bundesagentur für Arbeit. (2023). Online-Bericht: Akademiker/-innen – Berufsgruppen: 2.10 Psychologie. https://statistik.arbeitsagentur.de/DE/Navigation/Statistiken/Themen-im-Fokus/Berufe/Akademikerinnen/Berufsgruppen-Nav.html. Zugegriffen am 14.05.2024.

Centrum für Hochschulentwicklung (CHE). Daten-CHECK 1/2022: Erstmals mehr weibliche als männliche Studierende an deutschen Hochschulen. https://hochschuldaten.che.de/erstmals-mehr-weibliche-als-maennliche-studierende-an-deutschen-hochschulen/. Zugegriffen am 14.05.2024.

Joerin Fux, S., & Stoll, F. (2006). *EXPLOJOB – Das Werkzeug zur Beschreibung von Berufsanforderungen und -tätigkeiten.* Huber.

Kals, E., & Gallenmüller-Roschmann, J. G. (2017). *Arbeits- und Organisationspsychologie kompakt* (3. Aufl.). Beltz.

Kanning, U. P., Thielsch, M. T., Traeumer, L., & Brandenburg, T. (2012). Gaudeamus Igitur? Das Psychologiestudium aus Sicht von Berufspraktikern. *Report Psychologie, 10*(12), 390–398.

Olos, L. (2011). *Doppel- und mehrgleisige Berufsverläufe als Erwerbsbiografien der Zukunft?* Deutscher Psychologen Verlag.

Tätigkeiten in der Personalpsychologie

Maximilian Mendius und Simon Werther

Inhaltsverzeichnis

11.1 Personalpsychologie – was ist das? – 130
Employer Branding und Personalmarketing – 131
Personalauswahl und Eignungsdiagnostik – 131
Personalbeurteilungssysteme
und Entwicklungsdiagnostik – 132
Personalentwicklung – 133
Retention Management – 133
Evaluation – 134

11.2 Personalpsychologie – ein ganz besonderes Tätigkeitsfeld? – 134
Aufgaben im Rahmen der Tätigkeit – 134
Mobilitätsbereitschaft – 135
Arbeitszeit und Bezahlung – 135
Karrieremöglichkeiten – 136
Persönliche Weiterbildung – 136
Selbstständigkeit – 137

11.3 Die Rolle von Psycholog:innen im Kontext der Personalarbeit – 138

© Der/die Autor(en), exklusiv lizenziert an Springer-Verlag GmbH, DE,
ein Teil von Springer Nature 2024
M. Mendius, S. Werther (Hrsg.), *Psychologie in Studium und Beruf*,
https://doi.org/10.1007/978-3-662-68508-2_11

11.4 Anforderungen an eine Tätigkeit als Personalpsycholog:in – 138
Schwerpunktsetzung – 140
Fachliche Inhalte – 140
Computerkenntnisse – 140
Sprachkenntnisse – 140
Praxis, Praxis, Praxis – 141

Literatur – 141

Tätigkeiten in der Personalpsychologie

Die Personalpsychologie, deren Wurzeln bereits in der Psychotechnik aus dem frühen 20. Jahrhundert liegen, gehört sicherlich zu den am längsten etablierten Disziplinen der Arbeits- und Organisationspsychologie. Personalpsychologen befassen sich mit vielfältigen Fragestellungen der Auswahl, Beurteilung und Entwicklung von Mitarbeiter:innen und Führungskräften unter der Nutzung verschiedener diagnostischer Methoden. Das folgende Kapitel gibt Ihnen einen Überblick über die Aufgabengebiete und Besonderheiten der personalpsychologischen Arbeit und fokussiert dabei schwerpunktmäßig auf die Bereiche Eignungs- und Entwicklungsdiagnostik und Beurteilung. Auf die Ausgestaltung von Personalentwicklungsmaßnahmen wird im ▶ Kap. 13 sowie im ▶ Kap. 19 näher eingegangen.

Ein Szenario

Die Firma Exampleexcellence ist ein global tätiger Konzern im Bereich der Kunststofffertigung und beschäftigt ca. 90.000 Mitarbeitende an Standorten in 13 Ländern.

Das Topmanagement hat jüngst beschlossen, zur Sicherung des Führungskräftenachwuchses in Deutschland ein Traineeprogramm mit internationalen Elementen einzuführen. Die Struktur und die Inhalte des Programms sind bereits entwickelt und abgestimmt, es ist jedoch noch offen, wie sich die Auswahl der Teilnehmer:innen für die insgesamt 15 verfügbaren Plätze gestalten soll. Erste von einer externen Marktforschung durchgeführte Untersuchungen haben ergeben, dass Exampleexcellence mit bis zu 700 Bewerbungen je ausgeschriebener Traineestelle rechnen muss.

Sybille Schneider, Leiterin der Abteilung für Eignungsdiagnostik, erhält daraufhin von Seiten des Personalvorstands den Auftrag, ein Auswahlverfahren für das Traineeprogramm zu entwickeln, das sicherstellt, dass mit vertretbarem Aufwand aus der großen Masse der Bewerber:innen die Bestgeeignetsten ausgewählt werden.

Frau Schneider bespricht die neue Aufgabe im nächsten Teammeeting mit ihren Mitarbeiter:innen, um das weitere Vorgehen zu planen. Am Ende des Termins haben Frau Schneider und ihr Team folgende Strategie entwickelt:

– Gemäß dem Betriebsverfassungsgesetz sind Entscheidungen über Verfahren und Instrumente zur Auswahl von Mitarbeitern voll mitbestimmungspflichtig. Das bedeutet für das Team von Frau Schneider, dass während des gesamten Prozesses der Verfahrensentwicklung und -einführung eine enge Zusammenarbeit und Abstimmung mit der Arbeitnehmervertretung – dem Betriebsrat – notwendig ist.
– Um die richtigen Personen für eine Position auszuwählen, ist es zunächst wichtig, die Anforderungen zu kennen, die für eine erfolgreiche Ausübung der Tätigkeit notwendig sind. Deshalb muss im ersten Schritt eine Anforderungsanalyse durchgeführt werden.
– Die Ergebnisse der Anforderungsanalyse müssen dann in genau beschriebene Auswahlkriterien übersetzt werden.
– Basierend auf den Auswahlkriterien werden Instrumente ausgewählt bzw. entwickelt, über die diese besonders gut abgebildet werden können.
– Der Einsatz der Instrumente soll so aufeinander abgestimmt werden, dass eine möglichst ressourceneffektive, aber gleichzeitig valide Auswahl getroffen werden kann.

Sieben Monate später haben die Expert:innen aus dem Team von Frau Schneider in enger Abstimmung mit dem Betriebsrat ein Auswahlverfahren entwickelt und abgestimmt. Für die Anforderungsanalyse wurden sowohl die Anforderungen erfasst, die das Traineeprogramm an die Teilnehmer:innen stellt, aber zugleich auch die Anforderungen berücksichtigt, denen sich spätere Führungskräfte im Alltag stellen müssen. Als Kriterien wurden u. a. logisch-schlussfolgerndes Denken, Veränderungsbereitschaft, Kulturpassung und Kommunikationsfähigkeiten identifiziert.

Es wurde beschlossen, darauf basierend ein dreistufiges Auswahlverfahren zu entwickeln, das auf einer Online-Bewerbung aufbaut. Im ersten Schritt werden gewisse K.-o.-Kriterien, z. B. Auslandserfahrung und Vorliegen eines Studienabschlusses oder einer Arbeitserlaubnis, über das Online-System abgeprüft und entsprechend vorausgewählt. Die verbleibenden Kandidat:innen werden zu einem Online-Test eingeladen, der logisch-schlussfolgerndes Denken und die Persönlichkeitseigenschaft Veränderungsbereitschaft erfasst. Außerdem müssen die Bewerber:innen in einem zeitversetzten Videointerview strukturierte Fragen in deutscher und englischer Sprache beantworten. Dieses wird dann von den Beurteiler:innen anhand von definierten Verhaltensankern bewertet. Bewerber:innen, die diese beiden Hürden erfolgreich gemeistert haben, erhalten eine Einladung zu einem zweitägigen Assessment Center, in dem die Passung zu den definierten Kriterien in mehreren Übungen, Tests und einem Interview überprüft wird. Dabei werden die Bewerber von einem geschulten Beobachter:innenteam anhand klar definierter verhaltensbezogener Kriterien beurteilt.

Durch die Kombination aus Online-Vortest und Assessment Center ist es gelungen, die große Anzahl der Bewerber:innen im ersten Schritt durch aussagekräftige Prädiktoren zu reduzieren und zugleich im zweiten Schritt die persönliche Passung der Teilnehmer in realitätsnahen Situationen zu überprüfen.

11.1 Personalpsychologie – was ist das?

Das eignungsdiagnostische Szenario, mit dem sich Frau Schneider in unserem fiktiven Beispiel konfrontiert sah, ist nur ein Anwendungsfeld der Personalpsychologie. Schuler (2006) definiert den Gegenstandsbereich der Personalpsychologie wie folgt: „Die Personalpsychologie betrachtet das Individuum in seinen Verhaltens-, Befindens-, Leistungs- und Entwicklungszusammenhängen als Mitarbeiter einer Organisation und ist damit ein Teilgebiet der Arbeits- und Organisationspsychologie." Im Mittelpunkt der Personalpsychologie steht also der Mensch mit seinen Fähigkeiten, Motiven und Eigenschaften. Die Personalpsychologie bildet eine wichtige Klammer zwischen den Wünschen und Bedürfnissen des Individuums und den Anforderungen der Organisationen an die Menschen. So strebt beinahe jede Person danach, einer Tätigkeit nachzugehen, die zum einen ihrer Qualifikation und ihren Talenten entspricht, gleichzeitig aber auch den persönlichen Bedürfnissen nach Selbstentfaltung und Zugehörigkeit Rechnung trägt. Organisationen sind zur Verwirklichung ihrer Zielsetzung auf die Tatkraft ihrer Mitarbeiter:innen angewiesen. In jüngster Zeit wird dem sog. Humankapital, also der Mitarbeiterschaft, eine immer größere Bedeutung als erfolgsdifferenzierender Faktor im Wettbewerb zugeschrieben. Organisationen müssen also zum einen als potenzieller Arbeitgeber bekannt und attraktiv werden. Dann gilt es, diejenigen Mitarbeiter:innen auszuwählen, die Eigenschaften mitbringen, welche für die Verfolgung der Unternehmensziele benötigt werden, sich aber gleichzeitig gut in die bestehende Kultur einfügen. Schließlich sind Maßnahmen zu treffen, die es den Mitarbeiter:innen ermöglichen, sich fachlich und persönlich weiterzuentwickeln, und gleichzeitig zu einer hohen emotionalen Bindung an die Organisation führen. Die Personalpsychologie bietet also ein breites Spektrum von Beschäftigungsfeldern für Psycholog:innen an, welche im Folgenden kurz skizziert werden sollen.

Employer Branding und Personalmarketing

Aufgrund des demografischen Wandels und der damit verbundenen zunehmenden Verknappung des Erwerbspotenzials wird es immer wichtiger für ein Unternehmen, sich bei der relevanten Zielgruppe als attraktiver Arbeitgeber zu präsentieren. Grundsätzlich hat sich in vielen Bereichen (vor allem den technischen) eine komplette Verschiebung des Verhältnisses von Bewerber:innen zu offenen Stellen ergeben. Für manche ausgeschriebenen Stellen findet sich nur noch eine geringe Anzahl an entsprechend ausgebildeten Bewerber:innen. Um diese potenziellen Mitarbeiter:innen zu erreichen, ist es notwendig, das eigene Unternehmen mit einer starken Arbeitgebermarke – der sog. Employer Brand – zu positionieren. Die Employer Brand bildet meist einige Wertversprechen ab, über die Arbeitgeber versuchen, sich abseits des Produkts und anderer unveränderbarer Fakten von den Wettbewerbern zu differenzieren. Diese Wertversprechen bilden oft auch die Basis für die Entwicklung von gezielten Personalmarketingaktivitäten. Personalmarketingaktivitäten sind meist dann erfolgreich, wenn sie authentisch aufzeigen, dass zwischen den Wertversprechen der Unternehmen und den Wünschen der Zielgruppe eine große Übereinstimmung besteht. Personalpsychologen nutzen in diesem Kontext beispielsweise Befragungen oder Studien, um die Bedürfnisse der Zielgruppe zu erschließen und gemeinsam mit den Kollegen anderer Fachrichtungen gezielte Maßnahmen abzuleiten. Eine Grundlage liefern dabei Ergebnisse, wie sie im ▶ Kap. 15 dargestellt werden.

Ein gutes und gezieltes Personalmarketing ist auch für die im nächsten Abschnitt vorgestellte Eignungsdiagnostik von zentraler Bedeutung. Nur wenn sich Personen bewerben, die über die zur erfolgreichen Ausführung einer Aufgabe notwendigen Fähigkeiten und Eigenschaften verfügen, kann eine Personalauswahl erfolgreich verlaufen. Geht man davon aus, dass die gewünschten Eigenschaften in der Gesamtbevölkerung normalverteilt vorliegen, so ist es also wichtig, eine große Gruppe potenzieller Merkmalsträger:innen anzusprechen und damit in der Bewerber:innenmasse eine ausreichende Grundquote an potenziell geeigneten Personen zu haben.

Personalauswahl und Eignungsdiagnostik

Wie im Eingangsszenario beschrieben, ist es eines der Hauptaufgabenfelder der Personalpsychologie, dafür zu sorgen, dass in einer Organisation die richtigen Mitarbeiter:innen ausgewählt und an dem für sie richtigen Platz eingesetzt werden. Das Wort „richtig" bezieht sich dabei keinesfalls nur auf vermeintliche objektive Leistungsmerkmale wie Abschlussnoten oder Anzahl von Auslandsaufenthalten. Vielmehr geht es darum, die Person auszuwählen, die von ihrer gesamten Persönlichkeit – also der individuellen Ausprägung an Eigenschaften und Motiven – am besten zu dem in der Anforderungsanalyse spezifizierten Bedarf und zur bestehenden Unternehmenskultur passt. Um bei der Auswahl der Kandidat:innen diese bestmögliche Passung zu erzielen, kann die Personalpsychologie auf eine Vielzahl eignungsdiagnostischer Verfahren zugreifen. Beispielhaft sollen hier gängige Methoden, wie z. B. Interviewtechniken, Leistungs- und Persönlichkeitstests oder Arbeitsproben, genannt werden. Es gibt jedoch noch eine Vielzahl weiterer Instrumente und Methoden. Einen guten Überblick bietet das Buch *Psychologische Personalauswahl* von Schuler. Manchmal werden auch mehrere eignungsdiagnostische Verfahren zu sog. Assessment Centern zusammengefasst. In einem Assessment Center werden ein oder mehrere Bewerber:innen von mehreren geschulten Beobachter:innen in mehreren Übungen bezüglich der in der Anforderungsanalyse definierten Kriterien beurteilt. Der Zeitraum erstreckt sich zwischen 1 und 3 Tagen. Assessment Center werden von vielen Unternehmen eingesetzt, da sie neben der Beurteilung der Bewerber:innen auch als Marketing- und als Personalentwicklungsinstrument dienen können. Gerade in der Zeit von Social Media ist es durchaus wichtig, für ein angenehmes Bewerber:innenerlebnis zu sorgen, da die Bewerber:innen dies in ihren Netzwerken auch entsprechend kommunizieren und somit wiederum für zusätzliche Interessent:innen sorgen könnten. Mitarbeiter:innen des Unternehmens, die als Beobachter:innen an einem Assessment Center teilnehmen, können hier oftmals ihre Beobachtungs- und Beurteilungsfähigkeit verbessern und erhalten zudem oft spezielle Vorbereitungstrainings. Außerdem kann die Teilnahme als Beobachter:in und damit Repräsentant:in für die eigene Firma auch die emotionale Bindung an das Unternehmen stärken. In der jüngsten Zeit werden viele auf künstlicher Intelligenz basierende Auswahlmethoden auf den Markt gebracht, die z. B. durch Analyse von Stimmparametern, Physiognomie oder Analyse von Mimik vorgeben, valide Personalentscheidungen zu treffen. Diese Angebote gilt es in jedem Einzelfall kritisch zu prüfen und den wahren Nutzen zu hinterfragen, da diese oftmals nicht ausgereift sind und im schlimmsten Fall zur Diskriminierung einzelner Bewerber:innengruppen oder kostspieligen Fehlbesetzungen führen kann. Gleichzeitig liegt in der Technologie, wenn sie richtig eingesetzt und gut kontrolliert wird, großes Potenzial für die Verbesserung der Personalauswahl in der Zukunft.

Personalbeurteilungssysteme und Entwicklungsdiagnostik

Ebenso wichtig wie die Auswahl der richtigen Mitarbeiter:innen ist es, regelmäßig zu prüfen, ob die bestehenden Mitarbeiter:innen ihren Stärken und Möglichkeiten entsprechend eingesetzt sind und auch die von ihnen erwartete Leistung erbringen. Um Mitarbeiter:innen gezielt weiterzuentwickeln, ist es zudem von großer Bedeutung, Ansätze für Personalentwicklungsmaßnahmen zu identifizieren. Die Personalpsychologie kann über die Entwicklung und Bereitstellung von Methoden zur Personalbeurteilung und Entwicklungsdiagnostik die Organisation zu einem erfolgreichen Umgang mit diesen Herausforderungen befähigen. Im Bereich der Beurteilungssysteme können z. B. basierend auf dem definierten Kompetenzmodell einer Organisation Leitfäden für jährliche Beurteilungsgespräche zwischen Führungskraft und Mitarbeiter:in entwickelt werden, über die die Führungskraft detailliertes Feedback zur Leistung auf den einzelnen Dimensionen geben kann. Zur Entwicklungsdiagnostik kann z. B. ein sog. Development Center genutzt werden. Es basiert auf einem ähnlichen Vorgehen wie das Assessment Center und wird vorrangig für Mitarbeiter:innen genutzt, die möglicherweise für die Übernahme einer Funktion auf einer höheren Ebene in Betracht kommen. Ziel ist es hier aber nicht, eine einfache „geeignet-ungeeignet"-Entscheidung zu treffen, sondern gerade für die „ungeeignete" Gruppe geeignete Maßnahmen zu identifizieren, wie die aktuell auftretende Diskrepanz zwischen den gezeigten Kompetenzen der Person und den Anforderungen der Funktion geschlossen werden kann. Beurteilungssysteme und Entwicklungsdiagnostik haben damit enge Schnittstellen zum Themenbereich Personalentwicklung, aber auch mittelbar zu den Bereichen Entgeltplanung oder Personalplanung.

Personalentwicklung

Oftmals resultieren aus den Personalbeurteilungen oder der Entwicklungsdiagnostik Empfehlungen, wie einzelne Mitarbeiter:innen ihre bestehenden Kompetenzen aufgaben- und zielentsprechend erweitern können. Ein weiterer Ausgangspunkt für Personalentwicklungsmaßnahmen können auch strategische Überlegungen der Unternehmensleitung sein. Entscheidet der Vorstand beispielsweise, dass die Organisation in Zukunft ein neues Produkt anbieten will, so müssen personalseitig die Voraussetzungen dafür geschaffen werden. Es kann z. B. sein, dass zur Entwicklung und Produktion des neuen Produkts Kompetenzen notwendig sind, die es im Unternehmen noch nicht ausreichend gibt. Natürlich kann man sich diese Kompetenzen von extern holen, es ist jedoch auch möglich, bestehende Mitarbeiter:innen gezielt weiterzuqualifizieren, damit sie diese neuen Aufgaben erfolgreich ausführen können. So ist es eine weitere zentrale Aufgabe der Personalpsychologie, Mitarbeiter:innen bei ihrer Weiterentwicklung zu unterstützen sowie entsprechende Angebote zu entwickeln und zur Verfügung zu stellen. Detaillierte Informationen zu diesem Thema finden Sie im ▶ Kap. 19.

Retention Management

Eine der zentralen personalseitigen Herausforderungen, vor die Unternehmen aktuell gestellt werden, ist der Fachkräftemangel und die damit verbundene Notwendigkeit, qualifizierte Mitarbeiter:innen nicht nur über Employer Branding und Personalmarketingmaßnahmen zu gewinnen, sondern auch langfristig zu binden. Besonders auf einigen aufstrebenden Arbeitsmärkten sind Arbeitgeber mit einer hohen Fluktuation, d. h. einer hohen Wechselbereitschaft ihrer Mitarbeiter:innen konfrontiert. Hier setzt das Retention Management an. Wie bei vielen anderen Fragestellungen in der Personalarbeit, ist der Ausgangspunkt für die Gestaltung gezielter Maßnahmen, wie z. B. Bindungsprogramme, eine klare Definition der Zielstellungen des Retention Managements sowie eine umfassende Datensammlung. Aus der reinen Unternehmenssicht gibt es Mitarbeitendengruppen, vor allem sog. Mangelkompetenzträger:innen, die über Qualifikationen verfügen, die auf dem Arbeitsmarkt nur schwer zu beschaffen sind und deren Verlust für das Unternehmen besonders schwer wiegt – insbesondere auch deswegen, weil die Gefahr besteht, dass diese Personen ihr Wissen mit zu einem Konkurrenten nehmen könnten. Es gibt jedoch auch Zielgruppen, bei denen sogar ein gewisses Interesse an einer natürlichen Fluktuation besteht, da diese eine stetige Erneuerung der Mitarbeitendenkompetenzen eines Unternehmens mit sich bringt. Retention Management zielt vorrangig auf die erste Gruppe ab. In einem nächsten Schritt ist es wichtig, die Motive und Beweggründe zu erschließen, die dazu führen, dass Mitarbeiter:innen einen Unternehmenswechsel in Erwägung ziehen bzw. gerade nicht in Erwägung ziehen. Dazu bietet sich der Einsatz verschiedener Befragungs- und Interviewtechniken und natürlich der Abgleich mit etablierten psychologischen Konzepten (z. B. Commitment) an. Ausgehend von dieser Datenbasis können dann Konzepte zur gezielten Mitarbeiterbindung entwickelt und in das Gesamtportfolio der Personalentwicklungsmaßnahmen aufgenommen werden.

Evaluation

Personalarbeit ist für Organisationen in erster Linie nicht wertschöpfend – das Personalwesen verdient also nicht direkt Geld für das Unternehmen. Auch wenn Personalpsycholog:innen von extern (z. B. von Unternehmensberatungen) für ein Projekt zugekauft werden, entstehen der Organisation zunächst einige Kosten. Die Effekte guter Personalarbeit auf das Geschäftsergebnis zeigen sich eher indirekt. Werden z. B. über ein neu konzipiertes Auswahlverfahren mehr Mitarbeiter:innen mit optimaler Passung zu den Anforderungen der Tätigkeit ausgewählt als mit den bestehenden Instrumenten, kann dies dazu führen, dass diese eine höhere Leistung erbringen und damit auch zum Geschäftserfolg beitragen. Ebenso können oftmals Kosten eingespart werden, wenn es gelingt, für neue Aufgabenfelder bestehende Mitarbeiter:innen weiterzuentwickeln anstatt sich neue von außen hereinzuholen. Personalpsycholog:innen haben also ein großes Interesse daran, die Wirksamkeit der von ihnen entwickelten und genutzten Verfahren zu belegen, um der Geschäftsführung bzw. der auftraggebenden Seite zu belegen, dass es sich auch lohnt, in den Personalbereich zu investieren. Zu diesem Zweck setzen Personalpsycholog:innen Evaluationssysteme ein, die z. B. Leistungsdaten vor dem Einsatz eines neuen Verfahrens mit den Daten nach dem erstmaligen Einsatz und nach 3 Jahren seit der Einführung mithilfe von statistischen Methoden vergleichen.

11.2 Personalpsychologie – ein ganz besonderes Tätigkeitsfeld?

Betrachtet man die im vorigen Abschnitt dargestellten personalpsychologisch relevanten Bereiche, so wird schnell deutlich, dass eine Abgrenzung von Personalpsychologie zu Tätigkeiten im Personalwesen oder dem heute gängigen Begriff Human Ressource Management nur schwer möglich ist. Personalpsychologie hat für beinahe das komplette Spektrum der Personalarbeit hohe Relevanz. Ausnahmen bilden hier z. B. die Bereiche operative Personalbetreuung und Vertragswesen, Compensation & Benefits oder Arbeitssicherheit. Jedoch sind auch für Tätigkeiten in diesen Bereichen psychologisches Grundwissen und soziale Kompetenzen sicher hilfreich – für die Arbeitssicherheit ergeben sich sogar große Schnittstellen zur Arbeitspsychologie und Ergonomie sowie zur Gesundheitspsychologie. In den folgenden Abschnitten sollen nun einige Besonderheiten der Tätigkeit im Personalbereich und, sofern differenziert möglich, der Tätigkeit als Personalpsycholog:in dargestellt werden.

Aufgaben im Rahmen der Tätigkeit

Im ▶ Abschn. 11.1 „Personalpsychologie – was ist das?" wurden gängige Einsatzgebiete für Personalpsycholog:innen vorgestellt. Alle die dort dargestellten Tätigkeiten haben zentrale Eigenschaften gemein. Der Fokus liegt eher auf konzeptuellen als auf rein operativen Tätigkeiten. Beispielsweise werden von Personalpsycholog:innen Leitfäden zur Personalbeurteilung entwickelt. Eingesetzt werden diese jedoch primär von den

Führungskräften einer Organisation, die dabei in manchen Fällen von nicht zwangsweise psychologisch ausgebildeten Mitarbeiter:innen aus dem operativen Personalwesen unterstützt werden. Für konzeptuelle Arbeiten sind eine methodische Vorgehensweise und die Kenntnis relevanter Theorien von großer Bedeutung, um ein in sich schlüssiges qualitativ hochwertiges Konzept entwickeln zu können. Da die entwickelten Konzepte jedoch in bestehende Unternehmenssysteme einfließen, ist es besonders wichtig, bereits früh in der Konzeptphase alle betroffenen Schnittstellenpartner:innen mit einzubeziehen. Dabei handelt es sich, je nach Tragweite des Konzepts, um die Kolleg:innen des operativen Personalwesens, eine höhere Führungsebene, die Konzern-IT und die Arbeitnehmervertretung, den Betriebsrat. Das Thema Auswahlverfahren in Deutschland ist beispielsweise voll mitbestimmungspflichtig. Das bedeutet, dass der Betriebsrat als Interessensvertretung der Arbeitnehmer:innen bei derartigen Fragestellungen von Anfang an mit einzubeziehen ist. Neben der eigentlichen inhaltlichen konzeptuellen Arbeit sind Personalpsychologen also häufig in Abstimmprozesse eingebunden.

Mobilitätsbereitschaft

Konzeptionelle Personalarbeit gehört bei den meisten Unternehmen zu den sog. Zentralfunktionen. Das bedeutet, dass die dort tätigen Mitarbeiter:innen bei großen Unternehmen zumeist in der Unternehmenszentrale oder in großen Ländergesellschaften tätig sind. Operative Personalarbeit spielt sich überall ab. Demzufolge gibt es an fast allen Standorten eigene Personalabteilungen z. B. für das Recruiting, die Personalauswahl oder die Beurteilungssysteme. Je nachdem, in welcher Funktion man tätig ist, ergeben sich unterschiedliche Anforderungen an die Reisetätigkeiten. Bei in der Zentrale verorteten konzeptuellen Tätigkeiten kann es notwendig sein, zu Abstimmungszwecken die von der Konzeptänderung betroffenen Standorte im In- und Ausland zu besuchen. Manchmal werden Dienstreisen hier auch aufgrund des Expertenwissens zu bestimmten personalpsychologischen Fragestellungen nötig, z. B. zur Personalauswahl. Die eigentliche Arbeit findet jedoch primär an einem festen Arbeitsplatz statt. Im operativen Bereich – insbesondere in kleineren Unternehmen mit vielen Außenstellen – kann es notwendig sein, für die Personalbetreuung von Standort zu Standort zu fahren. Die Anforderungen an die Mobilität sind also stark unterschiedlich und sollten daher im Rahmen einer Bewerbung abgeklärt werden.

Arbeitszeit und Bezahlung

In den meisten Fällen sind Personalpsycholog:innen fest in einer Organisation angestellt. Der Bedarf nach konzeptioneller personalpsychologischer Arbeit besteht in der Regel erst ab einer gewissen Unternehmensgröße. Dementsprechend findet sich ein Großteil der relevanten Stellen in mittelständischen Unternehmen und großen Konzernen, die im Regelfall den tariflichen Bestimmungen der jeweiligen Branchen unterliegen bzw. diese um eigene Betriebsvereinbarungen ergänzt haben. Demnach können die aktuell gültigen Regelungen auf den Homepages der entsprechenden Gewerkschaften abgerufen werden. So kommt z. B. bei einer Tätigkeit in der Automobilbranche der Tarifvertrag für die Metall- und Elektroindustrie zum Tragen oder bei Tätigkeiten bei öffentlichen Trägern die Regelungen der Tarifverträge für den öffentlichen Dienst des Bundes bzw. der Länder. In diesen Verträgen werden u. a. Arbeitszeiten, die Höhe des Urlaubsanspruchs, Arbeitszeitmodelle wie z. B. Gleitzeit, Zusatzleistungen wie Weihnachtsgeld oder Urlaubsgeld geregelt, aber auch mögliche Gehaltsstufen und die damit verbundenen Qualifikationsanforderungen für Bewerber:innen festgelegt. Vor einer Vertragsverhandlung ist es daher dringend zu empfehlen, sich mit den für das Unternehmen gültigen Tarifregelungen auseinanderzusetzen. Unternehmen, die nicht unter den Geltungsbereich bestimmter Tarifverträge fallen, schreiben in Stellenausschreiben häufig „Die Bezahlung erfolgt angelehnt an den Tarif XY" – insofern bieten sich auch hier Ansatzpunkte zur Vorbereitung. Neben der Anstellung zu tariflichen Bedingungen sind auch Beschäftigungsverhältnisse im außertariflichen Bereich möglich. Diese gelten meist nicht für Berufseinsteiger:innen, sondern für Bewerber:innen mit vorhandener Berufserfahrung. Meistens erfolgt hier eine deutlich höhere Vergütung, aber keine exakte Zeiterfassung, sodass sich nicht zwangsläufig ein höherer absoluter Stundenlohn ergibt. Hier kommen die tariflichen Regelungen nicht zur Anwendung, und Arbeitszeiten, Gehalt und Zusatzleistungen können zu einem großen Teil individuell verhandelt werden. Details bezüglich der Arbeitszeiten und der Vergütung für in Unternehmensberatungen tätigen Personalpsychologen finden Sie im ▶ Kap. 14.

jedoch nicht zwangsläufig die Übernahme einer disziplinarischen Führungsrolle.

Demgegenüber steht die klassische Linienkarriere, wie sie in vielen Organisationen anzutreffen ist. Erfolgt eine kontinuierliche Bewährung auf der eigenen Position und gelingt es, die eigene Führungskraft und das entsprechende Netzwerk davon zu überzeugen, dass man für eine Führungsrolle geeignet ist, so ist eine Übernahme einer Funktion auf einer höheren Ebene möglich. In diesem Kontext muss sich dann auch Personalpsycholog:innen selbst mit den definierten Anforderungen und Kompetenzausprägungen für die Zielfunktion auseinandersetzen und ggf. entsprechende Auswahl- und Entwicklungsverfahren durchlaufen. In diesen höherrangigen Funktionen steht dann weniger die fachliche Expert:innentätigkeit an personalpsychologischen Fragestellungen im Vordergrund, sondern vermehrt die disziplinarische Führung eines eigenen Teams sowie viele koordinative Funktionen, um die Arbeit der eigenen Gruppe stimmig im Gesamtbild der Personalarbeit zu verorten. Meistens geht mit der Übernahme von Führungsverantwortung auch ein finanzieller Aufstieg einher.

Karrieremöglichkeiten

Bezüglich der Karrieremöglichkeiten ist zwischen einer sog. Expert:innenkarriere und einer Führungskarriere zu unterscheiden. Personalpsycholog:innen haben durch ihren in vielen Organisationen einzigartigen Ausbildungshintergrund die Möglichkeit, sich für bestimmte Fachgebiete als Expert:innen zu positionieren, z. B. im Bereich der Eignungsdiagnostik. Ein Karriereziel kann es sein, in einem großen Unternehmen Hauptansprechpartner:in für alle eignungsdiagnostischen Fragen zu werden. Um eine derartige Position zu erreichen, ist es notwendig, kontinuierlich fachlich zu überzeugen und sich ein gutes Netzwerk aufzubauen. Eine Expert:innenkarriere bedeutet

Persönliche Weiterbildung

Solange man in Expert:innenfunktionen tätig ist, ist es wichtig, sich bezüglich relevanter Entwicklungen in der Psychologie auf dem Laufenden zu halten. Insbesondere bei Tätigkeiten im Themenfeld Eignungsdiagnostik sollte zudem eine Zertifizierung nach DIN 33430 „Anforderungen an Verfahren und deren Einsatz bei berufsbezogenen Eignungsbeurteilungen" in Erwägung gezogen werden (▶ www.bdp-verband. de/profession/qualitaet-in-der-diagnostik/diagnostik-und-testkuratorium-dtk/fortbildungen-und-pruefungen-zur-personenlizensierung-nach-din-33430). Um den sich wandelnden Rahmenbedingungen in der Personalarbeit Rechnung zu tragen, wurde mit der DIN 33430:2016–07 eine Weiterentwicklung des 2002 verabschiedeten ersten Konzepts vorgenommen. Arbeit man im Schwerpunkt im internationalen Kontext, empfiehlt sich zudem die Auseinandersetzung mit der ISO 10667-1 Assessment Service Delivery. Ähnlich wie die DIN 33430 bietet sie Anregungen für die Gestaltung guter Personalauswahl. Weiterbildungen im Bereich Arbeits- und Sozialrecht mit besonderem Fokus auf das Betriebsverfassungsgesetz sind ebenfalls zu empfehlen – insbesondere, wenn man häufig an Konzepten arbeitet, die unter die Mitbestimmung der Arbeitgebervertretung fallen.

Selbstständigkeit

Personalpsychologische Dienstleistungen können selbstverständlich auch aus einer externen Position angeboten werden. Weitere Details dazu finden Sie im ▶ Kap. 14, sodass an dieser Stelle nicht detailliert darauf eingegangen wird. Allgemeine Hinweise und Perspektiven zur Selbstständigkeit finden Sie im ▶ Kap. 38.

Eine Perspektive aus der Wissenschaft

Prof. Dr. phil. habil. Uwe P. Kanning, Dipl.-Psych., ist seit 2009 Professor für Wirtschaftspsychologie an der Hochschule Osnabrück. Seine Schwerpunkte in Forschung und Praxis sind Personaldiagnostik, Evaluation, Soziale Kompetenzen und Personalentwicklung. Im folgenden Absatz erläutert er, welche Rolle Psycholog:innen in der Personalpsychologie spielen:

Das Berufsfeld der Personalpsychologie ist in den letzten Jahrzehnten kontinuierlich gewachsen. Arbeitslosigkeit scheint es nicht zu geben, vielmehr erhalten auch Berufsanfänger:innen in aller Regel schnell eine Anstellung. Personalpsycholog:innen konkurrieren mit unterschiedlichsten Berufsgruppen, von denen die meisten für die anliegenden Aufgaben (Personaldiagnostik, -entwicklung, Evaluation etc.) nicht einmal annähernd so gut qualifiziert sind wie Psycholog:innen. Dies gilt insbesondere für Pädagog:innen, Jurist:innen und Absolvent:innen geisteswissenschaftlicher Studiengänge. Die besondere Stärke der Psychologie liegt in ihrer quantitativ-empirischen Ausrichtung. Absolvent:innen der Psychologie haben in ihrem Studium gelernt, Behauptungen, Glaubenssätze, Meinungen etc. als solche zu erkennen und von empirisch abgesicherten Erkenntnissen zu unterscheiden. Die naturwissenschaftliche Ausrichtung des Studiums fördert das systematische Denken und trägt maßgeblich dazu bei, dass man sich an wissenschaftlichen Befunden und nicht primär an Werthaltungen orientiert. Psycholog:innen sind in der Lage, empirische Publikationen zu verstehen und eigenständig Studien (z. B. zur Evaluation) in Unternehmen durchzuführen. In manchen Arbeitsfeldern – insbesondere der Diagnostik – kommt beinahe das gesamte wissenschaftliche Wissen aus der Psychologie zum Tragen. Hier sind Psycholog:innen besonders im Vorteil. Trotz der hervorragenden Fachausbildung ist es sinnvoll, sich Grundlagenwissen in den Bereichen Betriebswirtschaftslehre und Arbeitsrecht anzueignen. Den größten beruflichen Erfolg dürften Personalpsycholog:innen aber haben, wenn sie offensiv ihre besonderen Kompetenzen zum Einsatz bringen und nicht versuchen, „die besseren BWLer:innen" zu werden.

11.3 Die Rolle von Psycholog:innen im Kontext der Personalarbeit

Psycholog:innen sind aufgrund ihrer spezifischen Ausbildung insbesondere für die Übernahme konzeptioneller Tätigkeiten in den oben dargestellten personalpsychologischen Einsatzfeldern geeignet. In vielen Organisationen ist das Personalwesen bezüglich der fachlichen Hintergründe der Mitarbeiter:innen sehr heterogen aufgestellt, so sind neben betriebs- und volkswirtschaftlichen auch juristische, pädagogische und soziologische Hintergründe anzutreffen. Es gibt jedoch einige Bereiche wie z. B. die Eignungsdiagnostik, in denen sich Psycholog:innen eine eigene Nische erarbeiten können. Manche psychologische Testverfahren dürfen nämlich ausschließlich von Psycholog:innen eingesetzt und ausgewertet werden. In anderen Kontexten ist eine enge Zusammenarbeit mit den anderen Fachgruppen vorteilhaft, da sich nur durch die Integration aller Sichtweisen inhaltlich fundierte und zugleich wirtschaftlich begründbare und rechtssichere Konzepte entwickeln lassen.

11.4 Anforderungen an eine Tätigkeit als Personalpsycholog:in

Im Folgenden werden Hinweise gegeben, wie bereits während der akademischen Ausbildung einige Weichen in Richtung einer erfolgreichen Tätigkeit als Personalpsychologe gestellt werden können. Wie bei allen anderen Berufsfeldern gibt es hier jedoch auch nicht den einen Königsweg, sondern es gibt unterschiedlichste Pfade und persönliche Entwicklungsmöglichkeiten, die zum Ziel führen können.

Eine Perspektive aus der Praxis

Claudia Lochbrunner, Referentin in der Personalbetreuung und Projektmitarbeiterin bei der Einführung einer Personalverwaltungssoftware, Bachelorstudium der Psychologie (inkl. Auslandssemester an der Université de Nantes) und Masterstudium der Wirtschafts-, Organisations- und Sozialpsychologie an der Ludwig-Maximilians-Universität München

Wieso haben Sie sich für eine Tätigkeit als Psychologin im Personalbereich entschieden?

Mich interessieren sowohl die Arbeitnehmer:innensicht und die Belange der Mitarbeiter:innen als auch die Arbeitgebersicht, was sich im Rahmen der Personalbetreuung gut vereinen lässt. Bei meiner Tätigkeit begleite ich Menschen auf deren beruflichen Wegen, werde konfrontiert mit Spannungen zwischen Mitarbeitenden und Führungskraft, mit Fragestellungen zum Arbeitsverhältnis, mit Herausforderungen für den Arbeitgeber und bin Lösungsfinder. Doch all die mitarbeitendenbezogenen Themen bearbeite ich mit einem gewissen Abstand, habe wenig Gesprächsführung und übe mehr Verwaltungstätigkeiten aus. Als Mitarbeiterin in der Verwaltung nicht an vorderster Front, sondern wertvolles Mitglied im Rückgrat zu sein, gefällt mir. Außerdem habe ich viel Abwechslung durch das Projekt der Einführung einer Personalverwaltungssoftware, in dem es hilft, Struktur schaffen zu können und sich auf Unvorhergesehenes einzulassen, gleichzeitig sollte man den Überblick bewahren und die Details der Software durchdringen wollen. Man ist mit diversen Schnittstellenabteilungen in Kontakt, um die Bedarfe aller Nutzer:innen zu erkennen und abzudecken, was auch die Gesamtstruktur eines Unternehmens näher bringt und Einblick in andere Abläufe bietet.

Was waren Ihre beruflichen Stationen vor Ihrer aktuellen Tätigkeit?

Nach meinem Studium war ich zweieinhalb Jahre als Personalreferentin in einem mittelständischen Unternehmen tätig. Dort baute ich den Personalbereich mit auf, war involviert von Personalmarketing über Recruiting, in der Mitarbeitendenbetreuung und Gehaltsabrechnung hin zum Aufsetzen eines Personalmanagementsystems verbunden mit Prozessgestaltung und -implementierung im Personalbereich – eben Personalbereich von A bis Z wie es in kleineren Unternehmen eher der Fall ist.

Was glauben Sie, können Psychologen in diesem Berufsfeld bewegen?

Meines Erachtens können Psycholog:innen im Personalbereich mit strukturiertem organisationalem Denken Prozesse leben und optimieren, den Spagat zwischen dem Fokus auf die Mitarbeitenden und dem Fokus auf die Pflichten und Vorgaben des Arbeitgebers meistern. Außerdem ist im Personalbereich ein sensibler Umgang mit den Anforderungen und den schützenswerten Daten der Mitarbeiter notwendig, Psycholog:innen können Perspektivübernahme und Kommunikation fördern und den einzelnen in seinen Kompetenzen stärken, z. B. Hilfestellung bei Führungskräftethemen geben.

Was hat Sie an Ihrer Tätigkeit am meisten überrascht?

Mich hat überrascht, dass man als Psychologin in der Bandbreite des Personalbereichs einen Mehrwert schaffen kann – auch beim Erstellen von Arbeitsverträgen und Klärung von arbeitsrechtlichen Themen, bei der Durchführung der Gehaltsabrechnung, bei der Einführung einer Personalverwaltungssoftware oder bei der Prozessgestaltung innerhalb des Bereichs.

Wie lässt sich Ihre Tätigkeit mit Ihrem Privatleben vereinbaren?

Bei unter 40 h pro Woche von Montag bis Freitag und relativ flexibel gestaltbarer Themenbearbeitung kommt die Freizeit meiner Meinung nach nicht zu kurz. Außerdem nehme ich Arbeitsthemen und die zu lösenden Probleme nicht mit nach Hause.

Welchen Tipp haben Sie für Psycholog:innen, die sich überlegen im Personalbereich zu arbeiten?

Innerhalb des Personalbereichs gibt es für Psycholog:innen diverse Handlungsfelder, z. B. Personalbetreuung, Personalentwicklung, Change Management, Recruiting, Personalauswahl, Coaching. Durch Praktika, Gespräche oder sonstige Informationsbeschaffung sollte man sich überlegen, in welchem Bereich man einsteigen möchte.

Welches Wissen ist neben (wirtschafts-)psychologischen Grundlagen in Ihrer Tätigkeit wichtig?

Um sich als Psycholog:in für den Personalbereich fit zu machen, hilft es, sich mit arbeitsrechtlichen Fragestellungen zu befassen. Mit einigen häufig anzuwendenden Gesetzen (bspw. Allgemeines Gleichbehandlungsgesetz, Bundesurlaubsgesetz, Betriebsverfassungsgesetz, Mindestlohngesetz, Teilzeitbefristungsgesetz oder Mutterschutzgesetz) und auch mit aktuellen Personalthemen aus Fachzeitschriften sollte man sich auseinandersetzen. Das bildet zum einen allgemein, hilft beim Standing und man kann gleichzeitig testen, ob man sich auch für die nicht-psychologischen Personalthemen interessiert.

Neben arbeitsrechtlichen Grundlagen und unternehmerischem Denken erachte ich

> Prozessdenken als sehr wichtig. Stets hat man mit Schnittstellen zu tun, die gut aufeinander abgestimmt sein sollten. Außerdem wird die Arbeitswelt durch den digitalen Wandel ständig optimiert und Prozesse den IT-Systemen angepasst. Da hilft es, sich verschiedene Wege vorstellen und durchdenken zu können, Perspektivübernahme zu leisten und Kommunikationswege zu optimieren.
>
> **Stoßen Sie manchmal auf Vorurteile wegen Ihrer Ausbildung als Psychologin?**
> Als Hauptakteurin bei der Einführung einer Personalverwaltungssoftware kann es durchaus zu Nachfragen kommen. Als Referent:innen in der Personalbetreuung sind Psycholog:innen nicht mehr Exot:innen als Betriebswirt:innen, Jurist:innen oder Pädagog:innen.

Schwerpunktsetzung

Wird angestrebt, bereits nach dem Bachelor in das Erwerbsleben zu starten, sollte sich eine wirtschaftspsychologische Schwerpunktsetzung schon dort wiederfinden. Wird eine Tätigkeit in der Personalentwicklung angestrebt, bietet sich als weiterer Schwerpunkt die Pädagogische Psychologie an. Aufgrund der häufigen interdisziplinären Arbeit sind als Nebenfächer besonders Betriebs- oder Volkswirtschaftslehre, Pädagogik oder Arbeits- und Sozialrecht geeignet. Im Kontext der immer größer werdenden Bedeutung von künstlicher Intelligenz und datenbasierten Strategien im Kontext der Personalarbeit empfehlen sich zudem Nebenfächer wie Informatik oder weitere Vertiefungen in Statistik und Machine Learning. Daneben gibt es zahlreiche, oftmals auch kostenlose oder günstige Weiterbildungsmöglichkeiten und Kursangebote, die auch neben dem Studium zum Wissens- und Kompetenzerwerb rund um künstliche Intelligenz und verwandte Themen genutzt werden können.

Fachliche Inhalte

Je nach Einsatzwunsch bietet es sich an, gezielt Veranstaltungen z. B. in der Eignungsdiagnostik oder im Bereich der Personalentwicklung zu belegen. Beinahe zwingend ist es jedoch, solides Expert:innenwissen in Testtheorie, Statistik und Methodenlehre zu erwerben. Dieses Wissen ist die Basis für jegliche Tätigkeit im Bereich der Testung oder der Evaluation und stellt zudem ein zentrales Alleinstellungsmerkmal gegenüber vielen Mitbewerbern aus anderen Fachgruppen dar.

Computerkenntnisse

Gute Anwender:innenkenntnisse der gängigen Office-Anwendungen sind ebenso erforderlich wie die Erfahrung mit Statistikprogrammen wie z. B. R oder SPSS. Im operativen Personalwesen sind zudem Grundkenntnisse in den verschiedenen SAP-HR-Anwendungen oder in anderen HCM-Software-Suites (HCM = Human Capital Management) sowie in Bewerbungsmanagementsystemen verschiedener Anbieter hilfreich – diese können jedoch auch oft im Rahmen der Berufstätigkeit erworben werden.

Sprachkenntnisse

Gerade in großen Organisationen werden sehr gute bis verhandlungssichere Englischkenntnisse als Einstiegskriterium vorausgesetzt. Über weitere Fremdsprachenkenntnisse – insbesondere für aufkommende

Arbeitsmärkte wie z. B. Brasilien, Indien, Mexiko oder einige afrikanische Staaten – kann die eigene Position in einem Bewerbungsverfahren weiter gestärkt werden.

Praxis, Praxis, Praxis

Der Arbeitsmarkt für Festanstellungen im Personalbereich ist insbesondere in großen Konzernen immer noch umkämpft. Insofern können es sich viele Unternehmen erlauben, eine strenge Vorauswahl der Bewerber:innen zu treffen. Nutzt man das Studium, um sich bereits früh in der eigenen Karriere relevante Praxiserfahrung in personalpsychologischen Fragestellungen zu erarbeiten, z. B. über Praktika, Werkstudierendentätigkeiten oder das Verfassen der eigenen Studienabschlussarbeit in einem Unternehmen, so kann man sich gegenüber Mitbewerber:innen mit wenig oder keiner Praxiserfahrung eventuell entscheidend absetzen. Der zweite Vorteil von frühzeitiger Praxiserfahrung ist, dass diese die Möglichkeit bietet, für sich zu entscheiden, ob eine Tätigkeit im Personalbereich ein Berufsfeld ist, das einem liegt und das man sich für die tägliche Arbeit vorstellen kann.

> **Fazit**
> Ich, Maximilian Mendius, habe jeden Tag meiner Arbeit im Personalwesen der BMW Group genossen und freue mich auch in meiner neuen Rolle eng mit dem Personalwesen verbunden zu sein. Die Beschäftigung mit Fragestellungen zu Arbeitgeberattraktivität, Auswahlverfahren oder Nachwuchssicherung ist zukunftsorientiert und stellt den Mitarbeitenden als Erfolgsfaktor in den Mittelpunkt. Personalpsycholog:innen können Organisationen dabei unterstützen, die personalseitigen Voraussetzungen dafür zu schaffen, dass die strategischen Ziele erreicht werden können. Gleichzeitig können wir einen Beitrag dazu leisten, dass sich einzelne Mitarbeiter:innen mit ihren individuellen Stärken optimal entfalten und weiterentwickeln können. Ich bin froh, mich für eine Tätigkeit im Personalbereich entschieden zu haben. Und für mich, Simon Werther, ist die Personalpsychologie auch als Wissenschaftler und Unternehmer ein unglaublich spannendes Betätigungsfeld. Es werden fortlaufend grundlegende Herausforderungen in Bezug auf die Arbeitswelt der Zukunft diskutiert und umgesetzt – wir Psycholog:innen sollten uns dementsprechend mit unserer gesamten Expertise vom Mittelstand bis zum Großkonzern in diesen Prozess einbringen. Wir sollten Buzzwords wie Agilität, New Work und vieles mehr psychologisch fundiert mit Leben füllen, aufbauend auf Daten und Fakten relevante Personalentscheidungen treffen und die Wertschätzung den Menschen gegenüber konsequent in den Mittelpunkt stellen.

Literatur

Berufsverband Deutscher Psychologinnen und Psychologen (BDP). Fortbildungen und Prüfungen zur Personenlizensierung nach DIN 33430. www.bdp-verband.de/profession/qualitaet-in-der-diagnostik/diagnostik-und-testkuratorium-dtk/fortbildungen-und-pruefungen-zur-personenlizensierung-nach-din-33430. Zugegriffen am 14.05.2024.

Rauen Group. www.rauen.de. Zugegriffen am 14.05.2024.

Schuler, H. (Hrsg.). (2006). *Lehrbuch der Personalpsychologie* (2. Aufl.). Hogrefe.

Tätigkeiten in der Organisationspsychologie

Ulrich Stephany

Inhaltsverzeichnis

12.1 Organisationspsychologie – was ist das? – 145

12.2 Organisationspsychologie – ein ganz besonderes Tätigkeitsfeld? – 150
 Aufgaben im Rahmen der Tätigkeit – 151
 Mobilitätsbereitschaft – 152
 Arbeitszeit – 152
 Einkommen – 152
 Karrieremöglichkeiten – 153
 Persönliche Weiterbildung – 153
 Selbstständigkeit – 154

12.3 Die Rolle von Psychologen im Berufsfeld der Organisationsdiagnose und -entwicklung – 154

12.4 Anforderungen an eine Tätigkeit als Organisationspsychologe – 155
 Schwerpunktsetzung – 157
 Fachliche Inhalte – 157
 Computerkenntnisse – 157
 Praxis, Praxis, Praxis – 158

Literatur – 158

© Der/die Autor(en), exklusiv lizenziert an Springer-Verlag GmbH, DE, ein Teil von Springer Nature 2024
M. Mendius, S. Werther (Hrsg.), *Psychologie in Studium und Beruf*,
https://doi.org/10.1007/978-3-662-68508-2_12

Der Kernnutzen von Organisationspsychologen ist es, Organisationen beim Erreichen ihrer Ziele durch das Gestalten von Organisationselementen zu unterstützen. Organisationsziele sind zu einem Teil primär businessgetrieben. Organisationen haben aber auch Image- und Nachhaltigkeitsziele oder organisationsinterne Ziele, wie z. B. das Verbessern von Qualitäts- oder Gesundheitsquoten. Gestaltbare Organisationselemente können über verschiedene Zugangskanäle gefunden werden. Begreift man Organisation als Kontext, finden sich Variablen wie die Strategie, Strukturen und Prozesse oder auch die Gestaltung von Arbeitsplätzen und -abläufen. Sieht man die Organisation als soziales System, würde man beispielsweise die Interaktion zwischen Schlüsselakteuren der Organisation ganz gezielt gestalten. Solche Schlüsselakteure sind das Top Management, das Mittlere Management, Führungskräfte auf unteren Ebenen, Mitarbeiter als Teams und der Einzelne. Neben grundlegenden Techniken wie Formaten für Kommunikation, Interaktion und Dialog können Organisationspsychologen Hinweise zur Gestaltung von sozialen Systemen aus Erkenntnissen der Sozialpsychologie ableiten, beispielsweise bei der Gestaltung von Gruppenzielen, dem Grad an Autonomie bei Entscheidungen im Team oder dem Zusammenspiel von Entlohnungssystemen auf Team- und Individualebene.

Ein besonders spannendes Feld der Organisationspsychologie entstand, als Kurt Lewin Mitte des letzten Jahrhunderts soziale Systeme in Veränderungsprozessen beschrieb und dabei die grundlegende Idee vom Nutzen lieferte, den Beratung im Kontext von Veränderungen stiften kann. Diese Art von Veränderungsbegleitung wird als Organisationsentwicklung oder auch als Change-Management-Beratung bezeichnet und stellt ein wachsendes Wirkungsfeld für Organisationspsychologen in der Wirtschaft dar. Inhaltlich umfasst dieses Feld Tätigkeiten, die sich entweder stärker am Entwickeln der Organisationsstruktur entsprechend der Aufbau- und Ablauforganisation orientieren oder am Gestalten von Transformationsprozessen in sozialen Systemen mit dem gezielten Managen von Eingangsvariablen wie Information über Kommunikation und Dialog oder Qualifizierungen, um sich auf Ergebnisvariablen auszuwirken wie Emotionen, Vertrauen, Experimentierfreudigkeit, Innovations- und Veränderungsbereitschaft und natürlich Verhalten.

In diesem Kapitel wird als exemplarische Tätigkeit eines Organisationspsychologen in der Wirtschaft die eines organisationsinternen Change-Management-Beraters genauer betrachtet.

Ein Szenario

Der Gesamtvorstand hat sich ein Jahr zurückgezogen, um eine Strategie für die erfolgreiche Zukunft der Organisation zu entwickeln. Trends wurden ausgewertet, SWOT- (Strengths-Weakness-Opportunities-Threats-) Analysen durchgeführt, Ideen auf Machbarkeit geprüft und mehrfach modifiziert oder verworfen. Als der Plan im Detail abgeschlossen ist, stellt sich die Frage: Wie kann die neue Strategie vom Papier, auf dem sie steht, in gelebtes Verhalten überführt werden, damit die Vision der erfolgreichen Zukunft Realität wird?

An diesem Punkt kommt die Change-Management-Kompetenz der Organisation zum Zug. Damit ist nicht die Abteilung für Change-Management-Beratung gemeint, denn Change Management ist eine Facette von Führung. Die entsprechende Beratung übernimmt die Funktion, diese Facette zu stärken, indem sie Optionen und Möglichkeiten aufzeigt, Empfehlungen abgibt und konkrete Umsetzungsvorschläge ausarbeitet. Die Entscheidung aber bleibt beim zuständigen Management.

Für das aufgezeigte Beispiel der Unternehmensstrategie bedeutet das, von der Change-Management-Beratung werden Ideen erarbeitet, wie zunächst die frühe Phase der Strategieimplementierung aussehen kann. Es werden die drei Zielfelder Klarheit der Strategieinhalte, Vertrauen in den Umsetzungserfolg und Ergebnisorientierung definiert. Zunächst soll jeder verstehen, was das Ziel der Strategie ist (Klarheit). Erst wenn die Mitarbeiter überzeugt sind, dass dieses Ziel Erfolg haben wird (Vertrauen) und den eigenen Beitrag zum Erreichen des Ziels kennen, können sie sich in die Umsetzung der Strategie aktiv einbringen (Ergebnisorientierung).

Für die drei Ziele werden in einem Mix aus Groß- und Kleingruppenformaten dialogische Kommunikationsformate für die Zielgruppen Top Management, Mittleres Management und Mitarbeiter entwickelt. Während das Top Management eher die generelle Ausrichtung vermittelt, hat das Mittlere Management die Aufgabe, konkrete Ableitungen für den Fachbereich zu treffen. Entsprechend unterscheiden sich die Tätigkeiten und Inhalte auf diesen Ebenen voneinander und müssen auch im Prozess unterschiedlich berücksichtigt und unterstützt werden.

Außerdem wird ein Plan erstellt, wie Quick Wins erzielt und in die Kommunikation integriert werden können. Damit sind rasche, konkrete Ergebnisse gemeint, in denen die Umsetzung der Strategie als Teilerfolg exemplarisch sichtbar wird, was das Vertrauen in den Erfolg der weiteren Umsetzung stärkt.

Um nachzuhalten, inwiefern die Annäherung des Ist-Zustandes an den Soll-Zustand funktioniert, wird ein Monitoring-System entwickelt und vorgeschlagen. Es bildet neben den Zielvariablen Klarheit, Vertrauen und Ergebnisorientierung verschiedene Prozessbefähiger wie Gruppenstimmung, Führung und Organisational Alignment ab und liefert somit neben der Transparenz über den aktuellen Prozessstand konkrete Anhaltspunkte zur Steuerungsfähigkeit.

12.1 Organisationspsychologie – was ist das?

Ganz grundlegend hat die Organisationspsychologie das Erleben und Verhalten von Menschen in Organisationen zum Gegenstand. Wie kann eine Organisation das Verhalten ihrer Organisationsmitglieder so gestalten, dass es zu den Zielen der Organisation beiträgt? Organisation ist in diesem Versuchsaufbau die Kontextvariable als Eingangsvariable, das entsprechende Zielverhalten der Organisationsmitglieder ist die Ergebnisvariable. Diese kann sich auf individueller Ebene (z. B. Anstrengung, Qualität der Leistung, Bindung an das Unternehmen, Gesundheit, Wohlbefinden), auf Gruppenebene (z. B. Teamklima, Gruppenleistung) und auf der Organisationsebene wiederfinden (z. B. aggregierte Qualitäts- und Leistungszahlen, Organisationskultur). In diesem Buch wird die Organisationspsychologie am wachsenden Feld der Organisationsentwicklung bzw. des Change Managements genauer beschrieben. Das ist besonders spannend, weil im Change, also bei der Transformation einer Organisation vom Ist- in den Soll-Zustand, viele der angesprochenen Ebenen und Variablen miteinander in Bewegung geraten und gestaltet werden. Wer sich für andere Aspekte der Organisationspsychologie tiefergehend interessiert, findet Informationen zu diesem weiten Feld bei von Rosenstiel (2011).

Der Organisationspsychologe berät das Management als Change-Management-Berater bei der Planung und Umsetzung von Veränderungszielen und -projekten. Die Berater begleiten dabei den kompletten Veränderungsprozess von der Initialphase über die Konzeptentwicklung bis hin zur endgültigen Umsetzung und Erfolgskontrolle. Grundidee von dieser Art von Beratung ist, dass Organisationen soziale Systeme sind, die eine Tendenz zu sicherheitsvermittelnden Routinen haben, während Veränderung zunächst eine Irritation ist, die Unsicherheiten und Ängste auslösen kann. Werden diese Faktoren nicht sauber gemanagt, bremsen Widerstände den Veränderungsprozess und verzögern die angestrebten Veränderungsziele oder verhindern diese vollends.

Während das klassische Projektmanagement den Prozess eher vor dem Hintergrund von Meilensteinen im Sinne der businessgetriebenen Projektziele betrachtet, unterstützt der Organisationspsychologe bei der Entwicklung des Veränderungsprozesses mit Blick auf die Organisation als soziales System. Beide Perspektiven unterstützen das Erreichen dieser businessgetriebenen Projektziele, haben aber eine unterschiedliche Herangehensweise, die sich im besten Fall ergänzt. Eine typische Frage im klassischen Projektmanagement bei der Entwicklung eines prozesshaften Projektplans wäre: „Wie viel Kapazität benötigen wir, um Aufgabe X zu erledigen?". Eine typische Frage in der Change-Management-Beratung bei der Entwicklung eines Change Designs wäre: „Was muss passieren, damit die potenziellen Widerstände abgebaut und treibende Kräfte ausgebaut werden?". Das mag zunächst sehr soft klingen. Tatsächlich geht es um Themen, die zunächst nicht so greifbar sind wie andere KPIs (Key Performance Indicators, d. h. Leistungsparameter wie z. B. Return on Invest, Krankenquote etc.). In der Realität der Veränderung werden diese Aspekte aber schnell sehr konkret, beispielsweise dann, wenn eine Führungskraft in einer Schlüsselposition die Veränderung verhindert, weil sie befürchtet, dass der eigene Machtbereich verringert wird. Erst wenn diese Führungskraft für sich eine attraktive Vision von der Situation nach der Veränderung entwickelt hat, wird sie ihren Widerstand aufgeben.

Eine Perspektive aus der Wissenschaft

Prof. Dr. Dieter Frey leitete den Lehrstuhl für Sozialpsychologie an der Ludwig-Maximilians-Universität München und unterstützt den Verein Psychologie in Beruf und Praxis e. V. (▶ Kap. 1) seit seiner Gründung. Im Folgenden stellt Prof. Dr. Dieter Frey dar, warum gerade Organisationspsychologen für die Arbeit in oder die Unterstützung von sozialen und kommerziellen Organisationen besonders geeignet sind. Außerdem stellt er die Faszination und die Handlungsmöglichkeiten vor, die dieser Beruf mit sich bringt und gibt Hinweise, wie man sich bereits im Studium auf eine spätere Tätigkeit als Organisationspsychologe vorbereiten kann. Die ebenfalls enthaltenen übergreifenden Aussagen zum Rollenverständnis und mit dem Berufsstand des Psychologen einhergehenden Leitgedanken haben Gültigkeit für viele der in den vorigen und folgenden Kapiteln vorgestellten Berufsbilder im wirtschaftlichen und sozialen Kontext:

Der Beruf des Organisationspsychologen ist aus mehreren Gründen faszinierend:

1. Bereits Karl Marx sagte, dass das ökonomische Sein – und er meinte damit auch z. B. den Beruf, seine Entlohnung, die Zufriedenheit mit dieser Tätigkeit – das Bewusstsein bestimmt. Da die meisten Menschen mehr als die Hälfte ihres Lebens in Organisationen verbringen, ist das ökonomische Sein von zentraler Bedeu-

tung, auch wenn die Psychologie diese Grundlage von Erleben und Verhalten oft ignoriert.
2. Wenn man beide Aspekte berücksichtigt, die Wichtigkeit des ökonomischen Seins, aber auch die Wichtigkeit der Zufriedenheit und der Selbstverwirklichungschance der eigenen Tätigkeit für das Leben insgesamt, dann weiß man, wie wichtig die Arbeit des Organisationspsychologen ist. Streng genommen ist er der Vermittler von Problemen der Organisation und ihrer Mitglieder auf der einen Seite sowie des Know-hows, wie man diese Probleme löst auf der anderen Seite.
3. Tätigkeiten, die Menschen in sozialen und kommerziellen Organisationen ausüben, prägen insgesamt sehr stark ihr Erleben und Verhalten, haben Rückwirkungen auch auf das Privatleben. Man weiß deshalb als Organisationspsychologe, wie wichtig die Tätigkeit ist.
4. Die Tätigkeit, die man in sozialen und kommerziellen Organisationen ausübt, kann sowohl begleitet sein durch krankmachende Bedingungen (z. B. schlechte Führung, schlechte Unternehmenskultur, intrigierende Kollegen, Überforderung der Kunden, überfordernde, belastende, monotone Tätigkeiten, kein Spielraum für eigene Entscheidungen usw.) als auch durch positive Bedingungen, die ganz entscheidend zur Lebenszufriedenheit und zur Selbstverwirklichung beitragen.
5. Die Fähigkeit von sozialen und kommerziellen Organisationen, sich national und international durch innovative Prozesse, Produkte und Dienstleistungen zu behaupten, ist letztlich Grundvoraussetzung dafür, dass wir unseren Lebensstandard halten können. Wenn unsere Organisationen nicht erfolgreich sind, weil die Produkte und Serviceleistungen keine Abnehmer im nationalen und internationalen Markt finden, dann können wir auch zentrale Werte, die uns wichtig sind und die als Privileg zu gelten haben nicht aufrechterhalten: z. B. den Wert einer offenen Gesellschaft und Demokratie sowie den Wert einer sozial-ökologischen Marktwirtschaft. Der Lebensstandard steht und fällt letztlich mit dem Erfolg unserer Organisationen, und ebenso die Aufrechterhaltung der Werte. Umso wichtiger ist es auch, dass die Organisationen durch ihren Erfolg und die Art der Unternehmensphilosophie und Unternehmenskultur den Menschen eine Perspektive bieten, sodass sie ihre Fähigkeiten und Fertigkeiten optimal einbringen und entwickeln können und so die Chance zur Selbstverwirklichung haben.

Der gute Organisationspsychologe müsste deshalb auch der „kritische Geist" sein, der dort, wo Menschenwürde verletzt wird oder Strukturen und Kulturen sowie Führungsverhalten gezeigt wird, das diametral einer Kultur von Menschenwürde und einer Kultur von Exzellenz widerspricht, der erste sein, der Zivilcourage zeigt, der widerspricht und interveniert.

Ein guter Organisationspsychologe ist also ein Studierter, der fit ist in Grundlagenforschung, Angewandter Forschung sowie Anwendung von Forschung. Er hat gleichzeitig ein klares Wertesystem, ähnlich einem Kompass, und ist sich bewusst, dass ökonomischer Erfolg sowie Innovationen nur möglich sind, wenn man die Würde des Menschen achtet. Er begegnet Menschen mit Wertschätzung und Menschlichkeit (Motto „Wertschöpfung durch Wertschätzung") und setzt sich weniger für kurzfristige Aspekte ein, sondern auch für Langfristigkeit und für Nachhaltigkeit.

Auch wenn man sehr oft innerhalb sozialer und kommerzieller Organisationen in Konkurrenz zum Juristen, zum Betriebswirt, zum Volkswirt oder zum Soziologen steht, so bleibt unbestritten, dass der Psychologe ein Know-how hat, das für viele Grundprobleme von Organisationen evident ist. Hier nur einige Beispiele:

- Wie sieht eine optimale Auswahl von Mitarbeitern aus? Was taugen Assessment Center oder Interviews? Wie erhöht man den Pool von Bewerbern usw.?
- Wie sieht die optimale Einführung in den ersten hundert Tagen aus, vor allem wenn man weiß, dass während dieser Zeit bereits die ersten Symptome für eine Kündigung entstehen? Wie sieht Menschenführung aus, um Mitarbeiter zu motivieren, vor allem dahingehend, dass sie sich mit der Führungskraft, der Aufgabe und der Organisation identifizieren? Dies gilt insbesondere für Mitarbeiter, die aus der sog. Generation Y kommen, die High Potentials sind und hohe Ansprüche haben. Oder anders ausgedrückt: Was muss man als attraktiver Arbeitgeber tun, um solche Menschen zu halten?
- Wie sieht moderne Unternehmensführung aus, damit man auf dem Markt gegenüber den Wettbewerbern bestehen kann, dass man Kernkompetenzen hat, den Kunden und den Markt ebenso wie die Wettbewerber kennt?
- Welche Kulturen muss man schaffen, um einen Prozess der kontinuierlichen und auch der substanziellen Verbesserung von Ideen und Innovationen zu haben? Was muss man tun, damit ein Betriebsklima herrscht, in dem Menschen sich wohl fühlen? Wie sieht eine professionelle Konfliktregulierung aus, da überall wo Menschen sind Konflikte entstehen? Und das Allerschlimmste ist, wenn diese Konflikte unter den Teppich gekehrt und nicht angesprochen werden. Wie sieht ein modernes Vorschlagswesen aus? Wie kann man Synergieeffekte in Teams aktivieren?

Fragen über Fragen. Man könnte dieses beliebig fortsetzen. Da organisationales Handeln immer auch Handeln von Menschen mit unterschiedlichem Geschlecht, unterschiedlichen Kulturen, unterschiedlichen Disziplinen ist, ist die Psychologie überall gefragt.

Umso wichtiger ist, dass Psychologen lernen, dass nahezu jede Erkenntnis, jede Theorie, die sie im Studium gelernt haben, unmittelbar anwendbar ist für das Lösen, für die Analyse, für die Erklärung, für die Vorhersage und auch für die Verbesserung von Phänomenen in Organisationen. Streng genommen können wir uns an Kurt Lewin orientieren, der sehr häufig auch in Organisationen tätig war und gezeigt hat, wie man Grundlagenforschung, Angewandte Forschung und Anwendung von Forschung verbindet.

Psychologen können (und müssen) also sehr selbstbewusst auftreten, weil sie sehr viel Wissen aus dem Fach Psychologie mitbringen, was unmittelbar anwendbar ist im Bereich sozialer und kommerzieller Organisationen. Das bezieht sich sowohl auf methodisches wie statistisches Wissen, viel mehr aber auch auf rein theoretisches Wissen sowie die Umsetzung von Wissen. Sie brauchen sich nicht zu verstecken und schon gar kein Minderwertigkeitsgefühl gegenüber anderen Wissenschaftlern zu haben. Es gilt die Aussage: Wer das psychologische Know-how nicht abruft, ist selbst schuld.

Sicherlich ist es relevant, dass man schon im Studium Kontakte zu Firmen hat, sei es durch Praktika, sei es durch Einladung von Repräsentanten von Firmen in die Universität. Es ist sehr wichtig, dass man sich über Probleme austauscht, mit denen Firmen konfrontiert sind und bei denen die Psychologie möglicherweise Lösungsmöglichkeiten zu bieten hat.

Entscheidend ist es, deutlich zu machen, dass man als Psychologe sehr viel Problemlösekompetenz hat. Gleichzeitig aber auch klarzumachen, dass Entscheidungen oft mit vielen Unsicherheitsfaktoren einhergehen und man keineswegs „Röntgenaugen" hat. Auch die besten Assessment Center führen oft zu Fehlentscheidungen, weil sich Menschen oft erst nach einer gewissen Zeit entlarven, z. B. wenn sie eine Machtposition haben oder in einer Stresssituation sind. Es gibt also letztlich kein einziges Auswahlverfahren, das diesbezüglich fehlerfrei ist. Das muss man sich auch als seriöser Psychologe immer wieder eingestehen.

Wichtig ist es, schon während des Studiums durch Workshops in Firmen hineinzuschnuppern. In unserer eigenen Vertiefung haben wir unsere Studenten immer auch verpflichtet, ihr Know-how bei externen Firmen anzubieten. Und es war interessant, dass wir sehr viel Erfolg damit hatten, dieses Know-how bei Firmen wie McDonalds, Burger King, BMW, Allianz, MunichRe, Stadtwerke, Stadt München usw. anzubieten. Die Themen waren sehr vielfältig: Leadership, Zeit- und Stressmanagement, Innovation, Work-Life-Balance usw. Auch die Umsetzung war unterschiedlich, seien es Symposien und Quasi-Kongressveranstaltungen, zu denen Firmenmitglieder eingeladen wurden oder Inhouse-Veranstaltungen, auf denen die Gruppen die Thematik in den Firmen vorgestellt hatten (entweder vor High Potentials oder vor Führungskräften). Wichtig ist die Überlegung, wo man sich als Psychologe selbstständig machen kann. Meine These ist, dass wir genügend Know-how haben, mit dem wir uns jederzeit selbstständig machen können. Man muss das Alleinstellungsmerkmal herausarbeiten, das einem als Psychologe von vielen Unternehmensberatern oder Anbietern von Symposien und Kongressen unterscheidet (umfangreiches psychologisches Wissen, Methodenkompetenz wie z. B. die Durchführung einer Evaluation etc.).

Während im klinischen Bereich sehr elaborierte Ausbildungsmöglichkeiten und -notwendigkeiten vorhanden sind, ist die Begriff „Organisationspsychologe" nicht geschützt und jeder kann sich so nennen. Deshalb ist eine professionelle Ausbildung die Grundvoraussetzung, bevor man seine organisationspsychologischen Fähigkeiten zur Anwendung bringt.

Hinsichtlich der Vermittlung des Wissens sollte man sich an Lewin orientieren: Nichts ist praktischer als eine gute Theorie und man sollte deshalb nicht damit geizen, theoretischen Background zu transportieren. Das ist der Added Value gegenüber jeder Unternehmensberatung und jedem anderen professionellen Anbieter. Die Teilnehmer eines Workshops sind deshalb sehr dankbar und angetan, weil sie nun ihrem Phänomen, das sie mit sich herumtragen, einen Namen geben können. Zum andern gilt natürlich auch, permanent zu reflektieren: Wo findet sich die Praxis in den Theorien wieder? Im Sinne von nichts ist theoretisch relevanter als eine gut oder schlecht funktionierende Praxis. Damit ist der Psychologe letztlich immer gefordert Theorie und Praxis zu verbinden.

Der Organisationspsychologe ist jedoch auch permanent konfrontiert mit der Herausforderung von Werten und Wertkonflikten: Wie stark steht er auf der Seite der Organisation, die möglichst viel aus den Menschen herausholen möchte? Wie sehr steht er auf der Seite der Menschen, die gute Work-Life-Balance brauchen, die die Chance für „Tankstellen" benötigen und die die Chance zur Regeneration brauchen? Wie sehr ist er bereit, auch bei potenziellen Kündigungen mitzuspielen? Und wie sehr kämpft er für humane Arbeitsbedingungen, aber auch für humanes Kündigen? Wie sehr unterstützt er, dass in der Mitarbeiter- und Unternehmensführung humanitäre Prinzipien am Arbeitsplatz umgesetzt werden und nicht nur kurzfristiges Gewinnstreben herrscht? Der Organisationspsychologe steht somit in einem permanenten Loyalitätskonflikt: Insbesondere wenn die Geschäftsführung auf kurzfristige Gewinne aus ist, muss er gleichzeitig Loyalität zeigen gegenüber der Geschäftsführung, gegenüber den Mitarbeitern und deren Fitness, Gesundheit usw. sowie gegenüber seinem eigenen Wertesystem. Wie der Konflikt ausgetragen wird, dafür gibt es keine Patentrezepte. Allerdings wäre es entsprechend unserer Auffassung wichtig, Kulturen einzuführen mit drei Säulen, nämlich a) ethikorientierte Führungspersönlichkeiten, die glaubwürdig, integer und verantwortlich sind für b) eine Kultur von Exzellenz, also von Innovationen, Qualität und Leistung, sowie c) für eine Kultur von Menschenwürde, also von hoher Wertschätzung, von Fairness und Vertrauen. Unseres Erachtens müsste es das Ziel der Organisationspsychologie sein, diese wissenschaftlichen Erkenntnisse weiterzutransportieren.

12.2 Organisationspsychologie – ein ganz besonderes Tätigkeitsfeld?

Egal in welchem konkreten Arbeitsfeld er sich bewegt, greift der Organisationspsychologe bei seiner Arbeit auf gesichertes Wissen aus Studien zurück. Evidenzbasiert ist die Wirksamkeit einer Maßnahme dann, wenn sie wissenschaftlich belegt ist. Die Organisationspsychologie stellt zunächst Modelle über Sachverhalte bereit (typisch für solche Modelle ist beispielsweise die Bedürfnispyramide von Maslow). Auf Basis dieser Modelle können dann Annahmen dazu getroffen werden, welche Arten von Interventionen erfolgsversprechend sind. Organisationspsychologen haben das Handwerkszeug, um solche Interventionen sauber abzuleiten, durchzuführen und anschließend zu evaluieren. Die Ergebnisse der Wirkungsevaluation lassen dann Rückschlüsse auf die Qualität des jeweiligen Modells zu.

Als Change-Management-Berater unterstützt der Organisationspsychologe in strategisch-konzeptionellen Dimensionen zur gesamthaften Ausrichtung des Veränderungsprozesses genauso wie bei der Umsetzung ganz konkreter Prozessbausteine: Zum einen erstellt er zusammen mit der zuständigen Führungskraft eine Change-Architektur. Dahinter verbirgt sich das Koordinieren von veränderungsrelevanten Aktivitäten entlang des Zeitplans, der für das Projekt vorgesehen ist. Dabei handelt es sich um einen Mix aus medialer und dialogischer Kommunikation, gezielter Qualifikation und dem Managen von wichtigen einzelnen Schlüsselpersonen (Stakeholdern), Multiplikatoren und Interessensgruppen. Das Planen dieser Aktivitäten entlang der Change-Architektur ist eher konzeptionell-strategisch.

Zum anderen übernimmt der Organisationspsychologe als Change-Management-Berater aber ebenso die Vorbereitung und Umsetzung der einzelnen Bausteine der Architektur. Dazu können Tätigkeiten des Eventmanagements für Großgruppenveranstaltungen ebenso gehören wie die Moderation bei einem Treffen von Konfliktparteien oder Basisqualifizierungen zum Thema „Grundlagen des Veränderungsmanagements" für die betroffenen Führungskräfte in einem Projekt. Im Unterschied zu Moderatoren und Trainern, die im Bedarfsfall auch für singuläre Elemente eingesetzt werden können, hat der Organisationspsychologe als Change-Management-Berater nur dann eine aktive Rolle, wenn der einzelne Baustein zu einem Prozess gehört, den er aktiv unterstützt. Erst vor dem Hintergrund der Prozessperspektive (was ist das Ziel, wo kommt der betroffene Bereich her, was sind die besonderen Herausforderungen und Ressourcen zum aktuellen Zeitpunkt?) kann er gegenüber klassischen Trainern oder Moderatoren den entsprechenden Mehrwert für das Veränderungsvorhaben liefern.

Neben Basisqualifikationen eher operativer Art, wie dem Umgang mit Moderationsmedien (Metaplankarten, Flipcharts etc.)

und Moderationstechniken (Rhetorik, Anleitung von Groß- und Kleingruppensettings etc.), werden in der Change-Management-Beratung also Organisationskenntnisse sowie die Kompetenz zur Metaperspektive verlangt und in der Tätigkeit in Einklang gebracht.

Aufgaben im Rahmen der Tätigkeit

Oftmals werden organisationspsychologische Fragestellungen von Mitarbeitern in Unternehmensberatungen übernommen (▶ Kap. 14). Es gibt jedoch auch Organisationspsychologen, die direkt in einer Firma beschäftigt sind, sog. interne Berater. Im Regelfall werden interne Berater nur von großen Unternehmen angestellt, bei denen ein kontinuierlicher Bedarf an organisationspsychologischen Leistungen besteht – kleine und mittelständische Unternehmen greifen hingegen häufig auf die Dienste von Unternehmensberatern zurück. In den folgenden Abschnitten wird auf die Spezifika dieses internen Beraterdaseins eingegangen.

Die Aufgaben eines Organisationspsychologen richten sich stark nach seinem Handlungsauftrag. Dieser ist in tiefgreifenden Veränderungsprozessen natürlich komplexer als in punktuellen Optimierungsaufträgen. Deswegen wird im Folgenden das Vorgehen eines Organisationspsychologen als Change-Management-Berater dargestellt. Denkbar wären auch einzelne Teilaufgaben als Aufgabenschwerpunkt, wie z. B. die Organisationsdiagnose.

Die spezifischen Tätigkeiten eines Change-Management-Beraters orientieren sich stark an der jeweiligen Phase im Veränderungsprozess.

Die Auftragsklärung startet mit dem Erstkontakt zwischen Auftraggeber und Berater. Im zumeist bilateralen Setting wird geklärt, was die Ziele, Inhalte, Tätigkeiten und Grenzen der Beratungs- oder Entwicklungsleistung im konkreten Fall sind. Am Ende dieses ersten Schrittes steht eine schriftliche Leistungsvereinbarung, die den Rahmen für die weitere Zusammenarbeit absteckt.

Danach wird das Veränderungsvorhaben gründlich analysiert. Für eine Einschätzung der Veränderungsnotwendigkeit und des Veränderungswillens der betroffenen Zielgruppen verschafft sich der Organisationspsychologe als Change-Management-Berater einen detaillierten Überblick vom aktuellen Ist-Zustand mit der zugehörigen Historie, von den unterschiedlichen Sichtweisen verschiedener Zielgruppen bzgl. des Soll-Zustands (denn hier herrschen oft unterschiedliche Bilder vor) und davon, was die Inhaber von Schlüsselpositionen in der Veränderung für Risiken und Chancen sehen. Zu der Stakeholder-Analyse gehören oft auch Interviews mit den entsprechenden Führungskräften.

Ist die Analysephase abgeschlossen, folgt die Entwicklung des Change Designs und der Change-Architektur, die mit dem Auftraggeber abgestimmt wird. In Zuge dessen kann es sinnvoll sein, einen Change-Steuerkreis zu implementieren, der aus Führungskräften besteht, die im Rahmen der Veränderung eine relevante Position haben. Die Organisation der Treffen dieses Steuerkreises sowie die Agendasteuerung fallen ebenfalls in den Aufgabenbereich des Change-Management-Beraters.

Steht der Fahrplan für den Prozess, folgt die Implementierung der Veränderung entlang der vorgesehenen Prozessbausteine. Der Change-Management-Berater hat nun diverse Rollen zu erfüllen: Beratung der ausführenden Führungskraft, Moderation, Mediation, Eventmanagement für Großgruppenveranstaltungen und Steuern von anderen Funktionen wie z. B. Kommunikation und Qualifizierung. Je nach Größe des Projektes gibt es zur Erledigung dieser Aufgaben durchaus auch Teams von Change-Management-Beratern oder Teams, die paritätisch mit Change-Management-Beratern, Projektmanagern, Kommunikations- und Qualifikationsexperten besetzt sind.

Im fortschreitenden Veränderungsprozess wird es den Wunsch danach geben, das bisher Erreichte sichtbar zu machen. Neben der kommunikativen Aufarbeitung von Quick Wins geht es in diesem Bereich um ein Monitoring der relevanten Change-Dimensionen. Der Organisationspsychologe als Change-Management-Berater wird in diesem Schritt zum Berater für Prozessevaluation und gestaltet ein machtvolles Werkzeug zur Steuerung von Aufmerksamkeit von Management und Mitarbeitern.

Mobilitätsbereitschaft

Für selbstständige Organisationspsychologen gelten dieselben Hinweise wie für Unternehmensberater (▶ Kap. 14), denn auch hier findet die Beratung natürlich beim Kunden statt. Als intern angestellter Organisationspsychologe – zugegeben der seltenere Fall – hat man diesbezüglich zunächst einen kleinen Vorteil: Man ist ja schon beim Kunden. Das bedeutet aber nicht, dass die Mobilitätsbereitschaft völlig von der Liste relevanter Berufskennzeichen eines internen Beraters gecancelt werden könnte. In der Funktion als interner Berater ist man entweder im Auftrag eines Fachbereichs, eines Themas oder des Gesamtunternehmens engagiert. Insbesondere bei Projekten, in denen ein zentral entwickeltes Konzept international implementiert werden soll, kann es zu Reisetätigkeiten kommen. Das ist z. B. dann der Fall, wenn bei der Umsetzung in dezentralen Bereichen die ersten Lernerfahrungen aus der Zentrale genutzt werden soll.

Während die Umsetzung einer Mitarbeiterbefragung noch ganz gut durch Videokonferenzen mit internationalen HR-(Human Resources-)Managern gesteuert werden kann, wird ein Erlebnisraum zum Thema Führung (bei der BMW AG wird so ein Projekt im „Treffpunkt Führung" umgesetzt, siehe dazu Hoffmann & Jäckel, 2011) durchaus auch international durch Besuche vor Ort betreut.

Arbeitszeit

Wer als interner Berater bei einem Konzern angestellt ist, unterliegt den Konditionen von Betriebsvereinbarungen zur Ausgestaltung der Anstellungsverhältnisse. Betriebsvereinbarungen und Rahmenverträge mit Gewerkschaften regeln hier vor allem Konditionen im tariflichen Bereich. So kann es einem intern angestellten Berater widerfahren, dass er sich in einer 35- oder 40-Stunden-Woche mit der Vorgabe wiederfindet, Überstunden- und Urlaubskonto am Jahresende auf null ausgeglichen zu haben. Zugegeben ein für den Beruf des Beraters untypisches Setting, deswegen aber nicht unangenehm.

Trotzdem sind Projekte von Organisationspsychologen Termingeschäfte und durchlaufen wie alle anderen Projekte zeitlich intensive Phasen. Überstunden entstehen in solchen Projektphasen quasi automatisch, und eine gewisse Leidensfähigkeit gepaart mit der Kompetenz, sich auch in beanspruchenden Phasen für ein Thema zu begeistern, gehören zu den Voraussetzungen, um in diesem Job Erfolg zu haben.

Einkommen

Change-Management-Berater können sowohl im tariflichen als auch im außertariflichen Bereich angestellt sein. Im Großkonzern findet man je nach Vorgeschichte des einzelnen Beraters alle Schattierungen von oberen Tarifstufen bis in den höheren außertariflichen Bereich. Wichtig für Berufseinsteiger ist es, sich vor dem Bewerbungsgespräch nicht nur mit den typischen Gehaltsübersichten für Psychologen auseinanderzusetzen. In diesem Tätigkeitsfeld kann man sich getrost auch an Verdienstmöglichkeiten von Wirtschaftswissenschaftlern orientieren. Wer ein Vorstellungsgespräch bei einem Konzern hat, sollte sich im Vorfeld die Verdiensttabellen der entsprechenden Gewerkschaft ansehen. Wichtig ist neben dem monatlichen Bruttogehalt die Information, wie viele Gehälter das Unternehmen im Jahr auszahlt, ob es eine Gewinnbeteiligung ausschüttet und ob diese Zusatzbezüge in irgendeiner Form gestaffelt werden. Für eine Tätigkeit als selbstständiger Organisationspsychologe gelten die Darstellungen im ▶ Abschn. 12.2.7 zur Selbstständigkeit sowie die relevanten Abschnitte im Teil II dieses Buches zu den anderen Tätigkeitsfeldern.

Karrieremöglichkeiten

Karrieren in Großorganisationen entsprechen einer für das jeweilige Unternehmen kulturtypischen Karrierelogik. In traditionellen, hierarchieorientierten Großkonzernen gibt es nach wie vor den klassischen Linienaufstieg. Die Logik dabei ist, dass man seine aktuelle Funktion übererfüllen muss (Zauberwort Vorleistung), um für den Aufstieg in die nächsthöhere Einstufung für geeignet befunden zu werden. Als Leistungsindikator fließt in klassischen Linienorganisationen u. a. hierarchieorientiertes Verhalten in die Personenwahrnehmung ein. Hierarchieangepasst ist man dann, wenn man die Meinung der Vorgesetzten bestätigt und die erwartete Leistung erbringt oder übererfüllt.

Die Rolle eines Organisationspsychologen erfordert es, funktional systemkritisch zu sein, Spannungen aufzubauen und auszuhalten und Irritationen als Lernimpulse auszulösen, um Kreativität zu ermöglichen. Bei näherem Hinsehen wird eine Person, die diese Funktionen konsequent erfüllt, weniger als linientreu wahrgenommen, sondern fällt mehr als Störimpuls oder Querdenker auf (was im Sinne der Rolle prima ist). Was einen guten Organisationspsychologen ausmacht, unterstützt also nicht notwendigerweise die klassische Linienkarriere.

Ganz generell hat man als interner Organisationspsychologe aber jede Menge Möglichkeiten, sich in diverse Abteilungen des Unternehmens zu vernetzen, die möglicherweise Anschlussbeschäftigungen bereithalten. Oft ist die Funktion der Organisationsberatung in der Personalabteilung verankert (▶ Kap. 11), sodass auch in diesem Umfeld entsprechende Themen für eine Anschlussbeschäftigung infrage kommen.

Am Ende kommt es darauf an, persönlich zu klären, was Karriere bedeutet. Ist es ein Entwicklungsziel, eine klassische Linienkarriere zu machen, so bieten sich andere Funktionen mitunter noch stärker an als die Change-Management-Beratung. Versteht man unter Karriere aber wachsende Autonomie, so kann die Change-Management-Beratung ein gelungener erster Schritt sein, um sich von dort aus Optionen zu erarbeiten und Türen zu öffnen.

Persönliche Weiterbildung

Organisationspsychologie ist ein facettenreiches Berufsfeld und deshalb entsprechend weiterbildungsintensiv. Neben einer fundierten Grundausbildung zu Theorien der Organisationsentwicklung, Gruppendynamik und Führung gehören zu den Qualitäten eines Organisationspsychologen Rhetorik-, Präsentations-, Moderations-, Mediations- und auch Coachingkompetenzen. Entsprechend viele Themen kommen infrage, in denen man sich parallel zum Job weiterqualifizieren kann und die einem bei der täglichen Arbeit direkt helfen.

Standards, wie viele Tage man pro Jahr Anspruch auf Weiterbildung hat, welche Qualifizierungen vom Arbeitgeber bezahlt werden etc. sind von Unternehmen zu Unternehmen verschieden und sollten vor Vertragsunterzeichnung diskutiert und vertraglich festgehalten werden.

Selbstständigkeit

Im Vergleich zur internen Tätigkeit als Organisationspsychologe ist es individuell zu bewerten, ob die Alternative als externer Berater organisationspsychologische Projekte zu begleiten eine Option ist. Generell birgt die externe Tätigkeit verschiedene Vorteile – beispielsweise können Impulse vor dem Hintergrund des Erfahrungstransfers aus verschiedenen Organisationsrealitäten gestaltet werden. Vor allem für den Umgang mit Vorbehalten, ob das vorgeschlagene Prozessdesign zu den gewünschten Ergebnissen führt, kann von einem externen Organisationspsychologen Glaubwürdigkeit durch den Rückgriff auf Erfahrungen aus anderen Firmen hergestellt werden.

Ein weiterer, sehr wichtiger Aspekt mit Bezug auf die zu erbringende Beratungsleistung ist die Unabhängigkeit vom Klientensystem: Zwar will auch der externe Berater Folgeaufträge bekommen. Da er aber nicht selbst Teil der Organisation ist, unterliegt er nicht den unternehmenskulturellen Spielregeln, denen jeder Interne ausgesetzt ist.

Der externe Organisationspsychologe behält sich außerdem eine im Grundsatz höhere Freiheit bei, da er nicht den internen Spielregeln bzgl. Karrierelogik, Belohnungs- und Sanktionierungsmechanismen verhaftet ist. Die seiner Funktion zugedachte Rolle konsequent zu leben, ist für den externen Berater angemessen und stellt exakt die Leistung dar, die vom Auftraggeber eingekauft wurde. Selbstverständlich kann auch ein externer Berater seinen Bonus oder den Zuschlag für den Folgeauftrag verspielen, die Messlatte hierfür hängt aber höher, als für den internen Berater, da er Teil des sozialen Systems ist, das er gleichzeitig berät. Der Vorteil des internen Organisationsberaters ist, dass er eine höhere Kulturkenntnis besitzt als der Externe und deswegen ein besseres Gespür dafür hat, welche Interventionen sich für das Klientensystem eignen und welche nicht. Im Idealfall übernehmen interne Organisationspsychologen deswegen genau diese Funktion und steuern externe Berater, die neben kreativen Impulsen stärker die operative Umsetzung übernehmen.

Generell kann für externe Organisationspsychologen prognostiziert werden, dass die Nachfrage in Zukunft stärker wachsen wird. Veränderungen finden in kürzeren Zyklen und mit steigender Veränderungstiefe statt. Gleichzeitig können sich nicht alle Unternehmen eine interne Abteilung für dieses Thema leisten oder gestalten die Funktion so schlank, dass externe Ressourcen zusätzlich benötigt werden. Als Vorbereitung für die Tätigkeit als externer Organisationspsychologe ist eine Phase in der internen Beratung natürlich sehr vorteilhaft, da nur so die Innenperspektive gelernt werden kann. Wer erlebt hat, welchen politischen Kräften man in einer Organisation ausgesetzt sein kann, hat es als externer Berater leichter, das Klientensystem zu verstehen und entsprechend anschlussfähig in den Vorschlägen zu Prozessgestaltungen zu sein. Das führt zu einer Bewegung aus der Festanstellung heraus in die selbstständige Beratung, was für Berater aus klassischen Managementberatungen untypisch ist – hier zeigt sich eher die Struktur zunächst von extern zu beraten, um später bei einem der Kunden in die Festanstellung zu wechseln.

12.3 Die Rolle von Psychologen im Berufsfeld der Organisationsdiagnose und -entwicklung

Die Ausbildungshintergründe der Personen, die in der internen Beratung tätig sind, können sehr unterschiedlich sein. Der Grund dafür ist, dass sich im internen Stellenmarkt einer Organisation alle Interessierten bewerben können. Für eine erfolgreiche interne

Beratungstätigkeit ist neben den fachlichen Hintergründen eine gute Systemkenntnis von Vorteil, für die Beratung von höheren Führungskräften kann es außerdem von Vorteil sein, wenn der Bewerber selbst Führungserfahrung mitbringt. Entsprechend finden sich in der internen Organisationsberatung auch Wirtschaftsingenieure oder Physiker, die sich die Grundlagen von Veränderungen in sozialen Systemen *on the job* erarbeiten. Psychologen bringen durch ihr Studium fachlich und im Bereich der Sozialkompetenzen eine solide Basis für das Berufsbild mit und haben insbesondere im empirischen Bereich eine Spezialkompetenz vorzuweisen. Die für Organisationspsychologen typische Ableitung von Interventionsvorschlägen aus Modellvorstellungen ist ein Vorteil, da Absolventen anderer Studiengänge das Wissen um solche Modelle oft fehlt. Die grundlegende Idee davon, wann ein Beleg als Beweis für kausale Verkettungen von Ursachen- und Wirkungsvariablen gedeutet werden kann und wann lediglich ein Beleg über einen Zusammenhang vorliegt, ist für Ableitungen für die Organisation von essenzieller Bedeutung. Anderen Professionen fällt es oft schwer, den Unterschied nachzuvollziehen. Das Wissen um Versuchsdesigns hilft bei der Evaluation von Interventionswirkungen und bringt oft auch konkrete Vorteile für den Beleg der eigenen Wirksamkeit im Unternehmen. Auch die gelungene Darstellung von Ergebnisstatistiken fällt Psychologen im Vergleich zu Absolventen vieler anderer Studiengänge leicht.

12.4 Anforderungen an eine Tätigkeit als Organisationspsychologe

Anhand der verschiedenen Anforderungen an die Tätigkeiten eines Organisationspsychologen lassen sich Ableitungen treffen, wie man sich schon im Studium gut auf diesen Beruf vorbereiten kann.

Eine Perspektive aus der Praxis

Christian Jacobs (Geschäftsführender Gesellschafter, Unternehmensentwickler: Schwerpunkt Kultur, Diplom- Psychologe, Kulturwissenschaftler, Verleger), Klinische Psychologie und ABO-Psychologie; Neue Pädagogische Konzepte; Ursprungsphilosophien Chinas

Dr. Ulrich Stephany, BMW AG (Leiter Ideenmanagement), Schwerpunkte im Psychologiestudium, Organisations- und Wirtschaftspsychologie

Wieso haben Sie sich für Ihre derzeitige Tätigkeit entschieden?

Christian Jacobs: Ich bin an der gesellschaftlichen Entwicklung interessiert sowie daran, wie Menschen diese gestalten. Ein starkes Feld gesellschaftlicher Entwicklung ist das Betriebssystem Wirtschaft.

Ulrich Stephany: Als nach meiner Anstellung als Doktorand bei der BMW AG das Angebot vorlag, nahtlos übernommen zu werden, habe ich nicht lange überlegt. Nach 14 Jahren in verschiedenen Change-Management-Positionen bin ich aktuell der Leiter für das Ideenmanagement, das ebenfalls im Zuge der Organisationsentwicklung genutzt werden kann.

Was glauben Sie, können Psychologen in diesem Berufsfeld bewegen?

Christian Jacobs: Sie können humanere Zukunftsszenarien entwerfen. Sie können Menschen und Organisationen in der Transformation begleiten.

Ulrich Stephany: Impulse setzen; irritieren; Routinen stoppen; Verkrustungen lockern; Muster brechen; Lernen ermöglichen;

Kommunikation auslösen, die Entscheidungen nach sich zieht; Dinge besprechbar machen; Prozessdesigner sein; Loops'n'Learnings.

Was hat Sie an Ihrer Tätigkeit am meisten überrascht?

Christian Jacobs: Wie unwissend Menschen in der Wirtschaft bzgl. kultureller und psychosozialer Zusammenhänge sind.

Ulrich Stephany: Die organisationale Verankerung dieser Funktion in der Linie, da hier die Anforderung an die Leistung der Funktion der organisatorischen Logik der Linienhörigkeit widerspricht und vermeidbare Konflikte auslöst, die sich in der Beratungsleistung niederschlagen müssen.

Ist es überhaupt möglich, diesen Beruf mit einem normalen Familienleben zu vereinen?

Christian Jacobs: Ich bin verheiratet. Wir haben vier Kinder. Meine Kinder und meine Frau sagen, dass sie mich lieben. Und was meinen Sie überhaupt mit „normalen Familienleben"?

Ulrich Stephany: Ja, klar. Im Tarifbereich durch die Begrenzung der Arbeitszeit überhaupt kein Problem, im außertariflichen Bereich je nach Projektphase manchmal sicherlich angespannter.

Welchen Tipp haben Sie für Psychologen, die sich überlegen in der Beratung zu arbeiten?

Christian Jacobs: Wenn ich darauf etwas ausführlicher antworten sollte, würde ich ihnen raten, sich intensiv mit dem System Wirtschaft auseinanderzusetzen.

Ulrich Stephany: Der wichtigste Punkt ist wohl, für sich herauszufinden, ob man sich in der Festanstellung bei einem größeren Unternehmen wohl und wirksam fühlt oder ob man sich eher zu einer Tätigkeit als externer Berater hingezogen fühlt. Gute Möglichkeiten sind Praktika, Abschlussarbeiten in Kooperation mit Organisationen und auch Anstellungen als Werkstudent.

Stoßen Sie manchmal auf Vorurteile wegen Ihrer Ausbildung?

Christian Jacobs: Selbstverständlich gibt es ab und zu Menschen im Betriebssystem Wirtschaft, die nicht glauben können, dass wir etwas von Wirtschaft oder deren Leben verstehen.

Ulrich Stephany: Nein: immer! Viele haben noch ein 70er-Jahre Image von Psychologie, das dem entspricht, was ich mir heute unter Sozialpädagogik vorstelle. Alle denken an Gruppendynamik, wie fühlen wir uns heute, was macht das mit uns, wo steht das Wohlbefinden. Wirtschaftspsychologie im Sinne von Human- und Prozessfaktoren als unabhängige Variablen oder Stellhebel sowie Wirtschaftskennzahlen als abhängige Variablen oder Output assoziiert niemand spontan, wenn er einen Psychologen im Konzern kennenlernt. Daran werden wir Psychologen in der Wirtschaft auch weiter arbeiten müssen. In den letzten Jahren ist die Anzahl an Wirtschaftspsychologen in den Unternehmen allerdings stetig gewachsen und damit auch das Verständnis für den Mehrwert, den wir bringen können.

Schwerpunktsetzung

Organisationspsychologie ist das Arbeiten am Gesamtsystem. Um sich im Studium einen Begriff von diesem Gesamtsystem zu erarbeiten, sind Kenntnisse von Organisationen eine gute Grundlage. Schwerpunkt im Psychologiestudium sollte deswegen Wirtschafts- und Organisationspsychologie sein. Kenntnisse der Personal- oder auch der Klinischen Psychologie schaden nicht, reichen aber für eine Tätigkeit als Organisationspsychologe nicht aus. Als Nebenfächer können neben BWL und VWL auch Inhalte aus Arbeits-, Sozial-, und auch Kulturwissenschaften hilfreich sein. Wer sich zudem noch grundlegende Expertisen in Gesundheitsthemen aufbauen möchte, kann sich in der Medizin oder bei den Sportwissenschaften gute Impulse für Themen abholen, die im Zuge des demografischen Wandels noch weiter an Fahrt aufnehmen werden.

Fachliche Inhalte

Wer die Grundlagen von Kurt Lewin, Argyris und Schön, Luhmann, Kotter und Doppler kennt, hat bei der Diskussion über Organisation und Veränderung klar die Nase vorn. Hier fällt es im Berufsfeld anderen Diskussionsteilnehmern manchmal schwer, Meinung von Wissen zu unterscheiden. Entsprechend relevant ist es, sich schon im Studium einen Begriff von evidenzbasierter Beratung zu erarbeiten. Diese Inhalte werden in Vorlesungen und Seminaren zur Organisationspsychologie vermittelt. Natürlich sind auch Kurse oder Seminare mit dem Titel Change Management interessant und bieten zudem oft auch schon die Möglichkeit, anhand von Fallarbeiten näher an die Praxis zu rücken.

Ebenso wichtig ist Hintergrundwissen zu Kultur (z. B. Hofstede (1980) sowie die GLOBE-Studie (2007)) und Organisationskultur (Schein, 1995).

Ein weiteres Kompetenzcluster ist rund um das Thema Messung, Evaluation und Monitoring angesiedelt. Universitäre Angebote in diesem Feld heißen Testtheorie, Testkonstruktion und Multivariate Analysen. Das klingt natürlich zunächst etwas trocken, was es für die meisten ja auch ist. Wer in einem Changeprozess eine gute Befragung designt und knackige Ergebnisse entstehen lässt, die das Management betroffen machen und dadurch den Prozess mit Energie versorgen, der kann mit diesem trockenen Handwerkszeug allerdings sehr viel bewegen.

Im Bereich der Sozialkompetenzen ist an oberster Stelle diplomatisches Verhalten zu nennen, das zum Tragen kommt, wenn man zwischen verschiedenen Interessensgruppen vermittelt. Auch die Sozialkompetenz im eigenen Arbeitsteam kann insbesondere in den intensiveren Projektphasen gezeigt werden (nett sein, wenn alles gut läuft, kann jeder – konstruktiv bleiben, wenn es eng wird, ist die Herausforderung!). Diesen Bereich kann man während des Studiums in den eigenen Arbeitsgruppen lernen. Neben spezifischen Seminaren gibt es für Studenten oft auch Rabatte für außeruniversitäre Ausbildungen in Trainings- oder Moderationsmethoden, Mediation, Coaching oder Systemischer Beratung. Diese Grundlagen sind gute Möglichkeiten, sich auf eine Tätigkeit als Organisationspsychologe vorzubereiten.

Computerkenntnisse

Der sichere Umgang mit MS Office wird vorausgesetzt, insbesondere PowerPoint, Word und Excel gehören zur täglichen Arbeit. Von Vorteil sind auch der sichere Umgang mit qualitativen Analyseprogrammen (z. B. MaxQDA für das Auswerten von Stakeholder-Interviews) und quantitativen Analysenprogrammen (z. B. SPSS für die Auswertung von Fragebogenerhebungen) sowie Bildbearbeitungsprogrammen (z. B. Photoshop für das Nachbearbeiten von Fotoprotokollen) und alternativen Präsentationsprogrammen (z. B. Prezi für Abwechslung in der Darstellung bei Konzeptpräsentationen).

Sprachkenntnisse und interkulturelle Kompetenzen lernt man am besten durch Auslandsaufenthalte. Urlaub zählt natürlich nicht dazu, gemeint sind Aufenthalte von mehr als 3 Monaten unter aktiver Einbindung in eine fremde Kultur. Möglichkeiten liefern Aufenthalte durch Auslandspraktika oder Auslandssemester als Stipendiat (z. B. Erasmus oder DAAD). Eine Verlängerung des Studiums um ein Auslandssemester lohnt sich zweifellos. Außerdem besteht die Möglichkeit, das Bachelor- oder Masterstudium komplett im Ausland zu absolvieren.

Praxis, Praxis, Praxis

Praxis kann man bei Großkonzernen als Praktikant, Werksstudent oder Verfasser einer Abschlussarbeit sammeln. Auch bei kleineren Unternehmen oder externen Beratungsfirmen gibt es Möglichkeiten, bereits während des Studiums Erfahrungen zu sammeln und Geld zu verdienen. Gut ist, wenn man schlüssig erzählen kann, warum einem die Organisationspsychologie interessiert. Von Vorteil ist auch, wenn man zusätzlich eine Seminar- oder sogar Bachelorarbeit mit thematischer Relevanz vorweisen kann oder man inhaltliche Seminare zu diesem Themenschwerpunkt absolviert hat. Erste Praxiserfahrungen im Bereich Training und Moderation sind selbstverständlich von Vorteil – diese können auch aus dem universitären oder privaten Bereich stammen und müssen nicht im wirtschaftlichen Umfeld erworben worden sein.

Fazit
Die Tätigkeit als Organisationspsychologe ist der ideale Beruf, um einen Überblick zu erlangen, wie „Organisation" in den Dimensionen Strategie, Vision, Kultur, Prozesse und Führung funktioniert. Gerade die Wechselwirkungen von Kontext und Individuum stehen dabei im Fokus und verleihen dem Job eine anregende Komplexität. Neben unterschiedlichen Möglichkeiten sich weiterzubilden ergeben sich vielfältige Vernetzungsmöglichkeiten innerhalb des Konzerns, zu externen Beratern und zu Universitäten, die im Feld der Organisationsentwicklung forschen.

Literatur

Chhokar, J. S., Brodbeck, F. C., & House, R. J. (2007). *Culture's and leadership across the world: the globe book of in-depth studies of 25 societies*. Lawrence Erlbaum.

Doppler, K., & Lauterburg, C. (2008). *Change Management. Den Unternehmenswandel gestalten*. Campus.

Heitger, B., & Doujak, A. (2002). *Harte Schnitte – neues Wachstum*. Ueberreuter.

Hoffmann, J., & Jäckel, I. (2011). Bewusstsein für exzellente Führung. *Personalwirtschaft, 11*, 33–35.

Hofstede, G. (1980). *Culture's consequences: International differences in work-related values*. SAGE.

Koerner, S., Bruch, H., & Stephany, U. (2012). Mit Energie und Vertrauen voran: Der BMW Group Change Monitor. *Zeitschrift für Organisationsentwicklung, 1*, 32–37.

von Rosenstiel, L. (2011). *Grundlagen der Organisationspsychologie* (7. Aufl.). Schäffer-Poeschel.

von Rosenstiel, L., & Comelli, G. (2003). *Führung zwischen Stabilität und Wandel*. Vahlen.

Schein, E. H. (1995). *Unternehmenskultur. Ein Handbuch für Führungskräfte*. Campus.

Stephany, U., Gutzan, S., & Schultz-Gambard, J. (2012). Wenn die Großen Fragen. Mitarbeiterbefragungen bei deutschen Großunternehmen. *Personalentwicklung, 5*, 64–66.

Tätigkeiten in Training und Coaching

Maximilian Mendius und Simon Werther

Inhaltsverzeichnis

13.1 Training und Coaching – was ist das? – 162

13.2 Training und Coaching – ein ganz besonderes Tätigkeitsfeld? – 162
Aufgaben im Rahmen der Tätigkeit – 163
Mobilitätsbereitschaft – 164
Arbeitszeit – 164
Einkommen – 164
Karrieremöglichkeiten – 165
Berufliche Weiterbildung – 166
Positionierung am Markt – 166

13.3 Die Rolle von Psycholog:innen im Berufsfeld des Trainings und Coachings – 167

13.4 Anforderungen an eine Tätigkeit als Trainer:in oder Coach:in – 168
Schwerpunktsetzung – 171
Fachliche Inhalte – 172
Computerkenntnisse – 172
Zertifizierungen – 172
Praxis, Praxis, Praxis – 173

Literatur und weiterführende Quellen – 173

© Der/die Autor(en), exklusiv lizenziert an Springer-Verlag GmbH, DE, ein Teil von Springer Nature 2024
M. Mendius, S. Werther (Hrsg.), *Psychologie in Studium und Beruf*,
https://doi.org/10.1007/978-3-662-68508-2_13

Tätigkeiten als Trainer:in oder Coach:in sind ein häufiges Einsatzfeld von Psycholog:innen. Dabei können zum einen klassische wirtschaftspsychologische, zum anderen aber auch allgemeine psychologische Themengebiete im Vordergrund stehen. Das liegt insbesondere daran, dass durch das Studium der Psychologie als Wissenschaft des Erlebens und Verhaltens des Menschen zahlreiche Grundlagen und anwendungsbezogene Inhalte vermittelt werden, die für Trainer:innen oder Coach:innen wichtig sind. In diesem Kapitel wird anhand eines Szenarios ein typisches Beispiel für einen Trainings- und Coachingprozess dargestellt. Darüber hinaus werden wichtige Rahmenbedingungen dieses Tätigkeitsfelds sowie damit verbundene Zugangsvoraussetzungen erörtert. Der Fokus ist auf die Tätigkeit als freiberufliche:r und selbstständige:r Trainer:in oder Coach:in gerichtet, wohingegen im ▶ Kap. 19 die Fort- und Weiterbildung für Erwachsene in Institutionen unterschiedlichster Art als Tätigkeitsfeld dargestellt wird.

Ein Szenario

Michaela Müller ist seit 8 Jahren in einem mittelständischen Maschinenbauunternehmen als Ingenieurin angestellt und steht kurz vor einer Beförderung zur Abteilungsleiterin. Die letzten Jahre arbeitete sie in unterschiedlichen Positionen und Abteilungen als Expertin für Konstruktion und Entwicklung von Baumaschinen. Durch ihre erfolgreiche und zuverlässige Arbeitsweise hat sie sich nach mehreren Beförderungen für eine Führungslaufbahn empfohlen.

Die Entscheidung fällt Michaela Müller allerdings nicht leicht, da sie sich aufgrund ihres Studiums und ihrer bisherigen Erfahrungen zwar als fachliche Expertin versteht, ihr aber ihrer Meinung nach wichtige Führungskompetenzen fehlen bzw. sie bisher nicht mit diesen Anforderungen konfrontiert wurde, da ihre fachliche Tätigkeit im Vordergrund stand. Auf ihre fachliche Tätigkeit hat sie ihr Studium sehr gut vorbereitet, doch bezüglich der bevorstehenden beruflichen Veränderung ist Michaela Müller unsicher.

Sie teilt ihre Bedenken mit ihrer Vorgesetzten. Diese empfiehlt Frau Müller, sich an die Personalabteilung zu wenden, die Entwicklungsprogramme für Führungskräfte anbietet. In einem Gespräch mit einer Vertreterin aus der Personalabteilung wird deutlich, dass Michaela Müller eine Kombination aus Training und Coaching weiterhelfen könnte. Vor Antritt der neuen Stelle bekommt Frau Müller erste Inhalte und Handlungskompetenzen in einem Führungstraining vermittelt, bei dem sie sich zusätzlich mit anderen Kolleg:innen austauschen kann, die vor ähnlichen Herausforderungen stehen. Darüber hinaus wird sie nach Funktionsübernahme über 6 Monate in 2-wöchentlichem Rhythmus von einer Coachin begleitet, um aktuelle Herausforderungen zeitnah und individuell zu besprechen und sich somit persönlich weiterentwickeln zu können.

Da die Personalabteilung nicht immer ausreichend interne Trainer:innen vorhalten kann, wurde in Frau Müllers Firma ein externer Trainer:innenpool aufgebaut, auf den je nach Bedarfslage zurückgegriffen werden kann. Frau Müller bekommt für ihr Führungstraining den externen Trainer Thomas Triller zugeteilt. Der Trainingsleitfaden, der inhaltliche und strukturelle Rahmenbedingungen für das Training definiert, wurde von der Personalabteilung in Zusammenarbeit mit einem Trainer ausgearbeitet, sodass eine größtmögliche Standardisierung und Qualitätssicherung realisiert wird. Thomas Triller bekommt also umfangreiche Unterlagen an die Hand, auf deren Basis er das 5-tägige Training für die angehenden Führungskräfte des Unternehmens umsetzen wird. Im Training steht neben der Vermittlung der führungsrelevanten Inhalte auch das eigene Erleben und Verhalten der Teilnehmer:innen im Vordergrund. So muss Michaela Müller u. a. auch einen Fragebogen zur Selbsteinschätzung ihrer Person ausfüllen. Die Ergebnisse ermöglichen es dem Trainer Thomas Triller, das Training trotz standardisierter Inhalte möglichst individuell auf Frau Müller und die anderen Teilnehmer:innen abzustimmen, um einen größtmöglichen Lernerfolg zu gewährleisten.

Nach Abschluss des Präsenztrainings erhalten die Teilnehmer:innen von Thomas Triller in regelmäßigen Abständen über eine App kurze Erinnerungsnachrichten, damit sie das Gelernte auch in die Praxis umsetzen und ggf. offene Punkte noch einmal klären können. Das ist der Personalabteilung insbesondere deshalb wichtig, weil erst der Transfer des Gelernten zu einer echten Veränderung des Verhaltens der Mitarbeiter:innen führt und diese langfristige Perspektive für das Gesamtunternehmen erfolgsversprechend ist.

Michaela Müller übernimmt 2 Wochen nach Trainingsende ihre neue Position als Abteilungsleiterin. Dies bringt für sie umfangreiche Veränderungen mit sich, da sie jetzt disziplinarische Verantwortung für die gesamte Abteilung besitzt und damit neben dem Tagesgeschäft auch für die Führung und Entwicklung ihrer Mitarbeiter:innen verantwortlich ist. Die Coachin Claudia Cremer unterstützt sie dabei von der ersten Stunde an in 14-tägigen Sitzungen von jeweils 2 h. In diesen Sitzungen stehen die aktuellen Herausforderungen im Führungsalltag im Vordergrund, und die Coachin begleitet Frau Müller durch eine ressourcenorientierte Perspektive und lösungsorientierte Methoden.

Auch die Coachin Claudia Cremer wird extern von der Personalabteilung gebucht, da die Unabhängigkeit und umfassende Erfahrung der Coachin für das Unternehmen sehr wichtig sind und ein:e fest angestellter Mitarbeiter:in zu hohe laufende Kosten verursachen würde. Die Coachin hat bei ihrer Arbeit mit Michaela Müller großen Handlungsspielraum, da sie keine festen Inhalte vorbereitet, sondern individuell auf ihre Klientin eingeht und abhängig von ihren aktuellen Herausforderungen entsprechende Methoden einbringt oder auch kleine Entwicklungsaufgaben bis zur nächsten Sitzung vorschlägt.

Insgesamt ist Frau Müller mit der Begleitung ihres Stellenwechsels sehr zufrieden, da sie aus der Kombination von Training und Coaching sehr profitiert, und insbesondere die individuelle Betreuung im Rahmen des Coachings parallel zu ihrer Führungstätigkeit und aufbauend auf ihren individuellen Herausforderungen für sie eine wertvolle Entwicklungsmöglichkeit darstellt. Sie beantragt deshalb bei der Personalabteilung eine Fortführung der Coachingsitzungen, allerdings in einem 4-wöchentlichen Wechsel, nachdem sie nach der anfänglichen Eingewöhnungszeit aufgrund wachsender Routine einen geringeren Unterstützungsbedarf für sich sieht.

13.1 Training und Coaching – was ist das?

Das Szenario zeigt bereits, dass die Tätigkeit als Trainer:in oder Coach:in zwei grundsätzliche Unterschiede mit sich bringt. Als Trainer:in steht in den meisten Fällen die eigenständige oder auf einem vorhandenen Leitfaden basierende Aufbereitung und Vermittlung von Inhalten in einem festen zeitlichen Rahmen mit mehreren Teilnehmer:innen im Vordergrund. Im Gegensatz dazu handelt es sich bei einem Coaching um lediglich eine:n Klient:in und eine:n Coach:in, die in einer individuell gestalteten Sitzung an den derzeitigen situativen Erfordernissen der Klient:innen arbeiten. Dabei stehen die persönliche Weiterentwicklung der Klient:innen sowie die Lösung ihrer aktuellen Herausforderungen im Mittelpunkt der Arbeit. Gleichzeitig bringen diese beiden Tätigkeiten allerdings eine zentrale Gemeinsamkeit mit sich, da es bei beiden immer darum geht, Menschen in ihrer persönlichen oder fachlichen Entwicklung zu unterstützen. Die Nähe von Training und Coaching wird auch dadurch deutlich, dass Fachverbände wie der Deutsche Verband für Coaching und Training (dvct) e. V. (▶ www.dvct.de) sowohl Trainer:innen als auch Coach:innen vertreten. Laut dem dvct beschäftigt sich Coaching intensiv mit der Entwicklung der individuellen Lösungskompetenz der Klient:innen, während Trainings – auf vorhandenen Stärken und Bedürfnissen der Teilnehmer:innen aufbauend – neue Kompetenzen verleihen sollen.

Ein Training kann dabei sowohl verhaltensbezogene, z. B. im Rahmen eines Führungs- oder Konflikttrainings, als auch fachliche Schwerpunkte, z. B. die Fähigkeit zum Umgang mit Computerprogrammen oder die Vermittlung von betriebswirtschaftlichem Wissen, besitzen. In einem Coaching liegt der Fokus dagegen in den meisten Fällen auf der Unterstützung der persönlichen Weiterentwicklung der Klient:innen durch die Vermittlung von Lösungskompetenzen ohne fachlichen Fokus, d. h., die Veränderung des Verhaltens der Klienten steht im Vordergrund. Aufgrund ihrer Methoden- und Sozialkompetenz werden Psycholog:innen im Trainingsbereich oftmals persönliche Inhalte vermitteln, da hierzu auch umfassende Zusatzausbildungen notwendig sind und bereits im Psychologiestudium zentrale Aspekte vermittelt werden. Im Training steht die Zielsetzung bereits vor dem Training im Rahmen einer Beschreibung des Trainingsrahmens fest, wohingegen in einem Coaching die Zielsetzung vom Klienten definiert wird und sich diese auch während des Prozesses verändern kann.

Sowohl im Training als auch im Coaching gewinnen digitale Formate, nicht zuletzt auch kanalisiert durch die Verschiebung der Kommunikationskanäle während und nach der Covid-19-Pandemie, immer mehr an Bedeutung. Es wäre aufgrund der aktuellen Verbreitung nicht angebracht, davon zu sprechen, dass Präsenzformate verschwinden werden. Aber in Zukunft wird es sicherlich weiterhin und noch zunehmend viele Hybrid- und Online-Formate geben. Von Online-Coaching über Webinare und Blended Learning ist die Bandbreite sehr groß, gerade auch um in globalen Arbeitskontexten Kosten zu sparen und technische Synergien zu nutzen.

13.2 Training und Coaching – ein ganz besonderes Tätigkeitsfeld?

Das Tätigkeitsfeld als Trainer:in oder Coach:in ist deshalb besonders spannend und abwechslungsreich, da man sich bei jedem Training oder Coaching neu auf die Teilnehmer:innen und Klient:innen einstellen muss und dabei immer wieder neue Persönlichkeiten, Berufsgruppen und Anforderungen kennenlernt. Darüber hinaus führt die Nachfrage nach bislang noch nicht abgedeckten Themengebieten zu einer intensiven Auseinandersetzung mit neuen Inhalten. Ständig aktualisiertes Fachwissen stellt einen zentralen Aspekt bei der erfolgreichen Konzeption eines neuen Trainings dar, um sich von bestehenden Ansätzen abzuheben. Der Einblick in den Arbeitsalltag der Trainingsteilnehmer:innen und Klient:innen im Coaching ist außerdem eine wertvolle Erfahrung, da somit wiederum zahlreiche Erfahrungen der Teilnehmer:innen und Klient:innen in zukünftige Trainings und Coachings einfließen können.

Aufgaben im Rahmen der Tätigkeit

Als Trainer:in oder Coach:in arbeitet man in einem abwechslungsreichen Tätigkeitsfeld, das grundsätzlich in die Phasen der Konzeption, der Durchführung und der Nachbereitung eingeteilt werden kann.

Zusätzlich spielt als freiberufliche:r und selbstständige:r Trainer:in oder Coach:in noch die Auftrags- und Kund:innenakquise eine zentrale Rolle, damit die genannten Phasen überhaupt relevant werden. Bei der Akquise ist es wichtig, dass man auf ein Netzwerk an Kontakten zurückgreifen kann und nicht nur auf Kaltakquise angewiesen ist, da sich diese oftmals sehr schwierig und langwierig gestaltet. Außerdem können bei Akquise über vorhandene Beziehungen in vielen Fällen auch bessere Tagessätze realisiert werden. Gerade beim Einstieg in dieses Tätigkeitsfeld nimmt die Akquise mehr Zeit in Anspruch und auch Rückschläge bleiben nicht aus. Wichtig ist es, sich hier erste Sporen zu verdienen, auf denen man aufbauen kann. Als etablierte:r Trainer:in oder Coach:in hingegen muss man sich oftmals zwischen Aufträgen entscheiden, weil man zum einen nicht alle gleichzeitig bearbeiten kann, andere eventuell aber auch nicht zur eigenen Philosophie passen.

Die Konzeptionsphase zeichnet sich dadurch aus, dass die Anforderungen an das Training oder das Coaching mit dem/der Auftraggeber:in geklärt werden, damit ein entsprechendes Konzept ausgearbeitet werden kann. Für ein Training muss dieses Konzept sehr genau ausgearbeitet sein, für ein Coaching ist es mehr ein grober Rahmen, da sich die Inhalte und der Ablauf des Coachings an den individuellen Anforderungen und Fragestellungen der Klient:innen orientieren. Bei einem Training spielt die Vorbereitung von Folien und Inputs auf Flipchart oder in anderer Form eine genauso wichtige Rolle wie die Erarbeitung und Auswahl von Übungen und interaktiven Elementen. Ein gutes Training sollte immer nur gut dosierten Input enthalten und viel Raum für das persönliche Erfahren und Üben sowie für die Integration des Gelernten in den Alltag der Teilnehmer:innen bieten. Die Durchführungsphase beginnt mit der Anreise und ggf. Vorbereitung der Räume, setzt sich fort mit der eigentlichen Durchführung des Trainings oder des Coachings und endet mit dem Fotografieren der erarbeiten Unterlagen und Flipcharts zur Dokumentation und der Abreise. Die Nachbereitungsphase ist wichtig, wenn man sich als professionelle:r Trainer:in oder Coach:in positionieren möchte, um sich für weitere Aufträge zu empfehlen. Es sollte immer eine Dokumentation an die Teilnehmer:innen verschickt werden – im Idealfall mit einer Fotodokumentation der erarbeiteten Inhalte, ggf. der vorgestellten Folien und ergänzender Zusatzliteratur. Darüber hinaus sollte während des Trainings oder nach dem Training oder Coaching eine Evaluation erfolgen, damit Verbesserungsmöglichkeiten für zukünftige Projekte identifiziert werden. Bei der Tätigkeit für Trainingsinstitute, Bildungsträger oder Stiftungen erfolgt die Evaluation oftmals zentral über den Auftraggeber, da die Qualität der Trainer:innen darüber beurteilt wird und zukünftige Einsätze direkt davon abhängen. Es empfiehlt sich aber, immer nach den Ergebnissen der Evaluation zu fragen, damit auch eine persönliche Weiterentwicklung möglich ist. Weiterführende Informationen zu relevanten Phasen in der Fort- und Weiterbildung, die selbstverständlich ebenfalls für freiberufliche und selbstständige Trainer:innen relevant sind, finden Sie im ▶ Kap. 19.

Mobilitätsbereitschaft

Die Anforderungen an die Mobilitätsbereitschaft als selbstständige:r oder freiberufliche:r Trainer:in oder Coach:in sind sehr stark von der Kundenstruktur abhängig. Wenn sich diese über ganz Deutschland oder sogar international erstreckt, dann ist die tägliche Arbeit selbstverständlich mit sehr großem Reiseaufwand verbunden, da zusätzlich An- und Abreisetage eingeplant werden müssen, wenn die Trainings bereits am Vormittag beginnen oder bis zum Abend dauern sollen. Dies muss letztlich auch in der Kalkulation berücksichtigt werden, da dadurch weniger Trainingstage möglich sind. Bei Coachings stellt es sich grundsätzlich anders dar, da diese selten länger als 2 bis 3 h dauern, sodass bei räumlicher Distanz der Klient:innen sehr hohe Reisezeiten in Kauf genommen werden müssen.

Natürlich gibt es auch Trainer:innen oder Coach:innen, die über einen festen Kundenstamm innerhalb einer Stadt oder Region verfügen und somit nur geringe Fahrtzeiten in Kauf nehmen müssen und Hotelübernachtungen größtenteils vermeiden können. Die Regel ist allerdings eine Kombination aus Einsätzen in der Heimatregion und Einsätzen in entfernten Gebieten. Mit steigender Erfahrung treten die Reisekosten für die Kund:innen zunehmend in den Hintergrund, sodass Trainer:innen unabhängig von ihrem Standort gebucht werden und lediglich die Erfahrung und das Kompetenzprofil der Trainer:innen oder Coach:innen ausschlaggebend sind.

Insbesondere im Top Management Coaching ist es darüber hinaus üblich, dass ein:e Coach:in selbst bei einem Wechsel zu einem anderen Unternehmen weiter für den/die Klient:in arbeitet, was dementsprechende Mobilitätsbereitschaft erfordern kann, aber gleichzeitig ein wichtiger Hinweis auf eine sehr starke Kund:innenbindung ist.

Arbeitszeit

Grundsätzlich ist es als Trainer:in oder Coach:in üblich, dass auch Abendstunden und Wochenenden in Anspruch genommen werden, da man sich immer nach den Bedürfnissen der Kund:innen richten muss. Insbesondere bei offenen Trainings kann es sich um Angebote an Wochenenden handeln, damit Berufstätige keinen Urlaub für die Teilnahme am Training nehmen müssen. Durch die bereits angesprochenen Reisezeiten wird man oft erst spät am Abend zurückkommen oder Nächte in Hotels verbringen müssen, sodass feste Arbeitszeiten die Ausnahme darstellen.

Das Konzept der Überstunden existiert als Selbstständige:r oder Freiberufler:in in dieser Form nicht, d. h., die Wochenarbeitszeit richtet sich in erster Linie nach der Anzahl an akquirierten Projekten. Mit Vorbereitung, Konzeption und Nachbereitung von Trainings und Coachingsitzungen kann es oftmals zu Verwaltungs- und Büroarbeiten am Abend und am Wochenende kommen, da man tagsüber üblicherweise Präsenz bei den jeweiligen Kund:innen zeigt.

Einkommen

Die Bezahlung als Trainer:in oder Coach:in ist in erster Linie davon abhängig, ob man bei einem Unternehmen angestellt ist oder als Selbstständige:r oder Freiberufler:in arbeitet. Der Vorteil einer Tätigkeit als angestellte:r Trainer:in (im Coachingbereich sind Angestelltenverhältnisse nicht gängig) ist ohne Zweifel die Sicherheit und die Planbarkeit der eigenen Tätigkeit. Man verfügt über einen Arbeitsvertrag mit klar definierten Arbeitszeiten und einem festgelegten Gehalt. Die Bezahlung in der Wirtschaft orientiert sich dabei an den üblichen Gehältern für Berufseinsteiger:innen und Akademiker:innen. Umfassende Informationen zu dieser Arbeitsform finden sich im ▶ Kap. 19.

Als Selbstständige:r oder Freiberufler:in stellt sich die Situation selbstverständlich anders dar, da hier eigenständig Aufträge akquiriert werden müssen und somit keine Planbarkeit und weniger finanzielle Sicherheit bestehen. Die Bezahlung erfolgt bei Trainings üblicherweise in Tagessätzen, die eine hohe Bandbreite aufweisen. Sie beginnen bei wenigen Hundert Euro und reichen bis zu mehreren Tausend Euro, wobei die Tagessätze häufig zwischen 500 und 1600 € liegen. Letztlich entscheidet natürlich die Erfahrung und die Reputation als Trainer:in darüber, welche Tagessätze man verlangen kann und welche Trainingsaufträge man dementsprechend erhält. Bei Trainings ohne feste Leitfäden und Unterlagen wird in vielen Fällen eine Konzeptionspauschale gezahlt, die allerdings in wenigen Fällen dem tatsächlichen Aufwand entspricht. Darüber hinaus ist es wichtig, ob Anfahrt, Unterkunft und Spesen übernommen werden, da diese Kosten ansonsten die Einnahmen entsprechend verringern. Als Coach:in erfolgt die Bezahlung in Stunden, weil ganze Tage hier nicht üblich sind. Die Stundensätze variieren ebenfalls sehr stark, gängige Stundensätze bewegen sich hier nach der Marktanalyse von RAUEN zwischen ca. 110–260 €, bei einem Mittelwert von 168 €. Allerdings streuen diese Werte stark je nach Branche und natürlich der Berufserfahrung des/der jeweiligen Coachs/Coachin.

Selbstverständlich gibt es sowohl bei Trainer:innen als auch Coach:innen Ausnahmen, die weit höhere Verdienste erzielen, doch muss hier realistisch gesagt werden, dass es sich um einen sehr kompetitiven Markt handelt, sodass man sich als Selbstständige:r oder Freiberufler:in erst seine Reputation und seinen Kund:innenstamm aufbauen muss. Insbesondere durch die Zunahme von Online-Trainings und Online-Coachings, die örtlich flexibel angeboten werden können, hat sich die Wettbewerbssituation gerade für Berufseinsteiger:innen weiter verschärft.

Karrieremöglichkeiten

Die Weiterentwicklung als Trainer:in oder Coach:in definiert sich in erster Linie über Art und Umfang der akquirierten Aufträge sowie über die erzielten Stunden- bzw. Tagessätze.

Zu beachten ist allerdings, dass letztlich immer nur die eigene Arbeitszeit bei Kund:innen bezahlt wird, d. h., es ist immer eine Präsenz vor Ort oder virtuell notwendig, sofern man sich nicht als Institutsleiter:in oder Trainingsinstitut einen Namen macht und somit über die Koordination anderer Trainer:innen oder Coach:innen Umsatz generiert. So ist der Weiterentwicklung quantitativ automatisch eine Grenze gesetzt, da ein bestimmtes Level an Trainingstagen schwer überschritten werden kann – eine Möglichkeit ist hier beispielsweise das Zurückgreifen auf Unterstützung im Backoffice, die Konzepte vorbereitet und Unterlagen ausarbeitet, damit man sich selbst ausschließlich auf die Durchführung der Trainings oder die Coachingsitzungen fokussieren kann. Im Kontext der jüngeren Entwicklungen haben zunehmend auch virtuelle Coachings an Bedeutung gewonnen, was zumindest den Aufwand für Fahrtzeiten deutlich reduziert.

Berufliche Weiterbildung

Als Selbstständige:r und Freiberufler:in spielt die persönliche Weiterentwicklung eine zentrale Rolle bei der Akquise neuer Kund:innen, da nur über ein umfangreiches Kompetenzprofil und das Aufgreifen aktueller Methoden und Strömungen eine erfolgreiche Tätigkeit als Trainer:in oder Coach:in möglich ist. Gerade für das Berufsfeld Training und Coaching gilt es, die Maxime lebenslangen Lernens zu beherzigen. Neben der eigentlichen Tätigkeit mit Kund:innen und Klient:innen ist es deshalb notwendig, stets Weiterbildungen und Ausbildungen zu besuchen. Man kann nicht davon ausgehen, dass die nächste Weiterbildung ausreicht, denn man hat nie ausgelernt und kann sich immer noch neue Perspektiven aneignen. So kann beispielsweise auf eine systemische Ausbildung eine Fortbildung zu hypnotherapeutischen Methoden folgen, danach kommen Ansätze des Psychodramas usw.

Wie so oft gilt es auch hier, die richtige Balance zwischen einem stimmigen und individuellen Kompetenzprofil und dem Druck, vermeintlich jede Fortbildung machen zu müssen, zu finden. Schließlich sollten auch nicht die gesamten Erträge in die eigene Weiterentwicklung investiert werden, sondern das eigene Profil gezielt geschärft werden.

Bei der persönlichen Weiterbildung als Selbstständige:r und Freiberufler:in sollte allerdings immer darauf geachtet werden, dass es sich um qualitativ hochwertige Institute handelt, an denen die eigenen Ausbildungen absolviert werden. Hier bieten Dachverbände mit Qualitätssiegeln und Zertifizierungen einen wichtigen Anhaltspunkt, beispielsweise die Deutsche Gesellschaft für Systemische Therapie, Beratung und Familientherapie e. V. (DGSF). Zertifizierte Mitgliedsinstitute ermöglichen den Erwerb von Zertifikaten nach Ende der Weiterbildungen, sodass die Qualität auch für die eigenen Kund:innen nachvollziehbar und objektiv dokumentiert werden kann.

Positionierung am Markt

Eine der größten Herausforderungen für selbstständige und freiberufliche Tätigkeiten als Trainer:in oder Coach:in ist sicherlich die erfolgreiche Positionierung am Markt. Wie baut man sich einen tragfähigen Kundenstamm auf? Worauf muss man am Anfang der beruflichen Laufbahn achten, damit man sich auch finanziell und bezüglich des Anspruchs der Aufträge weiterentwickeln kann? Ein wichtiger Punkt ist zweifellos das Etablieren eines individuellen Kompetenzprofils, das sich sowohl über den Lebenslauf und die Erfahrungen als auch über die bereits durchgeführten Trainings und Coachings definiert. Hier ist es sinnvoll und empfehlenswert, bereits während des Studiums Erfahrungen in studentischen Unternehmensberatungen, Vereinen oder Praxisprojekten an der Universität zu sammeln, damit bereits von Beginn an erste Referenzen existieren.

In der weiteren beruflichen Entwicklung hat es sich bewährt, nicht alle Aufträge anzunehmen und auch nicht um jeden Preis Trainings- oder Coachingaufträge zu bearbeiten. Dies ist aus finanzieller Perspektive sicherlich eine Gratwanderung, doch zahlt es sich mittel- bis langfristig aus. Der Tages- und Stundensatz, den ein:e Kund:in für die Dienste von bestimmten Trainer:innen oder Coach:innen aufwenden müsste, ist neben den Referenzen ein weiterer Anhaltspunkt dafür, wie etabliert ein Trainer ist und wie kompetent er sich selbst einschätzt. Wenn man sich zu Tagessätzen von 250 € verkauft, dann wertet das auch die eigene Leistung ab und führt zu einer anderen Wahrnehmung durch potenzielle Kund:innen, die schließlich auch untereinander vernetzt sind.

Oftmals ist es hilfreich, wenn direkt nach dem Studium im Namen eines Trainingsinstituts, Bildungsträgers oder einer Stiftung Trainings oder auch Coachings durchgeführt werden, da die Auftragsakquise hier durch den/die Auftraggeber:in erfolgt und somit ein schnellerer Einstieg in den Markt möglich ist. Der Preis ist hierbei natürlich ein geringerer Tages- oder Stundensatz, da die/der Anbieter:in selbst einen Anteil für Akquise und laufende Kosten einbehält. Nichtsdestoweniger stellt das eine gute Möglichkeit dar, um sich bei potenziellen Kund:innen bekannt zu machen und gleichzeitig wertvolle Praxiserfahrungen zu sammeln, in vielen Fällen auch im Trainer:innenteam, sodass zusätzlich eine persönliche Weiterentwicklung und Reflexion unterstützt wird.

13.3 Die Rolle von Psycholog:innen im Berufsfeld des Trainings und Coachings

Letztlich gibt es Trainer:innen oder Coach:innen mit unterschiedlichsten beruflichen Hintergründen, nachdem viele nach einer längeren beruflichen Tätigkeit den Schritt in die Selbstständigkeit wagen. Es finden sich in diesem Tätigkeitsfeld zahlreiche Betriebswirt:innen, aber genauso Sozialwissenschaftler:innen und Naturwissenschaftler:innen. Psycholog:innen haben allerdings den großen Vorteil, dass sie sich bereits im Studium mit zahlreichen Themengebieten intensiv beschäftigt haben, die für Training und Coaching von großer Bedeutung sind: So geht es immer um die Veränderung von Verhalten und das Erarbeiten von Lernfeldern.

Der Berufsverband Deutscher Psychologinnen und Psychologen e. V. (BDP) bietet dabei eigene Zertifizierungen für Trainer:innen oder Coach:innen an, doch muss hier darauf geachtet werden, dass oftmals die Zertifikate übergreifender Dachverbände, beispielsweise „Systemischer Coach (DGSF)" der Deutschen Gesellschaft für Systemische Therapie, Beratung und Familientherapie e. V. (DGSF), aufgrund der weiteren Verbreitung bei Unternehmen und Organisationen akzeptierter sind. Grundsätzlich haben Psycholog:innen als Trainer:innen oder Coach:innen aber eine sehr gute Ausgangsposition durch ihr umfassendes und fundiertes Studium und werden entsprechend positiv am Markt wahrgenommen.

Eine Perspektive aus der Wissenschaft

Prof. Dr. Simone Kauffeld ist Professorin für Arbeits-, Organisations- und Sozialpsychologie an der TU Braunschweig und Gründerin der Beratung 4A-SIDE GmbH. Im Folgenden erläutert sie, welche Rolle Psychologen im Training und Coaching spielen:

Psycholog:innen sind für Training und Coaching prädestiniert, da sie in ihrem Studium viel über Lernprozesse sowie die Interaktion in sozialen Kontexten vermittelt bekommen haben. Darüber hinaus verfügen sie über ein breites Diagnosewissen. Sie lernen Trainingsansätze theoretisch zu verankern, einzuordnen und zu bewerten. Sie haben in der Regel im Rahmen ihres Studiums gelernt, Sachverhalte verständlich für andere darzustellen, sie lernen strukturiertes Arbeiten und werden in verschiedenen Anwendungsfächern mit Methoden der Gesprächsführung und -steuerung und des Beziehungsaufbaus vertraut gemacht. Bei Referaten wird zumindest in den von mir verantworteten Lehrveranstaltungen Wert darauf gelegt, dass neben dem Vermitteln von Wissen in Form von Referaten Gruppenübungen angeleitet werden müssen. In den Studiengängen an einigen Universitäten, wie z. B. an der TU Braunschweig oder der Universität Salzburg, sind Module zum Coaching vorgesehen, in denen neben theoretischem Wissen erste berufspraktische Fähigkeiten erworben werden können. Die in den Präsenzveranstaltungen erlernten Inhalte werden im Rahmen von Selbsterfahrungsübungen vertieft: Jede:r Teilnehmer:in durchläuft einen vollständigen Coachingprozess sowohl als Klient:in als auch als Coach:in. Im Client Coaching erhalten die Studierenden die Möglichkeit, direkt als Karrierecoach:in tätig zu werden. Es ist immer empfehlenswert, schon während des Studiums vergleichbare Angebote der Hochschule oder auch anderer Einrichtungen zu nutzen, um sich intensiv mit dem Berufsbild vertraut zu machen.

Zudem können die Studierenden im Rahmen von Praktika am Lehrstuhl Erfahrungen als Co-Trainer:innen in Trainingsangeboten für Studierende aller Fakultäten sammeln und dabei erste zentrale berufsrelevante Fähigkeiten aufbauen. Unternehmenskooperationen bieten Studierenden die Möglichkeit, passgenaue Anwendungsfelder für das im Studium akquirierte Wissen vor allem im Bereich Training zu finden.

Was gibt es darüber hinaus für Möglichkeiten, den Berufseinstieg als Trainer:in und/oder Coach:in zu erleichtern? Ich selbst konnte in meiner Schulzeit und später im Studium vielfältige Erfahrungen mit Gruppen und als Trainerin durch Einsätze in der kirchlichen, städtischen und gewerkschaftlichen Jugendbildungsarbeit erwerben. Sie sollten sich mit dem Arbeitsumfeld und der Arbeitsrealität Ihrer Teilnehmer:innen vertraut machen, um Feldkompetenz zu erwerben, die u. a. zur Akzeptanz der Teilnehmer:innen notwendig ist. Sie sollten Möglichkeiten finden, Ihr Tun auch mit anderen zu reflektieren.

13.4 Anforderungen an eine Tätigkeit als Trainer:in oder Coach:in

Die folgenden Abschnitte stellen die Anforderungen an eine Tätigkeit als Trainer:in oder Coach:in dar. Dabei wird insbesondere auf sinnvolle Qualifikationen fokussiert, die bereits während des Studiums erfolgen können und somit von vornherein den Start in das Berufsfeld als Trainer:in oder Coach:in erleichtern.

Eine Perspektive aus der Praxis

Martina Kammerlander-Fischer, Dipl.-Psychologin, Schwerpunktfächer: Organisationspsychologie, Markt- und Werbepsychologie, seit 2019 selbstständig als Coachin, Trainerin und Beraterin

Wieso haben Sie sich für eine Tätigkeit als Trainerin und Coachin entschieden?

Die Begleitung von Menschen und deren Lernprozessen in Gruppen- sowie Einzelsettings war und ist schon immer meine Leidenschaft. Schon im Jugendalter begleitete ich Kinder und Jugendliche im Ski Alpin als Trainerin. Es ist für mich eine Freude, Inhalte zu vermitteln, Lernentwicklung zu begleiten und Menschen dabei zu unterstützen, ihre Potenziale zu erkennen und dann auch zu leben. Ich durfte in meinem bisherigen Leben viele spannende Projekte verantworten, diese Erfahrungen teile ich sehr gerne mit interessierten Teilnehmenden. Meine Industriezeit in verantwortlichen Positionen der Personal- und Organisationsentwicklung sowie des Change Management hat mich besser verstehen und sattelfest werden lassen. Zu erkennen, wie Organisationen „funktionieren" (oder eben nicht), wie Politik, Strategie und Menschsein oft unvereinbar komplex nebeneinander stehen und wie erfolgreiche Entscheidungen getroffen werden können, waren dabei spannende Erkenntnisse. Ich verstehe meine Rolle stets vermittelnd und brückenbauend, klar und spiegelnd. Ich kenne somit beide Seiten, die innerbetriebliche sowie die externe. Beide haben ihre Vorzüge. Heute bin ich froh, dass ich als externe und unabhängige Trainerin und Coachin die Möglichkeit habe, viele verschiedene Menschen und Organisationen kennenzulernen und zu begleiten. Mir gefällt es, Prozesse anzustoßen und zu begleiten, um sie dann auch wieder im Sinne der Eigenverantwortlichkeit abzugeben. Dass ich mich dann wieder zurückziehen und somit den unabhängigeren Blick von außen behalten kann, sehe ich als mein Privileg. Das war im Unternehmen aufgrund meiner Rolle nicht immer möglich, je nachdem, wie der Projektauftrag lautete. Talentmanagement und das Erkennen und Entwickeln der eigenen Fähigkeiten und der Potenziale sind mein Steckenpferd. Ich habe schon früh erlebnisnahe Lernformate entwickelt, sodass Lernen Spaß macht und nachhaltig wirkt. Ich bin für die Erfahrungen in der Industrie sehr dankbar und gleichzeitig wusste ich, dass mein Weg ein anderer, ein freierer und unabhängiger sein wird. Freiheit ist für mich ein sehr hoher Wert, dafür steht für mich auch die Freiberuflichkeit.

Was glauben Sie, können Psycholog:innen in diesem Berufsfeld bewegen?

Eine Menge! Ich glaube, als Psycholog:innen können wir Menschen in dieser schnelllebigen Zeit mit so vielschichtigen Einflüssen von außen dabei unterstützen, sich besser zu verstehen, zu sich selbst, ihren Überzeugungen und Kompetenzen zu kommen und dabei den Fokus zu halten. Ich vergleiche das gerne mit dem Sport: Kein Sportler im Profibereich „läuft" ohne seinen Trainerstab. Von Menschen in Organisationen wird täglich Hochleistung erwartet, die sie in den seltensten Fällen auf Dauer und ohne Begleitung abrufen können. Dabei unterstützen wir Psycholog:innen. Wir bringen den Teilnehmenden bei, in Selbstreflexion zu gehen, wichtige Tools der (Selbst-)Führung zu lernen, den inneren Navigator auszurichten, den Fokus zu finden und resilient zu werden und zu bleiben. Resilienz, also die psychische Widerstandsfähigkeit, ist aus meiner Sicht in unserer heutigen Zeit wichtiger denn je und kommt selten von selbst. Ich arbeite immer mehr mit mentalen Trainingstechniken und merke, dass der Hebel enorm groß ist und die wenigsten Menschen sich damit bisher beschäftigt haben. Somit sollten wir Psycholog:innen, die wir uns der Lehre der Seele verschrieben haben, Menschen dabei unterstützen, die Synapsen und Verbindungen in ihrem Gehirn ideal zu verschalten, um ein zufriedenes, gesundes und erfolgreiches Leben führen zu können.

Was hat Sie an Ihrer Tätigkeit am meisten überrascht?

Das ist eine gute Frage. … Vielleicht die Tatsache, dass ich auf manche Fragen, die ich meinen Klient:innen im Coaching stelle, zum ersten Mal eine Antwort erhalte. Damit meine ich, dass die Frage zuvor noch nie gedacht worden ist. Die Kraft des Fragens begeistert mich seit vielen Jahren und ich werde nicht müde, Führungskräfte dabei zu ermutigen, mehr zu fragen und weniger zu sagen (im Sinne von Vorgeben). Ebenfalls überrascht mich im positiven Sinne auch immer wieder, dass es trotz der Komplexität im menschlichen Miteinander mit allen Herausforderungen bei der Kommunikation, bei Konflikten, unter Leistungsdruck, in stürmischen Zeiten, trotzdem immer wieder funktionierende Prozesse und tolle Produkte gibt. Unser Job ist es, die „Kollateralschäden" der Individuen oder der Organisationen zu beleuchten und zu minimieren – damit die Kraft nicht ausgeht und wir im besten Sinne zu einer resilienten Organisation beitragen. Es erfreut mich immer wieder, dass die Bereitschaft, Trainer:innen oder Coach:innen von außen hereinzuholen, immer mehr zur

Normalität wird. Dass Menschen die Offenheit haben, immer wieder Neues zu lernen und bestehende Strukturen über Bord zu werfen, auch das bewegt mich. Es überrascht mich, ohne dass es mich überrascht. Dabei geht es im Endeffekt immer um dieselben Themen: Wo Menschen zusammenkommen, menschelt es – über alle Ebenen, Kulturen und Ländergrenzen hinweg. Immer wieder erstaunlich finde ich, dass regelmäßig die Einsicht fehlt, dass Konflikte zunächst immer *inner*personal entstehen. Im Umkehrschluss erklärt das, warum das Phänomen des „Sündenbocks" auch in der Neuzeit ein aktuelles ist. *Last but not least:* Austausch und Reflexion haben immer einen Mehrwert für die Menschen, und jemandem seine Zeit und sein Ohr zu geben, ist das eigentliche Geschenk.

Wie lässt sich Ihre Tätigkeit mit Ihrem Privatleben vereinbaren?

Als Selbständige hat man zum einen viele Freiheiten, aber man ist natürlich auch in allen Belangen und Entscheidungen auf sich selbst gestellt. Ich habe über die Jahre viel gelernt, über mich, meine Arbeitsabläufe, die eigenen Muster. Ich habe viele Abläufe professionalisiert und mir auch ein kleines Team aufgebaut. Das war ein wichtiger Schritt, der mich sehr entlastet. Für meine Familienzeit halte ich Ferienzeiten für meine Tochter weitgehend frei, das ist das Schöne an der Selbständigkeit. Dadurch, dass ich tue, was ich liebe, sind die Grenzen allerdings oft fließend. So sind meine Pferde, die ja in der Personal- und Führungskräfteentwicklung meine Co-Trainer sind, natürlich auch in der Freizeit meine geschätzten Partner. Sie sind vor allem Teil meines Lebens. Hier kann ich meine Familie gut integrieren, das ist viel Arbeit über die „eigentliche Arbeit" hinaus und alle helfen hier mit. Ich glaube, es geht gar nicht so sehr darum, Beruf und Privates zu trennen, sondern eine gute Balance zu finden und zu halten – das zu tun, was man liebt.

Denn wie Jürgen Klopp einmal so schön sagte: „Ich liebe, was ich tue. Denn wenn ich es nicht täte, wäre es Arbeit." Und dann wäre es nicht gut. Meine Arbeit ist mein großes Hobby, und mein Hobby wurde zu meiner Arbeit im positiven Sinne.

Welchen Tipp haben Sie für Psycholog:innen, die sich überlegen, als Trainer:in und Coach:in zu arbeiten?

An erster Stelle stehen echte Neugier und Explorationsgeist in Bezug auf Menschen, dessen Herausforderungen und ein gutes Analysevermögen, um den Sachverhalt schnell zu verstehen. Es ist wichtig, sich eine gute Grundlage für die Auftragsklärung zu schaffen. Die gute Selbstklärung, Reflexion und natürlich auch die Bearbeitung von eigenen Triggerpunkten ist unerlässlich, um beim Kunden authentisch zu sein. Es braucht eine gefestigte Persönlichkeitsstruktur und eine gute Anbindung an sich selbst. Auch ist die richtige „Sprache" essenziell, je nachdem, mit wem man spricht.

Ich würde jedem persönlich raten, eigene Erfahrungen zu sammeln, dies auch gerne in verschiedenen Organisationen. Fach- und Prozesswissen im jeweiligen Expert:innenbereich ist sehr wichtig. Im Trainingsbereich hilft einem die Kompetenz, lebendig und mit symbolisch kreativer Sprache Dinge zu vermitteln, die im Rahmen der Erwachsenenbildung bei den Teilnehmenden Anklang findet. Sie wünschen oft echte Praxisbeispiele und das Teilen von eigenen Erfahrungen der Trainer:innen. Deswegen ist es wichtig, die Bereitschaft zu haben, Erfahrungen und auch „Niederlagen" zu teilen. Ein weiterer Tipp: Man sollte es mögen, exponiert und „auf der Bühne" zu stehen. Man sollte relativieren können, dass man in Trainings- und Coachingprozessen regelmäßig zur Projektionsfläche wird, gerade wenn es um den Umgang mit den inneren Widerständen, z. B. beim Veränderungsprozess, geht. Hier geht es darum, das auch aushalten zu können und für sich klar zu sortieren, aber auch die eigene Grenze zu kennen. Ein gutes Netzwerk aufzubauen und sich gute Supervisor:innen zum Austausch zu suchen, rundet dieses Thema ab.

Was hat Ihnen auf dem Weg in die selbstständige Tätigkeit am meisten geholfen?

Ich habe mir in meiner Coachingausbildung 2014 ein Visionspapier geschrieben, das ich kurz nach Gründung 2019 wiederfand. Darin stand eins zu eins meine Gründungsidee, ich erinnerte mich gar nicht mehr daran, das zuvor aufgeschrieben zu haben – also: meine eigene Vision und die Zuversicht, dass alles in die richtige Richtung geht, sowie der Glaube daran, dass das, was man am liebsten tut, auch das werden kann, womit man seinen Unterhalt verdient. Sehr wichtig sind zudem folgende Punkte: Mut und die Bereitschaft, Sicherheiten in Form von Finanziellem und Absicherndem erst einmal loszulassen (ich war gerade aus der Elternzeit zurück und die Entscheidung war vor diesem Hintergrund nicht „vernünftig", sondern intuitiv); meine Tochter, die meine größte Inspiration ist, ebenfalls mein bester Spiegel; mein Mann und meine Freunde, die an mich glauben und mich unterstützen; das Laufen, bei dem ich alle meine Websitetexte entwickelt habe; natürlich meine Pferde, sie sind meine großen Lehrmeister. Das Ausprobieren, die Neugier auf das Neue, das Erlebnis von Selbstwirksamkeit empfinde ich als essenziell. Sehr hilfreich war zudem die Gründungsberatung von guide München. Sponsor:innen und Promotor:innen sind wichtig, in meinem Falle des Pferdetrainings waren es die Pferdebesitzer und Landwirte. Sehr geholfen hat mir auch eine kollegiale Freundin, die mir über ihre Beratung Projekte als Freelancerin anbot, somit hatte ich ein „absicherndes Vehikel" und damit meinen ersten Kunden.

Stoßen Sie manchmal wegen Ihrer Ausbildung als Psychologin auf Vorurteile?

Ehrlich gesagt, erlebe ich das heute nur noch sehr selten. Das kam früher gelegentlich vor. Das ist sicherlich auch ein Resonanzprinzip und wächst mit Erfahrung und Standing. Ich bin davon überzeugt, dass wir mehr als Mensch und Persönlichkeit wirken – das ist es, was Menschen vor allem beurteilen. Im Vergleich zu der Zeit, als ich studiert habe, ist es heute normaler geworden, dass Psycholog:innen in den verschiedensten Bereichen des organisationalen Setups arbeiten und sich dort einen Namen machen. Da ist meiner Meinung nach in den letzten Jahren viel passiert, und der Mehrwert unseres Berufsstandes wird hier auch sehr geschätzt. Wenn Menschen dann doch einmal etwas sagen, lässt sich daraus wunderbar eine Einladung zum nächsten Seminar ableiten.

Schwerpunktsetzung

Im Studium ist ein Schwerpunkt in Wirtschafts- oder Sozialpsychologie oder Pädagogischer Psychologie aufgrund ihrer inhaltlichen Nähe zur Tätigkeit als Trainer:in oder Coach:in auf jeden Fall sinnvoll. Letztlich helfen aber viele Schwerpunkte im Studium, nachdem es auch in der Klinischen Psychologie um die Veränderung von Verhalten geht und durchaus strukturelle Parallelen zwischen bestimmten Therapieformen und dem Vorgehen beim Coaching einer/s Klient:in bestehen. Im Coaching kann ergänzend ein klinischer Schwerpunkt durchaus sinnvoll sein, da notwendige therapeutische Qualifikationen von Coach:innen immer wieder von Fachverbänden diskutiert werden.

Fachliche Inhalte

Besondere Nebenfächer sind für die Tätigkeit als Trainer:in oder Coach:in nicht notwendig, doch sind Zusatzveranstaltungen zu sog. Soft Skills und Train-the-Trainer-Kurse an Universitäten und Hochschulen für angewandte Wissenschaften selbstverständlich eine gute Vorbereitung und Zusatzqualifikation – gerade für den Berufseinstieg. Darüber hinaus muss man sich als Trainer:in entscheiden, ob man auch fachliche Trainings, beispielsweise zu betriebswirtschaftlichen oder technischen Themen, anbieten möchte. In diesen Fällen sind zusätzliche Nebenfächer oder auch außeruniversitäre Zusatzqualifikationen empfehlenswert, um Kompetenzen in diesen Themengebieten nachzuweisen. Gerade wenn eine Karriere in der Selbstständigkeit angestrebt wird, sollte man bereits im Studium versuchen, Grundkenntnisse im Bereich Betriebswirtschaftslehre und Arbeitsrecht zu erwerben.

Computerkenntnisse

Gerade bei der Vor- und Nachbereitung von Trainings ist es wichtig, dass man die gängigen Office-Programme beherrscht und insbesondere gut mit PowerPoint umgehen kann. Lernumgebungen und E-Learning haben im Kontext der Covid-19-Pandemie stark an Bedeutung gewonnen, sodass Medien- und Internetaffinität ebenfalls hoch relevant sind, damit Filmausschnitte und andere mediale Beiträge in den Trainings eingesetzt werden können. Hier ist es aber wichtig zu erwähnen, dass sich gute Trainings gerade durch einen Wechsel der Medien kennzeichnen, sodass im Gegensatz zu einer Vorlesung an der Universität eben nicht 50 Folien präsentiert werden, sondern abwechselnd mit Folien, Filmen, Flipchart etc. gearbeitet wird. Beim Online-Training und Online-Coaching ist natürlich auch ein sicherer Umgang mit der entsprechenden Meetingsoftware zwingend erforderlich. Außerdem sind hier eine professionelle technische Ausstattung mit zuverlässigem Mikrofon, qualitativ hochwertiger Kamera und einem dazu passenden Gesamtsetting wichtig.

Die Anforderungen an Sprachkenntnisse und Auslandsaufenthalte sind von dem regionalen Einzugsgebiet abhängig. Bei Trainings und Coachings in Deutschland sind deutsche Sprachkenntnisse ausreichend, doch kann es immer zu englischen Trainings in internationalen Unternehmen kommen. Inhalte zur Vorbereitung sollten ebenfalls abhängig von der Relevanz herangezogen werden, egal ob sie auf Englisch oder Deutsch verfasst sind. Es ist folglich immer von Vorteil, wenn Trainings und Coachings in mehreren Fremdsprachen angeboten werden können, da man sich darüber breiter positionieren kann und somit die Akquisemöglichkeiten vergrößert und die Einsatzszenarien aus Kundensicht erweitert.

Zertifizierungen

Gerade am Anfang der Berufstätigkeit als Trainer:in oder Coach:in ist es wichtig, umfassende Kompetenzen nachzuweisen. Dies erfolgt in vielen Fällen über Zertifizierungen von anerkannten Berufs- und Dachverbänden. Sie bieten potenziellen Auftraggeber:innen einen Anhaltspunkt für eine fundierte Ausbildung von Trainer:innen oder Coach:innen. Es existiert eine Vielzahl an Dachverbänden, die für Training und Coaching Zertifikate anbieten, sodass immer im Einzelfall entschieden werden sollte, welche Zertifizierung sinnvoll ist. Grundsätzlich gilt hier in den meisten Fällen, dass strengere Zertifizierungen mit höheren Anforderungen an die Ausbildung und die nachzuweisende Praxis- und Selbsterfahrung auch eine höhere Akzeptanz bei den Auftraggeber:innen mit sich bringen. Individuelle Zertifikate einzelner Ausbildungsinstitute sind hier kritisch zu beurteilen, da diese keinen anerkannten und objektiven Qualitätsnachweis darstellen.

Praxis, Praxis, Praxis

Bereits während des Studiums sollte die Möglichkeit genutzt werden, Trainings- oder Coachingerfahrung zu sammeln. Trainings werden oftmals von studentischen Unternehmensberatungen oder studentischen Vereinen angeboten, beispielsweise durch die bundesweit aktive Organisation AIESEC oder die Mitgliedsinitiativen des Bundesverbands Deutscher Studentischer Unternehmensberatungen e. V. (BDSU). Coachings können mit Mentor:innenprogrammen verglichen werden, in denen ältere Studierende jüngeren Studierenden mit Rat und Tat zur Seite stehen. Erste Ausbildungen im Studium wie eine systemische Kompaktweiterbildung bei einem Weiterbildungsinstitut oder eine Trainer:innenausbildung als Schwerpunkt im Studium stellen zweifellos ein gutes Sprungbrett in eine selbstständige Tätigkeit als Trainer:in oder Coach:in dar.

Fazit

Die Besonderheit als Trainer:in und Coach:in ist insbesondere die Vielfältigkeit und Abwechslung, die jeder neue Auftrag mit sich bringt, egal ob man selbstständig oder angestellt tätig ist. Selbst bei vermeintlich identischen inhaltlichen Themen entwickelt sich jedes Training und jedes Coaching durch die individuellen Persönlichkeiten der Teilnehmer:innen in eine andere Richtung, sodass ich immer wieder mit besonderen Herausforderungen konfrontiert werde. Es ist außerdem sehr spannend, die Veränderung von Menschen zu begleiten. Jeder von uns weiß aus eigener Erfahrung, dass uns selbst kleine Veränderungen häufig schwerfallen und dass wir uns natürlich sehr an unsere individuellen Muster und unsere Komfortzone gewöhnt haben – die in vielen Fällen im beruflichen und privaten Alltag schließlich auch funktional und hilfreich sind. Umso interessanter ist es, oftmals sehr persönliche Veränderungsprozesse zu begleiten, wenn aus unterschiedlichsten Gründen die Notwendigkeit für Wandel deutlich wird. Damit ist die Tätigkeit als Trainer:in und Coach:in außerordentlich abwechslungsreich und somit auch nach längerer Berufserfahrung immer wieder spannend!

Literatur und weiterführende Quellen

Bundeverband Deutscher Unternehmensberatungen (BDU). (2024). Unternehmensberatung. www.bdu.de/consultinglexikon/unternehmensberatung. Zugegriffen am 14.05.2024.

Deutscher Bundesverband Coaching e. V. (DBVC). www.dbvc.de. Zugegriffen am 14.05.2024.

Deutsche Gesellschaft für Systemische Therapie, Beratung und Familientherapie e. V. (DGSF). https://dgsf.org. Zugegriffen am 14.05.2024.

Deutscher Verband für Coaching und Training e. V. (dvct). www.dvct.de. Zugegriffen am 14.05.2024.

Gessnitzer, S., Kauffeld, S., & Braumandl, I. (2011). Karriere-Coaching: Personalentwicklung für Berufseinsteiger. *PERSONALquarterly, 63*, 12–17.

Schermuly, C. C., Schröder, T., Nachtwei, J., Kauffeld, S., & Gläs, K. (2012). Die Zukunft der Personalentwicklung. *Zeitschrift für Arbeits- und Organisationspsychologie, 56*(3), 111–122.

Tätigkeiten in der Unternehmensberatung

Maximilian Mendius und Simon Werther

Inhaltsverzeichnis

14.1 Unternehmensberatung – was ist das? – 178

14.2 Unternehmensberatung – ein ganz besonderes Tätigkeitsfeld? – 178
Aufgaben im Rahmen der Tätigkeit – 179
Mobilitätsbereitschaft – 179
Arbeitszeit – 180
Bezahlung – 180
Karrieremöglichkeiten – 181
Persönliche Weiterbildung – 182
Selbstständigkeit – 182

14.3 Die Rolle von Psycholog:innen im Berufsfeld der Unternehmensberatung – 183

14.4 Anforderungen an eine Tätigkeit als Unternehmensberater:in – 185
Schwerpunktsetzung – 186
Fachliche Inhalte – 186
Computerkenntnisse – 186
Sprachkenntnisse – 187
Praxis, Praxis, Praxis – 187

Literatur – 187

© Der/die Autor(en), exklusiv lizenziert an Springer-Verlag GmbH, DE, ein Teil von Springer Nature 2024
M. Mendius, S. Werther (Hrsg.), *Psychologie in Studium und Beruf*,
https://doi.org/10.1007/978-3-662-68508-2_14

Ein Tätigkeitsfeld, das über die letzten Jahre beständig gewachsen ist und das Absolvent:innen nahezu aller Studiengänge interessante Berufsperspektiven bieten kann, ist die Unternehmensberatung. Als Unternehmensberater:in führt man im Kundenauftrag definierte Aufgabenpakete aus, die der/die Kund:in entweder nicht alleine ausführen kann oder will. Im Folgenden wird dargestellt, in welchen Kontexten Psycholog:innen als Unternehmensberater:innen agieren und welchen Mehrwert sie in dieser Branche stiften können. Anhand eines Beispiels wird zunächst eine typische Situation dargestellt, in der eine Organisation auf die Dienste einer Beratung zurückgreift. In den folgenden Abschnitten wird dann auf die Besonderheiten dieses Berufsfelds eingegangen und es wird skizziert, welche Rolle Psycholog:innen in diesem Kontext spielen können. Ein Expertinneninterview mit einer erfahrenen Unternehmensberaterin bildet den Abschluss des Kapitels.

Ein Szenario

Alexander Vogel leitet die Abteilung für interne IT-Systeme in der Firma Musterwork GmbH, die 6500 Mitarbeitende an Standorten in acht Ländern beschäftigt. Herr Vogel und seine 16 Mitarbeitenden sind u. a. für die IT-Systeme des Personalwesens zuständig. Mit diesen IT-Systemen werden neben der obligatorischen Verwaltung der Personalstammdaten weitere Anwendungen für den Personalbereich betrieben, beispielsweise eine laufend aktualisierte individuelle Entwicklungshistorie, die für jede:n Mitarbeitende:n Aufzeichnungen über alle Beurteilungsgespräche, Beförderungen und Personalentwicklungsmaßnahmen enthält.

Bislang existieren in jedem Land, in dem die Firma Musterwork tätig ist, unterschiedliche IT-Systeme. Im Rahmen einer vom Vorstand angestoßenen Initiative zur Steigerung der Profitabilität erhält Herr Vogel den Auftrag, ein neues globales IT-System für den Personalbereich einzuführen, das alle bis dahin vorhandenen lokalen Lösungen ablösen soll. Fortan soll an allen Standorten mit demselben System gearbeitet werden, wodurch sich der Vorstand neben Kostensenkungen auch eine höhere Transparenz und Austauschbarkeit der Daten erhofft.

Herr Vogel kommt ins Grübeln: „Die technische Umsetzung für Deutschland kann ich mit meiner Mannschaft realisieren, aber wie sollen wir es schaffen, mit 16 Mitarbeitenden die Daten aus allen globalen Systemen zusammenzuführen, Benutzeroberflächen in mehreren Sprachen zu programmieren und dabei auch noch die unterschiedlichen Datenschutzstandards abzubilden?" Je intensiver Herr Vogel sich mit der Problematik beschäftigt, umso deutlicher wird ihm, dass die geplante Änderung an der IT tiefgreifende Auswirkungen hat, die weit über seinen Zuständigkeitsbereich hinausreichen: „Wir müssen den Personaler:innen erklären, dass es erforderlich ist, ihr gewohntes System aufzugeben. Dann geht es darum, die Funktionsweise der neuen Systeme über Schulungen zu vermitteln. Nicht zuletzt muss der Betriebsrat angemessen eingebunden werden. Das schaffen wir auf uns allein gestellt nicht."

Herr Vogel bespricht die Situation mit seiner Bereichsleiterin und äußert seine Bedenken. Nach eingehender Diskussion kommen sie zu der gemeinsamen Schlussfolgerung, dass es externer Unterstützung bedarf, um die Umstellung der IT-Systeme mit allen notwendigen Abstimmungs- und Qualifizierungsmaßnahmen so zu gestalten, dass sich ein wirklich nachhaltiger Nutzen für Musterwork ergibt. Da seine Vorgesetzte diese Einschätzungen teilt, erhält Herr Vogel daraufhin den Auftrag, bei verschiedenen

Unternehmensberatungen anzufragen, welche Möglichkeiten sie anbieten können, den Prozess zu begleiten.

Bei der Musterwork GmbH müssen – wie bei den meisten Unternehmen – bei der Vergabe externer Aufträge ab einer bestimmten Größenordnung immer mehrere Vergleichsangebote eingeholt werden. In einer ersten Recherche identifiziert Herr Vogel eine Reihe von Beratungsunternehmen, die für die Aufgabe geeignet zu sein scheinen. Dann entwirft er mit seinen Mitarbeitenden eine Beschreibung der Problemstellung und des Leistungsumfangs, für den externe Unterstützung benötigt wird, und fügt noch einige Strukturinformationen über Musterwork bei. Diese Ausschreibungsunterlagen werden dann an die identifizierten Beratungen versendet mit der Bitte, innerhalb der nächsten 4 Wochen ein Angebot, das aus einem ersten Konzept zur Problemlösung, sowie einer Kosten- und Aufwandsschätzung für das gesamte Projekt besteht, einzureichen.

Dieses Angebot kommt u. a. bei der Firma IT-Beispielconsult an. Dort werden zwei Berater:innen beauftragt, das Angebot und das Erstkonzept für Musterwork zu erstellen und zu überlegen, welche Expert:innen für die einzelnen Arbeitspakte benötigt werden und ob diese im gewünschten Zeitraum zur Verfügung stehen. Die Anfrage von Musterwork bedeutet für die IT-Beispielconsult erst einmal viel Arbeit im Bereich Konzeptentwicklung und Projektmanagement, ohne dass der Zuschlag des Kunden garantiert ist.

Nach 4 Wochen liegen Herrn Vogel eine Reihe von Angeboten vor. Nach einer ersten Sichtung beschließt er insgesamt drei Firmen, u. a. die IT-Beispielconsult, zu Vorstellungsterminen einzuladen. Bei den Terminen sollen zum einen offene fachliche Fragen diskutiert werden, vor allem aber interessiert Herrn Vogel, mit welchen Personen er in der Zukunft zusammenarbeiten würde und ob diese zur Firmenkultur und zu seinem Team passen.

Bei der Auswahl des Beratungsunternehmens spielen zahlreiche Aspekte eine Rolle. Natürlich wird Herr Vogel auch versuchen, ein Beratungsunternehmen zu finden, das über einen Standort verfügt, der nicht zu weit von der eigenen Firma entfernt ist, um den Aufwand für Reisekosten, Übernachtungen und Spesen der Berater:innen möglichst gering zu halten. Dieses Kriterium kann aber nur bei ansonsten gleichwertigen Angeboten zum Tragen kommen, denn primär geht es darum, die am besten geeignete Unternehmensberatung als Partner zu finden. In diesem Fall ist das eine Beratung, die in den Bereichen Zusammenführung von IT-Systemen, Change Management und Trainingsentwicklung große Expertise und belegbare Erfolge vorweisen und ein plausibles Gesamtkonzept vorlegen kann. Außerdem müssen entsprechende Fachexpert:innen in ausreichendem Maß und zum gewünschten Zeitpunkt zur Verfügung stehen, damit das Projekt zügig bearbeitet werden kann.

Im Verlauf dieses Prozesses stellt sich heraus, dass IT-Beispielconsult zwar die Berater:innen für die Systemzusammenführung aus einem in der Nähe von Musterwork gelegenen Büro stellen kann. Für die Gestaltung der Trainingsmaßnahmen für das Personalwesen sind jedoch nur Expert:innen aus weiter entfernten Standorten verfügbar, deshalb bietet der Verhandlungsführer der IT-Beispielconsult an, zwei Berater:innen mit Expertise in der Gestaltung von Lernmedien aus dem benachbarten Ausland für die nächsten 3 Monate für Musterwork einzusetzen.

Da Herr Vogel sowohl vom fachlichen Konzept und den vorgeschlagenen Berater:innen überzeugt ist und das Preis-Leistungsverhältnis stimmt, empfiehlt er seiner Bereichsleiterin eine Zusammenarbeit mit der IT-Beispielconsult, die dann den Auftrag erhält.

14.1 Unternehmensberatung – was ist das?

Situationen, wie die, der sich Herr Vogel gegenübersieht, sind durchaus typisch für den Arbeitsalltag in Unternehmen. Oftmals werden Veränderungen notwendig, die die Firma mit ihren vorhandenen Ressourcen nicht umsetzen kann oder will (weil sie beispielsweise anderweitig unbedingt benötigt werden). Aus einer betriebswirtschaftlichen Perspektive ist es in solchen Fällen keineswegs immer sinnvoll, die Belegschaft zu vergrößern – insbesondere wenn ein erhöhter Arbeitsbedarf im Zuge der Veränderung nur temporär besteht. Einige unternehmerische Entscheidungen, z. B. die Identifizierung von Einsparungen bei den Personalkosten, stellen für Unternehmer:innen darüber hinaus eine herausfordernde Situation dar. Oftmals wird von den Organisationen starker Wert auf eine möglichst objektive externe Perspektive gelegt, um in solchen komplexen Situationen die richtigen Entscheidungen zu treffen, sie mit beweiskräftigen Fakten zu untermauern, sie breit zu kommunizieren und sie dann zielgerichtet umzusetzen. Daher liegt es bei derartigen Konstellationen nahe, auf die Expertise von Unternehmensberatungen zurückzugreifen.

14.2 Unternehmensberatung – ein ganz besonderes Tätigkeitsfeld?

Der Bundesverband deutscher Unternehmensberatungen (BDU o.J.; ▶ www.bdu.de) definiert das Berufsbild wie folgt: „Unternehmensberatung ist eine professionelle Tätigkeit zur externen und unabhängigen Analyse und Bewertung von Problemen des Auftraggebers, Erarbeitung von individuellen Lösungen sowie projektbezogener Begleitung der Umsetzung, mit dem Ziel, Werte zu schaffen sowie notwendige Veränderungen beim Auftraggeber zu fördern. Sie beruht auf einer vertraglichen Grundlage zwischen Auftraggeber und Beratungsunternehmen" (BDU, 2024).

Ganz offensichtlich ist diese Definition sehr allgemein gefasst – und das völlig zu Recht. Es gibt weder typische Unternehmensberater:innen noch eine typische Unternehmensberatung. In der Branche sind Berater:innen mit nahezu jedem fachlichen Hintergrund vertreten, die entweder als Selbstständige agieren oder in mittelständischen sowie nicht zuletzt in großen Beratungsunternehmen mit über 300.000 Mitarbeitenden organisiert sind. Das Aufgabenspektrum reicht vom Projektmanagement über Entwicklung von Trainingskonzepten bis hin zur Implementierung kompletter IT-Systeme.

Für die Mitarbeitenden besteht der fundamentale Unterschied zu einer Anstellung in einem Unternehmen oder einer öffentlichen Einrichtung darin, dass Beratung immer Dienstleistung bei und für Kund:innen bedeutet. Diese wenden sich an eine Beratung mit der festen Erwartung, dass die Unternehmensberatung eine Problemstellung zunächst erfasst und analysiert und dann Lösungen innerhalb einer definierten Zeit und meist im Rahmen eines definierten Budgets selbst implementiert oder gemeinsam mit dem Kunden erfolgversprechende Lösungsszenarien entwickelt und die Umsetzung begleitet. Unternehmensberater:innen kommen also in der Regel zu einem/r Kund:in, um für sie Lösungen zu erarbeiten und ggf. umzusetzen.

Aufgrund dieser Ausgangslage ergeben sich einige Besonderheiten, die charakteristisch für das Berufsfeld von Unternehmensberater:innen sind. Selbstverständlich können sich im Einzelfall durch die große Bandbreite an Tätigkeiten Abweichungen von den hier beschriebenen Charakteristika ergeben.

Aufgaben im Rahmen der Tätigkeit

Die genauen Aufgabenpakete und die sog. Liefertermine, d. h., der Zeitpunkt, wann die Bearbeitung der Aufgaben abgeschlossen sein sollte, werden in der Regel beim Projektstart zwischen Projektleiter:in und Kundenansprechpartner:in besprochen. Am Anfang steht typischerweise das Suchen und Aufbereiten projektrelevanter Informationen zur exakten Definition der zu bearbeitenden Problemstellung. Hier steht Recherchearbeit in verschiedenen Dokumenten und Datenbanken im Vordergrund. Im Anschluss erfolgt eine Konzeptentwicklungsphase, in der die gefundenen Rechercheergebnisse mit Kund:innen diskutiert werden, mit dem Ziel, konkrete Handlungsableitungen zu treffen. Schließlich erfolgt die Umsetzung der definierten Handlungsschritte. Übergreifend sind Berater:innen auf Projekten meist auch für das Projektmanagement zuständig, das von der Planung der personellen Besetzung des Projekts bis zum Einkauf von Druckerpapier und Buchungen von Räumen praktisch alle organisatorischen Tätigkeiten umfassen kann. Es ist leicht erkennbar, dass es schwierig ist, einen typischen Arbeitstag von Berater:innen zu beschreiben, da jede:r Berater:in in jedem Projekt einer komplett anderen Aufgabe und anderen Kund:innen gegenübersteht. Mal kann dieser von intensiven Recherche- und Benchmark-Tätigkeiten geprägt sein, mal ist es erforderlich, verschiedene Daten und Anforderungen zu verdichten, um ein Lösungsszenario zu entwickeln. Ein zentrales Element ist aber in jedem Fall die Kommunikation mit Kund:innen. Persönliche und telefonische Abstimmgespräche, Vorbereitung zahlreicher Präsentationen für Gremien der Kund:innen oder das Monitoring des Projektfortschritts über IT-Systeme sind so ebenfalls typische Aufgabengebiete.

Mobilitätsbereitschaft

Beratung findet bei der auftraggebenden Institution statt. Die meiste Zeit der eigenen Tätigkeit verbringt ein:e Berater:in in der Regel auf Kundenprojekten zur Bearbeitung definierter Arbeitspakete. Wie im Eingangsbeispiel beschrieben, gehören jedoch auch Konzeptentwicklung und Angebotserstellung zu den Aufgaben von Berater:innen. Diese werden im Regelfall aus dem Büro der Beratung oder zuhause im sog. Homeoffice vorbereitet.

Unternehmensberatungen verfügen über eine feste Heimatadresse. Große etablierte Unternehmensberatungen sind weltweit tätig und unterhalten eine Vielzahl an Büros, die in wichtigen Ballungszentren angesiedelt sind. Berater:innen wählen in der Regel einen Wohnsitz in der Nähe des Heimatbüros.

Es gibt durchaus Berater:innen, die sich darauf beschränken (können), in einem engen Umkreis um ihre Heimatadresse zu agieren, da sie dort über einen stabilen Kund:innenstamm verfügen. Auch Mitarbeitende großer Beratungsgesellschaften werden, wenn die entsprechenden Voraussetzungen vorliegen, nach Möglichkeit Projekten zugeordnet, die möglichst nah bei ihrem Heimatbüro bearbeitet werden. In der Regel gestaltet sich die Situation jedoch anders.

Ein:e Berater:in muss damit rechnen, aufgrund seiner/ihrer Expertise und/oder aufgrund einer starken Nachfrage nach Berater:innen in einem für das Beratungsunternehmen wichtigen Großprojekt außerhalb der Heimatregion tätig zu sein. Je nachdem, wie groß die Entfernung zwischen Heimat- und Einsatzort ist, kann es sein, dass man nur am Wochenende zu Hause ist. Bei großen Entfernungen kann sich dieses Intervall jedoch auch auf 1 bis 2 Monate verlängern.

Dieser Beruf erfordert also oftmals ein großes Maß an Mobilität und damit nicht nur vom Betroffenen, sondern ggf. auch von Partner:in, Familie und Freund:innen ein ebenso starkes Maß an Flexibilität.

Arbeitszeit

Auch bei der Arbeitszeit sind Berater:innen stark von den Bedürfnissen der Auftraggebenden abhängig. Im Regelfall sind sie zeitgleich mit den Mitarbeiter:innen des auftraggebenden Unternehmens vor Ort. Durch oftmals anfallende An- und Abreisezeiten ergibt es sich jedoch, dass die Berater:innen länger „vor Ort" arbeiten. In besonders kritischen Phasen der Projekte müssen Berater:innen durchaus außerhalb der gewöhnlichen Arbeitszeiten tätig sein, da die Aufrechterhaltung der Arbeitsfähigkeit der auftraggebenden Institution zu jedem Zeitpunkt oberste Priorität hat.

Berater:innen müssen also damit rechnen, fallweise am Wochenende oder sogar nachts am Wochenende aktiv sein zu müssen, um bei einer Konzeptumsetzung den laufenden Geschäftsbetrieb der Auftraggebenden möglichst wenig zu beeinträchtigen.

In einigen Beratungsunternehmen wird gerne und selbstbewusst von der unumgänglichen „70-Stunden"-Woche gesprochen. Es gibt definitiv Berater:innen, die morgens um 8:00 Uhr die Arbeit aufnehmen und erst um 24:00 Uhr wieder in das Hotel zurückkehren. Die Frage ist allerdings, ob diese Extrembeispiele repräsentativ für ein ganzes Berufsfeld und für zahlreiche Beratungsunternehmen sind. Darüber hinaus muss kritisch diskutiert werden, welche Folgen ein derartig exzessiver Arbeitsstil mittel- und längerfristig für die Betroffenen, aber auch für die nachhaltige Qualität der erbrachten Leistung hat.

Fest steht in jedem Fall, dass es über das Arbeitszeitgesetz klare gesetzliche Regelungen für die tägliche (max. 10 h) und wöchentliche Höchstarbeitszeit (max. 50 h) gibt. Weitere Details zu diesem Thema finden Sie im Teil VI dieses Buches.

Ein Szenario

Im obigen Beispiel Musterwork hängt die Funktionsfähigkeit der Personalabteilung davon ab, ob die notwendigen IT-Systeme verfügbar sind und stabil laufen. Würde die finale Umschaltung auf das neue globale IT-System während der normalen Bürozeiten erfolgen, so könnte die Personalabteilung während dieser Zeit ihre Aufgaben nicht oder nur unzureichend ausführen. Aufgrund der weltweiten Aktivitäten von Musterwork in unterschiedlichen Zeitzonen würde auch eine Umstellung während der Nacht das Problem nicht lösen. Die Betriebsleitung beschloss deshalb gemeinsam mit IT-Beispielconsult die Datenumstellung an einem verlängerten Wochenende im Dreischichtbetrieb durchzuführen.

Bezahlung

Gerade um die Bezahlung von Unternehmensberater:innen ranken sich zahlreiche Mythen. Richtig ist, dass es nur sehr wenige Branchen gibt, in der man als Berufseinsteiger:in vergleichbar verdienen kann wie in der Beratung. Wichtig an dieser Feststellung ist jedoch auch das Wort „kann". In großen renommierten Strategieberatungen sind bereits in Einstiegspositionen Verdienste möglich, die in manchen anderen Berufsfeldern erst nach vielen Jahren oder niemals zu erreichen sind. Genauso gibt es Beratungen, die mit einem relativ durchschnittlichen oder verglichen mit Tarifverträgen im Bereich Pharma & Chemie oder Metall &

Elektro tendenziell unterdurchschnittlichen Verdienst beginnen. In diesem Zusammenhang sollte man deshalb immer den realen Stundenlohn (unter Berücksichtigung der tatsächlich geleisteten Arbeitszeit und der Erfassung und Vergütung von Mehrarbeit) betrachten. Die oftmals sehr hohen Tagessätze (für Berufseinsteiger:innen in der Regel zwischen 900 und 2500 €), die eine Beratung der auftraggebenden Institution in Rechnung stellt, fließen selbstverständlich nicht annähernd eins zu eins an die Berater weiter. Aus ◘ Tab. 14.1 wird dies deutlich.

Es ist klar ersichtlich, dass man als Berater:in zwar absolut gesehen ein hohes Gehalt erzielen kann. Im Vergleich mit einer Beschäftigung in einem Angestelltenverhältnis geht mit der oftmals überproportional hohen Anforderung an die Arbeitszeit jedoch nur eine unterproportionale Steigerung des Gehalts einher.

Typisch für Beratungsfirmen ist es, dass ein erheblicher Gehaltsanteil leistungsabhängig bezahlt wird. So können Berater:innen z. B. ein Grundgehalt von 43.000 € im Jahr haben und aufgrund der eigenen Leistung bis zu 5000 € jährlicher Bonuszahlung erreichen. Das Einkommen kann zudem durch Spesenzahlungen im Rahmen auswärtiger Einsätze noch weiter steigen.

Karrieremöglichkeiten

Grow or go oder *up or out* sind typische Bezeichnungen für die Karrierepfade in Beratungsunternehmen. Wie bereits angesprochen werden in diesem Berufsfeld oftmals hohe Anforderungen an Mobilität und zeitliche Verfügbarkeit gestellt. Berater:innen, die sich in diesem anspruchsvollen Umfeld bewähren, können jedoch deutlich schneller als in anderen Branchen auf der Karriereleiter nach oben klettern. Im Regelfall stehen alle 18 bis 24 Monate Beförderungen an, die zum einen signifikante Gehaltsverbesserungen und zum anderen mehr Verantwortung sowie mehr Gestaltungsmöglichkeiten mit sich bringen. Bereits nach 4 bis 5 Jahren können erste disziplinarische Führungsfunktionen übernommen werden. Dann sind Berater:innen neben der eigentlichen Tätigkeit auch maßgeblich für die Akquisition neuer Aufträge bei Kund:innen verantwortlich. Verglichen mit einer Tätigkeit in einem Großkonzern kommen Berater:innen also wesentlich schneller in Führungspositionen mit hoher Eigenverantwortung und guten Verdienstmöglichkeiten. Die Kehrseite der Medaille ist, dass diese Entwicklung nur gelingt, wenn weit überdurchschnittliche Leistungen erbracht werden. Mindestens einmal pro Jahr

◘ Tab. 14.1 Bezahlung von Unternehmensberater:innen

Tätigkeit	Einsteiger in großem Beratungsunternehmen	Mitarbeiter im Personalwesen eines Automobilkonzerns
Tagessatz/Stundensatz	1800 €/225 €	–
Bruttomonatsgehalt	6100 €	4700 €
Wochenarbeitszeit	55 h	35 h
Bruttostundenlohn	27,72 €	33,50 €

wird die individuelle Leistung mit der Leistung anderer Berater:innen auf der gleichen Ebene verglichen – sofern man sich hier überdurchschnittlich positionieren kann, steht der weiteren Karriereentwicklung nichts im Weg (*up*). Wenn ein Berater jedoch weniger gut abschneidet, so wird meist eine Frist gewährt, um das geforderte Niveau zu erreichen. Sollte das nicht gelingen, wird oftmals nahegelegt, sich „in beiderseitigem Interesse" eine neue berufliche Herausforderung zu suchen (*out*).

Am oberen Ende der Karriereleiter steht bei vielen Beratungen die Beförderung zum/r Partner:in. Partner:innen erwerben Anteile des eigenen Beratungsunternehmens und werden damit juristisch betrachtet zu Mitgesellschafter:innen. Damit ist ein:e Partner:in direkt am Unternehmenserfolg beteiligt und kann von Dividenden und Gewinnausschüttungen profitieren. Zudem besitzen sie Informations-, Kontroll- und Mitentscheidungsrechte von Gesellschafter:innen und können über die zukünftige Ausrichtung eines Beratungsunternehmens mitentscheiden. Realistisch gesehen erreicht aber nur ein äußerst kleiner Bruchteil an Berater:innen die Position als Partner:in, in den meisten Fällen scheiden Berater:innen aus verschiedensten Gründen früher aus und wechseln direkt in Unternehmen oder machen sich beispielsweise selbstständig.

Persönliche Weiterbildung

Das größte Potenzial von Beratungsunternehmen sind die Menschen und deren Fähigkeiten. Aus diesem Grund bietet die Branche überdurchschnittliche Personalentwicklungsmöglichkeiten, sodass 2 bis 3 Wochen für Trainings und Qualifizierungen pro Jahr keine Seltenheit darstellen. Neben fachlichen Inhalten wird auch besonderer Wert auf gute Kommunikations- und Präsentationsfähigkeiten, Verhandlungsgeschick, strukturiertes Problemlösen und die Kenntnis globaler betriebswirtschaftlicher Zusammenhänge gelegt. Bei internationalen Projekten besteht ggf. die Möglichkeit, eine weitere Fremdsprache zu erlernen oder an interkulturellen Trainings teilzunehmen.

In einigen Beratungen erhalten Mitarbeitende die Gelegenheit, berufsbegleitend einen weiteren Abschluss, beispielsweise einen Doktortitel oder einen MBA, zu erwerben. Damit steigern die Berater:innen zum einen ihr persönliches Wissen, zum anderen aber auch ihren Marktwert für ihren Arbeitgeber, da besser ausgebildete Mitarbeitende gegenüber der auftraggebenden Institution meist auch die Berechnung eines höheren Tagessatzes rechtfertigen.

Selbstständigkeit

Gerade im Bereich der Unternehmensberatung sind zudem zahlreiche Selbstständige anzutreffen. Hier gestaltet sich die Verdienstsituation naturgemäß anders. Von dem Tagessatz, den Berater:innen bei einem Kunden durchsetzen können, landet ein höherer Prozentsatz in der eigenen Tasche. Allerdings müssen von diesem Geld auch Büroräume, Technik, Krankenversicherung, Akquisekosten etc. finanziert werden. Außerdem verdienen Selbstständige nur dann Geld, wenn sie entsprechende Aufträge akquirieren und durchführen können – sie müssen also mit ungleichmäßiger Auslastung und schwankendem Einkommen rechnen. Das unternehmerische Risiko liegt also bei einem selbst, was gerade am Anfang einer Selbstständigkeit durchaus herausfordernd sein kann. Oftmals kann es sich lohnen, erst in einem relativ sicheren Angestelltenverhältnis Erfahrungen als Unternehmensberater:in zu sammeln und sich so einerseits eine große Expertise, andererseits jedoch auch einen gewissen Namen (einschließlich entsprechender Kontakte) aufzubauen. Der Schritt in die Selbstständigkeit wird dadurch erheblich leichter. Weitere Details zu diesem Thema finden Sie im ▶ Kap. 38. Die Selbstständigkeit als Unternehmensberater:in hat auch für Psycholog:innen an immer mehr Stellen einen technologischen Anteil, da es gerade bei größeren Veränderungsprozessen und bei Großprojekten im Personalbereich fast zwangsweise auch um digitale Schnittstellen und damit einhergehende Technikkompetenz geht. Dieses Thema wird in der Hochschulausbildung oftmals leider ausgeklammert, sodass eine frühzeitige Auseinandersetzung damit in Praktika oder Werkstudierendentätigkeiten während des Studiums ein wertvoller Grundstein für eine spätere Selbstständigkeit sein kann.

14.3 Die Rolle von Psycholog:innen im Berufsfeld der Unternehmensberatung

Es stellt sich die Frage, welche Möglichkeiten dieses Berufsfeld (künftigen) Psycholog:innen bietet. Das hängt zum einen maßgeblich von der Wahl des Arbeitgebers ab, zum anderen aber auch von der persönlichen Bereitschaft, immer wieder neue Wege einzuschlagen und sich verändernden Anforderungen zu stellen.

Es gibt einige Beratungen, die sich explizit auf typisch psychologische Themenbereiche spezialisiert haben, wie wir sie beispielsweise in den ▶ Kap. 11 oder ▶ Kap. 12 vorgestellt haben. Der zentrale Unterschied zur Tätigkeit in einem Angestelltenverhältnis ist, dass diese Funktionen nicht im eigenen Unternehmen, sondern für andere Unternehmen als Kund:innen wahrgenommen werden. Gerade im Bereich Eignungs- und Entwicklungsdiagnostik trifft man auf viele etablierte Beratungsunternehmen, die sich neben der Dienstleistung bei Kund:innen auch auf eigene Forschung und Verfahrensentwicklung fokussieren, um sich über psychologisches Expertenwissen Wettbewerbsvorteile zu verschaffen. Fundiert ausgebildete Psycholog:innen können sich selbstverständlich in einem Spezialgebiet (z. B. Kommunikation oder Konfliktmanagement) als Selbständige auf dem Beratermarkt positionieren, wobei hier oftmals Überschneidungen mit selbstständigen Trainer:innen auftreten. Dieses Berufsfeld wird im ▶ Kap. 13 beschrieben.

Man kann aber auch in Strategie-, Management- oder IT-Beratungen arbeiten, die keinen eigentlichen psychologischen Schwerpunkt haben. Viele der im Psychologiestudium vermittelten Kompetenzen, wie z. B. fundierte Methodenkenntnis und Kommunikationsfertigkeiten, lassen sich in gänzlich anderen Kontexten ebenfalls erfolgreich einsetzen. Wichtig ist, dass Berater:innen eine gewisse Offenheit für neue Herausforderungen mitbringen und daran glauben, dass zunächst völlig fachfremde Projekteinsätze nicht zuletzt auch eine große Lernchance für die persönliche Weiterentwicklung bedeuten können. In diesen Kontexten ergibt sich oft die Gelegenheit, in interdisziplinären Teams an einer übergeordneten Fragestellung zu arbeiten und so einerseits die anderen Teammitglieder über psychologisches Wissen zu unterstützen, andererseits aber auch selbst von deren Kompetenzen und Sichtweisen zu profitieren. Im Endeffekt entscheiden die Kund:innen oftmals aus persönlicher Sympathie, ob und in welcher Rolle Berater:innen für sie arbeiten. Wenn man sich z. B. als Fachexpert:in bei der Gestaltung einer Trainingsmaßnahme für eine auftraggebende Institution bewährt hat und ein guter persönlicher Kontakt aufgebaut wurde, so ist es wahrscheinlich, dass diese auch bei einem für völlig fachfremden Folgeprojekt auf die Unterstützung derselben Person zurückgreifen möchte.

Kurz zusammengefasst lässt sich sagen, dass es ein besonders spannendes Charakteristikum des Berater:innenberufs ist, eigentlich nie genau zu wissen, für wen man welche Aufgabe als nächstes übernimmt. Bis zu einem gewissen Grad ist dieser Prozess durch die Auswahl des Arbeitgebers jedoch steuerbar, doch bleibt es aufgrund der unterschiedlichen Auftraggeber der Projekte immer eine vielfältige und abwechslungsreiche Tätigkeit.

> **Eine Perspektive aus der Wissenschaft**
>
> *Prof. Dr. Felix Brodbeck ist Ordinarius für Wirtschafts- und Organisationspsychologie an der Ludwig-Maximilians-Universität in München. Im folgenden Absatz erläutert er, welche Rolle Psycholog:innen in Unternehmensberatungen spielen:*
>
> Ich hatte das Privileg, seit meinem Psychologiestudium Unternehmensberatung hautnah aus verschiedenen Perspektiven zu erleben und zu betreiben, sowohl im Inland als auch im englischsprachigen Ausland. Aus eigener Erfahrung und aufgrund von Berichten meiner ehemaligen Kommiliton:innen und Student:innen weiß ich, dass eine psychologische Ausbildung, sei es generell oder im klinisch-therapeutischen, pädagogischen bzw. wirtschafts- und organisationspsychologischen Bereich, eine ausgesprochen wertvolle Basis hierfür darstellt. Diese Basis gilt es, für die jeweils angestrebten Tätigkeitskontexte der Beratung gezielt zu erweitern, also über den Tellerrand hinausblicken, ohne dabei eine systematisch reflektierte und psychologische Grundhaltung zu verlieren. Als Unternehmensberater:in mit Psychologiestudium ist es wichtig, sich in die Denkweise Ihrer Kolleg:innen und Kund:innen gut hineinversetzen zu können. Dabei hilft es sehr, wenn Sie sich Grundzüge in VWL, BWL, Marketing, Finanzwesen und anderen für Ihre Praxis relevanten Bereichen aneignen. Auch werden Sie feststellen, dass man Sie als Psycholog:in braucht, weil man sich als Laie nicht so leicht in die Grundzüge einer wirklich psychologischen Sichtweise einarbeiten kann. Pop-Psychologie gibt es überall, aber wirkliche Aufklärung über Möglichkeiten und Grenzen psychologischer Theorien, Methoden, empirischer Befunde und Interventionen ist schwer zu finden. Ihre Rolle wird es sein, immer wieder für eine ernsthafte psychologische Herangehensweise zu werben. Sie werden auch erfahren, dass es bei Unternehmensberatung im Kern stets um menschliches Erleben, Denken und Verhalten geht und vor allem darum, etwas zu bewirken. Das bedeutet letztlich immer Verhaltensänderung – das Schwierigste überhaupt. Auch hier können Sie als Psycholog:in einen einzigartigen Beitrag leisten. Bedenken Sie dabei, dass auch die psychologische Betrachtungsweise nicht den menschlichen Zugang ersetzt. Streben Sie an, sich von „psychologischen" Menschenbetrachter:innen zu Menschenkenner:innen (auch von sich selbst) zu entwickeln. Das Zweitschwierigste wird vermutlich sein, zu akzeptieren, dass es in der Unternehmensberatung zwar immer um den Menschen geht, nicht aber darum gehen kann, ihn zu verändern. Sumantra Ghoschal, Professor an der London Business School, fasste dies in seinem vielbeachteten Vortrag „The smell of the place" einmal sehr treffend zusammen: „Menschen kann man nicht ändern, aber Kontexte." Und um das Erkennen und Verändern von Kontexten geht es im Kern jeder Unternehmensberatung. Wenn Sie das beherrschen, dann wird man Sie auch in Ihrer Rolle als Unternehmensberater:in, der/die Psycholog:in ist, akzeptieren und anerkennen.

14.4 Anforderungen an eine Tätigkeit als Unternehmensberater:in

Im Folgenden werden Aspekte angesprochen, die hilfreich für eine erfolgreiche Tätigkeit als Psycholog:in in der Beratung sind. Für Patentrezepte ist dieses Berufsfeld, wie viele andere, jedoch viel zu komplex, und letztlich entscheidet immer das individuelle Profil als Bewerber:in sowie die daraus hervorgehenden besonderen Erfahrungen.

Eine Perspektive aus der Praxis

Mein Name ist Mona Klett, ich habe mich in meinem Masterstudium auf die Wirtschafts-, Organisations- und Sozialpsychologie spezialisiert und bin im Rahmen meines Werkstudiums in einem Konzern auf das Thema „Diversity Management in Unternehmen" gestoßen. Dieses Feld hat mich ganz besonders fasziniert und dazu veranlasst, direkt nach dem Studium in einem Unternehmensberatungs-Start-up anzufangen, das sich genau hierauf spezialisiert. Seit 1,5 Jahren bin ich nun Beraterin bei „ACI Diversity Consulting".

Wieso haben Sie sich für eine Tätigkeit in der Unternehmensberatung entschieden?

Ich hätte dieses Thema auch in einem Konzern bearbeiten können, jedoch hätte ich dann auch nur Einblick in eben dieses eine Unternehmen und diese eine Branche erhalten. Das Spannende am Consulting ist für mich, dass man Einblicke in so viele unterschiedliche „Cases" erhält. Jedes Unternehmen steht vor völlig anderen Herausforderungen, und so ist Consulting einfach sehr abwechslungs- und lehrreich.

Was glauben Sie, können Psycholog:innen in diesem Berufsfeld bewegen?

Ich merke, dass ein Psychologiestudium besonders zu evidenzbasiertem Denken schult. Ich sehe mich in unserem Consulting-Team oft als Stimme der Wissenschaft und Evidenz – ich möchte nur vorschlagen, was auch Hand und Fuß hat. Beinahe jedes Thema ist zudem psychologisch, da Menschen beteiligt sind – ganz besonders, wenn es um Change-Prozesse geht. Ich finde, dass sich die Herangehensweise an Projekte als Psycholog:innen deutlich von der von Personen anderer Fachrichtungen unterscheidet, weil wir den Faktor Mensch stärker im Blick haben.

Was hat Sie an Ihrer Tätigkeit am meisten überrascht?

Ich habe früher gedacht, ich würde niemals in der Unternehmensberatung arbeiten wollen, da die Arbeitszeiten und die Belastung zu hoch seien. Jetzt habe ich gelernt: Das ist nicht immer so. Es gibt auch Consulting jenseits der klassischen, großen Beratungshäuser, bei denen einiges anders läuft, und man zu spezifisch psychologischen Themen beraten kann, ohne dabei sein Privatleben aufzugeben. Es lohnt sich meiner Meinung nach insbesondere als Psycholog:in, den Blick zu weiten, was es jenseits von BCG und McKinsey noch auf dem Markt gibt.

Ist es möglich, diesen Beruf mit einem normalen Familienleben zu vereinbaren?

In unserem Start-up wird Vereinbarkeit groß geschrieben – allein schon weil wir uns „Diversity" selbst auf die Fahne schreiben. Bei uns passiert vieles digital und auch Beratung in Teilzeit ist möglich. Das ist jedoch nicht in allen Beratungen so, wie auch ich es in eigenen Projekten mit Beratungshäusern erlebe. Ich denke, das lässt sich nicht verallgemeinern.

Welchen Tipp haben Sie für Psycholog:innen, die sich überlegen, als Unternehmensberater:in zu arbeiten?

Mein persönlicher Tipp, der jedoch auf meine individuellen Vorlieben und Erfahrungen zurückgeht, besteht darin, sich eine Nische zu suchen, die einen ganz besonders interessiert, denn nur dann ist der Job (für mich) wirklich erfüllend. Immer mehr Beratungen spezialisieren sich z. B. auf mentale Gesundheit am Arbeitsplatz, Kulturtransformationen, Diversität oder eben andere eher spezielle Nischenthemen. Suchen Sie sich ein Thema, das Sie inhaltlich wirklich interessiert und wählen Sie dann gezielt Beratungsunternehmen, die hierzu beraten.

Stoßen Sie manchmal auf Vorurteile wegen Ihrer Ausbildung?

Da es gerade im Bereich Diversity, Equity & Inclusion sehr viel um Psychologie, psychologische Studien und die Funktionsweise unseres Denkens und Handelns geht, stoße ich hier nicht auf Vorurteile. Meine Ausbildung wird meiner Wahrnehmung nach eher besonders geschätzt, da sie eine so hohe Relevanz für die Projekte hat.

Schwerpunktsetzung

Sicherlich scheint auf den ersten Blick ein Studium mit einer Schwerpunktsetzung in der Wirtschaftspsychologie für die Tätigkeit als Berater:in naheliegender als ein Studium mit klinischer oder pädagogischer Schwerpunktsetzung. Aber auch mit anderen Schwerpunktsetzungen ist ein Berufseinstieg in die Beratung gut möglich. Wichtig ist nur, dass man in einer Bewerbungssituation gut argumentieren kann, warum man gerade für diesen Job am besten geeignet ist.

Fachliche Inhalte

Je nach Einsatzwunsch bietet es sich an, gezielt Veranstaltungen z. B. in der Eignungsdiagnostik oder im Change Management zu belegen. In jedem Fall sollte man aber die Chance nutzen, Expert:innenwissen in Statistik und Methodenlehre zu erwerben, da dieses Wissen ein Alleinstellungsmerkmal gegenüber vielen Mitbewerber:innen aus anderen Fachbereichen darstellt. Aufgrund der immer größer werdenden Bedeutung von Data Science, Prozessautomatisierung und Nutzung von künstlicher Intelligenz in vielfältigen Anwendungsszenarien ist es eben diese methodische Grundausbildung, die es einfacher macht, sich in diesen neuen Gebieten schnell Expertise anzueignen und sich so auch zukunftsträchtig aufzustellen. Übergreifende Kompetenzen, beispielsweise Kommunikations- und Präsentationsfertigkeit, sind für eine Arbeit in der Beratung ebenfalls absolut unerlässlich.

Kund:innen erwarten von Berater:innen, dass diese über ein vertieftes Verständnis bezüglich unternehmerischer Zusammenhänge und wirtschaftlicher Kenngrößen verfügen. Ein Nebenfachstudium der Betriebs- oder Volkswirtschaftslehre ist folglich sehr zu empfehlen.

Computerkenntnisse

Gute Kenntnisse der gängigen Office-Anwendungen sind eine Grundvoraussetzung für den Einstieg als Berater:in. Gerade zu Anfang der Karriere wird man oft Präsentationen erstellen und Berechnungen durchführen, sodass einem die Arbeit mit

Powerpoint oder Excel im Idealfall Spaß machen sollte. Darüber hinaus ist eine große Offenheit für verschiedenste moderne Software im Unternehmenskontext empfehlenswert, da bei der medialen Aufbereitung von Inhalten oder auch bei der Analyse von Daten je nach Zielsetzung und Beratungsauftrag mit unterschiedlichsten Programmen gearbeitet wird.

Sprachkenntnisse

Sehr gute bis verhandlungssichere Englischkenntnisse sind vor allem in internationalen Beratungen unerlässlich. Über die Kenntnis weiterer Fremdsprachen kann man sich für internationale Projekteinsätze empfehlen.

Bei der Bewerbung wird oftmals auch nach Auslandsaufenthalten gefragt. Die Chance auf eine Anstellung in der Beratung steigt somit deutlich, sofern man die Gelegenheit eines Auslandssemesters oder -praktikums genutzt hat. Das soll aber keinesfalls bedeuten, dass man zwangsweise einen Auslandsaufenthalt im Studium absolvieren muss.

Praxis, Praxis, Praxis

Man sollte das Studium nutzen, um neben dem theoretischen Wissen auch möglichst umfassende Praxiserfahrung zu sammeln. Viele Beratungen bieten bereits für Bachelorstudierende Praktika an, in denen sie an Kund:innenprojekten mitarbeiten können. Diese Praktika sind in der Regel verhältnismäßig gut bezahlt und ermöglichen es, den Berater:innenberuf realistisch kennenzulernen. Durch ein Praktikum kann man bereits frühzeitig prüfen, ob die Arbeitskultur und die Rahmenbedingungen dieses Berufsfelds zu den eigenen Wünschen und Vorstellungen passen. Außerdem kann man in einem Bewerbungsprozess durch das Praktikum bereits relevante Berufserfahrung nachweisen.

Fazit

Eine Tätigkeit in einer Unternehmensberatung ermöglicht es, über verschiedene Projekte vielfältige Einblicke in unterschiedlichste kleine, mittelständische und große Organisationen zu erhalten und dort im definierten Umfang aktiv mitzugestalten. Als Unternehmensberater:in entwickelt man so mit jedem Projekteinsatz seine Kompetenzen und sein Wissen weiter und kann sich zudem ein großes und tragfähiges Netzwerk aufbauen, was wiederum beim Gang in die Selbstständigkeit oder, wenn eine Festanstellung in einer anderen Organisation gewünscht wird, von großem Nutzen sein kann. Unternehmensberatung eignet sich daher auch hervorragend als erste Station in der persönlichen Karriereplanung. Insbesondere der Abwechslungsreichtum der Aufgaben und die immer wieder neuen Herausforderungen haben uns immer viel Spaß bereitet und wir möchten diesen Abschnitt in unserer Karriere auf keinen Fall missen.

Literatur

Bundesverband Deutscher Studentischer Unternehmensberatungen e. V. (BDSU) (2024). https://bdsu.de. Zugegriffen am 14.05.2024.

Bundeverband Deutscher Unternehmensberatungen (BDU). (o.J.). www.bdu.de. Zugegriffen am 14.05.2024.

Tätigkeiten in der Markt- und Meinungsforschung

Birgit Stephan

Inhaltsverzeichnis

- 15.1 Markt- und Meinungsforschung – was ist das? – 191
- 15.2 Markt- und Meinungsforschung – ein ganz besonderes Tätigkeitsfeld? – 193
  - Aufgaben im Rahmen der Tätigkeit – 194
  - Mobilitätsbereitschaft – 195
  - Arbeitszeit – 196
  - Bezahlung – 196
  - Karrieremöglichkeiten – 197
- 15.3 Die Rolle von Psycholog:innen im Berufsfeld der Markt- und Meinungsforschung – 197
- 15.4 Anforderungen an eine Tätigkeit als Markt- und Meinungsforscher:in – 199
  - Schwerpunktsetzung – 201
  - Fachliche Inhalte – 201
  - Softwarekenntnisse – 201
  - Praxis, Praxis, Praxis – 201

Literatur – 202

© Der/die Autor(en), exklusiv lizenziert an Springer-Verlag GmbH, DE, ein Teil von Springer Nature 2024
M. Mendius, S. Werther (Hrsg.), *Psychologie in Studium und Beruf*,
https://doi.org/10.1007/978-3-662-68508-2_15

Die Tätigkeit als Markt- und Meinungsforscher:in ist ein Einsatzgebiet, in dem eine Vielzahl von Personen unterschiedlicher Studienhintergründe zusammentreffen. Möglicherweise ist es aus diesem Grund ein wenig behandelter Bereich im wirtschaftspsychologischen Studium. Dennoch bieten sich für Psycholog:innen hierbei vielseitige Möglichkeiten. Ein:e Marktforscher:in kann sowohl auf der Seite einer Agentur für Unternehmen Marktforschungsprojekte durchführen als auch als Auftraggeber:in direkt auf betrieblicher Seite arbeiten. Im Folgenden wird das Berufsfeld von Markt- und Meinungsforschenden anhand eines Szenarios vorgestellt und es werden typische Fragestellungen erläutert. Ein Schwerpunkt liegt in der Vorstellung der organisationalen sowie branchenspezifischen Struktur des Berufsfelds und der Rolle, die ein:e Psycholog:in darin einnimmt.

Ein Szenario

Der Produzent von Milchprodukten *Sanani* vertreibt ein breites Sortiment an Joghurtprodukten, die auf unterschiedliche Zielgruppen sowie Konsumsituationen ausgelegt sind. In letzter Zeit wurde jedoch von Produktmanager:innen die Idee entwickelt, ein neues Produkt auf den Markt zu bringen, das das Portfolio erweitern und auf veränderte Bedürfnisse der Kund:innen eingehen soll. Die Idee ist, einen Joghurt zu entwickeln, der sich individuell in seiner Zusammensetzung aus Joghurt, Fruchtmark und Getreideart zusammenstellen lässt. Bevor ein großer finanzieller Aufwand in die Entwicklung, Produktion sowie die Markteinführung gesteckt wird, erhält die Marketingabteilung den Auftrag, in einer Marktforschung herauszufinden, wie die Kund:innen ein solches Produkt bewerten und auf welche Art sie durch Marketing angesprochen werden wollen. Da die Marketingabteilung, in der Martin Bauer tätig ist, selbst wenig Erfahrung in der Durchführung solcher Studien und auch keinen Zugriff auf mögliche Studienteilnehmer:innen hat, wendet er sich an die Marktforschungsagentur *Consinsight*, mit der er bereits mehrere Studien durchgeführt hat.

Die Marktforscherin Barbara Peters ist langjährige Ansprechpartnerin für Aufträge von *Sanani* und bespricht mit Martin Bauer die Zielvorstellungen der geplanten Studie. Auf Grundlage der Ziele erarbeitet sie ein Studienkonzept, in dem die relevanten Fragestellungen und das Vorgehen inklusive einer Abschätzung des zeitlichen und finanziellen Aufwands enthalten sind. Sie überlegt sich hierfür, dass es sinnvoll wäre, eine Fokusgruppe mit Kund:innen von *Sanani* und Kund:innen von Wettbewerbern zu bilden. Zu Beginn der Studie werden die Teilnehmer:innen nach ihren allgemeinen Konsumgewohnheiten befragt, anschließend werden die neue Produktidee und zuletzt konkrete Marketingkonzepte vorgestellt und bewertet. Barbara Peters profitiert bei diesem Projekt insbesondere von ihren Kenntnissen gängiger Forschungsmethoden, die im Psychologiestudium vermittelt werden. Sie weiß, wie man einen Leitfaden inhaltlich gestaltet, worauf in der Rolle als Diskussionsleiterin einer Fokusgruppe zu achten ist und wie man das von den Studienteilnehmer:innen Gesagte inhaltsanalytisch auswertet.

Erster Schritt der Studie ist die Rekrutierung der Teilnehmer:innen. Hierfür gibt es eine eigene Abteilung bei Consinsight, die Zugriff auf einen großen Pool an potenziellen Proband:innen hat und deren Aufgabe darin besteht, für festgelegte Termine eine ausreichende Anzahl an Personen einzuladen. Da Barbara Peters weiß, dass ein Großteil der definierten Zielgruppe berufstätig ist, finden die Termine für die Fokusgruppen abends ab 18:00 Uhr statt.

Zu den Fokusgruppen werden auch Martin Bauer und einige seiner Kolleg:innen eingeladen, die vorab Rohkonzepte für Marketingansprachen entwickelt haben, die den Teilnehmenden vorgelegt werden sollen. Außerdem möchten die Mitarbeiter:innen der Marketingabteilung sich ein eigenes Bild über die Teilnehmer:innen und deren Präferenzen machen. Zu diesem Zweck können sie die Fokusgruppe hinter einer einseitig durchsichtigen Wand beobachten. Barbara Peters führt die Studienteilnehmer:innen in einer Stunde durch verschiedene Diskussionsthemen.

Im Nachgang der Studiendurchführung liest Barbara Peters die Transkripte der Fokusgruppen und wertet diese nach den davor festgelegten Fragestellungen aus. Der Schwerpunkt liegt bei diesem Auftrag darauf, aufzuzeigen, welche Bedürfnisse der Kund:innen durch das neue Produkt angesprochen werden, welche Änderungen sie sich für die bestehende Produktidee wünschen und welches der Marketingkonzepte aus welchem Grund am besten geeignet ist. Die Herausforderung ist für Barbara Peters, aus der Vielzahl an unterschiedlichen Meinungen, die durch individuelle Erfahrungen geprägt sind, eine Tendenz herauszufiltern. Aufgrund dieser Tendenzen entwickelt sie Handlungsempfehlungen für *Sanani*, die sie in einer Präsentation darstellt und vor der Marketingabteilung sowie anderen Unternehmensvertreter:innen vorstellt. Sie ist in dieser Runde die Expertin für die Sichtweise der Kund:innen sowie für die den Kundenpräferenzen zugrunde liegenden Motive.

Nach der Präsentation ist der Auftrag für Barbara Peters beendet. Nun ist es Aufgabe der Marketingabteilung, auf Grundlage der Studienergebnisse und Einschätzung von Barbara Peters zu entscheiden, ob sie die Produktidee durchsetzen und wenn ja, inwieweit sie das Produkt und die Ansprache der Kund:innen anpassen. Nach weiteren internen Diskussionsrunden beschließt Martin Bauer mit seinen Kolleg:innen, die Produktinnovation auf den Markt zu bringen. Sie passen jedoch ihr Marketingkonzept an, da sie in den Fokusgruppen erkannt haben, dass die Kund:innen die Vorteile des neuen Produktes in anderen Aspekten sehen als sie zunächst vermutet hatten.

15.1 Markt- und Meinungsforschung – was ist das?

Der Exkurs Ein Szenario zeigt ein beispielhaftes Einsatzgebiet der Markt- und Meinungsforschung. Grundsätzlich lässt sich zwischen betrieblicher Marktforschung und Marktforschungsagenturen unterscheiden. Marktforschungsagenturen lassen sich zudem unterteilen in solche, die selbst Studien durchführen, und solche, die Marktforschungstools als Produkt anbieten und ihren Kund:innen beratend für die Nutzung des Online-Tools zur Seite stehen.

Große Industrieunternehmen verfügen oft über eigene Marktforschungsabteilungen, die teilweise Studien komplett selbstständig durchführen. Dazu gehören die Konzeption, Durchführung und Auswertung. Bei kleineren und/oder agil orientierten Unternehmen sind Marktforscher:innen neben der Durchführung von Studien auch in die Ergebnisumsetzung (z. B. in Produkteinführung oder Marketing) eingebunden. Dies geschieht im Beispiel der Produkteinführung in enger Zusammenarbeit mit Produktmanager:in, Designer:in und der Marketingabteilung. Rollen in der betrieblichen Marktforschung können aus Bewerbersicht als Marktforscher:in/Market Researcher, UX Researcher oder – bei starkem Fokus auf die Umsetzung eines kundennahen Designs – auch als UX Designer:in gefunden werden.

Für größere Studien greifen Unternehmen jedoch in der Regel auf Agenturen zurück. Marktforschungsagenturen sind meist nach zu behandelnden Fragestellungen sowie Branchen unterteilt. ◘ Tab. 15.1 zeigt die Vielfalt solcher Fragestellungen. So lässt sich ein Schwerpunkt auf Themen legen, die den Marketing-Mix innerhalb des Unternehmens betreffen. Darunter fallen beispielsweise Projekte, die sich – wie im Szenario – mit Produkteinführungen beschäftigen. In einem weiteren Projekt könnte auch die Markenwahrnehmung im Vergleich zu Wettbewerbern in der Branche untersucht werden, um daraus Strategien für eine Positionierung der Marke zu entwickeln. Neben marketingspezifischen Themenbereichen gibt es auch solche, die das Kund:innenerleben mit dem angebotenen Produkt oder einem Interessensfeld in das Zentrum stellen. Dazu gehören klassische Felder der Meinungsforschung wie Kund:innenzufriedenheit oder Reichweitenmessungen verschiedener Medien. Große Marktforschungsunternehmen sind auf unterschiedliche Branchen wie beispielsweise Telekommunikation oder Automobilindustrie spezialisiert. Rollen in Marktforschungsinstituten können unter den Titeln Market Research Specialist oder Research Analyst gefunden werden.

In den letzten Jahren lässt sich die Gründung einiger Software-Anbieter beobachten, die Marktforschungs-Tools zur Rekrutierung, Erhebung sowie Auswertung von online-basierten Marktforschungsprojekten anbieten. Auch in diesen Unternehmen sind Psycholog:innen gefragt, da die Institutionen meist auch Beratung für ihre Kund:innen anbieten, um das Tool bestmöglich zu nutzen. Rollen in diesem Bereich können aus Bewerbersicht als Customer Success Manager oder Research Consultant bezeichnet sein.

◘ Tab. 15.1 Fachliche Schwerpunkte von Forschungsprojekten

Sichtweise	Themenbereich	Beispiele
Marketing-Mix	Produkt	– Produktinnovation – Produktvariation – Produkt-Marken-Fit – Serviceangebote
	Preis	– Preissetzung/Preissensitivität – Preismodelle
	Kommunikation	– Markenwahrnehmung – Werbemittelwirksamkeit – Konzepttests
	Distribution	– Absatzkanäle
Kund:innen	Kund:innenmeinung	– Kundenzufriedenheit – Kundenloyalität – Beschwerdeverhalten
	Konsumgewohnheit	– Such-, und Entscheidungsverhalten – Nutzungsverhalten – Konsumverhaltensindex
	Reichweiten	– Medienreichweite (Radio, Fernsehen) – Absatzprognosen

Für Psycholog:innen in der Marktforschung steht grundsätzlich jedes Themen- oder Branchenfeld offen. Aufgrund des starken Fokus auf Datengewinnung und Auswertung ist eine fundierte Methodenkenntnis ein erfolgskritischer Faktor für dieses Berufsfeld. Je nach Teilbereich unterscheiden sich die Methoden darin, ob sie qualitativer oder quantitativer Natur sind. Qualitative Methoden finden sich oft in Studien zur Markenwahrnehmung oder zu Produktinnovationen. Diese stellen ein exploratives Vorgehen dar, um die subjektive Sichtweise von Proband:innen und damit die Ursachen von Verhalten oder Einstellungen zu ergründen. Klassische Methoden hierfür sind Gruppendiskussionen, Interviews oder Beobachtungen, für die kleine Stichproben verwendet werden. Quantitative Methoden sind dagegen in Studien zur Reichweite von Medien sowie Kundenzufriedenheit essenziell. Diese zeichnen sich durch ein standardisiertes, hypothesengeleitetes Vorgehen mit einer großen Stichprobenzahl aus. Typische Methoden sind Online- oder Paper-and-Pencil-Befragungen sowie telefonische Umfragen. Die quantitative Online-Befragung ist die heute am weitesten verbreitete Methodik, die auch mit online erhobenen Verhaltensdaten verknüpft werden kann. Die Aufteilung in qualitative und quantitative Marktforschung ist weiterhin eine weitverbreitete Klassifizierung.

Die Tätigkeiten in der Markt- und Meinungsforschung weisen Gemeinsamkeiten zu Forschungsprojekten auf, die Psycholog:innen während des Studiums durchführen. So müssen auch hier Hypothesen aufgestellt, eine geeignete Methode zur Überprüfung gewählt und nach Durchführung die Ergebnisse ausgewertet werden. Agenturen legen oftmals Wert auf ihre Reputation in bestimmten methodischen Feldern und steigern diese, indem sie auch wissenschaftliche Forschung dazu betreiben, um sie in Fachjournalen zu veröffentlichen. Außerdem entwickeln Agenturen kontinuierlich neue Methoden, durch die sie sich von ihren Wettbewerbern abgrenzen können. Im Vergleich zu Forschungsprojekten im Studium ergeben sich aber bei der Projekttätigkeit in der Marktforschung zwei wesentliche Unterschiede, die wichtig für den Schritt vom Studium in die Praxis sind:

1. Das Vorgehen in der Marktforschung muss nicht streng theoretisch fundiert sein, sondern orientiert sich an den praktischen Fragestellungen. Dies bedeutet, dass Hypothesen eher induktiv aus Beobachtungen oder Kontextfaktoren (z. B. der Umsatz eines Produktes verschlechtert sich) abgeleitet werden, statt sie im Vorhinein theoretisch herzuleiten.
2. Die Arbeit in der Marktforschung benötigt die Sicherstellung der Umsetzbarkeit der Ergebnisse. So hört die Aufgabe innerhalb der Agentur nicht bei den ausgewerteten Ergebnissen auf, sondern muss in der Praxis umsetzbar sein. Dies gilt für die Ergebnispräsentation und Hilfestellung, die Agenturen im Rahmen ihres Auftrags liefern, sowie noch mehr in der betrieblichen Marktforschung, in der der Marktforschende oftmals auch in die Umsetzung integriert ist.

15.2 Markt- und Meinungsforschung – ein ganz besonderes Tätigkeitsfeld?

Das Tätigkeitsfeld der Markt- und Meinungsforschung ist besonders spannend, da es insbesondere in Agenturen die Möglichkeit gibt, eine Vielzahl an Themenfeldern und Branchen kennenzulernen. Durch den Kontakt mit Kund:innen sind Marktforscher:innen in aktuelle Geschäftsentwicklungen der eigenen oder der Kundenorganisation eingebunden, wie z. B. in die Einführung eines neuen Produkts. Nach der Durchführung der Studie nehmen sie dann die Rolle von Berater:innen aus Sicht der Endkonsument:innen ein. So können

Marktforscher:innen sich entweder langfristig auf eine Branche spezialisieren und in dieser Kund:innen betreuen, sie können aber auch Spezialist:innen in einer Methodik werden und als Stabstelle anderen Kolleg:innen branchenübergreifend in der Konzeption und Auswertung ihrer Studien zur Seite stehen. Interessant ist somit die Vielfalt der Methoden, die angepasst an die Gegebenheiten des Marktes angewendet werden können sowie auch die Vielfalt an Fragestellungen, die mit einer Methodik beantwortet werden können.

In Deutschland gibt es einige große Agenturen, die in verschiedenen Branchen aktiv sind und die damit verbundenen Methoden anbieten. Zu den größten Agenturen gehören die GfK Gruppe, Kantar und Ipsos (Statista, 2024). Kleinere Agenturen bedienen meist spezielle Methoden, wie beispielsweise qualitative Marktforschung, oder sind auf wenige Branchen beschränkt. Neuere Nischenagenturen beschäftigen sich schwerpunktmäßig mit neurokognitiven Studien, Social-Media-Forschung oder App-basierter Forschung.

Aufgaben im Rahmen der Tätigkeit

Das Szenario beschreibt bereits den klassischen Prozess eines Marktforschungsauftrags. Dieser beginnt, sofern es keine unternehmenseigene Marktforschungsabteilung gibt, bei der Ausschreibung der Unternehmen an verschiedene Agenturen. Die Agenturen bekommen den Auftrag, ein kundenspezifisches Angebot zu erstellen und dieses nach einer eventuellen Vorauswahl in einem *pitch* (Präsentation) vor den Unternehmensvertreter:innen vorzustellen, um den Auftrag zu gewinnen. Bei kleineren Aufträgen geschieht dies ohne persönliche Präsentation, sondern allein auf Basis eines schriftlichen Angebots. Anschließend wird entsprechend der Fragestellung ein Konzept für die Studie entwickelt, operationalisiert und nach Rekrutierung der Proband:innen durchgeführt und ausgewertet. Das Projekt wird mit einer Präsentationserstellung und Vorstellung der Ergebnisse abgeschlossen.

Die wichtigste Grundlage in der Konzeption besteht darin, die Fragestellung und die Ziele des Projekts mit der beauftragenden Seite diskutiert und verstanden zu haben. Auf dieser Basis wird entweder eine bestehende geeignete Methodik ausgewählt oder es werden projektspezifische neue Methoden entwickelt. Dies ist beispielsweise dann der Fall, wenn langfristig mehrere gleichartige Projekte durchgeführt werden sollen und bisher kein passendes Instrument besteht. Ein Beispiel hierfür wäre die Entwicklung eines Instruments, mit dem das Markeninvolvement im Internet über die Aktivität in sozialen Netzwerken erfasst wird. Solche Instrumente wurden in letzter Zeit von verschiedenen Agenturen entwickelt und sind unter der Bezeichnung „Social Media Research" bekannt. Eine gute Marktforschungsmethode greift zwar auf bestehende Methoden der Agentur zurück, kann aber gleichermaßen individuell auf die Fragestellung der beauftragenden Seite adaptiert werden. Somit können sowohl die Kosten niedrig gehalten als auch die Effizienz gesteigert werden. Die Operationalisierung der Fragestellung liegt in der Hand des Marktforschenden, wird jedoch vor Durchführung der Studie insbesondere bei quantitativen Methoden mit der beauftragenden Seite besprochen.

Die Schwierigkeit in der Aufgabe für eine:n Psycholog:in ist der Spagat zwischen Wissenschaft und Praxis (siehe auch ▶ Abschn. 15.1). Einerseits ist diese:r durch die eigene Ausbildung die Anwendung validierter Skalen gewohnt, andererseits ist in der Umsetzung einer Studie für Kund:innen oftmals eine pragmatischere Lösung notwendig. Somit muss diese:r bei Berücksichtigung der wissenschaftlichen Qualitätsmerkmale einer Studie individuell auf die Wünsche der beauftragenden Seite eingehen.

Die zweite Phase der Studiendurchführung beginnt mit der Rekrutierung der

Proband:innen, die bei Kundenzufriedenheitsstudien teilweise durch das beauftragende Unternehmen bereitgestellt werden oder von der Agentur aus einem bestehenden Pool oder kalt (d. h. ohne vorherigen Kontakt) akquiriert werden müssen. Meist übernehmen diesen Schritt eigene Abteilungen innerhalb der Agentur. Die Studiendurchführung ist stark von der gewählten Methodik und Stichprobe abhängig. In dieser Phase behalten sich Marktforschende die Entscheidungsrechte vor. Bei qualitativen Studien wie z. B. Gruppendiskussionen ist die Durchführung mit viel Organisationsaufwand wie der Einladung der Proband:innen, Verpflegung und Incentivierung (meist in Form einer Aufwandsentschädigung oder kleiner Produktproben etc.) verbunden. Marktforscher:innen müssen sich dabei nach den vorgegebenen Zeiten richten und führen meist mehrere Diskussionen nacheinander durch. Quantitative Studien, die in der Mehrheit online durchgeführt werden, erfordern nicht, dass Marktforschende die Untersuchung die gesamte Zeit über begleiten, sondern man beschränkt sich hier auf eine stichprobenartige Kontrolle der verwendeten Systeme.

Die anschließende dritte Phase ist die der Auswertung. Dabei ist wieder ein Abwägen aus Wissenschaftlichkeit und Praxisorientierung notwendig. Insbesondere bei quantitativen Studien beinhaltet dies eine Plausibilitätsüberprüfung der Daten sowie eine Überprüfung der Skalenstruktur. Je nach Datenqualität dürfen nämlich bestimmte Auswertungsverfahren gar nicht oder nur mit gewissen Korrekturen genutzt werden. Erst im Anschluss wird mit der Auswertung begonnen, die sich an den aufgestellten Hypothesen bzw. Fragestellungen der beauftragenden Seite orientiert. Während bei quantitativen Studien die visuelle Darstellung der Ergebnisse zentral für das Verständnis und die Zufriedenheit der Beauftragenden ist, wird in qualitativen Studien mehr Wert auf die persönliche Einschätzung des Marktforschenden bezüglich der Validität und Repräsentativität der Ergebnisse gelegt. Sie sollten sich an dieser Stelle der eigenen Meinung in Bezug auf die geführten Diskussionen bewusst sein, um möglichst objektive Ergebnisse liefern zu können. Erst im Anschluss darf die persönliche Bewertung der Ergebnisse wieder zugelassen werden. Die Phase der Auswertung endet mit der Präsentation und Diskussion der Ergebnisse mit der auftraggebenden Seite.

Da Marktforscher:innen meist mehrere Kund:innen und Projekte gleichzeitig betreuen, besteht ein typischer Arbeitstag aus verschiedenen Aufgaben in unterschiedlichen Stadien des Projekts. So könnte an einem Tag vormittags die Konzeption einer Studie im Vordergrund stehen, der Nachmittag für die Auswertung einer bereits durchgeführten Studie genutzt werden, um abends Interviews mit Proband:innen für ein drittes Projekt durchzuführen.

Die Tätigkeiten in der betrieblichen Marktforschung umfassen die gleichen Studienphasen, sofern die Studie selbst durchgeführt wird. Je nach vorhandenen Ressourcen der Abteilung und Studienumfang können jedoch auch organisatorische Tätigkeiten hinzukommen, die durch die Beauftragung einer Agentur entstehen. Marktforschende stellen in diesem Fall im Unternehmen die Schnittstelle zwischen Fachbereich und externen Agenturen dar. Sie sind damit Ansprechpartner:innen für die Zielsetzungen der Fachbereiche, wählt eine geeignete Agentur aus und steuert mit dieser die Durchführung der Studie. Somit fallen für extern beauftragte Studien klassische Projektmanagementaufgaben an.

Mobilitätsbereitschaft

Die Anforderungen an die Mobilitätsbereitschaft Markt- und Meinungsforschender sind stark von den angewandten Methoden sowie der Internationalität der Auftraggebenden abhängig. Meist ist für die Durchführung von Studien die Herkunft der Proband:innen nicht entscheidend, weshalb diese aus der Umgebung des Agentursitzes oder online rekrutiert werden. Vorteil davon ist, dass die eigenen Labore genutzt werden können und Zeit und Kosten für Reisetätigkeiten der Marktforscher:innen gespart werden bzw. die Laborkosten im Falle von online erhobenen Daten komplett entfallen. Für bestimmte Fragestellungen ist es jedoch notwendig, Proband:innen in verschiedenen Städten Deutschlands oder auch international persönlich zu befragen. Bei Methoden wie der Gruppendiskussion oder Produkttests muss der/die Marktforschende daher für jeweils 2 bis 3 Tage in die Städte reisen, in denen die Proband:innen erreichbar sind. Je nach Verfügbarkeit der Proband:innen kann es sein, dass man tagsüber an anderen Projekten arbeitet und nur abends die Studien durchführt. Generell halten sich jedoch Reisetätigkeiten in Grenzen, insbesondere da sich in den letzten 5 Jahren ein deutlicher Trend hin zu ortsunabhängigen, online durchgeführten Studien entwickelt hat, der sogar Interaktionserhebungen (wie in einigen Fällen Produkttests) remote möglich macht.

Arbeitszeit

Auch die Arbeitszeit von Marktforscher:innen ist von der Art der Projekte und der Branche abhängig. Bei Methoden, die nur in Präsenz durchgeführt werden können, orientieren sich die Termine für die Durchführung der Studien an den Verfügbarkeiten der Proband:innen. Da diese meist berufstätig sind und nebenbei an Studien teilnehmen, finden solche Termine oft ab 18:00 Uhr statt und dauern manchmal bis 23:00 Uhr. Die Studien finden beispielsweise geblockt an 2 Tagen in der Woche statt, wodurch sich die Arbeitszeit an diesen Tagen bis in die Nacht erstreckt. Neben der Durchführung der Studien sind Marktforscher:innen in Agenturen aber zu üblichen Zeiten von 9:00 bis 18:00 Uhr Ansprechpartner für Kund:innen, die Fragen oder neue Projekte besprechen wollen. Während einzelner Studien sind somit längere Arbeitszeiten bis in die Nacht hinein insbesondere bei persönlichem Kontakt mit Proband:innen unverzichtbar. Bei der asynchronen Erhebung von Daten (z. B. Online-Studien wie Produkttests, Marken- oder Preissensitivitätsbefragungen) ist die Arbeitszeit sehr flexibel und abhängig der üblichen Arbeitszeiten des Unternehmens.

Die Arbeitszeit in der betrieblichen Marktforschung orientiert sich mit steigendem Anteil extern beauftragter Studien an den üblichen Bürozeiten. Bei eigener Durchführung von Studien treffen eher die Arbeitszeiten von Agenturen zu.

Bezahlung

Die Einstiegsgehälter (ohne Berufserfahrung) liegen laut der Gehaltsstudie 2022 bei einem Median von 36.000 € über alle Unternehmensarten und Rollen hinweg (Marktforschung.de, 2023). Die Bezahlung im Bereich der Markt- und Meinungsforschung ist allerdings abhängig von der Unternehmensart und -größe. Während die Gehälter in der betrieblichen Markforschung im Durchschnitt etwa 20 % höher sind als in Agenturen, zeigt sich auch in solchen Instituten eine breite Spanne an Gehältern je nach Größe der Agentur. Bei einem Einstieg in einer kleineren Agentur kann man mit etwa 30.000 bis 35.000 € Bruttojahresgehalt rechnen, bei großen Agenturen mit 35.000 bis 40.000 €. Bei einer Berufseinstiegsstelle in der betrieblichen Marktforschung sind in der Regel etwas höhere Gehälter von bis zu 45.000 € möglich. Generell lohnt es sich, bei Einstiegsstellen individuell zu verhandeln. Die Gehaltsstudie wird jährlich aktualisiert und ermöglicht bei weiterem Interesse eine detailliertere Betrachtung der Gehaltsentwicklung mit mehr Berufserfahrung und erweiterter Verantwortung (▶ www.marktforschung.de/jobs-karriere/gehaltsstudie).

Karrieremöglichkeiten

Karrieremöglichkeiten beziehen sich in der Markt- und Meinungsforschung auf die Übernahme von fachlicher oder personeller Verantwortung. Bei Marktforschungsagenturen gibt es innerhalb der gleichen Hierarchieebene bei höherer Seniorität die Möglichkeit, größere und komplexere Studien zu verantworten, die damit für die Agentur mit höherem Umsatz verbunden sind. Außerdem stellt die eigenverantwortliche Betreuung eines oder mehrerer Auftraggebender einen weiteren Karriereschritt dar. In großen Agenturen gibt es auf der Ebene der personellen Verantwortung Teamleitungsstellen, die das Team bei der Durchführung der Projekte für Kund:innen oder auch auf Abteilungsebene für eine Branche koordinieren. Für eine Führungsposition auf Abteilungsebene kann zudem eine abgeschlossene Promotion hilfreich sein, da in diesen Positionen der/die Marktforschende das Unternehmen in der Gewinnung neuer Kund:innen und Projekte repräsentiert. Solche Positionen erfordern hohe Ambitionen und Führungskenntnisse von Psycholog:innen. Man sieht also, dass die Karrieremöglichkeiten ohne Promotion auf eine Teamleitungsstelle begrenzt sein können, aber nicht müssen. Neben dem Verbleib in einer Agentur gibt es zudem die Möglichkeit, im Rahmen der Projekte ein Netzwerk mit Kund:innen zu bilden und mit den gewonnenen Erfahrungen direkt in die organisationseigene Marktforschung zu wechseln.

In der betrieblichen Marktforschung gibt es, ähnlich wie in Agenturen, die Möglichkeiten der Erweiterung der fachlichen oder personellen Verantwortung. Die Rolle der fachlichen Führung, die für die Sicherstellung und den Austausch des fachlichen Wissens zuständig ist, wird in der Rollenausschreibung als „Lead xx" oder „Function Lead xx" bezeichnet, während die disziplinarische Führung in der Regel der „Team Lead" ist. In modernen Unternehmen gibt es Überschneidungen der Bereiche Marktforschung sowie Analytics/ Business Intelligence. Diese Überschneidungen bestehen umso mehr, je mehr vorhandene verhaltensbasierte Daten mit neu erhobenen Daten kombiniert werden. Aus dieser Kombination ergeben sich in seltenen Fällen zudem Möglichkeiten der Karriereentwicklung hin zu mehr analytischen Bereichen.

15.3 Die Rolle von Psycholog:innen im Berufsfeld der Markt- und Meinungsforschung

Wie viele Berufsfelder von Psycholog:innen ist das der Markt- und Meinungsforschung eines, in dem Personen unterschiedlicher Ausbildungshintergründe aufeinander treffen. So teilen sich Psycholog:innen dieses Feld mit BWLer:innen, VWLer:innen, Soziolog:innen und manchmal auch Mathematiker:innen. Grundsätzlich übernehmen Personen aller Studienhintergründe die gleichen Tätigkeiten, jedoch zeichnet sich ein:e Psycholog:in insbesondere durch fundierte Kenntnisse in Forschungsmethoden und Statistik aus. Ein weiteres Alleinstellungsmerkmal sind die erlernten Grundlagen der Psychologie, durch die Psycholog:innen das Erleben und Verhalten der Konsumenten besser erfassen und einschätzen können. Besonders die gute Statistikausbildung von Psycholog:innen in Kombination mit der Erfahrung aus eigenen wissenschaftlichen Forschungsprojekten ermöglicht es, auf Grundlage einer vom Kunden gestellten Fragestellung Hypothesen aufzustellen, für diese geeignete Methoden zu finden und diese mit an der Hochschule angeeigneter Routine auszuwerten. Psycholog:innen finden daher oft auch in der Entwicklung neuer Instrumente für Agenturen hohe Wertschätzung. Einen klaren Vorteil stellen jedoch auch die psychologischen Grundlagen dar, die bereits im Bachelor erlernt werden. Diese umfassen je nach Curriculum die Wahrnehmung, das Entscheidungsverhalten oder auch die Entstehung von Zufriedenheit bei Konsumenten. Auch wenn diese Grundlagen nicht explizit Anwendung in der Tätigkeit eines/r Marktforschenden finden, erhöhen sie die Sensitivität in der Einschätzung der Aussagen von Proband:innen und verbessern damit auch die Fähigkeit, die Ergebnisse einer Studie für die Kund:innen zu interpretieren.

Eine Perspektive aus der Wissenschaft

Prof. Dr. Georg Felser ist Professor für Wirtschaftspsychologie mit dem Schwerpunkt Markt- und Konsumentenpsychologie an der Hochschule Harz. Im Folgenden erläutert er, welche Fähigkeiten Psycholog:innen in der Marktforschung auszeichnen und wie sie sich gezielt im Studium auf eine Tätigkeit in der Markt- und Meinungsforschung vorbereiten können:

Vor nicht allzu langer Zeit habe ich mit einem Kollegen, der in der Marktforschung tätig ist, über die Rolle der Psychologie in seinem Arbeitsalltag gesprochen. Schon seine einleitenden Worte bringen es sicherlich besser auf den Punkt, als ich das aus der „akademischen Außenperspektive" könnte: „Psycholog:innen sind für diesen Beruf am besten ausgebildet. Es gibt keinen besseren Studiengang dafür als Psychologie".

Die Stellungnahme mag durch die Sympathie für das eigene Fach verzerrt sein. Aber sie ist authentisch und wird auch begründet: Was sind denn die Tätigkeiten der Marktforschung, in denen Psycholog:innen dann einen Vorteil haben? Da sind zunächst die beiden Bereiche qualitative und quantitative Marktforschung. Die inhaltsanalytische Auswertung qualitativer Daten wird in der Methodenausbildung vieler Psychologiestudiengänge vielleicht eher vernachlässigt. Dies lernt man – wie die meisten anderen Kolleg:innen aus anderen Disziplinen auch – erst *on the job*. Die Konzeption von Interviewleitfäden und das Formulieren von Fragen haben Sie dagegen im Studium schon eher geübt. Aber: „Das hauptsächliche ‚Know-how', das du als Psycholog:in einbringst, betrifft die Interviewsituation. Du bist eben schon durch die Ausbildung geschult, neutral ein Interview durchzuführen."

Weitere Vorteile haben Psycholog:innen bei der Konzeption empirischer Studien: „Das experimentelle Vorgehen, das Wissen hierzu hat niemand so gut wie die Psycholog:innen. Auch das statistische Verständnis (z. B. was ist eine Stichprobe, wozu brauche ich Tests …) bringen Psycholog:innen eher mit als Absolvent:innen anderer Disziplinen."

Aber auch zu den inhaltlichen Stärken hatte der Kollege etwas zu sagen: „Unser Vorteil ist sicher auch unser theoretisches Verständnis. Wir bringen eben gut fundierte Vorstellungen mit zu Fragen wie: Wie funktioniert der Mensch? Wie kann ich etwas operationalisieren? Da sind andere Disziplinen schneller an ihren Grenzen."

Es sollte Sie nicht überraschen, dass der Praktiker hier vor allem die Methoden betont. Dies wird, wenn Sie in die Marktforschung gehen, in erster Linie das Pfund sein, mit dem Sie wuchern werden. Insofern sind es sicherlich die Methodenfächer Statistik, experimentelle Planung, Datenanalyse, Skalierungsmethoden usw., die Sie auf den Beruf vorbereiten. Manche Methoden sind in der Marktforschung besonders gefragt, weswegen es ein Pluspunkt sein könnte, wenn Sie die Gelegenheit dazu haben, diese zu vertiefen. Hin und wieder höre ich das auch von Absolventen in der Marktforschung, wenn bestimmte Inhalte unserer Ausbildung ihnen einen besonderen Vorteil eingebracht haben. Das waren dann z. B.: Conjoint-Analyse, Blickbewegungsanalysen, SPSS mit Syntax oder Erfahrungen mit den sog. impliziten Messverfahren (z. B. dem impliziten Assoziationstest). Freilich werden diese besonderen Fähigkeiten von manchen Instituten nachgefragt, andere Institute legen auf anderes größeren Wert.

Aber die Tätigkeit in der Marktforschung verlangt auch, dass Sie sich immer wieder auf neue inhaltlich anders gelagerte Bereiche des (Konsum-)Verhaltens einlassen. Und hier zahlt es sich aus, wenn Sie sich in der Disziplin auskennen, die wie keine andere auf die Frage spezialisiert ist: „Wie funktioniert der Mensch?"

15.4 Anforderungen an eine Tätigkeit als Markt- und Meinungsforscher:in

Neben dem persönlichen Interesse und der Identifikation mit diesem Berufsfeld gibt es einige Anforderungen an die Tätigkeit als Markt- und Meinungsforscher:in, die im Folgenden dargestellt werden. Der Schwerpunkt wird dabei auf die Qualifikationen gelegt, die während des Studiums angeeignet werden können, damit der Einstieg in die Marktforschung erleichtert wird.

Eine Perspektive aus der Praxis

Dipl.-Psych. Madeleine Kröper, HYVE Innovation Research GmbH, Innovation Researcher (Projektmanager), Arbeits- und Organisationspsychologie

Wieso haben Sie sich für eine Tätigkeit in der Markt- und Meinungsforschung entschieden?

Im Hauptstudium habe ich einige Kurse in Kreativität und Innovationsmethoden belegt und war als Werkstudentin am Hasso-Plattner-Institut in Potsdam tätig, wo ich die Innovationsmethode „Design Thinking" kennengelernt habe (Anmerkung: mehr Informationen zu Design Thinking bei Plattner, et al. 2009). Die qualitative Herangehensweise an komplexe Problemstellungen in interdisziplinären Teams mit dem Ziel der Entwicklung neuer und innovativer Lösungen hat mich auf Anhieb überzeugt. Daraufhin habe ich mich bald entschieden, das Zusatzstudium zum Design Thinker selbst zu machen und auch meine Diplomarbeit über diese Methode zu schreiben. Nach meinem Studium wollte ich diese Art der Arbeit weiterführen und habe beschlossen, in einem Innovationsunternehmen zu arbeiten, um meine psychologische Expertise und mein Innovationswissen einzusetzen.

Was mögen Sie in Ihrer Tätigkeit am meisten?

Es gibt viele Aspekte, die mir an meiner Tätigkeit gefallen. Menschen und ihre Motive, (tieferliegende) Bedürfnisse und Wünsche mit den unterschiedlichsten (qualitativen und quantitativen) Methoden zu erforschen. Außerdem dieses Wissen in interdisziplinären Teams in konkrete Produktideen zu übersetzen und somit den gesamten Innovationsprozess zu begleiten. Ich arbeite mit Kund:innen aus den unterschiedlichsten Branchen zusammen, woraus die Aneignung eines sehr breiten Wissens resultiert. Letzten Endes gibt es kein Thema, das nicht spannend oder interessant ist, sobald man sich damit tiefergehend auseinandersetzt.

Was hat Sie an Ihrer Tätigkeit am meisten überrascht?

Viele Unternehmen, mit denen wir erstmalig zusammenarbeiten, haben vorher noch nie direkt mit dem/der Endverbraucher:in zusammengearbeitet und hören im Zuge unserer Projekte zum ersten Mal die „Stimme des/der Konsument:in". Es ist einerseits erschreckend, andererseits sehr schön zu sehen, wie überrascht oder fasziniert die Unternehmen sind, wenn man sie mit der Perspektive ihrer Kund:innen oder Endverbraucher:innen konfrontiert. Dass Nutzerintegration in Innovationsprozesse noch so wenig stattfindet, finde ich nach wie vor sehr überraschend.

Was sehen Sie als die größte Herausforderung bei Ihrer Tätigkeit?

Unsere Research-Projekte erstrecken sich in etwa über einen Zeitraum von 6 bis 10 Wochen. In dieser Zeit muss man nicht nur mit dem Unternehmen die eigentlichen Fragestellungen herausarbeiten, sondern auch die geeignete Research-Methode auswählen und in das – meistens noch komplett unbekannte und teilweise recht komplexe – Themenfeld eintauchen. Das bedarf einer großen Empathiefähigkeit und (geistigen) Flexibilität. Mit den Research-Ergebnissen beginnt dann die eigentliche Arbeit, nämlich Schlüsse zu ziehen und in die Zukunft zu denken: Was bedeuten die Ergebnisse für das Unternehmen, was könnten mögliche neue Produkt- und Serviceideen sein, was sind die nächsten Schritte usw.

Was glauben Sie, können Psycholog:innen in diesem Berufsfeld bewegen?

Durch unsere Ausbildung und unsere Neigung, Menschen ganzheitlich verstehen zu wollen, sind Psycholog:innen für die Markt- und Innovationsforschung prädestiniert. Man sollte in dieses Berufsfeld noch viel stärker psychologische Konstrukte einbeziehen, um die oft sehr klassische betriebswirtschaftliche Unternehmensperspektive zu erweitern und zu bereichern.

Was sehen Sie als grundlegende Anforderungen und Qualifikationen für Psycholog:innen in Ihrem Arbeitsfeld?

Eine fundierte Methodenausbildung ist in diesem Arbeitsfeld sehr wichtig. Diese sollte im Idealfall nicht nur quantitative, sondern auch qualitative Methoden umfassen. Weiterhin wichtig sind eine ausgeprägte Empathiefähigkeit sowie ein starkes Interesse daran, warum sich Menschen wie verhalten. Auch ist eine hohe Belastungsfähigkeit essenziell, da jedes Projekt auf eine relativ kurze Dauer beschränkt ist und man in einer sehr kurzen Zeit zu aussagekräftigen Ergebnissen kommen muss.

Welchen Tipp haben Sie für Psycholog:innen, die sich überlegen, in der Markt- und Meinungsforschung zu arbeiten?

Neben einer guten Methodenausbildung ist es wichtig, Praxiserfahrung zu sammeln. Wenn möglich sollte man schon während des Studiums Praktika in der Marktforschung, im Marketing oder in Research&Development-Abteilungen machen.

Stoßen Sie manchmal auf Vorurteile wegen Ihrer Ausbildung?

Nicht im Kontext meiner Arbeit, ganz im Gegenteil: Hier mache ich immer sehr positive Erfahrungen. Psycholog:innen sind in der Innovationsberatung eher die Ausnahme als die Regel und die Ausbildung wird wertgeschätzt.

Schwerpunktsetzung

Für einen geplanten Einstieg in der Marktforschung sollten die Schwerpunkte im Studium bereits entsprechend gewählt werden. Der Bereich der Wirtschaftspsychologie bildet hierfür am besten aus, da er meist auch die Markt- und Konsumentenpsychologie umfasst. Wichtig sind vor allem Grundlagen in Werbung und Werbeeffektivität, das Verständnis dafür, wie Kaufentscheidungen entstehen, sowie Kenntnisse verschiedener quantitativer und qualitativer Methoden im Kontext der Konsumentenpsychologie. Dieses Wissen kann je nach Studiengang bereits im Bachelor erworben werden, in der Regel wird es aber erst im Masterstudium der Wirtschaftspsychologie vertieft behandelt. Folglich kann man sich mit entsprechendem Wissen auch nach dem Bachelorabschluss auf Einstiegsstellen bewerben, jedoch sollte beachtet werden, dass je nach Unternehmen Aufstiegsmöglichkeiten ab einer bestimmten Karrierestufe (z. B. Teamleitung) eingeschränkt sein könnten. Die besten Chancen ergeben sich nach einem vertieften Masterstudium im Bereich der Wirtschaftspsychologie.

Fachliche Inhalte

Während der Schwerpunkt Wirtschaftspsychologie unter anderem erste Grundlagen der Markforschung vermittelt, können bestimmte Neben- oder Vertiefungsfächer gewählt werden, um neben den psychologischen Grundlagen breitere Qualifikationen vorzuweisen. Hierfür eignet sich Betriebswirtschaftslehre besonders gut, da sich ein:e Psychologe:in in der Marktforschung oft im Kreis von Unternehmensvertreter:innen mit wirtschaftlichem Hintergrund befindet. Eine Basisausbildung in Betriebswirtschaftslehre führt dazu, dass die speziellen Fragestellungen der Wirtschaftswelt und deren Bedeutung für den Unternehmenserfolg besser verstanden werden können. Insbesondere in der betrieblichen Marktforschung arbeiten Psycholog:innen eng mit anderen wirtschaftlichen Fachbereichen wie dem Produktmanagement oder Marketing zusammen. Außerdem eignet sich Statistik als Nebenfach, um das Methodenwissen als Psycholog:in weiter zu vertiefen. Dies ist jedoch meist nur dann relevant, wenn man im Bereich der Methodenentwicklung tätig sein möchte.

Softwarekenntnisse

Ein:e Marktforscher:in sollte fundierte Kenntnisse der gängigen Office-Programme aufweisen. Dabei sind insbesondere PowerPoint für die Präsentation vor dem Kunden sowie je nach Fachbereich Excel wichtig. Als Alternative zum klassischen Microsoft Office nutzen immer mehr Unternehmen Programme wie Google Suites. Wissen in diesen Office-Programmen kann also förderlich sein. Diese Fähigkeiten können beispielsweise in extracurricularen Kursen angeeignet, aber auch durch *learning by doing* im Laufe des Studiums erlangt werden. In der quantitativen Marktforschung wird zumeist SPSS oder R als Statistikprogramm genutzt, weshalb gute Kenntnisse im Umgang und der Auswertung von Daten mit diesen Softwares eine notwendige Voraussetzung für Bewerber:innen in diesem Bereich sind. Diese Fähigkeit differenziert sie meist auch von Mitbewerber:innen der wirtschaftswissenschaftlichen Disziplinen.

Praxis, Praxis, Praxis

Bereits während des Studiums können und sollten Student:innen wertvolle Erfahrungen für die Berufspraxis sammeln. Dazu dienen Forschungsprojekte im Rahmen des regulären Curriculums an der Universität oder

Hochschule, in denen Studierende bereits die Operationalisierung und Testung von Fragestellungen mit unterschiedlichsten Methoden üben können. Wer die Möglichkeit hat, ein Projekt in Zusammenarbeit mit einem Praxispartner durchzuführen, sollte dies nutzen, um relevante Fragestellungen kennenzulernen und dabei den Konflikt zwischen einem pragmatisch-praxisorientierten und einem streng wissenschaftlichen Vorgehen zu erleben. Neben Praxisprojekten innerhalb des Studiums sind jedoch auch Praktika notwendig, um extrauniversitäre Erfahrungen zu sammeln. Dies ist aber auch dienlich, um für sich selbst herauszufinden, welcher Bereich der Marktforschung den eigenen Interessen entspricht. Hierfür eignen sich Praktika sowohl mit quantitativem als auch mit qualitativem Schwerpunkt. Während bereits auf Unterschiede der betrieblichen Marktforschung zur Marktforschung in Agenturen eingegangen wurde, empfiehlt sich für Student:innen, Praktika besonders bei Agenturen zu absolvieren, um dort eine breitere Vielfalt an Fragestellungen, Methoden und Branchen kennenzulernen. Wer neben dem Studium Zeit hat, kann auch als freie:r Mitarbeiter:in bei Marktforschungsprojekten mitarbeiten. Diese Stellen sind jedoch nicht immer ausgeschrieben und sollten proaktiv bei Agenturen angefragt werden.

Fazit

Mich fasziniert das Feld der Marktforschung insbesondere aufgrund der Vielfalt an Themenstellungen unterschiedlichster Branchen, die man in seiner Arbeit untersucht. Es bleibt auch langfristig spannend, sich immer wieder in neue Themen einzuarbeiten, dafür neue Methoden zu entwickeln und damit Kund:innen einen Mehrwert zu bieten oder im Unternehmen selbst eine neue Erkenntnis zu erlangen. Nach einer durchgeführten Studie macht es aber vor allem stolz, die Ergebnisse z. B. in einer neuen Produktgestaltung oder Kundenansprache zu sehen und selbst einen Teil dazu beigetragen zu haben, Kund:innen zielgerecht und damit erfolgreich anzusprechen.

Literatur

Arbeitskreis Deutscher Markt- und Sozialforschungsinstitute e. V. (ADM). www.adm-ev.de. Zugegriffen am 14.05.2024.

Baumann, A., & Wagner, G. (2010). *Einstieg in die Marktforschung*. Verlag Wissenschaft & Praxis.

Berekoven, L., Eckert, W., & Ellenrieder, P. (2009). *Marktforschung: Methodische Grundlagen und praktische Anwendung*. Gabler.

Berufsverband Deutscher Markt- und Sozialforscher e. V. (BVM). www.bvm.org. Zugegriffen am 14.05.2024.

Marktforschung.de (2023). Gehalt, Karriere, Attraktion und Fluktuation – Hard und Soft Facts aus der Marktforschung: Gehaltsstudie 2022. https://www.marktforschung.de/jobs-karriere/gehaltsstudie/. Zugegriffen am 20.10.2023.

Naderer, G., & Balzer, E. (2011). *Qualitative Marktforschung in Theorie und Praxis: Grundlagen, Methoden und Anwendung*. Gabler.

Plattner, H., Meinel, C., & Weinberg, U. (2009). *Design-thinking*. FinanzBuch Verlag.

Statista Research Department (2024). Größte Marktforschungsinstitute in Deutschland nach Umsatz 2023. https://de.statista.com/statistik/daten/studie/152349/umfrage/umsatz-der-fuehrenden-marktforschungsinstitute-indeutschland/. Zugegriffen am 10.10.2024

Anforderungen an Tätigkeiten in der Wirtschaftspsychologie

Maximilian Mendius und Simon Werther

Inhaltsverzeichnis

16.1 Die Wirtschaftspsychologie als Spannungsfeld zwischen Optimierung und Humanisierung – 204

16.2 Fachliche und überfachliche Anforderungen an eine Tätigkeit im Bereich der Wirtschaftspsychologie – 205
Fachliche Anforderungen – 205
Überfachliche Anforderungen – 206

Literatur – 207

© Der/die Autor(en), exklusiv lizenziert an Springer-Verlag GmbH, DE, ein Teil von Springer Nature 2024
M. Mendius, S. Werther (Hrsg.), *Psychologie in Studium und Beruf*,
https://doi.org/10.1007/978-3-662-68508-2_16

Die vielfältigen Berufsfelder in der Wirtschaftspsychologie wurden in den vorherigen Kapiteln detailliert dargestellt. Dabei wird deutlich, dass es sich um ein sehr vielfältiges Tätigkeitsfeld mit unterschiedlichen Anforderungen handelt. In diesem Kapitel wird deshalb ein Überblick über allgemeine und übergreifende Anforderungen der wirtschaftspsychologischen Tätigkeitsfelder gegeben. Darüber hinaus gibt es zahlreiche Überschneidungen mit anderen psychologischen Berufsfeldern, die z. B. in den ▶ Kap. 19 oder ▶ Kap. 30 beschrieben werden.

Folglich müssen Sie immer im Hinterkopf behalten, dass es aufgrund der Vielfalt der Tätigkeiten innerhalb der Wirtschaftspsychologie kein Patentrezept für die erfolgreiche Karriereplanung geben kann. Das gilt für die Wirtschaftspsychologie genauso wie für die Psychologie im Allgemeinen.

16.1 Die Wirtschaftspsychologie als Spannungsfeld zwischen Optimierung und Humanisierung

Bei allen Tätigkeiten innerhalb der Wirtschaftspsychologie geht es um das Erleben und Verhalten des Menschen in unterschiedlichen wirtschaftlichen Kontexten. Der Oberbegriff „wirtschaftspsychologische Tätigkeit" fasst ein sehr breites Themenspektrum zusammen: Begonnen bei ergonomischen Fragestellungen, z. B. dem Erleben und Verhalten von Autofahrer:innen in Interaktion mit einem Fahrer:innenassistenzsystem, bis hin zu marktpsychologischen Fragestellungen, d. h. dem Erleben und Verhalten von Verbraucher:innen, wenn sie z. B. mit einer neuen Werbekampagne konfrontiert werden.

Schwerpunkte der Tätigkeit bilden dabei letztlich immer die Optimierung und Humanisierung der Arbeitsumgebung und der sozialen Kontexte, in denen gearbeitet wird.

Dabei bewegen wir uns als Psycholog:innen in einem Spannungsfeld zwischen den Interessen der Unternehmen und den Interessen der Mitarbeitenden oder Verbraucher:innen. So kann es bei der Tätigkeit als Unternehmensberater:in oder auch als Organisationspsycholog:in um Steigerungen der Leistungsfähigkeit gehen, was mitunter zu Stellenabbau und ähnlichen Maßnahmen führen kann. Wir müssen uns also bei unserer Tätigkeit als Wirtschaftspsycholog:innen also konsequent und tiefgreifend damit auseinandersetzen, welchen ethischen und moralischen Werten wir uns verpflichtet fühlen. Dies gewinnt durch die rasant fortschreitende Entwicklung und die immer stärkere Digitalisierung und Automatisierung von Prozessen immer weiter an Bedeutung. Gleichzeitig kann ein Stellenabbau aber auch zur Steigerung oder Erhaltung der Wettbewerbsfähigkeit beitragen, sodass dadurch zumindest die restlichen Arbeitsplätze gesichert sind. Insofern gibt es immer zwei Seiten einer Medaille, egal in welchem persönlichen Spannungsfeld wir uns bewegen.

Daneben bringt dieses Spannungsfeld natürlich die Chance mit sich, dass wir als Wirtschaftspsycholog:innen viel bewegen können und viel zu einer humanen Arbeitsgestaltung beitragen können: Beispielsweise kann die Entwicklung optimaler Arbeitsplätze zu weniger Stress oder die Digitalisierung von eintönigen Prozessen zu weniger Langeweile bei den Mitarbeitenden führen. Aus der Durchführung von Coachings kann eine bessere Führungskompetenz der Führungskräfte resultieren, wovon auch die Mitarbeitenden profitieren. Die Etablierung von Gesundheitskonzepten in der Organisation kann die Work-Life-Balance der Mitarbeitenden unterstützen. Die Erforschung der Bedürfnisse der Konsumenten resultiert in individuellen Produkten und Innovationen sowie möglicherweise auch in einem geringeren Ressourcenverbrauch.

16.2 Fachliche und überfachliche Anforderungen an eine Tätigkeit im Bereich der Wirtschaftspsychologie

Zahlreiche fachliche und überfachliche Anforderungen an Tätigkeiten als Wirtschaftspsycholog:in wurden bereits in den vorherigen Kapiteln dargestellt. Im Folgenden werden diese zusammengefasst, um Gemeinsamkeiten unterschiedlicher wirtschaftspsychologischer Tätigkeitsfelder herauszuarbeiten.

Fachliche Anforderungen

In der Wirtschaftspsychologie ist eine fundierte Ausbildung auch in den Grundlagenfächern der Psychologie von großem Vorteil. Relevant sind hier insbesondere Allgemeine Psychologie (z. B. wenn es um die Motivation von Mitarbeitenden geht), Biologische Psychologie (z. B. wenn Stressmodelle diskutiert werden), Persönlichkeitspsychologie (z. B. wenn die Auswahl von neuen Führungskräften anhand von Persönlichkeitseigenschaften erfolgen soll) und Sozialpsychologie (z. B. wenn ein gruppendynamisches Training gestaltet werden soll). Über alle Fragestellungen hinweg sind Kenntnisse in Statistik, Methoden und Diagnostik besonders wichtig, da diese als Alleinstellungsmerkmal von Psycholog:innen gegenüber Betriebswirt:innen, Jurist:innen und anderen Disziplinen angesehen werden. Letztlich geht es bei fast allen Tätigkeiten in der Wirtschaftspsychologie auch immer darum, wie Maßnahmen evaluiert werden können, um deren Wirksamkeit in Zahlen auszudrücken, z. B. durch ein Nutzwertmodell, das den generierten Produktivitätszuwachs aufgrund des Einsatzes eines validieren Auswahlprozesses quantifizieren kann. Für diese Evaluationen sind methodische und diagnostische Kenntnisse von großer Bedeutung. Kann die Wirksamkeit einer wirtschaftspsychologischen Intervention nachgewiesen werden, kann dies die Bereitschaft der betroffenen Institution für weitere Maßnahmen erhöhen. Es lohnt sich also auf jeden Fall, sich mit diesen vermeintlich trockenen Fächern auseinanderzusetzen, um sich entsprechende Kompetenzen und Fähigkeiten anzueignen.

Bei der Schwerpunktwahl oder der Wahl des Masterstudiengangs bietet sich ein wirtschaftspsychologischer Schwerpunkt an. Genauso sinnvoll kann aber auch eine Schwerpunktsetzung in der Pädagogischen Psychologie sein, da es hier zahlreiche Überschneidungen gibt. Darüber hinaus werden an zahlreichen Universitäten und Hochschulen für angewandte Wissenschaften keine spezifischen wirtschaftspsychologischen Schwerpunkte angeboten – beispielsweise werden Arbeitspsychologie oder Markt- und Konsumentenpsychologie bisweilen nicht gelehrt. Das muss zwar kein Nachteil sein, da ein Quereinstieg immer möglich ist und gerade bei diesen Berufsfeldern insbesondere auch Grundlagenfächer und statistische Methoden eine wichtige Rolle spielen. Es bietet sich jedoch an, sich vor der Entscheidung für einen Studienort auch über die angebotenen Schwerpunkte und deren inhaltliche Ausgestaltung zu informieren. Als ergänzende Nebenfächer bieten sich in erster Linie BWL, VWL oder Arbeits- und Sozialrecht an, in jüngster Zeit sicherlich aber auch Wirtschaftsinformatik, Informatik oder Data Science. Genauso kommen aber andere Fächerkombinationen infrage – zentral sind auch bei dieser Entscheidung wieder Ihre individuellen Interessen.

Gute bis sehr gute Computerkenntnisse sind in allen wirtschaftspsychologischen Tätigkeitsfeldern wichtig. Dabei variiert der genaue Fokus, doch sind sichere Anwenderkenntnisse von Office-Anwendungen inzwischen als Standard zu verstehen. Dabei geht es sowohl um Textverarbeitung als auch um Präsentationen und um Datenverwaltung. Gerade bei Evaluationsprojekten oder auch in der Marktforschung sind Statistikprogramme hoch relevant, beispielsweise R oder SPSS für quantitative Auswertungen, aber auch MAXQDA und andere Anwendungen zur Auswertung qualitativer Daten. Aufgrund der rapide fortschreitenden Entwicklungen im Bereich der künstlichen Intelligenz bietet es sich auch an sich mit Promptingtechniken zu beschäftigen, da Lösungen wie z. B. Chat GPT oder Copilot inzwischen durchaus in der Lage sind eine erste schnelle Zusammenfassung von qualitativen Daten aber auch komplexere statistische Verfahren durchzuführen. Darüber hinaus werden oftmals individuelle IT-Systeme oder SAP sowie andere HCM-Software für Personalverwaltung oder andere Einsatzwecke eingesetzt, doch die Affinität zu digitalen Tools sowie damit einhergehende Erfahrungen sind mittlerweile in allen Anwendungsfeldern der Wirtschaftspsychologie notwendig, nachdem zahlreiche Prozesse bereits jetzt vollständig digital abgebildet werden oder im Rahmen der digitalen Transformation zumindest grundlegend modifiziert werden. Eine Offenheit für neue Technologien wie künstliche Intelligenz und datenbasierte Entscheidungen sowie für unterschiedlichste Soft- und Hardwarelösungen sind für Wirtschaftspsycholog:innen von größter Bedeutung, weil diese grundlegenden Technologien und die darauf aufbauende Software in den nächsten Jahren noch weiter an Bedeutung gewinnen werden. Umso wichtiger ist es, dass wir als Psycholog:innen diese tiefgreifenden technischen Veränderungsprozesse in Organisationen mitgestalten, da oftmals auch Aspekte der Reliabilität, Validität und Objektivität und ethisch-moralische Fragestellungen berücksichtigt werden müssen.

Gute bis verhandlungssichere Englischkenntnisse sind inzwischen Standardvoraussetzung für Tätigkeiten in der Wirtschaft, da durch die zunehmende Globalisierung und durch vermehrte Standorte und Kooperationen im Ausland internationale Kontakte immer mehr zunehmen. Darüber hinaus sind weitere Sprachkenntnisse natürlich immer von Vorteil, doch sollte das von Ihren persönlichen Präferenzen abhängig gemacht werden. Auch wenn die Bedeutung aufstrebender Länder wie Brasilien, China, Indien, Russland wächst, sollten das Erlernen einer Fremdsprache oder ein Auslandsaufenthalt nie aus rein strategischen Gründen erfolgen, wie auch im Teil VI ausführlich dargestellt wird.

Überfachliche Anforderungen

Mit den genannten fachlichen Anforderungen haben Sie bereits eine fundierte Grundlage für eine wirtschaftspsychologische Tätigkeit geschaffen. Darüber hinaus sind zahlreiche Soft Skills relevant, die allerdings auch von Berufsfeld zu Berufsfeld variieren können.

Allgemein sind Präsentations- und Kommunikationskompetenzen von großer Bedeutung, da es in praktisch jedem wirtschaftspsychologischen Berufsfeld um die Vorstellung von Methoden, Konzepten und Ergebnissen geht, auch wenn die inhaltliche Ausgestaltung sehr unterschiedlich sein kann. Darüber hinaus spielen Kommunikationskompetenzen im Allgemeinen und insbesondere vertiefte Kenntnisse der Gesprächsführung und der Interviewtechniken ebenfalls eine große Rolle, z. B. in der Personalpsychologie bei der Personalauswahl oder in der Marktforschung bei der Durchführung qualitativer Interviews. An vielen Universitäten und Hochschulen für angewandte Wissenschaften werden außercurricular Seminare und Angebote vermittelt, die die Vermittlung und Weiterentwicklung von Soft Skills zum Ziel haben – eine in jedem Fall lohnende Investition. Gleichzeitig kann aber auch das Engagement in einem Verein oder eine andere gemeinnützige Tätigkeit die Möglichkeit der Weiterentwicklung Ihrer sozialen Kompetenzen bieten.

Eine Offenheit für Neues – im Sinne neuer Herangehensweisen, neuer Thematiken, neuer Methoden – ist in jedem Berufsfeld wichtig. Sie können nicht davon ausgehen, dass Sie mit dem im Studium Gelernten die nächsten 30 Jahre erfolgreich in der Praxis bestehen. Von essenzieller Bedeutung ist somit die Lektüre von Fachzeitschriften, die Auseinandersetzung mit aktuellen Themen, der Besuch von Kongressen, um mit vorherrschenden Trends und neuen Entwicklungen vertraut zu sein. Gerade bei Tätigkeiten für größere Unternehmen ist es zudem wichtig, sich kontinuierlich über die allgemeinen wirtschaftlichen, rechtlichen und politischen Rahmenbedingungen zu informieren. Das gilt letztlich für jeden Bereich in der Wirtschaftspsychologie, sodass eine gesunde Neugier und eine Leidenschaft für Kreativität und Innovation sicherlich zu einem erfolgreichen Berufseinstieg beitragen.

Unternehmerisches Denken und Handeln ist für den Erfolg in vielen Tätigkeiten zentral, da sich Ihre Arbeit letztlich für die Organisation auszahlen muss. Das Abbilden von psychologischen Interventionen auf klassische Kennzahlen ist meist nur schwer zu realisieren. Deshalb ist es besonders wichtig, neben der eigentlichen Intervention auch geeignete Messgrößen zur Bewertung zu entwickeln. Es ist unerlässlich, stets die gesamte Organisation und deren Interessen im Blick zu behalten, um sicherzustellen, dass Ihre Intervention einen schlüssig begründbaren Beitrag zum Gesamterfolg leistet. Die Einnahme einer systemischen Sichtweise ist hilfreich, um die einzelnen Abteilungen und „Bausteine" innerhalb der Organisation und deren Verknüpfung und übergeordnete Zusammenhänge zu verstehen, um geeignete Ansatzpunkte für Interventionen zu identifizieren.

Fragestellungen der Wirtschaftspsychologie spielen sich nicht im luftleeren Raum ab. Im Regelfall agiert man in einem interdisziplinären Kontext. Eine Offenheit gegenüber anderen Berufsgruppen und deren individuelle Ansätze bei der Problemanalyse und -lösung ist daher ebenfalls eine erfolgskritische Voraussetzung für eine erfolgreiche Tätigkeit als Wirtschaftspsycholog:in. Neben Sozial- und Geisteswissenschaftler:innen werden Sie mit Wirtschaftswissenschaftler:innen und Jurist:innen, aber genauso mit Naturwissenschaftler:innen oder Ingenieur:innen in Kontakt kommen. Dabei ist es zwar wesentlich, die eigene Identität als Psycholog:in zu behalten und auch Ihre Alleinstellungsmerkmale zu pflegen, aber gleichzeitig ist ein offener Umgang auf Augenhöhe und auch eine Neugier für andere Perspektiven und Herangehensweisen von hoher Bedeutung.

Fazit

Insgesamt lässt sich festhalten, dass Tätigkeiten innerhalb der Wirtschaftspsychologie großen Abwechslungsreichtum und eine breite Aufgabenvielfalt mit sich bringen, was auch durch die persönlichen Erfahrungsberichte in den vorangegangenen Abschnitten gestützt wird. Durch neue Entwicklungen und sich verändernde Rahmenbedingungen müssen Sie immer in Bewegung bleiben und sich stetig neu erfinden und weiterentwickeln, um Ihre eigene Beschäftigungsfähigkeit zu erhalten. Unsere psychologische Kompetenz öffnet uns dabei viele Türen für eine wertvolle Bereicherung von Organisationen, um sowohl deren Existenz zu sichern als auch deren Mitarbeitenden bestmögliche Arbeitsbedingungen zu schaffen.

Literatur

Moser, K. (2007). *Wirtschaftspsychologie*. Springer.
von Rosenstiel, L., & Nerdinger, F. W. (2011). *Grundlagen der Organisationspsychologie: Basiswissen und Anwendungshinweise*. Schäffer-Poeschel.
Sonntag, K., Frieling, E., & Stegmaier, R. (2012). *Lehrbuch Arbeitspsychologie*. Huber.

Berufsfelder in der pädagogischen Psychologie

In diesem Teil werden die vielfältigen Tätigkeitsfelder in der pädagogischen Psychologie dargestellt, beispielsweise in Bildungsberatung und -evaluation sowie in der Fort- und Weiterbildung.

Inhaltsverzeichnis

Kapitel 17 Grundsätzliches zum Studium der pädagogischen Psychologie – 211
Martin Krause

Kapitel 18 Tätigkeiten im Bereich der Bildungsberatung und -evaluation – 217
Martin Krause

Kapitel 19 Tätigkeiten in der Fort- und Weiterbildung – 229
Josef A. Fischer

Kapitel 20 Anforderungen an Tätigkeiten in der pädagogischen Psychologie – 243
Josef A. Fischer

Grundsätzliches zum Studium der pädagogischen Psychologie

Martin Krause

Inhaltsverzeichnis

17.1 Aufgabenfelder in der pädagogischen Psychologie – 212
Erziehungs- und Familienberatung – 212
Schulpsychologische Beratung – 213
Fort- und Weiterbildung – 213
Beratung von öffentlichen und freien Bildungsträgern – 213

17.2 Studium der pädagogischen Psychologie – 214
Inhalte Bachelor – 214
Inhalte Master – 214
Was ist bei der Studienplanung zu bedenken? – 214
Praxis schon im Studium – 215

Gegenstand der pädagogischen Psychologie ist die Beschreibung und Erklärung menschlichen Erlebens und Verhaltens in Erziehungs-, Lern- und Unterrichtssituationen. Dabei können sowohl institutionalisierte Lern- und Sozialisationsprozesse betrachtet werden (z. B. in der Schule oder in der Kindertagesstätte) als auch nichtinstitutionalisierte wie sie z. B. in der Familie stattfinden. Historisch betrachtet ist die pädagogische Psychologie eines der ältesten Anwendungsfächer der Psychologie. Zahlreiche Begriffe und Theorien (wie z. B. das Konzept des Intelligenzquotienten, IQ) entstanden ursprünglich in einem pädagogischen Kontext. Das Fach weist eine große Nähe zu anderen Disziplinen auf: Fragestellungen der pädagogischen Psychologie werden z. B. auch in den Erziehungswissenschaften oder der empirischen Pädagogik aufgegriffen.

Die pädagogische Psychologie ist seit jeher eng mit dem Bildungssektor verknüpft und somit in hohem Maße von aktuellen gesellschaftlichen Rahmenbedingungen geprägt. Inhalte und Ausrichtungen sind stark von bildungs- und sozialpolitischen Strömungen abhängig, weshalb sich die Aufgaben und Anforderungen in diesem Arbeitsfeld stetig wandeln.

In Deutschland liegt die Kulturhoheit bei den einzelnen Bundesländern. Dies bedeutet, dass jedes Land in Bezug auf sein Bildungswesen eigene Gesetze erlassen kann. Somit unterscheiden sich die professionellen Strukturen im Schul- und Kitabereich zwischen den einzelnen Ländern teilweise erheblich. Entsprechend variieren auch die beruflichen Perspektiven für pädagogische Psychologen. Diese länderspezifischen Besonderheiten gilt es bei der Studienplanung zu beachten.

17.1 Aufgabenfelder in der pädagogischen Psychologie

Die wichtigsten Aufgabenfelder, in denen pädagogisch-psychologische Erkenntnisse zur Anwendung kommen, werden im Folgenden kurz skizziert.

Erziehungs- und Familienberatung

Dieses Handlungsfeld zielt darauf ab, Eltern und andere Personensorgeberechtigte bei der Erziehung von Kindern und Jugendlichen zu unterstützen und somit Sozialisationsbedingungen zu gewährleisten, die dem Wohl des Kindes bzw. Jugendlichen förderlich sind. Erziehungs- und Familienberatung erfolgt in der Regel durch spezialisierte Beratungsstellen, welche von öffentlichen oder freien Trägern betrieben werden. Die gesetzliche Grundlage hierfür bildet der Rechtsanspruch auf Hilfen zur Erziehung gemäß § 27 SGB VIII. Häufige Anlässe für die Inanspruchnahme von Erziehungs- und Familienberatung sind Probleme im Zusammenhang mit der Trennung von Eltern, auffälliges Sozialverhalten, schulische Probleme, Entwicklungsverzögerungen oder eine belastete Eltern-Kind-Beziehung. Erziehungs- und Familienberatung (▶ Kap. 6) weist inhaltlich eine große Nähe zum Arbeitsfeld der Familienpsychologie (▶ Kap. 27) auf, weshalb an dieser Stelle auf eine nähere Darstellung verzichtet wird.

Schulpsychologische Beratung

Die Schulpsychologie setzt psychologische Erkenntnisse und Methoden ein, um Schulen in ihrem öffentlichen Bildungs- und Erziehungsauftrag zu unterstützen. Sie will Kinder und Jugendliche in ihren schulischen Lern- und Entwicklungsprozessen fördern und sie darin unterstützen, einen angemessenen Bildungsabschluss zu erlangen. Häufige Beratungsanlässe sind: allgemeine Lern- und Konzentrationsschwierigkeiten, spezifische Probleme in einzelnen Fächern, Schul- und Prüfungsangst sowie Probleme mit Mitschülern. Zielgruppe können neben Schülern auch Eltern und Lehrer sein. Die schulpsychologische Beratung ist nicht in allen Bundesländern gesetzlich verankert. Entsprechend variiert die Organisationsstruktur stark und die Ausbildung zum Schulpsychologen ist in den einzelnen Ländern teilweise sehr unterschiedlich geregelt. In vielen Bundesländern ist ein Master bzw. Diplom in Psychologie Voraussetzung für eine Anstellung als Schulpsychologe. In einigen Bundesländern wie z. B. Berlin wird allerdings eine Doppelqualifikation als Lehrer *und* Psychologe verlangt. In Bayern erfolgt schulpsychologische Beratung durch Lehrer mit einer speziellen Zusatzqualifikation. Entsprechend ist hier die Ausbildung fest in die Lehrerausbildung integriert und das Fach „Psychologie mit schulpsychologischem Schwerpunkt" kann im Rahmen des Lehramtsstudiums anstelle eines Unterrichtsfachs gewählt werden.

Schulpsychologische Beratung erfolgt somit nicht in allen Bundesländern durch Psychologen im engeren Sinn. Entsprechend wird in diesem Abschnitt auch auf eine vertiefende Darstellung des Berufsfeldes verzichtet. Studieninteressierte mit dem Berufsziel „Schulpsychologe" sollten sich unbedingt über Strukturen und Einstellungsvoraussetzungen des jeweiligen Bundeslandes informieren. Auskünfte erteilen die Kultusministerien und die Berufs- und Landesverbände für Schulpsychologen der einzelnen Länder.

Fort- und Weiterbildung

Ziel von Maßnahmen der Fort- und Weiterbildung ist die bedarfsorientierte Vermittlung von Kenntnissen und Fertigkeiten, die für die Ausübung eines Berufes relevant sind. In der Regel wird hierbei auf Kompetenzen aufgebaut, die im Rahmen einer vorangegangenen beruflichen Ausbildung erworben wurden. Zielgruppe von Fort- und Weiterbildungsmaßnahmen sind in der Regel Erwachsene. Auftraggeber können sowohl öffentliche Institutionen (Behörden, Ämter, Stiftungen) als auch privatwirtschaftliche Unternehmen sein. Inhalt und Form von Fort- und Weiterbildungsmaßnahmen können stark variieren und reichen von Computerkursen über Verkäuferschulungen bis hin zu Führungskräftetrainings. Ein umfassender Überblick über das Berufsfeld wird im ▶ Kap. 19 gegeben, darüber hinaus gibt es zahlreiche Gemeinsamkeiten mit der Tätigkeit als Trainer und Coach, die im ▶ Kap. 13 dargestellt wird.

Beratung von öffentlichen und freien Bildungsträgern

Die Beratung von öffentlichen und freien Bildungsträgern (z. B. Ministerien, Schul- und Jugendämter, Trägerverbände und private Einrichtungsträger) stellt ein zentrales pädagogisch-psychologisches Berufsfeld dar, welches in den letzten Jahren stark an Bedeutung gewonnen hat. Der Bereich ist eng mit dem Feld der Bildungsforschung und -evaluation verbunden, weshalb oft Psychologen zum Einsatz kommen, welche als Wissenschaftler an einer Universität oder einer anderen Forschungseinrichtung tätig sind. Einen Einblick in das Berufsfeld bietet ▶ Kap. 18.

17.2 Studium der pädagogischen Psychologie

Die folgenden Abschnitte beschreiben, welche Inhalte sich im Psychologiestudium anbieten, wenn eine zukünftige Tätigkeit als pädagogische:r Psycholog:in angestrebt wird und welche Aspekte bei der Studienplanung zu beachten sind.

Inhalte Bachelor

Das Fach „Pädagogische Psychologie" ist für Bachelorstudierende in der Regel nicht als Pflichtfach vorgesehen. Eine Ausnahme bildet der Studiengang „Psychologie mit Schwerpunkt Pädagogische Psychologie (B. Sc.)" an der Universität Hildesheim, der explizit auf eine spätere Tätigkeit im pädagogisch-psychologischen Bereich vorbereiten will. An einigen Universitäten werden jedoch Vertiefungen mit pädagogisch-psychologischer Ausrichtung als Wahlfach angeboten, teilweise im Rahmen von Modulen, die unter Überbegriffen wie „Entwicklung, Lernen und Instruktion" o. ä. stehen. Als angehende:r pädagogischer Psycholog:in sollte man das Bachelorstudium nutzen, um sich ein breites psychologisches Grundlagenwissen anzueignen. Von besonderer Bedeutung sind Kenntnisse über Lern- und Sozialisationsprozesse wie sie im Rahmen der Fächer „Allgemeine Psychologie I & II" und „Entwicklungspsychologie" gelehrt werden. Auch Wissen im klinischen Bereich (z. B. über Lern- und Entwicklungsstörungen) sowie diagnostische Kenntnisse können für die spätere Arbeit von Bedeutung sein. Wenn eine Tätigkeit in der beruflichen Fort- und Weiterbildung angestrebt wird, ist es sinnvoll, vertiefende Kenntnisse in der Arbeits- und Organisationspsychologie zu erlangen und z. B. Veranstaltungen in Personalmanagement oder Mitarbeiterführung zu besuchen.

Inhalte Master

Zahlreiche Universitäten bieten im Rahmen eines allgemeinen universitären Masterstudiengangs Psychologie (M.Sc.) eine Vertiefung im Bereich „Pädagogische Psychologie" an. Masterstudiengänge mit explizit pädagogisch-psychologischer Ausrichtung werden derzeit nur von wenigen Hochschulen angeboten. An einigen Universitäten werden Inhalte der pädagogischen Psychologie im Rahmen von eher forschungsorientierten Masterstudiengängen vermittelt (z. B. am Munich Center of the Learning Sciences der Ludwig-Maximilians-Universität München; siehe ▶ www.en.mcls.lmu.de). Je nach Ausrichtung des Studiengangs können im Rahmen des Masterstudiums vertiefte Kenntnisse in pädagogisch-psychologischer Diagnostik und Intervention erworben werden, oder es werden Methoden der Bildungsforschung und -evaluation vermittelt.

Was ist bei der Studienplanung zu bedenken?

Die Universitäts- und Studienlandschaft befindet sich im permanenten Wandel. Neue Studiengänge entstehen, andere werden umbenannt. Umso mehr gilt es zu beachten: „Nicht überall, wo Psychologie drauf steht, ist auch wirklich Psychologie drin". Zahlreiche Universitäten bieten psychologische Studiengänge und Abschlüsse an, die den Absolvent:innen nur eingeschränkte Chancen auf dem Arbeitsmarkt einräumen. Einen guten Anhaltspunkt für die Wertigkeit eines Studienabschlusses bietet eine vom Berufsverband deutscher Psychologinnen und Psychologen (BDP) veröffentlichte Liste anerkannter Studiengänge (▶ www.bdp-verband.de). Der Liste ist zu entnehmen, welche Studiengänge im Hinblick auf eine BDP-Mitgliedschaft als vollwertige psychologische Studiengänge anerkannt sind. Allerdings ist an dieser Stelle darauf hinzuweisen, dass neuere Studiengänge in der Liste möglicherweise noch nicht enthalten sind. Im Zweifel lohnt es sich, direkt beim BDP nachzufragen, ob ein favorisierter Studiengang die Qualitätsmaßstäbe erfüllt.

Wie bereits erwähnt, ergeben sich aus den verschiedenen Sozial- und Bildungssystemen der einzelnen Bundesländer unterschiedliche berufliche Perspektiven im Bereich der pädagogischen Psychologie: Ein Abschluss bzw. eine Studienausrichtung, die in einem Bundesland gute Berufschancen im Bildungssektor bietet, ist u. U. in einem anderen wenig sinnvoll. Studieninteressierte sollten sich deshalb bereits vor Antritt des Studiums mit landesspezifischen Regelungen vertraut machen und Informationen darüber einholen, welche Qualifikationen für eine bestimmte berufliche Position verlangt werden. Auskünfte hierüber erteilen die Studienberatungen der Universitäten, psychologische Berufs- und Landesverbände oder die für den Bildungssektor verantwortlichen Landesministerien.

Wenn eine beratende Tätigkeit angestrebt wird (z. B. in der Erziehungs- oder Familienhilfe), kann eine Weiterbildung zum „Psychologischen Psychotherapeuten" (PP) oder zum „Kinder- und Jugendlichenpsychotherapeuten" (KJP) oder eine systemische Weiterbildung sinnvoll sein. Nicht wenige Psychologen im Berufsfeld der pädagogischen Psychologie haben eine entsprechende Ausbildung berufsbegleitend absolviert. Auch wenn kein unmittelbarer Wunsch nach einer Therapieausbildung besteht, ist es ratsam, sich diese Option für das spätere Berufsleben offenzuhalten. Voraussetzung für die Zulassung zur Therapieausbildung ist in der Regel ein abgeschlossenes Masterstudium, im Rahmen dessen das Fach „Klinische Psychologie" in ausreichendem Umfang gelehrt wird. Genauere Informationen zur Therapieausbildung erhalten Sie im Teil I dieses Buches.

Wird eine Tätigkeit im Bereich der Bildungsforschung und -evaluation bzw. der Politikberatung angestrebt, ist es u. U. sinnvoll, eine Promotion ins Auge zu fassen. Diese schließt sich in der Regel an ein abgeschlossenes Masterstudium an. Genauere Informationen zu den Möglichkeiten einer Promotion finden Sie im Teil IV.

Praxis schon im Studium

Wie für alle anderen Psychologiestudierenden empfiehlt es sich auch für angehende pädagogische Psycholog:innen, bereits während des Studiums so viel praktische Erfahrung wie möglich zu sammeln. Gelegenheiten hierfür bieten sich an Beratungsstellen, Heil- und Sonderpädagogischen Einrichtungen, Schulen, Sozial- und Jugendämtern oder Fort- und Weiterbildungsinstituten.

Auch eine ehrenamtliche Tätigkeit (z. B. in der Hausaufgabenbetreuung oder als Jugendleiter:in) kann gute Einblicke in den Bildungs- und Erziehungsbereich bieten und für pädagogische Probleme und Fragestellungen sensibilisieren.

Für Studierende, die später im Bereich der Bildungsforschung und -evaluation arbeiten wollen, kann es sinnvoll sein, ein Forschungspraktikum an einem einschlägigen Institut zu absolvieren. Auch eine Tätigkeit als studentische Hilfskraft gibt gute Einblicke in den Forschungsprozess und bietet zudem die Möglichkeit, nebenher Geld zu verdienen.

Tätigkeiten im Bereich der Bildungsberatung und -evaluation

Martin Krause

Inhaltsverzeichnis

18.1 Bildungsberatung und -evaluation – was ist das? – 220

18.2 Bildungsberatung und -evaluation – ein ganz besonderes Tätigkeitsfeld? – 221
Aufgaben im Rahmen der Tätigkeit – 221
Mobilitätsbereitschaft – 222
Arbeitszeit – 222
Bezahlung und Aufstiegschancen – 222
Persönliche Weiterbildung – 223
Selbstständigkeit – 223

18.3 Die Rolle von Psycholog:innen in der Bildungsforschung – 224

18.4 Anforderungen an eine Tätigkeit als Psycholog:in in der Bildungsberatung und -evaluation – 224
Schwerpunktsetzung und fachliche Inhalte – 226
Computerkenntnisse – 226
Sprachkenntnisse – 226
Praxis, Praxis, Praxis – 226

© Der/die Autor(en), exklusiv lizenziert an Springer-Verlag GmbH, DE, ein Teil von Springer Nature 2024
M. Mendius, S. Werther (Hrsg.), *Psychologie in Studium und Beruf*,
https://doi.org/10.1007/978-3-662-68508-2_18

Die deutsche Bildungslandschaft befindet sich im permanenten Wandel. Der Begriff des „Lebenslangen Lernens" ist in aller Munde und die Erkenntnis, dass Bildung lange vor der Schule beginnt und im Grunde nie endet, hat sich in weiten Kreisen durchgesetzt. Die PISA-Studien der OECD haben der Öffentlichkeit eindrücklich vor Augen geführt, wie stark der individuelle Schulerfolg eines Kindes vom sozialen Umfeld und dem Bildungshintergrund der Eltern abhängig ist. Entsprechend sollen Kinder bereits vor dem Eintritt in die Grundschule individuell gefördert werden, weshalb seit ein paar Jahren auch Kitas, also Kindertagesstätten (d. h. Krippen, Kindergärten und Horte) als Bildungsorte verstanden werden. Die zunehmende Flexibilisierung am Arbeitsmarkt und die wachsende Vielfalt in unserer Gesellschaft stellen die deutschen Bildungssysteme vor zusätzliche Herausforderungen. Es gilt, Betreuungsmodelle und Schulformen zu entwickeln, die zum einen Forderungen aus Politik und Wirtschaft aufgreifen und zum anderen das Wohl des einzelnen Kindes nicht aus den Augen verlieren.

Für Psycholog:innen bieten sich vor dem Hintergrund der o. g. Entwicklungen interessante berufliche Perspektivem im Bereich der Bildungsberatung und -evaluation. Aufgrund ihrer theoretischen Ausbildung verfügen sie über ein breites Wissen in Bezug auf menschliche Lern- und Entwicklungsprozesse. Bildungsverantwortliche wissen diese fundierten Kenntnisse zu schätzen und greifen deshalb häufig auf den Rat von Psycholog:innen zurück, wenn es um die Entwicklung von neuen pädagogischen Konzepten und Handlungsrichtlinien geht. In Zeiten leerer öffentlicher Kassen ist zudem der Druck, die vorhandenen finanziellen Mittel so effizient wie möglich einzusetzen, größer denn je. Deshalb müssen neue Finanzierungs- und Steuerungsmodelle gefunden werden. Psycholog:innen können hierbei aufgrund ihrer forschungsmethodischen und statistischen Kenntnisse einen wichtigen Beitrag leisten. Im folgenden Abschnitt soll das Feld der Bildungsberatung und -evaluation, das eng mit dem Bereich der Bildungsforschung und der empirischen Pädagogik verknüpft ist, vorgestellt werden. Hierfür wird zunächst ein typisches Szenario geschildert, in dem ein Kita-Verantwortlicher auf die Dienste von Psycholog:innen zurückgreift.

Ein Szenario

Peter Nürth ist Verwaltungsbeamter in Musterstadt, einer mittelgroßen deutschen Kommune mit ca. 120.000 Einwohnern. Er ist Leiter des Amts für Familie, Senioren und Soziales, welches die sozialen Aufgaben der Stadt Musterstadt übernimmt. In seinen Zuständigkeitsbereich fallen neben anderen sozialen Einrichtungen auch die Kindertagesstätten in Musterstadt. Als örtlicher Träger der Jugendhilfe hat die Stadt den Bedarf an Betreuungsplätzen für Vorschulkinder regelmäßig zu erfassen und diese in ausreichendem Umfang zur Verfügung zu stellen. Die städtischen Kitas sind Herrn Nürth direkt unterstellt, für die Einrichtungen der freien Träger hat sein Amt die Fachaufsicht, d. h., es kontrolliert, ob gesetzliche Vorgaben eingehalten und umgesetzt werden. Außerdem entscheidet es über finanzielle Zuschüsse und die Verteilung von Fördergeldern.

Nach den Kommunalwahlen beschließt der frisch gewählte Stadtrat eine Neuausrichtung der Sozialpolitik. Ab dem nächsten Kindergartenjahr sollen jährlich ca. 5 Mio. Euro zusätzlich in den Ausbau der Kindertagesbetreuung investiert werden. Dieser Betrag soll in sinnvolle Maßnahmen in den einzelnen Stadtteilen fließen. Es ist geplant, die Ressourcenausstattung einzelner Kitas bedarfsgerecht zu verbessern und z. B. zusätzliches Personal einzustellen oder spezielle Förderprogramme abzuhalten. Die bewilligten Gelder sollen nach bestimmten Vergabekriterien an einzelne Einrichtungen verteilt werden und es soll zudem überprüft werden, ob die getätigten Investitionen auch sinnvoll sind. Herr Nürth wird mit der Koordination dieses Prozesses beauftragt.

Die neue Aufgabe bereitet Herrn Nürth großes Kopfzerbrechen. Als städtischer Beamter hat er gelernt, Verwaltungsvorschriften umzusetzen und gesetzliche Rahmenbedingungen zu beachten. Mit der Evaluation erzieherischer Maßnahmen hat er sich nie beschäftigt – kann man die pädagogische Qualität einer Kita überhaupt messen? Und lässt sich belegen, ob Kinder von einem bestimmten Sprachförderprogramm mehr profitieren als von einem anderen? Herr Nürth merkt sehr schnell, dass weder er noch einer seiner Mitarbeiter über das nötige Wissen verfügen, um die geforderte Evaluation der Fördermaßnahmen durchzuführen. Nach reiflicher Überlegung beschließt er daher, sich externe Hilfe zu holen. Nach geraumer Zeit und vielen Verhandlungen wird ein Kooperationsvertrag mit der PÄDAGOGIKA GmbH geschlossen. Das Projekt soll zunächst über 3 Jahre laufen.

Die PÄDAGOGIKA GmbH ist ein Kooperationsinstitut einer renommierten deutschen Universität. Das Institut führt seit mehr als 30 Jahren sowohl anwendungsbezogene Untersuchungen als auch Grundlagenforschung im Bereich der Frühpädagogik durch. Gegenüber Kommunen und Kita-Trägern tritt das Institut als Dienstleister auf, der externe Evaluationen der pädagogischen Qualität, aber auch Fortbildungs- und Zertifizierungsprogramme anbietet.

Seitens der PÄDAGOGIKA GmbH wird Michael Kunze das Projekt anvertraut. Herr Kunze ist Psychologe (M. Sc.) und seit 4 Jahren als wissenschaftlicher Mitarbeiter am Institut tätig. Für ihn bedeutet das Kooperationsprojekt mit Musterstadt die erste Projektleitung. Sein Team besteht noch aus einer weiteren Mitarbeiterin. Diese wurde eigens für das Projekt eingestellt und erhielt dementsprechend nur einen befristeten Arbeitsvertrag.

Bald wird in Musterstadt ein erstes Treffen zwischen dem Team von Herrn Kunze, Vertretern der Stadtverwaltung, wichtigen Trägervertretern und diversen anderen Stakeholdern angesetzt. In diesem Rahmen stellt Herr Kunze das von ihm ausgearbeitete Erhebungsdesign vor: In den Kitas, die zusätzliche finanzielle Mittel erhalten, soll zu insgesamt drei Zeitpunkten die pädagogische Prozessqualität erfasst werden. Für diese Messungen sollen vornehmlich standardisierte Selbstevaluationsbögen eingesetzt werden. Darüber hinaus sollen aber auch geschulte Rater in die Kitas gehen und anhand von strukturierten Beobachtungsinstrumenten wichtige Faktoren der pädagogischen Qualität beurteilen. Außerdem sollen an einer kleinen Stichprobe von Vorschulkindern zu verschiedenen Zeitpunkten Sprachstandmessungen durchgeführt werden. Herr Kunze ist stolz auf sein Design und prophezeit, dass sich aus der Zusammenschau der verschiedenen Erhebungen interessante Erkenntnisse über den Nutzen und die Effektivität der getätigten Fördermaßnahmen ableiten ließen. Diese könnten in Zukunft gut für die Steuerung von Bildungsprozessen genutzt werden und als Grundlage für die Vergabe weiterer finanzieller Mittel dienen.

Die Vorschläge von Herrn Kunze führen bei den anwesenden Personen zu sehr geteilten Reaktionen. Bei der Stadtverwaltung ist man begeistert. Endlich – so hofft man – wird sich der Nutzen von Bildungsinvestitionen quantifizieren lassen. Man wird genau wissen, wofür es sich lohnt, Geld auszugeben, und wofür nicht. Die anwesenden Vertreter der freien Träger sind allerdings skeptisch. Sie fürchten, dass ihre Kitas besonders genau unter die Lupe genommen werden und man in einen sehr großen Rechtfertigungsdruck kommen könnte. Auch die anwesenden Kita-Leitungen und eine Personalratsvertreterin sind nicht überzeugt. Sie fühlen sich durch die angekündigten Erhebungen kontrolliert und fürchten, in ihrer Arbeit behindert zu werden. Die Arbeitsbelastung sei für die Erzieherinnen ohnehin schon viel zu hoch und die kommenden Untersuchungen würden viel Zeit in Anspruch nehmen, welche dann für die pädagogische Arbeit mit den Kindern fehle. Zu guter Letzt teilt eine als Elternvertretung eingeladene Mutter Herrn Kunze noch mit, dass sie die geplanten Sprachstandserhebungen grundsätzlich ablehnt. Sie fürchtet, dass die Kinder durch die Testungen seelischen Schaden nehmen könnten.

Herr Kunze merkt, dass er noch viel Überzeugungsarbeit leisten muss, bevor er mit seiner Studie beginnen kann. Aus Erfahrung weiß er, dass es für den Erfolg eines Projektes entscheidend ist, dass es von allen Beteiligten mitgetragen wird. Deshalb nimmt er sich viel Zeit und geht auf jeden einzelnen Kritikpunkt ein. Durch seine sachliche und zugleich wertschätzende Art gelingt es ihm schließlich, die meisten Befürchtungen auszuräumen und fast alle Anwesenden vom Sinn des Vorhabens zu überzeugen. Dem Beginn der Evaluationsstudie steht nun nichts mehr im Wege.

18.1 Bildungsberatung und -evaluation – was ist das?

Wie bereits beschrieben, ist das Feld der Bildungsberatung und -evaluation eng mit dem Feld der Bildungsforschung verbunden. Beratungsinhalte sind abhängig vom aktuellen Stand der Bildungsforschung, und umgekehrt richtet die – oftmals staatlich finanzierte – Bildungsforschung ihre Inhalte stark am Beratungs- und Erkenntnisbedarf der öffentlichen Bildungsträger aus. Anders ausgedrückt: Kompetente Bildungsberatung setzt vorangegangene Bildungsforschung voraus, und folglich wird vor allem in Bereichen geforscht, in denen es Beratungsbedarf gibt. Somit liegt es nahe, dass in der Bildungsberatung überwiegend Psychologen zum Einsatz kommen, die an einer Universität oder einer anderen Forschungseinrichtung wissenschaftlich tätig sind.

Ein großer Erkenntnisbedarf bestand lange Zeit in Bezug auf Lern- und Erziehungsprozesse in klassischen Bildungsinstitutionen wie z. B. der Schule. Hierbei werden hauptsächlich Lehr- und Unterrichtssituationen untersucht und die Bedingungen betrachtet, unter denen das Lernen in diesen Einrichtungen erfolgt. Im Gegensatz hierzu rücken heutzutage immer mehr Fragen in den Vordergrund, welche sich auf nichtinstitutionalisierte Lernprozesse beziehen; Bildung wird als ein fortwährender Prozess über die gesamte Lebensspanne begriffen. Entsprechend wird auch das familiäre Umfeld zunehmend als Bildungsort betrachtet und Prozesse des selbstgesteuerten Lernens und der Selbstbildung rücken verstärkt in den Fokus.

Unter Bildungsevaluation versteht man Untersuchungen, mit denen die Effektivität und Effizienz von Bildungsmaßnahmen beurteilt werden soll. In der Regel geht es hierbei darum, den Wissens- oder Kompetenzzuwachs bei einer Gruppe von Personen zu messen, um so das Ergebnis einer pädagogischen Maßnahme unmittelbar beurteilen zu können. Es kommt aber ebenfalls vor, dass nicht der Lernfortschritt an sich, sondern Merkmale der Lernumgebung (z. B. die Ausgestaltung des Unterrichtsraums) oder die Qualität des pädagogischen Prozesses, wie das Verhalten einer Erzieherin, untersucht und bewertet werden. Gegenstand von Evaluationsmaßnahmen können Prozesse in einer einzelnen Gruppe, in einer kompletten Einrichtung oder sogar in einem ganzen Land sein. Die Übergänge zwischen Bildungsevaluation und Bildungsforschung sind somit fließend, besonders wenn sich Erkenntnisse in Bezug auf einzelne Maßnahmen verallgemeinern lassen.

Zusammenfassend lässt sich sagen: Bildungsforschung als angewandte Wissenschaft bildet die Grundlage für kompetente Bildungsberatung und bildungspolitische Entscheidungen. Das Ziel von Bildungsberatung ist es letztendlich, die pädagogische Arbeit in Kitas, Schulen, Universitäten, Berufsbildungszentren etc. zu optimieren. Bildungsevaluation kommt im Rahmen der Qualitätsentwicklung in den oben genannten Institutionen eine zentrale Rolle zu. Sie trägt dazu bei, die Nachhaltigkeit von pädagogischen Maßnahmen zu sichern und die größtmögliche Effizienz des Bildungssystems zu gewährleisten.

18.2 Bildungsberatung und -evaluation – ein ganz besonderes Tätigkeitsfeld?

Wie kaum ein anderes Berufsfeld ist der Bildungsbereich von Interdisziplinarität und dem komplexen Zusammenspiel verschiedener Professionen und Institutionen geprägt. Die Arbeit spielt sich in der Regel immer zwischen drei Interessensgruppen ab: Politik, Wissenschaft und Praxis. Jede der drei Interessensgruppen ist von spezifischen Sichtweisen, Standards und teilweise auch von einer eigenen Sprache geprägt. Die Erwartungen und Anforderungen der drei Bereiche können unter Umständen stark voneinander abweichen: So sind beispielsweise für die Politik parlamentarische Beschlüsse und gesetzliche Grundlagen ausschlaggebend, wohingegen für die Wissenschaft der aktuelle Forschungsstand und empirische Fakten relevant sind. Darüber hinaus erwartet die Wissenschaft Publikationen, die fachspezifischen Richtlinien genügen, die Praxis hingegen verlangt nach gut verständlichen Texten, die im Rahmen der Arbeit der Fachkräfte vor Ort direkt genutzt werden können. Politik, Wissenschaft und Praxis stehen also in einem Spannungsverhältnis zueinander, und als Psycholog:in sitzt man oftmals zwischen den Stühlen. Andererseits bietet kaum ein Berufsfeld so gute Möglichkeiten, Brücken zwischen Theorie und Praxis zu schlagen und bedeutsame gesellschaftliche Prozesse aktiv mitzugestalten.

Aufgaben im Rahmen der Tätigkeit

Die Aufgaben können höchst unterschiedlich ausfallen. In Abhängigkeit von Arbeitgeber, Projektziel und individueller Ausrichtung ergeben sich somit diverse Tätigkeits- und Anforderungsprofile. Im Folgenden werden einige Tätigkeitsfelder genannt:

- Pädagogische Grundlagenforschung
- Evaluation und Zertifizierung von pädagogischen Maßnahmen und Einrichtungen
- Beratung von Einrichtungsträgern und politischen Verantwortlichen
- Erstellen von Praxismaterialien und Handreichungen für pädagogische Fachkräfte
- Entwicklung von Bildungsleitlinien und Curricula
- Fort- und Weiterbildung von pädagogischen Fachkräften

Aus den genannten Tätigkeitsfeldern ergibt sich eine Vielzahl von Arbeiten, die alle in den Aufgabenbereich von Psycholog:innen fallen können. Dazu gehören umfangreiche Recherchetätigkeiten, die Planung und Durchführung von Erhebungen vor Ort, die Auswertung und Aufbereitung von Daten sowie das Verfassen von wissenschaftlichen und fachpraktischen praxisorientieren Abhandlungen. Außerdem zählen dazu die

Präsentation von Ergebnissen in Rahmen von politischen Gremien und Kongressen sowie das Abhalten von Fortbildungen und Informationsveranstaltungen für Fachkräfte.

In Abhängigkeit von der personellen Besetzung des jeweiligen Projekts und den administrativen Strukturen, auf die zurückgegriffen werden kann, müssen auch zahlreiche organisatorische Aufgaben übernommen werden. Diese können von der Finanzplanung bis hin zum Einkauf von Verbrauchsmaterialien reichen.

Mobilitätsbereitschaft

Die Reisetätigkeit richtet sich sehr stark nach der genauen Tätigkeit und den zu betreuenden Projekten. Arbeits- und Vernetzungstreffen mit Kooperationspartnern wie Ämtern, Ministerien und Einrichtungsträgern finden in aller Regel an deren Dienstort statt. Je nach Entfernung des Dienstortes können also regelmäßig längere Reisen anfallen. Oftmals arbeitet man mit kleinen und mittelgroßen Städten und Kommunen zusammen, die unter Umständen in strukturschwachen Regionen liegen und mit dem Flugzeug gar nicht und mit der Bahn nicht direkt zu erreichen sind. Das bedeutet folglich, dass sehr lange Reisezeiten anfallen können. Arbeitet man in größeren, möglicherweise länderübergreifenden Projekten mit mehreren Projektbeteiligten und Institutionen zusammen, kommt es manchmal zu Vernetzungstreffen, für die ebenfalls mehrtägige Dienstreisen anfallen können.

Arbeitszeit

An den meisten Tagen wird man seine Arbeit zu den normalen Bürozeiten verrichten. Gleitzeitregelungen sind in den meisten Instituten üblich, sodass eine flexible Einteilung der Arbeitszeit möglich ist. Sitzungen und Arbeitstreffen mit Kooperationspartnern finden in der Regel während der Bürozeiten statt. Bei Terminen außerhalb des Wohnorts können allerdings längere Reisezeiten entstehen, die teilweise nicht in vollem Umfang angerechnet werden. Bildungsforschung bedeutet fast immer Projektarbeit, d. h., in „heißen" Phasen (z. B. wenn vor Beginn einer Feldphase Erhebungsunterlagen fertiggestellt werden müssen, oder wenn ein Bericht kurz vor der Abgabe steht) können erhebliche Überstunden anfallen. Idealerweise können diese aber in ruhigeren Projektphasen wieder abgebaut werden. Ob und wie Überstunden abgegolten werden, hängt von der Art des Dienstverhältnisses ab. Im öffentlichen Dienst kann fast immer Zeitausgleich genommen werden, bei anderen Arbeitgebern kann es sein, dass unbezahlte Überstunden erwartet werden.

Bezahlung und Aufstiegschancen

Bei Anstellungen im öffentlichen Dienst kommt je nach Arbeitgeber in der Regel der Tarifvertrag für den Öffentlichen Dienst (TVöD) oder der Tarifvertrag für den Öffentlichen Dienst der Länder (TV-L) zur Anwendung (▶ www.oeffentlicher-dienst.info/einstieg). Wenn die genannten Tarifverträge dem Arbeitsverhältnis nicht unmittelbar zugrunde gelegt werden, erfolgt die Bezahlung oftmals in Anlehnung an diese. Die Gehaltssteigerungen im öffentlichen Dienst richten sich nach der Dienstzugehörigkeit und sind in den genannten Tarifverträgen genau geregelt. In einigen Bereichen des öffentlichen Dienstes wurden in den letzten Jahren leistungsorientierte Vergütungssysteme eingeführt, d. h., ein Teil des Gehalts wird in Abhängigkeit von der erbrachten Leistung des Arbeitnehmers ausgezahlt. Die leistungsabhängige Komponente des Gehalts ist im öffentlichen Dienst jedoch deutlich geringer als bei einer Tätigkeit in der freien Wirtschaft und beträgt in der Regel nicht mehr als 1–2 % des Jahresgehalts. Die Eingruppierung für einen Berufsanfänger mit Diplom oder Master erfolgt üblicherweise in die Entgeltgruppe E13. Mit einer niedrigeren Gruppe sollte man sich folglich nicht zufrieden geben. Die Eingruppierung von Bachelorabsolvent:innen erfolgt im öffentlichen Dienst nicht immer einheitlich – entsprechend kann es zwischen einzelnen Organisationen zu Unterschieden bei der Eingruppierung kommen. Diese erfolgt in der Regel zwischen den Entgeltstufen E9 und E12. Hier kann es sich als Berufsanfänger unter Umständen lohnen, auf eine höhere Eingruppierung zu bestehen. Die genaue Höhe des Gehalts richtet sich nach der aktuellen Tarifvereinbarung und dem Tarifgebiet. Sie kann anhand der entsprechen Tabellen genau bestimmt werden.

Als Berufsanfänger wird man in aller Regel noch keine Projektverantwortung tragen. Entsprechend ist – wie bereits erwähnt – eine TVöD/TV-L Eingruppierung in die Stufe E13 realistisch. Für eine Tätigkeit als Projektleitung ist die Stufe E14 vorgesehen. Je nach Arbeitsstelle sind auch höhere Eingruppierungen möglich. Diese sind dann zumeist mit der Übernahme von größerer Personalverantwortung, einer Abteilungsleitung o. Ä. verbunden.

Persönliche Weiterbildung

Wie in fast allen psychologischen Berufsfeldern ist es auch im Bereich der Bildungsberatung und -evaluation wichtig, sich kontinuierlich weiterzubilden und über den aktuellen Forschungsstand informiert zu sein. Die regelmäßige Lektüre von Fachzeitschriften und wissenschaftlichen Journals sollte selbstverständlich sein. Auch Kongresse und Tagungen sollten regelmäßig besucht werden, um Kontakte mit anderen Wissenschaftlern aufzubauen und zu pflegen. Das Bildungssystem ist in administrative und gesellschaftliche Strukturen eingebettet und wird daher von politischen Vorgaben und gesetzlichen Beschlüssen geformt. Diese haben somit einen großen Einfluss auf die Arbeit. Entsprechend sollte man gesellschaftliche und politische Diskurse verfolgen und über bildungspolitische Entscheidungen stets auf dem Laufenden sein.

Über kurz oder lang sollte eine Promotion ins Auge gefasst werden. Der Doktortitel gilt als Nachweis für die Fähigkeit zum selbstständigen wissenschaftlichen Arbeiten und wird von einigen Arbeitgebern als obligatorisch für eine leitende Tätigkeit erachtet. An vielen Instituten wird von einem Berufsanfänger die Bereitschaft zur Promotion ausdrücklich erwartet, und nicht wenige Stellen sind explizit als Qualifikationsstellen ausgeschrieben. Aber auch in Projekten, in denen dies nicht von vornherein vorgesehen ist, bietet sich oftmals die Chance, einen Doktortitel zu erwerben.

Selbstständigkeit

Wenn man als Psycholog:in im Feld der Bildungsberatung und -evaluation tätig ist, wird man zumeist als wissenschaftlicher Mitarbeiter oder Referent an einem Institut, einer Behörde oder einer Hochschule angestellt sein. Staatliche Aufträge und Drittmittel werden in aller Regel nur an renommierte Institutionen vergeben und Kooperationsverträge mit Bildungsträgern kommen in der Regel nicht mit Privatpersonen zustande. Selbstständige sind daher im Bereich der Bildungsberatung eher selten anzutreffen. Das Feld bietet allerdings gute Möglichkeiten für nebenberufliche Tätigkeiten, z. B. als Autor von Expertisen, als Gutachter, Referent oder Fortbilder.

18.3 Die Rolle von Psycholog:innen in der Bildungsforschung

Im öffentlichen Bildungswesen und im Bereich der Bildungsforschung ist eine Vielzahl von Qualifikationen und Ausbildungshintergründen vertreten. In Anbetracht der Tatsache, dass es eine fast unüberschaubare Anzahl von Studiengängen und Berufen gibt, die sich im weitesten Sinne mit Lern- und Erziehungsprozessen beschäftigen, ist dies auch nicht verwunderlich. So trifft man u. a. auf Pädagog:innen, Erziehungswissenschaftler:innen, Soziolog:innen, Sozialpädagog:innen, Sozialarbeiter:innen, Kindheitspädagog:innen, Sprachwissenschaftler:innen und Lehrer:innen. Da die Tätigkeit eng in administrative und politische Strukturen eingebunden ist, wird man oftmals auch mit Jurist:innen und Verwaltungsbeamt:innen zusammenarbeiten. Jede dieser Berufsgruppen ist durch spezifische Profile und Basiskompetenzen, aber auch durch einen berufsgruppenspezifischen Habitus, eine eigene Sprache und einen eigenen Blickwinkel gekennzeichnet.

Die Rolle, die Psycholog:innen in diesem Konglomerat aus unterschiedlichen Professionen häufig zufällt, ist die des Empirikers und Methodenexperten. In der Tat sind die diagnostischen und testtheoretischen Kenntnisse das wesentliche Alleinstellungsmerkmal des Psychologen. In keinem anderen Studium lernt man, wie Entwicklungstests konstruiert werden oder wie die sozialen Kompetenzen von Menschen gemessen und mit statistischen Mitteln verglichen werden können. Gute Methoden- und Statistikkenntnisse werden von einem Psychologen in der Bildungsforschung erwartet und sind somit unerlässlich. Die Psychologie ist im Gegensatz zu vielen der oben genannten Disziplinen eine empirische und evidenzbasierte Wissenschaft. Gute Psycholog:innen zeichnen somit auch sein strukturiertes, systematisches Vorgehen und seine fundierten theoretischen Kenntnisse aus.

Ein weiteres Alleinstellungsmerkmal von Psycholog:innen kann klinisches Wissen sein. Insbesondere in Bezug auf Lern- und Entwicklungsstörungen, Reifeverzögerungen etc. sind diese Kenntnisse unter Umständen sehr hilfreich.

18.4 Anforderungen an eine Tätigkeit als Psycholog:in in der Bildungsberatung und -evaluation

Im Folgenden sollen wichtige Punkte angesprochen werden, die für angehende Psycholog:innen relevant sein können, die eine forschende oder beratende Funktion im Bildungssystem anstreben.

Die deutsche Bildungslandschaft ist extrem heterogen und von Multiprofessionalität geprägt. Entsprechend unterschiedlich können Karrierepfade in diesem Berufsfeld verlaufen und entsprechend schwer ist es, allgemeingültige Hinweise für eine Schwerpunktsetzung oder individuelle Studienausrichtung zu geben.

Eine Perspektive aus der Praxis

Dr. Monika Wertfein, Staatsinstitut für Frühpädagogik, Wissenschaftliche Referentin, Klinische Psychologie, Familienpsychologie

Wieso haben Sie sich für eine Tätigkeit in diesem Berufsfeld entschieden?

Das Feld ist extrem abwechslungsreich: Es verbindet die Bereiche Forschung, Lehre und Beratung. Insbesondere gefällt mir das teamorientierte Arbeiten, die eigenverantwortliche Durchführung und Leitung von Forschungsprojekten. Besonders schätze ich auch die guten Fortbildungsmöglichkeiten und den Austausch mit anderen Wissenschaftler:innen. Auch die Kooperation mit anderen Instituten ist ein spannender Bestandteil meiner Arbeit.

Was glauben Sie, können Psycholog:innen in diesem Berufsfeld bewegen?

Viel! Durch gute, qualitativ hochwertige Forschung und Publikationen sowie durch die Verzahnung von Forschung und Praxis. Ergebnisse aus der Forschung können unmittelbar weitergegeben werden und tragen somit direkt zur Weiterentwicklung im Feld bei. Durch Politikberatung besteht – zumindest indirekt – die Möglichkeit, politischen und gesellschaftlichen Einfluss zu nehmen. Außerdem besteht in meinem Beruf die Möglichkeit, Studierende und Nachwuchswissenschaftler:innen aktiv zu fördern.

Man kann Modell sein für einen wertschätzenden, ressourcenorientierten Umgang mit Kolleg:innen, Auftraggebenden und Personen in der Praxis sowie für eine systemisch orientierte Denk- und Arbeitsweise.

Was hat Sie an Ihrer Tätigkeit am meisten überrascht?

Dass sich alle Stationen und Umwege in meinem bisherigen beruflichen Werdegang durch diese Tätigkeit als sinnvoll erwiesen haben.

Außerdem bin ich überrascht, wie erfüllend meine Tätigkeit auch nach 6 Jahren noch sein kann – es gibt immer Neues zu entdecken und zu lernen.

Ist es überhaupt möglich, diesen Beruf mit einem normalen Familienleben zu vereinen?

Ja, ich denke schon, auch wenn bestehende zeitliche Spielräume und eine hohe Autonomie bei der Arbeitsaufteilung immer auch mit dem Risiko verbunden sind, dass die berufliche Tätigkeit viel Raum einnimmt und die Familienzeiten beeinträchtigt. Das liegt aber weitgehend in der eigenen persönlichen Verantwortung.

Welchen Tipp haben Sie für Psycholog:innen, die sich überlegen, in diesem Feld zu arbeiten?

Wichtig sind Vorerfahrungen in der Frühpädagogik und fundierte Kenntnisse in Forschungsmethoden.

Vorteilhaft ist ein pädagogischer Erstberuf, z. B. als Erzieherin oder Heilpädagogin.

Empfehlenswert ist ein längeres Forschungspraktikum (mindestens 6 Wochen) oder eine studentische Hilfskrafttätigkeit während des Studiums.

Auch eine Promotion schadet nicht.

Stoßen Sie manchmal auf Vorurteile wegen Ihrer Ausbildung?

Kaum – Vorurteile kenne ich eher aus dem therapeutischen Tätigkeitsbereich von Psychologen.

Schwerpunktsetzung und fachliche Inhalte

Es ist mit Sicherheit von Vorteil, im Studium Schwerpunkte in der pädagogischen Psychologie oder der Entwicklungspsychologie zu setzen. Die Aufgaben und Anforderungen in der Bildungsforschung sind jedoch so vielfältig, dass Psychologen unter Umständen auch mit anderen Studienausrichtungen gute Chancen haben. So können z. B. Kenntnisse in der Arbeits- und Organisationspsychologie hilfreich sein, wenn es um Beratung von Bildungsträgern geht, oder klinisches Wissen, wenn man sich schwerpunktmäßig mit sonderpädagogischen Fragestellungen beschäftigt. Wem sich die Gelegenheit bietet, vertiefte Kenntnisse in Forschungsmethoden zu erlangen, sollte diese auf jeden Fall nutzen. Auch sollten angehende Psycholog:innen sich bereits während des Studiums Wissen über Trägerstrukturen, gesetzliche Grundlagen und bildungspolitische Zusammenhänge aneignen.

Computerkenntnisse

Gute bis sehr gute Kenntnisse in den gängigen Office-Anwendungen sind unumgänglich. Ein Forscher verbringt einen Großteil seiner Arbeitszeit vor dem Computer. Das Verfassen und Gestalten von Schriftstücken und das Erstellen von PowerPoint-Präsentationen sollten folglich keine Schwierigkeiten bereiten. Eine Grundvoraussetzung ist der sichere Umgang mit gängigen Statistikprogrammen wie SPSS. Auch die Literaturrecherche und -beschaffung via onlinebasierte Datenbanken sollten beherrscht werden.

Sprachkenntnisse

In Vergleich zu privatwirtschaftlichen Berufsfeldern sind aktive Fremdsprachenkenntnisse im Bereich der Bildungsberatung weniger zentral. Vertragspartner sind in aller Regel deutschsprachige Kommunen oder Institutionen und die Verhandlungs- und Geschäftssprache ist in der Regel Deutsch. Im Rahmen von länderübergreifenden Projekten und beim Besuch von internationalen Kongressen und Tagungen sind Englischkenntnisse natürlich unumgänglich.

Wie in jedem anderen Wissenschaftsbereich ist auch in der Bildungsforschung ein Großteil der relevanten Literatur in englischer Sprache verfasst. Zumindest das Lesen von englischsprachlichen Texten sollte also keine Schwierigkeiten bereiten.

Praxis, Praxis, Praxis

Wie für jedes andere Berufsfeld empfiehlt es sich auch für den Bereich der Bildungsberatung und -evaluation, bereits während des Studiums möglichst umfassende Praxiserfahrungen zu sammeln. Besonders geeignet sind hierfür sog. Forschungspraktika, wie sie von vielen Lehrstühlen, aber auch von außeruniversitären Institutionen angeboten werden. Im Rahmen dieser Praktika können erste Einblicke in den Bereich der angewandten Bildungsforschung gewonnen werden. Bezahlt werden Forschungspraktika in der Regel nicht. Auch eine Tätigkeit als studentische Hilfskraft ermöglicht es einem, erste Erfahrungen im Bereich der Forschung und

Evaluation zu machen – und nebenher Geld zu verdienen. Auch Praktika im sozialen oder pädagogischen Bereich (z. B. bei einer Erziehungsberatungsstelle oder einer Kita) werden gerne gesehen. Mit Sicherheit hilfreich, aber natürlich nicht notwendig, ist eine bereits abgeschlossene soziale oder erzieherische Ausbildung, z. B. als staatlich anerkannte Erzieherin oder Hebamme. Erfahrungsgemäß haben Personen mit einschlägiger Berufserfahrung bei Kooperationspartnern ein gutes Ansehen und genießen eine hohe Glaubwürdigkeit.

Fazit

Wie kaum ein anderes Berufsfeld bietet der Bereich der Bildungsberatung und -evaluation die Möglichkeit, gesellschaftliche und sozialpolitische Prozesse unmittelbar zu erleben und selbst mitzugestalten. Im Rahmen der Tätigkeit lassen sich die Bildungs- und Entwicklungsbedingungen von Kindern und Jugendlichen beeinflussen und nachhaltig verbessern. Der Beruf bietet die Möglichkeit, Brücken zwischen Wissenschaft, Politik und Praxis zu schlagen und mit Menschen aus den unterschiedlichsten gesellschaftlichen Bereichen zusammenzuarbeiten.

Tätigkeiten in der Fort- und Weiterbildung

Josef A. Fischer

Inhaltsverzeichnis

19.1 Fort- und Weiterbildung – was ist das? – 232

19.2 Fort- und Weiterbildung – ein ganz besonderes Tätigkeitsfeld? – 233
Aufgaben im Rahmen der Tätigkeit – 234
Mögliche Beschäftigungsfelder – 236
Mobilitätsbereitschaft – 236
Arbeitszeit – 236
Besonderheiten des Arbeitsmarktes – 237
Persönliche Weiterbildung – 237

19.3 Die Rolle von Psycholog:innen im Berufsfeld der Fort- und Weiterbildung – 238

19.4 Anforderungen an eine Tätigkeit in der Fort- und Weiterbildung – 238
Schwerpunktsetzung – 239
Fachliche Inhalte – 239
Computerkenntnisse – 241
Praxis, Praxis, Praxis – 241

Literatur – 242

© Der/die Autor(en), exklusiv lizenziert an Springer-Verlag GmbH, DE, ein Teil von Springer Nature 2024
M. Mendius, S. Werther (Hrsg.), *Psychologie in Studium und Beruf*,
https://doi.org/10.1007/978-3-662-68508-2_19

Im Studium der Psychologie beschäftigt man sich ausführlich mit dem Themenkomplex „Lernen und Entwicklung". Eine Tätigkeit in der Fort- und Weiterbildung ist deshalb ein mögliches Berufsfeld für Psycholog:innen, das in diesem Kapitel näher vorgestellt wird. Zunächst soll ein Beispielszenario einen realistischen Einblick in die Tätigkeit gewähren. Im Anschluss wird auf die charakteristischen Merkmale dieses Berufsfelds eingegangen. Zudem wird beschrieben, welchen Beitrag Psycholog:innen in diesem Berufsfeld leisten können, und skizziert, wie man sich während des Studiums auf diese Tätigkeit vorbereiten kann. Das Kapitel wird abgerundet durch ein Expertinneninterview mit einer erfahrenen Psychologin, die über langjährige Erfahrung in vielfältigen Bereichen der Fort- und Weiterbildung verfügt. Während in ▶ Kap. 13 insbesondere das Berufsfeld von freiberuflichen Trainer:innen vorgestellt wird, bezieht sich dieser Beitrag auf die Rolle von Psycholog:innen in der Fort- und Weiterbildung, die für eine Organisation (beispielsweise Unternehmen oder Institution) tätig sind.

Die Fort- und Weiterbildung verfolgt das Ziel, Erwerbstätige bei der Entwicklung von berufsrelevanten Kompetenzen zu unterstützen, um sie damit zum Ausüben ihrer Arbeitstätigkeit zu befähigen. Diese Aufgabe umfasst eine Vielzahl unterschiedlicher Tätigkeiten: Nach Ermittlung des Qualifizierungsbedarfs werden Bildungsveranstaltungen ausgearbeitet, durchgeführt und anschließend evaluiert. Eine wichtige Herausforderung besteht darin, die Weiterbildungsangebote auf den Berufsalltag der jeweiligen Zielgruppe abzustimmen und anzupassen.

Ein Szenario

Chemistry Solutions ist ein großes internationales Chemieunternehmen, das in den letzten Jahren rasant gewachsen ist.

Um im internationalen Wettbewerb auch in Zukunft bestehen zu können, wurden in den letzten Jahren zahlreiche Transformationsprozesse angestoßen: Arbeitsabläufe in der Logistik wurden standardisiert und digitalisiert. In der Folge wurden IT-Systeme, die über Jahre im Einsatz waren, durch neue Systeme ersetzt. Um die Nachhaltigkeit im Unternehmen zu stärken, wurde auf umweltschonendere Produktionsverfahren umgestellt und es wurden neue Materialstoffe eingeführt.

Von diesen technologischen Veränderungen ist auch die Belegschaft betroffen: Die Mitarbeiter:innen müssen lernen, die neuartigen Logistiksysteme akkurat zu konfigurieren. Auch der Einsatz neuartiger Materialstoffe sowie die rasante Weiterentwicklung der Produktionsprozesse erfordern den Erwerb neuer Kompetenzen. Daneben gehen die neuartigen Produktionsverfahren mit der Notwendigkeit von Wissenserwerb einher.

Umfassende Qualifizierungsprogramme sollen die betroffenen Mitarbeiter:innen bei der Transformation unterstützen. Zudem bemängelt die Geschäftsführung eine unzureichende Zusammenarbeit über unterschiedliche Standorte hinweg: Es kommt immer wieder zu Kommunikationsproblemen und Missverständnissen, die zu kostspieligen Qualitätsmängeln und Verzögerungen bei den Auslieferungen führen.

Frau Meier arbeitet als Psychologin im Personalbereich der Chemistry Solutions. Als Expertin im Bereich „Qualifizierung und Bildung" wird sie damit beauftragt, einen Lösungsvorschlag für den Qualifizierungsbedarf zu entwickeln. Sie ist dazu angehalten, ein möglichst nachhaltiges und effektives Weiterbildungskonzept zu erstellen. Zudem soll sie prüfen, inwiefern die Qualität der übergreifenden Zusammenarbeit verbessert werden kann.

Im ersten Schritt möchte Frau Meier sich erst einmal selbst ein Bild von der Situation machen und den Qualifizierungsbedarf ermitteln. Zusammen mit Ansprechpartner:innen aus den Fachbereichen Logistik und Produktion identifiziert sie die Themen und Inhalte, bei denen der Qualifizierungsbedarf besonders hoch ist. In der Produktion beschäftigt Chemistry Solutions zahlreiche Quereinsteiger:innen, die über keine explizite Berufsausbildung in diesem Bereich verfügen. Der Fachbereich sieht hier weiteren Nachholbedarf und befürwortet, dass diese Mitarbeiter:innen besonders umfassend geschult werden. Frau Meier will ihnen deshalb Zugang zu Bildungsformaten ermöglichen, die grundlegendes Hintergrundwissen vermitteln und über die eigentliche Schulung der neuen Produktionsprozesse hinausgehen. Zudem erfährt Frau Meier, dass die Mitarbeiter:innen in der Logistik bis jetzt ausschließlich fachliche Schulungen erhalten haben. Aufgrund des Wachstums von Chemistry Solutions und der zunehmenden Internationalisierung durch neue Standorte im Ausland, müssen die Mitarbeiter:innen auch kulturspezifische Besonderheiten in Kommunikation und Zusammenarbeit kennen. Eine entsprechende Qualifizierung erscheint notwendig.

Für ein solch aufwendiges Qualifizierungsprojekt arbeitet Chemistry Solutions mit externen Bildungs- und Trainingsanbieter:innen zusammen. Frau Meier handelt mit dem Controlling zunächst das notwendige Bildungsbudget aus und einigt sich mit den Ansprechpartner:innen aus dem Einkauf auf einen Ausschreibungsprozess: Chemistry Solutions veröffentlicht eine umfassende Ausschreibung, in der der Qualifizierungsbedarf beschrieben wird, um sich dabei von unterschiedlichen externen Anbieter:innen die Angebote und Konzepte zur Umsetzung des Qualifizierungsvorhabens einzuholen.

An der Ausschreibung beteiligt sich auch die Firma e-Ducational Training, die neben klassischen Präsenzseminaren ebenfalls neuartige digitale Lösungen anbietet. Dieser Bildungs- und Trainingsanbieter hat bereits vergleichbare Qualifizierungsprojekte durchgeführt. Zudem beschäftigt dieser Anbieter zahlreiche Psycholog:innen, die sich auf interkulturelle Kommunikation und Zusammenarbeit im Logistikumfeld spezialisiert und bereits mehrere Unternehmen in der Chemieindustrie betreut haben.

Die Konzepte der unterschiedlichen Anbieter:innen unterscheiden sich inhaltlich sehr stark. Frau Meier ist dankbar für ihre fundierte Ausbildung als Psychologin, um die Qualität der Angebote auf Basis ihres Fachwissens fundiert bewerten zu können. Nach Durchsicht und Vergleich der Angebote und Konzepte entschließt sich Frau Meier dazu, mit e-Ducational Training zusammenzuarbeiten. Besonders interessant erscheint ihm dabei der Vorschlag, dass die Schulungen zu den neuen IT-Systemen und Produktionsverfahren durch eine Kombination aus Präsenzveranstaltungen und digitalen Trainings abgedeckt werden sollen. Unterschiedliche digitale Trainingsangebote mit prägnanten Lerneinheiten sollen die Mitarbeiter:innen dabei unterstützen, ihr Lernpensum individuell anzupassen und in den Präsenzveranstaltungen das erworbene Wissen mit anderen Teilnehmer:innen zu diskutieren und in Übungen anzuwenden. Frau Meier verspricht sich zudem von diesem Qualifizierungsansatz, dass durch die digitalen Angebote eine besonders breite Zielgruppe qualifiziert werden kann. Reisekosten und Ausgaben für Seminarhotels können damit zusätzlich eingespart werden. Die Logistikmitarbeiter:innen sollen zudem spezielle Verhaltens- und Kommunikationstrainings bekommen, um damit die internationale Zusammenarbeit zu verbessern. Dabei sollen sowohl Seminarleiter:innen der Chemistry Solutions als auch spezialisierte Trainer:innen von e-Ducational Training eingesetzt werden.

Frau Meier trifft sich deswegen mit Vertreter:innen von e-Ducational Training, um mit ihnen das Qualifizierungsprojekt langfristig zu planen. Zusammen erarbeiten sie ein konkretes Qualifizierungsprogramm für die unterschiedlichen Zielgruppen. Sie verständigen sich darauf, wie die Inhalte auf digitale Formate und Präsenzveranstaltungen verteilt werden sollen.

Die Mitarbeiter:innen der Chemistry Solution werden die Teilnahme an den Weiterbildungsmaßnahmen mit ihren hohen terminlichen Verpflichtungen vereinbaren müssen. Um die Mitarbeiter:innen vom Sinn und Nutzen des Qualifizierungsprogramms zu überzeugen und damit die Akzeptanz zu erhöhen, will Frau Meier rechtzeitig und umfassend über die Hintergründe und den Ablauf informieren. Hierfür ist es besonders wichtig, intensiv mit den Fachbereichen zusammenzuarbeiten und aktiv zu kommunizieren.

Da Frau Meier an die Geschäftsführung über die Effektivität des Qualifizierungsprojekts zu berichten hat, möchte sie Kriterien aufstellen, anhand derer die Bildungsveranstaltungen evaluiert werden können. Zudem will sie ein Konzept vorstellen, wie die Mitarbeiter:innen im Anschluss an die Seminare bei der Anwendung der Inhalte im Berufsalltag unterstützt werden können. Frau Meier ist davon überzeugt, dass ein ganzheitliches Verständnis der Weiterbildung ein wesentlicher Erfolgsfaktor für ein solch umfassendes Qualifizierungsprojekt ist – zumal berufsbegleitendes kontinuierliches Lernen in Zukunft immer mehr an Bedeutung gewinnen wird.

19.1 Fort- und Weiterbildung – was ist das?

Immer häufiger erleben Erwerbstätige eine Situation, die mit der der Mitarbeiter:innen bei der Chemistry Solutions im Exkurs Ein Szenario vergleichbar ist: In den meisten Berufsgruppen reicht das durch die Erstausbildung oder das Studium erworbene Kompetenzniveau nicht aus, um den sich ständig ändernden beruflichen Anforderungen gerecht zu werden (z. B. durch die steigende Halbwertszeit von Wissen, rasante technologische Entwicklungen wie die voranschreitende Digitalisierung). Im Laufe ihrer Erwerbstätigkeit müssen Mitarbeiter:innen deshalb ihr Wissen und ihre Fähigkeiten immer wieder auf den aktuellen Stand bringen und sich neue Kompetenzen aneignen. Zudem können sie eigeninitiativ durch den Erwerb zusätzlicher Qualifikationen eine berufliche Weiterentwicklung anregen. Ein breites Kompetenzprofil wird oftmals mit aussichtsreichen Karriere- und Beschäftigungsperspektiven in Verbindung gebracht. Auch aus der Perspektive der Arbeitgeber rückt die Bildung der Beschäftigten immer mehr in den Fokus. Durch gezielte Qualifizierung können sie ihre Mitarbeiter:innen dazu befähigen, ihre Arbeit erfolgreich zu verrichten. Die berufliche Fort- und Weiterbildung gewinnt deshalb sowohl für Arbeitnehmer:innen als auch Arbeitgeber an Bedeutung und wird zunehmend als strategischer Erfolgsfaktor gesehen. Eine kontinuierliche und hochwertige Qualifizierung
1. erhöht die Aussicht auf beruflichen Erfolg für Erwerbstätige und
2. gewährleistet den Erfolg von Institutionen und Organisationen.

Das Wissen und die Kompetenzen der Erwerbstätigen werden gerne auch als das „intellektuelle Kapital" einer Gesellschaft oder eines Wirtschaftsstandorts gesehen. Dementsprechend wichtig ist hierbei der Beitrag, den das Tätigkeitsfeld der Fort- und Weiterbildung zu leisten vermag.

Dabei wird die Relevanz der Weiterbildung nicht nur aus psychologischer Sicht, sondern auch aus betriebswirtschaftlicher Perspektive geteilt: Gemäß dem Deloitte Human Capital Survey 2023 haben Organisationen, die systematisch in die Weiterentwicklung ihrer Mitarbeiter:innen investieren, eine deutlich höhere Wahrscheinlichkeit, erfolgskritische Leistungsträger:innen langfristig zu binden und eine Reputation als attraktiver Arbeitgeber zu etablieren.

19.2 Fort- und Weiterbildung – ein ganz besonderes Tätigkeitsfeld?

Die hohe gesellschaftliche und wirtschaftliche Relevanz der Fort- und Weiterbildung in Deutschland ist zudem daran erkennbar, dass mit Berufsbildungsgesetz (BBiG) eine offizielle Regelung besteht. Bereits im Jahr 1970 hat der Deutsche Bildungsrat die Fort- und Weiterbildung als „Fortsetzung oder Wiederaufnahme organisierten Lernens nach Abschluss einer unterschiedlich ausgedehnten ersten Bildungsphase" definiert (Deutscher Bildungsrat, 1970, S. 197).

Auf den ersten Blick mag diese Definition überholt und allenfalls vage formuliert erscheinen. Allerdings deckt sie drei Kernmerkmale ab, die für die Tätigkeit in der Fort- und Weiterbildung nach wie vor charakteristisch sind. Mit dem „Abschluss einer unterschiedlich ausgedehnten ersten Bildungsphase" wird deutlich, dass Fort- und Weiterbildung auf den bisher erworbenen Qualifikationen von Erwerbstätigen aufbaut, individuelle Bildungsunterschiede berücksichtigt und sich mit ihren Angeboten an unterschiedliche Zielgruppen richtet. Im beschriebenen fiktiven Szenario passt die Chemistry Solutions die Weiterbildungen an das Vorwissen der Mitarbeiter:innen an, da hier je nach Ausbildungshintergrund und Berufserfahrung ein unterschiedlicher Bedarf besteht. Die „Fortsetzung oder Wiederaufnahme" deutet darauf hin, dass die letzten Bildungsaktivitäten länger zurückliegen. In der Regel wird der Erwerb von Bildung, der nach dem Abschluss der ersten Bildungsphase stattfindet, durch einen bestimmten Anlass ausgelöst. Fort- und Weiterbildung erfüllt deswegen keinen Selbstzweck, sondern ist mit dem Ziel und der Erwartung verbunden, den persönlichen Bildungsbedarf zu erfüllen. Beispielsweise reagiert die Chemistry Solutions auf die durch die neuen Systeme und Produktionsverfahren entstandene Wissenslücke der Mitarbeiter:innen mit einer umfassenden Qualifizierungsmaßnahme. Sie verspricht sich davon, dass die Mitarbeiter:innen einen wesentlichen Beitrag bei der nachhaltigen Transformation des Unternehmens leisten können. Schließlich meint „organisiertes Lernen", dass Fort- und Weiterbildung in einem strukturierten Rahmen stattfindet und die Lernenden beim Wissens- und Kompetenzerwerb nicht auf sich allein gestellt sind. Sie werden durch die Fort- und Weiterbildung vielmehr systematisch begleitet und unterstützt. Zu diesem strukturierten Rahmen zählen u. a. die Auswahl und Aufbereitung von Inhalten und Themen sowie die Art und Weise der Wissensvermittlung. Frau Meier versucht beispielsweise, das Lernen der Mitarbeiter:innen der Chemistry Solutions durch eine Kombination aus digitalen Formaten und Präsenztrainings zu strukturieren.

Um auf Akzeptanz bei den Teilnehmer:innen zu stoßen und eine nachhaltige Wirkung zu erzielen, sollten Weiterbildungsinitiativen stets teilnehmerzentriert gestaltet werden, d. h., sie sollten sich an den Bedürfnissen, Präferenzen und situativen Charakteristiken ihrer Zielgruppe orientierten. Das nachfolgende Zitat aus dem Human Capital Report 2016 von Deloitte bringt diese Notwendigkeit treffend auf den Punkt: „Employees need to be viewed as customers to be satisfied, rather than as students to be pressured into traditional learning classrooms" (Deloitte, 2016, S. 62).

Zusammenfassend kann man also sagen, dass Fort- und Weiterbildung versucht, sich am gegenwärtigen Kompetenzstand ihrer jeweiligen Zielgruppe zu orientieren, das angestrebte Kompetenzniveau zu erkennen und diese Lücke durch entsprechende Bildungsprogramme gezielt zu schließen. Ob das angestrebte Kompetenzniveau durch eine Notwendigkeit (z. B. steigende berufliche Anforderungen) oder persönliche Motive (z. B. fachliches Interesse oder persönliche Weiterentwicklung) festgelegt wird, ist dabei unerheblich.

Aufgaben im Rahmen der Tätigkeit

Ganz allgemein kann man bezüglich des Aufgabenbereichs in der Fort- und Weiterbildung zwei unterschiedliche Ausrichtungen unterscheiden: konzeptionell-inhaltliche (bzw. strategische) und operative Tätigkeiten.

Wie im Szenario geschildert, sollte vor jeder Bildungsmaßnahme der eigentliche Qualifizierungsbedarf ermittelt werden. In enger Zusammenarbeit mit den Vertretern aus den Fachbereichen versucht die Fort- und Weiterbildung herauszufinden, in welchen Kompetenzen die Mitarbeiter:innen trainiert werden sollten. Im Anschluss daran wird ein Plan zur konkreten Umsetzung des Bildungsprogramms ausgearbeitet. Dabei wird u. a. festgelegt, aus wie vielen Bausteinen eine Seminarreihe besteht und wie man die einzelnen Module inhaltlich sinnvoll aufeinander abstimmen kann. Gegebenenfalls greift man bereits an dieser Stelle auf die Expertise externer Trainer:innen zurück. Diese unterstützen bei der Konzeption des Bildungsprogramms. Ob und in welchem Umfang sich eine Institution hier Beratung von außen holt, hängt u. a. davon ab, inwieweit die internen Mitarbeiter:innen in der Fort- und Weiterbildung selber über spezifische Kenntnisse in der Trainingsgestaltung und Umsetzung verfügen. Mit externen Trainer:innen werden beispielsweise der konkrete Ablauf der Bildungsveranstaltungen und die Seminarunterlagen erarbeitet oder aber die gesamte Entwicklung von Bildungsbausteinen extern ausgelagert. Beim Einsatz von E-Learning sollte man sehr früh den externen Anbieter mit einbeziehen, um die technische Umsetzung abzuklären. Auch die Durchführung der Trainings und Bildungsveranstaltungen wird meistens durch externe Trainer:innen und Seminarleiter:innen unterstützt. Häufig ist dies notwendig, da Organisationen in der Regel personell nicht ausreichend besetzt sind, um die Schulungen vollkommen selbstständig durchführen zu können.

Neben der inhaltlichen Vorbereitung einer Bildungsveranstaltung fallen eine Vielzahl an operativen Aufgaben an. Dabei besteht ein hoher Bedarf an Planung, Organisation und Administration. Mit externen Trainer:innen und der Zielgruppe der Bildungsveranstaltungen müssen Termine abgestimmt und ggf. Seminarhotels oder -räume ausgewählt und gebucht werden. Vor allem Verhandlungen bezüglich des Bildungsbudgets mit dem Controlling sowie der Einkauf der Leistungen externer Trainer:innen können sehr viel Zeit in Anspruch nehmen. Unmittelbar vor einer Veranstaltung müssen Druck und Versand der Präsentationsunterlagen für das Seminar koordiniert werden. Oftmals werden die für die Weiterbildung anfallenden Kosten innerhalb der Organisation verrechnet, da sie vom jeweiligen Fachbereich letztlich bezahlt werden müssen – insbesondere im internationalen Kontext müssen hier viele administrative Hürden genommen werden, um keine Probleme mit der Revision oder Wirtschaftsprüfer:innen zu erhalten. Auf den ersten Blick mögen diese Tätigkeiten als basale organisatorische Aufgaben erscheinen.

Tatsächlich nehmen sie (sehr) viel Zeit in Anspruch und können je nach Phase den Großteil des Tagesgeschäfts ausmachen. Eine gute organisatorische Abwicklung ist wichtig für den reibungslosen Ablauf und ein ernst zu nehmender Erfolgsfaktor von Bildungsprogrammen.

Auch nach Abschluss einer Bildungsveranstaltung kommen weitere Aufgaben auf die Fort- und Weiterbildung zu. Zur Qualitätssicherung und kontinuierlichen Verbesserung wird in der Regel jedes Seminar im Anschluss anhand eines Fragebogens evaluiert. Dabei wird üblicherweise nach der Zufriedenheit der Teilnehmer:innen mit dem Seminar und den Trainer:innen gefragt. Zudem sollen die Teilnehmer:innen immer häufiger die Relevanz des Seminars für ihren beruflichen Alltag einschätzen. Da die Investition in Bildung mit Kosten verbunden ist, gewinnt die Frage nach der Nachhaltigkeit von Bildungsveranstaltungen zunehmend an Bedeutung. Aufgabe der Fort- und Weiterbildung ist dabei, Lösungen zu erarbeiten, um den Praxistransfer und damit die konkrete Anwendung des vermittelten Wissens während der Arbeit zu verbessern.

Eine Tätigkeit in der Fort- und Weiterbildung umfasst damit sowohl konzeptionell-inhaltliche als auch operative Aufgaben, denen je nach Phase unterschiedliche Bedeutung zukommt. In ◘ Abb. 19.1 ist dargestellt, wie sich konzeptionelle und operative Aufgaben im Verlauf eines Bildungsprogramms verteilen. Dabei soll angemerkt sein, dass es je nach Bildungsprogramm auch durchaus zu Abweichungen kommen kann.

◘ Abb. 19.1 Aufgabenspektrum bei Tätigkeiten in der Fort- und Weiterbildung

Mögliche Beschäftigungsfelder

Da die Fort- und Weiterbildung ihr Angebot auf unterschiedliche Zielgruppen ausrichten muss, sind entsprechend vielfältige Beschäftigungsmöglichkeiten denkbar.

Ein mögliches Beschäftigungsfeld bietet die freie Wirtschaft. Wie im obigen Szenario beschrieben, investieren immer mehr Wirtschaftsunternehmen in die Kompetenzen ihrer Mitarbeiter:innen, um durch bedarfsgerechte Qualifizierungen ihre Wettbewerbsfähigkeit zu gewährleisten. Aber auch Gewerkschaften sowie Industrie- und Berufsverbände ermöglichen ihren Mitgliedern den Zugang zu berufsbegleitender Bildung und sind damit ein potenzieller Arbeitgeber. Zudem etablieren sich auch immer mehr private Bildungsanbieter. Durch den Besuch ihrer offenen und in der Regel sehr fachspezifischen Seminarreihen können berufsbegleitende Zusatzqualifikationen erworben werden. Beispiele für private Bildungsanbieter aus dem Bereich der Psychologie sind Ausbildungsinstitute für Psychologische Psychotherapeut:innen oder für Coach:innen und Berater:innen.

Je nach Beschäftigungsart können sich die Tätigkeitsschwerpunkte unterscheiden. Bei privaten Bildungseinrichtungen stellen die Weiterbildungsangebote das Hauptgeschäftsfeld dar. Die Mitarbeiter:innen im Bildungsbereich können ihren Arbeitsschwerpunkt tendenziell eher auf die Vorbereitung und Durchführung der Seminare legen. In Institutionen oder Berufsverbänden stellt der Bereich der Fort- und Weiterbildung lediglich einen Teilbereich der unternehmerischen Tätigkeit dar. Die Fort- und Weiterbildung hat hierbei die strategische Aufgabe, Mitarbeiter:innen bei der Ausübung ihrer Tätigkeit und der kontinuierlichen Kompetenzentwicklung zu unterstützen. Ein wesentlicher Erfolgsfaktor dabei ist die Abstimmung und das Zusammenspiel mit anderen Unternehmens- und Geschäftsbereichen. Für Mitarbeiter:innen im Bereich Fort- und Weiterbildung, die für eine Organisation oder einen Verband tätig sind, besteht deswegen die besondere Aufgabe darin, ihre Bildungs- und Qualifizierungsangebote an den Bedarf und die Prozesse der einzelnen Fachbereiche anzupassen. Eine weitere Herausforderung ist es, die eigenen Qualifizierungsangebote an die entsprechenden Zielgruppen zu kommunizieren und für diese zu werben. Eine zusätzliche Besonderheit ergibt sich oftmals für Mitarbeiter:innen in der Fort- und Weiterbildung, die in kleineren Institutionen tätig sind: Häufig betreuen sie auch noch den Bereich Ausbildung und begleiten damit die Entwicklung von Personen, die sich in ihrer ersten Bildungsphase befinden (z. B. Auszubildende).

Mobilitätsbereitschaft

Die Mobilitätsbereitschaft ist von der Art der Stelle abhängig. Ausschlaggebend ist die Entfernung des Veranstaltungsorts der Bildungsmaßnahmen vom eigentlichen Arbeitsplatz. Nicht selten werden die Veranstaltungen in Trainings- und Bildungsakademien durchgeführt, die entfernt vom Hauptsitz einer Organisation gelegen sind. Zudem können der Besuch von Kongressen und Termine mit Vertreter:innen aus den Fachbereichen eine erhöhte Reiseaktivität erfordern.

Arbeitszeit

Die Arbeitszeiten sind an die jeweiligen tariflichen Bestimmungen gebunden. Häufig werden die Termine für die Bildungsveranstaltungen so gelegt, dass sie von Erwerbstätigen neben ihrer Arbeit gut besucht werden können. Das betrifft vor allem die Abendstunden und das Wochenende. Wer sich also für das Berufsfeld der Fort- und Weiterbildung interessiert, sollte wissen, dass man gelegentlich auch zu Terminen außerhalb der Regel arbeiten muss.

Besonderheiten des Arbeitsmarktes

Die Bedeutung der ganzheitlichen Qualifizierung von Erwerbstätigen für den Wirtschaftsstandort Deutschland hat in der öffentlichen Diskussion deutlich an Gewicht gewonnen. Durch verstärkte Investitionen von Staat und Wirtschaft konnten hier viele neue Stellen geschaffen werden. Allerdings ist die Aussicht auf Beschäftigung – analog zu anderen Berufsgruppen – erfahrungsgemäß konjunkturellen Schwankungen unterworfen. Dies gilt für die Anstellungsmöglichkeiten in sämtlichen Tätigkeitsbereichen der Fort- und Weiterbildung. Unternehmen in der freien Wirtschaft werden bei finanziellen Engpässen in der Regel die Besetzung von Stellen im betrieblichen Bildungsbereich prüfen. Gleiches gilt für eine Tätigkeit in einer staatlichen Bildungseinrichtung, da die Beschäftigungspolitik an die Bewilligung von Fördermitteln gebunden ist.

Persönliche Weiterbildung

Auch Beschäftigte in der Fort- und Weiterbildung müssen ihre Kompetenzen auf dem aktuellen Stand halten und sich weiterbilden. Ganz allgemein lassen sich dabei zwei unterschiedliche Ausrichtungen der Fortbildung unterscheiden: inhaltliche und methodische Fortbildungen.

Durch inhaltliche Fortbildungen kann man Themen vertiefen, zu denen man als interne:r Referent:in eigene Seminare anbietet (z. B. Umgang mit Stress, Konfliktlösung am Arbeitsplatz). Empfehlenswert ist es zudem, sich zur Methodik der Seminargestaltung auf dem aktuellen Wissensstand zu halten. Dazu gehören neben Präsentationstechniken und allgemeinen didaktischen Konzepte insbesondere auch die Entwicklung einer produktiven Lern- und Diskussionskultur in Seminargruppen. Hierfür kann man entsprechende Qualifizierungsveranstaltungen besuchen, die sich auch an externe Trainer:innen richten. Je nachdem, wie sehr von Arbeitgeber:innen gewünscht und gefördert, kann man dabei eine vollständige Ausbildung als Trainer:in oder Moderator:in absolvieren. Mittlerweile existieren zudem explizite Angebote für Lerncoach:innen, um interne Mitarbeiter:innen bei ihren Lernprozessen adäquat beraten zu können. Die strategische Ausrichtung der persönlichen Fortbildungen hängt stark davon ab, in welche Richtung man sich entwickeln möchte. Vor allem methodische Weiterbildungen sind hilfreich, wenn man selbst verstärkt als interne:r Referent:in eigene Seminare halten möchte. Außerdem ist ein Verständnis für aktuelle Trends, Inhalte und für allgemeine Qualitätsstandards im Bereich Erwachsenenbildung wichtig, um damit geeignete externe Trainer:innen auswählen zu können. Leider gibt es auf dem Weiterbildungsmarkt zahlreiche (unseriöse) Anbieter:innen, die mehr auf Marketing als auf fundierte Inhalte setzen. Deshalb ist fundiertes psychologisches Fachwissen entscheidend, um die Qualität von externen Trainer:innen adäquat bewerten zu können.

Eine beliebte Form der Weiterbildung ist der Besuch von Fachmessen und Kongressen. Bildungsträger informieren dabei über ihre Angebote. Oftmals hat man dabei die Gelegenheit, neue didaktische Konzepte kennenzulernen und selbst auszuprobieren. Schließlich profitiert man vom Erfahrungsaustausch mit Vertreter:innen aus anderen Institutionen über bewährte Bildungsansätze.

19.3 Die Rolle von Psycholog:innen im Berufsfeld der Fort- und Weiterbildung

Die Beschäftigung im Bereich der Fort- und Weiterbildung ist nicht auf einzelne Studienrichtungen beschränkt. Da die meisten Erwerbstätigen mit dem Thema Weiterbildung in Berührung kommen, findet man hier Vertreter:innen aus unterschiedlichen Fachdisziplinen.

An Psycholog:innen wird besonders geschätzt, dass sie über umfassende Kenntnisse zum Themenkomplex „Lernen und Entwicklung" verfügen. Bereits durch die Grundlagenfächer der Psychologie (z. B. Biologische Psychologie, Entwicklungspsychologie und Allgemeine Psychologie) setzen sich Studierende der Psychologie intensiv mit menschlichen Lernprozessen auseinander. Somit begegnen Psycholog:innen dem Thema „Lernen und Entwicklung" mit einem ganzheitlichen Blick. Sie wissen, nach welchen grundlegenden Mechanismen menschliches Lernen erfolgt. Diese Fähigkeiten sind u. a. förderlich, um die Inhalte eines Seminars zielgruppengerecht zu vermitteln. Darüber hinaus können Psycholog:innen Empfehlungen aussprechen, welche Kontextfaktoren eine kontinuierliche Entwicklung begünstigen und welche Bedeutung das Thema Lernen für den Menschen hat. Diese Kompetenzen sind hilfreich, um die Teilnehmer:innen der Bildungsveranstaltungen zu unterstützen, das im Seminar vermittelte Wissen auch im Praxisalltag anzuwenden. Damit kann ein wichtiger Beitrag zur Nachhaltigkeit der Bildungsveranstaltungen geleistet werden.

19.4 Anforderungen an eine Tätigkeit in der Fort- und Weiterbildung

Im Folgenden soll dargelegt werden, wie man bereits während des Studiums durch das Setzen von Schwerpunkten gezielt sein individuelles Kompetenzprofil schärfen kann. Allerdings dürfen diese Ausführungen nicht als Patentrezept oder verbindliche Empfehlungen verstanden werden. Aufgrund der mannigfaltigen Beschäftigungsmöglichkeiten in diesem Bereich sind hier durchaus unterschiedliche Karrierewege möglich.

Eine Perspektive aus der Wissenschaft

Prof. Dr. Heinz Mandl ist emeritierter Professor für empirische Pädagogik und Pädagogische Psychologie und Experte auf dem Gebiet der Erwachsenenbildung. Im Folgenden erläutert er, welche Rolle Psycholog:innen für die Fort- und Weiterbildung spielen:

Vor dem Hintergrund der technischen, wirtschaftlichen und sozialen Entwicklung und damit verbundenen Veränderungen in der Lebens- und Arbeitswelt gewinnt Weiterbildung in unserer Gesellschaft zunehmend an Bedeutung. Um einen guten Berufseinstieg im Bereich Weiterbildung zu erhalten, sollten Studierende der Psychologie spezifische Angebote von Bachelor- und Masterstudiengängen nutzen.

Beispielsweise werden im Bereich der Wirtschafts- und Organisationspsychologie oder der pädagogischen Psychologie Bachelorstudiengänge angeboten, die durch ihre anwendungsorientierte Ausrichtung weiterbildungsrelevante Themenfelder abdecken. Oftmals können Studierende dabei Basiskompetenzen wie etwa Kommunikationsfähigkeit und psychologische Gesprächsführung erwerben. Hervorzuheben ist die Möglichkeit eines Praktikums, das auch in Weiterbildungsinstitutionen geleistet werden kann.

Auch bei den Masterstudiengängen gibt es die Möglichkeit für weiterbildungsaffine Studienangebote. Neben theoretischen Grundlagen können bei zahlreichen Masterstudiengängen im Bereich Wirtschafts-, Organisations- und Sozialpsychologie auch praktische Kompetenzen u. a. im Bereich Intervention, Evaluation, Präsentations- und Moderationstechniken erworben werden. Auch Masterstudiengänge im Bereich der pädagogischen Psychologie bieten weiterbildungsrelevante Inhalte zu Lernen, Instruktion und Training an. Darüber hinaus kommt Schlüsselqualifikationen wie Informations- und Medienkompetenz, Vermittlungskompetenz sowie Team- und Kommunikationsfähigkeit besondere Bedeutung zu.

Zu empfehlen ist auch, bereits während des Studiums mit Weiterbildungsinstitutionen Kontakt aufzunehmen und dort praktische Erfahrungen zu sammeln.

Schwerpunktsetzung

Im Rahmen dieses Buches ist das Berufsfeld der Fort- und Weiterbildung der pädagogischen Psychologie zugeordnet, doch es gibt selbstverständlich zahlreiche Parallelen zum ▶ Kap. 13. Die Zuordnung zur pädagogischen Psychologie erscheint sinnvoll, da sich pädagogische Psycholog:innen im Allgemeinen mit der Entwicklung von Menschen in unterschiedlichen Kontexten beschäftigen. Studierende der Psychologie, die sich für eine Beschäftigung in der Fort- und Weiterbildung interessieren, können deswegen Inhalte der pädagogischen Psychologie in Erwägung ziehen. Allerdings sollte vor der Wahl von Masterstudiengängen oder anderweitigen Vertiefungen geprüft werden, ob ausreichend Veranstaltungen belegt werden können, die sich mit der Bildung im Erwachsenenalter beschäftigen. Auch viele Studiengänge mit wirtschaftspsychologischer Vertiefung decken diesen Themenbereich ab. Fort- und Weiterbildung ist eine allgemeine Berufsform, denn Bildungsveranstaltungen werden fach- und disziplinenübergreifend angeboten. Es ist deshalb durchaus denkbar, mit der Wahl eines anderen Studienschwerpunktes seinen Weg in die Fort- und Weiterbildung zu finden. Letztlich ist es immer ausschlaggebend, dass die individuellen Erfahrungen und Kompetenzen von Bewerber:innen zu den spezifischen Anforderungen einer Stelle passen.

Fachliche Inhalte

Es ist sicher zu empfehlen, Veranstaltungen zu besuchen, die sich mit den Themen der Erwachsenenbildung beschäftigen (z. B. „Wissensvermittlung bei Erwachsenen" und „Bildungs- und Entwicklungsmotivation"). Man sollte die Möglichkeit ergreifen, sich anwendungsorientiertes Fachwissen in Statistik und Datenanalyse anzueignen. Methodische Kompetenzen sind oftmals ein Alleinstellungsmerkmal von Psycholog:innen und beispielsweise bei der Evaluation und der Bewertung der Nachhaltigkeit von Bildungsveranstaltungen hilfreich. Ferner ist es zu empfehlen, sich frühzeitig mit digitalen Lernformaten zu beschäftigen. Beispielsweise kann man sich durch den Besuch virtueller Lehrveranstaltungen mit der Teilnehmerperspektive beim E-Learning vertraut machen. Aufgrund der steigenden Relevanz von digitalen Bildungsformaten ist es ratsam, medien- oder technikorientierte Kursangebote zu besuchen (beispielsweise in den Fachbereichen Informatik oder Medienwissenschaften). Im Abschn. „▶ Computerkenntnisse" wird die Relevanz von Computer- und Medienkompetenz vertieft. Zusätzlich kann man durch eine unterstützende Tätigkeit in der akademischen Lehre einen ersten Einblick in die Vorbereitung und Durchführung von Bildungsveranstaltungen erhalten (z. B. als Tutor oder studentische Hilfskraft). Auf die Bedeutung von Erfahrungen in der akademischen Lehre wird im Abschn. „▶ Praxis, Praxis, Praxis" vertiefend eingegangen.

Manche Lehrstühle bieten neben ihrem regulären Lehrangebot auch Zusatzqualifizierungen an, die Studierende auf eine Tätigkeit in der Fort- und Weiterbildung vorbereiten. Dazu zählen u. a. Kompaktausbildungen zum Verhaltenstrainer oder Tutor für virtuelle Seminare. Auch spezifische Weiterbildungen für Studierende zum/zur „systemischen Berater:in/Coach:in" sollten in Erwägung gezogen werden.

Eine Perspektive aus der Praxis

Birgit Lösch, msg systems AG, Abteilungsleitung HR Development, Organisations- und Wirtschaftspsychologie, Familienpsychologie

Wieso haben Sie sich für eine Tätigkeit im Bereich Fort- und Weiterbildung entschieden?

Ich habe Spaß daran, anderen Menschen Inhalte zu vermitteln und Entwicklungsfortschritte zu beobachten. Auch selbst finde ich es spannend, immer wieder Neues zu entdecken und auszuprobieren. Dazu kommt die Überzeugung, dass motivierte und qualifizierte Mitarbeitende ein zentraler Erfolgsfaktor sind. Und so habe ich meinen beruflichen Weg in diese Richtung eingeschlagen. Werkstudententätigkeiten und Praktika sowie Konzeption und Durchführung von Trainings im Laufe des Studiums haben mich weiter bestärkt.

Was glauben Sie, welchen Beitrag können Psycholog:innen in diesem Berufsfeld bewegen?

Durch ein Grundverständnis wie Menschen handeln, lernen und sich verändern, können Psycholog:innen dazu beitragen, vielen relevanten Fragen dieses Berufsfelds nachzugehen: Was motiviert Mitarbeitende sich weiterzuentwickeln? Auf welchem Weg können Wissen, Fähigkeiten und Fertigkeiten erfolgreich vermittelt und angewandt werden? Wie können Kontextfaktoren positiv beeinflusst werden? Es gilt wirksame Instrumente und Konzepte zu entwickeln. Durch die digitalen Medien verändern sich Wissensmanagement und die Formen des Lernens derzeit stark. Hier gilt es Wege zu finden, durch Digitalisierung einen tatsächlichen Mehrwert zu schaffen und nicht nur eine „moderne Außenwirkung". Bei Themen wie Führung, Konfliktmanagement, Veränderungsmanagement etc. können Psycholog:innen inhaltlich fundiert mitgestalten und z. B. die Bewertung von Konzepten unterstützen, die in großer Vielfalt durch Berater und Trainer am Markt vertreten werden. Mit einer fundierten Ausbildung im Bereich Fragetechniken und Gesprächsführung können sie zudem in der Beratung von Führungskräften und Mitarbeitenden einen wertvollen Beitrag leisten. Denn oft geht es darum, Hintergründe und Interaktionsmuster zu verstehen, Zusammenhänge und Motive zu erkennen und daraus Handlungsempfehlungen abzuleiten.

Was hat Sie an Ihrer Tätigkeit am meisten überrascht?

Wie weit entfernt Theorie bzw. wissenschaftliche Erkenntnisse und Praxis liegen. Die zeitliche Verzögerung mit der wissenschaftliche Erkenntnisse in der Praxis ankommen ist zum Teil erstaunlich. Der (fundierten) Wissenschaft scheint es leider auch nur eingeschränkt zu gelingen, praxistaugliche Erkenntnisse zu gewinnen bzw. sie für die Praxis nutzbar aufzubereiten.

Wie steht es um die Vereinbarkeit von Beruf und Familie?

Insgesamt sehr gut. Eine gewisse Arbeitszeitflexibilität ist häufig gegeben, Termine außerhalb der regulären Arbeitszeit sind meist gut im Voraus planbar. Sicherlich spielen jedoch das Unternehmen und die konkrete Stelle eine entscheidende Rolle (Teamgröße, Reisetätigkeiten, typische Zeiten für Weiterbildungsmaßnahmen …).

Stoßen Sie manchmal auf Vorurteile wegen Ihrer Ausbildung?

Gelegentlich ja, oft aber mit einem (halben) Augenzwinkern beim Gegenüber. Und sobald man zeigt, dass man doch auch einfach ein Mensch ist, lassen sich Vorbehalte meist leicht zerstreuen. Deutlich häufiger trifft man auf großes Interesse an der Psychologie.

Computerkenntnisse

Eine ausgeprägte IT-Affinität ist für eine Tätigkeit in der Fort- und Weiterbildung durchaus förderlich. Der sichere Umgang mit gängigen Microsoft-Office-Produkten ist – wie auch in anderen Tätigkeitsfeldern – eine Grundvoraussetzung. Immer mehr Unternehmen setzen sog. Lernplattformen ein, um sowohl die Planung/Organisation der Weiterbildung zu koordinieren als auch die Durchführung von virtuellen Bildungsformaten zu ermöglichen. Insbesondere bei der Implementierung und initialen Konfiguration von Lernplattformen ist Offenheit gegenüber IT vorteilhaft. Da moderne Lernplattformen die Möglichkeit bieten, eine Vielzahl an Daten von Mitarbeiter:innen zu sammeln, sind Kenntnisse zur Verarbeitung, Auswertung und Visualisierung von Daten hilfreich (z. B. Excel, SPSS, R). Dadurch können das Bildungsverhalten der Mitarbeitenden besser verstanden und entsprechende datenbasierte Maßnahmen abgeleitet werden. Verstärkt durch die Corona-Pandemie sowie die digitale Transformation werden immer häufiger technologiegestützte Weiterbildungsformate eingesetzt. Neben klassischen E-Learnings werden zunehmend auch neuartige Ansätze angewendet (z. B. Virtual, Mixed und Augmented Reality). Mitarbeiter:innen in der Fort- und Weiterbildung brauchen in der Regel keine spezifischen Programmierkenntnisse – sie sollten sich aber darauf einstellen, dass sie eng mit unterschiedlichen Spezialist:innen aus technischen Disziplinen zusammenarbeiten werden und hier eine gewisse Einarbeitung in technische Gebiete notwendig ist: zum einen, um in der interdisziplinären Zusammenarbeit eine gemeinsame Sprache zu sprechen, und zum anderen, damit Mitarbeiter:innen in der Fort- und Weiterbildung bestimmte technische Anpassungen mit der Zeit selbst vornehmen können. Vor diesem Hintergrund sollten Interessent:innen für das Berufsfeld Fort- und Weiterbildung eine erhöhte Bereitschaft zeigen, sich mit neuartigen technischen Innovationen auseinanderzusetzen und sich bei Bedarf auch vertieft in Lernplattformen einzuarbeiten.

Praxis, Praxis, Praxis

Durch studienbegleitende Praktika kann man umfassende Praxiserfahrungen sammeln, um das theoretische Wissen zu erweitern. Für Interessenten an der Fort- und Weiterbildung bieten sich vielfältige Alternativen an. Durch ein Praktikum bei einem Bildungsanbieter oder einem Unternehmen kann man einen guten Einblick in das Tagesgeschäft der Fort- und Weiterbildung gewinnen. Um zusätzlich die Perspektive von externen Referent:innen kennenzulernen, lohnt es sich u. U. auch noch ein Praktikum bei freiberuflichen Trainer:innen zu absolvieren. In beiden Fällen kann man in der Regel bei der Konzeption und der operativen Vorbereitung von Bildungsveranstaltungen mitarbeiten. Ob man selber bei der Durchführung von Trainingseinheiten beteiligt wird (z. B. als Seminarassistent:in), sollte man vor Praktikumsbeginn klären. Hierbei ist es vorteilhaft, wenn man bereits über erste praktische Erfahrung verfügt. Eine Lerngelegenheit bietet hierfür die akademische Lehre. Beispielsweise hat man als Tutor:in die Gelegenheit, Lehrveranstaltungen vorzubereiten oder Seminareinheiten selber zu gestalten. Der universitäre Kontext bietet dabei einen weitestgehend geschützten Rahmen, um sich kritischen Fragen zu stellen und eine Seminargruppe beim Wissenserwerb zu begleiten.

Obige Punkte ermöglichen es, einen realistischen Einblick in dieses Berufsfeld zu erlangen. Man kann für sich persönlich abwägen, ob es den persönlichen Vorstellungen und Erwartungen entspricht. Zudem kann man sich in einem Bewerbungsprozess durch diese studienbegleitenden Erfahrungen empfehlen.

> **Fazit**
>
> Die Arbeit in der Fort- und Weiterbildung ist sehr abwechslungsreich, wie z. B. das Wechselspiel von operativen und inhaltlich-konzeptionellen Aufgaben zeigt. Ein weiterer Punkt ist die zukunftsorientierte Ausrichtung. Man kann Menschen bei ihrer persönlichen Entwicklung unterstützen und sie bei diesem Prozess begleiten. Durch die Weiterbildungsveranstaltungen kommt man mit unterschiedlichen Berufsgruppen in Berührung und erhält einen Einblick in vielfältige Arbeits- und Lebensrealitäten. Zudem kommt man dabei mit unterschiedlichen Themen in Kontakt, die von aktueller Bedeutung sind. Dadurch ist man selber immer gefordert, sich mit neuen Inhalten auseinanderzusetzen und erfährt dadurch einen Anstoß für seine persönliche Weiterentwicklung.

Literatur

Deloitte. (2016). Global human capital trends 2016: The new organization – different by design. *Deloitte Insights*. www2.deloitte.com/content/dam/Deloitte/global/Documents/HumanCapital/gx-dup-global-human-capital-trends-2016.pdf. Zugegriffen am 14.05.2024.

Deloitte. (2023). 2023 Global human capital trends: New fundamentals for a boundaryless world. *Deloitte Insights*. www2.deloitte.com/xe/en/insights/focus/human-capital-trends/2023.html. Zugegriffen am 14.05.2024.

Deutscher Bildungsrat. (1970). *Empfehlungen der Bildungskommission. Strukturplan für das Bildungswesen*. Deutscher Bildungsrat.

Etzel, G. (2010). *Besser mit Weiterbildung!: Trainingsexperten präsentieren erfolgreiche Konzepte*. Books On Demand.

Fischer, J. A., Huettermann, H., & Werther, S. (2022). Angstfreies Lernklima schaffen. *Zeitschrift für Weiterbildung, 2022*(4), 28–31.

Kauffeld, S. (2016). *Nachhaltige Weiterbildung. Betriebliche Seminare und Trainings entwickeln, Erfolge messen, Transfer sichern* (2. Aufl.). Springer.

Kollar, I., & Fischer, F. (2018). Digitale Medien für die Unterstützung von Lehr-/Lernprozessen in der Weiterbildung. In R. Tippelt & A. von Hippel (Hrsg.), *Handbuch Erwachsenenbildung/Weiterbildung* (S. 1553–1568). Springer VS.

Kraft, S. (2011). Berufsfeld Weiterbildung. In R. Tippelt & A. von Hippel (Hrsg.), *Handbuch Erwachsenenbildung/Weiterbildung* (S. 405–426). Springer VS.

Negri, C. (2010). *Angewandte Psychologie für die Personalentwicklung. Konzepte und Methoden für Bildungsmanagement, betriebliche Aus- und Weiterbildung*. Springer.

Anforderungen an Tätigkeiten in der pädagogischen Psychologie

Josef A. Fischer

Inhaltsverzeichnis

20.1 Die Tätigkeitsfelder der pädagogischen Psychologie – eine ganzheitliche Perspektive – 244

20.2 Gemeinsamkeiten in den Tätigkeitsfeldern der pädagogischen Psychologie – 244

20.3 Unterschiede in den Tätigkeitsfeldern der pädagogischen Psychologie – 245

20.4 Unterschiede in der Ausrichtung im Studium – 247

20.5 Interdisziplinäre Ausrichtung als Besonderheit der pädagogischen Psychologie – 248

Literatur – 249

© Der/die Autor(en), exklusiv lizenziert an Springer-Verlag GmbH, DE, ein Teil von Springer Nature 2024
M. Mendius, S. Werther (Hrsg.), *Psychologie in Studium und Beruf*,
https://doi.org/10.1007/978-3-662-68508-2_20

In den vorangehenden Kapiteln wurden die Tätigkeiten von pädagogischen Psycholog:innen vorgestellt, die in staatlichen Bildungseinrichtungen sowie in der Fort- und Weiterbildung arbeiten. Im folgenden Beitrag wird dargestellt, wie diese beiden Tätigkeiten zusammenhängen, welche Gemeinsamkeiten und Unterschiede bestehen. Es wird skizziert, in welcher Form bestimmte Kompetenzen von Psycholog:innen für die jeweiligen Tätigkeitsfelder bedeutsam sind. Hierbei wird besonders auf den unterschiedlichen Einsatz von Methodenkompetenzen in beiden Tätigkeitsfeldern eingegangen. Zudem wird herausgearbeitet, in welchen interdisziplinären Kontext beide Tätigkeiten eingebettet sind. Abschließend wird diskutiert, welche Implikationen die unterschiedlichen Kompetenzprofile beider Tätigkeitsfelder für die Schwerpunktsetzung während des Psychologiestudiums haben können.

20.1 Die Tätigkeitsfelder der pädagogischen Psychologie – eine ganzheitliche Perspektive

Die pädagogische Psychologie hat den ganzheitlichen Anspruch, Menschen bei ihrer Entwicklung über ihre Lebensspanne hinweg zu begleiten und bei der Bewältigung ihrer altersabhängigen Entwicklungsherausforderungen zu unterstützen.

Psycholog:innen aus Fort- und Weiterbildung und Psycholog:innen in staatlichen Bildungseinrichtungen beschäftigen sich dabei mit verschiedenen Zielgruppen, die sich jeweils in unterschiedlichen Stadien ihres Entwicklungsverlaufs befinden. Während sich Psycholog:innen in staatlichen Bildungseinrichtungen vornehmlich mit Personen im Kindes- und Jugendalter beschäftigen, richtet sich das Angebot der Fort- und Weiterbildung in der Regel an Erwachsene. Pädagogische Psycholog:innen in staatlichen Bildungseinrichtungen sind bestrebt, möglichst optimale Bedingungen für den Entwicklungs- und Reifungsprozess von Kindern und Jugendlichen zu schaffen. Die Fort- und Weiterbildung versucht hingegen durch die bedarfsorientierte Vermittlung von berufsrelevanten Kompetenzen Erwerbstätige zur Verrichtung ihrer Arbeit zu befähigen oder diese Befähigung aufrechtzuerhalten. Unter dem Blickwinkel eines ganzheitlichen Ansatzes der pädagogischen Psychologie kann man also feststellen, dass sich die beiden Tätigkeitsfelder gegenseitig ergänzen. Die Rahmenbedingungen der Entwicklung im Kindes- und Jugendalter können durchaus Einfluss auf die Weiterbildungsfähigkeit und das Weiterbildungsverhalten im erwerbsfähigen Alter haben. Legt man den ganzheitlichen Anspruch der pädagogischen Psychologie zugrunde, dann sollten die Anstrengungen der Psycholog:innen in staatlichen Bildungseinrichtungen eine Grundlage schaffen, auf der die Tätigkeit der Fort- und Weiterbildung zu einem späteren Zeitpunkt aufbauen kann.

20.2 Gemeinsamkeiten in den Tätigkeitsfeldern der pädagogischen Psychologie

Bei der Gegenüberstellung der beiden Tätigkeitsfelder lassen sich zwei grundlegende Gemeinsamkeiten festhalten: Bei beiden geht es darum, Wissen altersgerecht zu vermitteln und lernförderliche Rahmenbedingungen zu gestalten. Beispielsweise versuchen pädagogische Psycholog:innen Antworten auf Herausforderungen der Digitalisierung zu erarbeiten: Während Schüler auf die Chancen und Risiken der digitalen Welt vorbereitet werden, gilt es ältere Arbeitnehmer für den erfolgreichen Umgang mit neuen Medien zu befähigen. Des Weiteren beschäftigten sich pädagogische Psycholog:innen mit der Kompetenzfeststellung, um auf Basis des bestehenden

Bildungsniveaus zielgruppenadäquate Qualifizierungen anbieten zu können. Damit sollen Lern- und Entwicklungsverläufe begünstigt werden. Zudem nehmen pädagogische Psycholog:innen in beiden Fällen die Rolle eines Dienstleisters ein. So treten bei beiden Tätigkeitsfeldern unterschiedliche Auftraggeber an pädagogische Psycholog:innen mit dem Anliegen heran, geeignete Lösungen im Bildungsbereich zu erarbeiten. Zu den Auftraggebern von staatlichen Bildungseinrichtungen zählen z. B. Verwaltungen oder Bildungsträger, in der Fort- und Weiterbildung sind es Fachabteilungen von Unternehmen und Organisationen oder Privatkunden. Pädagogische Psycholog:innen müssen sich also in jedem Fall darum bemühen, die Anliegen ihres jeweiligen Auftraggebers zu verstehen, um etwaige Missverständnisse erkennen und klären zu können. Ein gewisses diplomatisches Geschick, sicheres Auftreten und Überzeugungsstärke sind hierbei von Vorteil.

20.3 Unterschiede in den Tätigkeitsfeldern der pädagogischen Psychologie

Unter der ganzheitlichen Perspektive bauen die beiden Tätigkeitsfelder der pädagogischen Psychologie aufeinander auf und ergänzen sich dadurch gegenseitig. Im Umkehrschluss lässt sich daraus ableiten, dass sie sich inhaltlich vergleichsweise geringfügig überschneiden. Je nachdem, ob man mit Personen in einer früheren (Kindes- oder Jugendalter) oder späteren Entwicklungsphase (Erwachsenenalter) arbeitet, bestehen verschiedenartige Anforderungen. Folglich sind unterschiedliche Qualifikationen und Kompetenzen hilfreich. ◘ Tab. 20.1 versucht diese Unterschiede zu veranschaulichen.

Es fällt auf, dass man für beide Tätigkeitsfelder eine Vielzahl an Kompetenzen benötigt, die man im Rahmen des Studiums

◘ **Tab. 20.1** Gegenüberstellung von charakteristischen Tätigkeiten in staatlichen Bildungseinrichtungen und in der Fort- und Weiterbildung

	Staatliche Bildungseinrichtungen	Fort- und Weiterbildung
Mit welcher Zielgruppe arbeitet man?	– Kinder und Jugendliche	– Erwachsene
Welches Ziel wird durch die Tätigkeit verfolgt?	– Verbesserungen der entwicklungsförderlichen Rahmenbedingungen	– Vermittlung von Kompetenzen durch Bildungsveranstaltungen
Welche psychologischen Fachkenntnisse sind gefragt?	– Wissen über erfolgreiche Entwicklungs- und Sozialisationsverläufe – Klinische Störungsbilder	– Wissen über Weiterbildungsmotivation und -verhalten – Didaktische Fähigkeiten
Welche Arbeitgeber sind typisch?	– Bildungseinrichtungen staatlicher Träger	– Überwiegend Institutionen im wirtschaftlichen Kontext (z. B. Unternehmen, private Bildungsakademien)
Bei welchen Themen sollte man sich auf dem neuesten Stand halten?	– Aktuelle Themen der Bildungs- und Sozialpolitik – Gesellschaftliche und demografische Entwicklung	– Branchenkenntnisse (z. B. wirtschaftliche Entwicklung der Branchen) – Qualifizierungsbedarf der Kunden (z. B. Wandel der Bildungsanforderungen von bestimmten Berufsgruppen) – Aktuelle Lernformate und -medien

(Fortsetzung)

◼ **Tab. 20.1** (Fortsetzung)

	Staatliche Bildungseinrichtungen	Fort- und Weiterbildung
Zu welchem Zweck werden Statistik- und Methodenkompetenz benötigt?	– Empirische Forschung – Bearbeitung von Fragestellungen, die für Wissenschaft und Praxis relevant sind	– Nachvollziehbare Analysen – Bearbeitung von organisationsspezifischen Fragestellungen – Evaluation von Bildungsmaßnahmen
Mit welchen anderen Berufsgruppen arbeitet man häufig zusammen?	– Sozialarbeiter:innen/Lehrer:innen (etc.) – Politik und Verwaltung	– Vertreter:innen aus den Fachbereichen – Betriebsrat/Datenschutz
Welche Computerkenntnisse sind wünschenswert?	– Sicherer Umgang mit Office-Anwendungen – Interesse an (neuen) Medien ist von Vorteil	– Sicherer Umgang mit Office-Anwendungen – Fundiertes Interesse an (neuen) Medien
Welche Fremdsprachenkenntnisse sind vorteilhaft?	– Basiskenntnisse in Englisch sind von Vorteil	– Verhandlungssicheres Englisch (vor allem bei der Tätigkeit in internationalen Organisationen)

der Psychologie erwerben kann. Aufgrund der Unterschiede im Tätigkeitsprofil werden diese Kompetenzen jeweils auf unterschiedliche Art und Weise angewendet. Dies soll exemplarisch am Beispiel der Methoden- und Statistikkenntnisse veranschaulicht werden, die auch als Alleinstellungsmerkmal von Psycholog:innen gelten:

- Pädagogische Psycholog:innen in staatlichen Bildungseinrichtungen können ihre Methodenkenntnisse zum Zwecke empirischer Forschung einsetzen. In der Regel werden dabei Fragestellungen bearbeitet, die für eine breite Zielgruppe relevant sind. Ihr Ziel ist es, einen Mehrwert an Wissen zu generieren, der sowohl für Wissenschaft als auch Praxis relevant erscheint (z. B. Psycholog:innen aus anderen Bildungseinrichtungen, Vertreter:innen von Interessensverbänden und Politik). Grundsätzliche wissenschaftliche Spielregeln sollten dabei eingehalten werden. Die Ergebnisse werden durch Aufsätze und Beiträge in unterschiedlichen Zeitschriften kommuniziert. Hierbei ist also auch die Fähigkeit gefragt, als Autor:in ein sprachliches Geschick zu entwickeln, um die Beiträge für Leser:innen ansprechend zu gestalten. Die Resultate der statistischen Analyse und deren Interpretation sollten in eine geeignete Sprache übersetzt werden, die das Verständnis, die Interpretation und die Verarbeitung der Ergebnisse begünstigen. Zusätzlich sollte berücksichtigt werden, dass wissenschaftliche und praxisorientierte Publikationen unterschiedliche Anforderungen an den sprachlichen Ausdruck haben.
- Für pädagogische Psycholog:innen in der Fort- und Weiterbildung sind ebenfalls grundlegende Statistikkenntnisse und eine Affinität zum Umgang mit Zahlen von Vorteil. Allerdings verfolgen sie nicht den Anspruch, empirische Forschung zu betreiben und damit allgemeine wissenschaftliche Erkenntnis zu schaffen. Vielmehr werden spezifische Fragestellungen bearbeitet, die in der Regel nur für die jeweilige Organisation von Relevanz sind. Beispielsweise könnte die Geschäftsführung eines Unternehmens an die Abteilung für Fort- und Weiterbildung mit dem Auftrag heran-

treten, dass die Effektivität der angebotenen Bildungsveranstaltungen überprüft werden soll. Bei der Bearbeitung eines solchen Auftrags ist die Berücksichtigung von wissenschaftlichen Standards selbstverständlich wünschenswert. Jedoch liegt hier der Schwerpunkte auf der Nachvollziehbarkeit der Datenanalyse durch Nichtpsycholog:innen. Methodenkompetenz zeichnet sich in diesem Tätigkeitsfeld durch eine intuitive und weitestgehend selbsterklärende Darstellung des Vorgehens und der Ergebnisse aus. Daher ist es entscheidend, dass Hintergründe und Ergebnisse in einem verständlichen Sprachstil präsentiert und prägnant auf wenigen Folien zusammengefasst werden. Ein Qualitätsmerkmal eines erfolgreichen Einsatzes von statistischen Methoden besteht letztlich darin, dass Entscheidungsträger:innen innerhalb einer Organisation das Resultat einer Datenanalyse möglichst unmittelbar interpretieren und praktisch verarbeiten können.

Neben dem unterschiedlichen Einsatz von psychologischen Fachkompetenzen gibt es weitere Besonderheiten, die die beiden Tätigkeitsfelder voneinander unterscheiden: z. B. sind beide Tätigkeiten in unterschiedliche strukturelle Rahmen eingebettet. Die Tätigkeit in einer staatlichen Bildungseinrichtung ist oftmals mit einer Beamtenlaufbahn verbunden. Im Gegensatz dazu sind die Psycholog:innen in der Fort- und Weiterbildung häufig in Kontexten der freien Wirtschaft tätig, wie z. B. Unternehmen, private Bildungsanbieter oder Institutionen von Wirtschafts- und Berufsverbänden. Zwischen diesen beiden Arbeitskontexten sind durchaus Unterschiede denkbar (z. B. Gehalt, Urlaubsanspruch, sowie Kriterien für Aufstiegs- und Entwicklungsmöglichkeiten).

20.4 Unterschiede in der Ausrichtung im Studium

Wenn man sich für eine Tätigkeit als pädagogische:r Psycholog:in interessiert, dann erscheint es sinnvoll, sich frühzeitig und ausführlich damit auseinanderzusetzen, in welche Richtung man sich entwickeln möchte. Beide Tätigkeitsfelder der pädagogischen Psychologie sind durch jeweils unterschiedliche Anforderungen charakterisiert und erfordern damit auch verschiedene Kompetenzprofile. Deshalb erscheinen auch unterschiedliche berufsvorbereitende Studiengänge sinnvoll.

Für Psycholog:innen in staatlichen Bildungseinrichtungen sind entwicklungspsychologische und auch klinische Fachkenntnisse von Vorteil. Im Gegensatz dazu erfordert eine Tätigkeit in der Fort- und Weiterbildung hauptsächlich Fertigkeiten, die im Bereich der Erwachsenenbildung liegen. Diese Kompetenzen werden beispielsweise durch Studiengänge der pädagogischen Psychologie vermittelt, die durch eine inhaltliche Überschneidung zu Angeboten der Organisations- und Wirtschaftspsychologie gekennzeichnet sind. Entwicklungspsychologische Inhalte spielen hier erfahrungsgemäß eine untergeordnete Rolle.

Selbstverständlich soll nicht ausgeschlossen werden, dass man sich durch eine geeignete Ausrichtung im Studium auf beide Tätigkeitsfelder vorbereiten kann. Letztlich sind es immer individuelle Bildungsverläufe, die Erwerbstätige befähigen, eine bestimmte Tätigkeit erfolgreich auszuüben. Eine Möglichkeit bietet hierfür beispielsweise eine strategische Kombination der Vertiefung im Bachelor- und Masterstudium oder das Absolvieren fachspezifischer Praktika. Allerdings soll darauf hingewiesen werden, dass ein Wechsel zwischen den beiden Tätigkeitsfeldern eingeschränkt möglich ist.

20.5 Interdisziplinäre Ausrichtung als Besonderheit der pädagogischen Psychologie

Als empirische Wissenschaft ist die pädagogische Psychologie das Bindeglied zwischen der Pädagogik und der Psychologie. Auch der Praxisalltag der beiden vorgestellten Tätigkeitsfelder ist dementsprechend durch eine starke interdisziplinäre Ausrichtung geprägt.

Bei der Arbeit in staatlichen Bildungseinrichtungen ist die Zusammenarbeit mit einer besonders großen Bandbreite von Vertretern aus anderen Bereichen nötig. Im Tagesgeschäft treffen pädagogische Psycholog:innen häufig auf Sozialpädagog:innen, Sozialarbeiter:innen und Kindheitspädagog:innen. In Abhängigkeit der konkreten Arbeitsaufgabe kann zudem ein verstärkter Austausch mit Lehrer:innen und Sprachwissenschaftler:innen notwendig sein. Aufgrund der sozial- und bildungspolitischen Natur dieses Tätigkeitsfeldes ist oftmals auch die Zusammenarbeit mit Jurist:innen, Verwaltungsbeamt:innen und Vertreter:innen aus der Politik erforderlich.

Ähnlich verhält es sich bei pädagogischen Psycholog:innen, die in der Fort- und Weiterbildung einer Organisation beschäftig sind. Ob betriebliche Qualifizierungsprogramme den erhofften Mehrwert leisten können, ist oftmals davon abhängig, wie gut die Fort- und Weiterbildung mit den jeweiligen Fachbereichen zusammenarbeitet. Erst im interdisziplinären Austausch kann der Bildungsbedarf ermittelt und eine passende Qualifizierungsstrategie erarbeitet werden.

Auch bei der der Tätigkeit bei privaten Bildungsanbietern ist eine intensive Zusammenarbeit mit anderen Disziplinen denkbar. Beispielsweise müssen Psycholog:innen eng mit Informatiker:innen bei der Entwicklung digitaler Lernformate zusammenarbeiten, sodass lernförderliche Gestaltungselemente bereits während der technischen Umsetzung integriert werden können.

Die Arbeit im interdisziplinären Kontext gleicht oftmals der viel zitierten Medaille mit zwei unterschiedlichen Seiten: Auf der einen Seite mag eine interdisziplinäre Tätigkeit abwechslungsreich und interessant sein. Als Psycholog:in erhält man einen Einblick in andere Disziplinen und kann somit eine fachübergreifende Perspektive entwickeln. Diese Erfahrung kann für die persönliche Entwicklung förderlich und fruchtbar sein. Auf der anderen Seite kann diese Form der Beschäftigung auch als ungewohnt und anstrengend erlebt werden. Vor allem zum Beginn einer Tätigkeit im interdisziplinären Kontext treten häufig Missverständnisse bei der Kommunikation auf. Vertreter:innen unterschiedlicher Disziplinen verfügen in der Regel über unterschiedliche Wissensstände und verfolgen unterschiedliche Arbeits- und Lösungsstrategien. Selbstverständlich sind diese Herausforderungen im Laufe der Zusammenarbeit überwindbar, sie können aber große Anforderungen an die eigene Frustrationstoleranz und Veränderungsbereitschaft stellen.

Wer sich also für eine Tätigkeit in der pädagogischen Psychologie interessiert, sollte sich mit den vielfältigen Vor- und Nachteilen eines interdisziplinären Arbeitsfelds auseinandersetzen.

Fazit

Die hier vorgestellten Praxisfelder der pädagogischen Psychologie beinhalten abwechslungsreiche und reizvolle Aufgaben- und Verantwortungsbereiche. Alle Tätigkeitsbereiche sind bestrebt, optimale Bedingungen für die Entwicklung ihrer jeweiligen Zielgruppen zu schaffen. Sie erlauben, dass man als Psycholog:in gestaltend tätig werden und eigene Schwerpunkte setzen kann. Zudem sind beide durch eine zukunftsorientierte Ausrichtung gekennzeichnet: Die Tätigkeitsfelder der pädagogischen Psychologie versuchen Menschen bei ihrer persönlichen (Weiter-)Entwicklung zu unterstützen und sie zu befähigen, bevorstehende Herausforderungen zu bewältigen.

Literatur

Krapp, A., Prenzel, M., & Weidenmann, B. (2006). Geschichte, Gegenstandsbereich und Aufgaben der Pädagogischen Psychologie. In A. Krapp & B. Weidenmann (Hrsg.), *Pädagogische Psychologie* (5. Aufl., S. 1–32). Beltz.

Schnotz, W. (2011). Einführung: Gegenstand und Aufgaben der Pädagogischen Psychologie. In W. Schnotz (Hrsg.), *Pädagogische Psychologie kompakt* (2. Aufl., S. 13–22). Beltz.

Berufsfelder in der Forschung und Lehre

Die folgenden Kapitel beziehen sich auf Tätigkeiten und Arbeitsbedingungen von Psycholog:innen, die an Universitäten und Hochschulen für angewandte Wissenschaften oder Forschungsinstituten beschäftigt sind und dort vorrangig Aufgaben im Bereich der Forschung und Lehre übernehmen.

Inhaltsverzeichnis

Kapitel 21 Tätigkeiten an Universitäten – 253
Birgit Heppt und Regina Staudenmaier-Milutinović

Kapitel 22 Tätigkeiten an Hochschulen – 267
Mahena Stief und Simon Werther

Kapitel 23 Tätigkeiten an Forschungseinrichtungen – 277
Sophie Herbst

Kapitel 24 Anforderungen an Tätigkeiten als Forscher:innen und Dozent:innen – 293
Birgit Heppt und Regina Staudenmaier-Milutinović

Tätigkeiten an Universitäten

Birgit Heppt und Regina Staudenmaier-Milutinović

Inhaltsverzeichnis

21.1 Arbeiten an Universitäten – was ist das? – 255

21.2 Arbeiten an Universitäten – ein ganz besonderes Tätigkeitsfeld? – 255
Aufgaben im Rahmen der Tätigkeit – 257
Mobilitätsbereitschaft – 259
Arbeitszeit – 259
Einkommen – 259
Karrieremöglichkeiten – 260
Persönliche Weiterbildung – 262

21.3 Die Rolle von Psycholog:innen an Universitäten – 262

21.4 Anforderungen an eine Tätigkeit an Universitäten – 263
Schwerpunktsetzung – 264
Computerkenntnisse – 265
Sprachkenntnisse – 265
Praxis, Praxis, Praxis – 265

Literatur – 265

© Der/die Autor(en), exklusiv lizenziert an Springer-Verlag GmbH, DE, ein Teil von Springer Nature 2024
M. Mendius, S. Werther (Hrsg.), *Psychologie in Studium und Beruf*,
https://doi.org/10.1007/978-3-662-68508-2_21

Das folgende Kapitel bezieht sich auf Tätigkeiten und Arbeitsbedingungen von Psycholog:innen, die an Universitäten beschäftigt sind und dort vorrangig Aufgaben im Bereich der Forschung und Lehre übernehmen. Der Schwerpunkt der Darstellung liegt hierbei auf Wissenschaftler:innen in vergleichsweise frühen Karrierephasen, die häufig als wissenschaftliche Mitarbeiter:innen angestellt sind und sich im Rahmen ihrer Beschäftigung auf weitere Tätigkeiten innerhalb oder außerhalb der Wissenschaft qualifizieren. Ergänzend werden zudem Anforderungen und Tätigkeitsfelder im Rahmen von Professuren und damit in fortgeschrittenen Karrierephasen in den Blick genommen. Anhand eines Beispielszenarios wird zunächst ein typischer Arbeitstag einer wissenschaftlichen Mitarbeiterin dargestellt, die gerade letzte Vorbereitungen für eine Datenerhebung trifft und Unterlagen für eine Seminarsitzung erstellt. Daraufhin werden konkrete Tätigkeiten wie z. B. Datenauswertung und Manuskripterstellung beschrieben und die Anforderungen an Psycholog:innen in diesem Berufsfeld erläutert. Ergänzt wird das Kapitel um ein Expert:inneninterview mit einer Juniorprofessorin.

Ein Szenario

Katharina Merz arbeitet am Lehrstuhl für Pädagogische Psychologie an der Musteruniversität. Dort ist sie verantwortlich für die Planung und Durchführung eines Forschungsprojekts zur Förderung rechenschwacher Kinder im Grundschulalter. Außerdem hält sie ein Seminar mit dem Titel „Lern- und Verhaltensstörungen".

Während der vergangenen Wochen und Monate hat sich Katharina intensiv mit früheren Studien auseinandergesetzt, in denen Programme zur Förderung mathematischer Kompetenzen entwickelt und evaluiert wurden. Darauf aufbauend entwickelte sie in enger Zusammenarbeit mit zwei Kolleginnen, einer Erziehungswissenschaftlerin und einer Mathematikdidaktikerin, einen neuen Förderansatz, der Kinder insbesondere bei der Bearbeitung mathematischer Sachaufgaben unterstützen soll. Um nun die Wirksamkeit des Trainings zu überprüfen, wird – im Anschluss an eine erste kleine Pilotstudie – ein klassisches feldexperimentelles Design mit Versuchs- (Treatment-) und Kontrollgruppe sowie Prä-, Post- und Follow-up-Messung umgesetzt. Die Studienplanung, einschließlich der Hypothesen, der einzubeziehenden Variablen und des inferenzstatistischen Vorgehens, hat Katharina vorab präregistriert. Für die Wirksamkeitsprüfung konnten rund 400 Kinder gewonnen werden, die dem Urteil ihrer Lehrperson zufolge bei der Bearbeitung von Textaufgaben besonders geringe Leistungen erzielen. Bevor die Versuchsgruppe in wenigen Wochen die erste Fördereinheit erhält, sollen nun im Rahmen des Prätests die mathematischen Kompetenzen aller teilnehmenden Schüler:innen sowie eine Reihe von Kontrollvariablen (z. B. kognitive Grundfähigkeiten, Arbeitsgedächtniskapazität) erfasst werden. Als wir Katharina treffen, sind es nur noch wenige Tage bis zum Beginn der Datenerhebungen und dementsprechend laufen die letzten Vorbereitungen auf Hochtouren. Kaum hat Katharina morgens ihr Büro betreten, ruft sie sofort in den beiden Schulen an, in denen die ersten Testungen stattfinden sollen, um die genauen Termine und Uhrzeiten abzusprechen. Im Anschluss daran gibt sie – nach einer letzten eingehenden Kontrolle – die 400 Testhefte in den Druck und beantwortet einige E-Mails von Testleiter:innen, bei denen sich noch ein paar Fragen hinsichtlich des genauen Testablaufs ergeben haben: Gibt es bei der Bearbeitung des Mathetests eine Zeitbegrenzung oder nicht? Darf ich die Instruktion zweimal vorlesen, falls mich ein Kind darum bittet? Was mache ich, wenn von einem Kind keine elterliche Einverständniserklärung vorliegt? Nachdem Katharina auf all diese Anfragen reagiert hat, hat sie ein bisschen Zeit, auf Grundlage der Daten der Pilotstudie erste Varianz- und Kovarianzanalysen mit dem Statistikprogramm R zu berechnen, die sie für ihren Vortrag auf dem DGPs-Kongress (Kongress der Deutschen Gesellschaft für Psychologie) benötigt. Da der Kongress bereits in wenigen Wochen stattfindet, wird Katharina nächste Woche im Rahmen des institutsinternen Forschungskolloquiums einen ersten Probevortrag halten, für den sie in den nächsten Tagen noch die entsprechenden PowerPoint-Folien erstellen wird. Heute wird sie nicht mehr dazu kommen, da sie dringend noch letzte Vorbereitungen für ihre morgige Seminarsitzung treffen muss. Einige einführende Folien in das Thema „Legasthenie" hat sie bereits fertiggestellt, jedoch wollte sie darüber hinaus noch Materialien für ein Gruppenpuzzle vorbereiten, bei dem sich die Studierenden in Kleingruppen selbst Wissen aneignen und einander vermitteln. Sie teilt das Themenfeld daher in drei Bereiche (Symptome der LRS nach ICD-10 und Prävalenz, Diskrepanzdefinition von Lernstörungen, Tests zur Diagnose von LRS) ein und macht sich gemeinsam mit ihrer studentischen Mitarbeiterin daran, in Literaturdatenbanken und im OPAC (Online Public Access Catalogue) der Universitätsbibliothek nach passender Literatur zu recherchieren.

21.1 Arbeiten an Universitäten – was ist das?

Wissenschaftlich tätigen Psycholog:innen stehen an Universitäten eine Reihe unterschiedlicher Stellen offen (◘ Abb. 21.1), wobei der Großteil der Stellen auf befristet beschäftigte wissenschaftliche Mitarbeiter:innen in Qualifikationsphasen sowie auf Professuren entfällt. Unabhängig von der jeweiligen Qualifikationsstufe zählen in der Regel sowohl die Forschung als auch die Lehre zu den Kernaufgaben des wissenschaftlich tätigen Personals. Die konkreten Aufgaben und Anforderungen können je nach Qualifikationsstufe und Stellenprofil, aber auch in Abhängigkeit von individuellen Schwerpunktsetzungen und Zielen zum Teil erheblich variieren.

21.2 Arbeiten an Universitäten – ein ganz besonderes Tätigkeitsfeld?

Nach § 53 des Hochschulrahmengesetzes in der Fassung vom 12. April 2007 werden wissenschaftliche Mitarbeiter:innen und ihr Tätigkeitsfeld folgendermaßen definiert:

„(1) Wissenschaftliche Mitarbeiterinnen und Mitarbeiter sind die Beamtinnen, Beamten und Angestellten, denen wissenschaftliche Dienstleistungen obliegen. […] In begründeten Fällen kann wissenschaftlichen Mitarbeiterinnen und Mitarbeitern auch die selbständige Wahrnehmung von Aufgaben in Forschung und Lehre übertragen werden." Dementsprechend können sich die Tätigkeiten von Psycholog:innen an Universitäten zum Teil stark voneinander unterscheiden, je nachdem, in welchem Fachbereich sie tätig sind.

So gilt das Untersuchungsinteresse in Abhängigkeit vom jeweiligen psychologischen Fachgebiet unterschiedlichen Personengruppen. Ebenso können sich Erhebungs- und Auswertungsmethoden und die zur Datenanalyse eingesetzten Computerprogramme zwischen den einzelnen Disziplinen deutlich voneinander unterscheiden. Beispielsweise stehen in der Pädagogischen Psychologie bzw. der Empirischen Bildungsforschung häufig Schüler:innen und Lehrkräfte im Fokus der

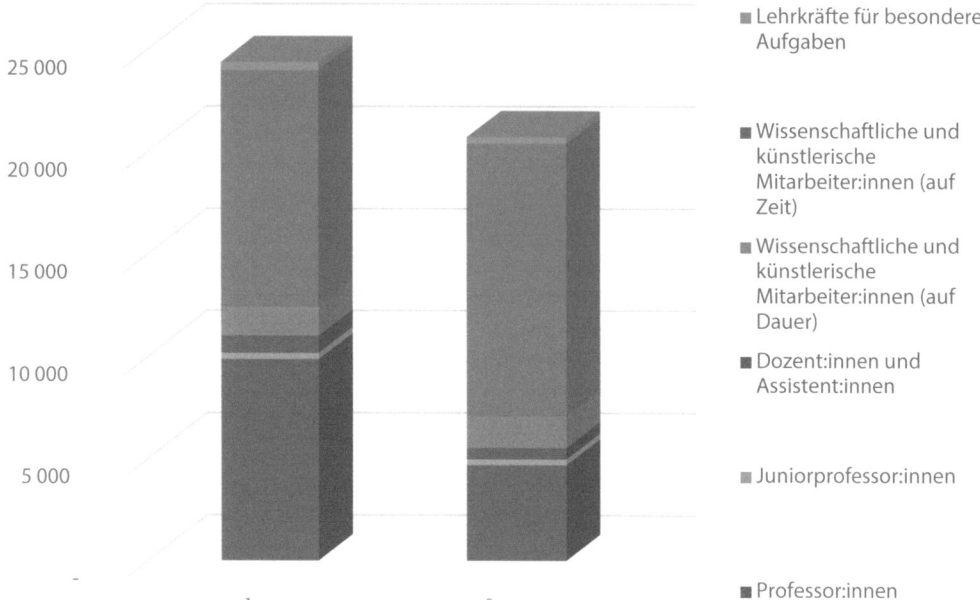

◘ Abb. 21.1 Wissenschaftliches und künstlerisches Personal an deutschen Hochschulen in den Rechts-, Wirtschafts- und Sozialwissenschaften im Jahr 2021, zu denen neben einer Reihe weiterer Fächer auch die Psychologie gehört. (Eigene Darstellung, Statistisches Bundesamt, 2022)

Forschung, während sich die Klinische Psychologie mit psychisch erkrankten Personen beschäftigt. Die Forschung auf dem Gebiet der Arbeits- und Organisationspsychologie interessiert sich insbesondere für Arbeitnehmer:innen und Arbeitgeber:innen. Darüber hinaus kann zwischen Grundlagenforschung und Anwendungsforschung unterschieden werden. Während erstere primär dazu dient, neues Wissen über bisher unbekannte Prozesse im Erleben und Verhalten des Menschen zu generieren, weist letztere einen unmittelbaren Praxisbezug auf. Ziel hierbei ist es, Fragen zu klären, die von praktischer Relevanz sind und die dabei gewonnenen Erkenntnisse für die praktische Tätigkeit nutzbar zu machen.

Ebenso kann die Datenerhebung in den verschiedenen Fachgebieten unterschiedlich erfolgen. In vielen Bereichen sind Fragebögen, Interviews und psychologische Tests die Standarderhebungsinstrumente, in der Biologischen Psychologie bzw. Neuropsychologie werden aber häufig auch EEG- oder fMRI-Studien durchgeführt. Die unterschiedlichen Erhebungsmethoden gehen Hand in Hand mit unterschiedlichen Auswertungsmethoden. Um fMRI-Daten auszuwerten, werden andere Programme benötigt (z. B. SPM) als beispielsweise zur Auswertung von Fragebogendaten (z. B. SPSS, Mplus, R).

Hinsichtlich des forschungsmethodischen Zugangs lassen sich qualitative und quantitative Methoden unterscheiden. Im Allgemeinen liegt der Schwerpunkt zwar nach wie vor auf der quantitativen Forschung (Breuer, 2003), dennoch werden mittlerweile in vielen Fällen auch Kombinationen qualitativer und quantitativer Methoden eingesetzt. Neben der konkreten Forschungsfrage und dem Untersuchungsgegenstand wird die Wahl der Methode auch vom jeweiligen Forschungsstand beeinflusst: Während sich die qualitative Forschung besonders zur Exploration neuer

Forschungsfelder und zur Hypothesengenerierung anbietet, sollten quantitative Forschungsmethoden vor allem dann eingesetzt werden, wenn mithilfe größerer Stichproben Hypothesen überprüft und allgemeingültige Schlüsse gezogen werden sollen.

Aufgaben im Rahmen der Tätigkeit

Die Beschäftigung an einer Universität kann zwar je nach psychologischem Fachgebiet sehr unterschiedlich aussehen, üblicherweise sind Wissenschaftler:innen in frühen Karrierephasen im Rahmen ihrer Tätigkeit aber in die Planung, Organisation, Durchführung und Auswertung von empirischen Studien eingebunden. Unabhängig vom jeweiligen Fachbereich muss dabei zunächst der aktuelle Forschungsstand aufbereitet werden, um sinnvolle und bisher unbeantwortete Forschungsfragen zu generieren und anschließend ein geeignetes Untersuchungsdesign zu entwickeln. Dessen konkrete Ausgestaltung sowie die Datenerhebung und -analyse können sich je nach Disziplin, Forschungstradition und Zielsetzung natürlich deutlich voneinander unterscheiden: Wissenschaftliche Mitarbeiter:innen sind hierbei beispielsweise für die Auswahl und Entwicklung von Testaufgaben und Fragebogenskalen, für die Konzeption von Interviewleitfäden oder für die Programmierung von Reaktionszeitexperimenten am Computer verantwortlich. Im Zuge der Datenerhebungen übernehmen sie organisatorische Tätigkeiten wie etwa die Rekrutierung geeigneter Studienteilnehmer:innen, die Schulung studentischer Mitarbeiter:innen im Umgang mit den eingesetzten Instrumenten oder auch die Terminkoordination. Die Datenauswertung bezieht sich in der quantitativen Forschung fast ausschließlich auf die Durchführung statistischer Analysen, z. B. mit den Programmen R, SPSS und Mplus. In der qualitativen Forschung kommen stärker interpretative Verfahren wie etwa die qualitative Inhaltsanalyse nach Mayring zum Einsatz, die mithilfe von Programmen wie MAXQDA durchgeführt werden kann. Zu berücksichtigen ist hierbei, dass Open-Science-Praktiken in der psychologischen Forschung stetig an Bedeutung gewinnen. Ziel ist es, eine möglichst transparente und nachvollziehbare Forschung zu ermöglichen und fragwürdigen Forschungspraktiken (z. B. nachträgliche Anpassung der Hypothesen an die Ergebnisse, selektives Berichten von Variablen oder Experimentalbedingungen) Einhalt zu gebieten. Von Wissenschaftler:innen wird daher zunehmend erwartet, dass sie ihre Studienplanung einschließlich ihrer Hypothesen und der vorgesehenen Analysen in Form von Präregistrierungen vorab offenlegen und Analyseskripte und Datensätze bereitstellen, etwa über Plattformen wie das Open Science Framework (OSF; ► https://osf.io).

Im Anschluss an die Analyse sollen die Ergebnisse einem breiten Publikum zugänglich gemacht werden. Eine wesentliche Aufgabe wissenschaftlicher Mitarbeiter:innen besteht deshalb in der Bekanntgabe und Verbreitung der Ergebnisse im Rahmen von Tagungsbeiträgen (z. B. Poster, Vorträge) und wissenschaftlichen Publikationen, insbesondere in Fachzeitschriften mit dem Peer-Review-Verfahren. Auch wenn sich Publikations- und Vortragstätigkeiten insbesondere an die wissenschaftliche Gemeinschaft richten, rückt der sog. Wissenschaftstransfer zunehmend in den Fokus. Gemeint sind damit Veröffentlichungen und Vorträge, mit denen Forschungserkenntnisse der breiten Öffentlichkeit sowie politischen Entscheidungsträger:innen auf eine anschauliche und allgemein verständliche Art und Weise zugänglich gemacht werden. Zwar werden solche Veröffentlichungen zum Teil auch von Mittelgeber:innen finanziell gefördert, in Berufungsverfahren spielen sie bislang jedoch nur eine untergeordnete Rolle. Dort kann man nach wie vor in erster Linie mit in wissenschaftlichen Fachzeitschriften platzierten Fachartikeln punkten.

Weitere Tätigkeiten können in Abhängigkeit vom genauen Anforderungsprofil und der Beschaffenheit der jeweiligen Stelle variieren. Beschäftigte auf Haushaltsstellen etwa, für deren Finanzierung die Universität selbst aufkommt, sind durch ihr Lehrdeputat dazu verpflichtet, sich aktiv in die Lehre einzubringen. Bei einer vollen Qualifikationsstelle beträgt dieses 4 Semesterwochenstunden, was zwei Lehrveranstaltungen je Semester entspricht. Neben der Vorbereitung und Durchführung von Lehrveranstaltungen umfasst das Lehrdeputat u. a. auch die Erstellung und Korrektur von Klausuren sowie die Beratung und Betreuung von Studierenden bei Referaten und Abschlussarbeiten. Für Drittmittelbeschäftigte, deren Stellen durch externe Geldgeber wie die Deutsche Forschungsgemeinschaft (DFG) oder das Bundesministerium für Bildung und Forschung (BMBF) finanziert werden, besteht demgegenüber in der Regel keine Lehrverpflichtung. Dafür übernehmen sie häufig Tätigkeiten im Rahmen der Drittmittelverwaltung (z. B. Budgetplanung, Einholen von Angeboten, Vergabe von Aufträgen). Darüber hinaus sind wissenschaftliche Mitarbeiter:innen oftmals auch an der Antragstellung zur Einwerbung von Drittmitteln beteiligt, wirken bei der Organisation von Tagungen mit oder engagieren sich in Gremien (z. B. in Berufungskommissionen).

Im weiteren Verlauf einer wissenschaftlichen Karriere – also etwa nach Abschluss der Promotion im Rahmen der Postdoc-Phase oder auf einer Professur – kommt es zum Teil zu einer Verschiebung der Tätigkeitsschwerpunkte. Während aktive Forschungstätigkeiten, beispielsweise die Datenerhebung im Feld und im Labor oder die Kodierung von Interviews, in den Hintergrund treten, kommt der Anleitung und Betreuung von Wissenschaftler:innen in frühen Karrierephasen ein immer größerer Stellenwert zu. Darüber hinaus übernehmen Professor:innen zahlreiche Management- und Führungsaufgaben, wie z. B. Personalauswahl, Personalentwicklung oder auch Verhandlungs- und Konfliktmanagement, und haben ein deutlich höheres Lehrdeputat zu bewältigen als Wissenschaftler:innen in Qualifikationsphasen. Je nach Bundesland liegt die Regellehrverpflichtung bei 8 bis 10 Semesterwochenstunden (Schierhorn & Marx, 2023).

Was ist das Peer-Review-Verfahren?

Beim Peer-Review-Verfahren werden nach Ware (2008) die bei einer Zeitschrift eingereichten Artikel zuerst durch die Herausgeber:innen der Zeitschrift auf ihre generelle Tauglichkeit geprüft, beispielsweise bezogen auf die Vollständigkeit des Manuskripts oder auf die Passung zur inhaltlichen Ausrichtung der Zeitschrift. Nach dieser ersten Prüfung wird das Manuskript an wissenschaftliche Expert:innen – im Normalfall zwei bis drei Gutachtende bzw. Reviewer:innen – weitergegeben, die die Qualität des eingereichten Manuskripts beurteilen. Die Schwerpunktsetzung bei der Beurteilung unterscheidet sich von Zeitschrift zu Zeitschrift. Im Normalfall wird darauf geachtet, ob der Forschungsstand angemessen aufbereitet wurde, ob das Design und das gewählte analytische Vorgehen zur Fragestellung passen, ob die Forschungsfrage von Bedeutung ist und Neues zur wissenschaftlichen Debatte in diesem Themenbereich beiträgt. Bei diesem Verfahren wird am häufigsten der Double-Blind-Ansatz verfolgt, bei dem sowohl den Gutachtenden als auch den Autor:innen die Identität des jeweils anderen unbekannt ist, um möglichen Vorurteilen bzw. Begünstigungen vorzubeugen.

Mobilitätsbereitschaft

Wie bereits angesprochen, gehört es zu den Aufgaben von Wissenschaftler:innen, eigene Forschungsergebnisse auf nationalen und internationalen Tagungen vorzustellen. Speziell bei Beschäftigten in Drittmittelprojekten sind zudem Reisen zu Kooperationspartner:innen nicht unüblich. Darüber hinaus können je nach konkretem Forschungsprojekt während der Datenerhebung Reisen zu Schulungs- oder Erhebungsterminen erforderlich sein. Im weiteren Verlauf einer Wissenschaftskarriere gewinnt das Thema „Mobilitätsbereitschaft" zunehmend an Bedeutung: Da auch Postdoc-Stellen in der Regel zeitlich auf wenige Jahre befristet sind, ist der Weg zur Professur häufig mit mehreren Ortswechseln verbunden. Zudem sind sog. Hausberufungen, bei denen Wissenschaftler:innen einen Ruf an diejenige Universität erhalten, an der sie bereits im Rahmen ihrer Postdoc-Phase beschäftigt waren bzw. an der sie ihre Habilitation angefertigt haben, zwar rechtlich mittlerweile möglich, jedoch nach wie vor unüblich (Wissenschaftsrat, 2005). Spätestens mit der ersten Professur wird daher ein erneuter Ortswechsel meist unvermeidbar. Bei allen äußeren Zugzwängen, die zur erhöhten Mobilität von Wissenschaftler:innen beitragen, ist jedoch auch zu berücksichtigen, dass die wissenschaftliche Arbeit in besonderem Maße vom Austausch mit anderen Kolleg:innen und Arbeitsgruppen lebt: Die Tätigkeit an verschiedenen Standorten und in unterschiedlichen Arbeitsgruppen ermöglicht es, neue Arbeitsweisen, Methoden und Inhalte kennenzulernen, sich national und international zu vernetzen und so zur Weiterentwicklung des eigenen Forschungsprofils und der Qualität der Forschung beizutragen.

Arbeitszeit

Während der Promotionsphase sind wissenschaftliche Mitarbeiter:innen zumeist in Teilzeit beschäftigt (z. B. Konsortium Bundesbericht Wissenschaftlicher Nachwuchs, 2021; Rentzsch et al., 2017). Zwar hat sich der übliche Stellenumfang im Laufe der vergangenen Jahre etwas erhöht, sodass Doktorand:innen zunehmend in 65-%-Stellen, zum Teil auch in 75-%-Stellen angestellt sind, dennoch ist zu beachten, dass das tatsächliche Arbeitsvolumen die finanziell vergütete Stundenzahl häufig deutlich übersteigt (Grühn et al., 2009; Konsortium Bildungsbericht Wissenschaftlicher Nachwuchs, 2021). Dies dürfte u. a. damit zusammenhängen, dass Tätigkeiten, die primär der eigenen Weiterqualifizierung dienen, oftmals nicht in ausreichendem Maße in der vertraglich festgelegten Arbeitszeit bewältigt werden können. So berichten Rentzsch et al. (2017) anhand von Befragungsdaten aus dem Jahr 2016, dass promovierende Psycholog:innen wöchentlich durchschnittlich etwa 15 h mehr arbeiten als vertraglich vorgesehen, wobei sie die zusätzliche Arbeitszeit überwiegend für ihre Qualifikationsarbeit aufwenden. Postdocs sind zwar üblicherweise in Vollzeit beschäftigt, ihre durchschnittliche wöchentliche Arbeitszeit liegt aber dennoch etwa 6 h über der vertraglich festgelegten Arbeitszeit (Rentzsch et al., 2017).

Einkommen

Das Einkommen von wissenschaftlichen Mitarbeiter:innen richtet sich nach dem Tarifvertrag für den öffentlichen Dienst (TVöD/TV-L), dessen Regelsätze transparent und allgemein zugänglich sind (siehe

▶ https://oeffentlicher-dienst.info/einstieg). Während ihrer Promotionsphase werden Psycholog:innen in Entgeltgruppe 13 eingruppiert. Die monatlichen Nettoeinnahmen variieren bei Promovierenden je nach Beschäftigungsumfang, Bundesland und Erfahrungsstufe zum Teil erheblich und liegen laut einer Befragung des Promovierendenpanels Nacaps (National Academics Panel Study) im Median bei 1700 € (vgl. Konsortium Bundesbericht Wissenschaftlicher Nachwuchs, 2021). Weniger einheitlich gestaltet sich die Vergütung von Lehraufträgen. Hierfür gelten in den Bundesländern jeweils spezifische Empfehlungen, wobei sich die Sätze für eine Lehrveranstaltungsstunde (45 min) je nach Qualifikation der Lehrperson, Inhalt und erforderlicher Vor- und Nachbereitung sowie der Bedeutung der Lehrveranstaltung innerhalb der Studienordnung zum Teil deutlich voneinander unterscheiden.

Während habilitierte Lehrbeauftragte bzw. Hochschullehrer:innen für Lehrveranstaltungen, die für das Lehrangebot besonders bedeutsam sind oder die mit außergewöhnlichen Belastungen einhergehen, mit bis zu 80 € pro Lehrveranstaltungsstunde rechnen können, erhalten Lehrende ohne abgeschlossene Promotion üblicherweise nicht mehr als 40 € pro Stunde (vgl. Vizepräsident für Haushalt, Personal und Technik der Humboldt-Universität zu Berlin, 2019). In der Regel sind damit auch die Zeiten für Vor- und Nachbereitung der Lehrveranstaltung, Klausuraufsicht und Korrekturarbeiten abgegolten.

Professor:innen hingegen erhalten ein durch eine Besoldungsordnung festgelegtes Grundgehalt, das in den Besoldungsgruppen W2 und W3 – üblicherweise jedoch nicht in der Besoldungsgruppe für Juniorprofessuren (W1) – durch variable Leistungsbezüge ergänzt werden kann. Diese zusätzlichen Bezüge werden gewährt, wenn eine Person beispielsweise besonders erfolgreich Drittmittel eingeworben, Preise erhalten, sich durch ein besonderes Engagement in der Lehre, etwa bei der Einführung neuer Studiengänge, hervorgetan oder Funktionen im Rahmen der Hochschulselbstverwaltung eingenommen hat. Detaillierte Informationen (z. B. zu den aktuell geltenden Gesetzen zur W-Besoldung sowie zu den Grundgehältern je Bundesland) sind im W-Portal des Deutschen Hochschulverbands zu finden: ▶ www.hochschulverband.de/w-besoldung.

Karrieremöglichkeiten

Im Normalfall wird man nach dem Studienabschluss als wissenschaftliche:r Mitarbeiter:in auf einer Qualifikationsstelle mit dem Ziel der Promotion eingestellt. Dabei ist zu beachten, dass die meisten dieser Stellen befristet sind (◘ Abb. 21.1). So ergab eine Befragung von in der Wissenschaft tätigen Psycholog:innen, die (noch) keine Lebenszeitprofessur innehatten, dass im Jahr 2016 99 % der Promovierenden und 92 % der Postdocs befristet beschäftigt waren (Rentzsch et al., 2017).

Wird dauerhaft eine universitäre Laufbahn angestrebt, so ist das Berufsziel daher üblicherweise eine Professur. Neben dem klassischen Karriereweg, der über die Promotion und die Habilitation zur Professur führt, haben sich mittlerweile einige Alternativen etabliert. Zwar hat die Habilitation im Laufe der Zeit an Bedeutung verloren, über alle Fächergruppen hinweg sowie innerhalb der Sozialwissenschaften stellt sie dennoch weiterhin die häufigste Vorqualifikation bei der ersten Berufung auf eine Lebenszeitprofessur dar (Konsortium Bundesbericht Wissenschaftlicher Nachwuchs, 2021). Die Deutsche Gesellschaft für Psychologie (DGPs) setzt sich aktiv für die Abschaffung der Habilitation ein und hebt hervor, dass die habilitationsäquivalenten Leistungen, die sich in der Regel in der Anzahl und Qualität der Publikationen nach Abschluss der Promotion widerspiegeln, ohnehin dem Lebenslauf entnommen werden können (Bühner, 2023; König et al., 2018). Befürworter:innen der Habilitation betonen wiederum, dass eine abgeschlossene Habilitation in jedem Fall die Berufungsfähigkeit einer Person belege, während die Einschätzung der Publikationsleistungen als habilitationsäquivalent je nach Berufungskommission variieren könne. Von Vorteil dürfte eine Habilitation vor allem dann sein, wenn eine Professur in einem an die Psychologie angrenzenden Fach angestrebt wird und wenn auch Vertreter:innen anderer Disziplinen am Berufungsverfahren beteiligt sind.

Weitere Möglichkeiten, um die Voraussetzungen für die Berufung auf eine Lebenszeitprofessur zu erlangen, bilden die Nachwuchsgruppenleitung, bei der man über einen Zeitraum von 5 bis 6 Jahren eigenständig forscht und Personalverantwortung für eine Gruppe von Doktorand:innen und Postdocs übernimmt, die Juniorprofessur (W1), die in Deutschland 2002 als Alternative zur Habilitation eingeführt wurde und die es Wissenschaftler:innen bereits kurz nach der Promotion ermöglicht, eigenständig zu forschen und zu lehren, sowie die Tenure Track-Professur. Sowohl W1- Professuren als auch W2-Professuren können mit einem Tenure Track ausgestattet sein. Während Juniorprofessuren ohne Tenure Track nach maximal 6 Jahren enden und somit keine langfristige Perspektive bieten, münden die zunächst befristeten Tenure-Track-Professuren nach einer positiven Evaluation in eine unbefristete Lebenszeitprofessur (Gemeinsame Wissenschaftskonferenz, 2016). Doch auch wenn sich die Wege, eine Professur zu erlangen, diversifiziert haben, übersteigt die Anzahl möglicher Kandidat:innen die der zu Verfügung stehenden Professuren um ein Vielfaches. Angesichts der nur sehr begrenzt zur Verfügung stehenden Dauerstellen unterhalb der Professur eröffnet sich damit nur wenigen Wissenschaftler:innen die Aussicht auf eine langfristige Karriere in der universitären Forschung und Lehre.

Prekäre Beschäftigungsbedingungen in der Wissenschaft und #IchBinHanna

Die Möglichkeit, Arbeitsverhältnisse in der Wissenschaft zu befristen, wird in Deutschland seit 2007 über das Wissenschaftszeitvertragsgesetz – kurz: WissZeitVG – geregelt. Während in anderen Branchen üblicherweise nach einer 2-jährigen Tätigkeit eine Entfristung vorgesehen ist, darf wissenschaftliches Personal zu Qualifikationszwecken für insgesamt 12 Jahre befristet beschäftigt werden, davon 6 Jahre vor der Promotion und 6 Jahre danach. Darüber hinausgehende befristete Beschäftigungen sind möglich, wenn beispielsweise Kinderbetreuungszeiten angerechnet werden oder eine Beschäftigung in einem Drittmittelprojekt erfolgt. Nach Ablauf der Höchstbefristungsdauer erfolgt allerdings in der Regel keine Entfristung, sondern ein Beschäftigungsverbot. Viele Wissenschaftler:innen sind daher gezwungen, ihre universitäre Laufbahn im 4. oder 5. Lebensjahrzehnt zu beenden und sich beruflich umzuorientieren. Diese Befristungspraxis wird von Betroffenen seit Langem kritisiert. Größere mediale Öffentlichkeit, die auch die wissenschaftlichen Fachgesellschaften sowie politische Entscheidungsträger:innen erreichte, erfuhr die Debatte ab Juni 2021 durch die Twitter-Kampagne #IchBinHanna. Auslöser der Kampagne war ein Video des BMBF, in dem die fiktive Figur Hanna, eine Doktorandin mit einem Dreijahresvertrag, die Vorzüge des WissZeitVG anpries. Dieses trage dazu bei, „dass nicht eine Generation alle Stellen verstopf[e]", sondern dass durch Fluktuation Innovation möglich sei. Die Wortwahl wurde vielfach als unangemessen und beleidigend wahrgenommen und mündete in einer Protestwelle (Bahr et al., 2022). Eine Novelle des WissZeitVG, die eine Verkürzung der Höchstbefristungsdauer von 6 + 6 Jahren auf 6 + 3 Jahre vorsah, wurde unter Mitwirkung der #IchBinHanna-Kampagne im März 2023 zunächst gestoppt. Der aktuelle, noch nicht verabschiedete Entwurf sieht eine Höchstbefristungsdauer in der Postdoc-Phase von 4 Jahren vor, die bei Vorliegen einer Entfristungszusage um 2 weitere Jahre verlängert werden kann (Pardey, 2023).

Persönliche Weiterbildung

Bei den meisten Stellen an Universitäten, auf die man sich als Psycholog:in direkt nach dem Studienabschluss bewerben kann, handelt es sich explizit um Qualifikationsstellen. Insofern steht außer Frage, dass die persönliche Weiterbildung in Form einer Promotion bei einer Beschäftigung als wissenschaftliche:r Mitarbeiter:in von zentraler Bedeutung ist. Um die Qualifikationsziele erreichen zu können, sollte einer substanzieller Anteil der vertraglich vereinbarten Arbeitszeit für die eigene Weiterqualifikation genutzt werden können. Tatsächlich werden die Arbeiten zur eigenen Weiterqualifizierung jedoch häufig (auch) außervertraglich geleistet (vgl. ▶ Abschn. 21.2.3). Um die für die Promotion notwendigen methodischen Kompetenzen zu erwerben, aber auch um z. B. die eigenen Lehrkompetenzen zu erweitern oder Präsentationsfertigkeiten zu schulen, bestehen in der Regel vielfältige Möglichkeiten zur Weiterbildung. Diese reichen von selbstorganisierten Workshops durch den jeweiligen Arbeitsbereich oder das Institut über Angebote von universitären Weiterbildungszentren (z. B. Berliner Zentrum für Hochschullehre) bis hin zu mehrtägigen Weiterbildungsveranstaltungen im Rahmen von Summer Schools, Herbstakademien und dergleichen. Letztere werden häufig von Forschungsinstituten oder Graduiertenschulen angeboten, die die Teilnehmenden im Zuge eines kompetitiven Bewerbungsverfahrens auswählen. Zudem bietet die Teilnahme an Tagungen verschiedene Lerngelegenheiten. Häufig werden in deren Vorfeld Workshops für Wissenschaftler:innen in Qualifikationsphasen angeboten. Während der Tagungen selbst erweitert man einerseits sein Wissen durch Vorträge und Poster sowie durch den fachbezogenen Austausch mit anderen Wissenschaftler:innen, andererseits schult man durch die aktive Übernahme von Posterpräsentationen oder Vorträgen seine eigenen Präsentationsfertigkeiten. Gerade um dies in einem geschützten Rahmen üben zu können, werden zum Teil auch Konferenzen angeboten, die sich explizit an Wissenschaftler:innen in frühen Karrierephasen richten, beispielsweise die JURE (Junior Researchers)-Konferenz der EARLI (European Association for Research on Learning and Instruction).

Darüber hinaus werden zunehmend auch Workshops und Mentoringprogramme für Postdocs oder neuberufene Professor:innen angeboten, um sie auf die für diese Karrierestufen typischen Anforderungen wie Drittmittelakquise, Personalauswahl und Mitarbeiter:innenführung vorzubereiten und sie bei der weiteren Karriereplanung zu unterstützen.

21.3 Die Rolle von Psycholog:innen an Universitäten

Obwohl man als Psycholog:in natürlich häufig an Psychologielehrstühlen bzw. Arbeitsbereichen und in mehrheitlich aus Psycholog:innen bestehenden Teams arbeitet, gibt es dennoch vielfältige andere, nicht ausschließlich psychologische Projekte, in denen Psycholog:innen tätig werden können. Viele Forschungsprojekte sind interdisziplinär ausgerichtet: In der Bildungsforschung, wo u. a. Vertreter:innen aus Psychologie, Erziehungswissenschaft, Fachdidaktiken, Soziologie und Ökonomie zusammenarbeiten, in medizinischen Projekten, an denen Ärzt:innen und Psycholog:innen mitwirken, und in der Arbeits- und Organisationspsychologie bzw. Markt- und Werbepsychologie, wo sich beispielsweise Psycholog:innen und Betriebswissenschaftler:innen zusammenschließen. In den meisten Fällen profilieren sich Psycholog:innen in interdisziplinären Teams vor allem durch ihre vertiefte Ausbildung in Statistik und Forschungsmethoden. Auch Diagnostik und Testentwicklung, die auf testtheoretischen Grundlagen basieren, gehören zum Aufgabenrepertoire von Psycholog:innen.

21.4 Anforderungen an eine Tätigkeit an Universitäten

Angesichts der vielfältigen Aufgaben die Wissenschaftler:innen im Rahmen ihrer Tätigkeit je nach inhaltlicher und methodischer Ausrichtung des jeweiligen Arbeitsbereichs übernehmen, können die konkreten Anforderungen je nach Stelle sicherlich zum Teil erheblich variieren. Dennoch gibt es einige Eigenschaften und Qualifikationen, die für eine wissenschaftliche Tätigkeit im Allgemeinen nützlich sind. Bereits in frühen Karrierestufen geht die Tätigkeit als Wissenschaftler:in mit einem relativ großen Gestaltungsspielraum und Freiheiten bei der Arbeits- und Zeitplanung einher. Um alle Aufgaben bewältigen zu können, auch die, die der eigenen Qualifizierung dienen, und sich gleichzeitig ausreichend Zeiten zur Erholung einzuräumen, sind somit ausgeprägte Selbstorganisations- und Zeitmanagementfähigkeiten erforderlich. Gleichzeitig ist zu bedenken, dass Forschungs- und Publikationstätigkeiten langwierig sind und häufig nicht geradlinig verlaufen: Beispielsweise können Versuchspersonen kurzfristig abspringen, Experimente nicht funktionieren oder die Gutachter:innen lehnen ein Manuskript nach einer umfangreichen Überarbeitung ab und es muss für eine neue Einreichung vorbereitet werden. Eine ausgeprägte Begeisterungsfähigkeit für das eigene Thema bei gleichzeitiger hoher Frustrationstoleranz sind somit in jedem Fall von Vorteil. Weitere nützliche Qualifikationen werden im Folgenden beschrieben.

Eine Perspektive aus der Praxis

Prof. Dr. Jennifer Paetsch, Otto-Friedrich-Universität Bamberg, Juniorprofessorin für Evaluation im Kontext von Lehrer:innenbildung

Welche Schwerpunkte hatten Sie in Ihrem Psychologie-Studium und waren diese ausschlaggebend für Ihre aktuelle Tätigkeit?

Meine Schwerpunkte während des Psychologie-Studiums waren die Arbeits- und Organisationspsychologie und die Pädagogische Psychologie. Bereits in meiner Schulzeit belegte ich Pädagogik als Unterrichtsfach. Mein Interesse an Bildungsprozessen hat mich dann dazu veranlasst, Psychologie zu studieren und Bildungsforschung als Berufsfeld zu wählen.

Wieso haben Sie sich für eine Tätigkeit als Wissenschaftlerin an einer Universität entschieden?

Nach Beendigung meines Studiums habe ich in der Personalentwicklung eines Automobilherstellers gearbeitet. Die Arbeit hat mir zwar Spaß gemacht, aber nach 2 Jahren habe ich gemerkt, dass ich mir diese Tätigkeit nicht dauerhaft vorstellen kann. Forschung habe ich durch meine Arbeit als studentische Hilfskraft schon früh kennengelernt. Letztendlich habe ich mich für die Wissenschaft entschieden, da ich gerne Neues erforsche, inhaltliche Freiheit einer Karrieresicherheit vorziehe und ich etwas zur Verbesserung unserer Gesellschaft beitragen möchte.

Was glauben Sie, können Psycholog:innen in diesem Berufsfeld bewegen?

Bildungsforschung ist ein interdisziplinäres Arbeitsfeld und in der Zusammenarbeit bringt jeder die Kompetenzen der eigenen Disziplin ein. In der Psychologie sind das z. B. Kenntnisse in den empirischen Methoden, Wissen über Entwicklungs- und Lernprozesse des Menschen. Gemeinsames Ziel ist es, Bildungsprozesse besser zu verstehen und zu verbessern.

Was hat Sie an Ihrer Tätigkeit am meisten überrascht?

Am meisten überrascht hat mich die Langwierigkeit von Forschungsprozessen. Schon zur Beantwortung kleiner Forschungsfragen braucht man sehr viel Zeit. Insbesondere, wenn man an Entwicklungsaspekten von Bildung interessiert ist.

Wie steht es um die Vereinbarkeit von Beruf und Familie bei einer Tätigkeit an einer Universität?

Man hat als Wissenschaftlerin eine sehr lange Qualifikationsphase und bis zur Berufung auf eine unbefristete Professur keinerlei Sicherheit, den Beruf weiter ausüben zu können. Es gibt auch nur wenige alternative unbefristete Stellen an den Universitäten. Die Vertragslaufzeiten sind in der Regel sehr kurz. Für viele Nachwuchswissenschaftlerinnen ist das sicher ein Grund sich gegen Kinder zu entscheiden. Räumliche Flexibilität ist von Vorteil für die Karriere, weshalb es sehr viele Pendler:innen in diesem Beruf gibt. Pendeln zwischen zwei Wohnsitzen oder sehr lange Anfahrtswege zur Arbeit können mit Kindern sehr herausfordernd sein.

Welchen Tipp haben Sie für Psycholog:innen, die sich überlegen, an einer Universität zu arbeiten?

Man sollte möglichst schon während des Studiums als studentische Hilfskraft Erfahrungen sammeln, um das Berufsfeld kennenzulernen. Während der Promotionsphase ist es wichtig, die Arbeitszeiten für die Arbeit an der Promotion verbindlich zu vereinbaren und sich eine:n gute:n Betreuer:in zu suchen. Für mich persönlich ist es wichtig, mir auch alternative Karrierewege offen zu halten.

Welche konkreten Tätigkeiten bereiten Ihnen in Ihrer Arbeit die größte Freude?

Ich arbeite sehr gerne im Team. Für mich ist die Eingebundenheit in ein Projekt, in dem man gemeinsam ein Ziel verfolgt, Ideen generiert und nach Lösungen sucht, von großer Bedeutung. Auch die Hochschullehre bereitet mir Freude, insbesondere wenn ich die Themen frei wählen kann.

Schwerpunktsetzung

Das Studium an der Universität, zumindest in den meisten Masterstudiengängen, ist in erster Linie darauf ausgerichtet, für die Wissenschaft auszubilden. Dadurch ist es grundsätzlich möglich, in jedem psychologischen Fachbereich an einer Universität zu arbeiten, weshalb zur Schwerpunktsetzung keine sinnvollen Ratschläge gegeben werden können. Natürlich sollten die gewählten Schwerpunkte der Ausrichtung des Arbeitsbereichs oder des Instituts entsprechen, an dem man sich bewerben möchte.

Beispielsweise ist die Wahrscheinlichkeit größer, an einem Lehrstuhl für Wirtschaftspsychologie arbeiten zu können, wenn man als Schwerpunkt Arbeits- und Organisationspsychologie gewählt hat, als wenn die Schwerpunkte Klinische Psychologie und Neuropsychologie waren. Dennoch gibt es hier keine allgemeingültigen Empfehlungen. Einzig eine solide Ausbildung in Forschungsmethoden wird in den meisten Fällen vorausgesetzt. Dabei ist es natürlich von Vorteil, wenn man bereits im Studium Spaß und Interesse an Statistik und forschungsnahen Seminaren (z. B. Experimentalpraktika) hatte.

Computerkenntnisse

Vorausgesetzt werden gute Kenntnisse in MS-Office sowie der sichere Umgang mit gängigen Statistikprogrammen. Hier hat sich in den vergangenen Jahren R als sehr vielseitig einsetzbares, flexibles und kostenfreies Programm zunehmend durchgesetzt. Kenntnisse in weiteren Programmen wie Mplus oder SPSS sind darüber hinaus aber sicherlich auch hilfreich.

Sprachkenntnisse

Da viele Fachartikel in englischsprachigen Zeitschriften veröffentlicht werden, sind sehr gute Englischkenntnisse eine wesentliche Voraussetzung. Diese kann man sich auch durch zusätzliche Kurse (z. B. zum Scientific Writing) oder durch Forschungsaufenthalte im Ausland, die jedoch zumindest zu Beginn der universitären Laufbahn nicht zwingend notwendig sind, aneignen.

Praxis, Praxis, Praxis

Wer schon während des Studiums Einblicke in die wissenschaftliche Arbeit erhalten möchte, hat dazu bei Forschungspraktika bzw. bei der Tätigkeit als studentische:r Mitarbeiter:in oder Testleiter:in die Möglichkeit. Dies ist u. a. deshalb empfehlenswert, da es bei der Bewerbung um eine Promotionsstelle sicherlich von Vorteil ist, wenn man bereits während des Studiums an einer Professur gearbeitet hat und entsprechende Erfahrungen im Bereich Forschung und Lehre vorweisen kann. Darüber hinaus ermöglicht es einem die Anbindung an eine Professur, bereits frühzeitig Kontakte zu knüpfen und über Karrierewege in Forschung und Lehre auf dem Laufenden zu bleiben.

Fazit

Die Arbeit an einer Universität ist lehrreich und voller Abwechslung. So besteht die Gelegenheit, viele unterschiedliche Aufgaben zu übernehmen, sei es die Lehre und Betreuung von Studierenden, die Planung und Durchführung eines Forschungsprojekts oder auch das Engagement in universitären Gremien. Aus unserer Sicht ist die Tätigkeit an einer Universität aber vor allem auch deshalb besonders reizvoll, weil sie großen Gestaltungsspielraum bietet und ermöglicht, selbstverantwortlich zu arbeiten sowie eigene Ideen zu entwickeln und umzusetzen. Jedoch sollte man sich darüber im Klaren sein, dass die tatsächliche Arbeitszeit häufig über die vertraglich geregelte hinausgeht und dass vor allem zu Beginn der universitären Karriere keine langfristige Arbeitsplatzsicherheit gegeben ist.

Literatur

Bahr, A., Eichhorn, K., & Kubon, S. (2022). *#IchBinHanna. Prekäre Wissenschaft in Deutschland*. Edition Suhrkamp.

Breuer, F. (2003). Qualitative und quantitative Methoden: Positionen in der Psychologie und deren Wandel. Ein Kommentar zu Texten von Jochen Fahrenberg und Jürgen Rost [36 Absätze] *Forum Qualitative Sozialforschung/Forum: Qualitative Social Research*, *4*(2), Art. 44. nbnresolving.de.

Bühner, M. (2023). Zur Lage der Psychologie. *Psychologische Rundschau, 74*(1), 1–20. https://doi.org/10.1026/0033-3042/a000616.

Gemeinsame Wissenschaftskonferenz. (2016). Bekanntmachung der Verwaltungsvereinbarung zwischen Bund und Ländern gemäß Artikel 91b Absatz 1 des Grundgesetzes über ein Programm zur Förderung des wissenschaftlichen Nachwuchses. www.tenuretrack.de/de/dateien/tenure-track/verwaltungsvereinbarung-wissenschaftlicher-nachwuchs-2016.pdf. Zugegriffen am 14.05.2024.

Grühn, D., Hecht, H., Rubelt, J., & Schmidt, B. (2009). *Der wissenschaftliche „Mittelbau" an deutschen Hochschulen. Zwischen Karriereaussichten und Abbruchtendenzen.* PrintNetwork.

König, C. J., Heinrichs, M., Antoni, C., Bühner, M., Elsner, B., Erdfelder, E., Fydrich, T., Gollwitzer, M., Spinath, B., & Vaterrodt, B. (2018). Ausgedient! Empfehlungen der DGPs-Kommission „Studium und Lehre" zur Habilitation in der Psychologie. *Psychologische Rundschau, 69*(3), 171–203.

Konsortium Bundesbericht Wissenschaftlicher Nachwuchs. (2021). Bundesbericht Wissenschaftlicher Nachwuchs 2021. Statistische Daten und Forschungsbefunde zu Promovierenden und Promovierten in Deutschland. Bertelsmann.

Öffentlicher Dienst.info. https://oeffentlicher-dienst.info. Zugegriffen am 14.05.2024.

Pardey, C. (2023). Wissenschaftszeitvertragsgesetz: BMBF stellt neuen Reformentwurf für das WissZeitVG vor. *Forschung & Lehre.* www.forschung-und-lehre.de/politik/bmbf-stellt-neuen-reformentwurf-fuer-das-wisszeitvg-vor-5677. Zugegriffen am 14.05.2024.

Rentzsch, K., Harzer, C., & Wolter, I. (2017). Stellungnahme zur Lage des wissenschaftlichen Nachwuchses in der Psychologie. *Psychologische Rundschau, 68*(4), 251–292.

Schierhorn, T., & Marx, A. (2023). Lehrdeputat, Lehrverpflichtung, LVS, LVVO, SWS: Alle Infos. www.academics.de/ratgeber/lehrdeputat-lehrverpflichtung. Zugegriffen am 14.05.2024.

Statistisches Bundesamt. (2022). *Bildung und Kultur. Personal an Hochschulen.* Fachserie 11, Reihe 4.4. www-genesis.destatis.de/genesis/online?operation=statistic&levelindex=0&levelid=1602745980175&code=21341#abreadcrumb. Zugegriffen am 14.05.2024.

Vizepräsident für Haushalt, Personal und Technik der Humboldt-Universität zu Berlin. (2019). Amtliches Mitteilungsblatt. Richtlinie zur Vergabe von Lehraufträgen. https://gremien.hu-berlin.de/de/amb/2019/2/02_2019_richtlinie-lehrauftraege_druck.pdf. Zugegriffen am 14.05.2024.

Ware, M. (2008). *Peer review: Benefits, perceptions and alternatives.* Publishing Research Consortium.

Wissenschaftsrat. (2005). Empfehlungen zur Ausgestaltung von Berufungsverfahren. www.wissenschaftsrat.de/download/archiv/6709-05.pdf. Zugegriffen am 14.05.2024.

Tätigkeiten an Hochschulen

Mahena Stief und Simon Werther

Inhaltsverzeichnis

22.1 Tätigkeit an Hochschulen – was ist das? – 269

22.2 Tätigkeiten an Hochschulen – ein ganz besonderes Tätigkeitsfeld? – 270
Aufgaben im Rahmen der Tätigkeit – 270
Mobilitätsbereitschaft – 271
Arbeitszeiten – 272
Einkommen – 272
Berufliche Weiterbildung und Karrieremöglichkeiten – 273

22.3 Anforderungen an eine Tätigkeit als Hochschulprofessor:in – 273
Schwerpunktsetzung und fachliche Inhalte – 275
Sprachkenntnisse – 275
Praxis, Praxis, Praxis – 276

Literatur und weiterführende Quellen – 276

© Der/die Autor(en), exklusiv lizenziert an Springer-Verlag GmbH, DE, ein Teil von Springer Nature 2024
M. Mendius, S. Werther (Hrsg.), *Psychologie in Studium und Beruf*,
https://doi.org/10.1007/978-3-662-68508-2_22

„Stell dir vor, ich habe gerade eine Kollegin kennengelernt, die mit Anfang 30 schon Professorin ist - und das ganz ohne jahrelange Habilitation!". Dieser Satz fiel auf einem Psychologiekongress im Gespräch zweier erfahrener Wirtschaftspsycholog:innen. Wie diesen beiden ist auch vielen weiteren Psycholog:innen eine attraktive Karriereoption wenig präsent, nämlich die Hochschulprofessur. Mit Hochschule sind in diesem Beitrag alle Fachhochschulen, Hochschulen für angewandte Wissenschaften und Technische Hochschulen gemeint, ob in staatlicher, kirchlicher oder privater Trägerschaft. Dazu gehören auch Verwaltungsfachhochschulen und Duale Hochschulen. Die Hochschule eröffnet Psycholog:innen die Möglichkeit auf eine zweite Karriere, nachdem sie bereits einige Jahre in der Forschung und in der psychologischen Berufspraxis tätig waren. Das Tätigkeitsfeld an Hochschulen unterscheidet sich dabei wesentlich von dem an Universitäten (▶ Kap. 21), daher wird es in diesem Kapitel gesondert vorgestellt.

Ein Szenario

Anfang Juni, Dienstag, 9:00 Uhr, das heute 4-stündige Seminar „Change Management" für 25 Studierende des Studiengangs Betriebswirtschaftslehre (Bachelor) im 5. Semester startet. Der Professor für Wirtschaftspsychologie Herr Prof. Dr. Weber ist etwas früher da, bereitet Materialien und die Technik im Raum vor und beantwortet erste Fragen von Studierenden. Heute werden die Ergebnisse kleiner Praxisprojekte zur Unternehmenskultur vorgestellt und zusammenfassend diskutiert. Besonders spannend ist dabei, wie stark sich die gelebte Kultur und die schriftlich verfassten Werte in einigen der Unternehmen unterscheiden.

13:00 Uhr: Das Seminar ist beendet. Am Ende hat Herr Weber noch einigen Studierenden ein Feedback zu ihrer Präsentation gegeben, das die Sichtweise der Mitstudierenden zu den Vorträgen vertiefte.

14:00 Uhr: Die Noten der heutigen Vorträge stellt er in den nächsten Tagen fertig. Denn nach einer kurzen Pause und einem dringenden Telefonat mit einem Lehrbeauftragten geht es gleich weiter mit einer Vorlesung (Thema „Personalauswahl") für 70 Studierende im dritten Semester. Heute geht es um Assessment Center. Der interaktive Vorlesungsstil und die intensive Fachdiskussion anhand von Fallbeispielen sind typisch für die Lehre an der Hochschule.

15:45 Uhr: Die 6 h Lehre am heutigen Tag sind abgeschlossen – und damit ein knappes Drittel des Wochenpensums.

Danach bearbeitet Herr Weber im Büro seinen E-Mail-Posteingang, um die wichtigsten Dinge gleich zu erledigen. Der Posteingang ist bunt gemischt: Einige Studierende haben Fragen zu Seminaren oder bitten um Termine wegen ihrer Forschungsprojekte; Werbung zu Kongressen und für den Fachverband; interne Anfragen und Informationen zu kommenden Besprechungen mit Kolleg:innen. Außerdem bittet eine Firma um Terminvorschläge für einen Vortrag vor Führungskräften ihres Unternehmens. Alles weniger Dringende muss warten bis zum nächsten Tag. Vor der Fakultätsratssitzung am Nachmittag hat er Zeit für aktuelle Fragen der Studierenden, Kolleg:innen, Lehrbeauftragten und Kooperationspartner.

17:30 Uhr: Ein Student kommt zur Besprechung der Bachelorarbeit. Heute gibt es aktuelle Fragen zu Auswertung und ersten Ergebnissen der durchgeführten Interviews.

18:30 Uhr: Herr Weber verlässt das Büro. Im Zug nach Hause liest er noch einen aktuellen Artikel einer Kollegin. Herr Weber blickt zurück auf den vollgepackten Tag und freut sich, dass morgen wieder andere Dinge auf der Agenda stehen, denn er schätzt die Abwechslung. Ganz sicher ist: Während des laufenden Semesters bleibt es turbulent. Für umfangreichere Themen wie ein neues Forschungsprojekt, das Schreiben einer Veröffentlichung, Kongressbesuche oder die Ausarbeitung eines neuen Seminars ist wieder mehr Zeit während der Semesterferien – neben dem Urlaub mit der Familie natürlich!

22.1 Tätigkeit an Hochschulen – was ist das?

Für Psycholog:innen gibt es an Hochschulen vor allem ein Tätigkeitsfeld im Hauptberuf: die Professur. Möglicherweise treffen Sie an Hochschulen auch einzelne Psycholog:innen in der Studierendenberatung, auf einer Stabsstelle für Didaktik oder in einem angewandten Forschungsprojekt. Diese Funktionen sind jedoch eher selten. Am häufigsten sind neben Professuren selbstständige oder nebenberufliche Lehrbeauftragte an Hochschulen anzutreffen. Diese unterrichten verschiedene angewandte psychologische Themen. Die Motivation von selbstständigen oder festangestellten Psycholog:innen, nebenberuflich an der Hochschule zu unterrichten, liegt wohl weniger in den Stundensätzen, die durchschnittlich deutlich niedriger sind als in der Privatwirtschaft. Die Freude an der Zusammenarbeit mit Studierenden, der Kontakt zur Hochschule und eine Abrundung des eigenen Kompetenzprofils sind die zentralen Motivatoren.

Zurück also zur Professur, d. h. der Tätigkeit in Festanstellung an Hochschulen. Obwohl Psychologiestudiengänge in Deutschland vorwiegend an Universitäten angesiedelt sind, gibt es doch zahlreiche Psychologieprofessuren an Hochschulen. Zum Vergleich: Von insgesamt 423 Hochschulen und Universitäten in Deutschland waren lediglich 108 Universitäten, dafür aber 211 Fachhochschulen und Hochschulen für angewandte Wissenschaften (Statista Research Department, 2024). Hinzu kommen ungefähr 50 Hochschulen in der Schweiz und in Österreich. Insbesondere Wirtschaftspsychologiestudiengänge (Bachelor und Master) werden dabei zunehmend an Hochschulen angeboten. Heute haben bereits mehr als 90 Universitäten und Hochschulen ein entsprechendes Studienangebot, wobei die Mehrzahl der Studiengänge inzwischen an staatlichen und privaten Hochschulen und nicht an Universitäten zu finden ist (siehe ▶ www.wirtschaftspsychologie-studieren.de).

An Hochschulen mit Psychologiestudiengängen sind Professor:innen in verschiedenen psychologischen Bereichen im Einsatz. Daneben gib es psychologische Professuren an nichtpsychologischen Fakultäten, beispielsweise „Organisations- und Sozialpsychologie" für Studierende der Verwaltungswissenschaften, „Entwicklungspsychologie" im Studiengang Soziale Arbeit oder „Leadership" in betriebswirtschaftlichen Studiengängen. Fast jedes angewandte psychologische Fach wie Entwicklungspsychologie, Forensische Psychologie, Gesundheitspsychologie, Klinische Psychologie, Markt- und Werbepsychologie, Sozialpsychologie etc. können Sie an Hochschulen finden. Einige Professor:innen haben ihren Schwerpunkt ganz oder teilweise im Bereich „Soziale Kompetenzen". Deren Kernaufgabe besteht darin, Studierende in trainingsorientierten Seminaren gezielt bei der Optimierung ihrer Handlungskompetenzen zu unterstützen.

22.2 Tätigkeiten an Hochschulen – ein ganz besonderes Tätigkeitsfeld?

Bei Tätigkeiten an Universitäten steht die Forschung im Mittelpunkt, an Hochschulen ist das Aufgabenfeld von Professor:innen dominiert durch die Lehre. Die Lehrverpflichtung beträgt bei einer Vollzeitstelle 18 Semesterwochenstunden, während sie an Universitäten 8 bis 9 h umfasst. Inzwischen können Professor:innen in vielen Bundesländern an den staatlichen Hochschulen Ermäßigungsstunden für Publikations- und Forschungstätigkeit oder die Selbstverwaltung erhalten, sodass die Lehrverpflichtung weitaus geringer als 18 Semesterwochenstunden ausfallen kann.

Die Inhalte der Module an Hochschulen sind dabei wesentlich praktischer orientiert als das Studium an Universitäten, das ja gezielt auf eine Forschertätigkeit vorbereiten soll. Daher wird an Hochschulen in Lehrveranstaltungen viel Wert auf breite Kompetenzförderung gelegt, die beispielsweise durch Studienprojekte zu angewandten Fragestellungen sowie durch Kooperationsprojekte mit Unternehmen erreicht wird.

Angewandte Forschung, angewandte Projekte und die Mitarbeit in der Hochschulorganisation und -entwicklung (Selbstverwaltung) sind neben der Lehre die beiden wichtigsten Hauptaufgaben. Wie sich die neben der Lehrtätigkeit verbleibende Zeit auf angewandte Forschung oder Selbstverwaltung verteilt, ist sehr unterschiedlich und liegt im Ermessensspielraum der Professor:innen. Die extrem großen Freiräume zur Selbstbestimmung bedeuten aber auch eine hohe Eigenverantwortung. Das muss man mögen. Wer es jedoch schätzt, eigenverantwortlich zu arbeiten, genießt hier einen der ganz wesentlichen Vorteile der Tätigkeit an Hochschulen.

Aufgaben im Rahmen der Tätigkeit

In den folgenden Abschnitten werden die Aufgaben von Hochschulprofessor:innen dargestellt. Diese reichen von Lehre über angewandte Forschung und Projektarbeit bis hin zur Organisation der Hochschule sowie der damit verbundenen Selbstverwaltung.

Lehre

Lehre an Hochschulen ist praxis- und anwendungsorientiert, richtet sie sich doch an zukünftige Praktiker:innen. Neben Vorlesungen werden an Hochschulen, soweit es organisatorisch umsetzbar ist, Inhalte vor allem in kleinen Seminaren vermittelt. Praxisprojekte, Fallstudien, Moderationsmethodik, Kleingruppenmethoden etc. finden dabei besonders häufig Anwendung. Typisch für die Hochschule ist eine vergleichsweise intensive Betreuung der Studierenden, persönlich, per E-Mail und in Form von Online-Kursen. Durch die hohe Lehrverpflichtung besteht ein enger Kontakt zu den Studierenden, die man dadurch intensiv über mehrere Jahre begleiten kann.

Welche Themenbereiche zu behandeln sind, steht häufig durch Studienpläne und Modulbeschreibungen der Bachelor- und Masterstudiengänge fest. Die konkreten Inhalte der Vorlesungen und Seminare sowie die Didaktik verantwortet man gänzlich selbst, wobei man sehr große Freiheiten hat. Professor:innen werden an Hochschulen in der Lehre meist inhaltlich breiter eingesetzt als an Universitäten. Ein breiter Überblick über die eigene Disziplin und angrenzende Bereiche, hohe Flexibilität, Praxisorientierung und eine gute Portion an Selbstbewusstsein sind also von Vorteil. Die

Lehre hat sich seit der Corona-Pandemie auch um virtuelle Anteile, digitale Tools und neue Ansätze asynchroner Lernformate erweitert, auch wenn das im Studienalltag von Hochschule zu Hochschule sehr unterschiedlich zum Tragen kommt. Einige Hochschulen setzen inzwischen wieder verstärkt oder ausschließlich auf Präsenzformate, und digitale Lehre darf nur noch sehr eingeschränkt und in Ausnahmefällen im Rahmen der Lehrverpflichtung berücksichtigt werden. Bei anderen Hochschulen sind Online-Formate nun fest in die Lehrformate integriert.

Zur Lehre gehören auch die Leistungserfassung, also der Entwurf von Prüfungen und studienbegleitenden Leistungserfassungen, und die Benotung der Leistungen. Es ist durchaus typisch, dass man jedes Semester 200 oder mehr Prüfungen zu benoten hat.

Angewandte Forschung und angewandte Projekte

Forschung an Hochschulen ist angewandte Forschung. Typisch sind praxisorientierte Kooperationsprojekte zusammen mit Studierenden und Firmen aus der Region. Wie im Eingangsszenario beschrieben, decken Hochschulprofessoren ein breites Spektrum an Aufgaben ab. Gerade Forschung erfordert jedoch die intensive Auseinandersetzung mit einem Forschungsgegenstand – deshalb ist es nur durch ein gutes Zeit- und Selbstmanagement möglich, neben den übrigen Anforderungen, Forschung zu betreiben. Praxisorientierte oder auch interdisziplinäre Projekte sind prinzipiell leichter zu verwirklichen als Grundlagenforschung. Dabei ist es hilfreich, dass es die Möglichkeit gibt, sich ca. alle 3 bis 4 Jahre ein Semester lang von seiner Lehrverpflichtung freistellen zu lassen, indem man ein Forschungs- oder Praxissemester nimmt. Inzwischen gibt es auch an zahlreichen staatlichen Hochschulen Forschungsprofessuren und Forschungsgruppen, die mit einer Reduktion der Lehrverpflichtung Freiräume für umfassende Forschung schaffen. Voraussetzung für die interne oder externe Bewerbung auf diese Forschungsprofessuren und Forschungsgruppen ist allerdings in den allermeisten Fällen bereits nachgewiesene Publikationstätigkeit und Erfolg beim Einwerben von Drittmitteln.

In der Forschung an Hochschulen ist man insgesamt sehr selbstbestimmt, kann seine Themen und Studien selbst festlegen, steht dann aber auch ganz in der Verantwortung, die Umsetzungen vorzunehmen. Die wenigsten Professor:innen an Hochschulen haben dabei feste Mitarbeiter:innen, an die man Aufgaben delegieren kann.

Hochschulorganisation und Selbstverwaltung

Erwartet wird an Hochschulen immer, dass Professor:innen Aufgaben in der Selbstverwaltung übernehmen. Das Feld ist breit: Man kann an Themen und Projekten in Arbeitsgruppen mitarbeiten (z. B. Neuentwicklung von Studiengängen) oder temporär eine besondere Funktion bzw. Managementaufgabe übernehmen. Zur Auswahl stehen hier sehr verschiedene Funktionen wie Dekan:in, Studiendekan:in, Studiengangsleitung, Gleichstellungsbeauftragte:r, Auslandskoordinator:in und viele mehr. Diejenigen, die eine Funktion übernehmen, erhalten zumeist Ermäßigungsstunden auf ihre Lehrverpflichtung und unterrichten somit weniger Wochenstunden, d.h. das Lehrdeputat verringert sich entsprechend.

Mobilitätsbereitschaft

Inwieweit man Reisen zu nationalen und internationalen Partnerhochschulen, Kongressen oder Firmen tätigt, oder auch einmal ein Forschungsfreisemester woanders verbringt, hängt ganz von den eigenen Interessen, Themen und Zielen ab.

Mobilität ist eine wichtige Voraussetzung für die Aufnahme einer Professur. Es ist unwahrscheinlich, auf Anhieb in der eigenen Traumstadt eine Stelle zu finden. Daher pendeln viele Professor:innen zum Hochschulstandort oder ziehen um, um eine angebotene Stelle anzunehmen.

Arbeitszeiten

Die Tätigkeit als Professor:in ist, wie bereits erwähnt, eine sehr selbstbestimmte Tätigkeit. Freiheit besteht nicht nur in Bezug auf Inhalte und Themen von Lehre und Forschung. Bei dem zwar insgesamt hohen Zeiteinsatz hat man doch auch einige Freiheiten bei der Zeitgestaltung. Während des Semesters kann man an den meisten deutschen Hochschulen jede Woche einen Tag von zu Hause aus arbeiten. In Prüfungszeiten und vorlesungsfreien Zeiten besteht noch mehr Spielraum bei der Wahl des Arbeitsortes. Bei gutem Selbstmanagement lässt sich bei dieser Tätigkeit eine gute Work-Life-Balance erreichen, was manchmal noch unterstützt wird durch hochschuleigene Kindergärten oder eine familienfreundliche Personalpolitik (z. B. das Siegel „Familienfreundliche Hochschule"). Man sollte sich aber nicht täuschen lassen – die durchschnittliche Arbeitszeit liegt vermutlich im Schnitt bei deutlich mehr als 40 h. Ganz wesentlich auf die Arbeitsbedingungen wirkt sich auch aus, an welcher Hochschule man ist:

− Es gibt private Hochschulen, die vor allem berufsbegleitende Studiengänge anbieten. Dort sind also die Hauptunterrichtszeiten abends und am Wochenende.
− Es gibt private Hochschulen, die vor allem Teilzeitprofessor:innen einstellen, d. h., man braucht hier weiterhin ein zweites berufliches Standbein.
− Es gibt einige Hochschulen, die in Trimestern unterrichten (z. B. Verwaltungsfachhochschulen), während ansonsten Semester üblich sind. Bei Trimestern hat

man als Professor:in weniger Freiheiten, da die meiste Zeit des Jahres Unterricht oder Prüfungen stattfinden.

Einkommen

Die Bezahlung ist an staatlichen Hochschulen in Deutschland klar geregelt. Das Grundgehalt ist in den allermeisten Fällen in der Stufe W2 festgelegt (variiert nach Bundesländern, aktuell ca. 6200 € brutto/Monat in Schleswig-Holstein bis 6900 € in Baden-Württemberg). In manchen Bundesländern ist das Grundgehalt in Gehaltsstufen geregelt, d. h., nach einigen Jahren steigt es automatisch an, beispielsweise in Bayern von 6250 € in Stufe 1 auf 6500 € in Stufe 2 bis hin zu maximal 6900 € in Stufe 3. Zusätzlich gibt es gesetzlich geregelte Zulagen, beispielsweise den Orts- und Familienzuschlag in Bayern, der je nach Familiensituation monatlich mehrere Hundert Euro brutto ausmachen kann. Zulagen, die verhandelt werden, sind zu Beginn meist nur gering. Gehaltssteigerungen, die meist moderat ausfallen, ergeben sich durch Leistungszulagen, die bereits erwähnten nächste Gehaltsstufen oder in Verbindung mit Funktionen (z. B. als Dekan:in). Das W2-Grundgehalt liegt über dem Grundgehalt typischer staatlicher Psycholog:innenstellen (z. B. Tarifvertrag des öffentlichen Dienstes). Wer in der Wirtschaft vorher gut verdient hat, macht oft einen Rückschritt in punkto Gehalt. Das Gehalt ist aber nicht die primäre Motivation, diesen Weg einzuschlagen. Weitere Vorteile können sich durch eine Verbeamtung ergeben, die sofort (auf Zeit oder unbefristet) oder nach einer temporären Verbeamtung auf Probe erfolgen kann. Dadurch erhöht sich das Nettogehalt deutlich und man erwirbt Pensionsansprüche, die über der garantierten Rente in vergleichbaren Anstellungen in der freien Wirtschaft liegen. Eine unbefristete Professur garantiert darüber hinaus Stellensicherheit. Allerdings gibt es durchaus den Trend, dass Verbeamtungen oder unbefristete Stellen nicht (mehr) flächendeckend üblich sind.

Private Hochschulen legen ihre Gehaltsstrukturen nicht offen. Die Möglichkeit der Verbeamtung gibt es hier nicht. Teilweise sind Professuren als Teilzeitstellen angelegt, bei denen man die Präsenzzeiten prüfen sollte, damit sich die Stelle ggf. mit einem zweiten beruflichen Standbein vereinbaren lässt. Insgesamt kann man davon ausgehen, dass private Hochschulen nicht durchgängig bessere Bedingungen anbieten als staatliche Hochschulen.

Berufliche Weiterbildung und Karrieremöglichkeiten

Weiterbildungen sind nicht nur möglich, sondern absolut erforderlich, damit man auch nach mehreren Jahren in der Funktion noch am Puls der Zeit ist. Weiterentwicklung wird unterstützt durch Reisemittel, Internationalisierungsmittel sowie Forschungs- und Praxissemester. Die Schwerpunkte und Richtung der eigenen Entwicklung setzt man selbst, in Abstimmung mit den Fakultäts- und Hochschulleitungen.

An Hochschulen gibt es verschiedene Möglichkeiten, weitere Karrierestufen zu erklimmen, beispielsweise in der Fakultäts- oder Hochschulleitung. Kompetente und motivierte Personen erhalten meistens eine Chance, sich zur Wahl zu stellen. Das ist eine weitere Besonderheit an Hochschulen: Es gibt demokratische Entscheidungsgremien, die über Besetzungen von Ämtern entscheiden. Wer etwas bewirken möchte und andere durch Mikropolitik für sich einnimmt, erhält meist eine gute Chance.

Viele Hochschulprofessor:innen engagieren sich nebenberuflich auch in Praxisprojekten, sie sind als Berater:innen, Coach:innen, Therapeut:innen o. Ä. in Form einer genehmigten Nebentätigkeit oder eines Nebenamts tätig. Die Motivation dafür ist gemischt: Es ist eine Form, sich weiterzuentwickeln, man kann damit sein Gehalt aufbessern und man bleibt in der Praxis am Ball, was wiederum zur guten Lehre beiträgt.

22.3 Anforderungen an eine Tätigkeit als Hochschulprofessor:in

Professuren an Hochschulen werden durch Berufungsverfahren besetzt. Dabei existieren meist entsprechende Regularien der Hochschulen, in denen die konkreten Spielregeln beschrieben sind. Die drei zentralen Anforderungen an zukünftige Hochschulprofessor:innen sind:

1. Wissenschaftliche Tätigkeit: Voraussetzung für eine Berufung ist eine mehrjährige Tätigkeit in der Forschung, gleichgültig ob haupt- oder nebenberuflich. In der Regel werden eine Promotion und einige Veröffentlichungen erwartet, die zeigen, dass Forschung ein beruflicher Fokus ist oder war. Eine Habilitation ist nicht nötig und stellt häufig keinen Vorteil dar, wobei sich das durch die zunehmende Forschungsorientierung von Hochschulen teilweise verändert. Die wissenschaftlichen Anforderungen haben insgesamt nicht den gleichen Stellenwert wie bei einer Professur an einer Universität, z. B. bezüglich des Impact-Faktors und der Anzahl der Veröffentlichungen.

2. Praxis: Das Studium an Hochschulen ist praxisnah. Das wird darüber garantiert, dass Personen in der Lehre tätig sind, die selbst die Praxis in verantwortlicher Funktion kennengelernt haben. Daher wird eine mindestens 5-jährige einschlägige Berufserfahrung in dem Feld der ausgeschriebenen Professur erwartet, wovon 3 Jahre außerhalb des Hochschulbereichs verbracht wurden. Ausnahmen davon sind abhängig von der Hochschule und den jeweiligen Berufungsrichtlinien

möglich, wobei das im Einzelfall geprüft und entschieden wird.
3. Lehre/Didaktik (pädagogische Eignung): Durch Lehrerfahrungen und didaktische Weiterbildungen kann die pädagogische Eignung nachgewiesen werden. Probelehrveranstaltungen dienen dazu, dass die Berufungskommission sich persönlich ein Bild der didaktischen Kompetenzen machen kann.

Die Berufungsvoraussetzungen zeigen, dass eine Hochschulprofessur eine zweite Karriereoption für Personen ist, die in Forschung und Praxis tätig waren und nun ihre Erfahrungen in der Ausbildung von Studierenden einsetzen möchten. Da es oft viele Bewerber:innen auf eine Stelle gibt, ist es wichtig, dem Profil gut zu entsprechen, um eine wirkliche Chance zu haben. Wer sich bewirbt, sollte sich auf ein aufwendiges Bewerbungsverfahren einstellen, das mehrere Monate dauert und das Probevorträge und intensive Gespräche mit einer Kommission umfasst. Frauen werden dabei bei gleicher Qualifikation bevorzugt eingestellt. Eine kostenpflichtige Berufungsberatung sowie die kostenlosen Informationen zu HAW-Professuren des Hochschullehrerbunds (hlb) können hier hilfreich sein. Auch spezielle Informations- und Beratungsangebote für Frauen sind sehr empfehlenswert, beispielsweise für Bayern die Landeskonferenz der Frauen- und Gleichstellungsbeauftragten an bayerischen Hochschulen (LaKoF Bayern) oder für Nordrhein-Westfalen die Landeskonferenz der Gleichstellungsbeauftragten der Hochschulen und Universitätsklinika des Landes Nordrhein-Westfalen (LaKoF). Eine Übersicht aller Landeskonferenzen für Frauen- und Gleichstellungsbeauftragte in Deutschland gibt es bei der Bundeskonferenz der Frauen- und Gleichstellungsbeauftragten an Hochschulen (bukof).

Eine Perspektive aus der Praxis

Prof. Dr. Stefanie Winter, h_da Hochschule Darmstadt – University of Applied Sciences, Professur für Wirtschafts- und Sozialpsychologie, Studiengangsleitung Wirtschaftspsychologie (B. Sc.)

Warum haben Sie sich für eine Hochschulprofessur entschieden?

1. Weil mir der Umgang mit Menschen schon immer viel Spaß gemacht hat.
2. Weil ich die Herausforderung liebe, Wissen auf anschauliche, verständliche Weise zusammenzufassen und zu vermitteln.
3. Weil ich das Gefühl habe, hier viel Gutes bewirken und bewegen zu können.

Was glauben Sie, können Psycholog:innen in diesem Berufsfeld bewegen?

Psycholog:innen an der Hochschule können Studierenden (in der Lehre) und der Allgemeinheit (durch die Forschung) dabei helfen, andere Menschen sowie unser eigenes Denken, Fühlen und Verhalten etwas besser zu verstehen. Und sie können (und sollten) natürlich selbst in ihrem eigenen Verhalten ein Vorbild für andere sein.

Was hat Sie an Ihrer Tätigkeit am meisten überrascht?

Zu Beginn war ich doch überrascht, wie hoch (im Unterschied zur Universität) der zeitliche Anteil der Lehre im Hochschulalltag ist, und dass man sich für Forschung und andere Projekte zeitliche Freiräume schaffen muss. Aber mit zunehmender Routine funktioniert das.

Ist es überhaupt möglich, diesen Beruf mit einem normalen Familienleben zu vereinen?

Absolut. Viele Tätigkeiten wie die Vorbereitung der Lehre, Korrekturen oder Forschungskonzepte kann man auch gut von zu Hause aus erledigen und in der Planung der Unterrichtszeiten können individuelle Wünsche berücksichtigt werden.

Welchen Tipp haben Sie für Psycholog:innen, die sich überlegen, an der Hochschule zu arbeiten?

In einem spannenden, praxisnahen Thema promovieren; frühzeitig durch Lehraufträge Lehrerfahrungen sammeln und dabei auch prüfen, ob das Lehren wirklich eine Leidenschaft ist – und dann einfach trauen, sich zu bewerben.

Stoßen Sie manchmal auf Vorurteile wegen Ihrer Ausbildung?

Sowohl das Psychologiestudium als auch die Professur flößen manchen Gesprächspartner:innen enorm viel Respekt ein und verunsichern dadurch. Aber das ist gleichzeitig immer ein gutes Gesprächsthema.

Was sind die größten Vorteile Ihrer Tätigkeit?

Die Freiheit, die Dinge, die ich gerne tue (lehren, forschen, Ideen entwickeln) auf meine eigene Weise zu tun.

Was sind Nachteile, die Sie in Kauf nehmen?

Sicherlich würde ich in einer Unternehmensberatung mehr Geld verdienen als an der Hochschule – aber da Geld erwiesenermaßen nicht das Wichtigste im Leben ist, nehme ich das gerne in Kauf.

Schwerpunktsetzung und fachliche Inhalte

Wer sich schon früh für eine Hochschulprofessur interessiert, sollte erst einmal seine Liebe zu einer angewandten psychologischen Disziplin entdecken und in diesem Feld wirklich gut sein, darin promovieren und einschlägige Berufserfahrungen sammeln. Ob am Ende eine Professur an einer Hochschule in diesem Feld zum richtigen Zeitpunkt frei ist, ist nicht wirklich planbar. Einen Plan B zu haben, ist dabei immer eine gute Idee. Die Bewerbung an einer Hochschule klappt meist nicht beim ersten Versuch und man sollte sich auf mehrere Jahre Bewerbungszeit einstellen. Wenn es dann schneller klappt, umso besser! Ein Switch zwischen Hochschul- und Universitätsprofessur ist meist nicht möglich und äußerst selten, hier muss man sich also frühzeitig für einen der beiden Karrierewege entscheiden.

Sprachkenntnisse

Hochschulen werden immer internationaler, d. h., sehr gute Englischkenntnisse, die Bereitschaft auf Englisch zu unterrichten und Auslandserfahrungen sind in vielen Fällen hilfreich, teilweise auch explizite Einstellungsvoraussetzung, nicht aber in jedem Fall ein Muss. Probelehrveranstaltungen beinhalten oftmals einen Teil in englischer Sprache, um die Sprachkompetenz der Bewerber:innen beurteilen zu können.

Praxis, Praxis, Praxis

Relevante Praxiserfahrung ist bei Hochschulprofessor:innen sehr wichtig. Ein Feld zu seinem zu machen, ist dabei eine gute Voraussetzung. Am besten sammelt man darin viele und breite Erfahrungen. Führungs- und Managementkompetenzen können das Profil ergänzen, sind aber nicht prinzipiell Voraussetzung.

Wer sich beispielsweise auf eine Professur „Personalmanagement" bewirbt, steht in sehr starker Konkurrenz zu Betriebswirt:innen, die ein breites Profil in Theorie und Praxis abdecken (z. B. in operativer, strategischer und internationaler Personalarbeit) sowie auf dem Gebiet des Arbeitsrechtes Kenntnisse aufweisen. Um bei solchen Verfahren in nicht eigens psychologischen Feldern überhaupt eine Chance zu haben, ist es wichtig nachzuweisen, dass man ebenfalls über dieses breite Wissen und breite Erfahrungen verfügt.

Unterrichtserfahrung zählt auch zur Praxiserfahrung. Wer sich für Hochschulprofessuren interessiert, sollte so früh wie möglich unterrichten (z. B. in Form von Lehraufträgen), viele Vorträge halten, Erfahrungen mit Trainings und Moderationen sammeln und sich mit aktivierender moderner Didaktik auseinandersetzen.

> **Fazit**
>
> In diesem Kapitel wird deutlich, dass es sich bei der Hochschulprofessur um einen manchmal äußerst intensiven Beruf handelt, der dabei aber immer von sehr großen Freiheiten sowohl bei der Gestaltung der Inhalte als auch der Rahmenbedingungen geprägt ist. Gleichzeitig gibt einem die Hochschulprofessur ein hohes Maß an Sicherheit und Planbarkeit, z. B. auch in puncto Vereinbarkeit mit dem Privat- und Familienleben. Begleitung von Studierenden, angewandte Lehre und Forschung, interessante Praxisprojekte und die Möglichkeit, selbstbestimmt Management- und Führungsaufgaben zu übernehmen, sind für uns persönlich eine absolut ideale Kombination und ein wunderbarer Blumenstrauß an vielfältigen und abwechslungsreichen Tätigkeiten – langweilig wird es dabei überaus selten.

Literatur und weiterführende Quellen

berufundfamilie. Zertifikate zum audit berufundfamilie und zum audit familiengerechte hochschule. https://www.berufundfamilie.de/zertifikat-audit-berufundfamilie/zertifikatstraeger-audit. Zugegriffen am 14.05.2024.

Hochschulkompass. www.hochschulkompass.de. Zugegriffen am 14.05.2024.

Hochschullehrerbund (hlb). www.hlb.de. Zugegriffen am 14.05.2024.

Macke, G., Hanke, U., & Viehmann, P. (2012). *Hochschuldidaktik: Lehren – vortragen – prüfen – beraten*. Beltz.

Plahl, M. (2009). Fachhochschulen. In M.-E. Geis (Hrsg.), *Hochschulrecht im Freistaat Bayern: Handbuch für Wissenschaft und Praxis* (S. 401–414). Müller.

Rompa, R. (2010). *Karriere am Campus. Traumjobs an Uni und FH*. Gabler.

Rummler, M. (2011). *Crashkurs Hochschuldidaktik: Grundlagen und Methoden guter Lehre*. Beltz.

Statista Research Department. (2024). Anzahl der Hochschulen in Deutschland in den Wintersemestern 2018/2019 bis 2023/2024 nach Hochschulart. https://de.statista.com/statistik/daten/studie/247238/umfrage/hochschulen-in-deutschland-nach-hochschulart. Zugegriffen am 14.05.2024.

Stock, S., Schneider, P., Peper, P., & Molitor, E. (2009). *Erfolgreich promovieren: Ein Ratgeber von Promovierten für Promovierende*. Springer.

Waldherr, F., Walter, C., & Kurz, A. (2009). *Didaktisch und praktisch: Ideen und Methoden für die Hochschullehre*. Schäffer-Poeschel.

wirtschaftspsychologie.studieren.de. Dein Studienführer für Wirtschaftspsychologie. www.wirtschaftspsychologie-studieren.de. Zugegriffen am 14.05.2024.

Tätigkeiten an Forschungseinrichtungen

Sophie Herbst

Inhaltsverzeichnis

23.1 **Arbeiten in einer Forschungseinrichtung – was ist das? – 279**

23.2 **Forschung – ein ganz besonderes Tätigkeitsfeld? – 280**
Aufgaben im Rahmen der Tätigkeit – 281
Mobilitätsbereitschaft – 283
Arbeitszeit – 284
Einkommen – 284
Karrieremöglichkeiten – 285
Persönliche Weiterbildung – 287
Selbstständigkeit – 287

23.3 **Die Rolle von Psycholog:innen an Forschungseinrichtungen – 287**

23.4 **Anforderungen an eine Tätigkeit als Forscher:in – 288**
Fachliche Inhalte – 289
Computerkenntnisse – 289
Sprachkenntnisse – 290
Praxis, Praxis, Praxis – 290

Literatur – 291

© Der/die Autor(en), exklusiv lizenziert an Springer-Verlag GmbH, DE, ein Teil von Springer Nature 2024
M. Mendius, S. Werther (Hrsg.), *Psychologie in Studium und Beruf*,
https://doi.org/10.1007/978-3-662-68508-2_23

Dieses Kapitel stellt die Tätigkeit von Psycholog:innen an Forschungseinrichtungen vor und bezieht sich dabei vorrangig auf den Bereich der Grundlagenforschung.

Bei einer Forschungseinrichtung handelt es sich um eine (meist zumindest teilweise aus öffentlichen Mitteln finanzierte) Institution, die sich zum Ziel gesetzt hat, zu einem oder mehreren Themen wissenschaftliche Forschung zu betreiben. Größtenteils verfügt die jeweilige Einrichtung über ein eigenes Budget und ist finanziell und organisatorisch von Universitäten unabhängig. Oftmals bestehen jedoch Kollaborationen mit universitären Instituten. Die 2012 beschlossene Neuerung des Wissenschaftsfreiheitsgesetzes („Gesetz zur Flexibilisierung von haushaltsrechtlichen Rahmenbedingungen außeruniversitärer Wissenschaftseinrichtungen") verstärkt die Autonomie der öffentlichen Forschungsinstitutionen. Somit können die Institute ihre Schwerpunkte und deren Finanzierung so frei wie möglich regeln, was den hier tätigen Forscher:innen ein großes Maß an Flexibilität bietet. Die Tätigkeit an Forschungsinstituten ähnelt in vielen Aspekten der an Universitäten, es gibt jedoch auch Unterschiede, wie im Folgenden dargestellt wird.

In diesem Abschnitt wird einleitend ein typischer Arbeitstag einer Forscherin vorgestellt. Des Weiteren werden einige Besonderheiten des Berufsfeldes beleuchtet, auch im Unterschied zur Tätigkeit an Universitäten, sowie die Rolle von Psycholog:innen in diesem Feld skizziert. Zum Abschluss des Kapitels berichtet ein Experte im Interview von seinen Erfahrungen.

Ein Szenario

Anna Beck ist Postdoc am Albert-Einstein-Institut für Kognitive Neurowissenschaften in Marburg. Sie arbeitet dort seit einem Jahr in der Arbeitsgruppe von Professor Fritz Stein im Forschungsbereich Kognitive Psychologie auf einer für 2 Jahre befristeten und durch Drittmittel geförderten Stelle. Drittmittel sind Gelder, die den Forscher:innen von externen Auftraggebern (wie u. a. von der Deutschen Forschungsgemeinschaft) über ein kompetitives Antragsverfahren zur Verfügung gestellt werden, um jeweils ein bestimmtes Forschungsprojekt zu bearbeiten.

Da es keine genauen Zeitvorgaben gibt, beginnt Anna ihren Arbeitstag meist gegen 9:00 Uhr. Annas Projekt beschäftigt sich mit der menschlichen Zeitwahrnehmung im Sekundenbereich. Sie untersucht, mittels welcher kognitiven Mechanismen wir Zeit aus der Umwelt extrahieren, und wieso bestimmte Zeitintervalle subjektiv länger erscheinen als andere. Während ihrer Doktorarbeit hat sie schon einige Studien zu diesem Thema durchgeführt und zwei Artikel publiziert. Es war für sie sehr wichtig, die Stelle in der Arbeitsgruppe von Prof. Stein zu bekommen, da sie hier die Arbeit am Thema Zeitwahrnehmung fortsetzen und dabei eigene Ideen in einem erfahrenen Team verwirklichen kann.

Momentan plant sie eine neue Studie zum Thema „Emotionsverarbeitung und Zeitwahrnehmung", die möglichst bald beginnen soll. Morgens geht sie zuerst ein paar neu erschienene Artikel durch, um auf dem aktuellen Stand zu bleiben.

Gerade ist sie dabei, das Skript zu programmieren, mittels dessen den Probanden am Computer Bilder gezeigt werden sollen und mittels dessen auch die Antworten der Probanden aufgezeichnet werden sollen. Obwohl Anna während ihrer Doktorarbeit Erfahrung im Programmieren gesammelt hat, gibt es noch ein paar technische Probleme mit dem Skript, z. B. das zeitlich genaue Erscheinen der Bilder zu kalibrieren. In der Studie werden Reaktionszeiten gemessen, sodass die Bilder auf die Millisekunde genau am Bildschirm erscheinen müssen. Nach einer Stunde Herumprobieren entschließt sich Anna, eine

Kollegin mit sehr guten Informatikkenntnissen um Rat zu fragen. Diese hat Zeit und hilft ihr, die entsprechende Stelle richtig zu stellen. Für den Nachmittag reserviert Anna den Versuchsraum, um das Skript vor Ort zu testen.

Zum Mittagessen trifft sie andere Forscher:innen des Instituts, die bei einem gemeinsamen Science Lunch über ihre aktuellen Projekte diskutieren und sich über andere Aktualitäten am Institut austauschen.

Am frühen Nachmittag kommt eine Doktorandin vorbei und bittet um Rat, da sie bei der Auswahl ihrer Stimuli unsicher ist. Anna schreibt ihr ein paar Links zu Datenbanken auf und gibt ihr eine Datei mit Bildern, die sie in einer vorherigen Studie benutzt hat. Um 14:00 Uhr trifft Anna einen Praktikanten, der an ihrem Projekt mitarbeitet, um mit ihm einzelne Schritte der Datenanalyse zu besprechen.

Bevor sie in den Versuchsraum geht, setzt Anna sich noch kurz an einen Abstract für einen Konferenzbeitrag. Sie hat von ihrem Chef Korrekturen bekommen, die bis heute Abend eingearbeitet werden müssen, damit die Einreichung noch rechtzeitig erfolgt. Den Großteil des Nachmittags verbringt sie im Testraum mit dem Testen ihres Skripts. Es ist geplant, dass der Praktikant ab nächster Woche Probanden testet – bis dahin muss alles fertig sein. Sie prüft, ob die Reize am Bildschirm hell genug erscheinen und ob jeder Reiz wirklich zur richtigen Zeit kommt.

Die Forschungsfrage und die Studie hat Anna selbst entwickelt. Sie möchte damit zeigen, wie emotional gefärbte Reize die nachfolgende Wahrnehmung neutraler Reize verändern. Dabei sollen zunächst Reaktionszeiten gemessen werden. Sollte sich ein Effekt zeigen, plant Anna, eine EEG-Studie anzuschließen, bei der sie die elektrische Gehirnaktivität in Zusammenhang mit den Reizen misst.

Am frühen Abend steht ein Treffen mit dem Chef an, der über Ergebnisse ihrer aktuellen Studie informiert werden möchte. Außerdem hat er ihren neuen Entwurf für einen gemeinsamen Artikel durchgearbeitet und gibt ein paar Änderungsvorschläge und Anmerkungen zur Analyse. Nach dem Gespräch setzt Anna sich noch für 2 h an den Schreibtisch und implementiert seine Änderungsvorschläge in der Analyse. Sie möchte den Artikel unbedingt bald einreichen, da sie gerade einen neuen Drittmittelantrag zur Einreichung bei der Deutschen Forschungsgemeinschaft vorbereitet, der auf ihren vorherigen Studien aufbaut. Um damit möglichst große Chancen zu haben, sollte ihre Publikationsliste so umfassend wie möglich sein. Gegen 19:00 Uhr macht sie sich noch ein paar Notizen dazu, was sie am nächsten Tag zu tun plant. Außer einer Arbeitsgruppenbesprechung steht ein Kompetenzworkshop für junge Forscher:innen an, ansonsten kann sie sich den Tag frei einteilen.

23.1 Arbeiten in einer Forschungseinrichtung – was ist das?

Deutschlandweit gibt es unzählige Forschungsinstitute und Einrichtungen mit unterschiedlichster Schwerpunktsetzung, die von reiner Grundlagenforschung bis zu anwendungsbezogenen Gebieten reichen. Einen Überblick bieten die Internetseiten des BMBF (▶ www.bundesbericht-forschung-innovation.de) sowie ▶ Forschungsportal.net (▶ www.forschungsportal.net/forschungseinrichtungen-in-deutschland o. J.).

Die größten und bekanntesten öffentlichen Forschungseinrichtungen in Deutschland sind Einrichtungen der Max-Planck-Gesellschaft, der Fraunhofer-Gesellschaft, der Leibniz-Gemeinschaft und der Helmholtz-Gemeinschaft, die jeweils zahlreiche Institute unter ihrem Dach vereinen, teilweise auch im Ausland. Dabei variiert die Ausrichtung von überwiegend Grundlagenforschung an den Max-Planck-Instituten zu angewandter Forschung an den Fraunhofer-Instituten. Grundlagenforschung bezieht sich im psychologischen Bereich auf die Untersuchung des menschlichen Verhaltens und Erlebens in den verschiedensten Kontexten, oft auch im Zusammenhang mit den neuronalen Grundlagen der betreffenden Prozesse. Hierbei besteht kein direkter Anwendungsbezug. Angewandte Forschung bezieht sich auf Untersuchungen, aus denen ein direkter Nutzen für die Bevölkerung (außer dem Verständnis der zugrunde liegenden Prozesse) abgeleitet werden kann, z. B. Ansätze zur Diagnostik oder Therapie einer bestimmten Krankheit oder pädagogische Handlungsempfehlungen.

Die Einrichtungen finanzieren sich überwiegend aus öffentlichen Mitteln von Bund und Ländern sowie aus Mitteln der Privatwirtschaft. Beispielsweise deckt sich das Budget der Max-Planck-Gesellschaft, die in 80 Einrichtungen 24.000 Mitarbeiter:innen beschäftigt (davon 6800 Wissenschaftler:innen) zu 95 % aus öffentlichen Mitteln (Bundesministerium für Bildung und Forschung, 2022; Max-Planck-Gesellschaft, 2022).

23.2 Forschung – ein ganz besonderes Tätigkeitsfeld?

Es ist schwer, eine genaue Definition der Tätigkeit eines Psychologen an Forschungseinrichtungen zu geben, da die Aufgaben je nach Institution und Karrierestadium stark variieren können. In vielen Aspekten gleicht die Tätigkeit der an Universitäten, wie sie in ▶ Kap. 21 beschrieben wurde.

Die typischen Karrierestadien lauten: Promotion, Postdoc, Arbeitsgruppenleiter:in bis hin zum/r Institutsleiter:in. Dabei wird oftmals zwischen Instituten im In- und Ausland sowie Universitäten gewechselt und mit Universitäten, klinischen Einrichtungen oder auch der Wirtschaft kooperiert.

So vielfältig wie die einzelnen Institute sind auch die Themengebiete, woraus eine große Freiheit bei der Schwerpunktsetzung resultiert. Mehr oder weniger alle aus dem Psychologiestudium bekannten Themen können beforscht werden, mit Überschneidungen zu den Bereichen Pädagogik, Soziologie, Wirtschaftswissenschaften, Philosophie, Biologie, Neurowissenschaft und Medizin.

Im typischen Karriereverlauf verfestigt sich das Schwerpunktthema ab der Promotion und es werden eigene Modelle und Theorien entwickelt, die mittels Publikationen an den eigenen Namen geknüpft sind. Jedoch können Fragestellung und gewählte Methodik durchaus Veränderungen durchlaufen und werden oft vom Arbeitsumfeld beeinflusst. Selbstverständlich ist die Beliebtheit von Themen häufig auch vom Zeitgeist geprägt, so wie z. B. momentan die Erforschung der neuronalen Grundlagen des menschlichen Bewusstseins. Dabei bestimmen Finanzierungsmöglichkeiten maßgeblich, welche Themen bearbeitet werden können und oftmals ist es einfacher, Drittmittel für ein Thema einzuwerben, das auf breite Akzeptanz in der Öffentlichkeit stößt. Gleichfalls bleibt die Wahl der Methodik (z. B. behaviorale Methoden, qualitative Beobachtungsforschung oder bildgebende Verfahren) dem/r Forscher:in bzw. der Arbeitsgruppe selbst überlassen. Dabei ist oft sehr viel Eigeninitiative bei der Auswahl des richtigen Vorgehens erforderlich – man arbeitet schließlich an der Erweiterung des vorhandenen Wissens, was somit automatisch die Bewegung auf Neuland bedeutet.

Vom/von der Doktorand:in bis zum/r Arbeitsgruppen- oder gar Institutsleiter:in verlagert sich der Tätigkeitsschwerpunkt oftmals von der konkreten Planung und Durchführung der Forschung hin zu Führungs- und Managementaufgaben. Die Promotion gleicht dabei einer Art Lehre, in der die wichtigen Kenntnisse und Methoden unter Anleitung der Betreuer:innen bzw. der jeweiligen Arbeitsgruppe erlernt und geübt werden. In späteren Phasen wird dann immer mehr Unabhängigkeit vorausgesetzt, ebenso wie die Weitergabe der erworbenen Fähigkeiten an Nachwuchsforscher:innen, die bezüglich ihrer beruflichen Entwicklung noch am Anfang stehen.

Ein Arbeitstag wie oben beschrieben ist typisch für den Alltag an einem Forschungsinstitut.

Die Arbeit erfolgt projektbezogen und oft erlauben die Strukturen eine freie Einteilung des Arbeitsablaufs. Auch die Auswahl der Projekte sowie deren Planung und Durchführung bis zur Publikation liegen zum großen Teil in der Verantwortung einzelner Forscher:innen bzw. Arbeitsgruppenleiter:innen. Auch die Methodik des Forschungsansatzes bestimmt den Arbeitsalltag: Werden spezielle Maschinen benötigt, zu deren Benutzung Fachpersonal anwesend sein muss (z. B. medizinisch geschultes Personal während einer Messung mittels Magnetresonanztomografie [MRT]), wird mit menschlichen Proband:innen gearbeitet (Planung der Messzeiten vorwiegend an Werktagen) oder erfolgt die Arbeit an einem Tiermodel (Training oder Messung am Wochenende möglich)?

Die Fähigkeiten, die für gutes wissenschaftliches Arbeiten unabdingbar sind, werden zum Teil während des Studiums, insbesondere aber während der Doktorarbeit und während der Postdoc-Phase erlernt und vertieft. An Forschungsinstituten steht die Forschung im Mittelpunkt und die Mitarbeiter:innen haben keine formelle Lehrverpflichtung. Die Arbeitsgruppen verwalten sich oft selbst, sodass auch hier Aufgaben anfallen. Da die Verträge häufig befristet sind, gilt es, sich rechtzeitig um Drittmittel bzw. eine neue Finanzierung zu bemühen. Der Erfolg dieser Bemühungen hängt oft maßgeblich von der Qualität der vorangegangenen Publikationen ab.

Zusammenfassend bietet dieses Tätigkeitsfeld sehr viele Freiheiten bei der Auswahl der Themen, der Methodik und der Strukturierung der Arbeitsgruppe. Gleichzeitig werden aber auch hoher Einsatz, Flexibilität und Eigeninitiative gefordert. Das Lernen hört hier sicherlich nie auf, und aus Fehlern lernt man eben am besten, was manchmal mühsame Umwege und oft viel Eigenantrieb erfordert. Auch die existenzielle Unsicherheit, die eine Forscher:innenkarriere häufig bis mindestens ins mittlere Erwachsenenalter hinein prägt, ist zweifellos charakteristisch. Diese ist hauptsächlich der unzureichenden Verfügbarkeit fester Arbeitsverträge zuzuschreiben, die wiederum zu häufigen Orts- und Stellenwechseln führen und ein hohes Maß an Flexibilität erfordern.

Aufgaben im Rahmen der Tätigkeit

Die Aufgaben von Forscher:innen lassen sich grob in folgende fünf Felder zusammenfassen: Forschung, Kommunikation und Publikation, Lehre und Nachwuchsförderung, Einwerben von Forschungsgeldern, Verwaltungs- und Organisationsaufgaben. Die ◘ Abb. 23.1 zeigt eine schematische Aufteilung in die einzelnen Bereiche. Die abgebildeten Verhältnisse repräsentieren den realen Zeitanteil nur schematisch, tatsächlich kann der proportionale Zeitanteil der einzelnen Bereiche je nach Karrierestadium und individueller Situation stark variieren.

Forschung

Die eigentliche Haupttätigkeit nimmt einen großen Anteil an Zeit ein, besonders im frühen Karrierestadium. Forschung erfolgt projektorientiert, beinhaltet Hypothesengenerierung und Planung, Datenerhebung, Auswertung, Darstellung und Interpretation der Ergebnisse.

Diese Arbeit kann im Labor oder im Feld erfolgen, was je nach Projekt ganz unterschiedliche Anforderungen bedeuten kann. Oftmals basieren psychologische

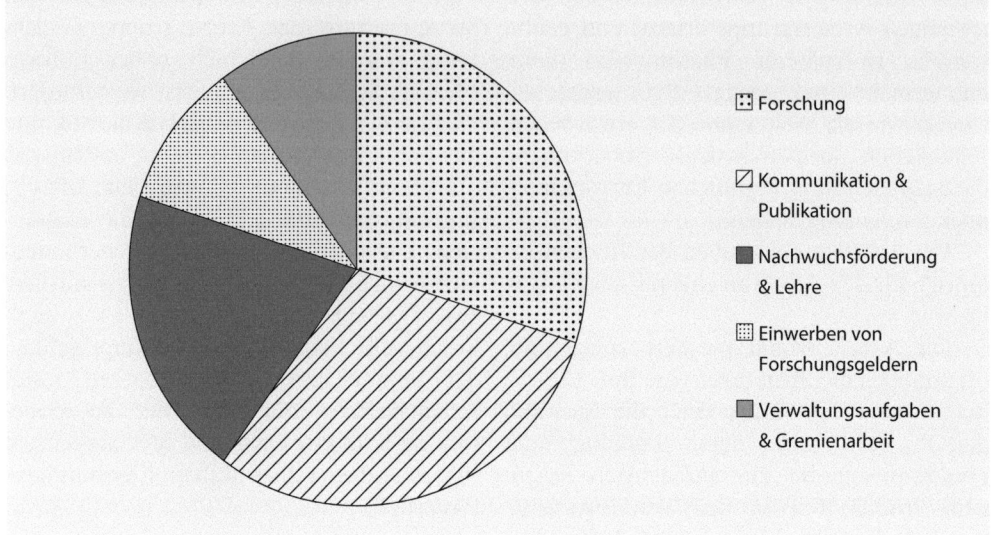

◘ Abb. 23.1 Schematische Darstellung der Arbeitsbereiche im Tätigkeitsfeld Forschung und Lehre

Experimente auf relativ kleinen Stichproben von gesunden jungen Erwachsenen (Studierenden), es kann sich aber z. B. auch um wesentlich größer angelegte Fragebogenstudien, Verhaltensbeobachtung an Menschen oder Tieren, klinische Untersuchungen und vieles mehr handeln. Oftmals kommen auch neurowissenschaftliche Methoden wie die MRT, Elektroenzephalografie (EEG) und Magnetoenzephalografie (MEG) zum Einsatz. Hierbei handelt es sich um Verfahren, mit denen neuronale Prozesse sichtbar gemacht werden können, z. B. welche Gehirnregionen gerade besonders aktiv sind (MRT) oder der zeitliche Verlauf elektrischer Gehirnaktivität (EEG) und deren magnetische Signale. Diese haben in den letzten Jahren sehr an Popularität gewonnen, erfordern aber eine technisch ausgerüstete Forschungsplattform.

Kommunikation und Publikation

Forschungsergebnisse alleine bringen noch keinen Fortschritt, wichtig ist die Kommunikation innerhalb und außerhalb des Forschungsbereichs. An erster Stelle steht hier die Publikation in Fachzeitschriften. Präsentationen auf internationalen Konferenzen sowie an anderen Instituten gehören ebenso zum Forscher:innenalltag. Des Weiteren ist es wichtig, die Ergebnisse der Öffentlichkeit zugänglich zu machen und somit die Kommunikation mit Medien und den relevanten Anwendungsbereichen (z. B. Bildungseinrichtungen oder Kliniken) zu pflegen.

Der Publikationsprozess spielt im Wissenschaftsalltag eine zentrale Rolle (siehe Beschreibung des Peer-Review-Systems in ▶ Kap. 21). Die Anzahl an Publikationen, deren Qualität und die Anzahl erfolgter Zitationen in anderen Publikationen werden häufig als quantitative Indikatoren im Rekrutierungsprozess eingesetzt. Hierbei sollte jedoch berücksichtigt werden, dass durch das Publikationssystem so gut wie nur positive Ergebnisse publiziert werden können (Yong, 2012), was zu einer Verzerrung führt. Dies liegt u. a. daran, dass als Voraussetzung für die Annahme eines Artikels bei einer Fachzeitschrift ein signifikanter Effekt gegeben sein muss, sodass Nulleffekte nicht veröffentlicht werden. An der momentan geführten Diskussion zeigt sich jedoch, dass ein Umdenken stattfindet und beispielsweise die Replikation einmal gefundener Effekte gefordert wird, um dem Publikationsbias entgegenzuwirken. Neuere Entwicklungen, namentlich die Präregistrierung von Forschungsvorhaben, die eine etablierte Publikationsform geworden ist (Chambers, 2019), tragen maßgeblich dazu bei, solche Verzerrungen abzuschwächen. Auch gibt es vermehrt Initiativen, von rein quantitativen Maßen wie der Anzahl an Publikationen abzurücken und stärker deren Qualität sowie weitere Aspekte der Bewerber:innen im Auswahlprozess zu berücksichtigen.

Nachwuchsförderung und Lehre

Die Betreuung von Nachwuchswissenschaftler:innen nimmt einen elementaren Stellenwert im Forscher:innenalltag ein. Masterstudierende, Doktorand:innen und Postdoktorand:innen führen einen Großteil der Forschung durch und benötigen fachliche Anleitung und akademisches Mentoring. Innerhalb einer Forschungsgruppe sind Mitarbeiter:innen auf verschiedenen Karrierestufen oft eng miteinander vernetzt, sodass Projekte in Kooperation bearbeitet werden und dadurch ein Austausch von Wissen und Kompetenzen erfolgt.

Lehre spielt an Forschungsinstituten keine so große Rolle wie an Universitäten, sondern bleibt meist dem freiwilligen Engagement der Forscher:innen überlassen. In institutseigenen Graduiertenschulen (wie z. B. den International Research Schools an Max-Planck-Instituten) oder mittels universitärer Kooperationen bieten sich jedoch zahlreiche Möglichkeiten, Wissen weiterzugeben und damit auch zur Nachwuchsförderung beizutragen. Lehrerfahrung ist besonders bei einem geplanten Wechsel an eine Universität eine wichtige Voraussetzung. Laut Internetseite der Max-Planck-Gesellschaft (2024) sind 80 % der habilitierten Forscher:innen an den Instituten aktiv in die universitäre Lehre eingebunden (▶ www.mpg.de/kurzportrait).

Einwerben von Forschungsgeldern

So wie die Forschung selbst erfolgt auch die Finanzierung zu großen Teilen projektbezogen. Obwohl den Forscher:innen zumeist ein Budget seitens des Instituts zur Verfügung steht, gilt es sog. Drittmittel von externen Geldgebern einzuwerben und damit eigene Projekte und Mitarbeiter:innen zu finanzieren. Anträge werden größtenteils an die DFG sowie die Forschungsförderung der Europäischen Union, aber auch an die Industrie und andere staatliche und private Träger gestellt. Das Einwerben von Geldern ist nicht nur unerlässlich für das Vorantreiben der eigenen Forschung, es dient auch als Maß für den Erfolg einer Forscher:innenkarriere und wird im Auswahlprozess mitberücksichtigt. Allerdings sind die Auswahlverfahren oft durch relativ geringe Erfolgswahrscheinlichkeiten gekennzeichnet (um die 10 %), sodass oft mehrmalige Einreichungen erfolgen und Rückschläge verkraftet werden müssen.

Verwaltungsaufgaben/ Gremienarbeit

Spätestens ab der Position des/r Forschungsgruppenleiters:in fallen mehr Verwaltungsaufgaben an. Außerdem sind viele Forscher:innen in den Gremien ihres jeweiligen Instituts involviert, was oftmals einen beachtlichen Anteil ihrer Zeit beansprucht. Gleichzeitig erlaubt diese Art der Selbstverwaltung große Bestimmungsfreiheit bezüglich der Aspekte und Methoden der Forschungsarbeit.

Mobilitätsbereitschaft

Die geforderte Mobilitätsbereitschaft ist groß, sowohl innerhalb einer Tätigkeit als auch im Wechsel zwischen verschiedenen Tätigkeiten.

Ersteres bezieht sich auf Kongresse und Tagungen. Insbesondere in kleineren Forschungsfeldern ist es wichtig, zu den jährlich stattfindenden Konferenzen zu fahren, um Ergebnisse zu präsentieren und zu erfahren, was gerade zum jeweiligen Thema passiert. Jedoch kann man auch hier relativ frei entscheiden, wann und wo man teilnimmt. Es ist aufgrund der großen Vielfalt verschiedener Veranstaltungen praktisch unmöglich, alle wahrzunehmen. Das steigende Bewusstsein über die klimaschädliche Auswirkung von Flugreisen sowie die Reisebeschränkungen während der Covid-19-Pandemie haben dazu geführt, dass vermehrt Online-Veranstaltungen angeboten werden oder die Möglichkeit besteht, online an Präsenzveranstaltungen teilzunehmen.

Die Mobilität im Wechsel zwischen verschiedenen Anstellungen stellt meist eine größere Herausforderung dar, und die damit verbundene Unsicherheit ist für viele junge Forscher:innen ein Grund, sich umzuorientieren. Aufgrund der zu Beginn der Karriere fast ausschließlich befristeten Verträge sehen sich Doktorand:innen und Postdoktorand:innen bzw. wissenschaftliche Mitarbeiter:innen oft gezwungen, Arbeitsplatz, Arbeitsort und sogar das Land zu wechseln. Der Arbeitsmarkt ist international, sodass sich Tätigkeitsmöglichkeiten in verschiedensten Ländern ergeben, dabei aber auch mehr Mitbewerber:innen um offene Stellen konkurrieren. Festanstellungen sind rar und erfolgen gerade in Deutschland tendenziell zu einem relativ späten Zeitpunkt im Karriereverlauf. Natürlich stellt das die persönliche Lebens- und Familienplanung vor große Herausforderungen.

Viele Universitäten und Forschungseinrichtungen versuchen, hier Hilfestellung zu bieten, z. B. hilft ein *International Office* bei Visa-Fragen und der Eingliederung im Land, oder Dual-Career-Programme bieten Hilfestellung bei der beruflichen Eingliederung enger Familienangehöriger.

Arbeitszeit

Die vertraglich geregelten Arbeitszeiten belaufen sich in der Regel auf 38,5 bis 40 h pro Woche, eine formale Zeiterfassung findet jedoch so gut wie nie statt. Je nach Vorgabe des Instituts oder der Arbeitsgruppe sind die Zeiten komplett frei wählbar, d. h., es ist oft möglich, einen Teil der Tätigkeit von zu Hause aus zu erledigen. Wenn Fristen anstehen oder ein Projekt länger dauert als geplant, werden oft die normalen Arbeitszeiten überschritten, je nach persönlichem Ehrgeiz und Verfügbarkeit. Da viele Prozesse schwer planbar sind und oft unerwartete Schwierigkeiten auftauchen, muss oft viel Zeit investiert werden, bevor Erfolge sichtbar werden. Allerdings bieten die flexiblen Arbeitszeiten auch gute Möglichkeiten, nach einer intensiven Phase wieder für etwas mehr Entspannung zu sorgen. Diese zeitliche Flexibilität kann die Vereinbarung von Familie und Beruf erleichtern.

Einkommen

Viele Forschungsinstitute richten sich bei Anstellung, Bezahlung und Sozialleistungen nach den Regelungen des Tarifvertrags für den öffentlichen Dienst (TVöD). Je nach Institut, erfahrungsbedingter Eingliederung und industrieller Anbindung kann das Gehalt jedoch variieren.

Stipendien können während der Doktorarbeit oder auch während der Postdoc-Phase eine Möglichkeit der Finanzierung darstellen. Da Stipendiat:innen nicht weisungsgebunden sind, ermöglicht diese Art der Finanzierung größere Unabhängigkeit bei der Auswahl und Durchführung der zu bearbeitenden Forschungsfragen sowie bei Auslandsaufenthalten. Stipendien vergeben

z. B. politische Stiftungen sowie die DFG (auch für Postdoktorand:innen) oder das Marie-Curie-Programm. Einen guten Überblick bieten die Seiten der Gewerkschaft Erziehung und Wissenschaft (GEW o. J.; ▶ www.gew.de) oder Stipendium Plus (▶ www.stipendiumplus.de). Da die Auswahl der Stipendiat:innen sehr selektiv ist, gelten Stipendien darüber hinaus als eine gute Referenz im Lebenslauf. Gleichzeitig hat man als Stipendiat:in Zugang zu einem Netzwerk, das Türen für Kollaborationen und spätere Stellen öffnen kann.

Der Nachteil an Stipendien ist, dass dabei keine Einzahlungen in das Sozialsystem (z. B. in die Rentenversicherung) erfolgen und auch die Kosten für die Krankenversicherung selbst getragen werden müssen. Deshalb empfehlen sich Stipendien nur für eine begrenzte Zeitdauer. Finanziert man sich über ein Stipendium, ist man streng genommen weder dazu verpflichtet, Lehrtätigkeiten zu übernehmen, noch Arbeiten für das Institut zu erledigen. Insbesondere im Doktorandenbereich sind diese Grenzen nicht immer klar gezogen, wie aktuelle öffentliche Diskussionen zeigen.

Karrieremöglichkeiten

Der Karriereverlauf von Forscher:innen an Forschungseinrichtungen ähnelt dem von Forscher:innen an Universitäten. Oftmals erfolgt auch ein Wechsel zwischen Instituten und Universitäten im In- sowie Ausland. Die relevanten Stufen, die hierbei durchlaufen werden, sind die Promotion, eine Postdoc-Phase von variabler Dauer, evtl. parallel dazu die Habilitation, die Leitung einer eigenen Forschungsgruppe und in manchen Fällen die Bereichs- oder Institutsleitung. Die einzelnen Abschnitte werden knapp beschrieben.

Die Promotion dauert in Deutschland in der Regel 3–4 Jahre. In letzter Zeit erfolgen immer mehr Promotionen in strukturierten Programmen, sog. Graduiertenschulen, in denen neben der methodisch-wissenschaftlichen Ausbildung auch Kurse zu theoretischen Aspekten sowie relevanten Fähigkeiten (wie wissenschaftliches Präsentieren oder Schreiben) integriert sind.

Die Postdoc-Phase kann unterschiedlich lange dauern und wird selten ausschließlich an einem Institut abgeleistet. Häufig schließt sie auch einen Auslandsaufenthalt mit ein. Das Hochschulrahmengesetz in Deutschland schreibt jedoch vor, dass wissenschaftliche Mitarbeiter:innen nicht länger als 12 Jahre auf befristeten Stellen beschäftigt werden können (dies schließt in der Regel die Promotion mit ein), sodass spätestens danach eine Festanstellung erfolgen muss, beziehungsweise die Mitarbeiter:innen nicht mehr weiterbeschäftigt werden dürfen, falls keine Festanstellung erfolgt ist. Im Regelfall arbeitet ein:e Postdoktorand:in als erfahrene:r Mitarbeiter:in in einer Forschungsgruppe, deren Mittel von einem/r weiter fortgeschrittenen Forscher:in eingeworben und verwaltet werden. Dort verfolgt er/sie in diesem Rahmen eigene Projekte und betreut Doktorand:innen und Studierende. Auch bietet sich die Möglichkeit des Einwerbens von Drittmitteln, z. B. bei der Deutschen Forschungsgemeinschaft. Damit verschafft man sich Unabhängigkeit und zugleich Pluspunkte bei späteren Evaluationen und Bewerbungen.

Ein zentraler Aspekt der Forscher:innenkarriere ist der Aufbau einer Arbeitsgruppe. Oftmals sind Forschungsinstitute in viele einzelne „Labs" untergliedert, deren Organisation dem/r jeweiligen Gruppenleiter:in weitgehend selbst überlassen ist. Heute erfolgt dieser Schritt oftmals früher als noch vor wenigen Jahrzehnten, da neue Finanzierungsmöglichkeiten wie z. B. das Emmi-Nöther-Programm sowie institutseigene Programme jungen erfolgreichen Wissenschaftler:innen erlauben, früh unabhängig zu werden und Verantwortung zu übernehmen.

Als Beispiel sollen hier die Max-Planck-Forschungsgruppen dienen. Die Position von Forschungsgruppenleiter:innen ist ähnlich wie die universitäre Juniorprofessur zunächst auf 5 Jahre begrenzt und wird an überdurchschnittlich qualifizierte junge Forscher:innen vergeben. In der Regel verfügen die Bewerber:innen über mindestens 2 Jahre Forschungserfahrung nach der Promotion und weisen eine exzellente Publikationsliste sowie relevante fachliche Erfahrung nach. Forschungsgruppenleiter:innen steht ein eigenes Budget zur Verfügung, um die eigene Forschung voranzutreiben und Mitarbeiter:innen zu beschäftigen. Eine solche Tätigkeit gilt als exzellentes Sprungbrett für eine spätere Berufung auf eine Professur an einer Universität bzw. eine feste Stelle an Forschungsinstituten.

Während der Postdoc-Phase kann auch die Habilitation erfolgen, die jedoch für Forschungsgruppenleiter:innen oder Juniorprofessor:innen nicht verpflichtend ist.

Am Ziel der Karriereleiter steht eine unbefristete Stelle als wissenschaftlich:e Mitarbeiter:in, Arbeitsgruppen- oder Institutsleiter:in bzw. eine universitäre Professur. Kaum eine Forscher:innenkarriere verläuft ausschließlich an einem Forschungsinstitut, und gerade im fortgeschrittenen Stadium erfolgt oftmals der Wechsel an eine Universität.

Dieser Schritt, der häufig zum ersten Mal einen festen Vertrag bedeutet, erfolgt gerade in Deutschland oftmals relativ spät in der Karriere – für viele einer der größten Nachteile der Tätigkeit als Forscher:in.

Ausstiege aus der Wissenschaft

Oft wird jungen Forscher:innen geraten, einen Alternativplan aufzubauen. Je nach Tätigkeitsfeld bieten sich Psycholog:innen glücklicherweise vielseitige Möglichkeiten. Von klinischer und therapeutischer Tätigkeit über Wissenschaftsmanagement oder -journalismus, selbstständiges Arbeiten, z. B. als Trainer:in/Coach:in für Wissenschaftler:innen, oder Tätigkeiten in der Wirtschaft stehen viele Türen offen. Gerade Unternehmensberatungen stellen auch Doktorand:innen aus verschiedenen Feldern ein (▶ Kap. 14).

Viele Wissenschaftler:innen haben Angst, irgendwann überqualifiziert und arbeitslos zu sein. Diese Ängste sind angesichts der derzeitigen Situation (insbesondere der 12-Jahresregelung, siehe oben) sehr nachvollziehbar, jedoch sind die erlernten Fähigkeiten keinesfalls rein fachspezifisch. Schon während der Promotion sind eigenständiges projektbezogenes Arbeiten, gute technische und IT-Kenntnisse sowie das Beherrschen der englischen Sprache elementarer Bestandteil der Arbeit. Wissenschaftler:innen sind es gewohnt, sich selbstständig in komplexe Sachverhalte einzuarbeiten, sich einen Überblick über umfangreiche und komplexe Literatur zu verschaffen und sich regelmäßig in internationalen Netzwerken zu bewegen. Diese Fähigkeiten können in Bewerbungsgesprächen angegeben und in anderen Arbeitsfeldern eingesetzt werden, falls die Entscheidung für eine andere Tätigkeit fällt.

Persönliche Weiterbildung

Die Möglichkeiten zur persönlichen Weiterbildung während einer Tätigkeit an Forschungseinrichtungen sind vielseitig. Fachliche Trainings, wie das Erlernen neuer experimenteller Techniken oder Programmen zur Datenanalyse, werden oft von den jeweiligen Instituten über Kollaborationen oder in Workshops (z. B Anbindung an Konferenzen) angeboten. Da sich die Methodik ständig weiterentwickelt, lernt man oft von den Entwickler:innen der jeweiligen Software oder Methodik bzw. diskutiert in Experten:innenrunden Vorgehen und Standards. Insbesondere im frühen Karrierestadium (Promotion, Postdoc-Phase) sind diese Angebote sehr wichtig und werden oft wahrgenommen.

Sogenannte Soft Skills wie Präsentieren, Schreiben oder Projektmanagement, die sehr wichtig für den persönlichen Erfolg sind, rücken erst neuerdings immer mehr in den Fokus. Viele Institute oder Graduiertenschulen bieten jungen Wissenschaftler:innen solche Kurse an. Oftmals besteht auch die Möglichkeit, an derartigen, an Universitäten angebotenen, Kursen teilzunehmen.

Im fortgeschrittenen Stadium der Karriere stellt der Erwerb der nötigen Führungskompetenzen eine Herausforderung dar. Die Auswahl junger Arbeitsgruppenleiter:innen erfolgt anhand deren wissenschaftlicher Leistungen, und Führungskompetenzen wurden lange quasi *on the job* erlernt. Auch hier zeigt sich in den letzten Jahren eine Veränderung: Verstärkt werden Mentoring-Programme, Management-Fortbildungen und Führungstrainings angeboten und auch wahrgenommen.

Selbstständigkeit

Generell ist die klassische unternehmerische Selbstständigkeit in der Wissenschaft kaum anzutreffen. Es gibt jedoch die Möglichkeit, eigene Forschungsgelder einzuwerben und sich dadurch mehr Freiheiten bei der Auswahl und Durchführung der Projekte zu verschaffen. Hierfür ist allerdings die Anbindung an eine Forschungseinrichtung oder Universität, die den Rahmen für die Durchführung der Projekte stellt, Voraussetzung.

23.3 Die Rolle von Psycholog:innen an Forschungseinrichtungen

In den für Psycholog:innen relevanten Wissenschaftsfeldern finden sich fast immer Absolvent:innen verschiedener Fächer wie Biologie, Medizin, Physik, Informatik, Soziologie, Pädagogik und Philosophie. Diese Interdisziplinarität ist erwünscht und erforderlich für die Erforschung komplexer Sachverhalte wie beispielsweise des menschlichen Gehirns, des Bewusstseins oder der Emotionen.

Kenntnisse qualitativer und quantitativer Forschungsmethoden, wie Psycholog:innen sie mitbringen, sind hierbei von besonderer Wichtigkeit, ebenso auch die Statistik, die in vielen der oben genannten Studiengänge kaum oder gar nicht gelehrt wird. In Kombination mit dem im Studium erlernten Wissen über die relevanten psychologischen Konzepte bringen Psycholog:innen ein besonderes Verständnis für die Komplexität des Gehirns und Geistes mit.

Technische Fähigkeiten sowie biologische (anatomische) Kenntnisse sind bei Psycholog:innen dagegen tendenziell weniger ausgeprägt und sollten durch Kolleg:innen aus anderen Fachbereichen ergänzt werden.

23.4 Anforderungen an eine Tätigkeit als Forscher:in

Dieses Berufsfeld ist enorm vielseitig und bietet daher gute Möglichkeiten, die eigenen Interessen zu verfolgen. Der Einstieg ins Tätigkeitsfeld erfolgt ausschließlich über eine Promotion. Welche Anforderungen hierfür an die jeweilige Person gestellt werden, hängt stark vom Forschungsbereich und Umfeld ab. Generell gilt jedoch, dass ein ausgeprägtes Interesse am Thema bestehen sollte sowie die Motivation, dieses Thema über einen Zeitraum von 3 Jahren mehr oder weniger eigenständig zu verfolgen. Dazu gehört ein hohes Maß an Selbstorganisation und intrinsischer Motivation. Eine gut durchgeführte wissenschaftliche Untersuchung bietet noch keine Garantie für gute Ergebnisse, was für Berufsanfänger:innen oft besonders frustrierend ist. Hier gilt es dann, über einen längeren Zeitraum ein bestimmtes Ziel zu verfolgen und sich nicht entmutigen zu lassen, auch wenn das gewünschte Ergebnis nicht sofort eintritt. Eine hohe Lernbereitschaft spielt dementsprechend eine große Rolle.

Eine Perspektive aus der Praxis

Dr. Markus Werkle-Bergner, Abteilung Entwicklungspsychologie, Max-Planck-Institut für Bildungsforschung, Berlin, Research Scientist, Projektleiter, Kognitive Psychologie, Kognitive Neurowissenschaften; studentische Hilfskraft für kognitive Modellierung und Methoden

Wieso haben Sie sich für eine Tätigkeit in der Grundlagenforschung entschieden?

Ich war schon immer daran interessiert, wie wir denken – wie aus Wahrnehmung unsere Realität konstruiert wird. Ich wollte untersuchen, wie unser Gehirn und unser Geist funktionieren.

Was ist an einer Forschungseinrichtung anders als an einer Universität?

Am Max-Planck-Institut kann man sich als Wissenschaftler ganz auf die Forschung konzentrieren, da keine Lehrverpflichtung besteht. Zudem erlaubt es die sehr gute finanzielle Ausstattung, auch Studien durchzuführen, die an einer Universität eventuell so nicht möglich wären.

Was hat Sie an Ihrer Tätigkeit am meisten überrascht?

Ich war von Anfang an gut über den Beruf informiert, deshalb gab es keine besonderen Überraschungen.

Ist es überhaupt möglich, diesen Beruf mit einem normalen Familienleben zu vereinen?

Jein. Wenn man sehr karriereorientiert ist, ist es schwer, das unter einen Hut zu bringen. Man muss viel jonglieren, ich denke aber, dass es mit ein paar Abstrichen bei der Optimierung von Karriereaspekten funktionieren kann.

Welchen Tipp haben Sie für Psychologen, die sich überlegen, in der Forschung zu arbeiten?

Sich konzeptuell und theoretisch breit zu bilden und auch in Nachbardisziplinen hineinzuschnuppern (z. B. Philosophie oder Soziologie). Für die Neurowissenschaften ist es zudem sehr wichtig, sich mit Informatik, Biologie und Mathematik vertraut zu machen.

Tätigkeiten an Forschungseinrichtungen

Stoßen Sie manchmal auf Vorurteile wegen Ihrer Ausbildung?

An unserem Institut arbeiten überwiegend Psychologen, deshalb gibt es auch keine Vorurteile. Ich kann mir aber vorstellen, dass das in einem anderen Umfeld anders sein kann.

Welche im Studium erworbenen Kenntnisse erscheinen Ihnen für Ihre momentane Tätigkeit am relevantesten?

Besonders wichtig sind die methodische und statistische Ausbildung. Es hat mir aber auch geholfen, mich im Studium mit verschiedenen wissenschaftlichen Sichtweisen beschäftigt zu haben, z. B. im Nebenfach Philosophie.

Welche wichtigen Kompetenzen mussten Sie nach dem Studium erlernen?

Während der Promotionsphase musste ich Programmieren lernen sowie mir Kenntnisse aus der Physik aneignen, die ich für die Analyse von EEG-Daten benötigte. Später wurde es dann wichtig zu lernen, Projekte zu akquirieren und zu organisieren, die eigene Forschung zu planen, ein Team zu leiten und Teamprozesse zu moderieren, klassische Führungsqualitäten also. Diese habe ich besonders von meinen Mentoren erlernt, es gibt aber inzwischen auch viele Angebote seitens der Institute.

Was gefällt Ihnen am besten an Ihrem Beruf?

Mir gefällt der detektivische Aspekt. Man nimmt sich eine Fragestellung vor und findet etwas Neues heraus. Das ist ein kreativer Prozess, der im Team stattfindet.

Welche Nachteile sehen Sie?

Eine Menge Unsicherheit, sowohl im Bezug auf die Vertragssituation als auch beim Erreichen der eigenen Ziele. Hat man seine Fragestellung tatsächlich beantwortet? Das ist mit sehr viel Arbeit verbunden und man muss lernen, sich zu strukturieren.

Fachliche Inhalte

Die Themen in der Forschung sind mindestens so vielfältig wie die im Studium. Deshalb kann hier keine eindeutige Empfehlung bezüglich der Schwerpunktsetzung abgegeben werden, da letztlich für jedes psychologische Fach entsprechende Forschungsprojekte existieren. Grundlagenforschung wird viel im Bereich der allgemeinen und biologischen Psychologie betrieben, aber ebenso in der Sozialpsychologie oder klinischen Psychologie. In vielen Fällen ist es eher so, dass das Interesse an einem bestimmten Fach den Wunsch weckt, hierzu vertieft Forschung zu betreiben. Ist das Interessengebiet erst einmal grob abgesteckt, kann man sich über Bücher und Artikel in Fachzeitschriften tiefer einarbeiten sowie auch schon während des Studiums Vorträge und Konferenzen besuchen.

Computerkenntnisse

Computerkenntnisse sind in fast allen für Psycholog:innen zugänglichen Forschungsbereichen von großer Bedeutung. Ein Großteil der Arbeit findet am Computer statt. Neben dem Beherrschen der gängigen Betriebssysteme/Anwendersoftware sind zumindest in den Neurowissenschaften Programmierkenntnisse von besonderer Bedeutung. Die gerade in der bildgebenden Forschung oft enormen Datenmengen lassen sich nur am Computer bearbeiten und erfordern oft eine besondere IT-Infrastruktur. Die meisten Forschungsinstitute haben hier ihre eigenen Netzwerke und Systembetreuer:innen und arbeiten oft auch mit eigens entwickelter Software. Hier bieten Forschungsinstitute häufig eine bessere Infrastruktur an als Universitäten.

Auch statistische Programme und Grafiksoftware werden regelmäßig genutzt, jedoch mit unterschiedlichen Präferenzen. In vielen Bereichen wird mit dem Programm Matlab oder mittlerweile auch verstärkt mit den Open-Source-Programmen Python und R gearbeitet. Dazu gibt es unzählige, von Forscher:innen selbst geschriebene Erweiterungen bzw. eigenständige Programme, die dazu dienen, bestimmte Fragestellungen zu bearbeiten.

Sprachkenntnisse

Sehr gute Englischkenntnisse in Wort und Schrift sind unabdinglich, da die gesamte Forschungskommunikation auf Englisch erfolgt und sogar innerhalb der Arbeitsgruppen aufgrund der Internationalität oft Englisch gesprochen wird. Dabei ist ein Aufenthalt im englischsprachigen Raum während des Studiums oftmals sehr hilfreich. Auch hilft es, spezielle Kurse zu besuchen (z. B. für wissenschaftliches Schreiben), da sich akademisches Englisch vom umgangssprachlichen Englisch deutlich unterscheidet.

Praxis, Praxis, Praxis

Einen intensiven und realistischen Einblick in wissenschaftliches Arbeiten kann man während eines Forschungspraktikums oder als studentische Hilfskraft gewinnen. Durch einen Wechsel der Arbeitsgruppe oder einen Auslandsaufenthalt kann man verschiedene Techniken und auch unterschiedliche Arbeitsstile kennenlernen sowie Kontakte knüpfen, die das Auffinden einer Promotionsstelle erleichtern können. Das eigenständige Arbeiten erlebt man zum ersten Mal beim Anfertigen einer Abschlussarbeit. Der hierbei durchlaufene Prozess (Design der Studie, Datenerhebung, Auswertung und Interpretation) wiederholt sich später im Prinzip immer wieder. Daher bieten Bachelor-, Master- oder Diplomarbeiten eine gute Möglichkeit zu prüfen, ob man an wissenschaftlichem Arbeiten interessiert ist.

Vorträge an der Universität sowie an Forschungsinstituten, aber auch Konferenzen können schon während des Studiums besucht werden und bieten eine gute Möglichkeit, Kontakte zu knüpfen und erste eigene Ergebnisse zu präsentieren (z. B. in Form eines Posters).

Wie oben schon erläutert, spielen methodische und statistische Kenntnisse eine große Rolle und vor allem Psycholog:innen werden diesbezüglich für ihre umfassende Ausbildung geschätzt.

Des Weiteren lassen sich die nötigen nichtfachspezifischen Fähigkeiten während des Studiums erlernen und üben. Hierzu gehören besonders das Lesen und Schreiben von Texten und Artikeln in englischer Sprache sowie das Präsentieren und das Erstellen von Ergebnisgrafiken.

Fazit

Aus meiner Sicht bietet die Tätigkeit an Forschungsinstituten sehr viele individuelle Entfaltungsmöglichkeiten und Freiheiten bei der Verfolgung eigener wissenschaftlicher Fragestellungen. Eine derart große Vielfalt und Selbstbestimmung bei der Auswahl der Themen, mit denen man sich intensiv beschäftigt, ist wohl in kaum einem anderen Beruf so möglich. Gleichzeitig ermöglichen eine individuelle Schwerpunktsetzung (z. B. bei der Lehre) sowie eine großteils freie Zeiteinteilung ein sehr flexibles Arbeiten. Die Kehrseite dieser Freiheit besteht in der unsicheren Arbeitsmarktsituation und dem ständigen Konkurrenzdruck, weswegen sich viele junge Wissenschaftler:innen umorientieren. Besteht jedoch tiefes Interesse an der Thematik sowie die Motivation und persönlichen Ressourcen, sich auf den akademischen Arbeitsmarkt einzulassen, bietet sich hier ein enorm vielseitiges und kreatives sowie spannendes und forderndes Arbeitsfeld.

Literatur

Bundesministerium für Bildung und Forschung (BMBF). (2022). *Bundesbericht Forschung und Innovation 2022*. BMBF. www.bundesbericht-forschung-innovation.de, www.datenportal.bmbf.de/portal/de/bufi.html. Zugegriffen am 14.05.2024.

Chambers, C. (2019). The registered reports revolution lessons in cultural reform. *Significance, 16*(4), 23–27. https://doi.org/10.1111/j.1740-9713.2019.01299.x

Forschungsportal.net. www.forschungsportal.net/forschungseinrichtungen-in-deutschland. Zugegriffen am 14.05.2024.

Gewerkschaft Erziehung und Wissenschaft (GEW). Stipendien. www.gew.de/bildung-politik/bildungsfinanzierung/studienfinanzierung/stipendien. Zugegriffen am 14.05.2024.

Max-Planck-Gesellschaft (Hrsg.). (2022). Jahresbericht 2022. www.mpg.de/zahlen-und-fakten. Zugegriffen am 14.05.2024.

Max-Planck-Gesellschaft. (2024). Ein Porträt der Max-Planck-Gesellschaft. www.mpg.de/kurzportrait. Zugegriffen am 14.05.2024.

Stipendium plus – Begabtenförderung im Hochschulbereich. www.stipendiumplus.de. Zugegriffen am 14.05.2024.

Yong, E. (2012). Replication studies: Bad copy. *Nature, 485*, 298–300.

Anforderungen an Tätigkeiten als Forscher:innen und Dozent:innen

Birgit Heppt und Regina Staudenmaier-Milutinović

Inhaltsverzeichnis

24.1 Forscher:innen und Dozent:innen – was ist das? – 294

24.2 Tätigkeiten von Forscher:innen und Dozent:innen an Universitäten, Hochschulen und Forschungsinstituten – 294

24.3 Anforderungen an eine Tätigkeit als Forscher:in und Dozent:in an Universitäten, Hochschulen und Forschungsinstituten – 296

Literatur – 297

Während in den vorangegangenen Kapiteln die Tätigkeiten von Psycholog:innen an Universitäten, Hochschulen und Forschungseinrichtungen bereits detailliert beschrieben wurden, werden im folgenden Kapitel die Gemeinsamkeiten und Unterschiede bezüglich der jeweiligen Anforderungen an Forscher:in und Dozent:in an Hochschulen für angewandte Wissenschaften, Universitäten und Forschungsinstituten dargestellt. Nach einer allgemeinen Einführung mit Blick auf Arbeitsbedingungen und Arbeitszufriedenheit werden die jeweils spezifischen Anforderungen an Psycholog:innen an Hochschulen, Universitäten und Forschungseinrichtungen miteinander verglichen.

24.1 Forscher:innen und Dozent:innen – was ist das?

Forscher:innen und Dozent:innen an Hochschulen für angewandte Wissenschaften, Universitäten und Forschungseinrichtungen haben je nach Fachrichtung und Arbeitgeber sehr unterschiedliche Aufgaben zu bewältigen. Auch wenn sich die jeweiligen Tätigkeiten überschneiden, können dennoch einzelne Schwerpunkte ausgemacht werden. So liegt bei Beschäftigten an Forschungsinstituten der Fokus eindeutig auf der Forschung. Die Mitwirkung in der Lehre ist bei ihnen im Gegensatz zu ihren Kolleg:innen an Universitäten und Hochschulen für angewandte Wissenschaften nicht zwingend vorgesehen, sodass in ihrem Fall nicht unbedingt von einer Dozierendentätigkeit auszugehen ist. An Hochschulen für angewandte Wissenschaften liegt demgegenüber ein Schwerpunkt der Arbeit auf der Lehre. Das zeigt sich auch in der Lehrverpflichtung von Professor:innen: Während diese bei Professor:innen an Hochschulen für angewandte Wissenschaften im Normalfall 18 Semesterwochenstunden beträgt, umfasst sie an Universitäten lediglich zwischen 8 und 10 Semesterwochenstunden (Schierhorn & Marx, 2023). Die Universitäten bilden daher einen Mittelweg: Auch wenn hier zumeist die Forschung im Vordergrund steht, ist die Lehre ein fester Bestandteil der Tätigkeit an Universitäten. Doch auch an Hochschulen für angewandte Wissenschaften gewinnt die Forschung immer mehr an Bedeutung, sodass zahlreiche Ermäßigungsstunden auf das Lehrdeputat durch Publikations- und Forschungstätigkeit und das Einwerben von Drittmitteln möglich sind.

24.2 Tätigkeiten von Forscher:innen und Dozent:innen an Universitäten, Hochschulen und Forschungsinstituten

Wie wirken sich diese unterschiedlichen Schwerpunktsetzungen nun auf die Tätigkeiten aus, die Wissenschaftler:innen an den verschiedenen Einrichtungen ausüben? Ergeben sich je nach Arbeitsplatz deutliche Unterschiede im Arbeitsalltag oder überwiegen doch die Gemeinsamkeiten? Hinweise zur Beantwortung dieser Frage gibt eine Untersuchung, in der wissenschaftliche Mitarbeiter:innen an Universitäten und außeruniversitären Forschungsinstituten gebeten wurden, diverse Jobcharakteristika zu beurteilen (Jaksztat et al., 2010). Insgesamt ergibt sich hierbei ein sehr ähnliches Tätigkeitsprofil. Beide Gruppen beschreiben ihre Aufgaben übereinstimmend als sehr anspruchsvoll und geben an, dass zur Arbeitsbewältigung ein hohes Maß an persönlicher Initiative und Eigenständigkeit erforderlich sei. Unterschiede ergeben sich jedoch hinsichtlich der wahrgenommenen Interdisziplinarität und der Innovationsfreudigkeit am jeweiligen Arbeitsplatz. Beides scheint an Forschungsinstituten eine größere Rolle zu spielen. Überdies ist das wissenschaftliche Personal an Forschungsinstituten häufiger in Forschungskooperationen eingebunden als an Universitäten – sowohl institutsintern und institutsübergreifend als auch international (Höhle et al., 2012).

Die gravierendsten Unterschiede ergeben sich aber sicherlich mit Blick auf das Kerngeschäft aller Wissenschaftler:innen: die Forschung. Wissenschaftliche Mitarbeiter:innen an Forschungseinrichtungen übernehmen häufiger Tätigkeiten wie das Verfassen von Anträgen zur Forschungsförderung (74 % vs. 54 % an den Universitäten), das Verfassen von Forschungsberichten und Publikationen (100 % vs. 89 %), die Verwaltung von Forschungsprojekten (65 % vs. 29 %) oder die Leitung von Forschungsteams (62 % vs. 23 %; Höhle et al., 2012). Was den Vergleich zwischen Universitäten und Hochschulen für angewandte Wissenschaften betrifft, so publizieren Professor:innen an Hochschulen nur annähernd halb so viel wie Professor:innen an Universitäten. Zudem legen sie bei ihren Forschungsaktivitäten weniger Wert auf Grundlagenforschung, sondern betonen vielmehr deren Anwendungsbezug (Jakob & Teichler, 2011).

Wissenschaftliche Mitarbeiter:innen an Universitäten und Forschungsinstituten und ihre berufliche Zufriedenheit

In einer Studie des Hochschulinformationssystems (HIS) gingen Jaksztat et al. (2010) der Frage nach, wie hoch die Zufriedenheit von wissenschaftlichen Mitarbeiter:innen an Universitäten und Forschungseinrichtungen bezüglich ausgewählter Aspekte ihres Berufsalltags ist. Hierzu wurden die Teilnehmenden zu verschiedenen Merkmalen befragt, die sich den Bereichen

— Bedingungen und Inhalte der Arbeit
— zeitliche Rahmenbedingungen der Arbeit
— Planbarkeit der Beschäftigung und
— Erträge der Arbeit

zuordnen lassen. Die größte Zufriedenheit besteht hinsichtlich der Bedingungen und Inhalte der Arbeit. Hierbei zeigen beide Gruppen die höchste Zufriedenheit bezüglich der Möglichkeit, eigene Ideen einzubringen sowie mit den Tätigkeitsinhalten selbst. Das jeweilige Themengebiet sowie die Forschung und Arbeit an der eigenen Promotion werden demnach als besonders motivierend erlebt (vgl. auch Schmidt, 2007). Auch Aspekte wie die Möglichkeiten zur fachlichen Weiterbildung und die Qualifikationsangemessenheit schätzt die Mehrheit der Befragten als positiv ein. Mit der Förderung durch die Betreuungsperson zeigen sich demgegenüber beide Gruppen deutlich weniger zufrieden. Die geringste Zufriedenheit berichten beide Beschäftigungsgruppen mit der Planbarkeit der Beschäftigung (z. B. Aufstiegsmöglichkeiten, Arbeitsplatzsicherheit), wobei dies für wissenschaftliche Mitarbeiter:innen an Universitäten in noch stärkerem Maße zutrifft als für wissenschaftliche Mitarbeiter:innen an Forschungseinrichtungen. Unterschiede in den Einschätzungen der Befragten lassen sich zudem hinsichtlich der allgemeinen Arbeitsbedingungen, der Ausstattung mit Arbeitsmitteln und des Arbeitsklimas feststellen. Diese Aspekte werden von Beschäftigten an außeruniversitären Forschungseinrichtungen durchweg positiver beurteilt als von ihren Kolleg:innen an Universitäten.

24.3 Anforderungen an eine Tätigkeit als Forscher:in und Dozent:in an Universitäten, Hochschulen und Forschungsinstituten

Wie aus der Beschreibung der Tätigkeiten an Universitäten, Hochschulen für angewandte Wissenschaften und Forschungsinstituten in den vorangegangenen Kapiteln hervorgeht, ähneln sich die jeweiligen Arbeitsbedingungen zwar insgesamt sehr stark, es lassen sich jedoch auch einige Unterschiede identifizieren. In ◘ Tab. 24.1 wird zusammenfassend dargestellt, inwieweit sich diese Gemeinsamkeiten und Unterschiede auch in den Anforderungen widerspiegeln, die an Psycholog:innen gestellt werden, die an Universitäten, Hochschulen oder außeruniversitären Forschungseinrichtungen als Forscher:innen und Dozent:innen tätig sind.

Zwar wird weder für die Tätigkeit an Universitäten noch für die an Hochschulen für angewandte Wissenschaften oder Forschungsinstituten die Wahl bestimmter Studienschwerpunkte vorausgesetzt, dennoch zeichnet sich ab, dass an Hochschulen für angewandte Wissenschaften ein stärkerer Anwendungsbezug erforderlich ist als an den

◘ **Tab. 24.1** Unterschiede und Gemeinsamkeiten bezüglich der Anforderungen an Forscher:innen und Dozent:innen an Universitäten, Hochschulen für angewandte Wissenschaften und Forschungsinstituten

	Universitäten	Hochschulen für angewandte Wissenschaften	Forschungsinstitute
Schwerpunktsetzung im Studium	Keine besondere Wahl notwendig; Von Vorteil sind fundierte Kenntnisse in Forschungsmethoden und Statistik	Keine besondere Wahl notwendig; Anwendungsbezug erwünscht; Grundlagenfächer eher ungeeignet	Keine besondere Wahl notwendig; Von Vorteil sind fundierte Kenntnisse in Forschungsmethoden und Statistik; in Abhängigkeit vom Forschungsinstitut liegt ein stärkerer Fokus auf der Grundlagenforschung (z. B. Max-Planck-Institut)
Computerkenntnisse	MS-Office, R, SPSS, Kenntnisse in weiteren (Statistik-)Programmen (Mplus, MAXQDA etc.) sind je nach Arbeitsschwerpunkt von Vorteil	MS-Office, R, SPSS, Kenntnisse in weiteren (Statistik-)Programmen (MAXQDA etc.) sind abhängig von der inhaltlichen Ausrichtung der Professur von Vorteil	MS-Office, SPSS, ggf. Programmierkenntnisse und Kenntnisse in Programmen wie Matlab oder Eprime
Sprachkenntnisse	Sehr gute Englischkenntnisse	Sehr gute Englischkenntnisse	Sehr gute Englischkenntnisse
Praxiserfahrungen	Erfahrungen als studentische:r Mitarbeiter:in sind von Vorteil, aber keine zwingende Voraussetzung	Relevante Praxiserfahrungen sind für eine Professur sehr wichtig; Lehrerfahrung und Auseinandersetzung mit Methoden der Didaktik sind von besonderer Bedeutung	Vorherige Forschungserfahrungen durch Praktika oder eigene Tagungsbeiträge während des Studiums sind hilfreich

anderen Einrichtungen. Wer demgegenüber Grundlagenforschung betreiben möchte, ist sicherlich an einem Max-Planck-Institut besser aufgehoben. Im Hinblick auf die erforderlichen Computerkenntnisse bestehen zwischen den einzelnen Einrichtungen keine wesentlichen Unterschiede. Ein sicherer Umgang mit MS-Office und – zumindest in der quantitativen Forschung – mit gängigen Statistikprogrammen wird generell vorausgesetzt. Inwieweit darüber hinaus die Beherrschung weiterer Programme von Bedeutung ist, hängt sehr stark vom jeweiligen Forschungsbereich ab. In jedem Fall stellen aber sehr gute Englischkenntnisse in Wort und Schrift eine wesentliche Voraussetzung für eine wissenschaftliche Tätigkeit dar, nicht zuletzt auch deshalb, weil Psycholog:innen aus dem deutschsprachigen Raum in zunehmendem Maße in internationalen Fachzeitschriften publizieren (Frensch, 2013; Schui, 2018). Hinsichtlich relevanter Praxiserfahrungen lässt sich festhalten, dass für eine Tätigkeit an Universitäten oder Forschungsinstituten möglichst bereits während des Studiums erste Einblicke in die Forschung gewonnen werden sollten, etwa im Rahmen von Forschungspraktika oder Stellen als studentische Mitarbeiter:innen. Für eine Beschäftigung an einer Hochschule spielen demgegenüber vor allem didaktische Kompetenzen, Lehrerfahrung und eine umfangreiche praktische Tätigkeit in dem jeweiligen Anwendungsbereich eine tragende Rolle. Diese Unterschiede lassen sich zum Teil sicherlich dadurch erklären, dass die Tätigkeit an Universitäten und Forschungseinrichtungen Universitätsabsolvent:innen bereits direkt im Anschluss an das Studium offensteht, während die Beschäftigung an einer Hochschule für angewandte Wissenschaften in der Regel erst im weiteren Verlauf einer Wissenschaftskarriere erfolgt – nämlich dann, wenn Wissenschaftler:innen auf eine Professur berufen werden und davor mehrere Jahre berufliche Praxiserfahrung erworben haben.

Zu guter Letzt sei noch das Schlagwort Schlüsselkompetenzen erwähnt. Auch diese sind sicherlich unabhängig von der jeweiligen Einrichtung und vom konkreten psychologischen Fachbereich gleichermaßen relevant für Tätigkeiten in der Wissenschaft. In diesem Zusammenhang sind u. a. Kompetenzen wie wissenschaftliches Schreiben, insbesondere auf Englisch, Vortrags- und Präsentationstechniken, Zeit- und Projektmanagement und nicht zuletzt auch Moderationsfähigkeiten sowie Gesprächs- und Verhandlungsführung zu nennen.

Literatur

Frensch, P. (2013). Zur Lage der Psychologie als Fach, Wissenschaft und Beruf. Erste Entwicklungstendenzen nach Einführung der Bologna-Reform. *Psychologische Rundschau, 64*(1), 1–15.

Höhle, E., Jakob, A. K., & Teichler, U. (2012). Das Paradies nebenan? Zur Situation von Wissenschaftlerinnen und Wissenschaftlern an außeruniversitären Forschungseinrichtungen und Universitäten in Deutschland. *Beiträge zur Hochschulforschung, 2,* 8–29.

Jakob, A. K., & Teichler, U. (2011). *Der Wandel des Hochschullehrerberufs im internationalen Vergleich. Ergebnisse einer Befragung in den Jahren 2007/08.* Bundesministerium für Bildung und Forschung (BMBF).

Jakstat, S., Schindler, N., & Briedis, K. (2010). *Wissenschaftliche Karrieren. Beschäftigungsbedingungen, berufliche Orientierungen und Kompetenzen des wissenschaftlichen Nachwuchses.* HIS Forum Hochschule, 14. HIS.

Schierhorn, T., & Marx, A. (2023). Lehrdeputat, Lehrverpflichtung, LVS, LVVO, SWS: Alle Infos. www.academics.de/ratgeber/lehrdeputat-lehrverpflichtung. Zugegriffen am 14.05.2024.

Schmidt, B. (2007). Lust und Frust am „Arbeitsplatz Hochschule": Eine explorative Studie zur Arbeitssituation junger wissenschaftlicher Mitarbeiterinnen und Mitarbeiter. *Beiträge zur Hochschulforschung, 29*(4), 140–161.

Schui, G. (2018). ZPID Monitor. ZPID-Monitor 2016 zur Internationalität der Psychologie aus dem deutschsprachigen Bereich. *ZPID Science Information Online, 18*(2). https://doi.org/10.23668/psycharchives.2090

Weitere Berufsfelder

Neben den Berufsbildern in den Kapiteln zur klinischen Psychologie, Wirtschaftspsychologie, pädagogischen Psychologie sowie Forschung und Lehre gibt es zahlreiche weitere Beschäftigungsmöglichkeiten für Psycholog:innen. Diese erschöpfend darzustellen, ist im Rahmen dieses Werkes nicht möglich. Exemplarisch greifen wir die Polizeipsychologie, die forensische Psychologie, die Verkehrspsychologie, die Sportpsychologie, die klinische Neuropsychologie, die Familienpsychologie, die Gesundheitspsychologie, die Schulpsychologie, Data Science, die Berufspsychologie und die Friedenspsychologie auf und liefern dazu vertiefte Einblicke und Informationen.

Inhaltsverzeichnis

Kapitel 25   Tätigkeiten in der Berufspsychologie – 301
Regina Staudenmaier-Milutinović

Kapitel 26   Tätigkeiten im Bereich Data Science – 309
Andra Kämpfer

Kapitel 27   Tätigkeiten in der Familienpsychologie – 319
Stefan Dippold

Kapitel 28   Tätigkeiten in der Friedenspsychologie – 333
Monika Lauer Perez

Kapitel 29   Tätigkeiten in der forensischen Psychologie – 347
Elena Yundina und Susanne Tippelt

Kapitel 30   Tätigkeiten in der Gesundheitspsychologie – 359
Claudia Clos

Kapitel 31	Tätigkeiten in der klinischen Neuropsychologie – 371
	Franziska Hirt und Elisabeth Unterauer
Kapitel 32	Tätigkeiten in der Polizeipsychologie – 385
	Silvia Oßwald-Meßner und Hans-Peter Schmalzl
Kapitel 33	Tätigkeiten in der Schulpsychologie – 397
	Klaus Seifried
Kapitel 34	Tätigkeiten in der Sportpsychologie – 413
	Jan Mayer
Kapitel 35	Tätigkeiten in der Verkehrspsychologie – 425
	Wolfgang Fastenmeier

Tätigkeiten in der Berufspsychologie

Regina Staudenmaier-Milutinović

Inhaltsverzeichnis

25.1 Berufspsychologie – was ist das? – 303

25.2 Berufspsychologie – ein ganz besonderes Tätigkeitsfeld? – 304
Aufgaben im Rahmen der Tätigkeit – 304
Mobilitätsbereitschaft – 305
Arbeitszeit – 305
Einkommen – 305
Persönliche Weiterbildung – 305
Karrieremöglichkeiten – 305

25.3 Anforderung an eine Tätigkeit in der Berufspsychologie – 306
Schwerpunktsetzung/fachliche Inhalte – 306
Computerkenntnisse – 306
Sprachkenntnisse – 306
Praxis, Praxis, Praxis – 306

Literatur – 308

© Der/die Autor(en), exklusiv lizenziert an Springer-Verlag GmbH, DE, ein Teil von Springer Nature 2024
M. Mendius, S. Werther (Hrsg.), *Psychologie in Studium und Beruf*,
https://doi.org/10.1007/978-3-662-68508-2_25

Das folgende Kapitel bezieht sich auf die Tätigkeiten und Arbeitsbedingungen von Psycholog:innen, die im Bereich der Berufspsychologie tätig sind. Dort übernehmen sie Aufgaben der Diagnostik und Beratung. Anhand eines Szenarios wird zunächst ein typischer Arbeitsalltag einer Psychologin dargestellt, die diagnostische Gespräche führt und Testergebnisse auswertet, diese und weitere Befunde (z. B. Verhaltensbeobachtungen, Vorinformationen wie Zeugnisse) zu einem Gesamturteil aggregiert und Gutachten verfasst. Des Weiteren trifft sie an diesem beispielhaften Tag Vorbereitungen für eine Schulung und führt ein psychologisches Beratungsgespräch durch. Daraufhin werden konkrete Tätigkeiten beschrieben und die Anforderungen in diesem Berufsfeld erläutert. Den Abschluss des Kapitels bildet ein Experteninterview mit Silvia Weiland (Agenturpsychologin bei der Bundesagentur für Arbeit).

Ein Szenario

Cordula K. arbeitet beim Berufspsychologischen Service der Agentur für Arbeit einer größeren Stadt. Dort ist sie als Agenturpsychologin angestellt. Mit ihr im Team arbeiten noch ein weiterer Psychologe, drei psychologisch-technische Assistent:innen, jeweils in Teilzeit, und zwei Assistent:innen, ebenfalls in Teilzeit.

Morgens um halb acht beginnt ihr Arbeitstag. Sie sichtet die Unterlagen der Kund:innen, die am heutigen Tag einen Termin beim Berufspsychologischen Service haben. Für sie sind vier Begutachtungen geplant. Dabei geht es um die Umschulungseignung einer Kundin, die aufgrund psychischer Einschränkungen nicht mehr in der Krankenpflege arbeiten kann, und um einen Kunden, der nach langjähriger Arbeitslosigkeit wieder in den Arbeitsmarkt zurückfinden möchte. Hier sollen geeignete Berufsfelder sowie der Unterstützungsbedarf eingeschätzt werden. Des Weiteren haben zwei Jugendliche einen Termin, deren Ausbildungsmöglichkeiten und Unterstützungsbedarf bei der Ausbildung in Erfahrung gebracht werden sollen. Zunächst liest sich Cordula daher in vorliegende Unterlagen ein, z. B. Zeugnisse, Arztberichte oder Beratungsvermerke der Vermittlungs- oder Beratungsfachkraft.

Um 8:00 Uhr kommen die ersten Kund:innen zum Empfang. Hier werden sie von den Assistenzkräften begrüßt und auf den Wartebereich verwiesen. Cordula bekommt eine elektronische Benachrichtigung, dass eine ihrer Kund:innen bereits da ist. Sie macht sich auf den Weg und holt die Kundin ab, die sich für eine Umschulung interessiert. Nun führt Cordula ein kurzes Vorgespräch mit ihr, das ca. 10–15 Minuten Zeit in Anspruch nimmt. Dabei erkundigt sie sich nach den Wünschen und Vorstellungen der Kundin und bringt dies in Einklang mit dem Auftrag der Vermittlungs- und Beratungsfachkraft. Dann bespricht sie mit ihr das Vorgehen für diesen Tag, welche Themen besprochen bzw. bearbeitet werden und was mit den Ergebnissen passiert. In diesem Fall möchte sich Cordula das intellektuelle Leistungsvermögen ansehen, da die Kundin noch über keinen Berufsabschluss verfügt. Zudem wurden vom Auftraggeber psychische Einschränkungen erwähnt, weshalb auch die psychische Belastbarkeit näher betrachtet werden soll. Für eine Umschulung spielen außerdem die berufsbezogene Motivation und die Lernmotivation eine große Rolle, weshalb auch diese Faktoren einbezogen werden. Um sich ein umfassendes Bild machen zu können, werden die Daten zum Teil anhand von testpsychologischen Verfahren, zum Teil durch Gesprächsdiagnostik und zum Teil anhand von Unterlagen erhoben. Auch die Verhaltensbeobachtung, z. B. bezüglich des Arbeitsverhaltens während der Testung, kann Berücksichtigung finden. Die Kundin ist mit dem Vorgehen einverstanden, und sie schließen einen mündlichen Kontrakt. Cordula überlegt sich daher, welche Testverfahren zum Einsatz kommen sollen und bringt die Kundin in den Testraum. Dort übernimmt die psychologisch-technische Assistentin, begleitet die Kundin an ihren Platz und gibt die von Cordula ausgewählten Testverfahren vor. Der Reihe nach holt Cordula nun die auf sie wartenden Kund:innen zu sich ins Büro und bespricht mit ihnen das individuelle Vorgehen.

Nachdem der letzte Kunde in den Testraum gebracht wurde, hat Cordula ein wenig Zeit, sich mit der Vorbereitung eines Workshops zu beschäftigen, den sie nächste Woche zum Thema „Motivierende Gesprächsführung" beim Team der Berufsberatung halten soll. Das Grobkonzept ist bereits ausgearbeitet, und sie möchte nun noch den letzten Feinschliff anlegen.

Zwischendurch sieht sie sich immer wieder die Testergebnisse ihrer Kund:innen an, um eventuell Anpassungen an der Testvorgabe vorzunehmen. Schließlich ist der erste Kunde mit den Testuntersuchungen fertig. Cordula sieht sich die Ergebnisse an und holt den Kunden zu sich ins Büro. Es ist ein Jugendlicher, der kurz vor seinem Mittelschulabschluss steht. Die Berufswünsche des Jugendlichen hat Cordula bereits im Vorgespräch erfragt. Nun kann sie im Nachgespräch darauf eingehen, ob seine Vorstellungen zu seinen Fähigkeiten passen und welche Hilfen eventuell noch vor oder während einer Ausbildung sinnvoll wären. Dafür erklärt sie ihm die Testergebnisse und klärt u. a. das Arbeits- und Lernverhalten in einem diagnostischen Gespräch ab. Zudem legt sie dar, dass sie die Ergebnisse in einem Gutachten zusammenfassen wird, sodass der für ihn zuständige Berufsberater damit weiterarbeiten kann. Nach Beendigung des Gesprächs holt sie die übrigen Kund:innen einzeln nacheinander zum Nachgespräch in ihr Büro.

Nach den Gesprächen freut sich Cordula auf die Mittagspause mit ihren Kolleg:innen. Danach macht sie sich daran, die erhobenen Befunde nochmals durchzugehen und zu dokumentieren. Zudem diktiert sie die Gutachten zu den heutigen Fällen. Später oder am darauffolgenden Tag kann sie sich die Gutachten nochmals ansehen und ggf. ergänzen oder korrigieren. Dann wird das Gutachten an die Auftraggeber:in versandt und der Fall ist abgeschlossen.

In der letzten Stunde vor ihrem Feierabend hat Cordula noch einen Termin für eine psychologische Beratung mit einem Kunden. Im letzten Beratungstermin hatte sie mit dem Kunden vereinbart, dass sie sich in diesem Termin intensiver mit seinem letzten Arbeitsteam auseinandersetzen, da der Kunde unter Mobbingerfahrungen leidet und es sein Anliegen ist, Verhaltensstrategien zu erarbeiten. Cordula hat sich bereits einige geeignete Methoden dazu überlegt, möchte sich aber noch einlesen und die Materialien dafür vorbereiten. Schon ist es so weit und der Kunde ist bei der Anmeldung. Cordula holt auch ihn dort ab und geht mit ihm in ihr Büro. Dort findet nun die knapp einstündige Beratung statt. Danach notiert sich Cordula noch die Inhalte und Überlegungen zur Beratung, sodass sie diese für die Vorbereitung der nächsten Stunde nutzen kann.

25.1 Berufspsychologie – was ist das?

Die Berufspsychologie wird als Teil der angewandten Psychologie gesehen und ist häufig in der Arbeitspsychologie inbegriffen. Sie ist jedoch ein spezifischer Teil davon, der sich nicht mit Arbeit oder Arbeitslosigkeit im Allgemeinen beschäftigt, sondern mit der Passung zwischen Individuum und einer bestimmten Berufsgruppe oder einem Beruf. Dazu werden einerseits Berufe unter psychologischen Gesichtspunkten betrachtet, andererseits geht es um die berufliche Entwicklung eines Individuums. „Dabei beschäftigt sich die Berufspsychologie sowohl mit den Phasen der Vorbereitung auf den Beruf, mit der Berufswahl, mit dem Beginn der Erwerbstätigkeit, mit Einarbeitungs- und Eingliederungsprozessen, mit Veränderungen von Arbeitstätigkeiten oder typischen Übergängen zwischen Firmen, zwischen Beruf und Familienarbeit sowie Wechsel zwischen Beruf und Erwerbslosigkeit oder in den Ruhestand" (Stangl, 2024).

25.2 Berufspsychologie – ein ganz besonderes Tätigkeitsfeld?

Berufspsychologie – so einfach es klingt, so komplex ist es in Wirklichkeit. Die Passung zwischen einer Person und einem Beruf herauszufinden, ist ein facettenreiches Unterfangen. Im ersten Moment denken die meisten sicher vor allem an die kognitiven Merkmale, die zu einem Beruf passen müssen. Selbstverständlich spielt das allgemeine intellektuelle Leistungsvermögen eine große Rolle bei der Berufsfindung. Dennoch sind zahlreiche weitere Faktoren relevant. Denn auch wenn die kognitiven Fähigkeiten sehr gut zu einem Beruf passen, sind die beruflichen Interessen, die dahinterstehenden Motivation ebenso wie die psychische Belastbarkeit (zumindest in einigen Berufen) und sozial-kommunikative Kompetenzen, die in vielen Berufen eine immer größere Rolle spielen, von zentraler Bedeutung. Nehmen wir als Beispiel eine Jugendliche, die aufgrund ihrer guten schulischen Leistungen in der Realschule von ihrem Umfeld dazu gedrängt wird, Industriekauffrau zu erlernen. Ihre Interessen liegen jedoch in ganz anderen Bereichen. Ihre Vorstellung ist es, sich im Freien zu betätigen und keine Bürotätigkeit auszuüben. Die Motivation, die Ausbildung zur Industriekauffrau erfolgreich abzuschließen, ist daher nicht intrinsisch, sondern nur extrinsisch bedingt. Das mag sie vielleicht nicht daran hindern, die Ausbildung erfolgreich abzuschließen, weil ihre kognitiven Fähigkeiten, ihr Ehrgeiz und ihre Gewissenhaftigkeit die fehlende Motivation kompensieren, allerdings ist es fraglich, ob sie in ihrem Beruf zufrieden sein wird. Gegenteilig kann sich die Motivation natürlich auch bemerkbar machen. Ein Schüler mit Lernschwierigkeiten, für den die Ausbildung zum Kfz-Mechatroniker als sehr herausfordernd gesehen wird, ist felsenfest davon überzeugt, dass dies sein Traumberuf ist und ist bereit, sich so sehr anzustrengen, dass er trotz aller Schwierigkeiten die Ausbildung erfolgreich abschließt.

Aufgaben im Rahmen der Tätigkeit

In der Berufspsychologie geht es darum, die unterschiedlichsten Facetten einer Person und eines Berufes zu betrachten und zusammenzuführen. Häufig finden dafür Eignungsanalysen bei Bildungsträgern oder Begutachtungen statt, z. B. beim Berufspsychologischen Service der Agentur für Arbeit (Bundesagentur für Arbeit, 2024a). Für die Begutachtungen erhalten die Psycholog:innen einen Auftrag von einem/r Auftrageber:in, die unterschiedlich formuliert sein können. So gibt es eher offene Fragen wie „Stefan M. besucht derzeit die Abschlussklasse einer Mittelschule. Für welche Ausbildungen ist er geeignet?" oder spezifische Fragen, z. B. „Frau Meier möchte eine Umschulung zur Fachinformatikerin absolvieren. Kann ihr das gelingen?". Um derartige Fragen beantworten zu können, ist es Aufgabe des/der Psycholog:in, Hypothesen darüber aufzustellen, welche psychologischen Konstrukte in diesem Fall von Bedeutung sind, und diese abzuklären. Die Befunde können testpsychologisch erhoben werden, z. B. durch Intelligenztestverfahren oder Merkfähigkeitstests. Aber auch Fragebögen und Gesprächsdiagnostik kommen zum Einsatz. Am Ende gelangt der/die Psycholog:in zu einem Urteil, bespricht dieses mit der betreffenden Person und fasst seine/ihre Ergebnisse in einem Gutachten für den/die Auftrageber:in zusammen.

Mobilitätsbereitschaft

Die Mobilitätsbereitschaft ist abhängig davon, bei welchem Arbeitgeber man angestellt ist. Bei örtlichen Bildungsträgern wird weniger Mobilitätsbereitschaft vorausgesetzt als bei der Bundesagentur für Arbeit, die in diesem Bereich größte Arbeitgeberin ist. Beim Berufspsychologischen Service der Bundesagentur für Arbeit wird vor allem zu Beginn der Tätigkeit eine hohe Mobilitätsbereitschaft erwartet. Während der 9-monatigen Einarbeitungsphase durchläuft man hier drei Stationen an drei verschiedenen Standorten des jeweiligen Bundeslandes. Danach kommt man im Normalfall längerfristig an einen Standort, der in manchen Fällen schon vorher abgestimmt ist.

Arbeitszeit

Die konkrete Arbeitszeit hängt vom jeweiligen Vertrag ab. Im öffentlichen Dienst sind das im Normalfall 39 h/Woche, die sich gleichmäßig auf Montag bis Freitag verteilen. Nur in Ausnahmefällen, z. B. bei der Teilnahme an Berufsmessen, finden Termine am Wochenende statt. Die Möglichkeit, die Tätigkeit als Teilzeitbeschäftigung auszuüben, ist in vielen Fällen gegeben.

Einkommen

Bei Bildungsträgern werden Psycholog:innen häufig nach den Tarifverträgen des öffentlichen Dienstes bezahlt. Die Eingruppierung ist jedoch tätigkeits- und abschlussabhängig. Psycholog:innen werden nach erfolgreichem Bachelor-Abschluss in der Regel in der Entgeltgruppe 9 bis 11 eingestuft. Mit einem Master-Abschluss bereits ab Entgeltgruppe 13 (Redaktionsteam praktischArzt, 2024; siehe ▶ www.praktischarzt.de/arzt/psychologe-gehalt). Bei der Bundesagentur für Arbeit (2024b) gilt der Tarifvertrag für die BA. Hier erfolgt eine Eingruppierung auf Tätigkeitsebene 2(▶ www.arbeitsagentur.de/bakarriere/ba-tarifvertrag). Voraussetzung ist ein vom Berufsverband Deutscher Psychologinnen und Psychologen (BDP) anerkannter Master- bzw. Diplomabschluss im Studienfach Psychologie.

Persönliche Weiterbildung

Häufig können während der Tätigkeit Schwerpunkte gesetzt werden, in denen man sich weiterbilden kann. Beim Berufspsychologischen Service ist es beispielsweise möglich, sich für die Hör- und Sehbehinderten-Diagnostik weiterbilden zu lassen. Zudem wird dort für alle Psycholog:innen eine Fortbildung zu psychologischer Beratung angeboten.

Karrieremöglichkeiten

Die Möglichkeit, eine Teamleitung zu übernehmen, ist in fast allen Bereichen gegeben. Auch hier ist natürlich die Struktur und die

Größe von Arbeitgeber:innen ein ausschlaggebender Faktor. Bei regionalen Bildungsträger:innen sind weniger Stufen nach oben möglich als bei bundesweit agierenden Arbeitgeber:innen.

25.3 Anforderung an eine Tätigkeit in der Berufspsychologie

Schwerpunktsetzung/fachliche Inhalte

Eine besondere Schwerpunktsetzung im Studium ist nicht erforderlich. Um in diesem Bereich gut zurechtzukommen, sollte man fachlich möglichst breit aufgestellt sein. Die Kenntnis diagnostischer Instrumente und die Auswertung diagnostischer Verfahren ist essenziell. Um jedoch auch andere Aspekte einschätzen und zusätzliche Aufgaben erledigen zu können, sind Kenntnisse aus der klinischen Psychologie sowie der Arbeits- und Organisationspsychologie ebenso wichtig.

Computerkenntnisse

Ein sicherer Umgang mit dem Computer wird vorausgesetzt. Viele diagnostische Verfahren werden computergestützt durchgeführt und ausgewertet. Spezielle Kenntnisse in SPSS oder ähnlichen Statistikprogrammen werden nicht benötigt, allerdings sollte man gewillt sein, sich in das jeweilige Auswertungsprogramm einzuarbeiten. Auch der Umgang mit den gängigen Office-Programmen (Outlook, Excel, Word, PowerPoint) sollte leicht von der Hand gehen.

Sprachkenntnisse

Besondere Sprachkenntnisse werden nicht benötigt, sind aber je nach Klientel sicher von Vorteil.

Praxis, Praxis, Praxis

Wünschenswert sind natürlich Praktika in diesem Bereich, allerdings nicht zwingend notwendig.

> **Fazit**
> Die Arbeit in der Berufspsychologie ist sehr vielseitig und anspruchsvoll. Kenntnisse und Fertigkeiten in Diagnostik, Gesprächsführung, Beratung, aber auch Moderation- und Präsentationstechniken werden dafür benötigt. Die Planung oder Veränderung des beruflichen Werdegangs kann in jeder Lebensphase von Bedeutung sein, ebenso betrifft sie alle Bevölkerungsgruppen. Dabei den Menschen mit Expertise und Beratung zur Seite zu stehen, kann sehr bereichernd sein. Man sollte sich allerdings bewusst sein, dass in den meisten Fällen nur eine punktuelle Begleitung der Personen möglich ist. Oft beschränken sich die Kontakte auf einen oder wenige Termine, in manchen Fällen findet auch eine Begleitung über Wochen statt. Die Arbeitsbeziehung ist jedoch anders gestaltet als beispielsweise eine therapeutische Begleitung, die teilweise über Jahre besteht. Häufig muss man daher mit der Unsicherheit umgehen können, nicht zu wissen, wie die Geschichte von Klient:innen weitergegangen ist.

Eine Perspektive aus der Praxis

Silvia Weiland ist Agenturpsychologin in der Agentur für Arbeit Weiden.

Welche Schwerpunkte hatten Sie in Ihrem Psychologiestudium und waren diese ausschlaggebend für Ihre aktuelle Tätigkeit?

Ich war damals noch im Diplom-Studiengang und hatte mich auf Klinische und Arbeits- und Organisationspsychologie als Schwerpunktfächer konzentriert. Beide Richtungen der Psychologie haben mich neben der Diagnostik sehr interessiert und ich suchte nach einem beruflichen Ansatz, in dem ich beides gut miteinander verbinden konnte. Als Psychologin in der Agentur für Arbeit wird das durch das sehr vielfältige Aufgabenspektrum in der täglichen Arbeit ermöglicht. Dies war dann letztendlich einer der Hauptgründe, mich für die Tätigkeit im Berufspsychologischen Service der Agentur für Arbeit zu entscheiden.

Was, glauben Sie, können Psycholog:innen in diesem Berufsfeld bewegen?

Ich denke, wir können Menschen an vielen Punkten und in verschiedenen Situationen darin unterstützen, möglichst passende nächste berufliche Schritte zu gehen. Dabei geht es nicht nur darum, bei der Wahl der Ausbildung, des Studiums oder einer Umschulung zu beraten, sondern auch darum, in schwierigen beruflichen und oft auch persönlichen Situationen zu unterstützen. Bei psychisch stark belasteten Kunden kann es z. B. sinnvoll sein, zunächst mögliche medizinisch-therapeutische Schritte, die mitunter vor einer Integration in Ausbildung oder Arbeit nötig sind, zu thematisieren. Durch die individuelle Exploration der jeweiligen Situation der Kundin oder des Kunden können wir zudem einen wichtigen Beitrag leisten, die aus berufspsychologischer Sicht jeweils nötigen und passenden Hilfen zu empfehlen. Dies ist häufig ausschlaggebend für den Erfolg beruflicher Maßnahmen. Besonders wichtig ist mir zudem ein möglichst ressourcenorientiertes Vorgehen. Gerade bei Kund:innen, die aus unterschiedlichsten Gründen bisher Schwierigkeiten hatten, ihre Potenziale in vollem Umfang zu nutzen, erleben wir häufig positive Resultate in der Begutachtungssituation. Unabhängig beispielsweise vom Schulabschluss können wir als Berufspsycholog:innen einen wichtigen Beitrag leisten, Potenziale zu erkennen, und dann passende berufliche Wege empfehlen. Durch die vielen Hilfs- und Unterstützungsmöglichkeiten, z. B. im Rahmen von Ausbildungen oder Umschulungen, sind auch bei hemmenden Faktoren wie mangelnden schulischen Vorkenntnissen, psychischen Belastungsfaktoren usw. Ausbildungen häufig möglich und es eröffnen sich Perspektiven und Möglichkeiten.

Was hat Sie an dieser Tätigkeit am meisten überrascht?

Am meisten überrascht hat mich, dass ich tatsächlich auch nach über 10 Jahren in der Tätigkeit selbst immer wieder mit neuen Herausforderungen konfrontiert werde und mir nach den vielen Jahren in dem Beruf nicht langweilig geworden ist. Die Kund:innen sind mit ihren jeweiligen Anliegen und Situationen immer wieder einzigartig und unterschiedlich. Das macht die Tätigkeit auch so spannend und abwechslungsreich.

Wie steht es um die Vereinbarkeit von Beruf und Familie?

Durch flexible Arbeitszeiten, vielfältige Teilzeitmodelle und die Möglichkeit, Teile der Aufgaben im Homeoffice zu erledigen, lässt sich die Tätigkeit sehr gut mit Kinderbetreuungszeiten und familiären Verpflichtungen vereinbaren. Auch in kritischen Situationen wie der Corona-Pandemie habe ich die Agentur für Arbeit dabei als sehr verständnisvolle und entgegenkommende Arbeitgeberin erlebt, die Rücksicht auf die persönliche Situation der Mitarbeiter:innen nimmt. Dienstreisen kommen zwar gelegentlich vor, dennoch wird man in der Regel nach der Einarbeitungszeit an einem festen Standort eingesetzt. Mitunter ist es nötig, an anderen Standorten zu unterstützen. Auch dabei wird jedoch auf die persönliche Situation Rücksicht genommen, sodass es in meiner bisherigen Tätigkeit so gut wie nie zu Kollisionen zwischen familiären und beruflichen Anforderungen kam.

Welchen Tipp haben Sie für Psycholog:innen, die sich überlegen als Berufspsycholog:in zu arbeiten?

Zu empfehlen ist im Vorfeld ein Praktikum bei entsprechenden Arbeitgeber:innen, um sich ein eigenes Bild von der Tätigkeit machen zu können. Auch sollte man im Vorfeld eigene Interessen und Schwerpunkte reflektieren. Wem es wichtig ist, Menschen über einen längeren Zeitpunkt zu begleiten, sollte sich bewusst machen, dass in der Regel kürzere Berührungspunkte zwischen Psycholog:in und Kund:in in der Berufspsychologie überwiegen. Im Berufspsychologischen Service der Agentur für Arbeit ist z. B. ein einmaliger Kontakt am häufigsten.

Welche konkreten Tätigkeiten bereiten Ihnen in Ihrer Arbeit die größte Freude?

Mir bereitet vor allem die Vielfältigkeit der Aufgaben die meiste Freunde. Neben eignungsdiagnostischen Aufträgen bieten beispielsweise die Beratungen von Kund:innen und Mitarbeiter:innen noch einmal ganz andere Aspekte. Auch die Beteiligung an der Personalauswahl, das Abhalten von Workshops oder Vortragsreihen bieten immer wieder Abwechslung und persönliche Entfaltungsspielräume.

Literatur

Bundesagentur für Arbeit. (2024a). Berufspsychologischer Service. www.arbeitsagentur.de/bakarriere/arbeiten-bei-der-ba/arbeiten-im-berufspsychologischen-service. Zugegriffen am 14.05.2024.

Bundesagentur für Arbeit. (2024b). Tarifverträge der Bundesagentur für Arbeit: www.arbeitsagentur.de/bakarriere/ba-tarifvertrag. Zugegriffen am 14.05.2024.

Redaktionsteam praktischArzt. (2024). Psychologe/-in: Gehalt und Verdienst. www.praktischarzt.de/arzt/psychologe-gehalt. Zugegriffen am 14.05.2024.

Stangl, W. (2024). Berufspsychologie – Online Lexikon für Psychologie & Pädagogik. https://lexikon.stangl.eu/23420/berufspsychologie. Zugegriffen am 14.05.2024.

Tätigkeiten im Bereich Data Science

Andra Kämpfer

Inhaltsverzeichnis

26.1 Data Science – was ist das? – 311

26.2 Data Science – ein ganz besonderes Tätigkeitsfeld? – 311
Aufgaben im Rahmen der Tätigkeit – 311
Mobilitätsbereitschaft und Arbeitszeit – 312
Einkommen – 313
Karrieremöglichkeiten – 313
Berufliche Weiterbildung – 313

26.3 Die Rolle von Psycholog:innen im Bereich Data Science – 314

26.4 Anforderungen an eine Tätigkeit als Data Scientist – 314
Schwerpunktsetzung und fachliche Inhalte – 314
Computerkenntnisse – 315
Sprachkenntnisse – 315
Praxis, Praxis, Praxis – 315

Literatur – 318

© Der/die Autor(en), exklusiv lizenziert an Springer-Verlag GmbH, DE, ein Teil von Springer Nature 2024
M. Mendius, S. Werther (Hrsg.), *Psychologie in Studium und Beruf*,
https://doi.org/10.1007/978-3-662-68508-2_26

Tagtäglich werden wir mit der Arbeit von Data Scientists konfrontiert. Sei es bei der Betrachtung unserer durchschnittlichen Herzrate und Schlafdauer in einer Fitness-App, beim Öffnen der Netflix-Startseite, die uns individuelle Filmvorschläge anzeigt, oder auch bei Prognosen, welche Parteien bei anstehenden Wahlen voraussichtlich das Rennen machen werden. Bei der Analyse und Vorhersage von menschlichem Verhalten und Erleben ergänzen sich Data Science und Psychologie perfekt und bilden eine spannende Mischung.

Ein Szenario

Maria Wunderlich ist *Head of Customer Experience* in dem mittelständischen Modeunternehmen *Best Fit*. Aktuell werden auf der Startseite des Onlineshops allen Kund:innen dieselben Artikel angezeigt. Maria interessiert sich sehr dafür, wie sie das Kund:innenerlebnis verbessern kann. Dazu möchte sie den Bestandskund:innen genau die Kleidung und Accessoires vorschlagen, die den individuellen Wünschen und Vorlieben entsprechen. Um diese Idee in die Tat umzusetzen, hat sie vor einem Jahr die neue Abteilung *Customer Data Science* aufgebaut.

Ein *Data Engineer* aus dem Team hat bereits den Grundstein für die strukturierte Erfassung und Speicherung der Kund:innendaten in einem *Data Warehouse* gelegt. Das kann man sich vorstellen wie eine zentrale Speicherungsstelle von Daten aus verschiedenen Quellen. Hier werden z. B. nach vorheriger Einwilligung neben den sozioökonomischen Informationen auch Präferenzen, die Kaufhistorie und das Klickverhalten von Bestandskund:innen codiert und gespeichert.

Aufgrund der Vorarbeit seines Teamkollegen kann der Data Scientist Diego Gonzales nun ein riesiges Volumen an Daten nutzen, um dem Auftrag von Maria nachzukommen. Er möchte ein neues Modell entwickeln, das historische Daten nutzt, um vorherzusagen, welches Angebot aus dem derzeitigen Sortiment eine Kaufentscheidung am ehesten begünstigt (*Next Best Offer*).

Dazu nutzt er Machine-Learning-Ansätze in Python. Er sichtet zunächst, welche Variablen (*Features*) ihm zur Verfügung stehen, beurteilt deren Qualität und formt sie ggf. um. Dann teilt er den gesamten Datensatz in einen Trainings- und einen Testdatensatz auf. Diego sucht einige *Features* aus, z. B. Alter, Geschlecht, Angaben zur Stilpräferenz, bisherige Bewertungen oder bisherige Käufe, und trainiert sein ausgewähltes Modell mit dem Trainingsdatensatz. Wie gut die vorhandenen Merkmale dann die tatsächliche Präferenz der Kund:innen vorhersagen, kann Diego anhand des Testdatensatzes prüfen.

Zur Modellbewertung stehen ihm verschiedene Kennzahlen zur Verfügung, z. B. die Genauigkeit, die angibt, in wie viel Prozent der Fälle das Modell die korrekte Vorhersage getroffen hat. Nachdem Diego mit der Güte des Modells zufrieden ist, nutzt er es, um Vorhersagen zu treffen, wie wahrscheinlich die Präferenz neuer Kund:innen für ein bestimmtes Produkt sein wird. Diese Information gibt er an das E-Commerce-Team weiter, das dann auf der Homepage vorrangig die von Diego empfohlenen, personalisierten Artikel einspielt. Einen Monat später überprüft Diego anhand der neuen Kund:innendaten die Gültigkeit des aufgestellten Modells und trainiert es bei Bedarf neu. Mit seiner professionellen Datenauswertung hilft Diego dabei, individuelle Wünsche in Produktvorschlägen zu berücksichtigen und damit das Kauferlebnis für die Kund:innen von Best Fit so angenehm zu gestalten wie möglich.

26.1 Data Science – was ist das?

Innerhalb der letzten Jahrzehnte sind die Verfügbarkeit und die Nutzung von Daten enorm gestiegen (Hilbert, 2016). Diese zunehmende Digitalisierung hat einen zukunftsträchtigen Berufszweig geschaffen: Das Tätigkeitsfeld Data Science umfasst Prozesse rund um die Speicherung, Auswertung, Visualisierung, Interpretation und Kommunikation von Daten aus verschiedensten Bereichen. Data Scientists nutzen in der Regel Informationen aus der Vergangenheit, um darin Trends und Muster zu erkennen. In fiktiven Szenarien kann darüber hinaus abgeschätzt werden, welche Stellschrauben erwünschte Ergebnisse eher begünstigen oder gefährden. Aus den gewonnenen Erkenntnissen leiten Data Scientists Prognosen und Handlungsempfehlungen ab, die z. B. Unternehmen die Entscheidungsfindung erleichtern. Solche datengetriebenen Strategien ermöglichen es u. a., die Zielgruppe eines Produkts oder Services genau zu kennen und Marketingmaßnahmen entsprechend auszurichten, Marktveränderungen frühzeitig wahrzunehmen und Prozesse zu optimieren. Insgesamt ist der zielgerichtete Umgang mit Daten ein zunehmend relevanter Erfolgsfaktor von Unternehmen.

26.2 Data Science – ein ganz besonderes Tätigkeitsfeld?

So vielfältig wie die Informationen, die von Data Scientists verarbeitet werden, sind auch die Aufgaben innerhalb des Berufsbilds. De Mauro et al. (2016) haben auf Basis von über 2000 Stellenausschreibungen die Tätigkeit in vier Jobfamilien unterteilt: *System Manager* erarbeiten demnach die Infrastruktur zum Sammeln und Speichern von Daten, *Developer* entwickeln Oberflächen und Applikationen, klassische *Data Scientists* modellieren Daten mithilfe statistischer Methoden und *Business Analysts* übersetzen Ergebnisse in Handlungsempfehlungen, die den Unternehmenserfolg sicherstellen sollen. Die weiteren Inhalte dieses Kapitels fokussieren sich vorrangig auf Data Scientists mit den Schwerpunkten Statistik und Beratung.

Aufgaben im Rahmen der Tätigkeit

Der typische Arbeitsalltag von Data Scientists ist sehr abwechslungsreich und wird von vielfältigen Aufgaben bestimmt. Diese sind abhängig von der jeweiligen Position, dem aktuellen Projekt und dem Fortschritt innerhalb des Projekts. Aufgrund dessen ist die Tätigkeitsbeschreibung in dem nächsten Textabschnitt beispielhaft zu verstehen: Sie mag für den Verantwortungsbereich einiger Data Scientists zu breit sein, für den anderer hingegen zu eng. Vor allem in einem frühen Stadium einer Data-Science-Karriere wird man sich voraussichtlich erst mit einem Bruchteil der beschriebenen Aufgaben beschäftigen.

Zu Beginn müssen in der Regel Anforderungen der Auftraggebenden besprochen und auf Umsetzbarkeit geprüft werden. An dieser Stelle sollte exakt definiert werden, welche Fragestellungen untersucht werden und in welcher Form die Ergebnisse vorliegen sollen. Denkbar wäre beispielsweise eine Untersuchung, inwiefern die Zufriedenheit von Mitarbeitenden mit deren Gehalt oder deren Möglichkeit zur Mobilarbeit zusammenhängt oder inwiefern das Kundenerlebnis einer Website sich optimal auf individuelle Bedürfnisse und Wünsche abstimmen lässt. Im Rahmen der Auftragsklärung sollten darüber hinaus wichtige Randbedingungen berücksichtigt werden, z. B. ob sich die Fragestellungen auf ausgewählte Zielgruppen beschränken oder weitere Einflussfaktoren berücksichtigt werden müssen, die die Ergebnisse verzerren könnten. Ein ausführliches Beispiel findet sich im beschriebenen Szenario. Losgelöst von potenziellen Auftraggeber:innen ist es ebenso denkbar, dem Data Scientist selbst offen zu lassen, welche Zusammenhänge oder Unterschiede er oder sie untersuchen möchte.

Nach Klärung der Zielsetzung können zwei Fälle unterschieden werden: Entweder wurden die Daten bereits im Zuge automatisierter Unternehmensprozesse erhoben oder sie müssen speziell für das Projekt generiert werden. In letzterem Fall geht der eigentlichen Datenanalyse eine umfangreiche Versuchsplanung und -durchführung voraus.

Nach Erhalt der Daten müssen diese auf Umfang, Vollständigkeit, Gültigkeit und Repräsentativität für die Zielpopulation überprüft werden. Hier können ggf. Nacherhebungen, Bereinigungen oder Schätzungen fehlender Datenpunkte sinnvoll sein, um die gewünschte Datenqualität zu erreichen. Es ist beispielsweise zu prüfen, ob auffällige Abweichungen in den Daten („Ausreißer") erkennbar sind oder ob es Anzeichen für eine vorsichtige Nutzung von einzelnen Fällen gibt, z. B. wenn eine Versuchsperson im Studienfragebogen stets dieselbe Antwort angekreuzt hat.

Nach der Bereinigung erfolgt dann eine Beschreibung der Daten, gefolgt von der eigentlichen Analyse. Eine wichtige Aufgabe von Data Scientists besteht dabei darin, ein angemessenes statistisches Verfahren entsprechend der jeweiligen Fragestellung und Datenbeschaffenheit zu wählen. Die Methodenpalette ist breit und reicht von Mittelwertsvergleichen zweier Gruppen über *t*-Tests bis hin zur Wahrscheinlichkeitsschätzung von Gruppenzugehörigkeiten mittels *Decision Trees*. Ein umfangreicher Überblick über verschiedene statistische Verfahren findet sich bei Tabachnick und Fidell (2013). Ein direkter Bezug dieser Verfahren zum gängigen Statistikprogramm *R* ist in dem Buch von Field et al. (2012) aufgezeigt.

Sobald die Ergebnisse vorliegen, ist eine wichtige Aufgabe von Data Scientists, diese im Hinblick auf Referenzstudien und Theorien einzuordnen, zu interpretieren und in einem Bericht zu dokumentieren. Im Anschluss werden die Ergebnisse oft im Rahmen von Managementpräsentationen vorgestellt und Praxisimplikationen diskutiert. Ein sehr wichtiger Punkt ist hierbei, sich der Limitationen der eigenen Forschung bewusst zu sein und Risiken für die getroffenen Handlungsempfehlungen in Betracht zu ziehen.

Zuletzt ist die Archivierung von Daten relevant, um in zukünftigen Untersuchungen Vergleiche zu vorangegangenen Ergebnissen ziehen zu können. Bereits entwickelte Modelle können mit neuen Daten auf ihre Gültigkeit überprüft werden, wodurch nötige Anpassungen transparent gemacht werden können.

Einige der Kernaufgaben von Data Scientists zeigt folgende Übersicht:
- Abstimmung der Anforderungen von internen und/oder externen Kund:innen
- Beratung und Beurteilung der Umsetzbarkeit von Vorhaben
- Ableitung von Fragestellungen und Datenstrategien
- Sichtung und Umformung erhobener Daten, Beurteilung von deren Qualität
- Erstellung von Datenmodellen entsprechend der jeweiligen Fragestellung
- Ergebnispräsentation und -diskussion
- Abgabe von Handlungsempfehlungen
- Modellüberprüfung und -anpassung

Mobilitätsbereitschaft und Arbeitszeit

Der große Vorteil bei einer Tätigkeit als Data Scientist ist, dass sich Daten von überall erheben und auswerten lassen, solange man die nötige Software und einen geschützten Zugriff auf den jeweiligen Speicherort hat. Daher sind einige Tage in Mobilarbeit oder im Homeoffice sehr gängig. Manche Unternehmen haben sich sogar dafür entschieden, Stellen ausschließlich remote anzubieten, um sich im Kampf um Fachkräfte als attraktive Arbeitgeber zu positionieren. Ebenso besteht derzeit ein Wandel vom klassischen Nine-to-Five-Job hin zu sehr flexiblen Arbeitszeiten, im Rahmen derer eine Data-Science-Position gut mit dem eigenen Familienalltag vereinbar ist. Auch Arbeitsmodelle in Teilzeit sind möglich.

Einkommen

Das Einkommen als Data Scientists richtet sich nach dem eigenen Abschluss, der persönlichen Berufserfahrung, der jeweiligen Branche und Größe des Unternehmens sowie der Region der Arbeitgeber:innen. Das durchschnittliche Einstiegsgehalt beläuft sich auf 53.530 € brutto im Jahr, steigt allerdings nach 3 bis 5 Jahren Berufserfahrung auf 68.240 € brutto an (Bauer, 2024). Mit 10 Jahren einschlägiger Erfahrung und einer Führungsposition lassen sich im Durchschnitt 88.520 € brutto verdienen, aber auch Gehälter von über 100.000 € brutto sind keine Seltenheit (Bauer, 2024).

Karrieremöglichkeiten

Ein oft angestrebter Karriereweg ist es, sich von einem Data Scientist zu einem/r Manager:in mit Entscheidungsbefugnis und disziplinarischer Führung weiterzuentwickeln. Zusätzlich zu dem klassischen vertikalen Aufstieg werden von Unternehmen verstärkt Expert:innenkarrieren gefördert: Hier besteht die Möglichkeit, sich auf ein spezifisches Themengebiet zu spezialisieren und dieses fachlich voranzutreiben. Da die Datenverfügbarkeit global weiter ansteigen wird, werden Data Scientists langfristig bei Mittelständler:innen, in Großkonzernen, in Behörden und in Start-ups verschiedener Länder gefragt sein. Somit sind auch Wechsel in andere Branchen und Märkte eine Option, das eigene Profil weiterzuentwickeln. Nach einigen Jahren Berufserfahrung bietet es sich ebenso an, freiberuflich tätig zu werden und Unternehmen zugeschnittene Datenanalysen oder Beratungen als Dienstleistung zur Verfügung zu stellen.

Berufliche Weiterbildung

Der große Vorteil als Data Scientist ist, dass man auf dem bereits erworbenen Wissen aufbauen und stufenweise dazulernen kann. Um sich zu orientieren, ob man grundsätzliches Interesse an einer bestimmten Programmiersprache oder Statistiksoftware hat, stehen vielzählige kostenfreie Tutorials zur Verfügung, z. B. auf *YouTube*. Weiterhin haben sich Foren zur Erarbeitung der Inhalte innerhalb einer Community als nützlich erwiesen. Strukturiertere Optionen, Neues zu lernen oder die vorhandenen Fertigkeiten auszubauen, sind kostenpflichtige Selbstlernplattformen wie beispielsweise *Coursera*, *Udemy* oder *SoloLearn*. Hier werden zeitlich flexible Online-Kurse und Übungen angeboten, deren Abschluss in der Regel mit einem persönlichen Zertifikat bescheinigt wird. Universitäten und andere Einrichtungen bieten ebenfalls strukturierte Weiterbildungen vor Ort an, bei denen man festgelegte Schulungszeiten, eine Möglichkeit für Rückfragen und einen finalen Kursabschluss über eine Prüfung hat. Zu guter Letzt sind Intensivprogramme verfügbar, die oft als *Data Science Bootcamp* betitelt werden. Diese können entweder in einem Block oder berufsbegleitend durchgeführt werden.

26.3 Die Rolle von Psycholog:innen im Bereich Data Science

Klassische Studienfächer, die einer Tätigkeit als Data Scientist vorangehen, sind z. B. Informatik, Statistik oder Mathematik, Wirtschaftswissenschaften, Ingenieurwesen oder auch Physik. Psycholog:innen sind eher seltener vertreten, obwohl sie vielseitige Stärken mitbringen, die gerade in interdisziplinär aufgestellten Teams sehr nützlich sein können. Ein sehr naheliegender Nutzen des Psychologiestudiums für eine spätere Tätigkeit als Data Scientist besteht darin, dass in jedem psychologischen Grundlagen- und Anwendungsfach nicht nur das theoretische Fundament vermittelt wird, sondern dass auch daraus abgeleitete Hypothesen empirisch überprüft werden. Wenn z. B. angenommen wird, dass es in einem Onlineshop einen positiven Zusammenhang zwischen der Größe des „Kaufen"-Buttons und der Klickrate der Kund:innen gibt, dann haben Psycholog:innen aufgrund ihrer Expertise in Korrelations- und Regressionsanalysen schon das richtige Handwerkszeug, um zu überprüfen, inwiefern die realen Kund:innendaten dafür oder dagegen sprechen.

Der Ursprung der Daten bestimmt einen weiteren entscheidenden Vorteil, den sich Psycholog:innen zunutze machen können: Während es die meisten Psycholog:innen vermutlich etwas Arbeit kostet, sich in die Interpretation von technischen Datenanalysen einzuarbeiten, haben sie ein klares Heimspiel, wenn es darum geht, Daten zu verstehen, die von Menschen generiert wurden. Das kann extrem nützlich sein, wenn man beispielsweise Kund:innen basierend auf ihrer Historie ein Angebot vorschlagen möchte, das am ehesten ihren Geschmack trifft.

26.4 Anforderungen an eine Tätigkeit als Data Scientist

Als Data Scientist sollte man eine ausgeprägte Affinität zu Mathematik, Statistik und analytischem Denken mitbringen. Weil es dank der Digitalisierung inzwischen in nahezu allen Branchen eine hohe Datenverfügbarkeit gibt, sollte sich ein angehender Data Scientist einen Bereich aussuchen, den er oder sie inhaltlich spannend findet. Weiterhin ist es eine Grundvoraussetzung, sich gerne mit Software und Programmiersprachen auseinanderzusetzen.

Neben diesen Interessen sollte jemand, der eine Karriere als Data Scientist anstrebt, gut damit umgehen können, längere Zeit allein vor dem Laptop zu sitzen, um beispielsweise ein neues Modell zu entwickeln. Frustrationstoleranz und Gewissenhaftigkeit spielen eine wichtige Rolle, wenn es darum geht, Fehler in dem selbstgeschriebenen Code zu suchen. Neugier und Kreativität tragen ebenso zur Lösungsfindung bei. Je nach Position und Aufgabenumfang ist es darüber hinaus hilfreich, kommunikationsstark zu sein und in Ergebnispräsentationen selbstsicher aufzutreten.

Schwerpunktsetzung und fachliche Inhalte

Um schon im Studium den Grundstein für eine Karriere als Data Scientist zu legen, sollten Module in Statistik und Forschungsmethoden priorisiert werden. In Anwendungsfächern kann der Methoden- und Ergebnisteil besprochener Paper genauer unter die Lupe genommen werden, denn Data Science findet man hier überall. Welche Studienschwerpunkte man darüber hinaus wählen sollte, um als Data Scientist erfolgreich zu sein, hängt ganz davon ab, für welche Branchen man es spannend fände, Daten auszuwerten. Im Bereich E-Commerce wäre ein Schwerpunkt auf Markt- und Konsumentenpsychologie sicher sinnvoll, im Bereich Eignungsdiagnostik hingegen eher eine Spezialisierung in Personalpsychologie. Bei einem Einstieg in die Risikoanalyse ist ein Grundverständnis der Betriebswirtschaftslehre (BWL) von Vorteil.

Computerkenntnisse

Programmierkenntnisse sind das A und O in der Tätigkeit als Data Scientist. Im Studium sollten sich Statistikbegeisterte nicht nur mit der Benutzeroberfläche in SPSS zufriedengeben, sondern tatsächlich versuchen, selbst die Syntax zu schreiben, die die jeweiligen Analysen initiiert. Dabei sollte man sich auf keinen Fall davon abschrecken lassen, dass die Aneinanderreihung von Zeichen auf den ersten Blick etwas kompliziert erscheint. Im Endeffekt lässt sich jeder Code in simple und verständliche Einzelteile zerlegen: Man kann ihn mit einem Rezept vergleichen, das Schritt für Schritt vorgibt, welche Zutaten man in welcher Weise miteinander kombinieren muss, um ein gewünschtes Produkt herzustellen.

Unter Psycholog:innen ist die zurzeit gebräuchlichste Programmiersprache zur Datenauswertung und -visualisierung *R* (R Development Core Team, 2020), die in der Regel von der etwas intuitiveren Entwicklungsumgebung *R Studio* begleitet wird. Zum Verständnis von Verfahren in R gibt es empfehlenswerte Tutorials, die explizit auf die Zielgruppe Psycholog:innen zugeschnitten sind, z. B. die Einführung ins Machine Learning von Pargent et al. (2023). Ebenso wird *Mplus* (Muthén & Muthén, 2017) häufig für komplexe Analysen im wissenschaftlichen Bereich genutzt. Eine in der Praxis oft relevantere Programmiersprache ist *Python*, inklusive zahlreicher nützlicher Bibliotheken wie *NumPy* (Harris et al., 2020), *pandas* (McKinney et al., 2010) oder *scikit-learn* (Pedregosa et al., 2011). Wer nun nicht weiß, mit welcher Programmiersprache er am besten anfangen soll, der kann ganz beruhigt sein: Nachdem eine Programmiersprache beherrscht ist, versteht man erfahrungsgemäß eine zweite und dritte sehr schnell.

Sprachkenntnisse

Für Data Scientists sind gute Englischkenntnisse unumgänglich. Oft verbirgt sich die Lösung für ein Problem in den Tiefen verschiedener Foren, innerhalb derer meistens auf Englisch kommuniziert wird. Darüber hinaus sind viele Manuale, Tutorials oder Code-Fragmente nur auf Englisch verfügbar.

Praxis, Praxis, Praxis

Natürlich ist es für einen angehenden Data Scientist wichtig, das theoretische Fundament zu legen, und sich damit das Handwerkszeug anzueignen, das er oder sie in der weiteren Karriere braucht. Der entscheidende Punkt ist allerdings, das Gelernte tatsächlich in der Praxis umzusetzen und regelmäßig anzuwenden. Sei es, ob man gerne nach der Schule, Uni oder Arbeit noch fiktive Probleme in der SoloLearn Community löst oder ob man privat ein Dashboard baut, das die Anzahl geschlafener Stunden pro Wochentag visualisiert: Jede Art von Übung bringt einen angehenden Data Scientist einen Schritt näher zum Ziel.

Fazit

Eine Tätigkeit als Data Scientist ist für Psycholog:innen sicher kein üblicher oder geradliniger Weg, allerdings macht gerade das den Reiz aus! Datengetriebene Entscheidungen verhindern, dass man sich auf das oftmals trügerische Bauchgefühl verlässt. Stattdessen hat man die Möglichkeit, Muster zu erkennen und das Erleben und Verhalten von Menschen mit einer bestimmten Wahrscheinlichkeit im Vorhinein zu erahnen. Obwohl künstliche Intelligenz imstande ist, den Code für solche Auswertungen automatisch zu generieren, wird es immer Data Scientists mit Fachexpertise brauchen, um korrekte Ableitungen zu treffen und geeignete Handlungsmaßnahmen zu empfehlen.

Eine Perspektive aus der Praxis

Herr Sebastian Vogl, Data Scientist bei der BMW Group im Team Customer Data Science; in der Vergangenheit Data Scientist bei Telefónica Germany mit Fokus auf Credit Scoring

Wieso haben Sie sich für die Tätigkeit als Data Scientist entschieden?

Ich hatte im Studium schon immer Spaß an der Statistik und der analytischen Auswertung von Versuchen und nach den ersten Erfolgen im Programmieren von R entschloss ich mich, meinen Fokus auf die Data Science zu legen. Dabei habe ich die Möglichkeit, Daten zu nutzen, um tiefgreifende Einblicke in das Verhalten und die Entscheidungen von Menschen zu gewinnen.

Wie sieht Ihr typischer Arbeitsalltag aus?

Mein typischer Arbeitsalltag als Data Scientist im Customer Marketing besteht aus einer Mischung von Aufgaben. Dies umfasst das Sammeln und Analysieren von Kundendaten, die Entwicklung von Modellen zur Vorhersage von Kaufverhalten und die Empfehlung von personalisierten Marketingstrategien. Dabei arbeite ich eng mit Kolleg:innen aus verschiedenen Bereichen zusammen, um datengesteuerte Lösungen für allerlei Fragestellungen zu entwickeln.

Welchen Tipp haben Sie für Psycholog:innen und Studierende, die sich überlegen, als Data Scientist zu arbeiten?

Mein Tipp wäre, einfach mal nebenbei mit dem Programmieren anzufangen – Python ist de facto unabdingbar für alle Tätigkeiten in der Data Science. Dafür gibt es unzählige Online-Kurse und Plattformen (► www.kaggle.com ist hier sehr zu empfehlen), bei denen man erste Erfahrungen sammeln und Projekte mit bereitgestellten Daten angehen kann.

Was gefällt Ihnen am besten an Ihrem Beruf?

Am meisten Spaß macht es mir, komplexe Probleme zu lösen und mein theoretisches Wissen aus dem Studium auf konkrete Fragestellungen mit teilweise immensem Business Impact anzuwenden. Die kontinuierliche Weiterentwicklung von Technologien und Werkzeugen in der Data Science sorgt dafür, dass kein Tag wie der andere ist und dass immer Raum für kreative Lösungen bleibt.

Wie fühlen Sie sich als Psychologe in einem Feld, das eher von Absolvent:innen aus anderen Bereichen wie Statistik oder Informatik dominiert wird?

Einer der großen Vorteile der Data Science ist, dass hier viele Mitglieder aus den verschiedensten Disziplinen zusammenkommen – in quasi jedem Unternehmen sind Vertreter:innen aus so gut wie allen Naturwissenschaften zu finden. Das heißt, auch wenn man nur selten andere Psycholog:innen bei der täglichen Arbeit um sich hat, fühlt man sich nie fehl am Platz. Und ich empfinde meine psychologische Perspektive oft als eine Bereicherung für das Feld. Sie ermöglicht es mir, Fragestellungen aus einer anderen Sichtweise zu betrachten. Außerdem fördert die Vielfalt der Hintergründe in einem interdisziplinären Team den kreativen Austausch und die Lösungsfindung.

Wie beurteilen Sie die Berufschancen für junge Kolleg:innen auf diesem Gebiet?

Die Berufschancen für junge Kolleg:innen in der Data Science sind auf jeden Fall vielversprechend. Unternehmen erkennen zunehmend den Wert von datengesteuerten Entscheidungen, und die Nachfrage nach Fachleuten in diesem Bereich steigt kontinuierlich. Eine solide Grundlage in Statistik, Programmierung und einem tieferen Verständnis für menschliches Verhalten wird junge Absolvent:innen gut aufstellen, um in diesem aufstrebenden Berufsfeld erfolgreich zu sein.

Eine Perspektive aus der Wissenschaft

Prof. Dr. Matthias Ziegler ist Professor für Psychologische Diagnostik an der Humboldt-Universität zu Berlin. Seit 2017 ist er Mitglied des Diagnostik- und Testkuratoriums der Föderation Deutscher Psychologenverbände und seit 2018 des DIN-Normungsausschusses 159, der sich mit Fragen des Human Resource Managements beschäftigt. Im Folgenden erläutert er die wichtige Funktion von Psycholog:innen im weiten Feld der Data Science.

Die Jobbezeichnung Data Scientist ist zwar noch relativ neu, findet sich aber in immer mehr Stellenausschreibungen. Data Scientists verfügen über breites Anwendungswissen in der Statistik und dem Programmieren entsprechender Software. Dies nutzen sie für die Analyse großer Datenmengen, mit dem Ziel, wertvolle Einblicke und Erkenntnisse zu gewinnen. Dazu gehören das Sammeln, Bereinigen und Organisieren von Daten, die Anwendung statistischer Methoden und maschinellen Lernens, um Muster und Trends zu identifizieren, die Entwicklung von Vorhersagemodellen und die Kommunikation der Ergebnisse an Entscheidungsträger. Data Scientists tauchen so in verschiedenen Branchen auf. So analysieren sie beispielsweise das Nutzerverhalten auf Online-Plattformen, um Benutzerpräferenzen zu verstehen und die Benutzererfahrung zu optimieren. Im Gesundheitswesen und der Pharmaindustrie konzentrieren sich Data Scientists auf die Analyse von Patientendaten, um das Risiko von Krankheiten vorherzusagen oder personalisierte Medikamentenempfehlungen zu erstellen. In der Finanzbranche entwickeln Data Scientists Risikomodelle, um die Kreditwürdigkeit von Kund:innen zu bewerten. Im Einzelhandel und im E-Commerce analysieren Data Scientists das Kaufverhalten von Kund:innen und entwickeln Kundensegmentierungsmodelle, um maßgeschneiderte Werbeaktionen anzubieten oder Lagerbestände zu optimieren.

Psycholog:innen bringen für diese Aufgaben wichtige Qualifikationen mit. An erster Stelle kann hier die breite methodische und statistische Ausbildung angeführt werden. Allerdings verfügen Psycholog:innen auch über breites Konstruktwissen, können also beispielsweise beschreiben, was Personen auszeichnet, die introvertiert sind, und mit welchen anderen Eigenschaften und Verhaltensweisen dies zusammenhängen könnte. Gerade dieses Konstruktwissen ist im Bereich Data Science essenziell. Statistische Modelle sind neutral, die Daten, die sie nutzen sind es aber nicht unbedingt. Hier ist Konstruktwissen gefragt, um zu verhindern, dass Daten genutzt werden, die in unfairen oder gar diskriminierenden Modellen und Algorithmen münden. Auch das Öffnen der Blackbox, also das Erklären der Mechanismen, die diese Modelle und Algorithmen nutzen, erfordert umfangreiches Konstruktwissen. Psycholog:innen bringen also schon heute Kompetenzen mit, die im Data-Science-Bereich unverzichtbar sind. Schaut man auf die Entwicklung im Bereich der künstlichen Intelligenz in jüngster Zeit, dann ist zu erwarten, dass das reine Programmieren zunehmend durch Maschinen erledigt werden wird. Daher wird das Wissen um die dahinterstehende Statistik und die eingespeisten Konstrukte immer wichtiger. Nur so lässt sich sicherstellen, dass Data Science faire und transparente Entscheidungshilfen liefert. Ein Studium der Psychologie vermittelt so Wissen, das in der Tätigkeit als Data Scientist dazu beitragen kann, dass die Ergebnisse dieser Arbeit einen breiten gesellschaftlichen Nutzen erzeugen.

Literatur

Bauer, B. (2024). Dein Gehalt als Data Scientist: So viel verdienst Du in der Datenwissenschaft 2023. Get in {it}. https://www.get-in-it.de/magazin/gehalt/gehalt-data-scientist. Zugegriffen am 14.05.2024.

De Mauro, A., Greco, M., Grimaldi, M., & Nobili, G. (2016). Beyond data scientists: A review of big data skills and job families. In: *Proceedings of the 11th International Forum on Knowledge Assets Dynamics, IFKAD 2016, Dresden,* 1844–1857.

Field, A., Miles, J., & Field, Z. (2012). *Discovering statistics using R*. Sage Publications.

Harris, C. R., Millman, K. J., van der Walt, S. J., Gommers, R., Virtanen, P., Cournapeau, D., et al. (2020). Array programming with numpy. *Nature, 585,* 357–362. https://doi.org/10.1038/s41586-020-2649-2

Hilbert, M. (2016). Big data for development: A review of promises and challenges. *Development Policy Review, 34,* 135–174.

McKinney, W., et al. (2010). Data structures for statistical computing in python. In: *Proceedings of the 9th Python in Science Conference, 445,* 51–56.

Muthén, L. K., & Muthén, B. O. (2017). Mplus user's guide (8. Aufl.). Muthén & Muthén. http://www.statmodel.com/download/usersguide/MplusUserGuideVer_8.pdf. Zugegriffen am 14.05.2024.

Pargent, F., Schoedel, R., & Stachl, C. (2023). Best practices in supervised machine learning: A tutorial for psychologists. *Advances in Methods and Practices in Psychological Science.* https://doi.org/10.1177/25152459231162559

Pedregosa, F., Varoquaux, G., Gramfort, A., Michel, V., Thirion, B., Grisel, O., et al. (2011). Scikit-learn: Machine learning in Python. *Journal of Machine Learning Research, 12,* 2825–2830.

R Development Core Team. (2020). R: A language and environment for statistical computing (4.0.5). R Foundation for Statistical Computing. www.r-project.org. Zugegriffen am 14.05.2024.

Tabachnick, B. G., & Fidell, L. S. (2013). *Using multivariate statistics* (6. Aufl., S. 497–516). Pearson.

Tätigkeiten in der Familienpsychologie

Stefan Dippold

Inhaltsverzeichnis

27.1 Familienpsychologie – was ist das? – 322

27.2 Familienpsychologie – ein ganz besonderes Tätigkeitsfeld? – 323
Aufgaben im Rahmen der Tätigkeit – 324
Bezahlung – 326
Karrieremöglichkeiten – 326
Berufliche Weiterbildung – 327

27.3 Die Rolle von Psychologen im Berufsfeld Familienpsychologie – 327

27.4 Anforderungen an eine Tätigkeit als Familienpsycholog:in – 328
Schwerpunktsetzung – 330
Fachliche Inhalte – 330
Computerkenntnisse – 330
Praxis, Praxis, Praxis – 330

Literatur – 331

© Der/die Autor(en), exklusiv lizenziert an Springer-Verlag GmbH, DE, ein Teil von Springer Nature 2024
M. Mendius, S. Werther (Hrsg.), *Psychologie in Studium und Beruf*,
https://doi.org/10.1007/978-3-662-68508-2_27

Dieses Kapitel wurde in der ersten Auflage von Tobias von der Recke geschrieben, der leider 2021 verstorben ist. Als ich von Maximilian Mendius und Simon Werther gefragt wurde, ob ich für diese Auflage die Überarbeitung übernehmen möchte, habe ich gerne zugesagt, da mich mit Tobias von der Recke eine langjährige Zusammenarbeit verbindet, die für mich in persönlicher und beruflicher Hinsicht prägend war. In der jetzigen Fassung basiert dieses Kapitel auf seinen Ausführungen, wurde aber an vielen Stellen überarbeitet und neu verfasst.

Das Bundesministerium für Familie, Senioren, Frauen und Jugend (BMFSJF) stellt in seinem Report von 2020 fest, dass die Familie „für 77 % der Bevölkerung nach wie vor der wichtigste Lebensbereich ist, noch vor Arbeit und Freundeskreis. Bei Eltern mit minderjährigen Kindern sind es sogar 91 %. […] Familie und soziale Beziehungen sind auch für Jugendliche und junge Erwachsene mit Abstand die wichtigste Wertorientierung" (BMFSFJ, 2020, S. 35 f.). Jeder Mensch wird in eine Familie hineingeboren und seine individuelle Entwicklung und Sozialisation hängt maßgeblich davon ab, welche Erfahrungen er als Kind in dieser Familie macht. Auch Erwachsene sind in mannigfaltiger Weise in familiäre Beziehungen eingebunden und bleiben ein Leben lang mit ihrer Herkunftsfamilie verknüpft, was je nach Art der Verknüpfung eher als Belastung oder als Ressource und Kraftquelle erlebt werden kann. Gerade in Zeiten gesellschaftlicher Unsicherheiten und Umbrüche weisen viele Menschen der Familie einen hohen Stellenwert zu.

Dementsprechend spielt der familiäre Kontext, in den die Menschen eingebunden sind, in den meisten Tätigkeitsfeldern der psychologischen Praxis eine mehr oder weniger große Rolle. Umso überraschender und bedauerlicher ist es, dass in Deutschland eine universitäre bzw. universitätsäquivalente Ausbildung in Familienpsychologie – bis auf wenige Ausnahmen – aktuell kaum existiert (Schneewind, 2016, S. 242). Während sich die Familienpsychologie im angelsächsischen und internationalen Raum durchaus eine gewisse Bedeutung erarbeitet und mit der „International Acadamy of Family Psychology" auch ein Forum für den wissenschaftlichen Austausch geschaffen hat, lässt ihre Repräsentation in der deutschen Universitätslandschaft leider sehr zu wünschen übrig. Meines Wissens gibt es zurzeit lediglich drei Lehrstühle mit einer Denomination für Familienpsychologie, nach Weidtmann (2018) sind dies die HAW Hamburg, die Katholische Hochschule Nordrhein-Westfalen und die Psychologische Hochschule Berlin. Schneewind (2016), eine der sichtbarsten Persönlichkeiten der universitären Familienpsychologie, erklärt dies u. a. damit, dass sie eine „querliegende" Disziplin sei, in der es einerseits intradisziplinäre Überschneidungen bzw. Berührungspunkte mit anderen Fachrichtungen der Psychologie gibt (z. B. klinische Psychologie, pädagogische Psychologie, Entwicklungspsychologie, Gesundheitspsychologie, aber auch Arbeits- und Organisationspsychologie), und andererseits auch interdisziplinäre Schnittpunkte mit anderen Familienwissenschaften wie z. B. Familiensoziologie, Familienrecht oder Familienökonomie, weshalb sie sich schwertut, als eigenständige Fachrichtung innerhalb der Psychologie wahrgenommen und anerkannt zu werden.

Glücklicherweise gibt es aber auch andere Wege, wenn man in dem überaus interessanten und vielfältigen Gebiet der Familienpsychologie tätig werden will. Wie diese Wege aussehen können, soll in diesem Kapitel näher beleuchtet werden.

Ein Szenario (von Tobias von der Recke)

Fritz ist 13 Jahre alt und soll in einer geschlossenen Einrichtung der Jugendhilfe untergebracht werden. Aus drei Schulen wurde er wegen seiner Verweigerungshaltung und weiterer Verhaltensauffälligkeiten (Aggressivität) entlassen. Als ich Fritz kennenlernte, war er trotz bestehender Schulpflicht bereits 5 Monate zu Hause, weil sich keine Schule fand, die bereit war ihn aufzunehmen. Versuche einer Unterbringung durch das Jugendamt widersetzte sich Fritz erfolgreich, indem er z. B. seine Mutter anrief und sie aufforderte, ihn wieder aus der Einrichtung abzuholen. Auch verschiedene ambulante Versuche (Erziehungsbeistandschaft, Erziehungsberatung) vermochten an der desolaten Entwicklung nichts nachhaltig zu verändern. Vor diesem Hintergrund entstand auch der Beschluss zur geschlossenen Unterbringung durch das Familiengericht.

Bevor das Amt für Jugend und Familie diese Maßnahme einleitete, unternahm sie noch den Versuch einer „intensiven Familienberatung" (IFB). Die intensive Familienberatung wurde als systemisches Konzept mit dem Ziel entwickelt und eingerichtet, Familien systemisch so gut zu beraten, dass eine Fremdunterbringung des Kindes nach Möglichkeit vermieden werden kann. Wesentliches Ziel dieser Arbeit ist die Stärkung der elterlichen Verantwortung und damit die Erhöhung ihres Einflusses auf ihre Kinder, vor allem wenn diese sich durch ihr Verhalten selbst oder auch andere gefährden. Im Rahmen dieses Konzeptes sind es immer zwei Familientherapeuten (in der Regel eine Frau und ein Mann), die aufsuchend arbeiten. Das bedeutet, dass die Arbeit bei den Familien zu Hause stattfindet. Auch in diesem Fall war es wichtig, neben der intensiven Arbeit mit der Familie ein Bündnisnetzwerk zu schaffen, das Fritz in seiner Entwicklung unterstützt; dazu zählen die erweiterte Verwandtschaft, die beteiligte Schule (Klassenlehrerin, Schulsozialarbeit, Direktorat, Schulamt), die Ambulanz der Kinder- und Jugendpsychiatrie sowie die Trainer seines Sportvereins.

Während der Arbeit mit Fritz, seinen Eltern und weiteren Verwandten gelang es im ersten Schritt, eine Regelschule als Kooperationspartner zu gewinnen, die bereit war, Fritz trotz seiner problematischen Vorgeschichte aufzunehmen. Dann aktivierten wir die erweiterte Familie (Onkel und Tanten am Ort), die sich bereit erklärte, ihrerseits aktiv zu werden und mit Fritz in Kontakt zu treten. Dadurch konnten die Eltern unterstützt und gestärkt werden. Schwierig war es immer wieder, die Eltern zu einer gemeinsamen elterlichen Haltung zu bewegen. Auf der Basis einer nahezu zerrütteten Ehe gelang es ihnen kaum, ihrem Sohn gegenüber gemeinsam eine Position einzunehmen. Die problematische Entwicklung ihres Kindes nutzen sie dann eher als Argument gegeneinander. Diese Dynamik geht zurück bis in die Schwangerschaft, die von der Mutter sehr gewünscht, vom Vater aber – im Gegensatz zum erstgeborenen Bruder Philip – abgelehnt wurde. Insofern konnte die geschlossene Unterbringung zwar bis jetzt vermieden werden, bis zum Schluss der schulischen Laufbahn sind es aber noch 8 Monate und es bleibt zu hoffen, dass Fritz seine Schulpflicht regulär beenden wird. Interessanterweise haben wir mit der Familie vergleichsweise selten Termine: Wir hatten den Eindruck, dass das vor allem in sehr schwierigen Familien verbreitete Prinzip „viel (Hilfe) hilft viel" in diesem Fall eher hinderlich ist und die Familie stärker in die eigene Verantwortung kommt, wenn sie nicht ständig von Fachleuten „behelligt" wird.

27.1 Familienpsychologie – was ist das?

Die Familienpsychologie hat sich als eine der jüngsten psychologischen Disziplinen Mitte der 1980er-Jahre zunächst vor allem in den USA und ab den 1990er-Jahren auch im deutschsprachigen Raum entwickelt und sich immer als eine Schnittstelle zwischen Forschung und Praxis verstanden.

Eine offizielle Definition lautet: „Familienpsychologie ist eine wissenschaftliche Disziplin, die sich unter der Berücksichtigung außerfamilialer Kontexte mit der familiären Lebenspraxis, d. h. mit dem Verhalten, Erleben und der Entwicklung von Personen im Kontext des Beziehungssystems ‚Familie' beschäftigt, und zwar mit der Absicht, die dabei auftretenden Phänomene und ihre Bedingungen zu beschreiben, zu erklären, vorherzusagen und zu verändern" (Schneewind, 2012, S. 106). Daraus ergeben sich drei Kernbereiche der Familienpsychologie mit jeweils eigenen Fragestellungen und Aufgaben: Grundlagenforschung, Anwendungspraxis und Anwendungsforschung. Diese Kernbereiche sind wiederum eng verbunden mit dem Gebiet der systemischen Erkenntnistheorie, die ihrerseits wichtige Beiträge sowohl zur Theoriebildung wie auch zur therapeutischen und beraterischen Praxis in der Arbeit mit Familien leistet (Schneewind, 2019).

Im Rahmen der Grundlagenforschung geht die Familienpsychologie interessanten Fragen nach, wie z. B. den folgenden:

- Was ist eigentlich eine Familie? Menschen leben heute in den unterschiedlichsten Familienformen zusammen: in traditionelle Familiensysteme mit Vater, Mutter und Kind(ern), Patchworkfamilien, Alleinerziehendenfamilien, Pflege- und Adoptionsfamilien, Regenbogenfamilien, um nur einige zu nennen. Was haben diese Familienformen gemeinsam und was unterscheidet sie?
- Wie entstehen Paarbeziehungen? Was stärkt und was schwächt sie?
- Wie beeinflussen frühe Bindungserfahrungen spätere Beziehungen? Hier sind die weiterhin bahnbrechenden Ergebnisse der Bindungstheorie zu nennen, die ihrerseits nicht Ergebnisse familienpsychologischer Forschung sind, diese aber maßgeblich beeinflussen.
- Wie gelingt Paaren der Übergang von Partnerschaft zu Elternschaft? Wie können sie ihre Paarbeziehung pflegen und gestalten und gleichzeitig verantwortungsvoll für ihre Kinder sorgen? Wie lassen sich diese Aufgaben mit beruflichen Ansprüchen und Erfordernissen im Sinne einer Work-Life-Balance verbinden?
- Wie entwickeln sich Beziehungen zwischen Geschwistern, welchen Einfluss hat die Geschwisterfolge? Wie werden diese Beziehungen z. B. durch Krankheit oder Behinderung eines Geschwisterkindes beeinflusst?
- Was passiert bei Trennung und Scheidung? Was sind die (möglichen) Folgen für die Kinder – auch in Abhängigkeit ihres Alters?
- Welchen Einfluss haben mehrgenerationale Faktoren auf die Entwicklung von Verhaltens- und Beziehungsmustern in Familien?
- Wie beeinflussen gesellschaftliche Entwicklungen (z. B. wirtschaftliche Krisen oder auch die Folgen der Corona-Pandemie) und historische Ereignisse und Prozesse (z. B. Nationalsozialismus und 2. Weltkrieg) die Entwicklung von Familien?

Die Anwendungspraxis besteht dann darin, die Ergebnisse der Grundlagenforschung in beraterische und therapeutische Konzepte für die Unterstützung von Familien umzusetzen. So wurden seit den 1980er-Jahren verschiedene Präventions-, Trainings- und

Beratungskonzepte für Eltern entwickelt, wie z. B. das eher verhaltenstherapeutisch ausgerichtete „Positive Parenting Program (Triple P)", das vom deutschen Kinderschutzbund entwickelte Programm „Starke Eltern – starke Kinder" oder das von dem israelischen Psychologen Haim Omer entwickelte Konzept der „Neuen Autorität", das seit ca. 2010 im deutschsprachigen Raum immer mehr an Bedeutung gewinnt (z. B. Omer & von Schlippe, 2016). Und natürlich haben sich in den letzten 40 Jahren auch und insbesondere die systemischen Konzepte mit ihrer großen theoretischen und methodischen Vielfalt als wertvolle Grundlage für die beraterische und therapeutische Arbeit mit Familien bewährt (z. B. von Schlippe & Schweitzer, 2016).

Die Anwendungsforschung wiederum hat es sich zur Aufgabe gemacht, die Wirksamkeit der verschiedenen Interventionen wissenschaftlich zu überprüfen und somit einen wesentlichen Beitrag zur Qualitätsentwicklung der Arbeit mit Familien zu leisten.

27.2 Familienpsychologie – ein ganz besonderes Tätigkeitsfeld?

Dass die Familienpsychologie tatsächlich ein ganz besonderes und – wie ich finde – ganz besonders interessantes Tätigkeitsfeld ist, ergibt sich u. a. daraus, dass sie, wie bereits erwähnt, eben eine querliegende Disziplin ist, also zum einen viele Berührungspunkte mit anderen Fachrichtungen hat und zum anderen in vielen verschiedenen Tätigkeitsfeldern ihren Platz und ihre Berechtigung findet. Im Folgenden will ich beschreiben, in welchen Kontexten und Bereichen Familienpsycholog:innen beruflich tätig werden können.

Wenden wir uns zunächst der beraterischen bzw. therapeutischen Arbeit im familialen Kontext zu: Ein klassisches ambulantes Tätigkeitsfeld sind Beratungsstellen, die oft bereits in ihrer Bezeichnung als „Beratungsstelle für Eltern, Familien und Jugendliche" zum Ausdruck bringen, dass es nicht ausschließlich Erziehungsfragen sind, die hier bearbeitet werden (▶ Kap. 6). Auch wenn Eltern zunächst häufig aus Sorge um bzw. mit den Kindern eine Beratungsstelle aufsuchen, können die jeweiligen Beratungsprozesse unterschiedlichste Verläufe nehmen, z. B. wenn im Laufe der Elterngespräche deutlich wird, dass die Verhaltensauffälligkeiten, die ihr Kind in der Schule zeigt, mit Problemen der elterlichen Paarbeziehung in Verbindung stehen. Familienpsychologische Beratungsarbeit heißt dann, solche Zusammenhänge sichtbar werden zu lassen und gemeinsam mit den Familienangehörigen zweckmäßigere Lösungen zu finden (z. B. eine Paarberatung).

Mit Paarberatung oder Paartherapie ist ein weiteres Feld familienpsychologischer Tätigkeit angedeutet. Auf der Basis paartherapeutischen Wissens und paartherapeutischer Erfahrung (Paarphasen, elterliche vs. eheliche Beziehung, Bindungstheorie, Sexualität etc.) wird in diesem Bereich versucht, Paaren bei der Lösung ihrer Probleme zu helfen und sie bei der Bewältigung ihrer Krise zu unterstützen. In Beziehungen, in denen sich beide Partner:innen schon zu sehr aus den Augen verloren oder über zu lange Zeit verletzt und enttäuscht haben, kann Paarberatung/-therapie auch Trennungs- und Scheidungsberatung bedeuten.

Sowohl Familien- als auch Paarberatung kann nicht nur an Beratungsstellen angeboten werden, sondern auch freiberuflich in eigener Praxis. Die Finanzierung kann dann entweder über selbstzahlende Klient:innen geleistet werden (gerade in Städten gibt es durchaus eine große Zahl von Menschen, die bereit sind, für qualitativ hochwertige Unterstützung die Kosten selbst zu übernehmen) oder über das Jugendamt, das nach § 27 und § 28 SGB VIII die ambulante Begleitung von hilfebedürftigen Familien finanziert. Hier gibt es unterschiedliche Formen der Familienhilfe, u. a. die aufsuchende Familientherapie, die sowohl familienpsychologisches als auch systemisch-therapeutisches Know-how voraussetzt. Und da seit 2020 für approbierte Psycholog:innen die Möglichkeit besteht, systemische (Familien-)Therapie über die Krankenkasse abzurechen, eröffnet inzwischen glücklicherweise auch dieser Weg Möglichkeiten, eine selbstständige familienpsychologische Arbeit zu finanzieren.

Eine weitere Möglichkeit des selbstständigen Arbeitens besteht darin, sich im Bereich „Supervision" weiterzubilden und dann als Supervisor:in Teams zu unterstützen und zu begleiten, die ihrerseits im Kontext der Familienarbeit tätig sind.

Im stationären Setting können Familienpsycholog:innen in unterschiedlichen klinischen und pädagogischen Einrichtungen eine gute berufliche Heimat finden. Ihr Fachwissen ist in kinder- und jugendpsychiatrischen Institutionen ebenso gefragt und erforderlich wie in teil- oder vollstationären Institutionen der Jugendhilfe (Heime, Wohngruppen). Während im Kontext der Jugendhilfe ein familienpsychologischer Hintergrund und insbesondere eine systemische Weiterbildung mittlerweile häufig vorausgesetzt werden, kommt es in der Kinder- und Jugendpsychiatrie nach wie vor sehr auf die Ausrichtung der Klinikleitung an, inwieweit der Familienaspekt bei der Arbeit Berücksichtigung findet.

Auch an anderen pädagogischen Einrichtungen wie Heilpädagogischen Tagesstätten (HPT) ist familienpsychologische Kompetenz häufig hilfreich und gefragt.

Für alle bisher genannten Kontexte gilt, dass es nicht nur Psycholog:innen sind, die hier arbeiten, sondern dass es meist eine enge Zusammenarbeit verschiedener Berufsgruppen gibt, z. B. mit Pädagog:innen, Sozialpädagog:innen und – insbesondere natürlich im klinischen Kontext – mit Ärzt:innen. Dies kann, wenn es gelingt, eine sich gegenseitig befruchtende und bereichernde Kooperation im Sinne der Familien sein, kann aber im negativen Falle auch zu Konkurrenz und Konflikten führen, wodurch die Qualität der Arbeit u. U. stark beeinträchtigt wird.

Ein ganz anderer Kontext familienpsychologischer Tätigkeit ist die als Sachverständige:r im Rahmen gerichtlicher Auseinandersetzungen (▶ Kap. 29). In familiengerichtlichen Verfahren geht es dabei meist um Fragen des Sorgerechts und des Umgangs bei bzw. nach einer Scheidung. Auch bei Fragen der Erziehungsfähigkeit eines oder beider Elternteile oder bei der Einschätzung einer möglichen Kindeswohlgefährdung können familienpsychologische Sachverständige um eine gutachterliche Stellungnahme gebeten werden.

Und schließlich gibt es universitäre und nichtuniversitäre Forschungseinrichtungen, in denen familienpsychologischen Fragen wissenschaftlich nachgegangen wird (▶ Kap. 6). So finden sich auf dem „deutschen Bildungsserver" verschiedene Institutionen, wie z. B. das Institut für angewandte Familien-, Kindheits- und Jugendforschung e. V. der Universität Potsdam, das Staatsinstitut für Familienforschung an der Universität Bamberg oder das Zentralinstitut für Ehe und Familie in der Gesellschaft der katholischen Universität Eichstätt (▶ www.bildungsserver.de).

Aufgaben im Rahmen der Tätigkeit

Die Aufgaben im Rahmen familienpsychologischer Tätigkeit werden maßgeblich vom jeweiligen beruflichen Kontext bestimmt.

Die Haupttätigkeit an einer Beratungsstelle ist – wie es der Name nahelegt – die Beratung von Familien. Hier liegt eine Besonderheit der Arbeit darin, dass Berater:innen über Kompetenzen sowohl im Einzelsetting (z. B. wenn nur ein Elternteil zur Beratung kommt) als auch im Paar- und Familiensetting verfügen müssen. Die Beratungsarbeit findet in der Regel in der Einrichtung statt, sie wird dokumentiert und meist am Ende der Beratung evaluiert. Neben dem Gespräch kommt eine Vielzahl weiterer Methoden zur Anwendung, wie sie in der systemischen Beratung und Therapie entwickelt wurden (z. B. die Arbeit mit dem Skulpturenbrett oder mit dem Lebensflussmodell). Häufig ist auch die Kontaktaufnahme mit weiteren Stellen, Einrichtungen und Personen erforderlich. Das beginnt z. B. mit dem Bemühen um Kontakt zu einem getrennt lebenden Elternteil, geht über Gespräche mit der Schule, dem Hort und anderen (früher) beteiligten Stellen und Kolleg:innen bis hin zu Round-Table-Runden mit allen Beteiligten oder Hilfeplangesprächen mit dem Jugendamt. Dies ist sicherlich ein oft mühevoller Aspekt familienpsychologischer Arbeit, erweist sich aber in der Praxis immer wieder als maßgeblich für den Erfolg von Beratungsprozessen (insbesondere in sog. Multiproblemfamilien).

Ist man als beratende:r Familienpsycholog:in eher im Kontext der Jugendhilfe tätig, z. B. im Rahmen einer aufsuchenden Familientherapie, gestalten sich die beraterischen bzw. therapeutischen Tätigkeiten prinzipiell ähnlich wie im vorigen Absatz beschrieben. Als Besonderheit kommt hier aber noch die engere Zusammenarbeit mit dem Jugendamt ins Spiel, das diese Maßnahmen finanziert und somit als Auftraggeber auch ein berechtigtes Interesse daran hat, selbst Ziele für den Verlauf der Maßnahme zu formulieren und über das Ergebnis des Arbeitsprozesses informiert zu werden. Dadurch können u. U. herausfordernde Zwickmühlen entstehen, z. B. wenn dieser Wunsch des Jugendamtes mit dem Bedürfnis der Familie nach Autonomie oder Vertraulichkeit kollidiert. Eine weitere Besonderheit dieses Arbeitsfeldes ist das Setting des Hausbesuchs, das oft noch einmal einen anderen und erweiterten Blick auf das Geschehen in der Familie freigibt, die sich im „Heimspiel" meist authentischer zeigt als jenseits der Schwelle einer Beratungsstelle, Praxis oder Ambulanz.

Im Sinne des konstruktivistischen Fundaments der systemischen Beratung und Therapie lässt sich die Tätigkeit beratende:r Familienpsycholog:innen auch so zusammenfassen: Es geht darum, die Klient:innen darin zu unterstützen, ihren bisherigen problemerzeugenden Sichtweisen und Überzeugungen neue Perspektiven und Narrative hinzuzufügen, die es ihnen ermöglichen, mit ihren Kompetenzen und Ressourcen in Kontakt zu kommen und so bessere Lösungen für die bestehenden Probleme finden zu können.

Neben der Beratungsarbeit fallen Familienpsycholog:innen häufig auch die Durchführung und Auswertung psycho- und familiendiagnostischer Verfahren zu. Psychodiagnostische Verfahren helfen dabei, Hypothesen zu entwickeln, wie die von der Familie beschriebenen Probleme mit bestimmten individuellen Faktoren, wie z. B. Intelligenz, Konzentrationsfähigkeit, Persönlichkeitsmerkmalen oder emotionalen Beeinträchtigungen, in Beziehung stehen könnten. Familiendiagnostische Testverfahren nehmen dagegen eher die innerfamiliären Interaktionen und Beziehungsdynamiken in den Blick. Die dabei gewonnenen Informationen über das Beziehungsgefüge und die Rollenverteilung in einer Familie können dann wiederum in Form von Hypothesen und Feedback in den Beratungsprozess zurückfließen und so neue Bewertungen und Lösungsideen anregen.

Im Rahmen gutachterlicher Tätigkeit kommen ebenfalls eine Reihe diagnostischer Verfahren zur Anwendung. Neben der Exploration der Beteiligten (inklusive der Erhebung der jeweiligen Vorgeschichten) ist dann die Verhaltens- und Interaktionsbeobachtung häufig die Methode der Wahl, um zur familiengerichtlichen Frage fundiert Stellung nehmen zu können.

Eine Perspektive aus der Wissenschaft

Prof. Dr. Klaus A. Schneewind ist emeritierter Professor für Persönlichkeitspsychologie, Psychologische Diagnostik und Familienpsychologie an der Ludwig-Maximilians-Universität München sowie zertifizierter Paar- und Familientherapeut. Er wurde 2007 mit der Hugo-Münsterberg-Medaille durch den Berufsverband Deutscher Psychologinnen und Psychologen geehrt:

Als wissenschaftliche Disziplin beschäftigt sich die Familienpsychologie – auch unter Berücksichtigung außerfamilialer Gegebenheiten (z. B. berufsbedingter Einflüsse) – mit dem Verhalten, Erleben und der Entwicklung von Personen im Kontext des Beziehungssystems „Familie". Was aber ist eine Familie? – eine Frage, auf die es keine einfachen Antworten gibt, obwohl wir alle unausweichlich Familienmenschen sind. Mit anderen Worten: jeder hat Vater und Mutter, selbst wenn er sie nie erlebt und gekannt hat. Vor diesem Hintergrund lassen sich Familien als biologisch, sozial oder rechtlich miteinander verbundene Personen verstehen, die mindestens zwei Generationen umfassen. Dabei kann die Familienbiografie einzelner Personen im Laufe ihres Lebens sehr unterschiedliche Personenkonstellationen (sog. Kettenbiografien) umfassen.

Das Kerngeschäft der Familienpsychologie bezieht sich in Forschung und Anwendung insbesondere auf vier Beziehungsformen, nämlich Paarbeziehungen, Eltern-Kind-Beziehungen, Geschwisterbeziehungen und Mehrgenerationenbeziehungen. Dabei geht es vor allem darum, die Bedingungen für gelingende und misslingende Beziehungsmuster zu ermitteln. Daraus lassen sich mittels familialer Intervention (d. h. Prävention, Beratung, Therapie) Ansatzpunkte für die Gestaltung zufriedenstellender Beziehungen entwickeln und hinsichtlich ihrer Wirksamkeit überprüfen.

Da die Familienpsychologie quer zu den traditionellen psychologischen Disziplinen (u. a. Entwicklungs-, Persönlichkeits-, Sozialpsychologie; biologische-, klinische-, pädagogische Psychologie) liegt, können Psychologiestudierende – auch mit Blick auf ihre eigenen Familienbeziehungen – viel für sich selbst sowie für eine integrative Sichtweise von Psychologie und deren Anwendung in ihrer späteren Berufspraxis lernen.

Bezahlung

Wer als Familienpsycholog:in im öffentlichen Dienst oder bei vergleichbaren Trägern beschäftigt ist, wird nach dem Tarifvertrag für den öffentlichen Dienst (TVöD) oder vergleichbaren Tarifsystemen bezahlt werden, wobei die Gehaltsspanne je nach Ausbildungsgrad und Berufserfahrung im Bereich von ca. 3900 bis 6200 € pro Monat liegt (Stand 2023, Quelle: ▶ www.medi-karriere.de). Das Honorar für selbstständige Tätigkeiten wird sich an den regionalen Gegebenheiten orientieren müssen, die deutschlandweit bekanntermaßen sehr unterschiedlich ausfallen. Wer dagegen als Familienpsycholog:in eine Kassenzulassung anstrebt, dem steht inzwischen die Möglichkeit offen, diese im Rahmen einer Approbationsausbildung mit systemischer Ausrichtung zu erlangen, da die systemische Therapie, wie schon erwähnt, seit 2020 in den Leistungskatalog der Krankenkassen aufgenommen wurde. Zur Bezahlung gutachterlicher Tätigkeit sind im ▶ Kap. 29 detaillierte Informationen enthalten.

Karrieremöglichkeiten

An Beratungsstellen und in anderen psychosozialen Einrichtungen können Familienpsycholog:innen die Leitung übernehmen, im Gegensatz zu klinisch-medizinischen

Einrichtungen, in denen die Leitungsstellen in der Regel Ärzt:innen vorbehalten sind.

Möchte man den Weg einer Selbstständigkeit gehen, empfiehlt es sich, mehrere Standbeine aufzubauen. So sind viele familienpsychologische Freiberufler:innen zum einen in eigener Praxis tätig, in der sie Beratung und Therapie für Paare und Familien anbieten. Gleichzeitig arbeiten sie z. B. auch für das Jugendamt im Rahmen aufsuchender Familientherapie und sind als Supervisor:innen für Einrichtungen im Bereich der Familienarbeit tätig. Erfahrene Kolleg:innen geben häufig zusätzlich Fort- und Weiterbildungen für verschiedene Träger im Bereich der Familienberatung und Familienpädagogik.

Und schließlich kann man als Familienpsycholog:in auch sein eigenes Unternehmen aufbauen, z. B. eine Einrichtung der stationären Kinder- und Jugendhilfe eröffnen, einen Träger für ambulante Hilfe oder einen Verein mit bestimmten familienpsychologischen Themen und Zielen gründen.

Auf einer etwas anderen Ebene wäre eine Vision, dass sich in Gemeinden und Landkreisen familienpsychologische Netzwerke gründen, die sich mit der Frage beschäftigen, was es jeweils vor Ort für Einrichtungen und Angebote braucht, damit sich Familien gut entwickeln können. Dabei wird sich wahrscheinlich herausstellen, dass hierfür auch über die Familie hinausgehende Bedingungen erfüllt sein müssen, was nur gelingt, wenn auch politische und gemeindepsychologische Konzepte Berücksichtigung und Anwendung finden.

Berufliche Weiterbildung

Zunächst ist es sinnvoll, im Studium Familienpsychologie als Studienschwerpunkt zu wählen; wo dies nicht (mehr) möglich ist, führen sicherlich auch verwandte Schwerpunkte wie klinische Psychologie zum Ziel. Während des Studiums empfiehlt es sich, Praktika bei Einrichtungen wie Beratungsstellen oder stationären Wohngruppen zu machen, um bereits frühzeitig einen Einblick in den familienpsychologischen Arbeitsalltag zu gewinnen. Wer im Anschluss dann im Feld der Beratung und/oder Therapie tätig werden will, sollte eine entsprechende Weiterbildung, z. B. in systemischer Beratung bzw. Therapie absolvieren. Und da das Feld der Familienarbeit ein besonders weites und dynamisches ist, sind auch erfahrene Familienpsycholog:innen dazu aufgerufen, ihr ganzes Berufsleben lang im Rahmen von Fortbildungen ihre Kenntnisse der familienpsychologischen Theorie und Praxis zu erweitern und zu vertiefen. Interessant sind hierfür neben den klassischen Fort- und Weiterbildungsformaten auch die inzwischen sehr ausgereiften Formen der Online- und Videoweiterbildung.

27.3 Die Rolle von Psychologen im Berufsfeld Familienpsychologie

Das Thema „Familie" ruft häufig eine ganze Reihe von Professionen auf den Plan. So teilen sich Psycholog:innen in vielen Arbeitsbereichen der Familienpsychologie Terrains mit Pädagog:innen, Ärzt:innen, Sozialpädagog:innen u. a. (insbesondere in stationären Einrichtungen kann aber auch die Mitwirkung ganz anderer Berufsgruppen, z. B. von Handwerker:innen, sehr wertvoll für die praktische Arbeit mit Familien sein). In diesem multiprofessionellen Zusammenspiel verfügen Psycholog:innen im Vergleich zu anderen Professionen häufig über vertiefte Kenntnisse bezüglich der Theorien zu mentalen, kognitiven und emotionalen Verarbeitungsprozessen, die sie in die Planung bzw. Reflexion von Beratungs- und Therapieprozessen einbringen können. Auch im Hinblick auf die Aussagekraft von psychodiagnostischen Testverfahren ist die Einschätzung von Psycholog:innen aufgrund ihres Studiums oft differenzierter und je nach Studienschwerpunkt haben sie häufig auch ein Plus an klinischer Erfahrung und entsprechendem Grundlagenwissen (Psychopathologie, Entwicklungspsychologie, Bindungstheorie u. a.). In der Praxis der Familienarbeit gilt es dann, diese besonderen psychologischen Kenntnisse und Kompetenzen in konstruktiver Diskussion mit den anderen Berufsgruppen und ihren spezifischen theoretischen und praktischen Kenntnissen abzugleichen und zu verbinden, mit dem Ziel, den Familien die jeweils bestmögliche Unterstützung zukommen zu lassen.

27.4 Anforderungen an eine Tätigkeit als Familienpsycholog:in

Die vorangegangenen Ausführungen haben hoffentlich deutlich gemacht, dass die Tätigkeit als Familienpsycholog:in einerseits sehr interessant und erfüllend sein kann, andererseits aber auch in einem hochkomplexen und damit mitunter auch anstrengenden Arbeitsfeld stattfindet. Die Komplexität ergibt sich zum einen dadurch, dass die Familiendynamik selbst durch ein vielschichtiges Zusammenspiel von intra- und interindividuellen Faktoren geprägt ist. Zu dieser innerfamiliären Dynamik kommt dann noch die ebenfalls vielschichtige Beziehungsdynamik zwischen den verschiedenen Institutionen und Fachpersonen, die in den jeweiligen Fällen in die Familienarbeit involviert sind. Betrachtet man daher die Anforderungen, die die Tätigkeit als Familienpsycholog:in mit sich bringt, so lassen sich folgende Aspekte formulieren:

— Neugier und Respekt für die jeweils einzigartige Geschichte jeder Familie.
— Eine gewisse Demut gegenüber der Vielfältigkeit von Sichtweisen auf das Problem und auf mögliche Lösungswege: Nicht immer ist der Weg, den man selbst für den besten hält, auch für die jeweilige Familie der richtige Weg.
— Offenheit und Interesse an dem Wissen und den Kompetenzen der Kolleg:innen aus anderen Fachbereichen und Professionen.
— Die Bereitschaft, sich auch mit der eigenen (Familien-)Geschichte auseinanderzusetzen, da uns die Arbeit mit Familien immer auch mit eigenen Themen und blinden Flecken in Kontakt bringt.
— Die Bereitschaft, das eigene Handeln im Rahmen von Supervision immer wieder zu reflektieren und zu hinterfragen.

Insgesamt lässt sich vielleicht sagen, dass die Arbeit mit Familien die Anforderung stellt, sich einem Lernprozess auszusetzen, der nicht nur theoretisches und fachliches Wissen, sondern auch und insbesondere den Bereich der eigenen Persönlichkeit und der eigenen Haltung umfasst.

Eine Perspektive aus der Praxis

Katharina Oßwald, Dipl.-Psychologin, Systemische Familientherapeutin (DGSF), Traumazentrierte Fachberaterin (DeGPT); Organisation: Evangelisches Beratungszentrum München e. V. (ebz); Teamleiterin der Psychologischen Information und Beratung für Schüler*innen, Eltern und Lehrkräfte (PIBS)

Wieso haben Sie sich für eine Tätigkeit als Familienpsychologin entschieden?

Schon während des Studiums habe ich als Aushilfskraft und auch ehrenamtlich mit Kindern und Jugendlichen gearbeitet und schnell festgestellt, dass ich hier viel bewirken kann. Als fertig ausgebildete Diplompsychologin stieg ich dann zunächst in die teilstationäre Kinder- und Jugendhilfe ein. Die Arbeit machte mir großen Spaß und gleichzeitig merkte ich schnell, wie wichtig der Blick auf die gesamte Familie, auf die Beziehungen zueinander ist. So habe ich für mich entschieden, die Weiterbildung zur Systemischen Familientherapeutin (DGSF) zu absolvieren. Inzwischen bin ich in einer Beratungsstelle für Eltern, Kinder, Familien und Jugendliche mit einem besonderen Fokus auf Themen rund um die Schule tätig.

Was ist Ihrer Meinung nach das Besondere daran, im Bereich der Familienpsychologie zu arbeiten?

Familie als sicherer Hafen stellt für die kindliche Entwicklung eine wichtige Grundlage dar. Diese Sicherheit können viele Eltern ganz natürlich bieten, manche benötigen aber auch Unterstützung, denn gesellschaftliche Anforderungen, eigene biografische Erlebnisse und bestimmte Eigenheiten in der kindlichen Persönlichkeit können diese Aufgabe erschweren. Hinzu kommt, dass mit dem im Laufe der Entwicklung immer größer werdenden Bedürfnis nach Autonomie der Kinder auch stets Spannungsfelder innerhalb der Familie entstehen. Eine Besonderheit im Bereich der Familienpsychologie ist daher, dass die Ausgangslagen, in denen Familien Unterstützung suchen, oft sehr unterschiedlich sind. Es geht daher immer darum, die konkreten Problemlagen anzuschauen, die bisherigen Lösungsversuche zu verstehen und zu würdigen, um dann gemeinsam auf die Suche nach Ressourcen und Lösungen zu gehen. Die wichtigste Annahme dabei ist, dass sich hinter jedem Verhalten eine gute Absicht verbirgt. Familien dabei zu unterstützen, Werte wie Respekt und Wertschätzung im täglichen Miteinander zu (er-)leben, gibt mir das Gefühl, einen wichtigen Teil zu unserem gesellschaftlichen Zusammenleben beizutragen.

Was hat Sie an Ihrer Tätigkeit am meisten überrascht?

Am meisten beeindruckt mich, dass auch schon recht junge Jugendliche eigenständig Rat und Hilfe suchen. Während in der Elterngeneration die Schwelle, zu Psycholog:innen zu gehen noch deutlich höher zu sein scheint, habe ich in meiner Beratungsarbeit den Eindruck gewonnen, dass es in der jüngeren Generation nicht nur eher normal ist, sich Hilfe zu holen, sondern dass den Jugendlichen auch bekannt ist, an wen man sich wenden kann.

Welchen Tipp haben Sie für Kolleg:innen, die überlegen als Familienpsycholog:in zu arbeiten?

Es ist sinnvoll, sich die verschiedenen Bereiche, in denen Familienpsychologie angewendet wird, anzuschauen. Das geht am besten über Praktika und Hospitationen.

Zu welchen Aus- und Weiterbildungen raten Sie Psycholog:innen, die in diesem Bereich tätig werden wollen?

Sehr viel Sinn macht die Weiterbildung der systemischen Familientherapie. Diese kann man berufsbegleitend machen. Sie sollte an einem Institut absolviert werden, das von einem der beiden Dachverbände, der Systemischen Gesellschaft (SG) oder der DGSF, zertifiziert ist.

Welche beruflichen Entwicklungsmöglichkeiten sehen Sie für Familienpsycholog:innen?

Die Familienpsychologie spielt im gesamten System der Kinder- und Jugendhilfe – sei es im stationären, teilstationären oder auch im ambulanten Bereich – eine wichtige Rolle. So kann man z. B. als Angestellte:r in einer Beratungsstelle für Eltern, Kinder, Familien und Jugendliche tätig werden. Aber auch die freiberufliche Tätigkeit, z. B. mit eigener Praxis, ist möglich. Mit der Ausbildung zur systemischen Kinder- und Jugendtherapeutin kann man entsprechende Leistungen inzwischen sogar über die Krankenkasse abrechnen.

Schwerpunktsetzung

Wie schon mehrfach erwähnt ist die Familienpsychologie eine querliegende Disziplin, weshalb es während des Studiums sinnvoll ist, „über den Tellerrand hinauszuschauen". Innerhalb der Psychologie sind, insbesondere wenn Familienpsychologie als eigener Schwerpunkt nicht angeboten wird, klinische Psychologie, Entwicklungspsychologie und Sozialpsychologie bedeutsame Fächer, um ein Verständnis für Dynamiken, Prozesse und Problemstellungen in Familien zu entwickeln. Aus anderen Wissenschaftszweigen sind vor allem Medizin, Familienrecht und Familiensoziologie wichtig (Jungbauer, 2022, S. 19) und aus meiner Sicht ist auch eine Beschäftigung mit gesellschaftshistorischen Entwicklungen von Bedeutung, da Psycholog:innen manchmal Gefahr laufen, den gesellschaftlichen und geschichtlichen Kontext, in dem Familien handeln, aus dem Blick zu verlieren. Und schließlich sollten systemische und systemtheoretische Konzepte und Modelle ein zentraler und wichtiger Bestandteil jeder praktischen und theoretischen Arbeit mit Familien sein.

Fachliche Inhalte

Ohne Anspruch auf Vollständigkeit seien hier stichpunktartig und beispielhaft einige inhaltlichen Themenfelder genannt:
- Bindungstheorie
- Biopsychosoziale Modelle zur Entstehung von psychischen Störungen
- Modelle zur Paar- und Familienentwicklung
- Mehrgenerationale Konzepte zur Weitergabe von Störungen, Traumata, aber auch von Ressourcen und Kompetenzen
- Resilienzforschung
- Traumaforschung

Wie gesagt: Dies sind nur einige Schlagworte – umso mehr und umso länger man sich mit Familien beschäftigt, desto mehr fachliche Inhalte zeigen sich als wertvoll und wichtig für das Verständnis.

Computerkenntnisse

Für Familienpsycholog:innen sind – sofern sie nicht in der Forschung tätig sind – keine Computerkenntnisse erforderlich, die über das heute übliche Maß hinausgehen, etwa für die Dokumentation oder für das Verfassen von Berichten. Immer wichtiger wird eine gewisse Übung mit Formaten der Online-Beratung und damit verbunden auch im Umgang mit der entsprechenden Software (z. B. Teams, Zoom oder Skype).

Praxis, Praxis, Praxis

Natürlich ist es sehr sinnvoll, bereits während des Studiums die praktische Arbeit mit Familien kennenzulernen. Praktika können z. B. an Beratungsstellen gemacht werden oder eventuell auch in stationären Einrichtungen der Jugendhilfe. Es gibt auch Angebote, bereits während des Studiums systemische Fort- und Weiterbildungsseminare zu besuchen, und eine gute Gelegenheit, die systemische Szene etwas besser kennenzulernen, sind die Jahrestagungen der Deutschen Gesellschaft für Systemische Therapie, Beratung und Familientherapie (DGSF o. J.; ▶ https://dgsf.org).

Fazit

Es ist hoffentlich deutlich geworden, dass die Familienpsychologie eine vielfältige und im besten Sinne herausfordernde Tätigkeit darstellt. So bedauerlich die mangelnde universitäre Repräsentation ist, so offen sind somit andererseits auch die Möglichkeiten einer ganz eigenen Karriereplanung. Für mich persönlich hat die Arbeit mit Familien in all den Jahren nichts an ihrer Faszination eingebüßt, im Gegenteil: Je länger ich arbeite, desto mehr genieße ich einerseits die wachsende berufliche und persönliche Erfahrung und freue mich andererseits immer wieder an der Einzigartigkeit jeder Familie.

Über Familien noch mehr zu forschen, sollte den Universitäten und Hochschulen wieder ein viel stärkeres Anliegen werden und wir Kolleg:innen aus der Praxis hätten dafür reichlich Stoff, Fragen und Anregungen.

Literatur

Berufsverband Deutscher Psychologen e. V. (BDP), Sektion Rechtspsychologie. www.bdp-rechtspsychologie.de. Zugegriffen am 14.05.2024.

Bundesministerium für Familie, Senioren, Frauen und Jugend (BMFSFJ). (2020). Familie heute. Daten. Fakten. Trends – Familienreport 2020. www.bmfsfj.de/resource/blob/163108/ceb1abd3901f50a0dc484d899881a223/familienreport-2020-familie-heute-daten-fakten-trends-data.pdf. Zugegriffen am 14.05.2024.

Deutsche Gesellschaft für Systemische Therapie, Beratung und Familientherapie e. V. (DGSF). https://dgsf.org. Zugegriffen am 14.05.2024.

Deutscher Bildungsserver. www.bildungsserver.de. Zugegriffen am 14.05.2024.

Jungbauer, J. (2022). *Familienpsychologie kompakt* (3. Aufl.). Beltz.

Medi-Karriere. www.medi-karriere.de. Zugegriffen am 14.05.2024.

Omer, H., & von Schlippe, A. (2016). *Autorität ohne Gewalt. Coaching für Eltern von Kindern mit Verhaltensproblemen. „Elterliche Präsenz" als systemisches Konzept* (11. Aufl.). Vandenhoeck & Ruprecht.

von Schlippe, A., & Schweitzer, J. (2016). *Lehrbuch der systemischen Therapie und Beratung I. Das Grundlagenwissen* (3. Aufl.). Vandenhoeck & Ruprecht.

Schneewind, K. (2012). Familienpsychologie – Brückenschläge zwischen Forschung und Anwendung. *Familiendynamik, 37*(2), 104–112.

Schneewind, K. (2016). Familienpsychologie – Skizze einer „querliegenden" psychologischen Disziplin. *Familiendynamik, 41*(3), 242–251.

Schneewind, K. (2019). *Familienpsychologie und systemische Familientherapie*. Hogrefe.

Weidtmann, K. (2018). Die Familie in der Psychologie. In A. Wonneberger, K. Weidtmann, & S. Stelzig-Willutzki (Hrsg.), *Familienwissenschaft – Grundlagen und Überblick* (S. 209–248). Springer VS.

Tätigkeiten in der Friedenspsychologie

Monika Lauer Perez

Inhaltsverzeichnis

28.1 Friedenspsychologie – was ist das? – 334

28.2 Wie entwickelte sich die Friedenspsychologie? – 335

28.3 Grundlagen der Friedenspsychologie – 337

28.4 Herausforderungen für die Friedenspsychologie – 339

28.5 Welche Berufschancen und Tätigkeitsfelder gibt es in der Friedenspsychologie? – 340

28.6 Die Zukunft der Friedenspsychologie – 345

Literatur – 346

© Der/die Autor(en), exklusiv lizenziert an Springer-Verlag GmbH, DE, ein Teil von Springer Nature 2024
M. Mendius, S. Werther (Hrsg.), *Psychologie in Studium und Beruf*,
https://doi.org/10.1007/978-3-662-68508-2_28

Die Friedenspsychologie ist unter den Fachgebieten der Psychologie eine junge Disziplin, die der Sozialpsychologie und zum Teil auch der politischen Psychologie zugeordnet wird und eng mit der interdisziplinären Friedens- und Konfliktforschung verflochten ist. Sie beinhaltet psychologische Tätigkeiten in Forschung und Praxis, die auf einen möglichst gewaltfreien Konfliktaustrag auf unterschiedlichen Ebenen, die Vermeidung, aber auch die Beendigung von Krieg durch Verhandlungslösungen, die Förderung von nachhaltigem Frieden und auf die Verwirklichung politischer, ökonomischer, ökologischer und sozialer Gerechtigkeit abzielen. Die nachfolgenden Ausführungen sollen Ihnen einen Einblick in ein junges und vielversprechendes neues Berufsfeld geben.

28.1 Friedenspsychologie – was ist das?

Frieden und Krieg sind komplexe Phänomene, bei denen unterschiedliche Ebenen relevant sind, die in der Friedenspsychologie betrachtet werden: vom Individuum über Gruppen, gesellschaftliche Organisationen und Institutionen, Staaten bis zu internationalen Systemen. Aktuell teilt sich die Friedenspsychologie in vier Themenbereiche auf: Bildung, Forschung, Praxis und Einflussnahme auf politische Prozesse. Die friedenspsychologische Forschung kann sowohl analytisch (Forschung über Frieden) als auch praktisch (Forschung und Engagement für Frieden) orientiert sein.

Obwohl es historische Vorläufer aus verschiedenen Teilbereichen der Psychologie gibt, taucht der Begriff „Friedenspsychologie" in Deutschland erstmalig 1986 als Vereinsbezeichnung für das *Forum Friedenspsychologie e. V.* auf (Forum Friedenspsychologie, o. J., S. 1). Der Verein, dem auch die Autorin dieses Beitrags seit vielen Jahren als Vorstandsmitglied angehört, ist nach wie vor die einzige Organisation in Deutschland, deren Aktivitäten explizit auf die Friedenspsychologie ausgerichtet sind. Das Forum Friedenspsychologie veranstaltet Jahrestagungen, vergibt jährlich den Gert-Sommer-Preis für Friedenspsychologie, gewährt Small Grants für Forschung und Praxis, bietet ein Mentoring-Programm an und gehört seit Jahrzehnten zum Herausgeberkreis der vierteljährlich erscheinenden Zeitschrift *W&F Wissenschaft & Frieden* o. J. (▶ https://wissenschaft-und-frieden.de/projekt).

Erst seit Beginn des 21. Jahrhunderts hat sich die Friedenspsychologie zu einem Spezialgebiet der Psychologie mit einer eigenen Wissensbasis, eigenen Perspektiven, Konzepten und bevorzugten Methoden entwickelt, die sich mit den vielfältigen Bedrohungen der menschlichen Sicherheit auseinandersetzen und gezielt die Chancen zur Förderung des menschlichen Wohlergehens untersuchen. Mittlerweile ist der Begriff „Friedenspsychologie" in Deutschland auch in die psychologischen Nachschlagewerke aufgenommen worden (Wirtz, 2021), während sie in früheren Jahren als psychologische Friedensforschung betitelt wurde. Allerdings ist die Friedenspsychologie als eigenständiges Tätigkeitsfeld bis heute noch nicht offiziell in das Berufsbild von Psychologinnen und Psychologen eingegliedert worden (BDP, 2018), obwohl sich die Anfänge der Friedens- und Konfliktforschung aus psychologischer Perspektive in Deutschland und auch international über viele Jahrzehnte zurückverfolgen lassen.

Ungeachtet dieser Tatsache ist die Friedenspsychologie ein wachsendes Berufsfeld, das durch die aktuellen militärischen Auseinandersetzungen, die auch Europa nicht verschonen, die wachsende Zahl der Umweltkrisen und -konflikte, die Multiplikatoreffekte auf andere Konflikte (z. B. Landkonflikte) haben, und die Konflikte, die mit den Veränderungen der globalen Machtverhältnisse einhergehen, mehr und mehr an Bedeutung gewinnt.

28.2 Wie entwickelte sich die Friedenspsychologie?

Im Allgemeinen wird der Ursprung der Friedenspsychologie in der Zeit des Kalten Krieges (1947 bis 1990) verortet. Die machtpolitische Rivalität und Blockbildung zwischen den westlichen Ländern unter der Führung der USA und dem sog. Ostblock unter Führung der Sowjetunion setzte eine nukleare Aufrüstungsspirale in Gang, die die Verhinderung eines Atomkrieges zwischen Ost und West in den Vordergrund der politischen und auch zivilgesellschaftlichen Bemühungen rückte. Der Fokus der Friedenspsychologie lag zu jener Zeit auf der Erforschung politischer und gesellschaftlicher Auswirkungen kriegerischer und gewaltvoller Auseinandersetzungen auf der Ebene der Nationalstaaten. Forschungs- und Betrachtungsgegenstände waren das „Gleichgewicht des Schreckens" zwischen den Machtblöcken, zwischenstaatliche Kriege, Interventionskriege, Stellvertreterkriege, Sessions- und Befreiungskriege. Nach Ende des Kalten Krieges entwickelten sich differenziertere Sichtweisen auf die Unterschiedlichkeit von Menschen und damit einhergehendes Konfliktpotenzial, die nicht nur durch Grenzen von Nationalstaaten, sondern auch durch ethnische Zugehörigkeit, Religion, wirtschaftliche, politische und soziale Bedingungen und Nachhaltigkeit der Umweltbedingungen determiniert werden.

Ein Meilenstein in der Geschichte der Friedenspsychologie war die Gründung der 48. Abteilung der *American Psychological Association (APA)* mit dem Namen *Peace Psychology* im Jahr 1990. Bekannte Psychologen, die sich, gemeinsam mit vielen anderen, für die Einrichtung einer Abteilung für Friedenspsychologie in der APA einsetzten, waren Carl Rogers, der Begründer der personenzentrierten Gesprächspsychotherapie und B. F. Skinner, eine Schlüsselfigur des Behaviorismus. Dennoch gab es viele Mainstream-Psycholog:innen, die die Friedenspsychologie als Fachgebiet infrage stellten und eine Politisierung der Psychologie befürchteten. Da jedoch zu diesem Zeitpunkt der Kalte Krieg bereits beendet war, konnte man das Aufgabengebiet der Friedenspsychologie weiter fassen als ursprünglich geplant und es wurden auch Umweltthemen als Konfliktpotenzial einbezogen. Ziel der Abteilung 48 war und ist es, psychologisches Wissen über das Streben nach Frieden von der Mikro- über die Meso- bis hin zur Makroebene zu erweitern und anzuwenden. Frieden wird hier im weitesten Sinne definiert und umfasst sowohl die Abwesenheit von Krieg als auch die Schaffung positiver politischer, ökonomischer, ökologischer und sozialer Bedingungen, die zerstörerische Konflikte minimieren und das menschliche Wohlergehen fördern.

In der Folge präsentierten sich neue Kategorien, die Frieden und Sicherheit gefährden, zu denen nicht nur die *„New Wars"*, in denen nichtstaatliche Akteure einen gewaltvoll ausgetragenen Konflikt für ihre Partikularinteressen nutzen (Warlords), sondern auch ethnische, religiöse und andere Arten von Gruppengewalt wie z. B. Terrorismus, wirtschaftliche Ausbeutung und soziale Ungleichheit, Umweltzerstörung und Unsicherheit der Lebensgrundlagen gehören. Die Zusammenhänge zwischen Umweltschutz und Regeneration, Frieden und menschlicher Sicherheit sind vor allem in den letzten Jahren immer deutlicher geworden. Laut des jüngsten Berichts von International Alert (2023) sind heute 70 % der am stärksten vom Klimawandel bedrohten Länder der Welt und rund die Hälfte der Weltbevölkerung einem hohen Risiko klimabedingter Konflikte ausgesetzt. Dies macht deutlich, dass in Klimafragen dringender Handlungsbedarf besteht. Der Klimawandel kann soziale Konfliktursachen verschärfen, und Konflikte können die Widerstandsfähigkeit von Gemeinschaften und ihre Fähigkeit, dem Klimawandel zu widerstehen oder sich an ihn anzupassen, untergraben, insbesondere in fragilen und von Konflikten betroffenen Ländern und Gemeinschaften.

Der derzeitige umfangreiche Themenkatalog der Friedenspsychologie lässt die Aktualität und Relevanz des Fachgebiets deutlich erkennen und umfasst u. a. die psychologischen Aspekte von Aggression und Gewalt, Zusammenhänge zwischen Geschlecht und Aggression, Autoritarismus, Militarismus, Nationalismus, Extremismus, Rassismus und Fremdenfeindlichkeit, Feindbilder, Kolonialismus, Genderfragen, Klimakrise, Ressourcenverknappung, Naturzerstörung, Medien und Kriegspropaganda, Folter, Traumatisierung, Menschenrechte, Gewaltprävention, Gewaltfreiheit, Resilienz, sozial-ökologische Transformation, Traumabearbeitung, Friedensengagement, Friedensjournalismus, Methoden der zivilen Konfliktbearbeitung, Zivilcourage sowie Transitional Justice, Wiederaufbau und Versöhnung nach gewaltvoll ausgetragenen Konflikten.

Ein aktuelles Szenario

Auch Kriegsschäden lassen sich mit Klimaschäden in Verbindung setzen. Dies lässt sich anhand der bisher dokumentierten Zerstörungen und Umweltschäden in der Ukraine seit Beginn des russischen Angriffskrieges belegen. Die Kriegshandlungen in der Ukraine haben seit dem 24. Februar 2022 laut Bericht des internationalen Bündnisses *„Initiative on GHG accounting of war"* bis Ende September 2023 für zusätzliche CO_2-Emissionen von insgesamt rund 150 Mio. Tonnen gesorgt. Diese verteilen sich wie folgt:

— Der Wiederaufbau zerstörter (Wohn-)Gebäude sowie industrieller, energieversorgender und anderer Infrastruktur wird mit hohen Emissionen verbunden sein.
— Die Sprengung des ▶ Kachowka--Staudammes Anfang Juni 2023 sorgte für eine enorme Zerstörung der Natur und Umweltschäden. Auch der Sprengung der beiden Nordstream-Pipelines, Nordstream I und Nordstream II, mit dem von dänischen Wissenschaftlern gemessenen Gasaustritt, wird den durch den Krieg entstandenen zusätzlichen CO_2-Emissionen zugerechnet.
— Der Verbrauch fossiler Brennstoffe für Luftwaffe, Marine, Panzer und Transporter, aber auch der Artillerie sowohl der russischen wie auch der ukrainischen Streitkräfte produziert einen beachtlichen zusätzlichen Ausstoß von CO_2-Emissionen.
— Waldbrände, die im ersten Jahr des Krieges um das 36-Fache im Vergleich zum Vorkriegsjahr zunahmen, und Feuer, die aufgrund der Explosionen durch den Einsatz von Explosivwaffen ausgebrochen sind, generieren hohe Emissionswerte.
— Die Sperrung des Luftraums über der Ukraine und Teilen Russlands zwingen Passagier- und Transportflugzeuge seitdem zu erheblichen Umwegen, die für zusätzliche CO_2-Emissionen sorgen.
— Auch die Fluchtbewegungen innerhalb der Ukraine und ins europäische oder transatlantische Ausland sorgen für entscheidende CO_2-Emissionen. 5,8 Mio. Flüchtlinge aus der Ukraine leben aktuell im Ausland, zu Spitzenzeiten waren es 6,6 Mio. Die CO_2-Emissionen umfassen alle bisherigen Bewegungen von Flüchtlingen, hin wie zurück.

Die bisher gemessenen CO_2-Emissionen durch den Krieg sind in etwa vergleichbar mit den jährlichen Emissionsmengen von Staaten wie Belgien und den Niederlanden. Dabei sind die CO_2-Emissionen, die durch die Rüstungsindustrie und die verstärkte Produktion von Rüstungsgütern in anderen Ländern wie den USA oder Deutschland noch nicht einberechnet. Auch die umweltgerechte Beseitigung zerstörter Waffensysteme ist in der vorliegenden Zahl von zusätzlichen CO_2-Emissionen nicht berücksichtigt.

Fragestellungen, die für die Friedenspsychologie relevant sind, beziehen sich also nicht ausschließlich auf das durch den Krieg entstandene menschliche Leid, die Traumatisierungen und Traumafolgen bei Millionen von Menschen, sondern ebenso auf die psychologischen Aspekte der Kriegsentstehung durch ungelöste vorausgehende Konflikte zwischen Staaten der internationalen Gemeinschaft, die Evaluierung möglicher Verhandlungslösungen, um den Krieg und die Gewalt zu beenden, und auf die psychologischen Folgen des Krieges wie Bearbeitung der multiplen Traumata bei Angehörigen der Streitkräfte und Zivilbevölkerung, den Wiederaufbau und die Milderung von Umweltschäden.

28.3 Grundlagen der Friedenspsychologie

Die Friedenspsychologie hilft zu verstehen, wie psychologische Prozesse auf individueller, intrapersoneller wie auch auf interpersoneller und Interaktions-Ebene Konflikte, ihre Eskalation und die Anwendung von Gewalt beeinflussen können. Allerdings trennt sie scharf zwischen Konflikt und Gewalt. Konflikte können und sollen nicht vermieden werden, denn sie sind die Grundlage von Veränderung und Entwicklung, wenn sie konstruktiv und gewaltfrei ausgetragen werden. Ein Konflikt (zwischen Einzelpersonen oder Gruppen) wird definiert als die – zu einem bestimmten Zeitpunkt von mindestens einer Partei wahrgenommenen – unvereinbaren Erwartungen, Interessen, Bedürfnisse, Handlungstendenzen und/oder Ziele innerhalb eines mehrdimensionalen Werte- und Handlungsraums, unabhängig davon, ob diese real oder eingebildet sind, während Gewalt sich auf Handlungen bezieht, die mit der Absicht ausgeführt werden, anderen zu schaden. Die Friedenspsychologie unterscheidet zwischen dem Konfliktinhalt, dem Konflikterleben (Kognitionen und Emotionen) und dem Konfliktverhalten (Handlungen). Ursachen und Folgen von Konflikten werden in der Friedenspsychologie stets getrennt von Gewalt behandelt.

Friedenspsycholog:innen unterscheiden zwei allgemeine Arten von Gewalt: episodische oder direkte und strukturelle oder indirekte Gewalt. Diese Differenzierung geht auf den norwegischen Friedensforscher Johan Galtung zurück, der dieses Konzept um 1971 entwickelt hat. Galtung (1981) definierte die Abwesenheit von episodischer (direkter) Gewalt und Krieg als „negativen Frieden". Eine Gewaltepisode ist ein einzelnes, beobachtbares von Menschen ausgeführtes Ereignis, das darauf abzielt, einer Person oder einer Gruppe körperlichen und/oder psychischen Schaden zuzufügen. Die Episode kann einmalig oder wiederholt auftreten. Strukturelle oder indirekte Gewalt basiert auf der ungleichen Verteilung von Macht und Ressourcen und verhindert die Verwirklichung der potenziellen Entwicklungschancen der ihr ausgesetzten Personen. Voraussetzung für einen „positiven Frieden" ist nach Galtung nicht nur die Abwesenheit von episodischer (direkter) Gewalt, sondern ebenso die weitgehende Abwesenheit von struktureller (indirekter) Gewalt und das Vorhandensein von politischer, ökonomischer und sozialer Gerechtigkeit. Während Episoden dramatisch und tödlich sein können, ist strukturelle Gewalt schleichend und in Gesellschaften normalisiert; strukturelle Gewalt wird häufig einfach als „der Lauf der Dinge" wahrgenommen. Strukturelle Gewalt kann das Leben von Menschen genauso sicher beenden wie Gewaltepisoden. Strukturelle Gewalt tötet jedoch langsam und verkürzt die Lebensspanne durch den Entzug von Menschenrechten und die fehlende Befriedigung grundlegender menschlicher Bedürfnisse. Wenn z. B. genug Nahrung für alle da ist, aber einige Menschen aufgrund der Art und Weise, wie die Nahrung verteilt wird, verhungern, dann findet strukturelle Gewalt statt. Strukturelle Gewalt wird durch die vorherrschenden Narrative einer Gesellschaft unterstützt und gerechtfertigt, die Galtung als „kulturelle Gewalt" bezeichnet hat. Strukturelle Gewalt wird also durch kulturelle Gewalt legitimiert und unterstützt, wobei sich Letztere u. a. in Einstellungen und Vorurteilen (Rassismus, Sexismus, Faschismus, Antisemitismus, Islamophobie etc.) manifestiert und sich in Sprache und Erziehung, Kunst, Heldenverehrung, Mythen und Sagen, Denkmälern und auch bei der Benennung von Straßen auf den symbolischen Bereich der menschlichen Existenz bezieht. Zusammenfassend und im Hinblick auf den Frieden zielen *negative Friedensinterventionen* auf die Verhinderung und Milderung von Gewaltepisoden und Krieg ab, während *positive Friedensinterventionen* den Abbau struktureller und auch kultureller Gewalt anstreben.

Negative Friedensinterventionen können auf verschiedene Phasen einer Gewaltepisode zugeschnitten sein: die Konfliktphase, die der Gewaltepisode vorausgeht, die Phase der Gewaltepisode oder die Phase nach der Gewaltepisode. Im Gegensatz dazu kann strukturelle und kulturelle Gewalt nicht verhindert werden, da in allen Gesellschaften ein gewisses Maß an struktureller und kultureller Gewalt herrscht. *Positive* Friedensinterventionen beinhalten politische, soziale und kulturelle Veränderungen, die strukturelle und kulturelle Gewalt reduzieren und eine gerechtere Gesellschaftsordnung fördern, die die Grundbedürfnisse und Rechte aller Menschen erfüllt.

Die Friedenspsychologie beschäftigt sich daher mit den Denk-, Gefühls- und Handlungsmustern von Einzelpersonen und Gruppen, die in Gewaltereignisse verwickelt sind, sowie mit der Prävention, Abschwächung und Beendigung von Gewaltereignissen.

Ebenso befasst sie sich mit psychischen Phänomenen und Prozessen, die soziale Ungerechtigkeiten (wieder) hervorbringen, sowie mit der Entwicklung sozial gerechter Vereinbarungen zwischen Einzelpersonen und Gruppen. Nachhaltiger Frieden erfordert kontinuierliche Anstrengungen, um förderliche Synergien zwischen gewaltfreien Mitteln und sozial gerechten Zielen zu schaffen, d. h., das Streben nach negativem und positivem Frieden zu verbinden.

Die Friedenspsychologie befasst sich mit der Entwicklung von Theorien und Praktiken zur Verhinderung von Gewalt und zur Milderung ihrer Auswirkungen auf die Gesellschaft. Außerdem werden praktikable Methoden zur Förderung des Friedens in unterschiedlichen Phasen wie Friedensschaffung (*peacemaking*), Friedenssicherung (*peacekeeping*) und Friedenskonsolidierung (*peacebuilding*) untersucht und entwickelt.

Ein interdisziplinäres Szenario

Friedenspsychologische Fragestellungen gingen in den Anfängen aus der Beschäftigung mit Krieg und seinen psychischen Folgen hervor. Als ein frühes Beispiel für die interdisziplinäre Ausrichtung der Friedenspsychologie, viele Jahre bevor es den Begriff „Friedenspsychologie" überhaupt gab, ist ein Briefwechsel zwischen Sigmund Freud, dem Begründer der Psychoanalyse, und dem Physiker Albert Einstein (Einstein & Freud, 1933) zu nennen.

Unter dem Titel „Warum Krieg?" führten die beiden im Jahr 1933 einen Briefwechsel, in dem Einstein Freud nach der Möglichkeit befragte, wie die psychische Entwicklung der Menschen so geleitet werden könne, dass sie „... den Psychosen des Hasses und des Vernichtens gegenüber widerstandsfähiger werden?" (Einstein & Freud, 1933, S. 20). Eine solche Fragestellung würde man heute als psychologische Resilienzorientierung bezeichnen. Freud sah zwei Aspekte, die ihm zur Beantwortung der Frage relevant erschienen: einerseits die „Erstarkung des Intellekts, der das Triebleben zu beherrschen beginnt" und andererseits „die Verinnerlichung der Aggressionsneigung mit all ihren vorteilhaften und gefährlichen Folgen" (Einstein & Freud, 1933, S. 46).

Mit ihrem Briefwechsel führten die beiden einen frühen interdisziplinären, friedenspsychologischen Diskurs, auf dessen Basis sich in den 1960er-Jahren die Aggressionsforschung in politisch-gesellschaftlichen Zusammenhängen etablierte.

28.4 Herausforderungen für die Friedenspsychologie

Eine große Herausforderung für Friedenspsycholog:innen stellen die kontextbezogene und kultursensible Theorienbildung in der Forschung und ebensolche Handlungsansätze in der Praxis dar. Kulturspezifische Zuschreibungen und kontextbezogene Einflüsse auf psychologische Prozesse müssen erkannt, verstanden und in die Arbeit integriert werden. Als ein prägnantes Beispiel für die Notwendigkeit eines kultursensiblen und kontextbezogenen Ansatzes lässt sich die Arbeit mit indigenen Gemeinschaften anführen, die im Rahmen des kolumbianischen „bewaffneten Konflikts" (die übliche Bezeichnung des seit über 60 Jahren dauernden Bürgerkrieges) Opfer von Gewalt wurden. Die indigene Kosmovision versteht das Territorium, in dem die Menschen der Gemeinschaft leben, meistens ein ihnen durch den Staat zugewiesenes sog. indigenes Schutzgebiet, als einen Teil ihrer Identität. Wenn sie selbst Opfer von Gewalt durch bewaffnete Gruppierungen werden, dann betrachten sie sich nicht nur selbst als Betroffene, sondern auch das Territorium wird als Opfer von Gewalt angesehen und muss geheilt werden. Dieses kulturspezifische Erleben der Menschen erfordert eine große kultursensible Leistung von Friedenspsycholog:innen, die in diesem Kontext tätig werden. Das Beispiel verdeutlicht ebenso, dass westliche Einordnungsschemata wie z. B. die Diagnose „posttraumatische Belastungsstörung" in einem solchen Kontext nur bedingt einsetzbar sind. Ein weniger ausgefallenes Beispiel ist die therapeutische Arbeit mit Flüchtlingen und Asylsuchenden aus anderen Kulturkreisen in Deutschland. Auch hier ist es dringend notwendig, kontextbezogen und kultursensibel vorzugehen. Beide Beispiele belegen die Notwendigkeit der interdisziplinären Ausrichtung der Friedenspsychologie und stellen zudem die Prävalenz einer westlich geprägten Forschungs- und Wissensgemeinschaft infrage. Auch in der Friedenspsychologie sind (koloniale) Herrschafts-, Macht- und Ungleichheitsstrukturen zu überwinden.

28.5 Welche Berufschancen und Tätigkeitsfelder gibt es in der Friedenspsychologie?

Wie das breite Themenspektrum und das bisher nicht eindeutig festgelegte Berufsfeld vermuten lassen, sind die beruflichen Chancen und Tätigkeitsfelder für Friedenspsycholog:innen als breit gefächert und sehr heterogen einzuordnen. Es gibt weder den *einen* Ausbildungsweg noch die *eine* Karrieremöglichkeit. Denn so vielfältig die Kontexte und Aufgaben sind, so unterschiedlich sind auch die Werdegänge, die aus Menschen Friedenspsycholog:innen machen. Durch den immer noch geringen Bekanntheitsgrad der Friedenspsychologie ist sie meist weder Studierenden der Psychologie noch Praktiker:innen bekannt, obwohl sie als interdisziplinäres Forschungsfeld inzwischen an verschiedenen Hochschulen und außeruniversitären Institutionen angesiedelt ist. Besonders in den USA gibt es mittlerweile einige Universitäten, die explizit Friedensforschung und Psychologie miteinander verknüpfen und sogar Promotionsstudiengänge anbieten. In Deutschland werden qualifizierende Master-Studiengänge der Friedens- und Konfliktforschung an verschiedenen Hochschulen angeboten. Die Schwerpunktsetzung ist jedoch, je nach Hochschule, unterschiedlich.

Der Auswahl der Hochschule sollte die Überlegung vorausgehen, welcher Schwerpunkt für das weitere berufliche Engagement vorteilhaft sein könnte. Ein Studium der Psychologie, kombiniert mit der Friedens- und Konfliktforschung, ebnet den Weg für viele Friedenspsycholog:innen in Forschung und Praxis. Unter den Menschen, die sich als Friedenspsycholog:innen bezeichnen, sind Wissenschaftler:innen, die die Ursprünge und die psychologischen Auswirkungen von Krieg und Gewalt untersuchen, Kliniker:innen, die versuchen, die psychologischen Wunden von Krieg und Gewalt zu heilen, (Sozial-)Pädagog:innen, die Gewaltfreiheit und ein friedliches Zusammenleben unterrichten und Mediationsprogramme für Schulen entwickeln, und Fachleute anderer Disziplinen, die sich mit präventionsorientierter interkultureller Verständigung, gewaltfreier Konfliktbearbeitung, Geschlechtergerechtigkeit, Kooperationsbereitschaft und ökologischer Gesundheit beschäftigen.

Eine Perspektive aus der Wissenschaft

Dr. Nadine Knab ist aktuell Postdoctoral Fellow und Lecturer an der Universität in Tel Aviv, Israel. Daneben ist sie Vorsitzende im Verein Forum Friedenspsychologie e. V. Sie absolvierte mehrere Forschungsaufenthalte in den USA, Deutschland, Russland und Israel und weitere Forschungskooperationen in anderen Ländern zu Themen wie soziale Normen, kollektives Handeln, psychologische Interventionen und globale Kooperation.

Wieso identifizieren Sie sich als Friedenspsychologin?

Meine Grundmotivation, Psychologie zu studieren, war von Anfang an, zu verstehen, warum und unter welchen Bedingungen sich Personen antisozial und prosozial verhalten. Ich wollte verstehen, wie Menschen dazu bereit sein können, den Holocaust zu begehen, aber auch wann Menschen sich für andere einsetzen. Ich identifiziere mich als Friedenspsychologin aufgrund meiner Überzeugung, dass psychologische Prozesse einen zentralen Beitrag zur Bewältigung globaler Herausforderungen leisten können.

Bei mir steht die Erforschung von Intergruppenbeziehungen im Mittelpunkt, d. h., ich nehme eher eine sozialpsychologische Perspektive ein. Die Analyse, wie Menschen sich zu Gruppen formen und wie diese Gruppenbeziehungen zu Konflikten beitragen können, ermöglicht es, Vorurteile, Stereotypen und Diskriminierung zu verstehen. Durch dieses Verständnis arbeite ich daran, Wege zu finden, um zwischen verschiedenen Gruppen Frieden zu fördern. Friedenspsycholog:innen kommen aber aus allen Bereichen der Psychologie, z. B. sind Friedenspsycholog:innen auch Personen, die sich aus klinischer Perspektive mit der Weitergabe von transgenerationalen Traumata beschäftigen.

Eine weitere Bedeutung liegt auf der Betonung persönlicher und kollektiver Verantwortung. Durch die Schaffung eines Bewusstseins für die Auswirkungen des eigenen Verhaltens auf den globalen Frieden strebe ich danach, ein Gefühl der Verpflichtung zur aktiven Mitgestaltung positiver Veränderungen zu fördern.

Insgesamt bin ich als Friedenspsychologin davon überzeugt, dass psychologische Erkenntnisse und Interventionen entscheidende Werkzeuge für die Schaffung einer nachhaltigen und friedlichen Welt darstellen können.

Was waren Ihre beruflichen Stationen vor Ihrer aktuellen Tätigkeit?

Ich arbeitete seit Beginn meines Psychologiestudiums in Forschungsprojekten als wissenschaftliche Hilfskraft. In den Projekten fokussierte ich mich insbesondere auf die Thematik der sozialen Gerechtigkeit. So lernte ich früh, selbstständig wissenschaftliche Untersuchungen durchzuführen, und auch, welche Fertigkeiten es braucht, um Wissenschaftlerin zu sein. Gleichzeitig arbeitete ich sehr viel in gemeinnützigen Organisationen, die versuchten, wissenschaftliche Erkenntnisse auch praktisch umzusetzen, z. B. bei der Unterstützung von Geflüchteten.

Was glauben Sie, können Psycholog:innen in diesem Berufsfeld bewegen?

Vertrauen, Kooperation, Solidarität, Abbau von Vorurteilen, Konsumverhalten in Bezug auf Nachhaltigkeit und viel mehr – all das sind psychologische Konzepte, die selten im Bereich der Friedensforschung aus einer psychologischen Perspektive betrachtet werden. Obwohl die Psychologie insgesamt und die Friedenspsychologie im Speziellen noch junge Disziplinen sind, können sie mit ihrem empirischen Fundament und ihrer Praxisnähe gesellschaftliche Prozesse mitgestalten.

Welche Tipps haben Sie für Personen, die sich für diesen Bereich interessieren?

Friedenspsychologie ist strukturell (noch) nicht in Deutschland verankert – d. h., es gibt keine Universität, an der Sie Friedenspsychologie studieren können. Sie müssen sehr proaktiv Ihre Community suchen, das kann u. a. im deutschsprachigen Raum das Forum Friedenspsychologie e. V. sein. Es ist wichtig, frühzeitig Methodenkenntnisse zu erwerben, um entweder in der Praxis oder in der Wissenschaft einen Beitrag liefern zu können. Dazu gehört neben der methodisch-wissenschaftlichen Ausbildung auch die Fähigkeit zur Wissenschaftskommunikation – die verständliche Kommunikation von wissenschaftlichen Erkenntnissen an Personen außerhalb der wissenschaftlichen Gemeinschaft.

Nicht nur im wissenschaftlichen Bereich, in Forschung und Lehre, sondern auch in der Praxis sind die Kenntnisse und Profile von Friedenspsycholog:innen gefragt, und die Chancen, einen adäquaten Job zu finden, stehen gut. Internationale Nichtregierungsorganisationen (NGOs) aus unterschiedlichen Bereichen, UN-Organisationen, politische Stiftungen, nationale und internationale Institutionen wie z. B. die KfW-Entwicklungsbank und die Weltbank, aber auch kirchliche Einrichtungen sowie der Medienbereich sind nur einige Beispiele. Viele Praktiker:innen mit Berufserfahrung finden spannende Aufgaben als Fachkräfte in der Entwicklungszusammenarbeit und im Zivilen Friedensdienst (ZFD). Der 1999 gegründete ZFD gilt als Erfolgsmodell der Entwicklungs- und Friedensarbeit und wird von einem Konsortium aus derzeit neun Organisationen der Friedens- und Entwicklungszusammenarbeit getragen und vom Bundesministerium für wirtschaftliche Zusammenarbeit und Entwicklung (BMZ 2024) finanziert. Die Fachkräfte arbeiten immer integriert in die Strukturen einer lokalen Institution oder Organisation, die im jeweiligen Land verwurzelt und mit den Konflikten und der Situation vor Ort vertraut ist. Als Spezialist:innen in ihrem Fachgebiet unterstützen sie u. a. die lokalen Bemühungen in verschiedenen Bereichen wie Aufbau von Dialog- und Kooperationsstrukturen, Schaffung von Anlaufstellen und sicheren Räumen für die Begegnungen zwischen Konfliktparteien, Beobachtung von Konfliktverläufen und Krisenprävention, Abbau von Feindbildern, Beratung und Durchführung friedenspädagogischer Arbeit, psychosoziale Unterstützung von durch Gewalt besonders betroffene Gruppen, Arbeit mit traumatisierten Menschen, Erinnerungsarbeit, Stärkung der Rechtssicherheit sowie Demokratieförderung und Good Governance.

Eine Perspektive aus der Praxis

Als Friedenspsychologin bin ich, Monika Lauer Perez, aktuell als Beraterin für den Themenbereich Erinnerungsarbeit, Versöhnung und Frieden bei der kolumbianischen Bischofskonferenz in das ambitionierte Projekt der ersten linksgerichteten Regierung des Landes, dem Aufbau des „Integralen Friedens" nach 60 Jahren Bürgerkrieg, eingebunden.

Mein Arbeitskontext als Friedenspsychologin in einem Friedensprozess nach 60 Jahren Bürgerkrieg

In Kolumbien ist, im Gegensatz zu Deutschland, die katholische Kirche ein wichtiger, anerkannter und in den Augen der Mehrheit der Kolumbianer:innen sogar der einzige vertrauenswürdige Akteur in unterschiedlichen Bereichen, die in unserem Verständnis Aufgabe des Staates sind. Die Kirche war bereits in die Verhandlungen mit der *Fuerzas Armadas Revolucionarias de Colombia – Ejercito Popular (FARC-EP)*, der Guerillagruppe, die nach 4-jährigen intensiven Bemühungen 2016 ein Friedensabkommen mit der Regierung von Juan Manuel Santos geschlossen hat, einbezogen und ist jetzt erneut in die äußerst komplexen Verhandlungen mit der derzeit größten Guerillagruppe, der *Ejercito de Liberación Nacional (ELN)*, involviert. Einige Verhandlungsrunden in Kuba und Mexiko zwischen der aktuellen Regierung des durchaus umstrittenen Präsidenten und Ex-Guerilleros der M-19, Gustavo Petro, und der ELN haben zu der Vereinbarung eines beiderseitigen Waffenstillstands geführt, der ab dem 4. August 2023 vollständig in Kraft getreten ist. Nach den ohnehin schon schwierigen und hochkomplexen Verhandlungen mussten die Verifizierungsmechanismen für den Waffenstillstand, die die Kirche gemeinsam mit der *United Nations Organization (UNO)* und der

Misión de Apoyo al Proceso de Paz de la Organización de los Estados Americanos (MAPP/OEA) wahrnimmt, ausgehandelt werden. Nach Ablauf der vereinbarten Zeitraums von einem Jahr konnten sich die Verhandlungsparteien nicht auf eine Verlängerung der Waffenruhe verständigen und haben derzeit sogar weitere Gesprächs- und Verhandlungsrunden eingestellt.

In einem so großen, diversen und in den ländlichen Regionen und der riesigen *Amazonía* dünn besiedelten Land, in dem der Staat vielfach, außer mit seinen Sicherheitskräften, nicht oder kaum anwesend ist, ist dies eine große Herausforderung. Die Kirche ist die einzige Institution, die tatsächlich überall, bis in den hintersten, kaum besiedelten Winkel des Landes präsent und daher unverzichtbar ist. Selbst UNO und MAPP/OEA bitten aus diesem Grund inständig um die Beteiligung der Kirche. Eine besondere Schwierigkeit bei dieser Aufgabe besteht darin, dass der Waffenstillstand nur zwischen Regierung und ELN vereinbart ist und die bewaffneten Auseinandersetzungen zwischen der Guerilla und anderen bewaffneten Akteuren, den verschiedenen Dissidentengruppen der Ex-FARC Kombattant:innen, die sich auch untereinander bekämpfen, Paramilitärs und Drogenkartellen, von denen es eine beträchtliche und, je nach Region, diversifizierte Anzahl gibt, nicht betrifft. Eine große Frage ist, wie sich die staatlichen Sicherheitskräfte, die den Schutz der Bevölkerung garantieren müssen, verhalten sollen, wenn sie die Menschen vor den Auswirkungen dieser bewaffneten Auseinandersetzungen schützen wollen. Bei den Gefechten geht es um die territoriale Kontrolle, die der Staat nicht innehat, zwischen den bewaffneten Akteuren, da es sich hauptsächlich um Regionen handelt, in denen Coca angebaut wird, illegaler Bergbau und großflächige Abholzung betrieben werden und/oder sich die Schmuggelrouten der Drogen- und Menschenhandelkartelle befinden.

All diese Aufgaben, die nicht in den Kernarbeitsbereich der Kirche gehören, erfordern die Beantwortung einer Menge bisher ungeklärter Fragen: die Klärung von Zuständigkeiten, den Aufbau von Kompetenzen in Themenbereichen wie Konfliktanalyse und -bearbeitung, Dialogführung, Deeskalation in Krisenszenarien und Aufbau einer Friedenskultur und etliches mehr. Dafür ist meine Unterstützung angefragt und so bin ich in vielfacher Hinsicht involviert – von individueller und kollektiver Beratung für die Entscheider:innen, Vermittlung der benötigten Kompetenzen auf unterschiedlichen Ebenen, Teilnahme an den Sitzungen der staatlichen und zivilgesellschaftlichen Gremien, um die Dynamik der Prozesse zu verstehen, bis hin zum Eintauchen in die gewaltvollen Realitäten der Bevölkerung an der vom Staat vergessenen Peripherie, den vertriebenen und/oder bedrohten Kleinbauern, indigenen Völkern und Afro-Kolumbianer:innen.

Als wäre das nicht schon genug, geht es auch – allerdings mit einem längerfristigen Horizont – um die Unterstützung der Implementierung des Friedensabkommens von 2016 mit der *FARC-EP*, die bisher nur unzureichend erfolgt ist, und die Umsetzung der Empfehlungen der Wahrheitskommission, die vor etwas mehr als einem Jahr ihren erschütternden Bericht vorgelegt hat, der von mehr als *9 Mio. - hauptsächlich zivilen Opfern* des bewaffneten Konflikts spricht.

Welche Voraussetzungen – unserem akademischen Wissen zufolge – für den Aufbau eines integralen Friedens, vor allem auch im psychologischen Bereich, individuell und kollektiv, notwendig sind und was ein dermaßen von Gewalt durchsetztes und gewaltgeprägtes System wie das kolumbianische tatsächlich umsetzen will und kann, sind die spannenden und herausfordernden Fragen, mit denen ich mich im Rahmen meiner aktuellen Tätigkeit ständig konfrontiert sehe.

Wie ich zur Friedenspsychologie gekommen bin

Nach meinem Studium der Psychologie in Buenos Aires/Argentinien stand ich, genauso wie das ganze Land, vor der erschütternden Wahrheit, die nach Beendigung der Militärdiktaturen (1976 bis 1983) durch den Bericht der Wahrheitskommission aufgedeckt worden ist: Es gab mehr als 30.000 Menschen, die verschwunden und den „argentinischen Tod" gestorben sind (die Menschen, die als Terroristen bezeichnet wurden, wurden noch lebend aus einem Flugzeug oder Helikopter in den Rio de la Plata geworfen), deren traumatisierte Angehörige (international bekannt geworden durch die unermüdliche und furchtlose Suche der *Madres de la Paza de Mayo*, der Mütter vom Mai-Platz, nach ihren verschwundenen Angehörigen) und unzählige Folteropfer, die grausamsten Foltermethoden ausgesetzt waren. Zu jener Zeit gab es noch keine Therapieansätze für sequenzielle Traumata nach politisch motivierter Gewalt, und in Zusammenarbeit mit argentinischen, chilenischen, schweizerischen und anderen internationalen Psycholog:innen haben wir damals die Grundlagen dafür gelegt. Meine therapeutische Arbeit mit den Folteropfern in Argentinien hat mein Interesse für die Hintergründe dieser Gewaltexzesse geweckt, und so habe ich später ein Studium der Friedens- und Konfliktforschung angeschlossen. Ein weiteres Mal habe ich mich danach als Mitarbeiterin der ecuadorianischen Wahrheits- und Versöhnungskommission mit der soziopolitischen Gewalt in einem südamerikanischen Land auseinandergesetzt, deren Bericht 2010 erschienen ist. Mein Weg zur Friedenspsychologie ist durch diese Erlebnisse entscheidend beeinflusst worden.

Transitional Justice, Trauma- und Erinnerungsarbeit, Wiederaufbau von durch Angst und Misstrauen zerstörten menschlichen Beziehungen, Begleitung in Versöhnungsprozessen und der prozessuale Aufbau einer Friedenskultur sind meine Spezialgebiete als Friedenspsychologin.

Meine Tipps für Personen, die sich für diesen Bereich interessieren

Für einen solchen „Job" muss man bereit sein, ab und zu Einschränkungen im Privatleben in Kauf zu nehmen. Es ist kein Nine-to-Five-Job, und auch an Wochenenden und Feiertagen kann dringender Handlungsbedarf bestehen. Bereitschaft zu einer 24/7-Erreichbarkeit in Krisensituationen, Beziehungsaufbau, Vertrauensbildung und die spätere Pflege von vertrauensvollen Beziehungen auf unterschiedlichen Ebenen sind unverzichtbar und zeigen deutlich, dass dies auch kein Job für Digital Natives, die ein virtuelles Arbeitsumfeld suchen, ist. Im Gegenzug gibt es ungeahnte Freiräume, Wertschätzung für persönliche und fachliche Kompetenzen und ein ausgeprägtes Gefühl der Sinnhaftigkeit dessen, was man einbringen kann. Für Kreativität, Flexibilität und Organisationstalent gibt es kaum Einschränkungen. Geduld, aber auch eine situative Entscheidungskompetenz, Bewusstsein für die eigene Rolle und die Anerkennung von Grenzen, Offenheit für ungewohnte Sichtweisen, Feingefühl und ein möglichst vorurteilsfreies Eintauchen in lokale Gegebenheiten sowie profunde Kenntnisse des Konfliktszenarios, der Kultur und Sprache sind unabdingbar. Unverzichtbar sind allerdings auch die Fähigkeiten, sich abzugrenzen und achtsam mit sich selbst umzugehen, um in diesen Kontexten nicht gefährdet zu sein, ein Burn-out zu erleiden.

28.6 Die Zukunft der Friedenspsychologie

Unzweifelhaft ist das Ausmaß der Bedrohungen für die menschliche Sicherheit im zweiten Jahrzehnt des 21. Jahrhunderts erschreckend. Terrorismus, Massenvernichtungswaffen, die Verbreitung von Kernwaffen, Cyberkriege, gescheiterte Staaten, ideologische Kämpfe, wachsende Ressourcenknappheit, Ungleichheiten bei Wohlstand und Gesundheit, Globalisierungstendenzen, Menschenrechtsverletzungen und die fortgesetzte Anwendung von Gewalt zur Durchsetzung individueller, gruppenspezifischer und nationaler Interessen sind allesamt komplexe Probleme. Gleichzeitig beobachten wir gegenläufige Trends in der zunehmenden Anerkennung und Befürwortung gewaltfreier Mittel zur Beilegung von Differenzen, die Bedeutung von Versöhnungsprozessen in menschlichen Beziehungen, die Förderung von Friedenskulturen und den Aufbau gesellschaftlicher Strukturen und globaler Institutionen, die Frieden, Menschenrechte und ökologische Nachhaltigkeit fördern. Diese Trends zeigen, dass Frieden ein Wert ist, der gesellschaftlich positiv besetzt ist. Die daraus resultierende gesellschaftspolitische Akzeptanz der Friedenspsychologie ist jedoch zum Teil leider immer noch mit Vorbehalten, besonders aus Fachkreisen, verbunden.

Heute sind die Hauptanliegen der Friedenspsycholog:innen global und werden durch geohistorische Kontexte und die Unterscheidung zwischen episodischer und struktureller Gewalt nuanciert, wobei, wie bereits aufgezeigt wurde, letztere ebenfalls Menschen tötet, wenn auch langsam durch den Entzug der Befriedigung grundlegender Bedürfnisse. Dementsprechend variieren die Schwerpunkte der friedenspsychologischen Beiträge zu diesem Thema je nach geohistorischem Kontext: Einige befassen sich in erster Linie mit den Verhaltens- und Erkenntnismustern, die bei der Verhinderung von Gewaltepisoden eine Rolle spielen, andere mit der Verbesserung der strukturellen Gewalt. Eine Systemperspektive zeigt die Wechselwirkung zwischen Strukturen und Gewaltepisoden auf, während sich die „systemische Friedenskonsolidierung" mit dem Kontakt zwischen den beteiligten Gruppen, dem gewaltfreien Umgang mit Konflikten und der Entwicklung hin zu sozial gerechten Strukturen befasst, was zu einer Zunahme kooperativer und gerechter Beziehungen auf allen Ebenen führt, von der zwischenmenschlichen bis zur gruppenübergreifenden Ebene.

Für alle, deren Interesse geweckt worden ist und die sich über die thematische Bandbreite der Friedenspsychologie eingehend und seriös informieren möchten, sei das *Handbuch der Friedenspsychologie*, eine Open-Access-Publikation der Philipps-Universität-Marburg und des Forums Friedenspsychologie, nachdrücklich empfohlen (▶ https://handbuch-friedenspsychologie.de).

Für Menschen mit einigen Jahren Berufs- und Lebenserfahrung, die sich zur Praxis hingezogen fühlen, finden sich auf der Seite des *Zivilen Friedensdienstes* reichlich Informationen und Jobangebote (▶ www.ziviler-friedensdienst.org/de/jobs).

Fazit

Für mich ist meine Tätigkeit als Friedenspsychologin im Friedensprozess in Kolumbien ein Lebenselixier. Ich kann mein professionelles Wissen und meine Erfahrung einbringen, neue Wege erkunden, entdecke täglich Neues, lerne viele Menschen aus unterschiedlichen Kontexten und Hierarchieebenen kennen, erfahre viel Anerkennung, für das was ich einbringen kann, und lebe in meiner Freizeit in Cartagena de Indias an der kolumbianischen Karibikküste.

Als Friedenspsycholog:innen haben wir die Möglichkeit, individuelle und soziopolitische Transformationsprozesse zu begleiten und/oder mitzugestalten und auch für die Zukunft der Menschheit und des Planeten einen kleinen Beitrag zu leisten.

Literatur

Berufsverband Deutscher Psychologinnen und Psychologen (BDP) e. V. (2018). *Berufsbild Psychologie* (5. Aufl.). BDP. www.bdp-verband.de/fileadmin/user_upload/BDP/verband/Untergliederungen/Sektionen/Aus-Fort-und_Weiterbildung_in_Psychologie/PDF/bdp-broschure-berufsbild-psychologie.pdf. Zugegriffen am 14.05.2024.

Bundesministerium für wirtschaftliche Zusammenarbeit und Entwicklung (BMZ). (2024). Ziviler Friedensdienst – Fachleute im Einsatz für den Frieden. www.bmz.de/de/themen/ziviler-friedensdienst. Zugegriffen am 14.05.2024.

Cohrs, C., Knab, N., & Sommer, G. (Hrsg.). (2022). *Handbuch der Friedenspsychologie.* https://handbuch-friedenspsychologie.de/. Zugegriffen am 14.05.2024.

Einstein, A., & Freud, S. (1933). *Warum Krieg? Ein Briefwechsel.* Internationales Institut für geistige Zusammenarbeit/Völkerbund.

Forum Friedenspsychologie e. V. https://www.friedenspsychologie.de/. Zugegriffen am 14.05.2024.

Forum Friedenspsychologie e. V. (o.J.). Allgemeine Informationen über das Forum Friedenspsychologie (Bewusst-Sein für den Frieden). www.friedenspsychologie.de/wp-content/uploads/2017/05/FFP_Programm_deutsch.pdf. Zugegriffen am 14.05.2024.

Galtung, J. (1981). Gewalt, Frieden und Friedensforschung. In D. Senghaas (Hrsg.), *Kritische Friedensforschung* (S. 55–104). Suhrkamp.

International Alert. (2023). Annual reports and accounts 2022: For year ended 31 December 2022. www.international-alert.org/app/uploads/2023/08/Annual-Report-2022-EN-2023.pdf. Zugegriffen am 14.05.2024.

de Klerk, L., et al. (2023). Climate Damage caused by Russia's war in Ukraine by Initiative on GHG accounting of war. https://climatefocus.com/wp-content/uploads/2023/12/20231201_ClimateDamageWarUkraine18monthsEN.pdfzhttps://climatefocus.com/wp-content/uploads/2023/12/20231201_ClimateDamageWarUkraine18monthsEN.pdf. Zugegriffen am 14.05.2024.

Wirtz, M. A. (2021). *Dorsch Lexikon der Psychologie.* Hogrefe.

Wissenschaft & Frieden (W&F). https://wissenschaft--und-frieden.de/projekt/https://wissenschaft-und-frieden.de/projekt. Zugegriffen am 14.05.2024.

Tätigkeiten in der forensischen Psychologie

Elena Yundina und Susanne Tippelt

Inhaltsverzeichnis

29.1 Forensische Psychologie – was ist das? – 349

29.2 Forensische Psychologie – ein ganz besonderes Tätigkeitsfeld? – 350
 Aufgaben im Rahmen der Tätigkeit – 352
 Mobilitätsbereitschaft – 353
 Arbeitszeit – 353
 Einkommen – 353
 Karrieremöglichkeiten – 354
 Berufliche Weiterbildung – 354
 Selbstständigkeit – 355

29.3 Die Rolle von Psychologen im Berufsfeld der forensischen Psychowissenschaften – 355

29.4 Anforderungen an eine Tätigkeit als forensischer Psychologe – 355
 Schwerpunktsetzung – 357
 Fachliche Inhalte – 357
 Computerkenntnisse – 357
 Sprachkenntnisse – 358
 Praxis, Praxis, Praxis – 358

Literatur – 358

© Der/die Autor(en), exklusiv lizenziert an Springer-Verlag GmbH, DE, ein Teil von Springer Nature 2024
M. Mendius, S. Werther (Hrsg.), *Psychologie in Studium und Beruf*, https://doi.org/10.1007/978-3-662-68508-2_29

Der Beruf des forensischen Psychologen gehört zu den immer noch wenig bekannten potenziellen Tätigkeitsfeldern. Nicht selten sind die Vorstellungen darüber von (medial vermittelten) Vorurteilen geprägt, die mit der tatsächlichen Praxis oft nicht übereinstimmen. Im Folgenden sollen daher aufbauend auf einem typischen Szenario aus der Praxis die vielfältigen Aufgaben des forensisch tätigen Psychologen und die Besonderheiten dieses Berufsfeldes dargestellt werden.

Ein Szenario

Ein Landgericht muss darüber entscheiden, ob Herr Maier, der wegen Mordes an seiner damaligen Lebensgefährtin zu lebenslanger Freiheitsstrafe verurteilt wurde, vorzeitig auf Bewährung entlassen werden kann (sog. bedingte Entlassung). Der 45-jährige Herr Maier befindet sich seit nunmehr 15 Jahren in Haft. Er hat in dieser Zeit in der Justizvollzugsanstalt (JVA) eine Berufsausbildung absolviert und nimmt seit 3 Jahren an einer speziellen Therapie für Gewaltstraftäter teil. Nun wurde Antrag auf Strafaussetzung zur Bewährung gestellt. Gemäß der Strafprozessordnung (StPO) ist das Gericht verpflichtet, zur Vorbereitung der Entscheidung ein Sachverständigengutachten zu der Frage einzuholen, „ob bei dem Verurteilten keine Gefahr mehr besteht, dass dessen durch die Tat zutage getretene Gefährlichkeit fortbesteht" (§ 454 StPO).

Da es sich um eine juristische Entscheidung von großer Tragweite handelt, wird der erfahrene Rechtspsychologe Herr Dipl.-Psych. Schmid mit der Erstellung des Gutachtens beauftragt. Darin soll nicht nur dazu Stellung genommen werden, ob zu erwarten ist, dass Herr Maier außerhalb des Strafvollzugs keine erheblichen rechtswidrigen Taten mehr begehen wird, sondern auch dazu, welche Maßnahmen zur Ermöglichung oder Vorbereitung einer bedingten Entlassung notwendig erscheinen, welche Weisungen im Falle einer bedingten Entlassung zu erteilen sind und welcher Zeitraum für die noch erforderliche Entlassungsvorbereitung voraussichtlich erforderlich sein wird.

Dem Gutachter Herrn Schmid wird mit dem Begutachtungsauftrag die Gerichtsakte übersandt. Er muss zunächst prüfen, ob die Fragestellung in sein Fachgebiet fällt bzw. ob er sie aufgrund seiner Kompetenzen bearbeiten und das Gutachten in einem angemessenen zeitlichen Rahmen fertigstellen kann, bevor er den Auftrag annimmt. Im nächsten Schritt sichtet er das umfangreiche Aktenmaterial, vor allem das Gerichtsurteil, Vorgutachten von anderen Psychiatern und Psychologen sowie Berichte aus der JVA und des Behandlungsteams. Aufbauend auf dem Aktenstudium bereitet er die Untersuchung des Probanden vor und erstellt einen Untersuchungsplan. Er „übersetzt" die juristische Fragestellung in psychologische Fragen und Hypothesen und zerlegt den prognostischen Beurteilungsprozess in diagnostische Teilschritte bzw. einzelne Fragen, die er mithilfe psychologischer Methoden und Verfahren beantworten kann. Im ersten Schritt analysiert er die bisherigen Straftaten des Probanden und stellt eine Delinquenzhypothese auf, d. h. Annahmen darüber, welche Faktoren zur Begehung der Straftaten beigetragen haben. Er stellt fest, dass der über längere Zeit arbeitslose Herr Maier bereits vor der Anlasstat wiederholt gegenüber Lebenspartnerinnen gewalttätig wurde. Dies geschah immer dann, wenn er alkoholisiert war und ihm dann der seit Längerem schwelende – wohl unbegründete – Verdacht aufkam, seine Partnerin würde ihn wegen eines anderen Mannes verlassen wollen. [Anm.: Ein solches Bedingungsgefüge ist in der Realität natürlich weit komplexer.] Im nächsten Schritt widmet sich Herr Schmid der Frage, welche Entwicklung bei dem Probanden seit der letzten

Tat stattgefunden hat, ob die damals wirksamen Faktoren weiterhin als Risikomerkmale oder -potenziale vorhanden sind und welche etwa durch die erfolgte deliktspezifische psychotherapeutische Behandlung kompensiert werden konnten. Dem Therapiebericht ist zu entnehmen, dass vor allem die Themen Selbstwert, Bindung, Trennungsangst, Eifersucht, Alkoholmissbrauch und Tagesstrukturierung bearbeitet wurden. Im Verlauf der Therapie habe der Proband nach Einschätzung der Therapeuten so deutliche Fortschritte gemacht, dass eine bedingte Entlassung befürwortet werden könne. Die Frage, die sich Herr Schmid nun stellt, ist, wie er diese Fortschritte und den aktuellen Entwicklungsstand des Probanden am besten erfassen kann. Er notiert sich zunächst, welche Bereiche er in der Exploration des Probanden besonders eingehend beleuchten muss, welche standardisierten Beurteilungsinstrumente (Prognoseinstrumente) er als Hilfsmittel für die diagnostische und prognostische Urteilsbildung heranziehen kann und wählt dann die geeigneten psychodiagnostischen Verfahren aus. Besonderes Augenmerk will er hier neben dem allgemeinen Persönlichkeitsbild auf die Diagnostik der Coping-Mechanismen, des Konfliktverhaltens und der Aggressionsbereitschaft legen. Da Herr Schmid weiß, dass nicht nur persönlichkeitsgebundene Merkmale des Probanden, sondern auch Umweltvariablen eine bedeutsame Rolle für die langfristige Legalbewährung, d. h. Straffreiheit nach Verbüßung einer Strafe, spielen, notiert er auch, welche Zukunftspläne der Proband laut Akte im Falle einer Entlassung hat und ob diese realistisch scheinen: Wo will er leben? Wo will er arbeiten? Wie will er seine Freizeit gestalten? Welche (pro-)sozialen Kontakte stehen nach der langen Inhaftierung zur Verfügung?

Mit diesem Untersuchungsplan als Leitfaden wird Herr Schmid nun in die JVA fahren, um den Probanden persönlich zu untersuchen. Er braucht insgesamt 3 Untersuchungstage, bis er alle relevanten Befunde erhoben hat, um seine Hypothesen zu prüfen. Weitere 3 Tage benötigt er, um die Befunde aus den unterschiedlichen Quellen zu integrieren und zu interpretieren. Im nächsten Schritt wird er zu einer Gesamtbeurteilung der Legalprognose kommen und das schriftliche Gutachten verfassen, welches er ans Gericht schicken wird. Später wird er als Sachverständiger zu einem Anhörungstermin geladen werden, um die Befunde und seine Schlussfolgerungen persönlich zu referieren. Vom Auftragseingang bis zur Fertigstellung des schriftlichen Gutachtens sind knapp 10 Wochen vergangen.

29.1 Forensische Psychologie – was ist das?

In der forensischen Psychologie werden psychologische Theorien, Erkenntnisse und Methoden auf rechtliche Fragestellungen angewendet. Der Name leitet sich vom lateinischen *forum* ab – der Marktplatz, auf dem im antiken Rom Gerichtsverfahren stattfanden (daher auch das Synonym Gerichtspsychologie). Die Forensische Psychologie ist, wie die Kriminalpsychologie, ein Teilgebiet der Rechtspsychologie, eines der ältesten Fächer der angewandten Psychologie. Zu den wesentlichen Aufgaben des forensischen Psychologen gehört die Sachverständigentätigkeit, d. h. das Erstellen von Gutachten, die vorwiegend von Gerichten und Staatsanwaltschaften, zum Teil auch von Verteidigern oder anderen Einrichtungen in Auftrag gegeben werden, um bestimmte Fragen mithilfe psychologischer Fachkenntnis zu klären.

Im Strafrecht handelt es sich am häufigsten um die Frage der Gefährlichkeitsprognose, der Entwicklungsreife von jugendlichen oder heranwachsenden Tätern, der Schuldunfähigkeit bzw. der verminderten Schuldfähigkeit und der Glaubhaftigkeit von

Zeugenaussagen. Familienpsychologische Sachverständige werden am häufigsten bei Sorge- und Umgangsrechtfragen und in Fällen möglicher Kindeswohlgefährdung hinzugezogen (▶ Kap. 27). Sozialmedizinische Gutachten beschäftigen sich u. a. mit Fragen der Erwerbs- oder Berufsunfähigkeit oder Schädigungsfolgen z. B. nach einer Straftat. Schließlich können auch zivil-, verwaltungs- oder verkehrsrechtliche Gutachten (▶ Kap. 35) zu dem Aufgabengebiet eines forensischen Psychologen gehören.

Die Kriminalpsychologie, das zweite große Teilgebiet der Rechtspsychologie, beschäftigt sich mit der Entstehung von Kriminalität, ihren Erscheinungsformen, Präventions- und Interventionsformen (▶ Kap. 32). Als Forensischer Psychologe bewegt man sich häufig in beiden Tätigkeitsfeldern, wenn man z. B. in einer universitären Einrichtung Forschungsprojekte im Bereich der Grundlagenforschung (z. B. Ursachen von Sexualdelinquenz) durchführt oder als Psychotherapeut in einer Einrichtung arbeitet, in der (psychisch kranke) Straftäter behandelt werden (Bliesner et al. 2023).

29.2 Forensische Psychologie – ein ganz besonderes Tätigkeitsfeld?

Ein psychologisches Gutachten ist eine wissenschaftliche Leistung, die darin besteht, „dass auf der Grundlage von wissenschaftlich anerkannten Untersuchungs- und Beurteilungsmethoden und -kriterien im Hinblick auf die Beantwortung einer vom Auftraggeber vorgegebenen Fragestellung Daten bei Probanden erhoben, sachverständig ausgewertet und beurteilt werden, so dass der Sachverständige die Frage(n) des Auftraggebers auf Grund seines psychologischen Fachwissens, der Berücksichtigung des aktuellen Forschungsstandes und seiner einschlägigen Berufserfahrung beantworten kann" (Zuschlag, 2006, S. 13).

Die Fragestellungen, die durch forensisch-psychologische Untersuchungen beantwortet werden sollen, sind vielfältig und erfordern jeweils eine besondere Expertise, und das nicht nur in relevanten Bereichen der Psychologie. Man benötigt außerdem vertiefte Kenntnisse der jeweiligen rechtlichen Grundlagen sowie Kenntnisse aus den Nachbarwissenschaften Forensische Psychiatrie, Kriminologie, Kriminalistik, Rechtsmedizin und Rechtssoziologie.

Deshalb wird man sich als Sachverständiger in der Regel auf einzelne Rechtsbereiche (z. B. Strafrecht oder Familienrecht) spezialisieren. Die Spannweite möglicher Aufgaben ist so groß, dass hier nicht alle Bereiche näher erläutert werden könne. Der Schwerpunkt liegt exemplarisch auf strafrechtlichen Begutachtungen. Die Besonderheiten der Sachverständigentätigkeit werden im Folgenden beschrieben.

Eine Perspektive aus der Wissenschaft

Prof. Dr. Jelena Zumbach-Basu ist Fachpsychologin für Rechtspsychologie und Professorin für Familienrechtspsychologie an der Psychologischen Hochschule Berlin. Frau Prof. Zumbach-Basu wird zum 01.10.2024 ihre Professur für Forensische Psychologie an der Fakultät für Psychologie der Uni Basel antreten; dies sollte bei Buchpublikation nach diesem Zeitpunkt berücksichtigt werden: https://psychologie.unibas.ch/de/aktuell/details/prof-dr-jelena-zumbach-basu-professorin-fuer-forensische-psychologie-per-01102024/. *Im Folgenden erläutert sie, welche Möglichkeiten Personen, die an einer rechtspsychologischen Gutachtertätigkeit im Familienrecht oder einer wissenschaftlichen Tätigkeit im Bereich Familienrechtspsychologie interessiert sind, nach einem Psychologiestudium haben.*

Bei der Familienrechtspsychologie handelt es sich um ein Anwendungsgebiet der Psychologie, in dem Grundlagen- und Anwendungswissen in besonderem Maße zusammengeführt werden. Es fließen Erkenntnisse aus Entwicklungspsychologie, Entwicklungspsychopathologie, klinischer Psychologie, Psychometrie, Familienpsychologie, Erziehungswissenschaft und Rechtswissenschaft zusammen. Familienrechtliche Verfahren, in denen es zu psychologischen Begutachtungen kommt, betreffen hauptsächlich Fragestellungen bezüglich der elterlichen Sorge und des persönlichen Umgangs nach Elterntrennungen und Fragen einer möglichen Kindeswohlgefährdung, die ggf. den Entzug der elterlichen Sorge bzw. die Herausnahme eines Kindes aus der Familie zur Folge hat.

Lange Zeit galt die Familienrechtspsychologie unter Rechtspsychologen, Forensikern und Kriminologen als Stiefkind der Rechtspsychologie. Die hier behandelten, häufig eher an Randgebiete der Entwicklungspsychologie, der klinischen Kinderpsychologie und der Familienpsychologie grenzenden Fragen waren lange nicht im Fokus rechtspsychologisch-empirischer Forschung. Es überwogen Fragestellungen mit strafrechtlichen Belangen. In den letzten Jahren rückte eine medial sowie in Fachkreisen entfachte Diskussion um die Qualität psychologischer Sachverständigengutachten im Familienrecht diese deutlich stärker in den wissenschaftlichen Aufmerksamkeitsfokus. Darauf folgten erhebliche Bemühungen zur Qualitätssicherung, die z. B. in der Veröffentlichung von aktualisierten Mindeststandards für die familienrechtspsychologische Begutachtung in Deutschland mündeten (Arbeitsgruppe Familienrechtliche Gutachten, 2019).

Im Rahmen dieser Qualitätsdebatten wurde sehr deutlich, dass es auf dem Gebiet der Familienrechtspsychologie nach wie vor an gezielten Studien mangelt, die Erkenntnisse liefern, auf die sich Sachverständige für die kindeswohlorientierten Prognoseeinschätzungen stützen können. Familienrechtspsychologische Forschung ist politisch von Interesse und eine wissenschaftliche Tätigkeit in diesem Feld somit lohnenswert. Dem gegenüber steht, dass es an deutschen Universitäten nur wenige Professuren gibt, die sich mit familienrechtspsychologischer Forschung beschäftigen, und wissenschaftliche Qualifikationsstellen in diesem Bereich vergleichsweise selten sind.

Die Berufschancen für forensisch-psychologische Gutachterinnen und Gutachter in der Praxis sind hingegen ausgesprochen gut. Es existiert ein erheblicher Gutachtermangel im Familienrecht (wie auch in anderen Bereichen), was einem stetig steigenden Bedarf an Gerichtsgutachten entgegensteht. Im Familienrecht werden erfahrungsgemäß die häufigsten Gutachten in Auftrag gegeben, im Vergleich zu aussagepsychologischen, kriminalprognostischen sowie Schuldfähigkeitsgutachten. Zudem besteht in familienrechtlichen Verfahren selten eine Qualifikationsdebatte über den Einsatz von Psycholog:innen vs. Psychiater:innen mit einer forensischen Begutachtung.

Mit dem Gesetz zur Änderung des Sachverständigenrechts wurden 2016 erstmals berufliche Qualifikationsanforderungen an Sachverständige im Familienrecht festgelegt. Voraussetzung ist mindestens eine psychologische, psychotherapeutische, kinder- und jugendpsychiatrische, psychiatrische, ärztliche, pädagogische oder sozialpädagogische Berufsqualifikation im Rahmen eines abgeschlossenen Hochschulstudiums auf Masterniveau. Im Falle von Sachverständigen mit pädagogischer oder sozialpädagogischer Berufsqualifikation, ist der zusätzliche Erwerb ausreichender diagnostischer und analytischer Kenntnisse durch eine anerkannte Zusatzqualifikation nachzuweisen. Das Vorliegen einer psychotherapeutischen Approbation ist für die rechtspsychologische Begutachtung nicht erforderlich, da keine Heilbehandlung erfolgt, die dem Psychotherapeutengesetz unterliegt. Somit stellt die rechtspsychologische Begutachtung ein attraktives Arbeitsfeld als Alternative zur klinisch-therapeutischen Tätigkeit für Psycholog:innen dar.

Eine rechtspsychologische Begutachtung ist hingegen ein Auftrag ganz eigener Art mit spezifischen Anforderungen und Besonderheiten. Zur Sicherstellung der rechtspsychologischen Qualifikation wird daher, über das Psychologiestudium auf Masterniveau hinaus, eine spezifische rechtspsychologische Zusatzqualifikation gefordert. Hierfür ist die postgraduale Weiterbildung zum Fachpsychologen für Rechtspsychologie entwickelt worden. Sie wird von der Föderation Deutscher Psychologenvereinigungen, d. h. dem Berufsverband Deutscher Psycholoinnen und Psychologen e. V. (BDP) sowie der DGPs, angeboten. Nach Zertifizierung zum Fachpsychologen für Rechtspsychologie ist eine kontinuierliche Fortbildung in Rechtspsychologie erforderlich, um den Titel „Fachpsychologe/Fachpsychologin für Rechtspsychologie" weiterhin führen zu können.

In Deutschland bietet zudem die Psychologische Hochschule Berlin (PHB) einen postgradualen Masterstudiengang in Rechtspsychologie an, der auf die Ausbildung für eine rechtspsychologische gutachterliche Tätigkeit nach einem konsekutiven Masterstudium in Psychologie abzielt. Ein vergleichbarer postgradualer M. Sc. Rechtspsychologie kann in Deutschland beispielsweise auch an der Universität Bonn erworben werden. Zudem ist geplant, an der PHB künftig einen konsekutiven Master in Psychologie mit Schwerpunkt Rechtspsychologie anzubieten, mit dem rechtspsychologische Inhalte bereits aufbauend auf ein Bachelorstudium studiert werden können (weitere Informationen finden sich unter ▶ www.psychologische-hochschule.de/studium-ausbildung/studien-und-ausbildungsangebot/rechtspsychologie).

Die Bedeutung der Förderung des praktischen und wissenschaftlichen Nachwuchses ist auf dem Feld der Rechtspsychologie insgesamt sehr hoch. Die Berufschancen, insbesondere von forensisch-psychologischen Gutachter:innen, sind als sehr gut einzuschätzen.

Aufgaben im Rahmen der Tätigkeit

Die Tätigkeit des forensischen Psychologen beginnt nach Auftragserteilung entweder direkt durch das Gericht bzw. die Staatsanwaltschaft oder vermittelt durch den psychiatrischen Sachverständigen, wenn ein testpsychologisches Zusatzgutachten erstellt werden soll. Dem Sachverständigen kommt die Rolle eines wissenschaftlichen Beraters zu, der das Gericht durch seine Expertise bei der Entscheidungsfindung unterstützt. Im Auftragsschreiben sind daher in der Regel genau die Fragen aufgeführt, die der Sachverständige in seinem Gutachten – zufriedenstellend und in einem angemessenen Zeitrahmen – beantworten soll. Diese Fragen dienen als Grundlage für die Vorbereitung und Durchführung der Begutachtung und das Verfassen des schriftlichen Gutachtens.

Zusammen mit dem Auftrag werden die Akten übersandt, in denen alle für die Beurteilung relevanten Dokumente enthalten sein sollten, wenn nicht, müssen sie vom Gutachter angefordert werden. Bei einer Begutachtung handelt es sich um einen hypothesengeleiteten Prozess. Am Beginn steht immer eine ausführliche Aktenanalyse, die dazu dient, die Fragestellungen zu präzisieren und überprüfbare Arbeitshypothesen zu entwickeln. So müssen etwa im Falle einer Prognosebeurteilung Annahmen darüber aufgestellt werden, welche Faktoren früheren Delikten zugrunde lagen, ob diese heute noch vorhanden und relevant sind oder etwa nach erfolgter Psychotherapie und der Entwicklung protektiver Faktoren kompensiert werden konnten. Die Hypothesen werden dann durch die Untersuchung des Probanden mit ausführlicher Exploration, Verhaltensbeobachtung und dem Einsatz geeigneter diagnostischer Verfahren überprüft und ggf. modifiziert. Die Auswahl der diagnostischen Methoden muss sorgfältig erfolgen, denn als Sachverständiger ist man nicht nur verpflichtet, nach strengen wissenschaftlichen Standards zu arbeiten, sondern auch möglichst ökonomisch. Das bedeutet, dass nur solche Merkmale untersucht werden sollen, die für die Beantwortung der Fragestellung relevant sind.

Wenn durch Aktenstudium und Untersuchung des Probanden genügend Informationen zur Verfügung stehen und die Fragestellungen anhand der erhobenen Befunde beantwortet werden können, wird das schriftliche Gutachten erstellt. Dieses bildet das Kernstück der Begutachtung, hat jedoch im Strafverfahren lediglich vorläufigen Charakter. Entscheidend ist die mündliche Erstattung vor Gericht im Rahmen der Hauptverhandlung bzw. Anhörung vor der Strafvollstreckungskammer. Über die Abfassung von Gutachten sind mittlerweile zahlreiche Monografien erschienen und interdisziplinäre Arbeitsgruppen haben Qualitätskriterien und Mindestanforderungen entwickelt.

Mobilitätsbereitschaft

Die Untersuchungen der Probanden finden in unterschiedlichen Settings statt. Zwar können viele Probanden zur Untersuchung ins Büro geladen werden, die meisten befinden sich jedoch in Straf- oder Untersuchungshaft bzw. in einer geschlossenen Klinik. Als Sachverständiger muss man dann in der Regel für die Begutachtung in die entsprechende Einrichtung fahren. Die mündliche Erstattung des Gutachtens findet in dem Gericht statt, das die Untersuchung in Auftrag gegeben hat. Je nachdem, wie groß das Einzugsgebiet ist, aus dem Aufträge eingehen, ergeben sich also kürzere oder längere Anfahrtswege. Die Aufwendungen, die sich daraus ergeben (z. B. Fahrtkosten, Hotelübernachtungen etc.), werden aber vom Auftraggeber erstattet.

Arbeitszeit

Ist man neben einer Festanstellung als Sachverständiger tätig, müssen die Gutachten außerhalb der regulären Arbeitszeiten erstellt werden. Außerdem sind für die Vorlage des Gutachtens bei Gericht stets Fristen einzuhalten, ein Überschreiten kann zur Verhängung eines Ordnungsgeldes führen. Als Sachverständiger arbeitet man daher oft unter hohem zeitlichem Druck und verfasst die Gutachten im Sinne von bezahlten Überstunden abends oder am Wochenende neben der regulären Festanstellung.

Einkommen

Die Vergütung von Sachverständigen durch Gerichte und öffentliche Behörden richtet sich nach dem Justizvergütungs- und -entschädigungsgesetz (JVEG). Die Leistungen sind dort verschiedenen Honorargruppen zugeordnet, d. h. die Höhe des Stundensatzes richtet sich nach dem Gegenstand bzw. Schwierigkeitsgrad des medizinischen oder psychologischen Gutachtens. Einfache gutachtliche Beurteilungen (Honorargruppe M1) werden mit 80 €, beschreibende Begutachtungen mit durchschnittlichem Schwierigkeitsgrad (M2) mit 90 €, Gutachten mit hohem Schwierigkeitsgrad (M3, z. B. Beurteilung der Prognose) mit 120 € pro Stunde vergütet. Dabei wird die „erforderliche" Zeit vergütet, d. h., die von einem durchschnittlichen Sachverständigen bei durchschnittlichem Arbeitstempo benötigte Zeit. Es gibt also bestimmte Konventionen, wie viele Stunden für welche Tätigkeit dem Auftraggeber in Rechnung gestellt werden können (z. B. für die Ausarbeitung von testpsychologischen Befunden 30 min pro eingesetztem Testverfahren). Diese Stunden stimmen – mit Ausnahme der Untersuchungsdauer – nicht unbedingt mit der tatsächlich aufgewendeten Zeit überein. Anfänger benötigen in der Regel mehr Zeit, erfahrene Gutachter dagegen oft weniger. Auch die mündliche Erstattung des Gutachtens vor Gericht bzw. die Anwesenheit während des Gerichtsprozesses, die Vorbereitung auf den Prozess und die Anfahrtszeit werden nach den o. g. Stundensätzen vergütet.

Ist man in einer universitären Abteilung oder einer Klinik als Mitarbeiterin oder Honorarkraft angestellt, muss jeweils ein bestimmter Anteil der Vergütung an die Einrichtung und ggf. den Supervisor abgeführt werden, sodass zum Teil weniger als 50 % des eigentlichen Rechnungsbetrages als Bruttolohn übrigbleiben. Pro Gutachten werden dem Auftraggeber je nach Fragestellung üblicherweise zwischen 5 h (für einfache testpsychologische Kurzgutachten) und 60 h (für schwierige Prognosegutachten) in Rechnung gestellt.

Im Falle einer Festanstellung erhält man ein Gehalt, das sich nach dem jeweils geltenden Tarifvertrag, z. B. TVöD in einer Maßregelvollzugsklinik, richtet. Die Sachverständigenvergütung stellt dann einen gesondert zu versteuernden Zusatzverdienst dar.

Karrieremöglichkeiten

An die Fachkompetenz eines Sachverständigen werden besondere Anforderungen gestellt:
— Einschlägige Berufsausbildung mit wissenschaftlichem Abschluss
— Sachkenntnisse in dem jeweiligen Fachgebiet nach dem aktuellen wissenschaftlichen Stand
— Einschlägige Berufserfahrung

Einige forensische Psychologen beginnen ihre Karriere mit dem Erstellen testpsychologischer Zusatzgutachten für das psychiatrische Hauptgutachten, in der Regel unter Supervision eines erfahrenen Gutachters. Erst durch den Erwerb spezifischer Zusatzqualifikationen bzw. die Teilnahme an Fortbildungsveranstaltungen und ggf. die Weiterbildung zum Fachpsychologen für Rechtspsychologie (Abschn. „▶ Berufliche Weiterbildung") wird man über die Kompetenzen verfügen, die für die eigenständige Gutachtenerstellung notwendig sind. Mit zunehmender Berufserfahrung kann und wird man auch in schwierigeren Fällen als Sachverständiger beauftragt werden.

Darüber hinaus bietet sich erfahrenen Sachverständigen die Möglichkeit eines Zusatzverdienstes durch die Supervision von Gutachten und das Halten von fachspezifischen Seminaren.

Erfahrene forensische Psychologen finden sich auch häufig in leitenden Positionen von Kliniken und Justizvollzugsanstalten. In universitären Einrichtungen sind die typischen wissenschaftlichen Karrieren (Promotion, Habilitation) möglich (▶ Kap. 21).

Berufliche Weiterbildung

Es besteht die Möglichkeit, nach Abschluss des Psychologiestudiums die Weiterbildung zum Fachpsychologen für Rechtspsychologie der Deutschen Gesellschaft für Psychologie (DGPs) und des Berufsverbandes Deutscher Psychologen e. V. (BDP) zu absolvieren (▶ https://www.dgps.de/fachgruppen/rechtspsychologie/aus-undweiterbildung/, ▶ www.bdp-rechtspsychologie.de und ▶ www.psychologenakademie.de/zertifikat/rechtspsychologie). Diese Weiterbildung ist konzipiert für Psychologen mit Diplom- oder Masterabschluss, die bereits berufliche Erfahrungen mit rechtspsychologischem Tätigkeitsschwerpunkt haben. Das Weiterbildungsprogramm ist in der Regel auf mindestens 3 Jahre angesetzt und umfasst neben Seminaren aus verschiedenen Schwerpunktbereichen (jeweils mit Abschlussprüfung) die Arbeit und Supervision in einem Fachteam sowie das Erstellen forensisch-psychologischer Prüfungsgutachten. Ziel der Weiterbildung ist „eine fundierte wissenschaftliche und berufliche Qualifikation für psychologische Tätigkeit im Rechtssystem" (Ordnung für die Weiterbildung in Rechtspsychologie der Föderation Deutscher Psychologenvereinigungen in der Fassung vom 01.12.2016). Die Weiterbildung wird mit einer Prüfung abgeschlossen und mit einem Zertifikat beurkundet.

Selbstständigkeit

Sich als Gutachter selbstständig zu machen, bietet sicher einige Vorteile, da man beispielsweise keine Abgaben an die Einrichtung oder den Supervisor zahlen muss. Allerdings trägt man als Selbstständiger die Kosten für Büroräume, Schreibkräfte, Anschaffung von diagnostischen Testinstrumenten, Fortbildungsveranstaltungen etc. selbst.

Bevor man sich überhaupt selbstständig machen kann, muss man sich bei Richtern und Staatsanwaltschaften zunächst einen Namen als kompetenter und zuverlässiger Sachverständiger gemacht haben, um regelmäßig mit der Gutachtenserstellung beauftragt zu werden.

29.3 Die Rolle von Psychologen im Berufsfeld der forensischen Psychowissenschaften

Ein Kompetenzstreit mit Psychiatern kann bei fachlich begründeter Aufteilung der Arbeit vermieden werden. Vor allem bei der Begutachtung zu Fragen der aufgehobenen bzw. verminderten Schuldfähigkeit (§§ 20, 21 des Strafgesetzbuchs, StGB) werden häufig noch psychiatrische Sachverständige beauftragt. In solchen Fällen muss oft beurteilt werden, ob eine schwerwiegende psychische Störung vorliegt, z. B. eine Erkrankung aus dem schizophrenen Formenkreis, und ggf. müssen Empfehlungen zur medikamentösen Behandlung diskutiert werden. Bei Prognosebegutachtungen sieht die Rollenverteilung häufig noch so aus, dass die psychiatrischen Sachverständigen Probanden aus den forensischen Kliniken des Maßregelvollzugs, in denen psychisch oder suchtkranke Straftäter gem. §§ 63, 64 StGB untergebracht sind, begutachten, während psychologische Sachverständige Gefangene aus den Justizvollzugsanstalten untersuchen. Das „Hoheitsgebiet" der psychologischen Sachverständigen sind Gutachten zu familienrechtlichen und aussagepsychologischen Fragestellungen. Aber auch bei psychiatrischen Begutachtungen spielen Psychologen im diagnostischen Prozess wegen des Einsatzes testpsychologischer Verfahren eine wichtige Rolle. Außerdem werden in Forschungsprojekten zu forensischen Fragestellungen bevorzugt Psychologen beschäftigt aufgrund ihrer methodischen und statistischen Kenntnisse.

29.4 Anforderungen an eine Tätigkeit als forensischer Psychologe

Forensische Psychologen sind meistens als Psychotherapeuten in Forensischen Kliniken des Maßregelvollzugs und in Justizvollzugsanstalten, als Sachverständige und als wissenschaftliche Mitarbeiter an universitären Einrichtungen tätig. Für welchen dieser Bereiche sich ein Bewerber entscheidet, ist von seinem akademischen Werdegang, der Weiterbildung und natürlich den persönlichen Interessen abhängig. Für die Tätigkeit als Psychotherapeut ist eine psychotherapeutische Ausbildung unabdingbar (▶ Kap. 3).

Eine Perspektive aus der Praxis

M. Sc. Psychologe Ferdinand Bortenschlager, Klinik für Forensische Psychiatrie und Psychotherapie Günzburg, Doktorand am Lehrstuhl für Forensische Psychiatrie und Psychotherapie der Universität Ulm, Dozent an der Otto-Friedrich-Universität Bamberg, Professor für Pathopsychologie, in Weiterbildung zum Fachpsychologen für Rechtspsychologie (BDP/DGPs).

Wieso haben Sie sich für die Tätigkeit als forensischer Psychologe entschieden?

Im Rahmen des Psychologie-Bachelors habe ich mein Pflichtpraktikum bei einem niedergelassenen Psychiater absolviert, der konsiliarärztlich in zwei Justizvollzugsanstalten tätig war, was mir bei Praktikumsantritt gar nicht bewusst war. Dadurch habe ich nicht nur die Gelegenheit gehabt, die Behandlung von Straftätern kennenzulernen, sondern konnte auch erste Erfahrungen mit der Begutachtung sammeln. Diese Tätigkeiten haben mich aufgrund ihres Abwechslungsreichtums und ihrer Komplexität schnell begeistert, sodass ich im Rahmen meines Masterstudiums bereits wusste, dass ich mich auf die Fachrichtung der forensischen Psychiatrie spezialisieren möchte. Ich habe dann die Möglichkeit gehabt, im Masterstudium Seminare zu diesem Fachbereich zu belegen und konnte im Rahmen einer Werkstudententätigkeit in einer Klinik für forensische Psychiatrie und Psychotherapie weitere Praxiserfahrung sammeln. Mich begeisterte besonders die Verknüpfung des klinischen und therapeutischen Arbeitens mit der juristischen bzw. rechtspsychologischen Ebene. Mein Ziel, mich auf die forensische Psychologie zu spezialisieren, stand also schon recht früh fest.

Was glauben Sie, können Psycholog:innen in diesem Berufsfeld bewegen?

Psycholog:innen in diesem Berufsfeld können einen großen Beitrag dazu leisten, dass Personen, die psychisch schwer erkrankt oder an einer Substanzkonsumproblematik leiden, einen Weg zurück in die Gesellschaft und in ein straffreies Leben finden können. Die engmaschige Begleitung dieses oft langwierigen und herausfordernden Prozesses ermöglicht es, das Leben vieler Menschen nachhaltig positiv zu beeinflussen. Dies gilt nicht nur für die Patient:innen selbst, wir haben auch eine Verantwortung der Gesellschaft gegenüber.

Was hat Sie an Ihrer Tätigkeit am meisten überrascht?

Sehr überrascht hat mich die Tatsache, dass hinter vielen Delikten eine eigene, oft auch für den Täter oder die Täterin tragische Geschichte steckt. Auch war ich überrascht davon, dass sich der Umgang mit den Patient:innen oft so positiv gestaltet, was manche auf den ersten Blick, gerade bei schweren Delikten verwundert.

Ist es überhaupt möglich, diesen Beruf mit einem normalen Familienleben zu vereinen?

Das kommt darauf an, was man als „normales" Familienleben bezeichnet. Man sollte in der Lage sein, arbeitsbezogene Gefühle und Gedanken auch bei der Arbeit zu lassen, sodass sich diese nicht auf das Privatleben auswirken. Natürlich funktioniert das nicht immer und an allen Tagen gleich gut, Psychohygiene ist daher sehr wichtig. Mir persönlich hilft dabei auch die regelmäßige Supervision.

Hinsichtlich der Arbeitszeiten ist eine Tätigkeit als Psycholog:in im öffentlichen Dienst durchaus mit einem klassischen Familienleben vereinbar.

Welchen Tipp haben Sie für Psycholog:innen, die sich überlegen, in diesem Gebiet zu arbeiten?

Traut euch! Für viele Personen scheint das Fachgebiet eher abschreckend zu sein, insbesondere weil man Menschen mit schweren psychischen Erkrankungen begegnet und die Therapie nicht freiwillig aufgesucht wird. Allerdings bringt das Fachgebiet so viele spannende, lehrreiche und faszinierende Facetten der Psychologie ans Tageslicht, dass sich die Auseinandersetzung mit dem Fachbereich auf jeden Fall lohnt.

Stoßen Sie manchmal auf Vorurteile wegen Ihrer Ausbildung?

Manchmal ja. Manche Patient:innen halten wenig von Psycholog:innen bzw. Psychotherapie. Auch innerhalb des Systems (z. B. bei Staatsanwaltschaften, Gerichten) besteht manchmal noch die Ansicht, dass Psycholog:innen im Vergleich zu Ärzt:innen weniger in der Lage seien, kompetente Einschätzungen zur Kriminalprognose oder zur Frage der Schuldfähigkeit abzugeben. Hier muss ich aber hinzufügen, dass sich diese Sichtweise zusehends ändert und sich die Stellung von Psycholog:innen auch bei den Jurist:innen weiter verbessert und Vorurteile abgebaut werden.

Wie beurteilen Sie die Berufschancen für junge Kolleg:innen auf diesem Gebiet?

Die Berufschancen sind in diesem Gebiet grundsätzlich gut. Die Nachfrage nach klinisch tätigen forensischen Psycholog:innen ist hoch, auch steigt die Nachfrage nach gutachterlich tätigen forensischen Psycholog:innen. Von einigen Arbeitgeber:innen wird die Weiterbildung zum/zur Fachpsycholog:in für Rechtspsychologie aktiv gefördert. Auch in forensischen Kliniken besteht die Möglichkeit, eine Führungsposition zu bekleiden, wobei dies in den meisten Fällen psychologischen Psychotherapeut:innen vorbehalten ist.

Schwerpunktsetzung

Nur wenige Universitäten bieten Seminare oder gar eine Schwerpunktsetzung in forensischer Psychologie bzw. Rechtspsychologie an. Eine spezifische Ausbildung wäre zwar wünschenswert, ein Einstieg in den Beruf ist jedoch auch mit anderen Schwerpunkten, z. B. Klinische Psychologie, möglich. Vertieftes Wissen in den Bereichen Diagnostik, Persönlichkeits-, Entwicklungs- und Sozialpsychologie ist auf jeden Fall hilfreich, da in diesen Fächern wesentliche Grundlagen für forensische Beurteilungen vermittelt werden.

Fachliche Inhalte

Um für den Beruf des forensischen Sachverständigen relevantes Wissen bereits im Studium zu erwerben, können und sollten neben den bereits erwähnten Fächern Veranstaltungen anderer Fakultäten besucht und ein entsprechendes Nebenfach gewählt werden. So sind etwa an der medizinischen Fakultät Seminare und Vorlesungen zu Psychopathologie und Forensischer Psychiatrie zu empfehlen. Sehr hilfreich ist es, sich an der juristischen Fakultät bereits während des Studiums mit den rechtlichen und kriminologischen Grundlagen vertraut zu machen. Diese können aber auch in entsprechenden Praktika (Abschn. „▶ Praxis, Praxis, Praxis") erworben werden.

Computerkenntnisse

Abgesehen von einem sicheren Umgang mit den Office-Programmen sind für die Sachverständigentätigkeit zunächst keine besonderen Computerkenntnisse erforderlich. Anders sieht es aus, wenn man eine Stelle in einer wissenschaftlichen Abteilung anstrebt – das Beherrschen gängiger Statistikprogramme wird hier in den meisten Fällen vorausgesetzt. Spaß am Einarbeiten in neue Softwareprogramme sollte man auf jeden Fall mitbringen, wenn man Interesse daran hat, neue diagnostische Verfahren zu entwickeln.

Sprachkenntnisse

Da für die Sachverständigentätigkeit relevante empirische Arbeiten überwiegend aus dem angloamerikanischen Raum stammen, ist zumindest ein gutes Verständnis der englischen Sprache wichtig. Nur so kann man seine forensischen Beurteilungen, wie gefordert, auf dem aktuellsten wissenschaftlichen Stand halten.

Begutachtungsprobanden beherrschen nicht immer (ausreichend) die deutsche Sprache, sodass es gelegentlich von Vorteil sein kann, weitere Fremdsprachen zu beherrschen. Das ist jedoch kein Muss, denn wenn der Proband nicht über ausreichende Sprachkenntnisse verfügt, werden Begutachtungen in Anwesenheit eines Dolmetschers durchgeführt.

Praxis, Praxis, Praxis

Gerade durch die fehlende Ausbildung in forensischer Psychologie an vielen Universitäten ist es umso wichtiger, während des Studiums durch Praktika in entsprechenden Einrichtungen das theoretische Wissen zu erweitern und erste Praxiserfahrungen zu sammeln. Vor allem, wenn man erwägt, im strafrechtlichen Bereich zu arbeiten, sollte man – quasi in geschütztem Rahmen – herausfinden, ob man über genügend emotionale Stabilität verfügt, um langfristig mit Straftätern arbeiten zu können.

Über Begutachtungen lernt man sicherlich am meisten an Lehrstühlen oder in Abteilungen für forensische Psychiatrie bzw. in speziellen Begutachtungsinstituten. Aber auch Praktika in Maßregelvollzugseinrichtungen oder Justizvollzugsanstalten sind hilfreich und wichtig, nicht zuletzt, weil man hier im sicheren und wertschätzenden Umgang mit der oft schwierigen Klientel geschult wird. Solche Praktika sind in der Regel unbezahlt, stellen aber die einzige Möglichkeit dar, auch ohne fachspezifisches Studium einen schnellen Berufseinstieg in die forensische Psychologie zu finden.

> **Fazit**
> Die Tätigkeit als forensischer Psychologe ist abwechslungsreich und verantwortungsvoll. Die ständige Herausforderung, kriminell gewordenen Menschen zu begegnen und als Gutachter ein Teil der Verantwortung für sie und ihre Zukunft zu übernehmen, macht diesen Beruf sehr spannend und gesellschaftlich wichtig.

Literatur

Arbeitsgruppe Familienrechtliche Gutachten. (2019). *Mindestanforderungen an die Qualität von Sachverständigengutachten im Kindschaftsrecht* (2. Aufl.). Berlin: Deutscher Psychologen Verlag GmbH. https://www.dfgt.de/resources/Mindestanforderungen%20an%20die%20Qualitaet%20von%20Sachverstaendigengutachten%20im%20Kindschaftsrecht%20(2.%20Auflage).pdf. Zugegriffen am 14.05.2024.

Bliesener, T., Dahle, K.-P. & F. Lösel (Hrsg.). (2023). *Lehrbuch Rechtspsychologie.* Hogrefe AG.

Zuschlag, B. (2006). *Richtlinien für die Erstellung psychologischer Gutachten.* Deutscher Psychologen.

Tätigkeiten in der Gesundheitspsychologie

Claudia Clos

Inhaltsverzeichnis

30.1 Gesundheitspsychologie – was ist das? – 361

30.2 Gesundheitspsychologie – ein ganz besonderes Tätigkeitsfeld? – 361
Aufgaben im Rahmen der Tätigkeit – 362
Einkommen – 364
Karrieremöglichkeiten – 364
Persönliche Weiterbildung – 364
Selbstständigkeit – 366

30.3 Die Rolle von Psycholog:innen im Gesundheitswesen – 367

30.4 Anforderungen an eine Tätigkeit als Gesundheitspsycholog:in – 367
Schwerpunktsetzung – 368
Fachliche Inhalte – 368
Computerkenntnisse – 369
Praxis, Praxis, Praxis – 369

Literatur – 369

© Der/die Autor(en), exklusiv lizenziert an Springer-Verlag GmbH, DE, ein Teil von Springer Nature 2024
M. Mendius, S. Werther (Hrsg.), *Psychologie in Studium und Beruf*,
https://doi.org/10.1007/978-3-662-68508-2_30

Die Gesundheitspsychologie ist eine der jüngsten Disziplinen der Psychologie. Entsprechend neu sind auch die Tätigkeitsfelder, die sich in diesem Fachbereich eröffnen. Betriebliches Gesundheitsmanagement, Fort- und Weiterbildung oder die Koordination und Durchführung von Gesundheitsprojekten sind Beispiele dafür, in welchen Berufsfeldern Gesundheitspsycholog:innen tätig sind. Die Möglichkeiten sind vielfältig, wobei sich die konkreten Betätigungsfelder in Zukunft stark weiterentwickeln werden, da die heute tätigen Gesundheitspsycholog:innen in vielen Fällen noch Pionierarbeit leisten. Das folgende Kapitel gibt Ihnen einen Überblick über die vielfältigen Möglichkeiten, als Gesundheitspsycholog:in zu arbeiten.

> **Ein Szenario**
>
> Kathrin Freiberger ist auf dem Weg zu einem Außendiensttermin. Heute wird sie bei einem großen Handelsunternehmen den Arbeitskreis Gesundheit moderieren. Frau Freiberger hofft, mit dem Termin einiges voranzubringen, da alle erforderlichen Beteiligten dabei sein werden: die Unternehmensleitung, ein Vertreter der Personalabteilung, die Fachkraft für Arbeitssicherheit, der Betriebsarzt und der Betriebsrat. Ziel des Arbeitskreises ist es, über psychische Belastungen der Verkaufsmitarbeiter zu sprechen. Außerdem soll das Vorhaben, eine Betriebsvereinbarung zum Thema „Mobbing" zu erstellen, diskutiert werden. Der Hauptzweck dieser Sitzung ist es, die Unternehmensleitung für das Thema „psychische Belastungen" zu sensibilisieren, um im nächsten Schritt auf Basis sachlicher Diskussionen Lösungsvorschläge zu erarbeiten. Letztlich soll also die Gesundheit der Mitarbeiter kurz- und langfristig gefördert und erhalten werden und die Gefährdungsbeurteilung psychischer Belastungen umgesetzt werden. Der Betriebsrat hatte sich mit der Bitte um Unterstützung an die Krankenkasse gewendet, da sich gerade bei den Mitarbeitern im Verkauf und im Beschwerdemanagement die Ausfälle aufgrund psychischer Fehlbelastungen in letzter Zeit häuften. Das Serviceangebot „Gesundheitsmanagement" der Krankenkasse bietet in solchen Fällen Unterstützung durch Experten an.
>
> Frau Freiberger ist als Referentin für betriebliches Gesundheitsmanagement eine dieser Expertinnen bei einer Krankenkasse. Das Team „Gesundheitsmanagement", zu dem Frau Freiberger gehört, berät Unternehmen zu relevanten Themen aus diesem Bereich. Am Anfang der Beratung müssen zunächst Strukturen geschaffen werden, die eine offizielle Beschäftigung mit dem Thema in der Organisation sicherstellen, beispielsweise die Etablierung eines Gesundheitszirkels oder eines Arbeitskreises Gesundheit. In diesem Gremium sitzen alle wesentlichen Entscheider, die Projekte diskutieren, auswählen und die Aktivitäten zur Umsetzung steuern. Häufig ist es hierbei hilfreich, mit einem externen Experten wie Frau Freiberger zusammenzuarbeiten, um objektive Meinungen und neue Ideen in das Unternehmen zu tragen. Die wichtigsten Prozessschritte sind immer die Erarbeitung von Lösungsvorschlägen und deren zeitnahe Umsetzung sowie die Erfolgskontrolle der Maßnahmen.
>
> Wenn Frau Freiberger nicht direkt beim Kunden ist, erarbeitet sie gemeinsam mit ihren Kollegen in der Zentrale der Krankenversicherung Präventionsmaßnahmen, die vielen der Versicherten zugutekommen. Im Fokus ihrer Arbeit steht auch hierbei neben der Entwicklung der Maßnahmen die Evaluation und Erfolgskontrolle.

30.1 Gesundheitspsychologie – was ist das?

Die Gesundheitspsychologie hat sich als eine der jüngsten psychologischen Disziplinen im Laufe der letzten Jahrzehnte entwickelt. 1978 wurde die *division of health psychology* innerhalb der APA gegründet. Die Abteilung zählt heute über 5000 Mitglieder. Auch im deutschsprachigen Raum gilt die Gesundheitspsychologie inzwischen als etablierte und selbstständige Disziplin innerhalb der Psychologie. Die DGPs folgte 1992 mit der Gründung einer Fachgruppe Gesundheitspsychologie; eine solche Sektion gibt es auch im BDP.

Eine offizielle Definition der Disziplin lautet: „Gesundheitspsychologie ist die Wissenschaft vom Erleben und Verhalten des Menschen im Zusammenhang mit Gesundheit und Krankheit. Dabei stehen vor allem riskante und präventive Verhaltensweisen, psychische und soziale Einflussgrößen sowie deren Wechselwirkungen auf körperliche Erkrankungen und Behinderungen im Mittelpunkt." (Lippke & Renneberg, 2006). Gegenstand der Gesundheitspsychologie sind damit insbesondere Verhalten, Kognition, Emotion und Motivation in Verbindung mit Erkrankungen, gesundheitlichen Risiken und Präventionsmaßnahmen. Die Gesundheitspsychologie befasst sich hauptsächlich mit der Analyse und Beeinflussung gesundheitsbezogener Verhaltensweisen. Die Wirkweisen werden sowohl auf individueller als auch auf kollektiver Ebene betrachtet. Ziel der Disziplin ist es nicht nur, Gesundheit zu erhalten und zu fördern, sondern auch Krankheiten zu verhüten, das System gesundheitlicher Versorgung zu verbessern und Rehabilitation zu ermöglichen.

Innerhalb der verschiedenen Fachbereiche der Psychologie gilt die Gesundheitspsychologie als Integrationsdisziplin, da einige Überschneidungen und gemeinsame Interessen mit anderen Disziplinen bestehen. So ist die Gesundheitspsychologie verwandt mit der Verhaltensmedizin. Beide Ansätze gehen davon aus, dass das Verhalten eine bedeutende Rolle bei der Entstehung und Bewältigung von Krankheiten spielt. Die Verhaltensmedizin befasst sich dabei als Schnittstelle zwischen Medizin und Sozialwissenschaften mit den Entstehungsbedingungen, der Prävention und der Therapie von Krankheiten. Die Gesundheitspsychologie befasst sich dagegen mit den Entstehungsbedingungen und der Prävention gesundheitlicher Störungen und Risiken. Verwandt ist die Gesundheitspsychologie auch mit der Gesundheitswissenschaft oder *Public Health*. Diese wird definiert als Wissenschaft der Krankheitsverhütung, Lebensverlängerung und der Förderung des psychischen und physischen Wohlbefindens durch gemeindebezogene Maßnahmen. Epidemiologen, Soziologen, Sozialmediziner sowie Psychologen erarbeiten im Rahmen der *Public Health* Empfehlungen für gesundheitspolitische und sozialtechnologische Maßnahmen.

Obwohl die Gesundheitspsychologie auch gemeinsame Bereiche mit der Klinischen Psychologie aufweist, gelten beide Bereiche als eigene Disziplinen. Während sich die Klinische Psychologie auf psychische Störungen und Abweichungen im Verhalten konzentriert, stehen diese nicht im Fokus der Gesundheitspsychologie, sondern werden nur am Rande berücksichtigt. Inhalte der Klinischen Psychologie werden im Rahmen der Gesundheitspsychologie vor allem dann relevant, wenn Komorbiditäten von körperlichen und psychischen Erkrankungen auftreten.

30.2 Gesundheitspsychologie – ein ganz besonderes Tätigkeitsfeld?

Der Gesundheitsmarkt boomt. Fast 6 Mio. Erwerbstätige sind in Deutschland im Gesundheitssektor tätig. Nach Angaben des Bundesministeriums für Gesundheit (2023) sind es sogar rund 7,7 Mio., wenn man von einer weiter gefassten Definition ausgeht und Bereiche wie Wellness und Gesundheitstourismus mit einbezieht. Ein weiterer Stellenausbau ist in den Betrieben der Gesundheitswirtschaft geplant. Die Gesundheitsbranche entwickelt sich somit zu einem der Wachstumsmotoren der Volkswirtschaft und zählt – auch in schwierigen Zeiten – zu den stabilsten Branchen in Deutschland. Verantwortlich sind hierfür verschiedene Faktoren wie z. B. der demografische Wandel, der für einen höheren Anteil älterer Menschen in der Bevölkerung sorgt, die mehr Gesundheitsangebote in Anspruch nehmen. Darüber hinaus steigen das Gesundheitsbewusstsein der Menschen und die Bereitschaft, auch finanziell in die Gesundheit zu investieren. Trotz aller Kostendämpfungsmaßnahmen nimmt der Stellenwert der Gesundheitspolitik auch im gesamtpolitischen Rahmen zu, sodass insgesamt von einer positiven Prognose für die Gesundheitswirtschaft ausgegangen werden kann.

Im Zuge dieser Entwicklung haben sich in den letzten Jahren verschiedene Arbeitsfelder für Gesundheitspsychologen herauskristallisiert, die im folgenden Abschnitt näher beschrieben werden:
- Management und Koordination von Gesundheitsprojekten in Unternehmen, Kliniken, Verwaltungen, Krankenkassen, Beratungsstellen oder Erziehungseinrichtungen
- Fort- und Weiterbildung
- Gesundheitswissenschaftliche Forschung und Lehre
- Gestaltung und Aufbereitung gesundheitsbezogener Informationen für die Öffentlichkeits- und Medienarbeit

Aufgaben im Rahmen der Tätigkeit

Management und Koordination von Gesundheitsprojekten

Insbesondere größere Unternehmen haben erkannt, dass sie auch im Rahmen des zunehmenden Fachkräftemangels nur zukunfts- und konkurrenzfähig sein können, wenn sie die Gesundheit ihrer Beschäftigten fördern. Daher leisten sich nicht nur wirtschaftlich orientierte Unternehmen, sondern auch Verwaltungen und Behörden immer häufiger eine:n „Gesundheitsmanager:in". Diese:r organisiert und koordiniert Projekte, um die Gesundheit der eigenen Mitarbeiter zu erhalten und zu fördern. Ein typisches Projekt ist beispielsweise die Einführung eines betrieblichen Gesundheitsmanagements im Unternehmen. Auch in Häusern der Sozialversicherung wie Krankenkassen und Berufsgenossenschaften sind Psychologen in der Prävention beschäftigt. Sie kümmern sich um die Beratung der versicherten Betriebe und Mitglieder. Psycholog:innen sind dort zumeist mit dem Schwerpunkt Konzeptentwicklung, Beratung und Qualitätssicherung betraut. Ein weiterer Tätigkeitsschwerpunkt ergibt sich aus der Novellierung des Arbeitsschutzgesetzes von 2013: Alle Betriebe in Deutschland müssen eine Gefährdungsbeurteilung auch für psychische Belastung am Arbeitsplatz durchführen. Die professionelle Beratung und Begleitung dieses Prozesses ist insbesondere für Gesundheits- und Arbeitspsycholog:innen ein neues Tätigkeitsfeld. Denn viele Betriebe benötigen hier kompetente Unterstützung. Die Krankenversicherungen arbeiten auch gerne mit Psycholog:innen auf freiberuflicher Basis zusammen. In Kliniken und Rehabilitationseinrichtungen sind Gesundheitspsycholog:innen eingesetzt, um psychische Störungen präventiv zu beeinflussen, oder um eine Chronifizierung von Erkrankungen zu verhindern.

Fort- und Weiterbildung

Auch die Fort- und Weiterbildung stellt ein großes Aufgabenfeld für Gesundheitspsycholog:innen dar. Gesundheitstrainings werden in ganz verschiedenen Einrichtungen angeboten: Von der Volkshochschule bis zum Schuldienst zeigen öffentliche und private Organisationen Interesse an der Schulung von Erwachsenen und Kindern mit dem Ziel, die individuellen Kompetenzen in Bezug auf eine gesunde Lebensweise zu stärken (z. B. Ernährung, Bewegungsverhalten). Krankenkassen führen im Rahmen ihrer gesetzlichen Leistungen z. B. ausgewählte Gesundheitstrainings zu Themen wie Raucherentwöhnung oder Stressbewältigung mithilfe von Psycholog:innen durch. Firmen investieren gerne in Gesundheitstrainings (z. B. Zeitmanagementseminare, Trainings zum Umgang mit schwierigen Kunden), um Stressoren zu reduzieren und die eigene Bewältigungskompetenz zu fördern. Ebenso haben Kurse und Workshops zu Themen wie kreative Fähigkeiten, soziale Kompetenzen oder Meditation Einzug in psychologische Praxen, Gesundheitszentren und Hospize erhalten und werden auch von Gesundheitspsycholog:innen durchgeführt.

Lehre und Forschung

Die Gesundheitspsychologie wurde zunächst an Hochschulen initiiert, sodass die gesundheitspsychologische Lehre und Forschung ein wichtiges Aufgabenfeld darstellt. An psychologischen und gesundheitswissenschaftlichen Instituten erforschen die Beschäftigten die Prädiktoren gesundheitsbewussten Verhaltens oder die positive Beeinflussung von Menschen im Sinne einer gesundheitsbewussten Lebensführung (▶ Kap. 21, 22 und 23).

Öffentlichkeits- und Medienarbeit

Für Gesundheitspsycholog:innen eröffnet sich darüber hinaus ein weiterer Arbeitsmarkt im Bereich der Öffentlichkeits- und Medienarbeit. Informationen zu relevanten Inhalten müssen für verschiedene Zielgruppen wie chronisch Kranke, Ältere, Kinder oder sozial Benachteiligte aufbereitet werden, um positive Effekte erzielen zu können. Die Nutzung verschiedener Medien wie Print, Fernsehen, Radio und Internet kann dabei zur Verbreitung herangezogen werden (◘ Abb. 30.1). Sowohl Redaktionen als

◘ Abb. 30.1 Ein Motiv der bundesweiten Präventionskampagne „Risiko raus!", die 2010 und 2011 von den Berufsgenossenschaften, Unfallkassen und der Landwirtschaftlichen Sozialversicherung für mehr Sicherheit beim Fahren und Transportieren durchgeführt wurde (© DGVV)

auch Presseagenturen, politische und andere Verbände stellen Gesundheitspsycholog:innen für spezifische Schwerpunktthemen in diesem Bereich ein.

Einkommen

Ebenso breit gestreut wie die möglichen Aufgabenfelder von Gesundheitspsycholog:innen verteilt sich auch das Einkommen. Psycholog:innen, die im öffentlichen Dienst (Krankenhäuser, Krankenkassen, Verbände, Universitäten etc.) angestellt sind, werden nach dem TVöD bezahlt. Eine Übersicht zu den Gehältern im öffentlichen Dienst ist abrufbar unter ▶ https:// oeffentlicher-dienst.info. Mit einem abgeschlossenen Universitätsstudium (Master oder Diplom) sollte die Eingruppierung auf E 13 erfolgen. Die Eingruppierung mit einem Bachelor erfolgt meist auf E 9 oder E 10. In Einzelfällen ist auch eine Verbeamtung möglich. Wer freiberuflich tätig ist und sich auf einem bestimmten Gebiet einen Namen gemacht hat, kann als selbstständige:r Berater:in oder Trainer:in einen höheren Stundensatz erzielen als ein:e Absolvent:in, die gerade erst in den Markt einsteigt. Bei freiberuflichen Tätigkeiten ist der Stunden- oder Tagessatz jedoch Verhandlungssache. Grundsätzlich gilt dabei, dass Kunden aus der freien Wirtschaft wie Banken oder Unternehmensberatungen mehr für Gesundheitsdienstleistungen wie Trainings oder Beratungen zahlen können als soziale Organisationen wie Krankenkassen oder Rehakliniken.

Karrieremöglichkeiten

In reinen Managementpositionen sind Psycholog:innen bislang nur selten in Organisationen der Gesundheitspolitik und des Gesundheitswesens zu finden. Dies liegt daran, dass die Karrierewege von Psychologen weniger eindeutig und klar vorgezeichnet sind als bei anderen Berufsgruppen wie z. B. Juristen oder Wirtschaftswissenschaftlern. Insgesamt erfordert der Übergang in Leitungspositionen für Gesundheitspsycholog:innen in Organisationen eine starke Ambition und das Glück, zur richtigen Zeit am richtigen Ort zu sein. Ein Aufstieg ist also in den meisten Fällen wenig planbar. Bessere Chancen haben grundsätzlich Beschäftigte mit abgeschlossener Promotion. Im gesundheitspsychologischen Bereich findet sich darüber hinaus eine große Anzahl selbstständiger Anbieter, z. B. als Trainer, Coach oder Berater. Wer sein eigener Chef sein möchte, könnte somit in einer selbstständigen Tätigkeit seine Berufung finden. Der Einstieg in die Selbstständigkeit direkt nach dem Studium gestaltet sich eher schwierig, doch bietet eine vorhergehende Angestelltentätigkeit eine durchaus gute Perspektive, um den Weg in die Selbstständigkeit oder das Unternehmertum zu ebnen.

Persönliche Weiterbildung

Fortbildung „Psychologische Gesundheitsförderung – BDP"

Für Psycholog:innen, die sich in der Gesundheitspsychologie weiterentwickeln möchten und denen noch das nötige Fachwissen fehlt, hat die Deutsche Psychologen Akademie ein eigenes Curriculum entwickelt. Diese Fortbildung richtet sich an Psycholog:innen, die sich für eine hauptberufliche, selbstständige und eigenverantwortliche Berufsausübung in gesundheitspsychologischen Berufsfeldern qualifizieren möchten. Im Rahmen dieser Fortbildung werden ebenso gesundheitspsychologische Grundlagen als auch medizinisches und epidemiologisches Basiswissen vermittelt. Abgeschlossen werden die Kurse mit dem Zertifikat „Psychologische Gesundheitsförderung – BDP" (siehe ▶ www.psychologenakademie.de).

Gesundheitspsychologie im Studium

Inzwischen gibt es verschiedene Möglichkeiten, Gesundheitspsychologie bereits in das Studium zu integrieren. Viele Universitäten in Deutschland bieten Veranstaltungen zur Gesundheitspsychologie an. Im Masterstudiengang Psychologie kann die Gesundheitspsychologie an einigen Hochschulen als anwendungsbezogenes Fachgebiet in der zweiten Studienhälfte gewählt werden. Auch der Master *Public Health* kann eine Möglichkeit für Hochschulabsolvent:innen oder Berufserfahrene sein, sich postgradual weiterzubilden. Inhaltliche Schwerpunkte eines gesundheitswissenschaftlichen Studiums sind Epidemiologie, Gesundheitsförderung oder Management im Gesundheitswesen. Verschiedene Masterstudiengänge mit dem Schwerpunkt Gesundheitspsychologie oder *Public Health* finden Sie unter ▶ www.psychologie-studieren.de/suche/master-gesundheitspsychologie.

Es ist zu berücksichtigen, dass das Studienangebot einem ständigen Wandel unterliegt und eine kontinuierliche Ausdifferenzierung und Erweiterung der Fachbereiche stattfindet. Interdisziplinären und berufsbegleitenden Studiengängen kommt hierbei zusehends mehr Bedeutung zu. Ein Master- oder Aufbaustudium aus dem gesundheitswissenschaftlichen Bereich stellt für Psycholog:innen neben einer Promotion auf diesem Gebiet die derzeit höchste Qualifikation für nichtheilkundliche Tätigkeiten im Gesundheitswesen dar und schafft damit eine gute Basis für verschiedene Tätigkeiten.

Eine Perspektive aus der Wissenschaft

Thomas Kubiak ist Professor für Gesundheitspsychologie an der Universität Mainz. Im folgenden Absatz erläutert er, was er Psychologiestudierenden während des Studiums empfiehlt und wie er die zukünftige Bedeutung der Gesundheitspsychologie einschätzt:

Bei der Wahl der Universität oder Hochschule ist es wichtig, auf ein breites Angebot an gesundheitspsychologischen Inhalten zu achten: Besonders sinnvoll ist ein konsekutives Studienangebot im Fach Gesundheitspsychologie, d. h. Angebote sowohl im Bachelor- als auch im Masterstudiengang Psychologie. Neben grundlagenorientieren Inhalten sind Veranstaltungen mit einem hohen Praxisbezug und außeruniversitäre Praktika im Bereich der Gesundheitspsychologie wichtig. Hilfreich für den Einstieg in die Praxis ist es auch, Veranstaltungen im Bereich der Klinischen Psychologie wahrzunehmen. Sinnvolle Neben- bzw. Wahlfächer können Public Health, Epidemiologie oder Psychosomatik sein. Ich würde auch dazu raten, frühzeitig Erfahrungen im interdisziplinären Arbeiten zu sammeln, z. B. mit Kolleg:innen aus der somatischen Medizin oder in Einrichtungen der Kostenträger im Rahmen von Praktika. Meine Prognose ist, dass die Bedeutung der Gesundheitspsychologie – auch für die Praxis – in den kommenden Jahrzehnten weiter zunehmen wird. Die großen Herausforderungen für die Gesundheitssysteme sind Erkrankungen, die in direktem Zusammenhang mit dem Verhalten der Menschen stehen, sog. Lifestyleerkrankungen wie Übergewicht, Typ 2 Diabetes oder kardiovaskuläre Erkrankungen. Eine Kernkompetenz der Gesundheitspsychologie besteht darin zu erklären, warum sich gesundheitsrelevantes Verhalten wie Ernährung, Bewegung oder die Inanspruchnahme von Vorsorgeuntersuchungen und Impfungen von Mensch zu Mensch oft stark unterscheidet und warum es oft schwerfällt, diese Verhaltensweisen zu ändern. Einer der wichtigsten Beiträge der Gesundheitspsychologie besteht in der wissenschaftlich fundierten Entwicklung, Evaluation und Implementierung von Präventions- und Interventionsstrategien. Diese sollen es Menschen erleichtern, Risikoverhaltensweisen (z. B. ungünstige Ernährung, Rauchen) abzubauen und günstige Verhaltensweisen (z. B. regelmäßige körperliche Aktivität) aufzubauen. Das Profil und die Kompetenzen praktisch tätiger Gesundheitspsychologen schließen dabei eine wichtige Lücke im interdisziplinären Team, sowohl bei der Arbeit mit Risikogruppen und Patient:innen als auch auf der Makroebene von Versorgung, Kostenträgern und Gesundheitspolitik.

Masterstudiengänge im Ausland

Auch kann es sinnvoll sein, einen längeren Auslandsaufenthalt mit dem Schwerpunkt Gesundheitspsychologie in das Studium zu integrieren. Insbesondere diejenigen, die sich für einen Masterabschluss in *Health Psychology* interessieren, haben in Großbritannien oder den Niederlanden gute Erfolgsaussichten. Auch in den Niederlanden werden englischsprachige Masterprogramme angeboten. Wenngleich das Studium dort mit höheren Studiengebühren als in Deutschland einhergeht, kann sich diese Investition in einen gezielt gewählten und spezifischen Berufsabschluss durchaus lohnen. Häufig dauern die Masterstudiengänge in Gesundheitspsychologie im Ausland ein Jahr. Interessenten sollten sich vorab allerdings genau informieren, welche konkrete Ausrichtung der Studiengang hat (Vorbereitung auf wissenschaftliche Tätigkeit etc.) und wer die Zielgruppe des Studiums ist, um dann vor Ort keine Überraschungen zu erleben. Unter ▶ www.findamasters.com findet sich eine Übersicht über verschiedene Masterstudiengänge in *health psychology* im Ausland.

Promotion

Eine Promotion empfiehlt sich insbesondere für Psychologen, die eine wissenschaftliche Karriere oder eine Leitungsfunktion anstreben. Doch auch für selbstständige Psychologen ist eine abgeschlossene Dissertation durchaus von Vorteil, wenn es um die Behauptung und Vermarktung der eigenen Dienstleistungen auf dem Markt geht. Für die gesundheitspsychologische Arbeit in Kliniken, Praxen und Organisationen ist eine Promotion jedoch nicht erforderlich.

Selbstständigkeit

Die Gesundheitspsychologie ist ein besonders interessantes Feld für Existenzgründungen, denn gerade für Beratungsleistungen rund um das Thema „Förderung und Erhaltung der physischen und psychischen Gesundheit" besteht ein großer und dynamisch wachsender Markt. So gewinnt die Erkenntnis, dass die Gesundheit sowohl für den einzelnen Menschen als auch für die Gemeinschaft ein hohes Gut ist, zunehmend an Bedeutung. Laut Zukunftsforscher:innen wird die Bedeutung der Gesundheitsförderung weiter zunehmen.

Für Psycholog:innen, die den Wunsch haben, sich selbstständig zu machen, spielen auch Dienstleistungen im Bereich der Fort- und Weiterbildung eine große Rolle. Konkrete Themen wie „Stressmanagement" oder „Gesunde Führung" sind als Weiterbildungsveranstaltungen in Betrieben sehr gefragt. Wer eine entsprechende Nische mit einem relevanten und nachgefragten Thema findet, hat große Chancen auf eine erfolgreiche, selbstständige Tätigkeit. Lesern, die sich speziell für das Thema „Selbstständigkeit in der Gesundheitspsychologie" interessieren, sei das Buch *Selbstständig als Gesundheitspsychologin: Nischenfindung, Markenbildung, Kundenbindung* von Anne Kathrin Matyssek (2010) empfohlen.

30.3 Die Rolle von Psycholog:innen im Gesundheitswesen

Im Gesundheitswesen ist eine große Vielfalt an Fachrichtungen zu finden: Man kann nicht davon ausgehen, dass es eine spezielle Nachfrage nur nach Psycholog:innen gibt. Dennoch haben Gesundheitspsycholog:innen ein Alleinstellungsmerkmal gegenüber anderen Ausbildungshintergründen: Da es sich bei den Tätigkeitsfeldern häufig um Gesundheitsprojekte mit Konzeptionierung, Organisation, Durchführung und Evaluation handelt, kommt den Psycholog:innen ihre empirisch ausgerichtete Ausbildung zu Gute. Insbesondere die vertieften Kenntnisse in Statistik und quantitativen Forschungsmethoden sind ein wertvolles Know-how. Denn wer sein eigenes Projekt nicht nur konzipieren und durchführen, sondern auch noch evaluieren kann, wird im Team und bei Arbeitgebenden hoch geschätzt.

30.4 Anforderungen an eine Tätigkeit als Gesundheitspsycholog:in

Neben einer persönlichen Identifikation mit den Themen und Zielen der Gesundheitsförderung gibt es einige weitere relevante Anforderungen, die für eine erfolgreiche Tätigkeit von Bedeutung sein können. Letztlich entscheidend ist jedoch das individuelle und persönliche Profil, das manchmal sehr zielstrebig in Richtung Gesundheitspsychologie geht, in anderen Fällen jedoch auch auf ganz verschnörkelten (Um-)Wegen zum Ziel führen kann.

Eine Perspektive aus der Praxis

Dipl.-Psych. Julia Scharnhorst, MPH, Health Professional Plus, Unternehmensberaterin, Trainerin und Autorin, Klinische Psychologie, Arbeits-, Betriebs- und Umweltpsychologie

Was mögen Sie an Ihrer Tätigkeit am meisten?

Schön ist an meiner Arbeit, dass ich auf der Seite der Guten bin und die Gesundheit unterstütze. Da ich freiberuflich tätig bin, habe ich außerdem einen sehr großen Freiheitsgrad und kann selbst bestimmen, welche Projekte ich wann und wie abwickle.

Welchen Tipp haben Sie für Psycholog:innen, die gerne im Bereich Gesundheitspsychologie arbeiten möchten?

Ich kann die Gesundheitspsychologie als Berufsfeld mit Zukunft empfehlen. Man braucht keine psychotherapeutische Ausbildung. Ich rate zu Mut und Eigeninitiative, um Marktlücken ausfindig zu machen. Einsteiger sollten sich ein spezielles Thema suchen und nicht ein Thema bearbeiten, das alle machen, sondern sich auch an ausgefallenere Bereiche wagen. Wichtig ist es am Anfang, ein Profil zu entwickeln und sich auf bestimmte Zielgruppen, vielleicht ältere Menschen oder Kinder, zu konzentrieren.

Zu welcher Aus- oder Weiterbildung raten Sie Psycholog:innen, die in diesem Bereich tätig werden wollen?

Gesundheitspsychologie als Schwerpunkt im Studium zu wählen, wo es das gibt, macht natürlich Sinn. Auch Klinische Psychologie und ABO-Psychologie sind gute Fächer für die betriebliche Gesundheitsförderung. Das

Zertifikat der Deutschen Psychologen Akademie ist im Moment das einzige anerkannte Zertifikat auf diesem Sektor. Wer höhere Positionen in der Politik, Spitzenverbänden oder größeren Organisationen anstrebt, für den empfiehlt sich ein gesundheitswissenschaftlicher Aufbaustudiengang, z. B. ein *Master of Public Health*. Für die Arbeit in Praxen oder Kliniken ist das aber nicht erforderlich. Auch Kursleiterscheine wie z. B. für Stressmanagement sind heute schon fast Voraussetzung für einen Gesundheitspsychologen.

Welche beruflichen Entwicklungsmöglichkeiten sehen Sie für Gesundheitspsychologen?

Die Gesundheitspsychologie ist ein Bereich, in dem man sich wunderbar selbstständig machen kann. Für Führungspositionen muss man sich allerdings durchkämpfen, es gibt hier keine vorgebahnten Karrieren. Man muss einen gewissen Ehrgeiz und genügend Energie mitbringen, um sich hochzuarbeiten. Zusätzlich gehört dann auch noch ein Quäntchen Glück dazu.

Wie schätzen Sie den Arbeitsmarkt für Gesundheitspsychologen heute und zukünftig ein?

Den Arbeitsmarkt für Gesundheitspsychologen schätze ich glänzend ein. Das Thema „psychische Gesundheit am Arbeitsplatz" ist derzeit ja in der Presse sehr relevant, es wurde in den Betrieben ja auch sträflich vernachlässigt. Daher besteht jetzt ein Riesenbedarf an psychologischer Beratung und Dienstleistungen in den nächsten Jahren. Die Änderung der gesetzlichen Rahmenbedingungen bedeuten natürlich auch Rückenwind für uns und lässt die Nachfrage nach Gesundheitsangeboten weiter steigen. Da die Gesellschaft außerdem zunehmend älter wird, gehe ich auch davon aus, dass der gerontopsychologische Bereich immer wichtiger werden wird.

Schwerpunktsetzung

Die Gesundheitspsychologie gehört seit 1989 im Rahmen des Psychologiestudiums in Deutschland zu den Anwendungsfächern im Studium. Seit der Umstellung auf Bachelor- und Masterstudiengänge gibt es an einigen deutschen Universitäten sowie im Ausland die Möglichkeit, einen Master in Gesundheitspsychologie oder einen *Master Health Psychology* zu absolvieren. Hilfreich ist es daher, bereits im Studium Basiswissen auf diesem Gebiet zu erwerben. Da nicht alle Universitäten einen Master in Gesundheitspsychologie anbieten, kann auch durchaus die Wahl der Schwerpunktfächer Arbeits- und Organisationspsychologie und/oder Klinische Psychologie hilfreich sein, da auch diese Fächer grundsätzliche psychologische Kenntnisse vermitteln (z. B. Störungslehre, Therapiemöglichkeiten, Führungstheorien), die in jedem Fall für die späteren Tätigkeiten als Gesundheitspsychologe eine gute Basis bilden. Spezifischere Kenntnisse können je nach Bedarf im Rahmen einer berufsbegleitenden Weiterbildung erworben werden.

Fachliche Inhalte

Für die Tätigkeit als Gesundheitspsycholog:in sind Kenntnisse rund um gesundheitspsychologische Theorien und deren praktische Anwendung entscheidend. Außerdem sind soziale Kompetenzen sehr wichtig. Nach Möglichkeit sollten daher schon im Zuge des Studiums Kenntnisse in den Bereichen Moderation, Präsentationstechnik oder Rhetorik erworben werden. An vielen

Universitäten und Hochschulen können entsprechende Kurse belegt werden – diese Kenntnisse lassen sich auch studienbegleitend, z. B. in Career Centern, gut erwerben. Die Methodenlehre sollte ebenso wenig zu kurz kommen, da gute Statistikkenntnisse bei den meisten Tätigkeiten hilfreich sind.

Computerkenntnisse

Gesundheitspsycholog:innen müssen sehr sicher im Umgang mit den gängigen Office-Anwendungen sein. Im Rahmen von Konzeption und Evaluation erstellen sie häufig Power-Point-Präsentationen oder erarbeiten Auswertungen in Excel.

Praxis, Praxis, Praxis

Erste Praxiserfahrungen sollten Psycholog:innen auf jeden Fall schon während des Studiums sammeln. Wer sich für eine Tätigkeit als Gesundheitspsycholog:in interessiert, kann seine Pflichtpraktika dementsprechend gestalten. An Universitäten werden häufig studentische Mitarbeitende gesucht, und auch freiberufliche Gesundheitspsychologen freuen sich über studentische Mitarbeiter, die neue Ideen mit einbringen und sie bei einem Projekt unterstützen (z. B. die Auswertung eines Projekts oder die Konzeption einer Schulungseinheit). Darüber hinaus ist ein Hinterfragen der Fachrichtung bei Stellenausschreibungen sinnvoll, nachdem diese nur selten explizit auf Psycholog:innen zugeschnitten sind. In der Regel lohnt es sich deshalb nachzufragen und sich trotzdem zu bewerben. Wer erst einmal im Bewerbungsgespräch ist, kann dort mit Methodenkompetenz und anderen Fähigkeiten punkten.

Fazit

Da ich mich für die Förderung der Gesundheit am Arbeitsplatz einsetze, ist die Identifikation mit den Zielen meiner Arbeit sehr hoch. In der Prävention einer Unfallkasse agiere ich, bevor Störungen eingetreten sind, und kann diese – im Idealfall – abwenden. An der Arbeit als Gesundheitspsychologin schätze ich außerdem, dass ich mit vielen unterschiedlichen Menschen Kontakt habe und Einblicke in verschiedene Betriebe gewinne.

Literatur

Bundesministerium für Gesundheit. (2023). Gesundheitswirtschaft als Jobmotor. Stand: 6. Januar 2023. www.bundesgesundheitsministerium.de/themen/gesundheitswesen/gesundheitswirtschaft/gesundheitswirtschaft-als-jobmotor.html. Zugegriffen: 14.05.2024.
Find Masters . (2024). *Zugegriffen am, 14*, 05.www.findamasters.com
Lippke, S., & Renneberg, B. (2006). Inhalte der Gesundheitspsychologie, Definition und Abgrenzung von Nachbarfächern. In B. Renneberg & P. Hammelstein (Hrsg.), *Gesundheitspsychologie*. Springer.
Matyssek, A. K. (2010). *Selbstständig als Gesundheitspsychologin: Nischenfindung, Markenbildung, Kundenbindung*. Books on Demand.
Öffentlicher Dienst.info. Informationsseiten für den öffentlichen Dienst. https://oeffentlicher-dienst.info. Zugegriffen am 14.05.2024.
psychologie-studieren.de. www.psychologie-studieren.de/suche/master-gesundheitspsychologie. Zugegriffen am 14.05.2024.

Tätigkeiten in der klinischen Neuropsychologie

Franziska Hirt und Elisabeth Unterauer

Inhaltsverzeichnis

31.1 Klinische Neuropsychologie – was ist das? – 374

31.2 Klinische Neuropsychologie – ein ganz besonderes Tätigkeitsfeld? – 374
Aufgaben im Rahmen der Tätigkeit im (teil-)stationären Setting – 377
Einkommen – 378
Karrieremöglichkeiten – 379
Berufliche Weiterbildung – 379
Selbstständigkeit – 380

31.3 Die Rolle klinischer Neuropsycholog:innen im interdisziplinären Team – 380

31.4 Anforderungen an eine Tätigkeit in der klinischen Neuropsychologie – 381
Schwerpunktsetzung – 383
Fachliche Inhalte – 383
Praxis, Praxis, Praxis – 383

Literatur – 384

© Der/die Autor(en), exklusiv lizenziert an Springer-Verlag GmbH, DE, ein Teil von Springer Nature 2024
M. Mendius, S. Werther (Hrsg.), *Psychologie in Studium und Beruf*,
https://doi.org/10.1007/978-3-662-68508-2_31

Die klinische Neuropsychologie ist ein relativ junges Fachgebiet in der Psychologie. Gerade in den vergangenen Jahren gewinnt sie aber rasant an Bedeutung und weckt bei vielen Interesse. Auch bedingt durch die Corona-Pandemie und das Auftreten von Long Covid mit seinem entsprechenden neuropsychologischen Beschwerdekomplex ist das Fachgebiet stärker in den Vordergrund gerückt. Im Zuge der am 01.09.2020 in Kraft getretenen Reform des Psychotherapeutengesetzes kam die neuropsychologische Psychotherapie neben der Psychotherapie für Erwachsene und der für Kinder und Jugendliche als dritte Versorgungssäule dazu (PsychThG). Dies bedeutet, dass seit 2022 in der Muster-Weiterbildungsordnung Psychotherapeut*innen (MWBO) die neuropsychologische Psychotherapie als eigenständige Gebietsweiterbildung geführt ist (BPtK, 2022), womit die Wichtigkeit in der Versorgung von Menschen mit erworbener Hirnschädigung unterstrichen wird. Die MWBO stellt einen bedeutsamen Schritt zur langfristigen Verbesserung der Versorgung für Menschen mit verletzungs- oder erkrankungsbedingten Hirnfunktionsstörungen dar. Bevor nun aber schon Details verraten werden, soll zunächst ein Szenario das Tätigkeitsfeld des/der klinischen Neuropsycholog:in veranschaulichen.

Ein Szenario

Frau Krause, eine 56-jährige Patientin, stellt sich in einer ambulanten Therapieeinrichtung für Patient:innen mit erworbener Hirnschädigung vor. Sieben Monate zuvor wurde bei ihr ein hirnchirurgischer Eingriff durchgeführt: Zwei Aneurysmata im Bereich des Ramus communicans anterior wurden elektiv geclippt.

Im neuropsychologischen Erstgespräch erfragt der klinische Neuropsychologe verschiedene Informationen, u. a. die Lebenssituation, den beruflichen Status sowie die wahrgenommenen Beeinträchtigungen: Frau Krause ist verheiratet und bereits seit über 20 Jahren bei einer Firma als Sachbearbeiterin angestellt. Seit der hirnchirurgischen Operation leide sie vor allem unter ihren Gedächtnisproblemen. Zum Beispiel vergesse sie, was sie am Vorabend gegessen bzw. welchen Film sie gesehen habe. Auch seien Gesprächsinhalte für sie nicht mehr erinnerlich. Das zeitliche Einordnen von Erlebtem sei erschwert. Infolge der Gedächtnisprobleme trainiere sie ihr Gedächtnis zu Hause unter Anleitung ihres Ehemannes mit einem selbst erstellten „Gedächtniskoffer" – hier müsse sie beispielsweise die Inhalte von Zeitungsausschnitten wiedergeben. Allerdings sei sie durch das Training aufgrund des schlechten Abschneidens bei den Aufgaben stark frustriert. Insgesamt leide sie sehr unter ihrem psychisch schlechten Zustand. Sie sei leichter reizbar und fange in belastenden Situationen schnell an zu weinen. Auf Verhaltensebene zeigt sich im Verlauf der Therapie neben der depressiven Stimmungslage der Patientin zusätzlich eine zum Störungsbild passende labile Stimmung mit schnellem Wechsel zwischen unterschiedlichen Emotionen. In der klinischen Neuropsychologie nimmt neben der therapeutischen Arbeit mit der Patientin auch die Angehörigenarbeit einen hohen Stellenwert ein. So lässt sich in einem Gespräch gemeinsam mit dem Ehemann der Patientin zusätzlich in Erfahrung bringen, dass sich Frau Krause aus sozialen Aktivitäten zurückzieht. Zur Beleuchtung des kognitiv-funktionellen Leistungsvermögens führt der klinische Neuropsychologe eine neuropsychologische Untersuchung mit standardisierten Testverfahren durch. Anhand der Ergebnisse erarbeitet der Therapeut ein plausibles Störungsmodell mit der Patientin und berücksichtigt sowohl die Defizite als auch die Stärken in der Therapie. Bevor therapeutische Interventionen eingeleitet werden, erfolgt eine vorläufige gemeinsame Zielvereinbarung, die im Therapieverlauf stetig angepasst wird. Dabei sind für Frau Krause wichtige Ziele, ihre Merkfähigkeit zu verbessern, ihren psychischen Zustand zu stabilisieren sowie wieder Auto zu fahren. Das übergeordnete Ziel der Patientin stellt die berufliche Wiedereingliederung an ihrem bisherigen Arbeitsplatz als Sachbearbeiterin dar, das trotz der ausgeprägten anterograden Gedächtnisstörung insbesondere aufgrund der langjährigen Routine der Patientin auch vom Therapeuten als möglich eingeschätzt wird. Ein von den Zielen der Patientin abweichendes therapeutisches Ziel ist die Erhöhung der Akzeptanz der bestehenden Gedächtnisstörung und folglich eine Reduzierung des alltäglich durchgeführten funktionellen Gedächtnistrainings zur psychischen Entlastung der Patientin.

Insgesamt ist für ein erfolgreiches Reha-Outcome der stetige Austausch mit dem interdisziplinären Team sehr wichtig, das stets im gesamten Therapieprozess involviert ist. Inhalte der neuropsychologischen Therapie sind sowohl ein funktionelles als auch alltagsorientiertes Kompensationstraining. Im Rahmen des Kompensationstrainings nimmt im Fall von Frau Krause der Erwerb von vor allem externen Gedächtnisstrategien, z. B. die effektive Nutzung eines Kalenders zur Unterstützung des retrospektiven und prospektiven Erinnerns, viel Raum in der Therapie ein. Zudem sind Gespräche zur Krankheitsbewältigung, zur emotionalen Stabilisierung und zur Stärkung des Selbstwirksamkeitserlebens der Patientin mit unterschiedlichen Inhalten (Erarbeitung von Strategien für einen besseren Umgang mit stressbelasteten Situationen, ressourcenorientiertes Vorgehen mit Entspannungstraining etc.) wichtige Therapiebausteine. Dabei erfolgen auch regelmäßige psychoedukative Gespräche mit dem Ehepaar mit stetiger Erweiterung und Anpassung des Krankheitsmodells bezüglich der bestehenden Gedächtnisstörung. Ferner klärt der klinische Neuropsychologe entsprechend den vereinbarten Therapiezielen die Fahreignung ab. In einem hierfür speziell geeigneten Testverfahren zeigt die Patientin zwar durchschnittliche Leistungen, aufgrund der diesbezüglich subjektiven Verunsicherung wird Frau Krause jedoch zusätzlich die ergänzende Durchführung einer praktischen Fahrverhaltensprobe empfohlen. Für das übergeordnete Therapieziel einer stufenweisen beruflichen Wiedereingliederung werden eine Arbeitsplatz- und Tätigkeitsanalyse durchgeführt. Weiterhin führt der klinische Neuropsychologe gemeinsam mit der Sozialtherapeutin, der Patientin und dem Arbeitgeber am Arbeitsplatz ein Gespräch, um die inhaltlichen und zeitlichen Rahmenbedingungen der beruflichen Wiedereingliederung im Vorfeld zu klären.

Gegen Ende der Therapie führt der klinische Neuropsychologe eine neuropsychologische Abschlussuntersuchung durch, um die erzielten Leistungen mit denen aus der Eingangsuntersuchung zu vergleichen. Besonders wichtig ist eine Evaluation der Zielerreichung. Dabei zeigt sich, dass Frau Krause mittlerweile den Kalender im Alltag effektiv nutzt und somit bestehende Gedächtniseinschränkungen weitgehend kompensieren kann. Allerdings lässt sich nur ein leichter Fortschritt in der Akzeptanz der Gedächtnisstörung beobachten. Dennoch lässt sich das Ehepaar nach mehrfachen Angehörigengesprächen auf eine teilweise Reduzierung des alltäglichen Gedächtnistrainings ein. Die Stimmung der Patientin zeigt sich zwar auch gegen Ende der Therapie zunächst noch niedergedrückt und weiterhin schwankend, dennoch lässt sich bereits eine erste Verbesserung auf Aktivitätsebene im Bereich des sozialen Lebens erkennen. So trifft sich Frau Krause wieder vermehrt mit Freundinnen. Fahreignung ist nach erfolgreich absolvierter Fahrprobe wieder gegeben. Eine berufliche Wiedereingliederung wird im Anschluss an die Therapie eingeleitet, in deren Verlauf sich sodann auch allmählich die Stimmung der Patientin stabilisiert. Die berufliche Wiedereingliederung kann in diesem Fall erfolgreich abgeschlossen werden. Nach 6-monatiger Wiedereingliederung erreicht Frau Krause ihre Vollzeittätigkeit.

31.1 Klinische Neuropsychologie – was ist das?

Wirft man einen Blick auf die Beschreibung der Aufgaben des/der klinischen Neuropsycholog:in von der Gesellschaft für Neuropsychologie (GNP) e. V. bzw. gemäß der Definition neuropsychologischer Psychotherapie im Rahmen der aktuell gültigen Fassung der MWBO, zeigt sich einhellig, dass im dargestellten Szenario die wichtigsten Bausteine neuropsychologischen Arbeitens zum Ausdruck kommen. Diese umfassen die „Prävention, Diagnostik, Therapie und Rehabilitation von kognitiven, behavioralen und emotional-affektiven Störungen bei verletzungs- oder erkrankungsbedingten Hirnfunktionsstörungen […] unter Berücksichtigung der individuellen physischen und psychischen Ressourcen, der biografischen Bezüge, der interpersonalen Beziehungen sowie der sozialen, schulischen und beruflichen Anforderungen zur Wiedererlangung, Erhaltung und Förderung der psychischen und physischen Gesundheit sowie der Teilhabe" (BPtK, 2022, S. 27).

Insofern sind auch die Angehörigenarbeit, die Vorbereitung der beruflichen Wiedereingliederung sowie die interdisziplinäre Zusammenarbeit wichtige Aufgaben in der klinischen Neuropsychologie.

Der im Szenario erwähnte Zustand nach einem neurochirurgischen Eingriff ist dabei nur eine der möglichen Diagnosen, die eine Indikation für eine neuropsychologische Behandlung darstellen. Weitere in der Neurorehabilitation häufig anzutreffende Erkrankungen sind Schlaganfälle, Schädel-Hirn-Traumata, Hirntumore, zerebrale Hypoxien, Enzephalitiden, Multiple Sklerose und Morbus Parkinson (Frommelt, 2010).

31.2 Klinische Neuropsychologie – ein ganz besonderes Tätigkeitsfeld?

Klinische Neuropsycholog:innen sind überwiegend in neurologischen Akut- und Rehabilitationskliniken sowie in psychiatrischen Kliniken tätig, wobei sie in rehabilitativen Einrichtungen weitaus häufiger vertreten sind als in psychiatrischen. Dabei überwiegt in rehabilitativen Einrichtungen das stationäre Versorgungssystem für Patient:innen mit Hirnschädigungen aller Schweregrade (Schönle, 2009). Ambulante Einrichtungen sind immer noch selten. Ferner arbeiten klinische Neuropsycholog:innen auch in der freien psychologischen Praxis, wobei der hohe Bedarf an weiterführender ambulanter neuropsychologischer Unterstützung nach der Akutversorgung bzw. Anschlussheilbehandlung bis dato bei Weitem noch nicht abgedeckt werden kann (Thoma et al., 2020).

Auch wenn die klinische Neuropsychologie mit ihren Aufgaben in den Lehrbüchern eng umschrieben ist, können sich die konkreten Arbeitsinhalte eines/einer klinischen Neuropsycholog:in in Abhängigkeit von dem jeweiligen Tätigkeitsfeld bzw. der Einrichtung unterscheiden. So stehen beispielsweise in der Psychiatrie die diagnostische sowie die Gutachtertätigkeit des/der klinischen Neuropsycholog:in im Vordergrund. Therapeutische Inhalte sind hier weitaus weniger vertreten. Diese nehmen einen höheren Stellenwert in rehabilitativen Einrichtungen ein.

In Akut- und Rehabilitationskliniken nimmt die Art der Einrichtung Einfluss auf die konkreten neuropsychologischen Arbeitsinhalte. In geriatrischen Einrichtungen beispielsweise werden klinische Neuropsycholog:innen mit ihrer diagnostischen Expertise häufig zu Demenzabklärungen hinzugezogen. Insgesamt liegt der therapeutische Schwerpunkt in der Arbeit mit geriatrischen Patient:innen auf der Unterstützung zum Erhalt der selbstständigen Lebensführung, falls die erkrankungsbedingten Einschränkungen sowie die Lebensumstände dies zulassen. In rehabilitativen Einrichtungen dagegen, in denen insbesondere auch jüngere Patient:innen vertreten sind, können therapeutische Maßnahmen zur Unterstützung bei der beruflichen Orientierung oder beruflichen Wiedereingliederung Arbeitsschwerpunkte bilden. Auch macht es einen Unterschied, ob der/die klinische Neuropsycholog:in in einer Einrichtung mit Schwerpunkt auf einer frühen oder einer späten Rehabilitationsphase tätig ist. In der frühen Rehabilitationsphase trifft er/sie auf Patient:innen, die neben auftretenden affektiven und verhaltensbezogenen Störungen kognitive Einschränkungen zeigen, die u. a. durch Verwirrtheit und Desorientierung geprägt sind. Folglich wird der/die klinische Neuropsycholog:in inhaltlich mitunter an der Verbesserung der Orientierungsfähigkeit arbeiten (Koskinen & Sarajuuri, 2010).

Ist er/sie dagegen in einer Einrichtung mit Schwerpunkt auf einer späteren Rehabilitationsphase tätig, so können andere Inhalte wie unterstützende Maßnahmen bei der häuslichen Reintegration im Vordergrund stehen. Die Krankheitsbewältigung nimmt im Rahmen der neuropsychologischen Tätigkeit in allen Rehabilitationsphasen Raum ein, rückt jedoch in späteren Rehabilitationsphasen mit psychotherapeutischem Fokus mehr in den Vordergrund (Koskinen & Sarajuuri, 2010). Während in den frühen Rehabilitationsphasen u. a. die Wiederherstellung von Funktionen im Vordergrund der therapeutischen Bemühungen steht, gewinnt in späteren Rehabilitationsphasen die Unterstützung des Anpassungsprozesses mit oftmals schmerzlichen Gefühlen bei den Patient:innen um alte, nicht mehr vorhandene Fähigkeiten immer mehr an Bedeutung (Scholler et al., 2017).

Als letzter Aspekt, der einen Einfluss auf die Gestaltung neuropsychologischen Arbeitens nimmt, sei die „Rehabilitationsphilosophie" der jeweiligen Einrichtung genannt. So macht es einen Unterschied, ob ein eher funktionell orientierter Ansatz oder ein stärker alltagsorientierter Ansatz gewählt wird. Während ein funktionell orientierter Ansatz mehr die direkte Verbesserung beeinträchtigter kognitiver Funktionen beispielsweise mittels computergestütztem Training anstrebt, stehen beim alltagsorientierten Ansatz die durch das Ereignis bedingten Veränderungen im Alltag der Patient:innen und damit vermehrt das konkrete praktische Üben von persönlich bedeutsamen Aktivitäten im Fokus. Obgleich aufgrund der entsprechenden Schwerpunktsetzung in verschiedenen Einrichtungen der Eindruck einer unterschiedlichen Arbeitsweise entstehen mag, handelt es sich hierbei allerdings weniger um sich ausschließende als vielmehr um sich ergänzende Ansätze. Dabei sollte die allen therapeutischen, rehabilitativen Ansätzen übergeordnete Zielsetzung stets eine Erhöhung der Teilhabe am sozialen sowie beruflichen Leben im Sinne der *International Classification of Functioning, Disability and Health* (ICF; WHO, 2001) sein. Im Rahmen des 2016 verabschiedeten Bundesteilhabegesetzes (BTHG) – ein Gesetzespaket zur Stärkung der Teilhabe und Selbstbestimmung von Menschen mit Behinderungen – ist die ICF mit ihrer Teilhabeorientierung mittlerweile auch gesetzlich verankert. So sind etwa gemäß § 118 Leistungserbringer:innen dazu verpflichtet, sich bei der individuellen Bedarfsermittlung an Leistungen zur selbstbestimmten Lebensführung an der ICF zu orientieren (► www.bmas.de). Vor diesem Hintergrund ist daher davon auszugehen, dass das ICF-orientierte Arbeiten für klinische Neuropsycholog:innen künftig (noch) mehr Relevanz erhalten wird.

Aufbauend auf dem Überblick über neuropsychologische Tätigkeitsfelder und den damit einhergehenden neuropsychologischen Arbeitsinhalten, werden im Folgenden alltägliche Aufgaben eine:r klinischen Neuropsycholog:in beleuchtet. Nachdem rehabilitative Einrichtungen bisher das größte Tätigkeitsfeld für klinische Neuropsycholog:innen darstellen, beziehen sich die beschriebenen Aufgaben vor allem auf diesen Bereich. Allerdings lassen sich die meisten der folgenden Aufgaben in leicht abweichender Form auf alle Tätigkeitsfelder des/der klinischen Neuropsycholog:in anwenden.

Eine Perspektive aus der Wissenschaft

Prof. Dr. Claudia Wendel ist Professorin für Klinische Neuropsychologie an der Hochschule Magdeburg-Stendal. Im Folgenden erläutert sie, welche Anforderungen an die Tätigkeit als klinische Neuropsycholog:innen gestellt werden und inwiefern Studierende sich auf diese im Rahmen des Studiums vorbereiten können:

Studierende nähern sich dem Fach klinische Neuropsychologie (KNP) in der Regel mit großem Interesse, haben jedoch gleichzeitig häufig Berührungsängste mit dem Arbeitsfeld. Die Schicksalshaftigkeit und die Schwere, die oft mit Erkrankungen und Verletzungen des Gehirns verbunden wird, sind hierbei maßgeblich. Ist diese Hürde durch ein Praktikum oder andere Praxiserfahrungen genommen, so entwickelt sich in der Regel eine große Begeisterung für die KNP. Wer neugierig ist und sich von Phänomenen des menschlichen Erlebens und Verhaltens faszinieren lässt, ist hier genau richtig. Die Fähigkeit, komplexe Sachverhalte zu verstehen, und die Bereitschaft, kontinuierlich Neues zu lernen, sind für die KNP besonders wichtig.

In der Regel wird in interdisziplinären Settings gearbeitet – hier ist es hilfreich, sich gut vermitteln zu können.

Manchmal fragen sich Absolvent:innen, ob sie sich mit ihrem Wissen und Können wirksam für Menschen einsetzen können, die mit diversen Veränderungen ihrer Funktionsfähigkeit zu kämpfen haben. Je vielfältiger die Konzepte sind, je mehr die KNP als klinische Neurorehabilitationspsychologie verstanden wird, desto mehr Handlungsmöglichkeiten sind gegeben: Angehörigenarbeit, Diagnostik, restitutive und kompensatorische Interventionen, Teilhabeförderung mit Begleitung der beruflichen und sozialen Wiedereingliederung und vieles mehr.

Wie kann man sich im Studium gezielt vorbereiten? Neben dem Wissenserwerb können sich Studierende mit den diagnostischen Verfahren beschäftigen, um möglichst umfangreiche Erfahrungen auf „beiden Seiten" der Diagnostiksituation zu machen. Weiterhin sollte die KNP-Lehre möglichst an Fallbeispielen veranschaulicht werden, hier können Gäste eingeladen oder zumindest Filmbeispiele analysiert werden. In (selbst organisierten) Projekten können Studierende Kontakt zu Selbsthilfegruppen oder anderen Institutionen herstellen und sich aktiv einbringen (z. B. im Flechtwerk Demenz). Mein Fazit: Klinische Neuropsychologie ist ein spannendes Arbeitsfeld mit Zukunft!

Aufgaben im Rahmen der Tätigkeit im (teil-)stationären Setting

Im typischen Alltag eine:r klinischen Neuropsycholog:in stehen die Termine mit den Patient:innen im Vordergrund. Dabei kann die Therapie sowohl in Einzel- als auch in Gruppensitzungen stattfinden. Die Anzahl der Termine mit den Patient:innen pro Tag ist davon abhängig, wie hoch die aktuelle Nachfrage nach neuropsychologischen Anliegen in der jeweiligen Einrichtung ist, d. h., die Anzahl der Sitzungen kann von Tag zu Tag variieren. Bis zu 8 bzw. 9 Therapieeinheiten (inklusive Gruppentherapien) pro Tag sind nicht selten, wobei eine Therapieeinheit in der Regel zwischen 30 und 50 min dauert. Je nach Einrichtung kann es sein, dass zwischen den Therapieeinheiten kurze Pausen von ca. 10 min geschaltet sind. Somit hat der/die Therapeut:in Zeit, die soeben abgeschlossene Therapiestunde kurz zu dokumentieren und sich inhaltlich auf die bevorstehende Therapiestunde einzustellen. Ist keine Pause vorgesehen, wird umso mehr eine hohe inhaltliche Flexibilität von dem/der Therapeut:in gefordert.

Eng verknüpft mit der Einzeltherapie mit den Patient:innen ist die Angehörigenarbeit, die im Bereich der klinischen Neuropsychologie unerlässlich ist. Ziel der Angehörigenarbeit ist es u. a., die Angehörigen über Erkrankungsfolgen aufzuklären, Raum für die aus der Erkrankung entstehenden Anliegen und Ängste der Angehörigen zu geben und Lösungen zur Vermeidung emotionaler und physischer Überforderung zu finden (Pössl & Kühne, 2010). Gerade bei Patient:innen, die auf Unterstützung der Angehörigen angewiesen sind, ist die Angehörigenarbeit besonders wichtig. Die Häufigkeit des Angehörigenkontakts kann daher in Abhängigkeit vom Zustand der Patient:innen variieren. Hervorzuheben ist, dass der/die klinische Neuropsycholog:in bei der inhaltlichen Gestaltung der Termine mit den Patient:innen sowie den Angehörigen über ein hohes Maß an Autonomie verfügt, was unter klinischen Neuropsycholog:innen sehr wertgeschätzt wird und zu einer hohen Arbeitszufriedenheit beiträgt.

Wie bereits eingangs erwähnt, gehören der Austausch mit dem interdisziplinären Team und Besprechungen über die Patient:innen zu den täglichen Aufgaben von klinischen Neuropsycholog:innen. Im Sinne eines ganzheitlichen Vorgehens und effektiven Arbeitens ist die Kenntnis der Therapeut:innen über die Therapieinhalte und mögliche Fortschritte der Patient:innen in anderen Fachbereichen notwendig. Teambesprechungen können in Einrichtungen einmal pro Woche oder auch täglich stattfinden. Eine weitere Form der Teambesprechung stellt zumindest in stationären Rehabilitationseinrichtungen die wöchentliche Chefvisite dar, d. h., dass die Chef- und Stationsärzt:innen, die zuständigen Krankenpfleger:innen und in der Regel auch die jeweiligen Vertreter:innen der unterschiedlichen Therapiebereiche die Patient:innen in ihren Zimmern am Bett aufsuchen. Auch hier gibt es die Möglichkeit, Informationen einzuholen und weiterzugeben. In einer interdisziplinären Zusammenarbeit ist allerdings der Austausch in den Teambesprechungen nicht immer ausreichend. Informationen werden deshalb zwischen den Therapiestunden oder am Ende eines Tages weitergegeben. Dies erfordert vonseiten der klinischen Neuropsycholog:innen eine hohe Kommunikationsbereitschaft. Die Unterstützung des Teams bezüglich des therapeutischen Prozesses wird von vielen klinischen Neuropsycholog:innen als große Entlastung und Bereicherung wahrgenommen.

Die Erstellung von Berichten und ggf. auch von Gutachten ist eine weitere Tätigkeit von klinischen Neuropsycholog:innen. Wie häufig Berichte verfasst werden, ist abhängig von der Auslastung des Fachbereiches sowie von der Aufenthaltsdauer der Patient:innen in der jeweiligen Einrichtung. Bei einer Verweildauer der Patient:innen von bis zu 3 Wochen ist das tägliche Schreiben von Berichten eher die Regel als eine Ausnahme. Der Zeitaufwand für Dokumentation (z. B. an Patient:innen erbrachte Leistungen, computergestützte Erfassung therapeutischer Inhalte und Ziele für Teambesprechungen) ist nicht zu unterschätzen.

Hinzu kommen im Alltag von klinischen Neuropsycholog:innen organisatorische Tätigkeiten. Dazu zählt z. B. die Teilnahme an „Leitungsbesprechungen", in denen die Leiter:innen eines jeden Fachbereiches sowie jeder Station hauspolitische Themen diskutieren. Daraus entstehende Arbeitsaufträge müssen klinische Neuropsycholog:innen dann in ihren Tagesablauf integrieren. Dies kann manchmal zunächst als zusätzlicher Arbeitsaufwand empfunden werden, letztlich können solche Aufgaben aber auch eine Bereicherung sein. So ist die Mitgestaltung hauspolitischer Angelegenheiten eine interessante Herausforderung und Abwechslung zu den Terminen mit den Patient:innen.

Auch wenn die Erstellung und die Durchführung von Fortbildungen für das interdisziplinäre Team keine alltäglichen Aufgaben sind, seien sie an dieser Stelle genannt. Diese stellen in allen Einrichtungen, in denen unterschiedliche Fachbereiche zusammenarbeiten, einen wichtigen Baustein neuropsychologischen Arbeitens dar.

In ◘ Tab. 31.1 wird exemplarisch ein typischer Tagesablauf von angestellten klinischen Neuropsycholog:innen in einer stationären Rehabilitationseinrichtung mit deren Aufgaben dargestellt.

◘ **Tab. 31.1** Darstellung eines typischen Tagesablaufes von angestellten klinischen Neuropsycholog:innen in einer stationären Rehabilitationseinrichtung

Uhrzeit	Termine
08:00–09:00	Teamsitzung Station 1
09:00–09:30	Patient:in A
09:30–10:00	Patient:in B
10:00–10:30	Patient:in C
10:30–11:00	Patient:in D
11:00–12:30	Teamsitzung Station 2
12:30–13:00	Mittagspause
13:00–13:30	Angehörigengespräch von Patient:in A
13:30–14:00	Patient:in E
14:00–14:30	Patient:in F
14:30–15:00	Patient:in G
15:00–15:30	Patient:in H
15:30–16:00	Berichte/Dokumentation
16:00–16:30	Berichte/Dokumentation

Einkommen

Bei der Bezahlung klinischer Neuropsycholog:innen kann man sich am TvöD orientieren, wobei die Gehaltseinstufungen in Kliniken bzw. in Praxen privater Träger:innen vom TvöD abweichen können. Angestellte

Psycholog:innen mit einem abgeschlossenen Masterstudiengang werden nach dem TvöD in der Entgeltgruppe E 13 eingestuft. Aufstiegschancen bestehen in E 14, wenn Psycholog:innen beispielsweise den Titel „Psychologische:r Psychotherapeut:in" erworben haben (▶ Kap. 3). Dabei ist anzunehmen, dass man künftig als neuropsychologische:r Psychotherapeut:in gemäß der neuen MWBO der Psychotherapeut:innen (siehe auch Abschn. „▶ Berufliche Weiterbildung") analog eingruppiert wird. Das Aushandeln der Gehaltseinstufung, die durchaus auch im Ermessen von Arbeitgeber:innen liegt, ist sicherlich lohnend.

Karrieremöglichkeiten

In Anbetracht der klinischen Neuropsychologie als Forschungs- und Anwendungsgebiet stellt die wissenschaftliche Laufbahn einen möglichen Karriereweg dar (Teil IV dieses Buches). Hier ist davon auszugehen, dass sich insbesondere durch die Neupositionierung der klinischen Neuropsychologie infolge der Reform des Psychotherapeutengesetzes und der damit verbundenen infrastrukturellen Etablierung an den Universitäten attraktive berufliche Chancen ergeben werden (Billino et al., 2022). Daneben sind klassische Karrieremöglichkeiten wie in manch anderen psychologischen Berufsfeldern in der klinischen Neuropsychologie begrenzt. In größeren Rehabilitationskliniken besteht die Aufstiegschance für angestellte klinische Neuropsycholog:innen darin, die Abteilungsleitung zu übernehmen, wobei vor dem Hintergrund der Reform des Psychotherapeutengesetzes wohl künftig das Vorliegen einer Approbation bei der Besetzung von Leitungsfunktionen eine größere Bedeutung erhalten wird (Werheid, 2022). Die Leitung einer Station oder einer Klinik liegt naturgemäß in ärztlicher Hand. Möchte man langfristig keine:n Chef:in über sich haben, ist der Weg in die Selbstständigkeit reizvoll.

Berufliche Weiterbildung

Auf den Deutschen Psychotherapeutentagen 2021 sowie 2022 wurde mit großer Mehrheit eine neue MWBO für Psychotherapeut:innen beschlossen (BPtK, 2022). Mit der neuen MWBO wird die bisherige Ausbildung mit Studium und postgradualer Ausbildung durch die neue Ausbildung mit Studium und anschließender Weiterbildung abgelöst. Die Approbationsprüfung erfolgt nun am Ende eines Masterstudiengangs mit Schwerpunkt klinische Psychologie und Psychotherapie (▶ Kap. 3).

Bei den Verhandlungen im Rahmen der Erarbeitung der MWBO konnte erfreulicherweise die eigenständige Gebietsweiterbildung neuropsychologische Psychotherapie als altersübergreifende Spezialisierung neben den bereits bekannten Gebieten Psychotherapie für Erwachsene und Psychotherapie für Kinder und Jugendliche erwirkt werden.

Voraussetzung für die Teilnehmenden der Gebietsweiterbildungen und damit auch für jene der neuropsychologischen Psychotherapie ist das Erlangen der hier eingangs erwähnten Approbation am Ende eines Masterstudiengangs mit Schwerpunkt klinische Psychologie und Psychotherapie. Dabei lauten die entsprechenden Masterstudiengänge Psychologie oft „mit Schwerpunkt klinische Psychologie und Psychotherapie", wobei die genaue Bezeichnung von Universität zu Universität abweichen kann (der Einfachheit halber ist in diesem Abschnitt vom Masterstudiengang mit Schwerpunkt in klinischer Psychologie und Psychotherapie die Rede). Entscheidend ist auf jeden Fall, dass der Studiengang der Approbationsordnung für Psychotherapeut:innen entspricht und über eine entsprechende staatliche Zulassung verfügt (vgl. ▶ Kap. 3 und 4).

Sodann kann die 5-jährige berufliche Weiterbildung in Vollzeit aufgenommen werden, die für die Berufsbezeichnung „Fachpsychotherapeut:in in neuropsychologischer Psychotherapie" qualifiziert. In dieser Zeit sind die Psychotherapeut:innen in einer regulären, gemäß MWBO angemessen bezahlten Anstellung tätig und absolvieren die in der MWBO festgelegten Inhalte. Diese umfassen u. a. ausgewählte Methoden und Techniken eines der Richtlinienverfahren, die Gebietsweiterbildung neuropsychologische Psychotherapie qualifiziert jedoch nicht zur Richtlinienpsychotherapie. Mit Abschluss der Gebietsweiterbildung wird die Voraussetzung für die Eintragung in das Arztregister nach § 95c Sozialgesetzbuch (SGB) Fünftes Buch (V) erworben. Diese wiederum ist die zwingende Voraussetzung für den Erwerb einer vertragspsychotherapeutischen Zulassung („Kassensitz").

Für Studierende/Absolvent:innen vor dem 01.09.2020 gibt es eine Übergangsregelung, nach der bis 2032 noch die bisherige Ausbildung in Psychotherapie angeboten wird. Bis dahin ist also noch eine Kombination von GNP-Weiterbildung und Approbationsausbildung möglich. Wenn ein Kammerzertifikat angestrebt wird, ist die Weiterbildungsordnung der zuständigen Landespsychotherapeutenkammer zu beachten. Bei den Kammern gibt es unterschiedliche Möglichkeiten und Grenzen der Anrechenbarkeit von Weiterbildungsinhalten, die vor dem Erhalt der Approbation und/oder an von der Kammer nicht akkreditierten Weiterbildungsstätten erworben werden.

Konkrete Inhalte zur Gebietsweiterbildung in neuropsychologischer Psychotherapie können bei der jeweiligen Landespsychotherapeutenkammer eingeholt werden. Auch können aktuelle berufspolitische Informationen bei der Bundespsychotherapeutenkammer (▶ www.bptk.de), bei der DGPs (▶ www.dgps.de) und bei der GNP (▶ www.gnp.de) in Erfahrung gebracht werden.

Selbstständigkeit

Mit Beschluss des Gemeinsamen Bundesausschusses ist die Neuropsychologische Therapie seit 2012 eine Leistung der gesetzlichen Krankenversicherung in der ambulanten vertragsärztlichen Versorgung (▶ www.kbv.de). Damit können approbierte Psychologische Psychotherapeut:innen und Kinder- und Jugendlichenpsychotherapeut:innen mit fachlicher Befähigung in einem Verfahren nach § 15 der Psychotherapie-Richtlinie (d. h. psychoanalytisch begründete Verfahren, Verhaltenstherapie und systemische Therapie) sowie mit der Weiterbildung der klinischen Neuropsychologie seither ambulant neuropsychologische Therapie durchführen und sowohl mit gesetzlichen als auch privaten Krankenkassen abrechnen. Dies war der bislang gängige Weg. Wie im obigen Abschnitt ausgeführt, wurde mit der Reform des Psychotherapeutengesetzes in der seit 01.09.2020 geltenden Fassung nun ein neuer Weg zum/zur Psychotherapeut:in eingeführt. So ist für Studierende/Absolvent:innen gemäß der seither geltenden Reform des Psychotherapeutengesetzes künftig die abgeschlossene berufliche Weiterbildung als Fachpsychotherapeut:in in neuropsychologischer Psychotherapie Voraussetzung dafür, ambulant neuropsychologische Therapie mit Kassenzulassung anbieten zu können.

31.3 Die Rolle klinischer Neuropsycholog:innen im interdisziplinären Team

In einem interdisziplinären Team sind in der Regel neben klinischen Neuropsycholog:innen Ärzt:innen, Pflegekräfte, Sozialarbeiter:innen, Physiotherapeut:innen, Ergotherapeut:innen, Logopäd:innen und Sekretär:innen vertreten. Auch Kunst- und Musiktherapeut:innen bilden häufig einen wichtigen Bestandteil des interdisziplinären Teams. Durch die enge Zusammenarbeit mit den anderen Fachbereichen sind Offenheit und eine gewisse Fachkenntnis fachfremder Inhalte unabdingbar. Natürlich ist dabei jeder Fachbereich jeweils für seine spezifischen Inhalte zuständig. So unterstützen klinische Neuropsycholog:innen beispielsweise die Ärzt:innen bei der Klärung der Fahreignung von Patient:innen.

31.4 Anforderungen an eine Tätigkeit in der klinischen Neuropsychologie

Im Folgenden werden Aspekte dargestellt, die hilfreich für einen Einstieg in den Beruf als klinische Neuropsycholog:innen sind.

Eine Perspektive aus der Praxis

Dr. Markus Hieber, Dipl.-Psychologe

Sie haben neben Philosophie, Medizin und Psycholinguistik auch Psychologie an der Ludwig-Maximilians-Universität (LMU) München studiert. Welche Schwerpunktsetzungen hatten Sie in Ihrem Psychologiestudium?

Im Hauptstudium konnten wir ein Hauptfach wählen. Hier hatte ich mich für klinische Psychologie entschieden, weil ich zu diesem Zeitpunkt schon eine Stelle als psychologisch-technischer Assistent hatte.

Was haben Sie als psychologisch-technischer Assistent gemacht?

Ich war zuständig für Diagnostik und Therapie in einer Akutneurologie mit dem Schwerpunkt Multiple Sklerose.

Entstand dadurch Ihr Interesse für die klinische Neuropsychologie?

Ja. Und zwar durch meine alltägliche Tätigkeit im Zusammenhang mit dem, womit ich Geld verdient habe.

Warum haben Sie sich letztendlich für die klinische Neuropsychologie unter den vielen anderen Fächern, die Sie studiert hatten, entschieden?

Weil es ganz leicht war. Durch die lange Zeit, die ich schon in der Neurologie war, hatte ich schon viele Voraussetzungen erfüllt, um dahinzukommen. Und mit dem, was ich mir parallel aufgebaut hatte (Psychotherapieausbildung, Promotion in der Psychosomatik), konnte ich noch nicht genug Geld verdienen.

Haben Sie in diesem Rahmen die Weiterbildung zum klinischen Neuropsychologen gemacht?

Genau, man musste damals u. a. 120 h Theorie besuchen. Das hatte ich dann nebenbei gemacht, um den Titel des klinischen Neuropsychologen zu erwerben.

Glauben Sie, dass man im Bereich der klinischen Neuropsychologie zusätzlich eine psychologisch-psychotherapeutische Ausbildung benötigt, um effektiv mit den Patient:innen arbeiten zu können?

Ja. Gerade wir klinischen Neuropsycholog:innen lernen viel Faktenwissen. Aber wir lernen während der Weiterbildung zum/zur klinischen Neuropsycholog:in nicht, mit dem/der Patient:in in Kontakt zu treten, sein/ihr Anliegen abzuklären und eine Beziehung zu ihm/ihr aufzubauen. Für mich ist die Psychotherapieausbildung eine Chance, das, was ich als klinischer Neuropsychologe kann, wirklich an die Frau bzw. an den Mann zu bringen.

Was ist Ihr genaues Tätigkeitsfeld in der Fachklinik Bad Heilbrunn?

Innerhalb der Neurologie liegt mein größter Tätigkeitsbereich in der Behandlung von neurologisch erkrankten Menschen der

Reha-Phasen B, C und D, sprich von schwer pflegebedürftig, teilweise beatmungspflichtig bis hin zur beruflichen Reintegration nach den typischen Erkrankungen; meistens zerebrovaskuläre Schädigungen, neurodegenerative Erkrankungen, Tumore und entzündliche Erkrankungen. Ich mache zum großen Teil neuropsychologische Diagnostik, die aber immer weniger Stellenwert bekommt, je länger man arbeitet. Ich trete mit den Menschen in Kontakt und versuche, sie dabei zu unterstützen, sich im Dickicht des Gesundheitsdschungels zurechtzufinden. Sie dabei zu unterstützen, einen Weg zu finden, den sie weitergehen können, wenn sie bei mir draußen sind. Als Leiter der Abteilung der Klinischen Neuropsychologie habe ich im Rahmen meiner Tätigkeit aber auch einen hohen administrativen Anteil zu bewältigen.

Was macht Ihnen bei Ihrer Tätigkeit als klinischer Neuropsychologe besonders viel Spaß?

Mir macht die direkte Arbeit an Patient:innen Spaß, mit ihnen in Kontakt zu treten, eine Beziehung zu gestalten und sie im Dickicht des Gesundheitssystems ein Stück zu begleiten.

Was erachten Sie an Ihrer Arbeit als anstrengend?

Das Erfüllen von Qualitätsanforderungen, die gut gemeint sind, die aber dazu führen, dass ein sehr hoher Dokumentationsaufwand betrieben werden muss. Dieser geht zwangsläufig auf Kosten der Patient:innen. Ansonsten kann es in meinem Beruf anstrengend sein, dass man mit anderen Berufsgruppen zusammenarbeiten muss. Das ist Segen und Fluch zugleich.

Warum Segen und Fluch?

Weil man mit vielen Augen viele Perspektiven für einen Menschen bekommt. Das ist etwas ganz Wunderbares, weil ich viele Sachen nicht kann. Zusammen können wir mehr. Das Ganze ist immer mehr als die Summe seiner Einzelteile. Fluch, weil es in solchen Systemen Reibung gibt, ganz menschlicher Natur.

Was hat Sie an Ihrer Tätigkeit am meisten überrascht?

Dass die Menschen nicht so sind oder nicht so leben, wie ich es bis zu meinem Schulabschluss geglaubt habe. Ich darf in viele Familien- und Lebensgeschichten reinschauen, wobei es mich schon sehr überrascht hat, dass es hinter den Kulissen kaum irgendwo so aussieht, wie es vordergründig wirkt.

Welchen Tipp haben Sie für Studierende der Psychologie, die sich überlegen, im Bereich der klinischen Neuropsychologie zu arbeiten?

Praktika zu machen. Lernen in einem Umfeld, in dem man nicht lernen muss. Als Praktikant:in muss ich nichts bringen, ich darf ganz dumme Fragen stellen. Das ist eine Riesenchance. Und durch das bloße Zuschauen lernt man so viel. Durch Praktika, am besten möglichst viele, möglichst lange, in möglichst vielen verschiedenen Einrichtungen, sichert man sich baldmöglichst eine Stelle nach dem Master. Schließlich stellt man jemanden ein, der Erfahrungen hat.

Schwerpunktsetzung

An den staatlichen Universitäten werden mittlerweile die neuen sog. polyvalenten Bachelorstudiengänge in Psychologie angeboten. Diese führen neben der Zulassung zu anderen Masterstudiengängen der Psychologie mit weiteren Anwendungsbereichen und Forschungsschwerpunkten zur Zulassung zum Masterstudiengang mit Schwerpunkt klinische Psychologie und Psychotherapie, sofern man die erforderlichen Wahlmodule belegt hat. Hier muss sich der/die Interessierte also unbedingt über die entsprechenden notwendigen Wahlmodule im Bachelorstudiengang an der jeweiligen Universität erkundigen.

Wie bereits im Abschn. „▶ Berufliche Weiterbildung" zur beruflichen Weiterbildung erläutert, ist am Ende des Masterstudiengangs mit Schwerpunkt klinische Psychologie und Psychotherapie neben dem akademischen Abschluss zusätzlich eine Staatsprüfung vorgesehen, mit dem Abschluss „Approbation in Psychotherapie". Diese ist Voraussetzung für die Gebietsweiterbildung in neuropsychologischer Psychotherapie.

Sowohl der polyvalente Bachelorstudiengang in Psychologie als auch der Masterstudiengang mit Schwerpunkt klinische Psychologie und Psychotherapie sind deutlich praxisorientierter ausgelegt als die bisherigen Bachelor- und Masterstudiengänge in klinischer Psychologie. Der Masterstudiengang mit Schwerpunkt klinische Psychologie und Psychotherapie besteht hauptsächlich aus Pflichtmodulen, weshalb hier eine weitere Schwerpunktsetzung zur Vorbereitung für die Tätigkeit als klinische Neuropsycholog:innen obsolet ist. Zur Gestaltung des Studiums und zur ersten Überblicksgewinnung unter Berücksichtigung der aktuellen berufspolitischen Informationen können neben den bereitgestellten Informationen der staatlichen Universitäten die Webseiten der DGPs (▶ www.dgps.dc) sowie der Bundespsychotherapeutenkammer (▶ www.bptk.de) bzw. der einzelnen Landespsychotherapeutenkammern sehr hilfreich sein.

Fachliche Inhalte

Die fachlichen Inhalte werden sowohl vom polyvalenten Bachelorstudiengang als auch vom Masterstudiengang mit Schwerpunkt klinische Psychologie und Psychotherapie strukturiert vorgegeben. Wer bereits im Bachelorstudium weiß, dass er/sie langfristig im neuropsychologischen Bereich arbeiten will, dem/derjenigen sei geraten, sich rechtzeitig über die erforderlichen Wahlmodule für die Zulassung zum Masterstudiengang mit Schwerpunkt klinische Psychologie und Psychotherapie zu informieren (siehe ▶ Abschn. „Schwerpunktsetzung").

Praxis, Praxis, Praxis

Praktika sind das Sprungbrett in den Beruf. Gerade in Bereichen, in denen Patient:innen im Mittelpunkt des Arbeitens stehen, ist die Erfahrung im Umgang mit diesen besonders wichtig. In dem polyvalenten Bachelorstudiengang Psychologie wie auch im Masterstudiengang mit Schwerpunkt klinische Psychologie und Psychotherapie werden verstärkt praxisorientierte Erfahrungen gefordert. Neben den ohnehin geforderten Praktika berichten Studierende immer wieder von der positiven Erfahrung weiterer freiwilliger Praktika, um Berufserfahrung zu sammeln und Kontakte zu knüpfen. Das „Hineinschnuppern" in unterschiedliche neuropsychologische Tätigkeitsfelder ist ebenfalls zu empfehlen. Die meisten rehabilitativen Einrichtungen unterstützen Tätigkeiten für Praktikant:innen. Auch Initiativbewerbungen ohne das Vorliegen einer offiziellen Ausschreibung sind sinnvoll. Die ausgeschriebenen Praktikumsstellen auf der Webseite der GNP sind sehr nützlich (▶ www.gnp.de). Daneben bieten viele Universitäten, z. B. organisiert über die Fachschaften, auf den Webseiten ausgeschriebene Praktikumsstellen an.

> **Fazit**
> Für uns beide war die studentische Tätigkeit in der neuropsychologischen Diagnostik in der Praxis von Prof. Dr. med. Wolfgang Fries (zuletzt Neuro Reha Team Pasing) jeweils das Sprungbrett in den Beruf. So konnten wir in der Praxis direkt nach unserem Studium in die klinische Neuropsychologie einsteigen. Es gibt viele interessante Fachrichtungen in der Psychologie. Müssten wir uns aufs Neue für einen Bereich der Psychologie entscheiden, wäre es dennoch wieder die klinische Neuropsychologie. Die Nische zwischen Medizin und Psychologie mit ihren spezifischen Fragestellungen und das enge Zusammenarbeiten mit unterschiedlichen Fachrichtungen machen das Arbeitsfeld für uns so spannend. Und die Neurowissenschaften entwickeln sich stetig weiter, weshalb man immer wieder Neues dazulernt. Wer ein ähnliches Interesse hat, dem/der kann die klinische Neuropsychologie nur Spaß machen!

Literatur

Billino, J., Hennig-Fast, K., & Exner, C. (2022). Neuropsychologische Psychotherapie an Universitäten. *Zeitschrift für Neuropsychologie, 33*, 5–10.

Bundesministerium für Arbeit und Soziales (BMAS). www.bmas.de. Zugegriffen am 14.05.2024.

Bundespsychotherapeutenkammer (BPtK). (2022). Muster-Weiterbildungsordnung Psychotherapeut*innen in der Fassung der Beschlüsse des 38. Deutschen Psychotherapeutentages in Berlin (digital) am 24. April 2021, zuletzt geändert auf dem 41. Deutschen Psychotherapeutentag in Berlin am 18. und 19. November 2022. https://api.bptk.de/uploads/Muster_Weiterbildungsordnung_Psychotherapeut_innen_der_B_Pt_K_d6427e628e.pdf. Zugegriffen am 14.05.2024.

Bundespsychotherapeutenkammer (BPtK). www.bptk.de. Zugegriffen am 14.05.2024.

Deutsche Gesellschaft für Psychologie (DGPs). www.dgps.de. Zugegriffen am 14.05.2024.

Flechtwerk Demenz. https://www.h2.de/hochschule/fachbereiche/angewandte-humanwissenschaften/projekte.html#c2116. Zugegriffen am 14.05.2024.

Frommelt, P. (2010). Rehabilitation von Personen mit einem Schlaganfall. In P. Frommelt & H. Lösslein (Hrsg.), *Neuro-Rehabilitation* (S. 633–672). Springer.

Gesellschaft für Neuropsychologie (GNP) e. V. www.gnp.de. Zugegriffen am 14.05.2024.

Kassenärztliche Bundesvereinigung (KBV). www.kbv.de. Zugegriffen am 14.05.2024.

Koskinen, S., & Sarajuuri, J. (2010). Prinzipien der neuropsychologischen Rehabilitation. In P. Frommelt & H. Lösslein (Hrsg.), *Neuro-Rehabilitation* (S. 115–124). Springer.

Pössl, J., & Kühne, W. (2010). Angehörige in der Rehabilitation: Beratung – Unterstützung – Perspektiven. In P. Frommelt & H. Lösslein (Hrsg.), *Neuro-Rehabilitation* (S. 441–458). Springer.

Scholler, I., Hirt, F., David, I., & Diehl, S. (2017). Erinnern, Planen, Handeln – Umgehen mit kognitiven Beeinträchtigungen im Alltag. In W. Fries, P. Reuther, & H. Lössl (Hrsg.), *Teilhaben!! Neurorehabilitation und Nachsorge zu Teilhabe und Inklusion* (S. 203–222). Hippocampus.

Schönle, P. W. (2009). Rahmenbedingungen neurologisch-neuropsychologischer Rehabilitation: Das Phasenmodell der neurologischen Früh- und Langzeitrehabilitation. In W. Sturm, M. Herrmann, & T. F. Münte (Hrsg.), *Lehrbuch der Klinischen Neuropsychologie* (S. 882–890). Spektrum.

Thoma, P., Teismann, T., Wannemüller, A., Friedrich, S., Margraf, J., Schneider, S., et al. (2020). Die Rolle der Klinischen Neuropsychologie im Rahmen der reformierten universitären Masterstudiengänge zur Vorbereitung auf das Staatsexamen Psychotherapie. *Zeitschrift für Neuropsychologie, 31*, 157–163.

Werheid, K. (2022). Die Neuordnung der psychotherapeutischen Weiterbildung. Status quo und Ausblick aus klinisch-neuropsychologischer Perspektive. *Zeitschrift für Neuropsychologie, 33*, 27–31.

World Health Organization (WHO). (2001). *ICF – international classification of functioning, disability and health*. WHO.

Tätigkeiten in der Polizeipsychologie

Silvia Oßwald-Meßner und Hans-Peter Schmalzl

Inhaltsverzeichnis

32.1 Polizeipsychologie – was ist das? – 387

32.2 Polizeipsychologie – ein ganz besonderes Tätigkeitsfeld? – 388
  Aufgaben im Rahmen der Tätigkeit – 388
  Arbeitszeiten, Einkommen und Karrieremöglichkeiten – 390

32.3 Anforderungen an eine Tätigkeit im Bereich Polizeipsychologie – 391

  Literatur – 394

Polizeipsychologie ist im Vergleich zu anderen angewandten Disziplinen der Psychologie zwar kein übermäßig großes Berufsfeld, jedoch eines mit einer recht langen Tradition. Ungefähr zeitgleich mit der Begründung des ersten psychologischen Labors durch Wilhelm Wundt 1879 (sozusagen die Geburtsstunde der wissenschaftlichen Psychologie) entstanden die ersten „criminalpsychologischen" Veröffentlichungen, die sich mit der Begründung von Strafen, der Zurechnungs- oder Schuldfähigkeit beschäftigten (Pixner et al., 2023).

Bereits 1916 wurden Intelligenztests für die Auswahl von Polizeibeamten erprobt und 1923 fanden in Zürich erste psychologische Eignungsuntersuchungen bei der Polizei statt. 1964 wurde der erste polizeipsychologische Dienst Deutschlands in der Stadtpolizei München gegründet (Pixner et al., 2023; Schmalzl, 2003, 2015). Seitdem ist die Anzahl an Psycholog:innen, die in, mit oder für die Organisation Polizei arbeiten, stark angestiegen (siehe z. B. Schmalzl, 2019) und die Psychologie hat ihren Platz in der Polizei gefunden.

Ein Szenario

Am Montagmorgen um 08:00 Uhr sitzen Psycholog:innen und Polizist:innen eines polizeipsychologischen Dienstes bei der Morgenrunde zusammen und besprechen, was in dieser Woche ansteht, wer welche Dienstreisen und Termine hat bzw. ob es etwas Wichtiges aus der letzten Woche oder vom Wochenende zu berichten gibt. Kathrin S., die seit einigen Jahren als Polizeipsychologin dort arbeitet, hört aufmerksam zu. Zum einen ist es stets interessant und spannend zu hören, woran die Kolleg:innen arbeiten; zum anderen ist der Austausch, um sich gegenseitig unterstützen zu können, sehr wichtig. In der zurückliegenden Woche gab es einen schweren Verkehrsunfall mit mehreren Toten und Verletzten auf der naheliegenden Autobahn. Zahlreiche Polizist:innen waren im Einsatz, sahen viel Leid, Verletzung, Verzweiflung und Tod. Die leichter Verletzten sowie die Angehörigen der Opfer wurden durch ein (außerpolizeiliches) Kriseninterventionsteam versorgt. Die Betreuung der am Unfallort eingesetzten Polizist:innen haben eine Polizeipsychologin und ein besonders ausgebildeter Polizeibeamter des polizeipsychologischen Dienstes übernommen. Die Gespräche mit den Polizeibeamt:innen werden sich auch noch in dieser Woche fortsetzen. Weiterhin ist in der kommenden Woche ein Treffen zwischen dem polizeipsychologischen Dienst, dem polizeiärztlichen Dienst und den Suchtberater:innen geplant, um sich beim Thema „Alkoholmissbrauch und -sucht in der Polizei" stärker zu vernetzen. Ein weiterer Polizeipsychologe berichtet, dass es eine Supervision für ein kriminalpolizeiliches Sachgebiet geben wird, das sich vorrangig mit Leichensachbearbeitung beschäftigt. Es wurde in den letzten Jahren von der Polizei zunehmend anerkannt und akzeptiert, dass regelmäßige psychologische oder supervisorische Gespräche mit Polizist:innen, die z. B. im Bereich Tötungsdelikte oder im Kinderpornografie arbeiten, sinnvoll und hilfreich sind. Als die Reihe an Kathrin S. kommt, berichtet sie, dass sie sich in dieser Woche mit der Arbeitsgruppe „Psychosoziale Notfallversorgung" trifft, um für das Innenministerium Vorschläge auszuarbeiten, wie die Betreuung und Begleitung von Polizist:innen nach belastenden Einsätzen besser und systematischer gelingen kann. Weiterhin muss sie das Assessment-Center für die Auswahl von Polizeibeamt:innen zum Aufstieg in die Spitzenämter der Polizei vorbereiten. Daneben stehen kleinere Teamentwicklungen und eine Konfliktmoderation in einigen Dienstgruppen an. Diese werden von Kollegen von Kathrin S. übernommen. Am Ende der Morgenrunde denkt Kathrin S. auf dem Weg zu ihrem Büro darüber nach, wie erstaunlich vielfältig die Arbeit als Psychologe oder Psychologin bei der Polizei doch ist. Langweilig war ihr in all den Jahren nie.

32.1 Polizeipsychologie – was ist das?

„Polizeipsychologie" oder „Polizeipsychologe bzw. Polizeipsychologin" ist (zumindest in Deutschland) kein eigener Studienzweig, keine spezielle Fortbildung[1] und auch kein geschützter Titel. Vielmehr ist Polizeipsychologie ein angewandter Teil der Psychologie, der sich mit der Polizei und deren Tätigkeit befasst. Sie ist demzufolge
- eine Psychologie *der* Polizei,
- eine Psychologie *für die* Polizei und
- eine Psychologie *in der* Polizei (Stein & Poppelreuter, 1990).

Bei einer Psychologie *der* Polizei werden die Polizei und deren Angehörige zum wissenschaftlichen Betrachtungs- und Untersuchungsgegenstand, etwa in einer Studie zu besonderen Belastungen von Polizist:innen. Psychologie *für die* Polizei meint die Bereitstellung des fachpsychologischen Repertoires wie Testverfahren zur Personalauswahl oder psychologische Beratung von Kolleg:innen. Psychologie *in der* Polizei zielt auf den Einsatz fachpsychologischen Knowhows zum Nutzen der polizeilichen Aufgabenerfüllung, etwa bei Verhandlungen mit Geiselnehmer:innen oder zur Vorbereitung und Begleitung von Polizeieinsätzen.

Teile der Polizeipsychologie (sowohl in Bezug auf die Forschung als auch auf die Praxis) können der Rechtspsychologie[2] zugeordnet werden. Polizeipsychologische Praxis kann aber ebenso beratende und therapeutische Anteile haben oder sich aus dem Feld der Arbeits- und Organisationpsychologie bedienen, wenn es um Personalauswahl oder Trainings geht (siehe unten).

Grundsätzlich muss man nicht einer Polizeiorganisation angehören, um polizeipsychologisch tätig zu sein, weshalb interne und externe Polizeipsycholog:innen unterschieden werden können (Greuel, 2001). Während externe meist nur zeitweilig Polizeipsychologie betreiben, etwa im Rahmen einer Forschungsarbeit oder eines befristeten Lehrauftrags, sind interne Polizeipsycholog:innen im Rahmen eines Angestellten- oder Beamtenverhältnisses bei der Polizei beschäftigt.

Worin aber bestehen nun konkret die Arbeit und die Aufgaben von Polizeipsycholog:innen?

---

1 In den USA gibt es eine durch die APA anerkannte Spezialisierung „Police and Public Safety Psychology".

2 Die *Rechtspsychologie* befasst sich mit der Anwendung psychologischer Theorien, Methoden und Erkenntnisse auf verschiedene Probleme des Rechtswesens. Sie lässt sich grob in die Bereiche *forensische Psychologie* (Anwendung der Psychologie im Rahmen von Gerichtsverfahren, z. B. aussagepsychologische Beurteilung der Glaubhaftigkeit von Zeug:innenaussagen) und *Kriminalpsychologie* (Psychologie der Entstehung, Aufdeckung, Vorhersage und Prävention von Kriminalität sowie der Behandlung von Straftäter:innen) unterteilen (siehe ▶ www.dgps.de/fachgruppen/rechtspsychologie/info).

32.2 Polizeipsychologie – ein ganz besonderes Tätigkeitsfeld?

Aufgaben im Rahmen der Tätigkeit

Es handelt sich um ein recht großes Aufgabenspektrum, das in ◘ Abb. 32.1 näher aufgeschlüsselt wird (siehe auch Schmalzl, 2003; Schmalzl & Stein, 2003). Die aufgelisteten Tätigkeiten werden u. a. in einsatzpsychologischen Diensten, im Landeskriminalamt (LKA), im Bundeskriminalamt (BKA), im Führungs- und Einsatzstab der Präsidien, an Hochschulen für Polizei oder an Akademien der Polizei ausgeführt.

Beim Blick auf das polizeipsychologische Aufgabenspektrum ist es zielführend, eine Binnenperspektive (psychologische Arbeit innerhalb der Organisation Polizei) von einer Außenperspektive (psychologische Unterstützung der Polizeiarbeit im Umgang mit Bürger:innen) abzugrenzen. Die Binnenperspektive beinhaltet personal- und organisationspsychologische Aufgaben, während sich die Außenperspektive in erster Linie auf einsatz- und kriminalpsychologische Inhalte bezieht. ◘ Abb. 32.1 berücksichtigt diese Zweiteilung und benennt einige wichtige Aufgaben. Man erkennt schnell, dass sich die beiden Bereiche ergänzen und wechselseitig befruchten können. So können Polizeipsycholog:innen, die als Fachberater:innen zu polizeilichen Einsätzen hinzugezogen werden, das dort praktisch erworbene Know-how in seine/ihre Schulungsbeiträge im Rahmen der Aus- und Fortbildung einfließen lassen.

Betrachtet man nun die Binnenperspektive genauer, findet man Tätigkeiten, die weitgehend der arbeits-, betriebs- und organisationspsychologischen Arbeit in

Die Binnenperspektive: Personal- und organisationspsychologische Aufgaben	Die Außenperspektive: Einsatz- und kriminalpsychologische Aufgaben
Personalauswahl und Personalentwicklung: - Einzelpersonen (z. B. Auswahl für bestimmte Tätigkeiten) - Teams (z. B. teamfördernde Maßnahmen) **Psychosoziale Versorgung:** - Beratung und Betreuung von Einzelpersonen und Gruppen (z. B. nach belastenden Einsätzen) - Krisenintervention **Entwicklung von Organisationen:** - Mitarbeiterbefragungen etc. **Aus- und Fortbildung:** - Lehre an Polizeihochschulen und Unterricht in der Ausbildung - Seminare, Trainings und Fortbildungen	**Unterstützung und Fachberatung, z. B. bei:** - Großeinsätzen - Bedrohungs- und Geisellagen - Taktischer Kommunikation **Unterstützung im kriminalpolizeilichen Bereich, z. B. bei:** - Präventionskonzepten - Gefährdungseinschätzungen, Erpressungs- und Entführungsfällen oder operativen Fallanalysen - Vernehmungen **Unterstützung bei der Öffentlichkeitsarbeit**

◘ Abb. 32.1 Aufgabenfelder eines Polizeipsychologen bzw. einer Polizeipsychologin

allen großen Organisationen entsprechen. Ein großer Teil der Aufgaben kommt der Personalauswahl und -förderung zu. Polizeipsycholog:innen entwickeln eigene Testverfahren oder wählen auf dem Markt verfügbare Verfahren aus, führen selbst Testungen durch oder beteiligen sich an Auswahlprozeduren, von Einzelinterviews bis zu mehrtägigen Assessment-Centern. Generell sind Polizeipsycholog:innen auf allen Ebenen der Organisation tätig: auf der individuellen (z. B. beim Führungskräftecoaching), auf der Gruppenebene (z. B. um die Arbeitsbelastung eines Kommissariats zu eruieren oder eine teambildende Maßnahme nach der Umorganisation einer Polizeiinspektion durchzuführen) und auf der Ebene der Gesamtorganisation (wenn beispielsweise das Karriere- und Aufstiegsbedürfnis junger Beamt:innen untersucht werden soll).

Ein weiterer wichtiger Bereich für Psycholog:innen innerhalb der Polizei ist psychosoziale Versorgung, d. h. Beratung und Betreuung von Einzelpersonen und Gruppen bis hin zur Vorbereitung, Begleitung und Durchführung der sog. PSNV-E (psychosoziale Notfallversorgung von Einsatzkräften; BBK, 2012; Oßwald-Meßner et al., 2023). Bei ca. 320.000 Polizist:innen in den deutschen Polizeien von Bund und Ländern findet sich zwangsläufig die gesamte Bandbreite an Belastungen, Krisensymptomen und psychischen Störungen. Da der Polizeiberuf durchaus mit belastenden und potenziell traumatisierenden Ereignissen verbunden ist (z. B. Berger et al., 2012; Latscha, 2005; Oßwald-Meßner, 2020), kommt der Unterstützung der polizeilichen Kolleg:innen nach belastenden Einsätzen wie beispielsweise schweren Verkehrsunfällen, Schusswaffengebrauch und überhaupt der Konfrontation mit dem Tod eine besondere Bedeutung zu. Wenn noch Schwierigkeiten im Privatleben wie ein Pflegefall in der Familie oder Probleme in der Partnerschaft hinzukommen, wird die Schwelle der Belastbarkeit häufig überschritten und der Weg zur polizeipsychologischen Beratung gesucht. Depressive Krisen zeigen sich gehäuft, damit einhergehend auch suizidale Tendenzen und immer wieder Suchtproblematiken, vor allem Probleme mit Alkohol. Die Betreuung nach besonders belastenden Einsätzen wie Amokläufen, großen Schadenslagen (z. B. Zugunglück) oder Naturkatastrophen firmiert unter dem bereits o. g. Begriff der psychosozialen Notfallversorgung (PNSV-E). Hierbei spielen Polizeipsycholog:innen eine besondere Rolle, weil diese zum einen für die Implementierung und Weiterentwicklung zuständig sind, zum anderen aber auch für die Akutbetreuung vor Ort. Hier ergeben sich Schnittstellen zu Rettungsdiensten, Notfallseelsorger:innen und anderen professionellen Helfern.

Damit ist bereits die Außenperspektive polizeipsychologischer Tätigkeit tangiert. Um Polizeieinsätze schwierigster Art wie bei Amok, Terroranschlag, Geiselnahmen, gewalttätigen Ausschreitungen oder auch nur bei deren Androhung professionell angehen zu können, bedient sich eine moderne Polizei u. a. auch der Psychologie. Polizeipsycholog:innen sitzen also in den Gremien, die Einsatzkonzepte erstellen, unterstützen Forschungsprojekte, die den genannten Gewaltphänomenen und anderen polizeilichen Herausforderungen auf den Grund gehen und sind als Fachberater:innen in Einsätze eingebunden. Gewaltaktionen bei einer Großdemonstration beispielsweise verhindert man am besten, indem man konzeptionell überlegt, wie man Protestteilnehmer:innen frühzeitig anspricht, wie man ihnen die Absichten der Polizei verdeutlicht und wie man sie von der Notwendigkeit eines gewaltfreien Protests überzeugen kann. Polizeiexpert:innen sprechen hier von taktischer Kommunikation. Oder nehmen wir das Beispiel eines schweren Falles häuslicher Gewalt: Ein Ehemann macht Andeutungen, seine Familie und sich selbst zu töten. Kommt dies der Polizei zu Gehör, bestände die Aufgabe von Polizeipsycholog:innen darin, zusammen mit kriminalpolizeilichen Expert:innen die Ernsthaftigkeit seiner Androhung und den Grad der Gefährdung einzuschätzen. Käme es trotz allem zu einer Situation, in der der Mann sich in seinem Haus verbarrikadiert und dort seine Familie in einer Art Geiselhaft hält, wären auch hier Polizeipsycholog:innen gefordert, indem sie die Polizeiführung oder unmittelbar die Beamten:innen beraten, die mit dem Mann Kontakt aufnehmen, um ihn von einer Eskalation der Gewalt abzuhalten. Neben diesen Tätigkeiten im Rahmen der polizeilichen Gefahrenabwehr findet man auch Psycholog:innen im zweiten großen Aufgabenfeld der Polizei, nämlich der Strafverfolgung. Wenn heute Kriminalbeamt:innen Präventionskampagnen starten, um beispielsweise dem Trickdiebstahl Einhalt zu gebieten, wenn sie neue Vernehmungsstrategien anwenden oder bei operativen Fallanalysen – fälschlich als „Profiling" bezeichnet – datenbasierte Hypothesen über den Tathergang eines Tötungsdelikts formulieren, sind zumindest im BKA und in einigen Landespolizeien Polizeipsycholog:innen mit im Team.

Dieses breite, wenngleich nur grob und unvollständig skizzierte Aufgabenspektrum macht deutlich, dass kein einzelner Psychologe bzw. keine einzelne Psychologin in allen Feldern tätig sein kann. Die ersten Vertreter:innen unserer Disziplin haben zwar versucht, möglichst viele der aufgezählten Aufgaben zu bewältigen, weil sie auf sich allein gestellt waren, aber lange schon ist klar, dass nur mit Aufgabenteilung und im Team das gewaltige Pensum zu erfüllen ist.

Arbeitszeiten, Einkommen und Karrieremöglichkeiten

Besoldung und Aufstiegschancen entsprechen den üblichen Modalitäten für Hochschulabsolvent:innen im öffentlichen Dienst. Bei Polizeibehörden und -instituten beginnt man als Tarifbeschäftigte:r, in einigen Bundesländern mit der Möglichkeit der Verbeamtung. Karrierechancen im Sinne von Führungspositionen (z. B. Leitung einer Dienststelle) sind nicht groß, weil es nur wenige (wenn überhaupt) rein „psychologische" Organisationseinheiten in der Polizei gibt. Hier wären z. B. polizeipsychologische Dienste zu nennen, bei denen die Leitungsfunktion als Psycholog:in durchaus möglich ist. Die Führung einer rein polizeilichen Dienststelle oder Abteilung ist (zumindest in der deutschen Polizei) ausschließlich Polizist:innen oder Jurist:innen vorbehalten. Eine Möglichkeit, um innerhalb der Polizei doch etwas „weiter" zu kommen, bestünde beispielsweise darin, sich nach einigen Jahren in der polizeipsychologischen Praxis um eine Professor:innenstelle mit W-Besoldung an einer Hochschule zu bemühen (▶ Kap. 22).

Wie die Arbeitszeiten gestaltet sind, hängt in erster Linie davon ab, in welchem Bereich oder in welcher Organisationseinheit man tätig ist – die Arbeitszeiten von Hochschulprofessor:innen unterscheiden sich natürlich stark von denen der Einsatzpsycholog:innen. Da es immer eine Tätigkeit im öffentlichen Dienst ist, gibt es feste Arbeitszeiten mit bestimmten Regelungen für Überstunden. Wie gut die Tätigkeit planbar ist, ist ebenfalls abhängig davon, wo man seinen Dienst verrichtet. In der Einsatz- und Ermittlungsunterstützung oder in der „Akutberatung" ist größere Flexibilität gefragt. Einsätze sind oft nicht planbar, Kriseninterventionen überhaupt nicht und so kann es durchaus zu langen (oder auch sehr frühen oder späten) Arbeitszeiten kommen. Auch die Reisetätigkeit hängt vom Aufgabenschwerpunkt ab: Bei einer Unterrichtstätigkeit in der Grundausbildung wird es vermutlich zu weniger Dienstreisen kommen als im Bereich der Fortbildung mit Seminaren und Trainings.

32.3 Anforderungen an eine Tätigkeit im Bereich Polizeipsychologie

Zunächst gibt es keine allgemeingültigen fachpsychologischen Anforderungen, wie schon die dargelegte Vielzahl an Aufgaben vermuten lässt. Je nach definiertem Tätigkeitsschwerpunkt werden in der Stellenausschreibung Anforderungen aufgelistet, die von allgemeinen organisationspsychologischen Kompetenzen für Fragen der Personalauswahl und -entwicklung über klinisch-psychologische Zusatzqualifikationen für den Bereich der psychosozialen Versorgung bis hin zu sehr spezifischen Kenntnissen der Kriminologie oder Rechtspsychologie für die Gefährdungseinschätzung einer Mordandrohung oder für die operative Fallanalyse reichen können. Man sollte aber nicht davon ausgehen, dass einschlägige Zusatzausbildungen wie etwa ein Kriminologiestudium für sich genommen schon Türöffner sind. Gerade aufregende Traumjobs, die man aus Fernsehserien kennt mit allwissenden „Kriminalpsycholog:innen" und genialischen „Profilern", gibt es nicht. In den deutschen Polizeien arbeitet höchstens ein Dutzend Psycholog:innen eng mit kriminalpolizeilichen Expert:innen zusammen. Man findet sie vor allem in LKA-Abteilungen für kriminalpsychologische Einsatz- und Ermittlungsunterstützung, für Gefährdungslagenmanagement und für die erwähnte operative Fallanalyse (OFA). Es lohnt also effektiv eher nicht, auf eine Einstellung als „Profiler" zu spekulieren. Viel wichtiger für vielseitig verwendbare Polizeipsycholog:innen erscheinen uns solide Kenntnisse über die verschiedenen Bereiche der Psychologie hinweg. Man wird sowohl als praktizierende:r Psycholog:in im Einsatz als auch als Hochschulprofessor:in in der Lehre an einer polizeilichen Hochschule immer wieder mit Fragen konfrontiert, die nur der-/diejenige seriös beantworten kann, der/die sein/ihr Studium ordentlich und mit möglichst vielen Kenntnissen oder zumindest Einblicken in allen Bereichen der Psychologie abgeleistet hat und sich auch weiterhin für neuere Forschungsergebnisse interessiert. Ein gutes Grundlagenwissen und ein breit aufgestelltes psychologisches Know-how sowie Flexibilität und Bereitschaft, sich immer wieder in neue oder andere (polizei-)psychologische Bereiche einzuarbeiten, sind in jedem Fall zentrale Anforderungen an die polizeipsychologische Tätigkeit.

Ein guter und wichtiger Türöffner sind Praktika in einem polizeipsychologischen Dienst oder in einer Polizeibehörde. Hier merkt man auch schnell, ob einem die Arbeit wirklich liegt. Die Organisation Polizei sowie die Arbeit mit Polizist:innen kann durchaus herausfordernd sein. Zwar gibt es, wie oben ausgeführt, die Polizeipsychologie schon lange und Psychologie ist aus der polizeilichen Ausbildung und der praktischen Polizeiarbeit nicht mehr wegzudenken. Dennoch gibt es immer noch (und es wird sie vermutlich immer geben) polizeiliche Kolleg:innen, die den Sinn der Psychologie hartnäckig infrage stellen (oder nicht verstehen) und einen in Seminaren und Fortbildungen oder im Unterricht mit despektierlichen Bemerkungen „erfreuen". Hier sind Gelassenheit, gepaart mit gewisser Durchsetzungsstärke und Hartnäckigkeit durchaus sinnvoll. Wer überzeugt ist, dass die Psychologie der Polizei etwas zu bieten hat, kann (bis zu einem gewissen Grad) auch kritische (oder ahnungslose) Geister überzeugen. Berufserfahrung ist zwar nicht immer erforderlich, aber bei der heutigen Spezialisierung und differenzierenden Stellenbeschreibung, etwa für eine klinisch- oder forensisch-psychologische Tätigkeit, doch wünschenswert. Interesse an der Polizei als Organisation und Beruf darf man voraussetzen. Und man sollte auch nicht vergessen, dass man dann „beim Staat" angestellt und daher vieles stark reglementiert ist (Aufstiegschancen beispielsweise).

Der Praxisbezug sowie das Interesse an der polizeilichen Tätigkeit gelten gerade auch für eher akademisch oder theoretisch ausgerichtete Kolleg:innen, die es in die Lehre drängt. Wer an einer Hochschule für Polizei Studierende lehren will, sollte vorher sowohl mit praktischer Polizeiarbeit als auch mit Polizeiforschung in Berührung gekommen sein. Im Übrigen setzt eine Anstellung als Hochschullehrer:in ohnehin eine mehrjährige psychologische Tätigkeit außerhalb des universitären Betriebs voraus.

In dem Experteninterview mit unserer Kollegin Frau Antje Götz-Bungarten legt diese dar, was sie an ihrer Tätigkeit als besonders herausfordernd, aber auch spannend ansieht. Sie arbeitet als Polizeipsychologin beim Bayerischen Landeskriminalamt im dortigen Kompetenzzentrum für Deradikalisierung und Risikoanalysen. Im Bereich der Deradikalisierung unterstützt und berät sie die Fallbearbeitung hinsichtlich des Erkennens von Bedarfen und Ressourcen sowie bei der Erstellung eines individuellen Hilfe- und Maßnahmenkonzeptes. Darüber hinaus bereitet sie gemeinsam mit den Sachbearbeitenden der Radikalisierungsfälle Kontaktaufnahmen und Gespräche vor und begleitet diese bei Bedarf. Im Bereich der Risikoanalysen umfasst die Tätigkeit die methodisch strukturierte Umsetzung von Risikoanalysen mit dem Ziel einer fundierten Gefährlichkeitsprognose.

Eine Perspektive aus der Praxis

Frau Dipl.-Psych. Antje Götz-Bungarten, LKA Bayern, Polizeipsychologin, psychologische Psychotherapeutin (VT), Sozialpsychologie, Arbeits- und Organisationspsychologie, klinische Psychologie

Wieso haben Sie sich für eine Tätigkeit als Polizeipsychologin entschieden?

Bei der Polizei hat man als Psycholog:in die Möglichkeit, alle Bereiche der Psychologie zur Anwendung zu bringen – von der klinischen Psychologie über die Arbeits- und Organisationspsychologie bis hin zu rechtspsychologisch-kriminologischen Aspekten. Diese Vielfalt hat mich gereizt. Weiterhin wollte ich in Kontakt kommen mit Menschen in besonderen Situationen, in Krisen oder in Grenzsituationen sowohl innerhalb als auch außerhalb der Polizei. Die Tätigkeit als Polizist:in ist sehr speziell und herausfordernd: Es müssen in Ausnahme- oder Krisensituationen Probleme gelöst werden. Ich wollte (und will heute natürlich auch noch) Menschen in solchen Situationen begleiten und unterstützen.

Was glauben Sie, können Psycholog:innen in diesem Berufsfeld bewegen?

Meines Erachtens nach können Psycholog:innen ein Verständnis für psychologische Zusammenhänge und für menschliche Verhaltens- und Denkmuster schaffen – von „normalen", psychisch gesunden Menschen bis hin zu Personen mit psychischen Erkrankungen. Dies können Psycholog:innen bereits im Rahmen der polizeilichen Ausbildung bewirken und dann auf der Mikro- und Makroebene in der Organisation vertiefend fortsetzen.

Was hat Sie an Ihrer Tätigkeit am meisten überrascht?

Zum einen hat mich die bereits erwähnte Vielseitigkeit der Anwendung der Psychologie in der Polizei überrascht, zum anderen, dass nicht alle rufen: „Psychologie ist toll!" Die Organisation Polizei scheint eine gewisse Rivalität bzw. ein ambivalentes Verhältnis zur Psychologie zu haben: Die Bedeutung von Psychologie und auch der Bedarf an psychologischem Know-how wird sehr wohl erkannt, eine echte Einmischung, die zu tiefgreifenden Veränderungen im Denken und im Handeln führen könnte (vor allem wenn bestehende Machtstrukturen verändert werden sollen), wird allerdings nicht begrüßt. Ich habe bisweilen das Gefühl, die Psychologie wird von Führungskräften in der Polizei als Bedrohung für eigene Strukturen und eigene Macht angesehen; „psychologische" Einmischung wird nur so weit zugelassen, wie sie der Tradierung der bestehenden Organisation dient – alles darüber hinaus muss „im Zaum gehalten werden".

Was sehen Sie als grundlegende Anforderungen und Qualifikationen für Psycholog:innen in Ihrem Arbeitsfeld?

Eine fundierte, möglichst breit aufgestellte akademische und praktische psychologische Qualifikation ist sinnvoll, aber man muss (und kann) natürlich dennoch nicht alles können. Polizeipsycholog:innen sollten sich so sicher in psychologischen Themen bewegen, dass sie diese anwendungsorientiert und praktisch vermitteln können. Flexibilität und Bereitschaft zur Weiterentwicklung sind ebenfalls nötig. Sehr hilfreich sind auch eine gewisse Selbstsicherheit und eine gesunde Selbstwirksamkeitserwartung: Je sicherer das persönliche Standing, umso leichter fällt es einem, die Psychologie als Angebot und nicht als Dogma in die Polizei zu bringen. Eine Kernkompetenz ist in jedem Fall, unverkrampft, undogmatisch und vielleicht auch manchmal mit einem Augenzwinkern psychologische Kompetenzen, Inhalte und Überzeugungen weiterzugeben.

Was sehen Sie als größte Herausforderung in Ihrer praktischen Arbeit?

Zum einen ist es herausfordernd, sich in die Strukturen der Polizei einzufügen, um anzukommen und angenommen zu werden, dabei aber die eigene Haltung oder die Professionalität als Psycholog:in zu bewahren. Anspruchsvoll und nicht leicht zu lösen sind in diesem Zusammenhang folgende Herausforderungen: Was mache ich mit polizeilichen Kollegen, die keinen Bedarf an Psychologie sehen bzw. kein Interesse daran haben? Wie kann ich Interesse/Verständnis wecken? Wie kann ich Inhalte so umsetzen bzw. vermitteln, dass sie zu Verständnis und Aha-Effekten führen – wohlwissend, dass man nie alle erreicht? Wie kann ich Psychologie in die Lebenswelt und Bedarfslage der polizeilichen Kolleg:innen übersetzen? Wie kann ich Inhalte vereinfachen und praktisch darstellen, aber nicht trivial werden lassen? Um es anders auszudrücken: Wie kann ich Psychologie nicht „mundgerecht zerkleinert", aber dennoch „appetitlich" präsentieren?

Welchen Tipp haben Sie für Psycholog:innen, die sich überlegen als Polizeipsycholog:in zu arbeiten?

Wie bereits bei dem Punkt Anforderungen und Qualifikationen angeklungen, lohnt es sich, sich eher breiter aufstellen; eine ausschließliche Konzentration während des Studiums auf Kriminologie oder klinische Psychologie ist weniger zielführend. Praktika in der Polizei sind essenziell. Auf diese Weise lernt man auch die durchaus teilweise engen Strukturen kennen und wie es ist, in einer hierarchischen Organisation zu arbeiten. Berufserfahrung in anderen Lebensbereichen oder beruflichen Kontexten ist auch eher förderlich. Weiterhin macht es Sinn, die Beweggründe für das eigene Interesse zu hinterfragen: Wodurch ist mein Bild von der Polizei entstanden? Hält meine Idealvorstellung von Polizei der Praxis stand? In diesem Zusammenhang ist es gut, sich über Möglichkeiten und Grenzen der Tätigkeit zu informieren.

> **Stoßen Sie manchmal auf Vorurteile wegen Ihrer Ausbildung?**
>
> Ja, natürlich! Vor allem die Idee, dass man als Psychologin ständig die Gedanken und das Verhalten des Gegenübers analysiert. Diese Vorurteile sind jedoch nicht unbedingt ausgeprägter als in der restlichen Welt außerhalb der Polizei. Am besten geht man damit um, wie ich es in Punkt Anforderungen und Qualifikationen geschildert habe: Mit einer gewissen Selbstsicherheit, mit Augenzwinkern und ohne Dogma die eigene Begeisterung für die Psychologie vermitteln.

Fazit

Unsere Kollegin erläutert es im Interview und wir können es nur bestätigen: Die Vielfältigkeit der Aufgaben und die immer wieder neuen Herausforderungen machen die Polizeipsychologie attraktiv. Das Spektrum reicht von der psychologischen Betreuung von Polizeibeamt:innen bis zur psychologischen Beeinflussung von Gewalttäter:innen während einer Geiselnahme. Daneben steckt in der ganzen Polizeiarbeit, von der Kontrolle einer Person am Hauptbahnhof bis zur Aufdeckung eines Mordfalls, unglaublich viel Psychologie. Den Erkenntnisschatz der psychologischen Wissenschaft für die Polizei nutzbar und letztlich zum Wohle aller anwendbar zu machen, ist – trotz aller Schwierigkeiten und Herausforderungen – eine tatsächlich faszinierende Tätigkeit.

Literatur

Berger, W., Coutinho, E. S. F., Figueria, I., MarQues-Portella, C., Luzm, M. P., Neylan, T. C., Marmar, C. R., & Mendlowicz, M. V. (2012). Rescuers at risk: a systematic review and meta-regression analysis of the worldwide current prevalence and correlates of PTSD in rescue workers. *Social Psychiatry and Psychiatric Epidemiology, 47*, 1001–1011.

Bundesamt für Bevölkerungsschutz und Katastrophenhilfe (BBK). (2012). *Praxis im Bevölkerungsschutz, Band 7: Psychosoziale Notfallversorgung: Qualitätsstandards und Leitlinien (Teil I und II)*. BBK. https://www.bbk.bund.de/SharedDocs/Downloads/DE/Mediathek/Publikationen/PiB/PiB-07-psnv-qualitaet-stand-leitlinien-teil-1-2.pdf?__blob=publicationFile&v=6. Zugegriffen am 14.05.2024.

Greuel, L. (2001). Polizeipsychologie in Deutschland: Neue Herausforderungen an Wissenschaft und Praxis. *Polizei & Wissenschaft, 2*, 3–12.

Langer, M. (2008). Psychologie bei der Polizei. In K. Sternberg & M. Amelang (Hrsg.), *Psychologen im Beruf. Anforderungen, Chancen und Perspektiven* (S. 299–308). Kohlhammer.

Latscha, K. (2005). *Belastungen von Polizeivollzugsbeamten. Empirische Untersuchung zur Posttraumatischen Belastungsstörung bei bayerischen Polizeivollzugsbeamten/-innen*. Dissertation zur Erlangung des Doktorgrades an der LMU München. https://edoc.ub.uni-muenchen.de/3250/1/Latscha_Knut.pdf. Zugegriffen am 14.05.2024.

Oßwald-Meßner, S. (2020). Belastende Situationen bei Polizeibeamten. Häufigkeit und Umgang. *Polizei & Wissenschaft, 3*, 35–45.

Oßwald-Meßner, S., Pixner, J., & Ellrich, K. (2023). Psychosoziale Notfallversorgung für Einsatzkräfte (PSNV-E) bei der Polizei. In M. Staller, B. Zaiser & S. Körner (Hrsg.), *Handbuch Polizeipsychologie. Wissenschaftliche Perspektiven und praktische Anwendungen* (S. 579–600). Springer. https://doi.org/10.1007/978-3-658-40118-4

Pixner, J., Oßwald-Meßner, S., & Ellrich, K. (2023). Polizei und Psychologie. Die Geschichte einer komplizierten Beziehung. In M. Staller, B. Zaiser, & S. Körner (Hrsg.), *Handbuch Polizeipsychologie. Wissenschaftliche Perspektiven und praktische Anwendungen* (S. 3–22). Springer. https://doi.org/10.1007/978-3-658-40118-4

Schmalzl, H. P. (2003). Polizeipsychologie im Spagat zwischen Anspruch und Inanspruchnahme. In C. Lorei (Hrsg.), *Polizei & Psychologie. Kongressband der Tagung „Polizei & Psychologie" am 18. und 19. März 2003 in Frankfurt am Main* (S. 97–114). Verlag für Polizeiwissenschaft.

Schmalzl, H. P. (2015). 50 Jahre Psychologischer Dienst. In Münchner Blaulicht – Polizeiverein für Prävention und Bürgerbegegnungen e. V. (Hrsg.), *Chronik der Münchner Polizei* (S. 183–188). München.

Schmalzl, H. P. (2019). Tätigkeit als Polizeipsychologe. In M. Mendius & S. Werther (Hrsg.), *Faszination Psychologie – Berufsfelder und Karriereweg* (S. 206–213). Springer. https://doi.org/10.1007/978-3-662-56832-3

Schmalzl, H. P., & Stein, F. (2003). Polizeipsychologische Aufgabenfelder im Wandel der Zeit in der Bundesrepublik Deutschland. In F. Stein (Hrsg.), *Grundlagen der Polizeipsychologie* (S. 11–21). Hogrefe.

Stein, F., & Poppelreuter, S. (1990). Polizeipsychologische Aufgabenfelder im Wandel der Zeit – in der Bundesrepublik Deutschland. In F. Stein (Hrsg.), *Brennpunkte der Polizeipsychologie* (S. 1–8). Verlag für Angewandte Psychologie.

Tätigkeiten in der Schulpsychologie

Klaus Seifried

Inhaltsverzeichnis

33.1 Schulpsychologie – was ist das? – 401

33.2 Wissenschaftliche Grundlagen und Arbeitsfelder der Schulpsychologie – 402

33.3 Anforderungen und Arbeitsbedingungen im Berufsfeld Schulpsychologie – 403

33.4 Einkommen und Aufstiegsmöglichkeiten als Schulpsychologe oder Schulpsychologin – 403

33.5 Anforderungen an die Tätigkeit der Schulpsychologie – 404
Schülerzentrierte Einzelfallberatung – 404
Aufgaben im Rahmen der Einzelfallberatung – 405
Die Beratung des Systems Schule – 405
Aufgaben im Rahmen der Systemberatung – 405

Literatur – 410

Schulpsychologische Arbeit wird zunehmend wichtiger. Die Krisen der letzten Jahre haben gezeigt, wie wichtig die psychologische Beratung und Unterstützung von Kindern, Jugendlichen, ihren Eltern und Lehrkräften ist. Während der Corona-Pandemie und der Schulschließungen nahmen Ängste und depressive Episoden bei Kindern und Jugendlichen deutlich zu. Auch die Klimakrise und die Kriege in der Ukraine und im Nahen Osten verunsichern viele.

Zwei Szenarien

Kevin stört den Unterricht

Herr Meier ist genervt. In seiner 2. Klasse macht ihm Kevin die Arbeit schwer. Das fängt schon morgens vor Beginn des Unterrichts an: Wenn alle Kinder bereits auf ihren Plätzen sitzen, krabbelt Kevin noch immer in der Spielecke umher. So, als würde er seinen Klassenlehrer gar nicht hören oder ihn absichtlich ärgern wollen. Das geht so lange, bis Herr Meier anfängt zu schreien. Im Unterricht geht es dann weiter: Kevin hampelt herum, ruft dazwischen, quatscht ständig, spielt, träumt …, nur das, was der Klassenlehrer ihm sagt, macht er selten. In den Pausen ist Kevin häufig in Prügeleien verwickelt, kann aber die Folgen meist nicht abschätzen und kommt dann weinend zu Herrn Meier …

Herr Meier hat schon mehrfach mit der Mutter gesprochen. Doch Frau Schmidt nimmt ihren Sohn sofort in Schutz, wird aggressiv und unterstellt Herrn Meier, er könne sich bei den Kindern nicht richtig durchsetzen. Frau Schmidt ist auch überzeugt, dass die anderen Kinder Kevin ärgern und die Prügeleien provozieren …

Die Mutter kommt schließlich auf Anraten des Klassenlehrers in die Sprechstunde des Schulpsychologen. Sie betont mehrfach, als Mutter habe sie keine Probleme mit ihrem Sohn, nur der Klassenlehrer. Daher bietet der Schulpsychologe an, mit dem Klassenlehrer Kontakt aufzunehmen und Kevin im Unterricht zu beobachten. Die Mutter ist einverstanden.

Herr Meier ist froh, dass endlich Hilfe kommt. Er erzählt, dass vor allem der Unterrichtsbeginn für ihn belastend sei. Daher wird hierfür zuerst eine Lösung gesucht: Zu Beginn des Unterrichts, bevor Herr Meier die anderen Kinder ruft, soll er Kevin freundlich und bestimmt die Hand auf die Schulter legen und ihn zu seinem Platz führen. Denn die verbalen Anweisungen des Lehrers erreichen Kevin nicht. Auf persönliche Beziehung und taktile Reize aber reagiert er besonders sensibel. Herr Meier handelt jetzt und setzt Kevin Grenzen, bevor er sich ärgert. Er beginnt den Unterricht gelassener.

Kevin ist weiterhin ein großer Störfaktor im Unterricht. Herr Meier überlegt mit dem Schulpsychologen, welches Verhalten von Kevin den Unterricht am meisten stört und belastet:

1. Dazwischenreden und in die Klasse rufen.
2. Umherlaufen und andere Kinder ablenken.

Bisher ermahnte Herr Meier Kevin bei fast jeder Störung, pro Stunde bis zu 30 Mal. In Stimme und Tonfall wurde er zunehmend gereizter. Auf die Ermahnungen folgten aber keine Konsequenzen. Je mehr Ermahnungen Kevin hörte, umso weniger reagierte er darauf. Damit soll Schluss sein. Herr Meier schreibt zwei elementare Verhaltensregeln auf, zeichnet ein kleines Bild dazu, bespricht diese Regeln mit Kevin und klebt sie auf seinen Tisch.

Die Mutter hat eine Schatzkiste für den Lehrer zusammengestellt. Wenn Kevin eine Regel einhält, bekommt er am Ende der

Stunde Lobepunkte, die er in der ersten Woche täglich, danach am Ende der Woche für Preise aus der Schatzkiste eintauschen kann. Wenn Kevin eine Regel nicht einhält, muss er Lobepunkte zurückgeben.

Doch auch das Lehrerverhalten wird reflektiert. Herr Meier nimmt sich vor, Anweisungen an die Klasse klarer zu formulieren und zu warten, bis sie eingehalten werden. Der Unterricht soll mit einem klareren Begrüßungsritual beginnen und beendet werden. Ferner wird mit Herrn Meier verabredet, dass Kevin bei massiver Unruhe und Störungen vom Unterricht ausgeschlossen wird. Meist sind die langen Unterrichtstage für Kevin eine große Belastung. In Absprache mit der Schulleitung und der Mutter erhält Kevin für eine Übergangszeit einen verkürzten Stundenplan. Kevin kann dann in die Schulstation gehen, wo er und andere Kinder von einer Erzieherin oder Lehrerin betreut werden.

Nach einer Woche ist Herr Meier begeistert. Kevin sei zwar immer noch sehr zappelig. Die Situation im Unterricht habe sich aber deutlich entspannt. Er sei nicht mehr so genervt und könne gelassener auf Störungen reagieren. Die Klasse sei insgesamt ruhiger geworden.

Die Mutter gewinnt aufgrund dieses Erfolges Vertrauen und erzählt, dass sie auch zu Hause massive Probleme mit Kevin habe. Ein Rollenspiel zur Hausaufgabensituation offenbart massive Konfrontationen zwischen Mutter und Sohn. Frau Schmidt reagiert äußerst ungeduldig und rigide auf Fehler von Kevin. Sie schreit Kevin an, gibt ihm auch mal eine Ohrfeige. Dies tut ihr dann aber leid, und sie versöhnt Kevin dann mit besonderer Zuwendung oder einem Geschenk. Häufig schreibt sie für Kevin die Hausaufgaben selbst, wenn es ihr zu lange dauert.

Im Anamnesegespräch erzählt Frau Schmidt, dass sie selbst früher eine Sonderschule besucht habe. Dies sei ihr sehr peinlich. Ihr Lebensgefährte erfährt dies erstmals. Ihre größte Angst sei, dass Kevin auch zur Sonderschule gehen müsse. Deshalb mache sie bei Hausaufgaben so viel Druck.

Mit dem Lebensgefährten wird verabredet, dass er die Hausaufgabenkontrolle übernimmt. Die Mutter ist sichtbar erleichtert und entlastet. In Beratungsgesprächen arbeitet die Mutter gemeinsam mit ihrem Lebensgefährten daran, ihr schwankendes Erziehungsverhalten klarer und konsequenter werden zu lassen. Im Rollenspiel übt sie z. B., Kevin beim Einkaufen nicht jeden Wunsch zu erfüllen, auch wenn er sie massiv erpresst. Es gelingt ihr schrittweise, Kevin Grenzen zu setzen.

– *Was hat die schulpsychologische Beratung für Kevin bewirkt?*
  – Kevin verhält sich noch immer unruhig, oft ist er regellos und aggressiv zu seiner Mutter und seinen Mitschülern.
  – Der Klassenlehrer kann mit den Störungen entspannter umgehen, bezieht nicht alles auf sich und hat durch konsequenteres Verhalten gegenüber seiner Klasse an Autorität gewonnen.
  – Die Mutter fühlt sich entlastet von den alltäglichen Streitereien bei den Hausaufgaben. Kevin lernt schrittweise, Aufgaben selbst zu lösen. Er kann die Mutter nicht mehr erpressen. Frau Schmidt fühlt sich in Erziehungsfragen nicht mehr allein, ihr Lebensgefährte unterstützt sie jetzt.
  – Die Situation in der Schule und Familie wird entspannter, aktuelle Konflikte konnten teilweise abgebaut werden. Die mittelfristige Arbeit kann beginnen.

– *Wie geht es weiter?*

Die Schulleitung beantragt ein *Feststellungsverfahren für den sonderpädagogischen Förderbedarf* „Emotionale und soziale Entwicklung". Kevin erhält aufgrund des Förderbedarfs zwei zusätzliche Förderstunden. Kevin kann daher täglich in der 3. und 4. Stunde an einer *temporären Lerngruppe* der Schule für Kinder mit Lern- und Verhaltensproblemen teilnehmen. Hier lernt er, sich selbst wahrzunehmen, sich selbst besser zu kontrollieren, impulsives Verhalten abzubauen, langsamer und konzentrierter zu arbeiten und Verantwortung für sein Verhalten zu übernehmen. In Absprache mit dem Klassenlehrer und den Fachlehrkräften wird ein Förderplan erstellt.

Die *Familienberatung* und die *Beratung des Klassenlehrers* werden fortgesetzt.

Tobias und die Rechtschreibung

Frau Meier kommt mit ihrem Sohn Tobias auf Anraten von Bekannten in die Sprechstunde der Schulpsychologin. Tobias besucht die 4. Klasse einer Grundschule und hat große Probleme mit der Rechtschreibung. Die Mutter erzählt, dass es eigentlich in allen Fächern Probleme gibt, weil Tobias in letzter Zeit schriftliche Arbeiten zunehmend verweigere. Nur Sport mache ihm noch Spaß.

Die Schule war von Anfang an ein Problem. Tobias verweilte in der Schulanfangsphase (1. bis 2. Klasse) ein zusätzliches Jahr und hatte trotz Förderunterricht nur mäßige Lernerfolge. Diktate waren meist unleserlich und mangelhaft. Die Mutter versuchte zu Hause, durch viel Üben Tobias zu helfen. Dabei gab es viele Konflikte.

Tobias wirkt sehr traurig. Er erzählt, dass er am liebsten nicht mehr zur Schule gehen wolle. Er klagt über häufige Bauch- oder Kopfschmerzen.

Im Anamnesegespräch werden mögliche Ursachen für die Rechtschreibschwäche deutlich:

Risikoschwangerschaft und -geburt: Die Mutter des Kindes war starke Raucherin und reduzierte das Rauchen erst im 3. Monat. Im 6. Monat musste sie wegen starker Blutungen stationär behandelt werden. Tobias wurde übertragen und die Geburt eingeleitet, das Fruchtwasser war verfärbt. Während der Geburt trat beim Kind ein Atemstillstand ein, und es musste auf die Intensivstation. Der Vater war Alkoholiker und die Mutter ließ sich scheiden, als Tobias 1 Jahr alt war. Die Mutter war durch die Trennung emotional stark belastet. Tobias war ein sehr unruhiges Kind, schlief schlecht und schrie viel.

Die motorische und die sprachliche Entwicklung waren auffällig: Tobias krabbelte nicht, sondern rollte nur. Erst im Alter von 3 Jahren konnte er verständliche Sätze sprechen. Zwischen Mutter und Sohn gibt es massive Konflikte bei Rechtschreibübungen. Der Stiefvater, mit dem die Mutter jetzt zusammenlebt, hat hohe Erwartungen an Tobias und ist mit den Schulleistungen sehr unzufrieden. Die Mutter versucht, zwischen beiden zu vermitteln.

– *Diagnostik*

Die Schulpsychologin macht mit Tobias einen Lese- und Rechtschreibtest und überprüft die Intelligenz. Tobias erreicht bei gut durchschnittlicher Intelligenz im Rechtschreibtest nur einen Prozentrang von 4. Das entspricht einer n Rechtschreibstörung nach ICD 11. Die Lesefähigkeit ist auch unterdurchschnittlich.

– *Familienberatung*

In Beratungsgesprächen wird der Blick der Eltern auf Tobias' „positive Seiten" gerichtet, denn seine Eltern „meckern immer nur". Tobias gewinnt Vertrauen. Die Eltern berichten von ihrer eigenen Schulzeit. Tobias ist sehr gespannt, als er erfährt, dass auch seine Eltern keine „Musterschüler" waren. Es wird verabredet, zu Hause keine Rechtschreibübungen mehr zu machen. Tobias ist sehr froh, die Mutter hat aber Angst, dass die Leistungen in der Schule noch schlechter werden. Tobias soll daher an einer Therapiegruppe für rechtschreibschwache Kinder teilnehmen.

Die Eltern erhalten die Aufgabe, statt des täglichen Übens mit Tobias einmal pro Woche etwas Schönes zu unternehmen. Tobias darf Vorschläge machen (Schwimmen, Kino, Spieleabend …). Herr Meier meint, seine Frau könne das ruhig machen, er selbst habe aber dafür keine Zeit. Doch nach weiteren Gesprächen ist er einverstanden. Schließlich fühlen sich Mutter und Sohn von täglichen Konflikten entlastet. Der Stiefvater wird stärker in die Erziehung mit einbezogen.

– *Beratung der Klassenlehrerin*

Mit der Klassenlehrerin werden mögliche Ursachen für die Lese-Rechtschreib-Schwäche besprochen und gemeinsam überlegt, wie Tobias im Deutschunterricht entlastet werden kann. Er erhält Nachteilsausgleich (vgl. § 16 Grundschulverordnung Berlin 2023; § 14 Sekundarstufe I Verordnung, Berlin 2021).

Die Zensierung seiner Rechtschreibleistungen wird ausgesetzt. Tobias erhält Lückendiktate, danach schreibt Tobias nur die erste Hälfte des Diktats. Die Lehrerin achtet besonders auf sein Tempo, denn Tobias schreibt sehr langsam. So kann sich Tobias schrittweise in der Schule Erfolge erarbeiten.

– *Die Lerntherapie*

Die Eltern stellen beim Jugendamt einen Antrag auf Kostenübernahme für eine Lerntherapie. Die Schulpsychologin begründet den Bedarf nach § 35a KJHG in einem Gutachten für das Jugendamt. Ein freier Träger bietet Lerntherapie in Tobias' Schule an. Durch Spiele und einfache Übungen entwickelt Tobias wieder das Gefühl, „etwas zu können". Seine Ängste und die massive Abwehrhaltung gegen „Schreiben" können schrittweise überwunden werden. Am Computer macht Tobias Rechtschreibübungen.

Die Arbeit in der Gruppe zeigt Tobias, dass auch andere Kinder Lese- und Rechtschreibprobleme haben. Sein Selbstvertrauen steigt. Jetzt können die optische und akustische Wahrnehmung, die Gedächtnisfunktionen und die Rechtschreibregeln gezielt trainiert werden.

– *Was hat die schulpsychologische Beratung bewirkt?*

– Tobias wird weiterhin viele Fehler in der Rechtschreibung machen. Doch ein massives, allgemeines Schulversagen konnte verhindert werden.
– Die Eltern akzeptieren Tobias und seine Rechtschreibschwäche besser. Tobias kann beweisen, dass er sich anstrengt und Leistungen erbringt. Der tägliche „Stress" beim Üben, der das ganze Familienleben belastete, konnte abgebaut werden. Die Familie findet durch gemeinsame Unternehmungen wieder mehr zueinander.
– Tobias hat neuen Mut entwickelt und zeigt wieder Lust, zu lernen. Seine Leistungen in der Schule sind nicht nur in Rechtschreibung, sondern auch in anderen Fächern besser geworden. Die psychosomatischen Symptome (Bauchschmerzen, Kopfschmerzen) lassen deutlich nach.

33.1 Schulpsychologie – was ist das?

Ein massiver Mangel an Lehrkräften erhöht die Belastungen von allen, die in Schulen arbeiten. Umso wichtiger wird deren psychologische Unterstützung durch Coaching, Supervision und Fortbildungen.

2024 arbeiteten rund 2150 Schulpsycholog:innen in Deutschland. Im letzten Jahrzehnt gab es einen deutlichen Ausbau der Schulpsychologie um 62 %. Die Schulpsychologie ist in allen Bundesländern ein fester Bestandteil des Unterstützungs- und Beratungsangebotes für Schulen. Diese positive Entwicklung zeigt die Notwendigkeit und Wertschätzung schulpsychologischer Arbeit in den Schulen und in der Bildungspolitik. Allerdings ist die Versorgung in den einzelnen Bundesländern sehr unterschiedlich. Detaillierte Angaben über die schulpsychologische Versorgung in den Bundesländern finden sich unter ▶ https://www.bdp-verband.de/sektionen/schulpsychologie.

Die Schulpsychologie feierte 2022 ihr 100-jähriges Bestehen. Der erste Schulpsychologe in Deutschland wurde 1922 in Mannheim eingestellt. Allerdings wurden erst Jahrzehnte später, in den 1950er-Jahren der damaligen Bundesrepublik schrittweise schulpsychologische Dienste aufgebaut. In der Deutsche Demokratische Republik (DDR) boten „Pädagogische Kreiskabinette" ab 1973 Beratung und Fortbildung durch Psychologinnen und Psychologen an (Drewes & Niebuhr, 2021).

Eine Vortragsreihe und Ausstellung anlässlich der 100-Jahrfeier dokumentieren die Entwicklung der Schulpsychologie in Deutschland bis zur heutigen Zeit (BDP, Sektion Schulpsychologie 2022; ▶ www.youtube.com/watch?v=zDRN9CpQIsU).

33.2 Wissenschaftliche Grundlagen und Arbeitsfelder der Schulpsychologie

Grundsätzlich werden Schulpsychologinnen und Schulpsychologen mit allen Fragen von Lern- und Verhaltensproblemen, mit persönlichen Krisen, mit psychischen Erkrankungen oder mit Gewaltvorfällen konfrontiert, die in der Schule vorkommen. Fragen der Inklusion und des Nachteilsausgleichs für Schülerinnen und Schüler mit sonderpädagogischem Förderbedarf oder psychischen Erkrankungen gehören ebenfalls dazu.

Darüber hinaus bieten viele Schulpsychologinnen und Schulpsychologen Systemberatung an, d. h., sie unterstützen Schulen bei Konzepten zur Inklusion, Gewaltprävention, Gesundheitsprävention, zur Verbesserung des Schul- und Klassenklimas und vor allem zur Beratung des Systems Schule gehören auch das Coaching und die Supervision von Lehrkräften, Erzieherinnen und Erziehern, pädagogischen Teams und Schulleitungen. Auch Vorträge und Fortbildungen gehören zum Aufgabenfeld.

Schulpsychologisches Wissen basiert auf den folgenden Bezugswissenschaften (Hasselhorn et al., 2021; Loßnitzer et al., 2021):
- Entwicklungspsychologie
- Pädagogische Psychologie
- Lernpsychologie
- Klinische Psychologie
- Motivationspsychologie
- Sozialpsychologie
- Arbeits-, Betriebs- und Organisationspsychologie
- Gesundheitspsychologie
- Notfallpsychologie

Die Hauptarbeitsfelder der Schulpsychologie sind (Drewes & Seifried, 2021)
- die soziale und emotionale Entwicklung der Schülerinnen und Schüler sowie ihr Verhalten gegenüber Mitschülern und Lehrkräften,
- die Lernfähigkeit, Motivation und Begabung,
- Intelligenz- und Schulleistungsdiagnostik,
- die Lehr- und Erziehungskompetenz der Lehrkräfte,
- die Erziehungskompetenz der Eltern,
- das Klassen- und Schulklima,
- die Leitungskompetenz in der Schule,
- die Schulstrukturen und
- die Schule als eigenverantwortlich lernendes System).

33.3 Anforderungen und Arbeitsbedingungen im Berufsfeld Schulpsychologie

Schulpsychologinnen und Schulpsychologen sind bei der Gemeinde, meistens aber beim jeweiligen Bundesland als Angestellte oder Beamte bzw. Beamtinnen beschäftigt. Auch einzelne Schulen haben sich für die Einstellung entschieden. Einstellungsvoraussetzung ist ein Master in Psychologie. Eine pädagogische Zusatzausbildung als Lehrkraft, in Sonderpädagogik oder eine therapeutische Zusatzausbildung sind wünschenswert, aber keine Einstellungsvoraussetzung. Bayern ist das einzige Bundesland, in dem Lehrkräfte ein zweites Fach „Schulpsychologie" studieren und mit einigen Stunden für Beratungstätigkeiten von ihrer Unterrichtsverpflichtung freigestellt sind.

Studierende, die Interesse am Berufsfeld Schulpsychologie haben, sollten im Studium den Schwerpunkt Klinische Psychologie wählen und während des Studiums ein Praktikum in einem schulpsychologischen Beratungszentrum absolvieren. An den Universitäten in Tübingen, Basel und Zürich gibt es einen Masterstudiengang Schulpsychologie. An der Medical-School in Hamburg ist ein Masterstudiengang in Vorbereitung. Eine spezifische Einarbeitung und gezielte Fortbildungen finden jedoch in der Regel nach der Einstellung in einem Beratungszentrum statt. Kenntnisse der Intelligenz- und Schulleistungsdiagnostik, der Verhaltensbeobachtung, der Anamneseerhebung und der Gesprächsführung sind von besonderer Bedeutung, ebenso ein Verständnis von Lern- und Verhaltensstörungen oder besonderen Begabungen.

Berufsbegleitend sind Fort- und Weiterbildungen in Gesprächsführung, Coaching, Supervision, Organisationsberatung und Notfallpsychologie empfehlenswert.

Schulpsychologinnen und Schulpsychologen arbeiten in Teams in den Beratungszentren. Sie beraten Schulen, Lehrkräfte, Schülerinnen, Schüler und ihre Eltern selbstständig. Sie sollten sich flexibel und mobil auf die Erwartungen und Anforderungen der Schulen einstellen können. In Flächenländern bestehen teilweise längere Anfahrtswege zu den Schulen. In einigen Bundesländern sind den Schulpsychologinnen und Schulpsychologen auch Beratungslehrkräfte zugeordnet. In Hamburg, Bremen und Berlin sind auch Sonderpädagoginnen und Sonderpädagogen fester Bestandteil der Teams. In vielen Bundesländern ist das schulpsychologische Angebot in den Schulgesetzen verankert. Ausführungsvorschriften und Handlungsrahmen bieten weitere fachliche Orientierungen (Drewes & Seifried, 2021).

Schulpsychologische Beratung unterliegt der gesetzlichen Schweigepflicht nach § 203 StGB und ist als Beratungsangebot für die Ratsuchenden kostenfrei.

33.4 Einkommen und Aufstiegsmöglichkeiten als Schulpsychologe oder Schulpsychologin

Die Einkommen von Schulpsychologinnen und Schulpsychologen richten sich bei Angestellten nach dem Tarifvertrag der Länder (▶ http://oeffentlicher-dienst.info/tv-l). Das Einstiegsgehalt ist E13 mit Aufstiegsmöglichkeiten nach E14 und E15.

Wenn Schulpsychologinnen und Schulpsychologen als Beamte beschäftigt werden, ist A13 das Einstiegsgehalt. Die Höhe des Einkommens ist jedoch je nach Bundesland unterschiedlich: (▶ www.beamtenbesoldung.org/besoldungstabellen). Leitungsaufgaben werden mit A14 und A15 vergütet.

Die Position des Schulpsychologiedirektors bzw. der Schulpsychologiedirektorin (E15, A15) beinhaltet die Leitung eines Beratungszentrums unterschiedlicher Größe mit Schulpsychologinnen/-psychologen, Beratungslehrerinnen/-lehrer und teilweise Sonderpädagoginnen/-pädagogen.

33.5 Anforderungen an die Tätigkeit der Schulpsychologie

Das Arbeitsfeld der Schulpsychologie ist weit gegliedert und basiert auf zwei Säulen: Der schülerzentrierten Einzelfallberatung und die Beratung des Systems Schule (Seifried, 2021a, b).

Schülerzentrierte Einzelfallberatung

Durch die schülerzentrierte Beratung können Schulpsychologinnen und Schulpsychologen Kindern und Jugendlichen entscheidende Impulse geben, um Schulversagen zu vermeiden, die Lernmotivation und Leistungsbereitschaft zu steigern oder besondere Begabungen zu fördern. Gerade bei bildungsfernen Familien ist es besonders wichtig, in der Schule die Resilienz der Schülerinnen und Schüler zu stärken.

Die schülerzentrierte Beratung umfasst alle Fragen von Lern- und Verhaltensproblemen, die im Laufe einer Schulzeit auftreten können: besondere Begabungen, Lese-Rechtschreib-Schwäche, Rechenschwäche, Aufmerksamkeits- und Konzentrationsprobleme, aggressives Verhalten, Schulunlust, Schuldistanz, Prüfungsangst u. v. a. Auch Gewaltprävention und Krisenintervention sind ein wesentliches Arbeitsfeld. Die Inklusionsberatung von Schülerinnen und Schülern mit sonderpädagogischem Förderbedarf gehört ebenfalls dazu, soweit psychologische Fragen des Verhaltens, der Motivation und der Förderplanung betroffen sind. Auch die Reintegration von psychisch erkrankten Schülerinnen und Schülern nach einem Klinikaufenthalt, die Absprache von Übergangsregelungen und Nachteilsausgleichen sind wichtige Aufgaben. Die schülerzentrierte Einzelfallberatung ist immer systemisch, d. h., die Bezugspersonen in der Familie und der Schule werden in die Beratung einbezogen.

Lehrkräfte oder Eltern wenden sich an die zuständige Schulpsychologie mit der Bitte um Beratung. Es folgt ein Explorations- und Anamnesegespräch, eventuell Schulleistungs- oder Intelligenzdiagnostik und eine entsprechende Beratung der Bezugspersonen. Fremddiagnostik von behandelnden Ärzten, Kliniken oder Psychotherapeutinnen wird einbezogen. Auch Gutachten und Empfehlungen für die Schule, die Schulaufsicht oder das Jugendamt werden erstellt. Sind Jugendhilfemaßnahmen nach dem Kinder- und Jugendhilfegesetz, speziell nach § 35a, erforderlich, z. B. für die Kostenübernahme für eine Lerntherapie, für die Unterbringung in einer Tagesgruppe oder in einem Schulersatzprojekt, ist meist ein schulpsychologisches Fachgutachten Voraussetzung.

Schulpsychologinnen und Schulpsychologen arbeiten in der Regel im Team eines Beratungszentrums. Je nach Versorgungsdichte im Bundesland sind 10 oder 50 Schulen zu betreuen. Damit variiert das Arbeitsfeld sehr stark. Nach Möglichkeit bieten Schulpsychologinnen und Schulpsychologen Sprechstunden in Schulen und im Beratungszentrum an. Ein gutes Vertrauensverhältnis zu den einzelnen Schulen, der Schulleitung und Systemkenntnis sind dabei von großer Bedeutung.

Im Rahmen der Entwicklung zur inklusiven Schule entstanden neue Aufgabenfelder für die Schulpsychologie. Eine enge Kooperation zwischen der Schulpsychologie und der Sonderpädagogik ist erforderlich. In einigen Bundesländern (Bremen, Hamburg und Berlin) wurde die schulpsychologische und die sonderpädagogische Beratung und Diagnostik bereits in gemeinsamen Beratungszentren zusammengefasst, sodass es für Ratsuchende nur noch eine Anlaufstelle gibt. Auch die Kooperation mit den Jugendämtern, niedergelassenen Lerntherapeutinnen, Psychotherapeuten, Ärztinnen und Kliniken wird immer wichtiger. Diese Kooperation und Vernetzung ist eine wesentliche Grundlage für das Gelingen der systemischen Einzelfallberatung in der inklusiven Schule (Seifried, 2021a, b). Förderziele, schulische und externe Unterstützungsmaßnahmen werden in Schulhilfekonferenzen zwischen Schule, Beraterinnen, Helfern, Schülerinnen, Schülern, ihren Eltern und Lehrkräften abgestimmt.

Aufgaben im Rahmen der Einzelfallberatung

Die Beispiele zeigen die Vielfältigkeit schulpsychologischer Beratung. Ein möglichst niedrigschwelliges Beratungsangebot an Schulen oder Beratungszentren soll den Ratsuchenden helfen, schulpsychologische Beratung zu kennen und in Anspruch zu nehmen.

Zentrale Aufgaben hierbei sind
— Beratungs-, Explorations- und Anamnesegesprächen mit Schülerinnen, Schülern und ihren Eltern,
— Beratungsgespräche mit Lehrkräften, Erzieherinnen, Sozialpädagogen, Sonderpädagoginnen u. a.,
— das Moderieren von Schulhilfekonferenzen,
— Verhaltensbeobachtung im Unterricht,
— Intelligenzdiagnostik,
— Schulleistungsdiagnostik (Lese-Rechtschreib-Schwäche, Rechenschwäche u. a.),
— Persönlichkeitsdiagnostik,
— Schulpsychologische Gutachten und Stellungnahmen.

Die Beratung des Systems Schule

Schulen haben einen Erziehungs- und Bildungsauftrag. Kinder und Jugendliche lernen gut, strengen sich an und entwickeln ihr höchstes Leistungspotenzial, wenn sie durch vertrauensvolle, persönliche Beziehungen und Bindungen zu Lehrkräften, Mitschülerinnen und Mitschülern motiviert werden, wenn das Klassen- und Schulklima sie motiviert, gerne zur Schule zu gehen.

Daher nutzt es wenig, wenn Schulpsychologinnen und Schulpsychologen sich nur um einzelne „Fälle" kümmern. Häufig sind es auch die Lernbedingungen in einer Klasse, die Beziehungen zu den Mitschülerinnen und Mitschülern oder Lehrkräften, die Lern- und Verhaltensprobleme erzeugen oder verstärken. Daher hat die Systemberatung als zweite Säule schulpsychologischer Arbeit besonderes Gewicht. Die Schulpsychologie unterstützt die pädagogische und soziale Entwicklung von Schulen aktiv. Schulpsychologinnen und Schulpsychologen können helfen, Schulen zu einem Arbeits- und Lebensort zu machen, an dem sich Schülerinnen, Schüler und Lehrkräfte wohlfühlen und daher auch mehr leisten.

In den letzten Jahren hatten die Themen Gewaltprävention und Krisenintervention, Mobbing, gesunde Schule/Lehrergesundheit und Inklusion eine besondere Bedeutung in der schulpsychologischen Systemberatung.

Aufgaben im Rahmen der Systemberatung

Die wichtigsten Angebote schulpsychologischer Systemberatung sind:
— **Krisenintervention und Notfallpsychologie:** In den letzten 20 Jahren seit der Amok-Tat von Erfurt 2002 wurde in allen Bundesländern das Arbeitsfeld Gewaltprävention und Krisenintervention aufgebaut. Schulen erhalten Fortbildungen zum Aufbau von Krisenteams und zur Gewaltprävention. Schulpsychologinnen und Schulpsychologen stehen im Krisenfall auch kurzfristig für Interventionen zur Verfügung. Dies sind nicht nur Gewaltvorfälle, sondern häufig auch psychische Krisen von Schülerinnen, Schülern und Lehrkräften (z. B. Suizidandrohungen, Suizide, Unfälle mit Todesfolge u. v. a.).

- **Soziales Training mit Klassen und Schülergruppen:** Konkurrenz, Aggressionen, Mobbing, Konflikte zwischen Jungen und Mädchen produzieren eine Vielzahl von Konflikten in der Schule. Lehrkräfte und Erzieherinnen benötigen fachliche Unterstützung bei der Art und Weise, wie das soziale Miteinander verbessert werden kann. Durch eine gezielte Klassenführung (Classroom Management), Interaktions- und Kommunikationstraining in der Klasse, durch die Ausbildung von Streitschlichtern und Konfliktlotsen u. v. a. können Schulpsychologinnen und Schulpsychologen die Schulen hierbei unterstützen. Hierbei arbeiten sie eng mit Sozialpädagoginnen und Sozialpädagogen zusammen, wenn es an der Schule Schulsozialarbeiter gibt.
- **Beratung, Coaching und Supervision von Lehrkräften, Erzieherinnen und Teams:** Den Schulen wurden in den letzten Jahrzehnten eine Vielzahl von Aufgaben übertragen: Gesundheitsmanagement, Begabungsförderung, Gewaltprävention, Förderung von Schülerinnen und Schülern mit Migrationshintergrund, Ganztagsbetrieb, Inklusion und vieles, vieles andere. Manche Lehrkräfte sprechen davon, dass sie zuerst Ansprechpartner und Sozialarbeiter für ihre Schülerinnen und Schüler sind und erst in zweiter Linie unterrichten. Diese vielfältigen Anforderungen, auch die Arbeit in Teams mit Lehrkräften, Erzieherinnen, Schulsozialarbeitern und Sonderpädagoginnen, erfordern Kooperation, Fallbesprechungen, Konfliktmoderation und anderes. Schulpsychologinnen und Schulpsychologen können helfen, durch Fallberatung, Coaching und Teamsupervision diese Prozesse und die Teamarbeit zu verbessern.
- **Beratung, Coaching und Supervision von Schulleitungen:** Schulleiterinnen und Schulleiter sind besonderen Anforderungen und Belastungen ausgesetzt. Schulentwicklungsprozesse sollen angestoßen, die Personalführung, die Unterrichtsentwicklung oder das Beschwerde- und Konfliktmanagement müssen gesteuert werden. Dabei gilt es, mit Widerständen im Kollegium umzugehen, Konflikte zwischen Lehrkräften, Schülerinnen, Schülern oder mit Eltern zu regeln und eine Vielzahl von Krisen zu bewältigen. Schulpsychologinnen und Schulpsychologen können durch Einzelcoaching, Intervisions- und Supervisionsgruppen helfen, Auswege aus Krisen zu finden, Deeskalationsstrategien zu entwickeln und damit zur Stärkung und Psychohygiene von Schulleitungen beizutragen.
- **Durchführung von Fortbildungen und Studientagen zu schulpsychologischen Themen:** Schulpsychologinnen und Schulpsychologen haben durch ihren engen Kontakt und ihr Vertrauensverhältnis zu Schulen eine hohe Feldkompetenz und interne Informationen. Gleichzeitig haben sie als Beraterinnen und Berater einen externen Blick auf die Schule. Daher sind sie gut geeignet, mit der jeweiligen Schulleitung, der Steuergruppe und in Kooperation mit Fortbildungsinstituten passgenaue Angebote für Studientage zu erarbeiten.

Drei Szenarien aus der Systemberatung

Die Flutkatastrophe im Ahrtal

Im Juli 2021 wurden das Ahrtal, das Erfttal und andere Nebentäler durch Starkregen überschwemmt. 134 Menschen starben, über 700 wurden verletzt, 3000 Häuser, 25 Schulen, Straßen und Bahnlinien wurden zerstört oder beschädigt. 17.000 Menschen verloren Hab und Gut. Bis zu 3000 Helferinnen und Helfer von Feuerwehr, Technischem Hilfswerk (THW), Bundeswehr, Polizei und vielen Freiwilligen waren im Einsatz. Auch schulpsychologische Krisenteams, insgesamt über 60 Personen, aus Rheinland-Pfalz, Nordrhein-Westfalen, Baden-Württemberg und Hessen waren vor Ort:

– Die schulpsychologische Krisenintervention begann in den letzten beiden Wochen der Sommerferien mit Kontaktaufnahmen und Gesprächsangeboten für betroffene Kinder und Jugendliche, Lehrkräfte und Schulleitungen. Wichtig dabei war es, für traumatisierte Personen einen Erstkontakt herzustellen und weitergehende Betreuungsangebote zu planen.
– Die Krisenteams hatten die Aufgabe, den betroffenen Schülerinnen, Schülern, Eltern, Lehrkräften und Schulleitungen Gespräche anzubieten, um traumatisierende Erfahrungen zu reflektieren, zu verarbeiten und positive Zukunftsziele zu entwickeln.
– In Einzelfällen war es notwendig, therapeutische Maßnahmen einzuleiten.
– Das zentrale Leitziel war, die Schulen bei einer Konsolidierung zu unterstützen und schrittweise eine Stabilisierung im Alltag zu ermöglichen.
– Die Unterstützungsangebote endeten erst zu Beginn der Herbstferien im Oktober 2021.

Gesundheitsmanagement

An einer Grundschule führte eine hohe Fehlquote von Lehrkräften und Erzieherinnen, an manchen Tagen bis zu 25 %, zu extremen Belastungen der vertretenden Lehrkräfte und der Schulleitung. Die Schulleiterin bittet die zuständige Schulpsychologin um Beratung, was sie tun könne. Es wird verabredet, die aktuelle Situation an der Schule in einer Online-Befragung zu erfassen. Die Schulpsychologin stellt das Projekt in einer Dienstbesprechung vor, und die Mehrheit des Kollegiums ist mit der Befragung einverstanden. Die Befragung wird mithilfe des IEGL-Fragebogens (▶ https://ichundmeineschule.eu/ueberblick) durchgeführt. Jede Teilnehmerin, jeder Teilnehmer erhält eine persönliche Auswertung und Rückmeldung, die Schulleitung eine anonymisierte Zusammenfassung. Mithilfe dieser Zusammenfassung wird ein Studientag geplant. In einem einführenden Vortrag der Schulpsychologin über Belastungen am Arbeitsplatz Schule werden die Ergebnisse der Befragung vorgestellt. In anschließenden Arbeitsgruppen werden die folgenden Themen bearbeitet:

– Förderplanung im Team – pädagogische Konzepte für schwierige Schülerinnen und Schüler
– Unterstützungsnetzwerk zur pädagogischen Arbeit mit verhaltensschwierigen Schülerinnen und Schülern
– Persönliches Gesundheits- und Zeitmanagement
– Optimierung des Schulmanagements
– Intervisionsgruppe zur Auswertung des persönlichen Fragebogenprofils

Die Ergebnisse der Arbeitsgruppen werden anschließend von der Steuergruppe der Schule auf ihre Umsetzbarkeit geprüft und konkrete Maßnahmen und Veränderungen auf der nächsten Gesamtkonferenz vorgestellt.

„Hilfe, wir haben jetzt Lernbehinderte an der Schule"

Der Schulleiter einer Oberschule ruft den zuständigen Schulpsychologen an, weil es massive Konflikte und Probleme mit verhaltensschwierigen und lernschwachen Schülerinnen und Schülern gibt. Diese waren erstmals in einer Verteilerkonferenz als „I-Schüler", d. h. Schülerinnen und Schüler mit sonderpädagogischem Förderbedarfen, der Schule zugewiesen worden. Traditionell war das Kollegium dieser Realschule gewohnt, „schwierige" Schülerinnen und Schüler nach dem Probehalbjahr „abzuschulen". Schülerinnen und Schüler mit dem Förderbedarf Lernen besuchten das Förderzentrum.

Das Beratungszentrum bietet dem Jahrgangsteam regelmäßige Termine zur kollegialen Fallbesprechung und Teamsupervision an. In der ersten Sitzung äußern die Lehrerinnen und Lehrer massive Kritik an der Schulreform. Warum bleiben diese Schüler nicht in kleinen Klassen an Sonderschulen? Schrittweise gelingt es, die pädagogischen Erfolge der Lehrkräfte im Umgang mit schwierigen Schülerinnen und Schülern in den Vordergrund zu stellen.

Mit den Lehrkräften werden realistische, konkrete Entwicklungsziele für die Schülerinnen und Schüler entwickelt. Dies ermöglicht den Blick auf pädagogische Erfolge. Erstaunlich für die Lehrkräfte ist es, dass sich die Schülerinnen und Schüler in verschiedenen Fächern und bei verschiedenen Lehrkräften unterschiedlich verhalten. Die Teambesprechungen können eine Spaltung des Jahrgangsteams verhindern und helfen zu reflektieren, unter welchen Bedingungen bei welchen Lehrkräften einzelne Schülerinnen und Schüler Leistungsbereitschaft und angepasstes Verhalten zeigen. Konkrete Förderpläne können besprochen und flankierende Jugendhilfemaßnahmen eingeleitet werden.

Eine Perspektive aus der Praxis

Andreea Hake, 40 Jahre, Diplompsychologin, Psychologische Psychotherapeutin i. A., seit 2010 Schulpsychologin in einem Schulpsychologischen und inklusionspädagogischen Beratungszentrum in Berlin

Warum sind Sie Schulpsychologin geworden? Was gefällt Ihnen an der Arbeit als Schulpsychologin besonders?

Meine Mutter war selbst Lehrerin, daher wurde zu Hause viel über schulisches Lernen diskutiert. Dass es so etwas wie eine „Schulpsychologie" gibt, habe ich eher zufällig nach meinem Psychologiestudium erfahren.

Besonders gefällt mir die Vielfalt: Einzelarbeit und systembezogene Arbeit (Coaching, Supervision, Teamentwicklung). Es wird nie langweilig, weil jeder Fall – auch bei gleicher Fragestellung – anders ist.

Welche Bedeutung hat für Sie die Systemberatung im Vergleich zur Einzelfallberatung?

Einzelfallberatung ohne den systemischen Blick ist aus meiner Sicht wenig Erfolg versprechend. Denn nur durch den Einbezug von wichtigen Akteuren des Systems (ob Schule oder Familie) kann das Lösungsrepertoire für individuelle Probleme erweitert werden.

Welche Kompetenzen sind in diesem Beruf besonders gefordert? Was erleben Sie als besondere Herausforderung?

Allparteilichkeit und Neutralität, z. B. in Schulhilfekonferenzen, sind manchmal schwer zu erreichen. Als Kompetenzen sind vor allem gefragt: schwierige Gespräche führen und fachlich begründete Lösungen präsentieren können; schulpsychologische Gutachten und Stellungnahmen für die Kostenübernahme von Lerntherapien oder Psychotherapien schreiben können, Zeitmanagement …, aber auch die Grenzen des Machbaren im System Schule akzeptieren können.

Wer sind Ihre wichtigsten Kooperationspartner in der schulpsychologischen Beratung?

Neben dem schulischen Personal (z. B. Schulleitung, Lehrkräfte, Erzieher:innen, Schulsozialarbeitende) auch weitere Institutionen wie die Erziehungs- und Familienberatungsstelle, der Kinder- und Jugendpsychiatrische Dienst, das Jugendamt, niedergelassene Kinder- und Jugendärzt:innen bzw. -therapeut:innen, Klinikeinrichtungen etc.

Welche Fortbildungen sind hilfreich und empfehlenswert?

Systemische, lösungsorientierte Beratung, psychotherapeutische Ausbildungen, Coaching, Supervision …

Eine Perspektive aus der Wissenschaft

Prof. Dr. Marcus Hasselhorn ist Professor für Psychologie mit dem Schwerpunkt Bildung und Entwicklung an der Goethe-Universität Frankfurt. Er ist Direktor am Deutschen Institut für Internationale Pädagogische Forschung (DIPF) in Frankfurt am Main und leitet dort die Abteilung Bildung und Entwicklung sowie das Forschungszentrum IdeA zur Entwicklung und Förderung von Kindern mit erhöhtem Risiko für Bildungsmisserfolg.

Schulpsychologie kann als angewandte Psychologie für die Schule umschrieben werden. Sie basiert auf den Erkenntnissen der akademischen Psychologie und bedient sich der Theorien, Befunde und Methodologie der gesamten Psychologie. Besondere Bedeutung haben hierbei die Entwicklungspsychologie, die Pädagogische Psychologie, die Klinische Psychologie und die Organisationspsychologie. Obwohl viele nützliche Theorien und Befunde vorliegen und die praktisch tätigen Schulpsychologinnen und Schulpsychologen zur kritischen Reflektion wissenschaftlicher Forschungsbefunde befähigt sind, stehen sie in der Praxis immer wieder neu vor der Herausforderung, dass die Probleme, zu deren Lösung sie beitragen sollen, oftmals diffus, komplex und widersprüchlich sind. Daher erfolgt das alltägliche schulpsychologische Handeln immer wieder unter großer Unsicherheit. Diese Unsicherheit ist ein inhärenter Bestandteil des beruflichen Handlungsspektrums in der Schulpsychologie, da die schulpsychologische Expertise immer dann angefragt wird, wenn im Bereich des Erlebens und Verhaltens von Schülern oder aber in der Interaktion zwischen Lehrkräften und Schülern Probleme auftreten, die sich nicht durch pädagogisch bewährte Maßnahmen haben lösen lassen und bei denen die beteiligten Schulverantwortlichen unter Handlungs- und Leidensdruck stehen. Expertinnen und Experten der Schulpsychologie werden meist dann einbezogen, wenn Standardlösungen nicht erfolgreich waren und bei den Verantwortlichen in der Schule große Unsicherheit herrscht. Das schrittweise wissenschaftlich fundierte Vorgehen, das die Grundlage professionellen schulpsychologischen Alltagshandelns darstellt, wird in der Regel bereits im Rahmen eines Vollzeitstudiums in Psychologie vermittelt. Allerdings wird nur an wenigen Universitäten ein expliziter Master in Schulpsychologie angeboten. Im Vergleich zu anderen Ländern haben wir in Deutschland noch Nachholbedarf an (schul-)psychologischer Forschung und Lehre.

Fazit

Das Arbeitsfeld der Schulpsychologie ist sehr vielseitig und abwechslungsreich. Schulpsychologinnen und Schulpsychologen haben viele Freiräume, um Schwerpunkte zu setzen und ihre Kompetenzen flexibel im System Schule einzubringen. Sie arbeiten in Teams und können sich gegenseitig beraten und unterstützen. Es bieten sich viele Möglichkeiten, durch psychologische Beratungen und Interventionen zu stabilisieren und zu stützen:

- Es ist positiv, mit verzweifelten Schülerinnen, Schülern oder Eltern einen Ausweg aus der aktuellen Krise zu erarbeiten.
- Man hat Erfolge dabei, überlastete oder resignierte Lehrkräfte zu beraten, sie zu stärken und ihnen neue Zuversicht für den Beruf zu geben.
- Schulleiterinnen und Schulleiter sind dankbar, wenn sie im Einzelcoaching oder in der Gruppensupervision Lösungen für ihre vielfältigen Probleme und Konflikte finden.

Schulpsychologinnen und Schulpsychologen können helfen, mit psychologisch-therapeutischem Wissen und Kompetenzen Probleme und Krisen in der Schule zu lösen. Belastungsfaktoren und Ängste können abgebaut und erfolgreiches Handeln generiert werden.

Literatur

Beamtenbesoldung.org. Beamtenbesoldung – Besoldung. www.beamtenbesoldung.org/besoldungstabellen. Zugegriffen am 14.05.2024.

Berufsverband Deutscher Psychologinnen und Psychologen (BDP), Sektion Schulpsychologie. https://www.bdpverband.de/sektionen/schulpsychologie. Zugegriffen am 3.10.2024.

Berufsverband Deutscher Psychologinnen und Psychologen (BDP), Sektion Schulpsychologie. (2022). 100 Jahre Schulpsychologie. 1922–2022 Schulpsychologie in Deutschland – Ausstellung zur Arbeit der Schulpsychologie. https://schulpsychologie.de/blog/100-jahre-schulpsychologie-ausstellung/BDP-2022-Ausstellung-100JahreSchulpsychologie.pdf. Zugegriffen am 14.05.2024.

Bundesinstitut für Arzneimittel und Medizinprodukte (BfArM). (2022). ICD-11 in Deutsch – Entwurfsfassung. https://www.bfarm.de/DE/Kodiersysteme/Klassifikationen/ICD/ICD-11/uebersetzung/_node.html. Zugegriffen am 3.10.2024.

Bundesministerium der Justiz. (2024). Sozialgesetzbuch (SGB) Achtes Buch (VIII) – Kinder und Jugendhilfe. Neugefasst durch Bek. v. 11.9.2012 I 2022; zuletzt geändert durch Art. 1 G v. 21.12.2022 I 2824; 2023 I Nr. 19. www.gesetze-im-internet.de/sgb_8/BJNR111630990.html. Zugegriffen am 14.05.2024.

COPING – Psychologische Diagnostik & Personalentwicklung. IEGL. https://ichundmeineschule.eu/ueberblick. Zugegriffen am 14.05.2024.

Dilling, H., Mombour, W., & Schmidt, M. H. (2015). *ICD-10-Codierung in der Praxis. Klassifikation psychischer Störungen von WHO – World Health Organization* (10. Aufl.). Hogrefe.

Drewes, S., & Niebuhr, A. (2021). Geschichte der Schulpsychologie in Deutschland. In K. Seifried, S. Drewes, & M. Hasselhorn (Hrsg.), *Handbuch Schulpsychologie* (S. 14–23). Kohlhammer.

Drewes, S., & Seifried, K. (2021). Aufgaben und Organisationsformen der Schulpsychologie in Deutschland. In K. Seifried, S. Drewes, & M. Hasselhorn (Hrsg.), *Handbuch Schulpsychologie* (S. 43–56). Kohlhammer.

Hasselhorn, M., Drewes, S., & Seifried, K. (2021). Wissenschaftliches Selbstverständnis schulpsychologischen Handelns. In K. Seifried, S. Drewes, & M. Hasselhorn (Hrsg.), *Handbuch Schulpsychologie* (S. 24–31). Kohlhammer.

Jimerson, S., Oakland, T., & Farrell, P. (Hrsg.). (2007). *The handbook of international school psychology*. Sage.

Loßnitzer, C., Moschko, T., Gawrilow, C., Schmid, J., & Hasselhorn, M. (2021). Forschungsgrundlagen der Schulpsychologie. In K. Seifried, S. Drewes, & M. Hasselhorn (Hrsg.), *Handbuch Schulpsychologie* (S. 32–42). Kohlhammer.

Öffentlicher Dienst.info. TV-L – Tarifvertrag für den Öffentlichen Dienst der Länder. https://oeffentlicher-dienst.info/tv-l. Zugegriffen am 14.05.2024.

Regionale Beratungs- und Unterstützungszentren (ReBUZ) Bremen. www.rebuz.bremen.de/startseite-1459. Zugegriffen am 14.05.2024.

Regionale Bildungs- und Beratungszentren (ReBBZ) Hamburg. www.hamburg.de/rebbz-info. Zugegriffen am 14.05.2024.

Seifried, K. (2021a). Beratung in der Schule – Kooperation und Vernetzung. In K. Seifried, S. Drewes, & M. Hasselhorn (Hrsg.), *Handbuch Schulpsychologie* (S. 57–72). Kohlhammer.

Seifried, K. (2021b). Die inklusive Schule – Ein Aufgabenfeld der Schulpsychologie. In K. Seifried, S. Drewes, & M. Hasselhorn (Hrsg.), *Handbuch Schulpsychologie* (S. 286–298). Kohlhammer.

Seifried, K. (2021c). Kinder und Jugendliche mit psychischen Erkrankungen – Eine Aufgabe der inklusiven Schule. In K. Seifried, S. Drewes, & M. Hasselhorn (Hrsg.), *Handbuch Schulpsychologie* (S. 204–219). Kohlhammer.

Seifried, K. (2021d). Supervision und Coaching in der Schule. In K. Seifried, S. Drewes, & M. Hasselhorn (Hrsg.), *Handbuch Schulpsychologie* (S. 402–411). Kohlhammer.

Senatsverwaltung für Bildung, Jugend und Familie Berlin. (2019). Qualitäts- und Handlungsrahmen für der SIBUZ – Schulpsychologische und inklusionspädagogische Beratungs- und Unterstützungszentren. www.berlin.de/sen/bildung/unterstuetzung/beratungszentren-sibuz. Zugegriffen am 14.05.2024.

Senatsverwaltung für Bildung, Jugend und Wissenschaft. (2021). *Verordnung über die Schularten und Bildungsgänge der Sekundarstufe I (Sekundarstufe I-Verordnung – Sek I-VO)*. Berlin: Senatsverwaltung für Bildung, Jugend und Wissenschaft. www.schulgesetz-berlin.de/berlin/sekundarstufe-i-verordnung.php. Zugegriffen am 14.05.2024.

Senatsverwaltung für Bildung, Jugend und Wissenschaft. (2022). *Verordnung über den Bildungsgang der Grundschule (Grundschulverordnung – GsVO)*. Berlin: Senatsverwaltung für Bildung, Jugend und Wissenschaft. www.schulgesetz-berlin.de/berlin/grundschulverordnung.php. Zugegriffen am 14.05.2024.

Tätigkeiten in der Sportpsychologie

Jan Mayer

Inhaltsverzeichnis

34.1 Sportpsychologie – was ist das? – 415

34.2 Sportpsychologie – ein ganz besonderes Tätigkeitsfeld? – 416
Aufgaben im Rahmen der Tätigkeit – 416
Mobilitätsbereitschaft – 418
Einkommen – 418
Persönliche Weiterbildung – 418

34.3 Die Rolle von Psycholog:innen im Berufsfeld Sportpsychologie – 420

34.4 Anforderungen an die Tätigkeiten der Sportpsychologie – 421
Schwerpunktsetzung – 421
Fachliche Inhalte – 421
Praxis, Praxis, Praxis – 422

Literatur – 423

© Der/die Autor(en), exklusiv lizenziert an Springer-Verlag GmbH, DE, ein Teil von Springer Nature 2024
M. Mendius, S. Werther (Hrsg.), *Psychologie in Studium und Beruf*,
https://doi.org/10.1007/978-3-662-68508-2_34

„Gut sein, wenn's drauf ankommt!" – Das ist das, sehr allgemein und unter Vorbehalt zusammengefasste, Motto der Sportpsychologie. Bei der Sportpsychologie handelt es sich um ein relativ junges Fachgebiet der Psychologie, dessen Relevanz in den letzten Jahren jedoch deutlich angestiegen ist. Das liegt mitunter daran, dass das Erbringen von Höchstleistungen zu einem gewissen Zeitpunkt nicht nur im Sport, sondern auch in vielen anderen Bereichen unserer Gesellschaft mittlerweile eine zentrale Rolle spielt. Ebenso wie die Anwendungsbereiche ist auch der Beruf der Sportpsychologie sehr vielfältig, was im Laufe dieses Kapitels deutlich werden wird. Im Folgenden soll zunächst eine typische Situation aus der Sportpsychologie das Tätigkeitsfeld anschaulich beschreiben.

Ein Szenario

Jochen ist ein 20-jähriger Schwimmer. Er schwimmt Mittelstrecke Freistil, das sind 400 m und 800 m. Er ist Mitglied der deutschen Nationalmannschaft (A-Kader) und hat das Ziel, bei den nächsten Olympischen Spielen über 800 m zu starten. Dazu muss er bei nationalen und internationalen Wettkämpfen (Qualifikationswettkämpfe) die deutsche Qualifikationsnorm bestätigen, d. h., eine vom Deutschen Schwimmverband vorgegebene Zeit auf seiner Strecke unterbieten. Das Training der Mittelstreckler:innen im Schwimmen ist sehr aufwendig. Vormittags um 7:30 Uhr schwimmt er 7,5 km (im Hallenbad mit einer 25 m Bahn sind das 300 Bahnen). Danach geht Jochen zur Uni, er studiert Sportwissenschaft und Englisch für Lehramt. Nach dem Mittagessen macht er Kraft- und Beweglichkeitstraining. Dann, am Nachmittag, noch eine Vorlesung und abends noch einmal ca. 7 km (280 Bahnen) Schwimmtraining.

Bei diversen Trainingswettkämpfen hat Jochen die geforderte Norm schon unterboten. Bei den offiziellen Qualifikationswettkämpfen ist er bisher allerdings deutlich daran gescheitert. Sowohl er als auch sein Trainer sind sich einig, dass dieses regelmäßige Scheitern nicht konditionelle, technische oder taktische Gründe haben kann, sondern mental begründet sein könnte. Da die nächsten Qualifikationswettkämpfe erst in 6 Monaten stattfinden, überlegen sich Jochen und sein Trainer, ob nicht die Zusammenarbeit mit einer Sportpsychologin oder einem Sportpsychologen hilfreich sein könnte. Da Jochen am Olympiastützpunkt trainiert, entscheidet er sich dazu, den dortigen Sportpsychologen zu kontaktieren. Jeder Olympiastützpunkt bietet den Kaderathletinnen und -athleten kostenfreie sportpsychologische Beratung und Betreuung an. Da Jochens Trainer schon mehrfach mit dem Sportpsychologen zusammengearbeitet hat, nimmt er Kontakt mit ihm auf und schildert die Problematik aus seiner Sicht. Per SMS vereinbaren Jochen und der Sportpsychologe dann den ersten Termin und setzen sich kurz darauf im Besprechungsraum des Olympiastützpunkts zusammen.

Da der Sportpsychologe die Problematik schon vom Trainer ausführlich geschildert bekam, soll Jochen jetzt insbesondere aus seiner Sicht den Wettkampf (also Wettkampfvorbereitung, Wettkampfverlauf und auch die Situation nach dem Wettkampf) beschreiben.

„… Ich muss unbedingt im Wasser schnell sein. Schon lange vorher mache ich mir Gedanken, ob es gelingen wird, und was passiert, wenn ich es wieder nicht schaffen sollte. Dann habe ich nur noch eine Chance. Im Wettkampf achte ich natürlich darauf, was die Konkurrenten im Wasser machen. Und dann merke ich langsam, wie es anstrengend wird, und ich hab dann Sorge, dass die Zeit nicht gut genug ist …"

Der Sportpsychologe erkennt schon einige typische Muster. Um sich aber sicher zu sein, setzt er zusätzlich noch verschiedene diagnostische Verfahren ein (z. B. ein Inventar zur Wettkampfängstlichkeit, einen weiteren Fragebogen zur Handlungs- versus Lageorientierung und ein Persönlichkeitsinventar). Anhand der Befragung und der Testung kommt der Sportpsychologe zu dem Schluss, dass Jochen an seiner wettkampfbezogenen Kompetenzerwartung arbeiten muss. Das ist die Erwartung, aufgrund der eigenen Fähigkeiten Handlungen auch in schwierigen Situationen erfolgreich ausführen zu können.

Der von Jochen empfundene Druck beim Qualifikationswettkampf, die Bestzeit jetzt unbedingt abrufen zu müssen, führt dazu, dass er aktiv in seinen Bewegungsablauf eingreift. Dadurch fehlen ihm die Lockerheit, und damit die Geschmeidigkeit, die schnelles Schwimmen ausmacht. Man nennt dieses Phänomen auch Koaktivierung: Der Gedanke „ich muss jetzt unbedingt schnell schwimmen" greift in den fein abgestimmten Bewegungsablauf (optimales Zusammenspiel von Muskelbeuger und Muskelstecker) ein, sodass dieser gestört wird. Die Bewegung wird verkrampft und unrund. Bei Jochen geht es also darum, dass er den Glauben an die eigene Wirksamkeit (Kompetenz) aufbaut, dass ein „Loslassen" möglich ist, damit die hoch automatisierten Bewegungsabläufe auch im Wettkampf ungestört ablaufen können.

Jochen sieht schnell ein, dass er sich durch seinen zu starken Willen und die unzweckmäßigen „Muss"-Gedanken vor und während des Rennens selbst im Weg steht. Mit dem Sportpsychologen möchte er daran arbeiten, den Zustand der wettkampfbezogenen Kompetenzerwartung aktiv herstellen zu können. Gemeinsam entwickeln sie einen Plan für die nächsten Wochen. Abgestimmt auf die folgenden Vorbereitungswettkämpfe, anstehende Trainingslager und Qualifikationswettkämpfe erarbeiten sie, wie intensiv trainiert werden soll und welche psychologischen Fertigkeiten vermittelt und für den Wettkampf stabilisiert werden können.

Es ist Jochen völlig klar, dass sich eine wettkampfbezogene Kompetenzerwartung nicht durch ein oder zwei Gespräche mit einem Sportpsychologen einstellt, sondern dass er hier systematisch mental trainieren muss.

In dem Interventionsplan werden regelmäßige Treffen mit dem Sportpsychologen (auch in der Schwimmhalle) vereinbart. Jochen wird dabei verschiedene sportpsychologische Techniken kennenlernen. So wird er sich seinen optimalen Bewegungsablauf im Wettkampf regelmäßig vorstellen (Mentales Training), er wird mit Relaxationstechniken vertraut und erlernt diese. Außerdem geht es darum, seine Gedanken vor und im Wettkampf aktiv zu steuern (Selbstgesprächsregulation). Zusätzlich wird Jochen viel an der Interaktion mit seinem Trainer arbeiten, da dieser auch den Zustand einer wettkampfbezogenen Kompetenzerwartung massiv beeinflussen kann. – Eine Zeit der intensiven Zusammenarbeit beginnt.

34.1 Sportpsychologie – was ist das?

Ganz allgemein kann nach Thomas (1995) festgehalten werden, dass die Sportpsychologie als wissenschaftliche Disziplin die Ursachen und Wirkungen der psychischen Vorgänge und Erscheinungen untersucht, die sich beim Menschen vor, während und nach sportlicher Tätigkeit abspielen. Nach Brand (2019) zeichnet sich die praktische Sportpsychologie unter anderem dadurch aus, dass psychologisches Fachwissen und psychologische Methoden auf den Verhaltensbereich Sport (im weiteren Sinne) angewandt oder aus diesem generiert werden.

Der häufigste Grund für das Aufsuchen von Sportpsycholog:innen ist, dass die Leistung der Sportler:innen hinter der Erwartung und dem Potenzial zurückbleibt bzw. nicht mehr konstant abgerufen werden kann (Kellmann et al., 2011). Man bezeichnet dieses Phänomen auch als Trainingsweltmeister-Phänomen: Es gibt Sportler:innen, die im Training ihre volle Leistungsfähigkeit erreichen. Es gelingt ihnen aber nicht, diese in den Wettkampf zu übertragen.

Nach Eberspächer et al. (2002) kann als Ziel der sportpsychologischen Beratung und Betreuung das Abrufen der optimalen Leistung zum definierten Zeitpunkt angesehen werden. Dies setzt natürlich eine mentale Fitness oder mentale Gesundheit voraus und resultiert aus einer zweckmäßigen Regulation individueller Prozesse und der Gestaltung leistungsförderlicher Rahmenbedingungen.

Die Behandlung von psychischen Störungen und Krankheiten (z. B. einer Depression) fällt nicht in das Aufgabengebiet der Sportpsychologie. Die praktisch tätigen Sportpsycholog:innen sollten jedoch sehr sensibel dafür sein und entsprechende Anzeichen früh erkennen. In diesem Falle müssen die betroffenen Sportler:innen an professionelle Fachkräfte mit entsprechender Ausbildung (Psychiater:in/Psychotherapeut:in) verwiesen werden (▶ Kap. 3).

34.2 Sportpsychologie – ein ganz besonderes Tätigkeitsfeld?

Noch vor einigen Jahren (zu Beginn des 21. Jahrhunderts) hatte die sportpsychologische Arbeit im Spitzensport nur einen geringen Stellenwert und sportpsychologische Forschung fand lediglich in geringem Umfang für die Belange des Spitzensports statt. Eine systematische und langfristige sportpsychologische Betreuung von Sportler:innen oder Trainer:innen erfolgte nur selten, geschweige denn im Nachwuchs-

bereich. Ursächlich hierfür waren Vorurteile, mangelndes Wissen, schlechte Erfahrungen und vielfach fehlendes Vertrauen (Neumann, 2012).

Zur Koordination der sportpsychologischen Betreuung wurde 2002 vom Deutschen Olympischen Sportbund (DOSB; damals Deutscher Sportbund (DSB)) eine zentrale Koordinierungsstelle (ZKS) für Sportpsychologie eingerichtet. Zudem wurde eine Expertendatenbank durch das Bundesinstitut für Sportwissenschaften (BISp) bereitgestellt, um die mentalen Leistungsreserven im deutschen Spitzensport mit professioneller Hilfe auszuschöpfen. Seit 2022 liegen die Aufgaben der ZKS wieder vollständig im DOSB, der Betrieb der Expertendatenbank wurde 2024 von der Arbeitsgemeinschaft für Sportpsychologie e.V. (asp) übernommen. Der Bedarf und die Nachfrage an seriöser und qualifizierter sportpsychologischer Betreuung und Beratung sind mittlerweile groß. In nahezu allen Spitzensportverbänden betreuen sportpsychologische Expert:innen die Kadersportler:innen und stehen teilweise auch den Trainer:innen für ihre Arbeit beratend zur Seite. Der Deutsche Fußballbund (DFB) und die Deutsche Fußball Liga (DFL) (2023) fordern mittlerweile sogar im Rahmen der Zertifizierung der Nachwuchsleistungszentren im Fußball sportpsychologische Betreuung ein (vgl. Anhang V der Lizenzierungsordnung der DFL).

Auch im Gesundheitssport spielt die Sportpsychologie eine immer größere Rolle, z. B. bei der Ermittlung und Förderung der Motivation zum (Breiten-)Sport oder bei der Diagnose von Gefahren und Risiken im Gesundheitssport bis hin zur Burn-out-Prophylaxe.

Aufgaben im Rahmen der Tätigkeit

Die Aufgaben und Tätigkeiten der Sportpsychologie können sehr vielfältig sein, je nachdem, in welchem Kontext man sich befindet. Sportpsycholog:innen haben während der Betreuung einer Nationalmannschaft eines Olympischen Spitzenverbandes ein anderes Tätigkeitsprofil als während der Betreuung eines Olympiastützpunktes oder eines Nachwuchsleitungszentrums in einem professionellen Fußballclub.

Ehrlenspiel et al. (2011) geben im Rahmen einer Studie einen Überblick über die Arbeitsschwerpunkte und Aufgabenbereiche der in Deutschland praktisch tätigen sportpsychologischen Fachkräfte. Viele von ihnen sind gleichzeitig in mehreren der folgenden Bereiche tätig:
- Sportpsychologie im Leistungssport (d. h. sportpsychologische Individualbetreuung von Sportler:innen, Ausbildung von Trainer:innen und Beratungsleistungen für Trainer:innen und Verbände)
- Trainer:innen (lizenzierte Übungsleiter:innen)
- Psychologisches Training und Coaching in der Wirtschaft
- Private Praxis (d. h. selbstständige Tätigkeit z. B. als Psycho- oder Sporttherapeut:in)
- Klinik (Tätigkeit z. B. als Psycho- oder Sporttherapeut:in in einer Klinik)
- Universität (Arbeit in Forschung und Lehre)

In einer regelmäßig stattfindenden Analyse der Arbeit von Sportpsycholog:innen in der Nationalmannschaftsbetreuung der Olympischen Spitzenverbände finden Kuhn und Mayer (2012) eine enorme Bandbreite an aufkommenden Fragestellungen:
- **Sportpsychologische Basiskompetenzen:**
  - Allgemeine Wettkampfvorbereitung
  - Psychoregulation: Schulung der willentlichen Entspannungs- und Mobilisationsfähigkeiten
  - Konzentrationstraining
  - Aufmerksamkeitsregulation, Entwicklung eines leistungsförderlichen Fokus im Wettkampf
  - Zielsetzungstraining, Zielvereinbarungsgespräche
  - Verbesserung der Fähigkeit zur Selbstregulation
  - Mentales Techniktraining, Visualisierungsübungen
  - Selbstgesprächsregulation im Wettkampf
  - Stabilisierung von Handlungsroutinen unter Druck, Prognosetraining
  - Verbesserung der Körperwahrnehmungsfähigkeiten, Wahrnehmungstraining
  - Coachingeffektivität (Trainer:innen)
  - Teamunterricht: Vermittlung von sportpsychologischem Basiswissen
- **Diagnostik und Analyse:**
  - Problem- bzw. Verhaltensanalysen
  - Psychologische Diagnostik (Screening, regelmäßige psychologische Leistungsdiagnostik)
  - Wettkampfnachbetrachtung und Potenzialanalyse (Debriefing)
- **Teamentwicklung:**
  - Teamentwicklung (Mannschaftszusammenhalt, Kohäsion)
  - Begleitung von Gruppenprozessen
  - Trainer:in-Athlet:in-Interaktion, Kommunikationsprobleme im Team, Kommunikationsstrategien
  - Gestaltung von Feedbackprozessen (Videoanalysen, Trainer:in-Athlet:in-Gruppengespräche etc.)
- **Individuelle Beratungsanlässe:**
  - Trainer:innenberatung (*coach the coach*): Kommunikation, Teamführung
  - Persönliche Fragestellung der Sportler:innen (z. B. berufliche oder private Probleme)
  - Trainer:in-Athlet:in-Kooperation
  - Umgang mit belastenden Situationen
  - Umgang mit Verletzungen, Verletzungsangst, Verletzungsmanagement
  - Umgang mit Stress, Angst, Leistungsdruck
  - Umgang mit Niederlagen/Fehlern

- Krisenintervention, Mediation
- Burn-out und Depressivität
- Schlafprobleme, Essprobleme
- Motivationsprobleme
- Begleitung von Zielsetzungsprozessen, Zielvereinbarungsgespräche
- Veränderung negativer Selbstgespräche, kognitiv-emotive Umstrukturierung (Reframing)
- Optimierung von Abläufen, Zeitmanagement
- Kontrolle gewinnen über Spiel und Gegner:innen
- Umfeldmanagement: Optimierung der organisatorischen Abläufe im Hinblick auf eine duale Karriere

— **Organisationsentwicklung:**
- Entwicklung von Lehrplänen und Verbandskonzeptionen
- Optimierung der Kommunikation und organisatorischer Abläufe im Verband
- Trainer:in-Trainer:in-Thematik
- Trainer:innenweiterbildung

— **Sonstige:**
- Umgang mit der Presse, Medientraining
- Dopingtests

Mobilitätsbereitschaft

Sportpsycholog:innen im Leistungssport arbeiten direkt mit den Sportler:innen und den Trainer:innen zusammen. Diese Arbeit findet üblicherweise direkt vor Ort an der Trainings- oder Wettkampfstätte statt. Auch in der freien Wirtschaft ist die Arbeit kundenorientiert, und viele Projekte finden bei den Auftraggeber:innen selbst oder an festgelegten Orten statt. Mobilität und Flexibilität sind also bei einer sportpsychologischen Tätigkeit in den meisten Fällen von großer Bedeutung.

Einkommen

Wie bereits erwähnt, sind die meisten Berufstätigen in dem Arbeitsfeld Sportpsychologie in mehreren Bereichen tätig. Dementsprechend verteilen sich auch Arbeitszeit und Einkommen auf mehrere Arbeitsfelder. Da die meisten Personen in diesem Berufsfeld freiberuflich arbeiten – es sei denn, sie sind in der Klinik oder an der Universität tätig –, können sie sich ihre Arbeitszeit (natürlich in Abhängigkeit von den Auftraggeber:innen) selbst einteilen. Das Jahresnettoeinkommen, bei zusätzlicher Tätigkeit außerhalb der Sportpsychologie, liegt durchschnittlich bei 30.000 €. Bei diesen erhobenen Durchschnittswerten gibt es allerdings große individuelle Unterschiede. Bei einer Befragung von 98 Sportpsycholog:innen im Jahr 2010 (◘ Abb. 34.1) verdienen z. B. rund 15 % über 60.000 € netto im Jahr (Ehrlenspiel et al., 2011).

Angestellt und finanziert werden sie hauptsächlich von Verbänden und Vereinen. Ihre Tätigkeit umfasst zumeist die Individual- oder Teambetreuung von Athlet:innen auf höherem Leistungsniveau.

Eine Gebührenordnung für sportpsychologische Leistungen gibt Richtlinien vor, welche Honorarsätze für welche sportpsychologischen Leistungen angebracht sind (siehe ► www.bisp-sportpsychologie.de).

Persönliche Weiterbildung

Um in die sportpsychologische Expertendatenbank des Bundesinstituts für Sportwissenschaft aufgenommen zu werden, müssen neben einschlägiger Erfahrung in der Praxis und einer spezifischen Weiterbildung ein psychologisches und/oder ein sportwissenschaftliches Studium nachgewiesen werden. Diese und/oder-Verknüpfung erklärt sich

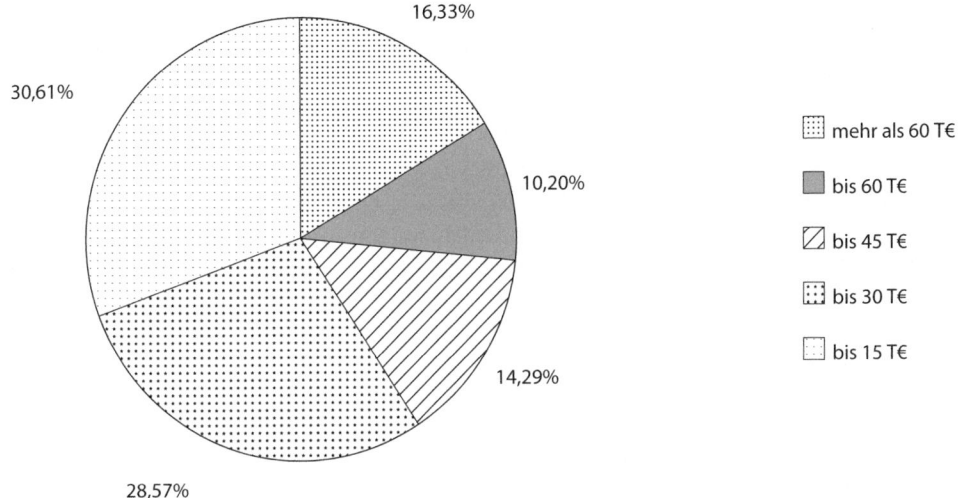

Abb. 34.1 Verteilung des durchschnittlichen Nettojahreseinkommens (N = 98)

daraus, dass das Fachgebiet Sportpsychologie originär der Sportwissenschaft als Mutterwissenschaft zugeordnet werden muss.

Dennoch verfügen die im Leistungssport tätigen Sportpsycholog:innen nach Ehrlenspiel (2011) häufiger über einen Psychologieabschluss als einen sportwissenschaftlichen. Das Fach Psychologie wird von sportpsychologisch Arbeitenden auch als relevanter für die Tätigkeit eingeschätzt als die Sportwissenschaft. Viele der Befragten verfügen über Zusatzqualifikationen in den Bereichen Psychologie, Sport und Sportpsychologie.

Eine anerkannte und empfehlenswerte Fortbildungsmöglichkeit im Bereich der Sportpsychologie bietet die Modulserie „Sportpsychologisches Training und Coaching im Leistungssport" der asp. Die Modulserie umfasst 800 Unterrichtseinheiten und beinhaltet sowohl Vorbereitungskurse zur Praxisphase in Psychologie und Sportwissenschaft, als auch die Qualifizierung für Einsteigerinnen und Einsteiger in das Fachgebiet des sportpsychologischen Trainings und Coachings im Leistungssport inklusive einer ausführlichen Praxisphase mit begleitenden Supervisions- und Intervisionseinheiten.

Eine Perspektive aus der Wissenschaft

Prof. Dr. Hans-Dieter Hermann ist Diplompsychologe, Professor für Sportpsychologie und Experte für Leistungsoptimierung sowie psychische Gesundheit im Spitzen- und Profisport. Seit 1988 betreut er Kadersportler:innen und Nationalmannschaften aus einer Vielzahl an Sportarten, 2004 wurde er zum Sportpsychologen der deutschen Fußball-Nationalmannschaft berufen. Im Folgenden erläutert er, was für die Ausbildung in der Sportpsychologie beachtet werden sollte:

Sportpsychologische Masterstudiengänge und Weiterbildungsmaßnahmen können in Deutschland in der Regel sowohl von graduierten Sportwissenschaftler:innen als auch von Psycholog:innen absolviert werden. Mehrheitlich besteht der Wunsch, anschließend in der Praxis, möglichst im professionellen und semi-professionellen Hochleistungssport, tätig zu werden. Deshalb sind die Inhalte der explizit sportpsychologischen Angebote vorwiegend praxisorientiert.

Im Rahmen der praktischen Tätigkeit zeigt sich jedoch, dass dem psychologischen Basiswissen eine deutlich wichtigere Rolle zukommt als dem sportwissenschaftlichen. Dementsprechend ist der Einstieg in die Sportpsychologie nach einem Hochschulabschluss in Psychologie der m. E. sinnvollste Weg.

Trotzdem sollte der sport(art)bezogene Aspekt nicht vernachlässigt werden. Erfolgreiche Sportpsycholog:innen zeichnen sich nicht zuletzt dadurch aus, dass sie die Sprache der betreuten Sportler:innen und Trainer:innen sprechen und sich gut in ihre Situation hineinversetzen können. Deshalb ist es hilfreich, über eigene Erfahrung im (leistungs-)sportlichen Bereich zu verfügen. Diese kann z. B. durch das Betreiben von Wettkampfsport, eine Trainer:innenausbildung oder aber wenigstens die Belegung sportwissenschaftlicher Fächer im Studium erworben werden.

Außerdem sollte bei der Aus- und Weiterbildung bedacht werden, dass man mit einer Vielzahl von Anbieter:innen unter nicht geschützten Berufsbezeichnungen wie Mentaltrainer:in und Motivationstrainer:in und dergleichen konkurriert. Diese werden von Laien oft gleichgesetzt. Umso wichtiger ist es, sich durch qualitativ anspruchsvolle Methoden und durch fachlich-professionelles Knowhow und Verhalten abzugrenzen. Studierende sollten sich deshalb nicht mit den Studieninhalten als Basis ihrer Arbeit begnügen, sondern ihr Profil als ambitionierte Sportpsycholog:innen durch Weiterbildungen auch in anderen psychologischen Bereichen wie z. B. systemische Beratung oder Verhaltenstherapie sowie in modernen diagnostischen Verfahren schärfen.

34.3 Die Rolle von Psycholog:innen im Berufsfeld Sportpsychologie

Leider konnten bislang weder die Berufsbezeichnung „Sportpsychologe/Sportpsychologin" noch die Inhalte der sportpsychologischen Betreuungs- und Beratungstätigkeit rechtlich geschützt werden. Aus diesem Grund arbeiten Personengruppen mit ganz unterschiedlichen akademischen, beruflichen und sportlichen Hintergründen und Erfahrungen im Bereich des Sports, inklusive des Spitzensports, und bieten eine Vielzahl an sog. sportpsychologischen oder mentalen Hilfestellungen an. Entsprechend sind auch die Tätigkeitsbezeichnungen vielfältig, z. B. Mentalcoach, Mentaltrainer oder Personal Coach.

Zur Qualitätssicherung der praktisch-psychologischen Arbeit im Spitzensport haben das BISp, der DOSB und die asp im Jahr 2002 fachliche Qualitätskriterien festgelegt, die eine Person nachweisen muss, um über Bundesmittel finanzierte sportpsychologische Betreuungstätigkeiten im Spitzensport ausüben zu dürfen. Dazu gehören

- ein sportwissenschaftlicher und/oder psychologischer Hochschulabschluss
- eine sportpsychologische Zusatzausbildung der asp (Curriculum) oder ähnliche von der asp anerkannte sportpsychologische Ausbildungen
- ein Nachweis über Zusammenarbeit mit einem Bundessportfachverband, OSP oder sonstiger Sportinstitution im Spitzensport sowie über aktuelle sportpsychologische Betreuungs-/Beratungstätigkeit im Spitzensport.

Zur Erhöhung der Transparenz und zur Sicherung der benötigten hohen wissenschaftlichen und sportpraktischen Fachkompetenz sportpsychologischer Expert:innen für ihre Tätigkeiten im Spitzensport stellte der BISp ab 2002 eine umfassende Expertendatenbank mit erfahrenen, in der Sportpraxis tätigen Sportpsycholog:innen zur Verfügung, deren Betrieb 2024 von der asp übernommen wurde.

34.4 Anforderungen an die Tätigkeiten der Sportpsychologie

In den folgenden Abschnitten wird erläutert, unter welchen Voraussetzungen ein Einstieg in die Tätigkeit als Sportpsycholog:in möglich ist.

Schwerpunktsetzung

Wie bereits ausgeführt ist ein psychologisches oder ein sportwissenschaftliches Studium eine Grundvoraussetzung. Es kann also zunächst ein Bachelorabschluss in einem der beiden Fächer absolviert werden. Die eigentliche Spezialisierung erfolgt dann im darauf folgenden Masterstudium für Sportpsychologie, welches von einigen Hochschulen und Universitäten angeboten wird. Die Qualität der Angebote ist allerdings nach Kellmann et al. (2011) schwer zu beurteilen, da für diese Studiengänge noch keine allgemeinen Rahmenempfehlungen (z. B. von der asp) vorliegen.

Ein Problem dieses Ausbildungssystems ist der sehr heterogene Ausbildungshintergrund, den die Studierenden aus den Bachelorstudiengängen zum Masterstudium oder zu Weiterbildungsangeboten (z. B. Curriculum der asp) mitbringen.

Das zweite Problem stellt der Mangel an Möglichkeiten zum Sammeln von Praxiserfahrung während der Ausbildung dar. Weder das Bachelor- noch das Masterstudium bieten den Studierenden gute Möglichkeiten, im Rahmen ihres Studiums Praxiserfahrung im Sport zu sammeln (wie es vergleichsweise in Australien der Fall ist). Lediglich die Modulserien der asp zum sportpsychologischen Coaching bzw. Training im Leistungssport verpflichten ihre Studierenden zum Nachweis einer gewissen Anzahl an supervidierten Praxisstunden.

Fachliche Inhalte

Nach Eberspächer et al. (2002) ist neben der psychologischen Kompetenz ein Grundwissen in der jeweiligen Sportart Voraussetzung für im Spitzensport tätige Sportpsycholog:innen. Sie sollten darüber hinaus über fundierte sport- und trainingswissenschaftliche Kenntnisse verfügen.

Die von Ehrlenspiel et al. (2011) befragten Expert:innen empfinden folgende Fachkompetenzen (Aufzählung nach Wichtigkeit) als wichtig für ihre Tätigkeit:

- Sportpsychologische Intervention (Biofeedback, Psychoregulation, Stressmanagement, Mentales Training, Psychologisches Fertigkeitstraining)
- Psychologisches Fachwissen (z. B. Psychopathologie)
- Sportwissenschaftliches Fachwissen (z. B. Trainingspläne verstehen)
- Kenntnis und eigene Erfahrung im Setting Leistungssport
- Kenntnisse über die jeweilige Sportart
- Psychotherapeutisches Wissen und Können (z. B. verhaltenstherapeutische Ausbildung)

Neben diesen fachlichen Kompetenzen sollte auch auf folgende Methodenkompetenzen Wert gelegt werden:

- (Sport-)Psychologische Diagnostik
- Kenntnis und Beherrschung von Methoden (z. B. Übungen und Coachingtools)
- Kommunikative Kompetenzen (Gesprächsführung, Moderation und Mediation, Umgang mit Medien)
- Statistische Methoden

- Präsentationsmethoden
- Ziel- und lösungsorientiertes Arbeiten

Praxis, Praxis, Praxis

Wie bereits im vorherigen Kapitel erwähnt, bieten weder das Bachelor- noch das Masterstudium viele Möglichkeiten zum Sammeln von Praxiserfahrung. Im Rahmen der Curricula der asp werden von den Auszubildenden 187 Praxisstunden sowie 20 h Supervision und 13 h Intervision gefordert (als Vorgabe, um das Curriculum zu bestehen – Praktikumsplätze sind eigenständig zu organisieren). Einige in der Praxis Tätige bieten Möglichkeiten zur Absolvierung eines Praktikums an.

Eine Perspektive aus der Praxis

Dipl.-Psych. Lothar Linz, Coaching Competence Cooperation Rheinland, Sportpsychologe, Umweltpsychologie

Wieso haben Sie sich für eine Tätigkeit im Bereich der Sportpsychologie entschieden?

Weil mich Sport schon immer besonders interessiert und fasziniert hat. Weil ich spüre, dass ich dort mit meiner Persönlichkeit aufgehe.

Was glauben Sie, können Psycholog:innen in diesem Berufsfeld bewegen?

Ich kann Athleten dabei unterstützen, ihre bestmögliche Leistung gerade dann zu bringen, wenn es notwendig ist. Ich kann Teamprozesse positiv beeinflussen. Ich kann Trainer beraten, wie sie ihre Sportler und Teams (besser) steuern können.

Was hat Sie an Ihrer Tätigkeit am meisten überrascht?

Wie angenehm der Umgang mit den meisten Trainern im Bereich der olympischen Sportarten ist. Viele sind sehr aufgeschlossen und räumen der Sportpsychologie einen großen Raum ein.

Ist es überhaupt möglich, diesen Beruf mit einem normalen Familienleben zu vereinen?

Ja, das ist möglich, aber es erfordert die Fähigkeit, „Nein" zu sagen und attraktive/lukrative Aufträge abzulehnen, sowie ein gutes Gefühl für die eigene Belastbarkeit.

Welchen Tipp haben Sie für Psycholog:innen, die sich überlegen, im Bereich der der Sportpsychologie zu arbeiten?

Es ist wichtig, eine Vorstellung von den eigenen Stärken sowie einen eigenen Stil zu entwickeln. Methoden sind nicht die Basis des Arbeitens, sondern nur eine Hilfe bei der praktischen Umsetzung der Arbeit.

Stoßen Sie manchmal auf Vorurteile wegen Ihrer Ausbildung?

Inzwischen nur noch gelegentlich. Das war vor ein paar Jahren noch ganz anders.

Welches war Ihr schönster Moment während der Tätigkeit als Sportpsychologe?

Die Tage im „Flow" während der Olympischen Spiele in London, als ab dem Achtelfinale spürbar war, dass wir gemeinsam die Goldmedaille gewinnen würden.

Welches war der bitterste oder schwerste Moment während Ihrer Tätigkeit als Sportpsychologe?

Am schwierigsten waren die ersten Jahre, als ich zunächst Kunden für meine Arbeit finden musste. Da habe ich viel Ablehnung und Geringschätzung durch potenzielle Arbeitgeber, besonders durch Fußballtrainer, erlebt.

Schwer war auch die Machtlosigkeit angesichts des sportlichen und finanziellen Verfalls in Köln beim Eishockey, als sich mir die Spieler entzogen haben. Dazu kam dann noch die Krebserkrankung von Robert Müller (Eishockey-Torwart, Nationalspieler), die uns alle belastet hat.

Fazit

Als Sportpsycholog:in zu arbeiten ist eine riesige Chance, sehr intensiv hinter die Kulissen des Spitzensports zu sehen. Man trifft unglaublich tolle Menschen und erlebt sehr intensive Momente (positive wie auch negative). Jeder Tag ist anders – ständig steht man vor neuen Herausforderungen.

Literatur

Arbeitsgemeinschaft für Sportpsychologie in Deutschland e. V. (asp). www.asp-sportpsychologie.org. Zugegriffen am 14.05.2024.

Baumann, S. (2011). *Psyche in Form. Sportpsychologie auf einen Blick*. Meyer & Meyer.

Beckmann-Waldenmaier, D., & Beckmann, J. (2012). *Handbuch sportpsychologischer Praxis: Mentales Training in den olympischen Sportarten*. Spitta.

Brand, R. (2019). *Sportpsychologie*. Springer VS.

Bundesinstitut für Sportwissenschaft (BISp). www.bisp-sportpsychologie.de. Zugegriffen am 14.05.2024.

Deutsche Fußball Liga (DFL). (2023). Lizenzierungsordnung der DFL., https://www.dfl.de/de/ueber-uns/statuten/.

Eberspächer, H., Immenroth, M., & Mayer, J. (2002). Sportpsychologie – ein zentraler Baustein im modernen Leistungssport. *Leistungssport, 32*(5), 5–10.

Ehrlenspiel, F., Droste, A., & Beckmann, J. (2011). Das Berufsfeld Sportpsychologie im Leistungssport aus Sicht der in der Praxis tätigen. *Zeitschrift für Sportpsychologie, 18*(2), 73–86.

Kellmann, M., Gröpel, P., & Beckmann, M. (2011). Evaluation und Qualitätsoptimierung der sportpsychologischen Betreuungsarbeit im deutschen Spitzensport. *Positionsstatement. Zeitschrift für Sportpsychologie, 18*(2), 49–59.

Kuhn, G., & Mayer, J. (2012). Analyse der sportpsychologischen Betreuung 2011. *Leistungssport, 42*(4), 24–27.

Mayer, J., Kuhn, G., Hermann, H.-D., & Eberspächer, H. (2009). Sportpsychologische Betreuung der Spitzenverbände 2003–2008 – eine Bilanz. *Leistungssport, 39*(2), 19–22.

Neumann, G. (2012). Angewandte Sportpsychologie im deutschen Spitzensport: Standortbestimmung – Entwicklungen – Strukturen – Schwerpunkte. In: Bundesinstitut für Sportwissenschaft (Hrsg.), *BISp-Report 2010/11. Bilanz und Perspektiven* (S. 81–97). Bundesinstitut für Sportwissenschaft. https://www.bisp.de/SharedDocs/Downloads/Publikationen/BISp_Report/BISp_Report_2010_11.pdf?__blob=publicationFile. Zugegriffen am 14.05.2024.

Thomas, A. (1995). *Einführung in die Sportpsychologie*. Hogrefe.

Tätigkeiten in der Verkehrspsychologie

Wolfgang Fastenmeier

Inhaltsverzeichnis

35.1 **Verkehrspsychologie – was ist das? – 428**
Fahreignungsdiagnostik – 428
Verkehrsrehabilitation – 429
Psychologische Unfall- und Sicherheitsforschung/Ergonomische Verkehrspsychologie – 430
Pädagogische Verkehrspsychologie – 430
Psychologie der Mobilität/Verkehrsplanung – 430
Verkehrspsychologie im Bahn-, Flug- und Schifffahrtswesen – 431

35.2 **Verkehrspsychologie – ein ganz besonderes Tätigkeitsfeld? – 431**
Verankerung auf Hochschulebene – 431
Einkommen – 432
Karrieremöglichkeiten – 433
Persönliche Weiterbildung – 433

35.3 **Die Rolle von Psychologen im Berufsfeld des Verkehrspsychologen – 433**

35.4 **Anforderungen an eine Tätigkeit als Verkehrspsychologe – 434**
Schwerpunktsetzung – 436
Fachliche Inhalte – 436

© Der/die Autor(en), exklusiv lizenziert an Springer-Verlag GmbH, DE, ein Teil von Springer Nature 2024
M. Mendius, S. Werther (Hrsg.), *Psychologie in Studium und Beruf*,
https://doi.org/10.1007/978-3-662-68508-2_35

Computerkenntnisse – 437

Sprachkenntnisse – 437

Praxis, Praxis, Praxis – 437

35.5 Fachliche Vertretung der Verkehrspsychologie – 437

Literatur – 437

Die Verkehrspsychologie kann für sich in Anspruch nehmen, eine der ältesten psychologischen Disziplinen zu sein. Seit Münsterbergs Untersuchungen (1912) an Straßenbahnfahrern ist im deutschsprachigen Raum das Hauptarbeitsfeld von Verkehrspsychologen die Diagnostik der Eignung zum Führen von Fahrzeugen. Heute sind über 1000 Verkehrspsychologen sowohl mit der Diagnostik (medizinisch-psychologische Untersuchung, MPU) als auch mit der Verbesserung (Nachschulung, Verkehrsrehabilitation, Driver Improvement) der Fahreignung beschäftigt. Als kleinere, aber beständig wachsende Berufsfelder sind die ergonomische Verkehrspsychologie sowie die Mobilitätspsychologie hervorzuheben. Relativ wenige Psychologen sind mit verkehrspädagogischen Inhalten betraut.

Obwohl sich Verkehr auch in der Luft, auf Wasserwegen und Schienen abspielt, überwiegt die Betrachtung des motorisierten Individualverkehrs, also des Straßenverkehrs und des Autofahrens. Psychologische Fragestellungen zum Verhalten von Fußgängern und Radfahrern gewinnen aber zunehmend an Bedeutung.

Ein Szenario

Der Psychologe Herbert K. arbeitet bei einem Automobilhersteller als Gruppenleiter in einer Human-Factors-Unit. Für ein neues Fahrerassistenzsystem (FAS) sind bereits mehrere Iterationen des Anzeige- und Bedienkonzepts erstellt und in verschiedenen Versuchsdurchläufen in den beteiligten Abteilungen sowie mit Versuchspersonen am Fahrsimulator untersucht worden. Nun geht es darum, den seriennahen Prototyp in einem Feldversuch auf seine „Usability" hin zu überprüfen. Um „Betriebsblindheit" zu vermeiden, werden dafür „Externe" eingesetzt. Wie auch in anderen Bereichen muss er dazu (drei) Vergleichsangebote einholen – üblicherweise bei einem Stamm bereits bewährter externer Firmen oder Institute, die zudem vor Ort verfügbar sein müssen, da aus Geheimhaltungs- und versicherungsrechtlichen Gründen solche Versuche meist ausschließlich mit Mitarbeitern des Automobilherstellers durchgeführt werden. Herbert K. muss u. a. das passende Angebot auswählen und dafür sorgen, dass der Firmenzugang für die Externen organisiert und die internen Vpn (Versuchspersonen) eingeladen werden. Er muss sich fixe Zeitfenster für den Versuchsträger „erkämpfen", da dieser multifunktional eingesetzt wird und auch andere Abteilungen, wie z. B. die Fahrwerksentwicklung, ebenfalls laufend Versuche mit dem Fahrzeug durchführen. Die Feldüberprüfung erfordert zudem eine umfangreiche technische Ausrüstung des Fahrzeugs: Einsatz von Kameras, um Fahrerreaktionen und Szenerie zu erfassen, Synchronisation der Kamerabilder mit Fahrzeugparametern wie z. B. Geschwindigkeit, Bremskraft, Lenkung, Installation von Laptops oder Tablets zur Steuerung der eingesetzten Versuchstechnik sowie ggf. zur Onlinedatenerfassung durch die Versuchsleiter. Dazu muss er die dafür zuständigen Mitarbeiter entsprechend anweisen und in Zusammenarbeit mit den Externen die jeweiligen Versuchsanforderungen koordinieren – und letztlich dafür sorgen, dass am Tag X alles bereit steht und funktioniert. Nach Abschluss der Versuche werden die Ergebnisse zunächst innerhalb der Abteilung präsentiert und diskutiert. Eine zentrale Anforderung an Herbert K. ist anschließend, die Ergebnisse und Folgerungen für das Anzeige- und Bedienkonzept des untersuchten FAS gegenüber den weiteren an der Entwicklung des FAS beteiligten Abteilungen zu kommunizieren und schließlich von den letztlichen Entscheidern absegnen zu lassen.

35.1 Verkehrspsychologie – was ist das?

Verkehrspsychologie kann als Querschnittsdisziplin der Allgemeinen und Angewandten Psychologie mit starkem Bezug zur Arbeits- und Ingenieurpsychologie verstanden werden. Ihr Erkenntnisinteresse ist grundlagen-, anwendungs- und damit auch praxisbezogen. Im Mittelpunkt steht das Erleben und Verhalten von Menschen im Verkehrs- und Transportwesen und den diesen zugrundeliegenden psychischen Prozessen. Es handelt sich um ein innovatives Forschungsfeld mit z. T. eigener Methodik und theoretischen Ansätzen. Sie ist seit Anbeginn stark interdisziplinär ausgerichtet, Berührungspunkte gibt es insbesondere mit den Ingenieurwissenschaften, der Medizin sowie den Rechtswissenschaften.

Fahreignungsdiagnostik

Die Mehrzahl der Verkehrspsychologen befasst sich mit dem Verkehrsteilnehmer und der Beurteilung seiner Fahreignung: In der Bundesrepublik müssen sich jährlich etwa 90.000 Kraftfahrer einer medizinisch-psychologischen Begutachtung unterziehen, weil von Seiten der Verkehrsbehörden Bedenken gegen ihre Eignung zum Führen von Kraftfahrzeugen bestehen. Dies betrifft angehende und junge Kraftfahrer ebenso wie erfahrene und ältere Autofahrer, die wegen der besonderen Art oder einer Häufung von Verstößen gegen die Straßenverkehrsordnung auffällig werden. Die Begutachtung soll die Frage beantworten, ob die Betroffenen in Zukunft bereit und in der Lage sind, sich an Gesetze und Vorschriften im Straßenverkehr zu halten (negative Auslese wie z. B. Verkehrsdelikte, Alkohol-, Drogen- und Medikamentenmissbrauch, körperliche Defekte, Versagen bei der Führerscheinprüfung). Diese Gutachten auf Grundlage einer medizinisch-psychologischen Untersuchung (MPU) werden von den amtlich anerkannten Begutachtungsstellen für Fahreignung erstellt (BfF), die von Organisationen wie TÜV, DEKRA, AVUS u. a. betrieben werden. Eine positive Auslese wird z. B. bei der Auswahl von Berufsfahrern oder bei vorzeitiger Führerscheinerteilung getroffen. Dabei arbeitet der Verkehrspsychologe in einem Spannungsfeld: Er muss das gesamtgesellschaftliche Ziel zuverlässiger Verkehrssicherheit mit den individuellen Interessen nach uneingeschränkter Mobilität in Einklang bringen, da der Verlust der Fahrerlaubnis oft zu erheblichen Konsequenzen für Existenz und Lebensqualität führt.

Die sog. Begutachtungsleitlinien zur Kraftfahreignung der Bundesanstalt für Straßenwesen(BASt, 2020) sowie die Beurteilungskriterien – Urteilsbildung in der Fahreignungsbegutachtung (DGVP/DGVM, 2022), die gemeinsam von den Fachgesellschaften Deutsche Gesellschaft für Verkehrspsychologie (DGVP) sowie Deutsche Gesellschaft für Verkehrsmedizin (DGVM) herausgegeben werden, unterstützen das Handeln aller Stellen, die mit der Prüfung und Feststellung von Eignungsmängeln nach dem Fahrerlaubnisrecht befasst sind. Die aktuellen Auflagen beschreiben verschiedene Untersuchungsanlässe (u. a. organische und organisch-psychische Auffälligkeiten, Fahrgastbeförderung) und bieten detaillierte anlassbezogene Kriterien und Indikatoren für die Beurteilung. Für die Betroffenen ist damit Transparenz gegeben, für die Akteure aus Verkehrspsychologie, Medizin, Justiz und Verwaltung stellen Leitlinien und Beurteilungskriterien die verbindliche Basis dar, die einheitliche Entscheidungen ermöglicht.

- **Fahreignungsdiagnostik: Grundlagen und Anforderungen**
- Überprüfung der kraftfahrspezifischen Leistungsfähigkeit durch Testverfahren und -geräte zur Erfassung von Dimensionen, die nachweislich mit der Verkehrsbewährung verbunden sind.

- Überprüfung der psychischen Leistungsfähigkeit von Fahrern mit diagnostischen Instrumentarien, die neben klassischen Testverfahren auch die Beobachtung konkreten Fahrverhaltens in definierten Verkehrssituationen unter realen Verkehrsbedingungen umfassen. Dazu werden in der Regel Fehlerchecklisten herangezogen, die sich mittels psychologischer Fahrverhaltensbeobachtung erheben lassen.
- Überprüfung der Bereitschaft zur Verkehrsanpassung und des Veränderungsprozesses im Explorationsgespräch. Erforderlich: allgemeinpsychologisches Grundlagenwissen, anlassspezifisches Wissen, z. B. über Alkohol und die Stadien der Abhängigkeitsentwicklung, die Kenntnis der emotionalen Aspekte der Fahrzeugnutzung etc. sowie die Beherrschung professioneller Gesprächsführung.
- Anlassbezogen erhobene medizinische Befunde.
- Daten aus den Akten der Führerscheinbehörde.
- Biografische Daten.

Verkehrsrehabilitation

Verkehrssicherheit ist nicht allein durch Sanktionen zu erreichen. Zahlreiche Maßnahmen zielen deshalb auf eine Änderung der Einstellung (Driver Improvement). Sie richten sich an unterschiedliche Zielgruppen (Jugendliche, Fahranfänger, ältere Verkehrsteilnehmer) und thematisieren unterschiedliche Auffälligkeiten, die durch Alkohol- und/oder Drogenkonsum oder Straffälligkeit (z. B. durch Aggressionsdelikte) entstehen. Die „Kurse mit Rechtsfolge", auch § 70-Kurse genannt, werden solchen alkoholauffälligen Kraftfahrern angeboten, deren Mängel sich nach Einschätzung der Gutachter durch die Kursteilnahme beheben lassen. Danach wird die Fahrerlaubnis ohne erneute Begutachtung erteilt. Wer freiwillig an der verkehrspsychologischen Beratung teilnimmt, kann u. U. sein Punktekonto reduzieren. Rolle und Aufgabe des verkehrspsychologischen Beraters sind gesetzlich festgelegt. Pädagogisch ausgerichtete Maßnahmen problematisieren riskante Einstellungen und Verhaltensweisen. Sie sollen die Entwicklung neuer, angepasster Verhaltensweisen fördern und deren Integration in das Alltagshandeln unterstützen. Evaluationsstudien belegen die positive Wirkung dieser Maßnahmen.

Personen mit tief greifenden Eignungsmängeln (Alkohol- und Drogenmissbrauch, Verkehrsverstöße, Straffälligkeit) benötigen therapeutische, rehabilitativ ausgerichtete Maßnahmen. Dafür hat sich der Begriff der Verkehrstherapie durchgesetzt, in der die individuelle Problematik bearbeitet wird und alternative Einstellungs- und Bewältigungsmuster entwickelt werden. Die Rehabilitationsprogramme stützen sich zumeist auf kognitiv-verhaltenstherapeutische, aber auch auf individualpsychologische oder systemische Konzepte. Auch für diese Programme liegen Evaluationsuntersuchungen vor, die ihren Nutzen bestätigen. Dieses Arbeitsgebiet, das man auch als Klinische Verkehrspsychologie bezeichnen könnte, hat in den letzten Jahren stark an Bedeutung gewonnen.

Die im Rahmen der Begutachtung, Nachschulung und Rehabilitation tätigen Institutionen und Personen sollen bestimmten Qualitätsstandards genügen. Man orientiert sich dabei an den Normen EN 45011 und ISO 9001:2000. Festgelegt werden nicht nur formale Kriterien, sondern auch Anforderungen an Kursinhalte und an die Qualifikation der Kursleiter. Der BASt obliegt es, angemessene Standards und Verfahren (weiter) zu entwickeln. Verkehrspsychologische Berater unterziehen sich einer regelmäßigen Qualitätskontrolle durch den BDP. Es liegt nahe, dass Psychologen in diesem Bereich in der Regel selbstständig in eigener Praxis arbeiten.

Psychologische Unfall- und Sicherheitsforschung/ Ergonomische Verkehrspsychologie

Nach der Devise „Unfallfreiheit ist nicht gleichbedeutend mit Sicherheit" ist die Sicherheitsforschung als Erforschung des Normalverhaltens zu einer spezifisch psychologischen Aufgabe geworden. Dabei beschäftigt man sich u. a.

- mit Fahraufgaben und den daraus resultierenden psychomentalen und sensomotorischen Anforderungen an den Fahrer,
- mit dem Zusammenhang von Fahrerverhalten, Fahrfehlern und Unfällen,
- mit unterschiedlichen Fahrerkollektiven (Altersgruppen, Arten der Verkehrsbeteiligung),
- mit Wahrnehmung, Kognition und Aufmerksamkeit beim Fahren,
- mit Risikoverhalten,
- mit dem Einfluss von Alkohol, Drogen und Medikamenten auf das Fahren,
- oder mit Fahrzeug- und Verkehrsraumgestaltung.

Noch ist es ein kleines Arbeitsfeld, aber der Trend weist deutlich nach oben: Heute arbeiten Verkehrspsychologen nicht nur an Universitäten oder Forschungseinrichtungen, sondern zusehends bei Verbänden (z. B. Deutscher Verkehrssicherheitsrat DVR, Automobilclubs) und Versicherungen. In der Automobilindustrie erarbeiten Verkehrspsychologen Grundlagen einer psychologisch und ergonomisch günstigen Gestaltung der sog. Fahrer-Fahrzeug-Schnittstelle (Mensch-Maschine-Interaktion, MMI) und überprüfen beispielsweise die Wirkweise von Fahrerassistenzsystemen (FAS) und automatisierten Systemen in Fahrsimulator- und Usability-Studien. In der Verkehrsraumgestaltung (z. B. Verkehrsablauf, Bebauung, Signalisierung) geht es im Wesentlichen darum, verhaltens- und erlebensbezogene Entwurfskriterien für eine erwartungskongruente Straßenraumgestaltung zu entwickeln (vgl. zusammenfassend zu ergonomischen Aspekten Fastenmeier & Risser, 2020).

Pädagogische Verkehrspsychologie

Dabei geht es um Verkehrserziehung und um das Bestreben, Verhaltensänderungen bei Verkehrsteilnehmern mithilfe von Aufklärungs- und Qualifizierungsmaßnahmen zu erreichen. Dies betrifft zum einen die (außerschulische) Verkehrserziehung von Kindern und Jugendlichen, zum anderen die Einbindung lernpsychologischer Erkenntnisse in die Fahrschul- und auch Fahrlehrerausbildung. Zur Verkehrserziehung gehören auch die Gestaltung von z. B. Kampagnen (Aktionen in Massenmedien, Warn- und Informationsschilder an Straßen) und die Entwicklung von Soziomarketing-Konzepten. Auch hier handelt es sich um ein noch relativ kleines Arbeitsfeld, meist angesiedelt im Bereich von Verbänden.

Psychologie der Mobilität/ Verkehrsplanung

Im Kontext zunehmender Umweltsensibilität hat in jüngerer Zeit das Schlagwort „nachhaltige Mobilität" das Interesse an psychologischen Aspekten der Mobilität geweckt. Stichworte dazu sind z. B. der Berufsverkehr und die mit ihm verbundenen individuellen und gesellschaftlichen Belastungen, berufsbedingtes Pendeln und seine Auswirkungen auf Gesundheit, Wohlbefinden und Arbeitsleistung von Beschäftigten, Freizeit- und Urlaubsverkehr sowie Motive der Verkehrsmittelwahl.

Außerdem geht es um Möglichkeiten, die Verkehrsmittelwahl im Sinne einer nachhaltigeren Nutzung zu beeinflussen (z. B. Umstieg vom motorisierten Individualverkehr auf öffentliche Verkehrsmittel) und dies in verkehrsplanerische Maßnahmen zu integrieren. Übliche Arbeits- und Auftraggeber in diesem noch sehr kleinen Bereich sind in erster Linie Verkehrsunternehmen, Kommunen und Verbände.

Verkehrspsychologie im Bahn-, Flug- und Schifffahrtswesen

Obwohl es sich hier um Arbeitsfelder mit einer langen Tradition handelt, kann man sie – zumindest im deutschsprachigen Raum – als eher von der „herkömmlichen" Verkehrspsychologie abgetrennte Bereiche auffassen. Dies gilt insbesondere für die Schifffahrtspsychologie, die häufig auch als Marinepsychologie bezeichnet wird, was den stark militärischen Charakter dieses Bereichs hervorhebt. Nur wenige Psychologen arbeiten im Eisenbahnwesen, wo sie meist mit der Personalauswahl befasst sind. In jüngerer Zeit gewinnen dort Themen wie Mensch-Maschine-Interaktion, arbeitsorganisatorische und soziale Beziehungen am Arbeitsplatz sowie die Behandlung und Prävention posttraumatischer Belastungsstörungen an Bedeutung. Eine besondere Rolle nimmt sicherlich die Luft- und Raumfahrtpsychologie ein, die sich sowohl im zivilen als auch im militärischen Rahmen abspielt. Zentrale Aufgabe von Psychologen ist in erster Linie die Personalauswahl von Piloten und Fluglotsen. Als Besonderheit im Flugwesen kann gelten, dass die Auswahlverfahren bereichsspezifisch entwickelt werden. Dazu kommen typischerweise die Aus- und Fortbildung des Luftfahrtpersonals, die Durchführung von Unfallanalysen sowie Kriseninterventionsmaßnahmen.

35.2 Verkehrspsychologie – ein ganz besonderes Tätigkeitsfeld?

Im Folgenden werden die Besonderheiten des verkehrspsychologischen Tätigkeitsfelds dargestellt. Dabei wird auf die Verankerung auf Hochschulebene eingegangen, die für Psychologiestudierende als erster Berührungspunkt eine wichtige Grundlage darstellt.

Verankerung auf Hochschulebene

Aus der bisherigen Schilderung sollte deutlich geworden sein: „Die" Verkehrspsychologie gibt es nicht. Es handelt sich um ein ebenso breites wie heterogenes, ebenso interessantes wie auch anspruchsvolles und abwechslungsreiches Tätigkeitsfeld. Eine typische Aufgabenbeschreibung macht daher wenig Sinn. Zu leisten ist aber eine Darstellung wesentlicher Randbedingungen.

Zunächst sind verschiedene Besonderheiten der Verkehrspsychologie im Vergleich zu anderen psychologischen Berufsfeldern festzuhalten. Einerseits sind die Verkehrspsychologen im Augenblick neben den Psychologischen Psychotherapeuten die einzige Berufsgruppe aus dem Bereich der Psychologie, die rechtlich verankert ist. In § 4 Abs. 9 des Straßenverkehrsgesetzes ist die Tätigkeit des sog. Verkehrspsychologischen Beraters geregelt. Andererseits gibt es in Deutschland bisher kein durchgängiges System der Rekrutierung, Ausbildung und Akkreditierung von verkehrspsychologischen Verkehrsexperten, das der interdisziplinären Natur des Verkehrssystems entspricht, weder auf Hochschulebene noch darunter. Das bedeutet u. a., dass der Diplom- oder Masterabschluss in Psychologie zwar unabdingbare Voraussetzung für eine berufliche Tätigkeit ist, aber nicht unbedingt in ausreichendem Maße für eine Tätigkeit im verkehrspsychologischen Bereich qualifiziert. Dies gilt insbesondere für den Bereich der Fahreignungsbegutachtung, wo das *Training on the job* gang und gäbe ist, sowie für die Verkehrsrehabilitation. Daher hat der BDP bzw. die Sektion Verkehrspsychologie schon vor vielen Jahren eine fachpsychologische Zusatzausbildung geschaffen, in deren Rahmen man das Zertifikat „Fachpsychologe für Verkehrspsychologie" erwerben kann.

Aus einer Reihe von Gründen – die zu benennen den Rahmen dieses Beitrags bei Weitem sprengen würde – ist zudem die Verkehrspsychologie als eigenständige Disziplin auf Hochschulebene nur wenig vertreten. Durch die zunehmende Bedeutung arbeitspsychologisch-ergonomischer Fragestellungen hat sich in den letzten Jahren eine umfangreiche verkehrspsychologische Forschung insbesondere an Allgemein- und Kognitionspsychologischen Lehrstühlen entwickelt. Ein Lehrstuhl, der die Bezeichnung Verkehrspsychologie im Titel trägt, fand sich lange Zeit lediglich an einer einzigen deutschen Universität. Am Ende dieses Abschnitts werden die Ausbildungsmöglichkeiten noch genauer erläutert.

Einkommen

Verbindliche Aussagen zu typischen Gehältern und Verdienstmöglichkeiten als Verkehrspsychologe fallen nicht so leicht, denn sie sind letztlich genauso heterogen wie das Tätigkeitsfeld selbst. Zunächst muss man unterscheiden, ob eher eine Angestelltentätigkeit überwiegt oder ob freiberufliche Tätigkeit vorherrscht. Im größten Arbeitsfeld, der Fahreignungsbegutachtung, sind Verkehrspsychologen häufig im Angestelltenstatus tätig. Die Gehälter orientieren sich hier an den üblichen Sätzen für Psychologen in der freien Wirtschaft und sind denen der Ingenieure ähnlich. Allerdings gibt es gerade in der Fahreignungsbegutachtung einen Graubereich, der sich u. a. deswegen konstituiert, weil man z. B. 2 Jahre psychologische Berufserfahrung braucht, um mit der Ausbildung zur Gutachtenerstellung beginnen zu können. Dies führt teilweise dazu, dass angehende Verkehrspsychologen lediglich Honorarvergütungen erhalten, die z. B. nach Fall/Volumen berechnet werden ohne zu berücksichtigen, wie viel Aufwand pro Fall tatsächlich notwendig ist. Es ist jedoch schwierig, hier zu quantifizieren, da dies je nach Träger einer Begutachtungsstelle unterschiedlich geregelt wird.

In den privatwirtschaftlichen Bereichen, in denen die Angestelltentätigkeit überwiegt – also in Firmen, Verbänden etc. – gelten die oben getroffenen Aussagen über die freien Wirtschaftssätze. Im universitären Forschungskontext und in allen Bereichen öffentlicher Arbeitgeber liegt der Fall ohnehin klar, hier gelten die Tarifbestimmungen des TV-L bzw. TvöD.

Einen Sonderfall bilden alle diejenigen Tätigkeiten, die üblicherweise mit Freiberuflichkeit bzw. Selbstständigkeit assoziiert sind: Dies betrifft in erster Linie die niedergelassenen Verkehrspsychologen in eigener Praxis, in geringerem Umfang auch einzelne Verkehrspsychologen, die als Forscher oder Berater für Firmen, Versicherungen, Verbände und Kommunen tätig sind. Hier werden je nach vorherrschender Tätigkeit entweder freie Honorare ausgehandelt (▶ Kap. 14) oder Forschungstagessätze (sog. Manntage oder Teamtagewerke) als Grundlage der Vergütung genommen. Für alle Bereiche gilt: Eine Gehaltsangabe analog zum Jahresgehalt ist kaum möglich, da es u. a. vom Einzelfall abhängt, vom Auftragsvolumen sowie von der persönlichen Bereitschaft, mehr oder weniger Arbeit investieren zu wollen. In der Verkehrsrehabilitation kann man zwar als Orientierung die üblichen Therapiesätze heranziehen (80–100 €), aber dann kommt es eben darauf an, ob die Praxis ausgelastet ist, wie viel Personal bezahlt werden muss, ob es eine Vollzeittätigkeit ist etc. (▶ Kap. 38).

Karrieremöglichkeiten

Diese betreffen in erster Linie den angestellten Verkehrspsychologen. Hier gibt es keine Besonderheiten, sondern es gelten die üblichen Karrierewege, wie sie bei angestellten Akademikern anzutreffen sind. Aufstiegsmöglichkeiten gibt es i. S. von Vorgesetztenfunktionen, wie Teamführung, Gruppen-, Abteilungs- und Bereichsleitung bis hin zu Geschäftsführerfunktionen.

Persönliche Weiterbildung

Persönliche Weiterbildung ist von großer Bedeutung, denn das einmal erworbene Zertifikat „Fachpsychologe für Verkehrspsychologie" muss alle 5 Jahre erneuert werden unter Nachweis folgender Fortbildungsverpflichtung:
- Durchschnittlich 10 h Fortbildungsveranstaltung
- Oder 20 h Supervision bzw. in einem Fachteam pro Jahr

Als Fortbildungsveranstaltungen zählen laut Liste der Sektion verkehrspsychologische Tagungen, Kongresse, Symposien sowie Seminare mit verkehrspsychologischem Bezug, die von der Fortbildungskommission anerkannt werden. Die Supervisionsanforderungen sind erfüllt entweder über ein offiziell angemeldetes verkehrspsychologisches Fachteam oder über Supervisionsbestätigung bei einem anerkannten Verkehrspsychologischen Supervisor. Darüber hinaus sollte es eine Selbstverständlichkeit sein, über aktuelle Entwicklungen, Erkenntnisse, Verordnungen, rechtliche Rahmenbedingungen etc. auf dem Laufenden zu sein.

35.3 Die Rolle von Psychologen im Berufsfeld des Verkehrspsychologen

Die Verkehrspsychologie ist seit jeher stark interdisziplinär ausgerichtet. In den klassischen Arbeitsfeldern Diagnostik und Verkehrsrehabilitation war und ist daher die Bereitschaft gefordert, in einem juristisch geregelten Umfeld mit Medizinern, Juristen und Behörden zusammenzuarbeiten. Das bedeutet einerseits, jenseits psychologischen Wissens auch medizinische Fachbegriffe oder gesetzliche Regelungen zu kennen, um als gleichberechtigter Partner anerkannt zu werden. Andererseits muss man als Psychologe (Führungs-)Verantwortung übernehmen und entscheidungsfreudig sein, da in der Diagnostik meist die psychologischen Fragestellungen überwiegen.

Bereits in dem Lehrbuch *Verkehrspsychologie* von Klebelsberg (1982) wird die Zielrichtung von einer diagnostischen hin zu einer pädagogischen und ergonomischen Verkehrspsychologie formuliert. Es wird argumentiert, dass der relativ größte Wirkungsgrad psychologischen Maßnahmen vorbehalten sein wird, die nicht primär für Minderheiten von Verkehrsteilnehmergruppen konzipiert sind, sondern das allgemeine Verhalten beeinflussen wollen. Man bedenke nur die vielen Möglichkeiten, in denen Gestaltungen des Straßenraums und des Kraftfahrzeuges durch Einbeziehung psychologischer Gesichtspunkte verbessert werden könnten. Gerade die rasante technische Entwicklung der letzten 30 Jahre mit all ihren Licht- und Schattenseiten gibt dieser Einschätzung nachhaltig recht. Das Zusammenspiel von Mensch und Technik wird das Verkehrsgeschehen viel nachhaltiger prägen als bisher. Neue Informations-, Steuerungs- und Regelsysteme werden dazu beitragen, den zukünftigen Verkehr sicherer, effektiver und umweltfreundlicher zu gestalten. Dem „Faktor Mensch" wird für das Funktionieren des

Verkehrs dabei zu Recht eine Schlüsselrolle zukommen. Die Verkehrspsychologie – in enger Verknüpfung mit ihren arbeits- und ingenieurpsychologischen Wurzeln – hat dabei in enger Kooperation mit den Ingenieurwissenschaften eine Fülle von Aufgaben zu lösen, die ihre traditionellen diagnostischen und verhaltensmodifikatorischen Bemühungen wirkungsvoll ergänzen. Deshalb sollte ein Verkehrspsychologe keine Scheu vor der Aneignung technischer Begrifflichkeiten haben und sich in die völlig andere Gedankenwelt eines Ingenieurs eindenken und einfühlen können.

35.4 Anforderungen an eine Tätigkeit als Verkehrspsychologe

Die folgenden Abschnitte erläutern Zugangsvoraussetzungen und wichtige Rahmenbedingungen, die eine Tätigkeit als Verkehrspsychologe ermöglichen.

Eine Perspektive aus der Praxis

Dipl.-Psych. Dr. Yvonne Muffert, Fachliche Leitung des Bereichs Fahreignungsbegutachtung der AVUS GmbH

Dipl.-Psych. Birgit Scheucher, Freie Verkehrspsychologische Praxis, Fachpsychologin für Verkehrspsychologie, Schwerpunkte im Psychologiestudium, A&O-Psychologie, Werbung, Verkehrspsychologie

Wieso haben Sie sich für eine Tätigkeit in der Fahreignungsbegutachtung entschieden?

Muffert: Mir gefiel der Kontakt zu vielen verschiedene Menschen und die Herausforderung der Diagnostik. Täglich mit den unterschiedlichsten Lebensgeschichten zu tun zu haben, ohne aber therapeutisch tätig zu sein, und dabei gleichzeitig einen Beitrag nicht nur zur Rehabilitation auffälliger Kraftfahrer, aber vor allen Dingen auch der Straßenverkehrssicherheit zu leisten, hat mich gereizt. Dass die Tätigkeit zudem interdisziplinär in enger Abstimmung mit Medizinern erfolgt, hat das Berufsbild für mich abgerundet.

Scheucher: Nach längerer Tätigkeit beim TÜV als Gutachterin ist die Arbeit im Bereich der Therapie, Beratung und MPU-Vorbereitung sehr vielseitig und anspruchsvoll. Teilweise ist es auch immer wieder eine Herausforderung, mit verärgerten und uneinsichtigen oder sehr gekränkten Personen umzugehen und diese zu motivieren.

Was glauben Sie, können Psychologen in diesem Berufsfeld bewegen?

Muffert: Die Tätigkeit als Gutachterin und als Fachliche Leitung des Bereichs der Fahreignungsbegutachtung leistet auch einen Beitrag zur „Vision Zero" (keine Schwerverletzen oder Toten) im Straßenverkehr. Zudem ist vor allem durch die Teilnahme an Arbeitskreisen, Tagungen und sonstigen Veranstaltungen sowie den engen Kontakt zu Verwaltungsbehörden, Rechtsvertretern und anderen Institutionen ein stetiger Austausch von Fachexperten möglich, der nicht selten auch in Veränderungen gängiger Praxis mündet.

Scheucher: Beitrag zur Sicherheit auf der Straße und natürlich in anderen Lebensbereichen; Angemessener Umgang mit Alkohol und illegalen Drogen bzw. Verzicht; Einstellungsänderungen in verschiedenen Delinquenzbereichen (Aggression, Straftaten, Tendenz zur Selbstdurchsetzung ohne Reflektion der Bedürfnisse und Rechte anderer etc.).

Was hat Sie an Ihrer Tätigkeit am meisten überrascht?

Muffert: Wie unterschiedlich und vielfältig die Berichte der Kunden sind. Manche lassen einen so schnell nicht mehr los, über manche empfindet man auch ehrliche Freude, wenn der Verlust der Fahrerlaubnis einen ganz grundlegenden Änderungsprozess in Gang gesetzt hat, der oft auch weit über die MPU hinaus geht. Zudem ist die Tätigkeit sehr viel vielschichtiger, als man im ersten Moment denkt. Überraschend fand ich auch, dass, wenn gutachterlicherseits transparent und nachvollziehbar gearbeitet wird, auch ein negatives Gutachten konstruktiv verarbeitet werden und einen weiteren positiven Entwicklungsimpuls geben kann.

Scheucher: Die Vielseitigkeit. Im negativen Bereich: Man ist in hohem Maß rechtlichen Gegebenheiten und Regularien unterworfen (Leitlinien und Kriterien zur Begutachtung).

Was sehen Sie als grundlegende Anforderungen und Qualifikationen für Psychologen in Ihrem Arbeitsfeld?

Muffert: Die formalen Anforderungen sind, zumindest in der Begutachtung der Fahreignung, gesetzlich festgelegt. Leider sind diese, vor allem durch die Anforderung einer vorausgehenden 2-jährigen Berufspraxis, recht hoch. So finden viele Psychologen nicht oder erst spät in der beruflichen Laufbahn zur Verkehrspsychologie. Das ist sehr schade. Persönlich sollte man auf jeden Fall, neben einem ernsthaften Interesse an vorurteilsfreier, entlastender Diagnostik, eine strukturierte Arbeitsweise mitbringen und bereit sein, sich auch über den eigenen Fachbereich hinaus mit z. B. juristischen oder medizinischen Themen zu beschäftigen. Jeder Fall ist ein Einzelfall, das bringt natürlich auch komplexe – niemals aber langweilige – Konstellationen mit sich.

Scheucher: Therapeutisches Wissen und Erfahrung; Erfahrung als Gutachter für Fahreignung; rechtliches Wissen; Flexibilität; Anpassungsbereitschaft an sehr unterschiedliche Personen (sprachliche Fertigkeiten, intellektuelle Leistungsfähigkeit, Bildung, Einstellungen).

Was sehen Sie als größte Herausforderung in Ihrer praktischen Arbeit?

Muffert: Das Berufsfeld der Verkehrspsychologie aus dem Nischendasein zu holen und Interesse an der vielschichtigen Tätigkeit zu wecken. Zudem das Aufräumen mit den sich hartnäckig haltenden Mythen über die MPU, die jeder Grundlage entbehren. Und selbstverständlich die Herausforderung, jedem Einzelfall so gut wie möglich gerecht zu werden. Kunden muss unabhängig von ihrer Vorgeschichte vorurteilsfrei und neutral begegnet werden. Das erfordert natürlich auch stetige Selbstreflexion.

Scheucher: Sich häufig ändernde rechtliche und gutachterliche Anforderungen.

Welchen Tipp haben Sie für Psychologen, die sich überlegen, in der Begutachtung bzw. Rehabilitation zu arbeiten?

Muffert: Am besten durch eine Hospitation in das Berufsfeld hineinzuschnuppern und – bei längerfristiger Planung – schon frühzeitig Kontakte zu knüpfen, z. B. bei Kongressen oder in spezifischen Seminaren. Zudem ist ein unbedingter Vorteil der Tätigkeit, dass viele Gutachter freiberuflich arbeiten, so dass eine große Vereinbarkeit von Beruf und Familie oder auch mit anderen Auftraggebern oder Interessengebieten gegeben ist.

Scheucher: Finanzielle Situation, Mitbewerber, Marktlage …

Stoßen Sie manchmal auf Vorurteile wegen Ihrer Ausbildung?

Muffert: Ich erlebe als ein sehr gängiges Vorurteil gegenüber Psychologen den Gedanken, dass Menschen sofort „durch-

> schaut" werden können, auch wenn man sich privat trifft. Auch stelle ich oft fest, das kaum Wissen darüber besteht, dass Psychologen auch andere Tätigkeiten ausüben können als Therapie. Speziell als Gutachterin erlebe ich häufig das Vorurteil, dass es sich bei der MPU um ein „Würfelspiel" oder um ein Unterfangen ohne jede Erfolgsaussicht handelt. Dass sich diese Gerüchte so hartnäckig halten, macht mich nachdenklich, besonders da an der Transparenz in unserem Arbeitsfeld in den letzten Jahren ganz erheblich gearbeitet wurde. Die fachlichen Grundlagen der Qualifikation zum/zur verkehrspsychologischen Gutachter:in sind ebenso klar vorgegeben wie die Kriterien, nach denen begutachtet wird.
>
> Scheucher: Eher Neugier.

Schwerpunktsetzung

Wie erwähnt ist die Verkehrspsychologie als eigenständige Disziplin auf Hochschulebene so gut wie nicht vertreten. Hinsichtlich der großen Masse der Universitäten empfiehlt sich daher ganz allgemein, diejenigen zu wählen, in denen Schwerpunktsetzungen auf Diagnostik und Arbeitspsychologie (bzw. auch *human factors*) möglich sind.

Auf der anderen Seite gibt es jedoch eine Reihe von Möglichkeiten, sich enger mit verkehrspsychologischen Inhalten vertraut zu machen oder sogar eine Qualifikation in Verkehrspsychologie zu erhalten:

— Am Lehrstuhl für Verkehrspsychologie der TU Dresden werden im Rahmen des Psychologiestudiums schwerpunktmäßig verkehrspsychologische Themen angeboten. Dies sind in erster Linie ergonomische Verkehrspsychologie, Verkehrssicherheit, Mobilitätspsychologie, Lichttechnik.

— Am Lehrstuhl für Allgemeine- und Arbeitspsychologie der TU Chemnitz sowie am Lehrstuhl für Ingenieur- und Verkehrspsychologie der TU Braunschweig sind verkehrspsychologische Inhalte insbesondere aus dem Bereich der ergonomischen Verkehrspsychologie integraler Ausbildungsbestandteil. Alle genannten Lehrstühle betreiben ausgedehnte verkehrspsychologische Forschung in interdisziplinärer Zusammenarbeit vornehmlich mit Ingenieuren und Informatikern.

— An verschiedenen weiteren Universitäten werden singulär Veranstaltungen mit verkehrspsychologischen Inhalten angeboten.

— An der Deutschen Psychologen Akademie (DPA) in Berlin wird ein Weiterbildungscurriculum in Verkehrspsychologie angeboten, in der ein Zertifikat als „Fachpsychologe/Fachpsychologin für Verkehrspsychologie" erworben werden kann.

Fachliche Inhalte

Wichtig ist es, Expertenwissen in Statistik und Methodenlehre zu erwerben, da es ein Alleinstellungsmerkmal gegenüber den anderen Professionen darstellt. Darüber hinaus sind übergreifende Kompetenzen wie z. B. analytisches Denken, Entscheidungsfreude, Kommunikations- und Präsentationsfähigkeit unerlässlich. Je nach Tätigkeitsschwerpunkt sind zudem Grundkenntnisse entweder in Medizin oder in Ingenieurwissenschaften unabdingbar.

Computerkenntnisse

Computerkenntnisse zu besitzen ist heutzutage selbstverständlich. Neben Textverarbeitungs- und Präsentationskenntnissen sind Kenntnisse in Statistikprogrammen hilfreich. In speziellen Anwendungsfeldern kommt man u. U. nicht darum herum, sich auch in technische Programme (z. B. MatLab) einzuarbeiten.

Sprachkenntnisse

Sprachkenntnisse sind immer von Vorteil, Auslandsaufenthalte kein „Muss". Für Tätigkeiten in der Verkehrspsychologie sind im deutschsprachigen Raum keine besonderen Fremdsprachenkenntnisse erforderlich.

Praxis, Praxis, Praxis

Praktika bei potenziellen Arbeitgebern sind natürlich sinnvoll. Hier sollte man Kontakt zu bereits tätigen Verkehrspsychologen suchen, um direkt Einblicke in den realistischen Arbeitsalltag in diesem Tätigkeitsfeld zu sammeln. Manche Firmen bieten zudem die Möglichkeit, Diplom-, Bachelor- oder Masterarbeiten mit einer auf die Dauer der Arbeit begrenzten und bezahlten Tätigkeit in ihrem Unternehmen zu verbinden, wodurch oftmals eine intensive Auseinandersetzung mit verkehrspsychologischen Fragestellungen möglich ist.

35.5 Fachliche Vertretung der Verkehrspsychologie

Die berufsständische Vertretung der Verkehrspsychologie obliegt dem BDP und seiner Sektion Verkehrspsychologie (▶ www.bdp-verband.de/sektionen/verkehrspsychologie).

Die DGVP ist hinsichtlich der Förderung der Verkehrspsychologie in Forschung, Lehre und Praxis aktiv. Sie verfasst regelmäßig Stellungnahmen zu aktuellen Fachthemen und beteiligt sich an Forschungsvorhaben. Gemeinsam mit der DGVM richtet sie jährlich ein gemeinsames Symposium aus, um zum einen dem wissenschaftlichen Austausch eine Plattform zu bieten und zum anderen der Fachöffentlichkeit neueste wissenschaftliche Erkenntnisse zur Diskussion zu stellen. Mitglieder der DGVP sind in viele Gremien und Arbeitsgruppen entsandt, um die verkehrspsychologische Perspektive und den Stand von Wissenschaft und Technik einzubringen. Schließlich sind Vertreter der DGVP an der Erarbeitung, Aktualisierung und Herausgabe von Leitlinien und fachlichen Regelwerken beteiligt.

Die Fachgruppe Verkehrspsychologie in der DGPs repräsentiert die in Forschung und Lehre tätigen Psychologen. Sie organisiert regelmäßig Fachgruppentagungen sowie Doktorandenworkshops.

> **Fazit**
>
> Die Verkehrspsychologie ist ein relativ unbekanntes und häufig unterschätztes Tätigkeitsfeld der Psychologie. Dabei stellt die Verkehrspsychologie hohe Anforderungen an die persönliche Qualifikation, da sie stark anwendungsbezogen und interdisziplinär ausgerichtet ist und ein Grundwissen und Grundverständnis ihrer Nachbardisziplinen voraussetzt. Das macht meines Erachtens aber gerade ihren Reiz aus. Fazit: Absolut empfehlenswert!

Literatur

Berufsverband Deutscher Psycholginnen und Psychologen (BDP), Sektion Verkehrspsychologie. www.bdp-verband.de/sektionen/verkehrspsychologie. Zugegriffen am 14.05.2024.

Bundesanstalt für Straßenwesen (BASt) (Hrsg.). (2020). *Begutachtungsleitlinien zur Kraftfahrereignung. Berichte der Bundesanstalt für Straßen-*

wesen, Mensch und Sicherheit, Heft M 115. Wirtschaftsverlag NW.

Deutsche Gesellschaft für Verkehrspsychologie e. V. (DGVP), & Deutsche Gesellschaft für Verkehrsmedizin (DGVM) (Hrsg.). (2022). *Beurteilungskriterien. Urteilsbildung in der Medizinisch-Psychologischen Fahreignungsdiagnostik* (4. Aufl.). Kirschbaum.

Fastenmeier, W., & Risser, R. (2020). *Ergonomische Ansätze der Verkehrspsychologie. Verkehrspsychologische Grundlagen für die menschengerechte Verkehrsraum- und Fahrzeuggestaltung.* Positionspapier Nr. 08/ Januar 2020 der Deutschen Gesellschaft für Verkehrspsychologie e. V. (DGVP).

Fastenmeier, W., Kubitzki, J., Ewert, U., & Gstalter, H. (2021). *Die kleine Psychologie des Straßenverkehrs – Mythen, Vorurteile, Fakten.* Hogrefe.

Klebelsberg, D. (1982). *Verkehrspsychologie.* Springer.

Vollrath, M., & Krems, J. (2011). *Verkehrspsychologie. Ein Lehrbuch für Psychologen, Ingenieure und Informatiker.* Kohlhammer.

Weitere Themen rund um den Berufseinstieg

Nachdem in den vorangegangenen Kapiteln verschiedene Tätigkeitsfelder für Psycholog:innen näher vorgestellt wurden, bietet dieser Teil einen Überblick zu weiteren Themen, die relevant werden, wenn sich das Studium dem Ende zuneigt und eine erste Beschäftigung angestrebt wird. In den folgenden Kapiteln werden Informationen zu den Themengebieten Bewerbung, Vertragsdetails, Selbstständigkeit, Arbeitslosigkeit und Schweigepflicht dargestellt.

Inhaltsverzeichnis

Kapitel 36 Bewerbung – 441
Viola K. Kraus

Kapitel 37 Vor dem Vertragsabschluss – 457
Maximilian Mendius und Simon Werther

Kapitel 38 Selbstständigkeit – 463
Viola K. Kraus

Kapitel 39 Arbeitslosigkeit – 469
Maximilian Mendius und Simon Werther

Kapitel 40 Die Schweigepflicht als Wesensmerkmal des Psycholog:innenberufs – 473
Jan Frederichs und Fredi Lang

Kapitel 41 Ausblick – 491
Maximilian Mendius und Simon Werther

Bewerbung

Viola K. Kraus

Inhaltsverzeichnis

36.1 Vom Lebenslauf zum Karriereweg – eine individuelle Aufgabe – 442

36.2 Kenntnis der eigenen Präferenzen als erster Schritt zur erfolgreichen Bewerbung – 444

36.3 Entwicklung eines individuellen Kompetenzprofils – 447

36.4 Die eigene Darstellung nach außen – 451

Literatur – 456

© Der/die Autor(en), exklusiv lizenziert an Springer-Verlag GmbH, DE, ein Teil von Springer Nature 2024
M. Mendius, S. Werther (Hrsg.), *Psychologie in Studium und Beruf*,
https://doi.org/10.1007/978-3-662-68508-2_36

Vor Abschluss eines Studiums stellen wir uns oftmals die Frage: Wie geht es weiter? Was sind die nächsten Schritte? Für viele Absolventinnen und Absolventen ist der naheliegende erste Schritt die Bewerbung. Diese erfordert einiges an Zeit und Energie, denn wir müssen uns nicht nur mit der Frage beschäftigen, wie man attraktiv für den Arbeitsmarkt ist, sondern auch damit, was wir eigentlich wollen. Dies gilt für eine Bewerbung im Unternehmen genauso wie für eine klinische oder soziale Einrichtung oder auch für den Schritt in die Selbstständigkeit oder das Gründen. Wenn man die ersten Bewerbungen abgeschickt hat, kann man Glück haben und bald eine Zusage erhalten, oftmals dauert es aber auch Monate, bis der passende Job gefunden ist. Hier gilt es durchzuhalten und die Bewerbungen immer wieder auf die jeweiligen Stellen anzupassen und ggf. zu verbessern. Dieses Kapitel beschäftigt sich daher mit dem Thema Bewerbung, mit Hilfen bei der Entscheidungsfindung sowie mit dem Umgang mit Arbeitslosigkeit während der Bewerbungsphase.

Ein Szenario

Abitur mit der Note 1, das Bachelorstudium mit Bravour abgeschlossen, zahlreiche Praktika und ein Auslandssemester absolviert, ein soziales Jahr mit gemeinnütziger Arbeit in Ecuador und schließlich noch einen bilingualen Master an einer renommierten Universität abgeschlossen. Es ist 2023 und Alexis, 25 Jahre (Name und Alter fiktiv), findet einen Job, den sie schon lange machen wollte. Ihr neuer Arbeitgeber schätzt besonders ihre Auslandserfahrung und ihr soziales Engagement. Fatih, 26 Jahre (Name und Alter fiktiv), hat gerade seinen Bachelor abgeschlossen, während des Studiums im Call Center und Catering gejobbt, wobei er auch sein Englisch einsetzen konnte. Auch Fatih fängt in 4 Wochen bei seinem Traumarbeitgeber an.

36.1 Vom Lebenslauf zum Karriereweg – eine individuelle Aufgabe

Zwei unterschiedliche Lebensläufe, zwei unterschiedliche Personen und sehr unterschiedliche Kompetenzen, aber beide haben ihren Wunscharbeitgeber gefunden. Hat einer von ihnen nur Glück gehabt? Ist ein Lebenslauf besser als der andere? Gilt der von Alexis als potenzieller Vorzeigelebenslauf? Alexis, die alle relevanten Stationen einer ganzheitlichen Ausbildung durchläuft und nicht nur brillante Leistungen, sondern gleichzeitig auch soziales Engagement zeigt? Wie ist der Lebenslauf von Fatih damit zu vergleichen? Fatih, der an seiner lokalen Universität einen Bachelor passabel abschließt und nebenher gejobbt hat, anstatt ein Praktikum in einer renommierten Firma zu machen? Die Antwort lautet: Beide haben für sich persönlich wichtige Erfahrungen gesammelt haben, welche für den Arbeitsmarkt relevant sind. Alexis und Fatih haben jeweils über den Tellerrand geblickt und durch Praktikum oder Job ihren Horizont erweitert. Jedoch ist auch der vermeintlich noch so perfekte Lebenslauf nicht immer der, der im Endeffekt das Jobangebot garantiert. Manche landen den Traumjob mit einem „anscheinend so normalen Lebenslauf", der andere fängt bei seiner Traumfirma an, weil er den „anscheinend so perfekten" Lebenslauf hat und wieder jemand anderes kommt über sein Netzwerk an eine interessante Stelle. Bei Fatih war es letzteres, denn er wusste schon vor Ende seines Studiums, bei welcher Firma er gerne anfangen würde, und hat dementsprechend Kontakte geknüpft.

Es gibt also viele Wege, die zu einer Arbeitsstelle, zur Selbstständigkeit oder Gründung führen. Wichtig ist es herauszufinden, was der richtige Weg für einen ganz persönlich ist, also die Frage: „Was will ich eigentlich, was sind meine eigenen Prioritäten, meine eigenen Werte?" Nur so können wir überzeugen und sind bereit, wirklich zu zeigen, was wir können. „Herausfinden, was ich kann, und überzeugen, dass ich es kann", das ist das zentrale Thema dieses Abschnitts. Darüber hinaus geben wir Bewerbungstipps, und Experten aus der Arbeitswelt berichten in Interviews, welche Kompetenzen sie als wichtig erachten Außerdem geben sie Ihnen Tipps für Ihren ganz persönlichen Karriereweg, wie Sie Ihrem Ziel näher kommen können. Und Sie werden sehen, es gibt nicht den „One-Size-fits-all-Lebenslauf", sondern es zählt immer Ihre eigene spannende Biografie.

Gerne möchte ich in diesem Zusammenhang auch meine Biografie kurz skizzieren: Meine Leidenschaft galt der Psychologie – meine Abiturnote stellte allerdings ein Hindernis dar. Psychologie, die Wissenschaft vom Erleben und Verhalten von Menschen, fasziniert mich seit ich 15 Jahre alt bin. Dies wurde bestärkt, als ich mit 18 Jahren mit einem Psychologen, der als Trainer und Coach arbeitet, ins Gespräch kam. Er ermöglichte mir Einblicke in sein tägliches Arbeitsleben und inspirierte mich, ebenfalls dieses Tätigkeitsfeld anzustreben. Da meine Abiturnote mit 2,5 nicht ausreichend für ein Studium der Psychologie an einer deutschen Hochschule war, musste ich allerdings einen anderen Weg finden oder mich auf Umwegen meinem Traum annähern. Meine Motivation war so hoch, dass mich nichts von meinem Ziel – einem Psychologiestudium – abbringen konnte. Nach langer Recherche erkannte ich folgende Optionen: Eine Ausbildung machen und über die Jahre durch die Wartezeit meinen Durchschnitt verbessern, eine Auszeit nehmen oder im Ausland studieren. Luxemburg kam mit einem deutsch-französischen Studiengang infrage, jedoch überzeugte mich schließlich London. Nach einem Jahr Auszeit, das ich mit Englischkursen, Jobs, von deren Erfahrungen ich bis heute profitiere, und Reisen verbrachte, fing ich mein Bachelorstudium an einer kleinen Universität im Westen Londons an. Andere renommiertere Universitäten hätten mich – wie die deutschen Universitäten – aufgrund meines mittelmäßigen Abiturdurchschnitts nicht angenommen. Nichtsdestotrotz, ich konnte mein lang ersehntes Psychologiestudium beginnen. Eine weitere Herausforderung stellte die Finanzierung vor Ort in London dar, aber durch Jobben, ein Taschengeld meiner Eltern und einen langen Atem meisterte ich auch diese Hürde. Nach drei Jahren schloss ich als Drittbeste ab, hatte zwei renommierte Praktika in der Tasche und ein Jobangebot bei einer globalen HR Beratungsfirma angenommen. Nach einer Reiseauszeit, erwarb ich noch einen Master in „Organizational Psychology" an der Columbia University-Teachers College, New York, und setzte in den USA meine Beraterlaufbahn fort.

Warum dieser kleine Exkurs in meine Vita? Er soll verdeutlichen, dass man sich immer zuerst Ziele setzen muss, sich seiner eigenen Vision bewusst sein sollte. Wenn man diese mit Ausdauer, Verstand und Leidenschaft verfolgt, kann man diese erreichen. Ebenso ist es mit Bewerbungen, die zum Erfolg führen sollen.

Studieren im Ausland

Eine zentrale Anlaufstelle für jegliche Auslandsaufenthalte während des Studiums oder auch für ein Studium im Ausland wie in meinem Fall ist der Deutsche Akademische Austauschdienst (DAAD), über den man nützliche Informationen zu einem Auslandsaufenthalt erhält: Anlaufstellen, Bewerbungsverfahren, kulturelle Gegebenheiten (▶ www.daad.de). Wichtige Anlaufstellen rund um das Psychologiestudium und die Tätigkeiten als Psychologe sind der Berufsverband Deutscher Psychologinnen und Psychologen (BDP; ▶ www.bdp-verband.de) sowie die Deutsche Gesellschaft für Psychologie (DGPs; ▶ www.

dgps.de/psychologie-studieren). Darüber hinaus ist die Bundesvereinigung Psychologiestudierende im BDP (▶ www.bdp-verband.de/studierende-im-bdp) als Studierendenvertretung im BDP eine gute Anlaufstelle; dort erhält man nützliche Informationen rund um Studium, Praktika und Fördermöglichkeiten. In der Sektion „Studienstiftung Deutsche Psychologen e. V." des BDP kann man sich direkt für Förderungen bewerben. Darüber hinaus gelten selbstverständlich alle nationalen und regionalen Stipendienmöglichkeiten, die für Studierende vor und während des Studiums zur Verfügung stehen (▶ www.stipendiumplus.de).

36.2 Kenntnis der eigenen Präferenzen als erster Schritt zur erfolgreichen Bewerbung

Nun zum praktischen Teil. Wie weiß ich, welches Ziel ich habe, und ob ich es mit Ausdauer und Leidenschaft verfolgen kann? Wie weiß ich, ob der Musterlebenslauf, wie z. B. der von Inge, der Weg ist, den ich gehen und vorzeigen muss? Oder ist es der Weg von Helge, den ich einschlagen sollte? Psychologie, ein Fach, das viele interessiert, bietet viele Karrierewege. Die Karriereperspektiven für Psychologen sind gut, da man unglaublich verschiedene Wege einschlagen kann. Denkt man – von den eigenen Erfahrungen aus dem sozialen Umfeld oder den Medien geprägt – anfangs noch hauptsächlich an Berufsbilder der Klinischen Psychologie, so erschließt sich erst bei näherem Hinsehen das volle Spektrum der Möglichkeiten, das die Psychologie bieten kann.

Welche Ziele verfolgen Sie?

Wie Sie in den vorherigen Kapiteln erfahren konnten, bietet die Psychologie ein sehr großes Spektrum an Berufsfeldern. Daher ist es umso wichtiger, die eigenen Wünsche und Stärken ins Bewusstsein zu rücken. Was wollte ich schon immer machen, wie möchte ich meinen Arbeitsalltag gestalten, worin bin ich richtig gut und wie möchte ich meine Talente und Kompetenzen bei der Arbeit einsetzen? Haben Sie sich schon einmal vorgestellt, was Sie im Arbeitsalltag machen würden, wenn Sie auf Geld nicht angewiesen wären? Fingen Ihre Augen an zu leuchten, haben Sie mit Leidenschaft ihre Ideen erläutert? Falls nicht, gibt es doch bestimmt etwas, was Sie interessiert und womit Sie gerne ihre Zeit verbringen, oder? Jeder Mensch hat etwas, eine Aktivität oder ein Interesse, das ein Lächeln auf sein Gesicht zaubert.

Ziel der Übung ist es, seine Interessen aufzuschreiben und zu erkennen, welche einem mehr oder auch weniger bedeuten. Dafür brauchen Sie ein Blatt Papier und zwei verschiedenfarbige Stifte. Alternativ, wenn Sie lieber mit dem Medium Computer arbeiten, verwenden sie ein entsprechendes Schreibprogramm:

- Nehmen Sie sich ein Blatt Papier/Computer, schreiben Sie Ihre Interessen und Tätigkeiten auf, welche Ihre Leidenschaft packen, die ein Lächeln auf Ihr Gesicht zaubern. Schreiben Sie alles auf, was Ihnen dazu einfällt. Lassen Sie sich dabei nicht von äußeren Faktoren ablenken und limitieren Sie Ihre Gedankengänge nicht durch rationale Begründungen (z. B. „Ich liebe Bungee Jumping, aber was hat das mit meinem zukünftigen Beruf zu tun?" – listen Sie auch solche Aktivitäten auf).
- Um Ihnen den ersten Schritt zu erleichtern, schreiben Sie in die Mitte des Blatts

Ihren Namen. Nun beginnen Sie von der Mitte aus nach außen Ihre ersten Ideen aufzuschreiben, wie ein Baumstamm mit Ästen. Egal wie unwirklich Ihnen diese erscheinen, schreiben Sie alles auf. Aller Anfang ist zwar schwer und ein weißes Blatt Papier kann sehr demotivierend sein, aber ich wette, dass Sie nach 30 min das Blatt mindestens zur Hälfte beschrieben haben werden.

- Sollte es Ihnen dennoch schwerfallen, dann stehen Sie auf (bewaffnet mit Block und Stift) und laufen Sie los (z. B. durch die Wohnung, hin und zurück oder immer im großen Kreis). Nun denken Sie an vergangene Jobs, Gruppenarbeiten, Schulprojekte oder andere Aktivitäten: Was hat Ihnen dabei Spaß gemacht? Was hat Sie motiviert? Was positiv herausgefordert? Das Laufen wird Ihren Denkprozess triggern.
- Im nächsten Schritt priorisieren Sie Ihre Ideen: Was erscheint Ihnen besonders spannend oder befriedigend, wo leuchten Ihre Augen am meisten, wo kribbelt es am meisten in Ihnen? Unterstreichen sie diese Punkte, setzen Sie Markierungen, z. B. ein Sternchen für starke Interessen und zwei Sternchen für Ihre absolute Leidenschaft.

Sollte Ihnen das Format nicht zusagen, also ein Baumstamm mit Ästen, können Sie sich genauso gut eine Tabelle machen. Wichtig ist, dass Sie das Bild anspricht. Sobald Sie diese Übung abgeschlossen haben, werden sich schon mehrere Interessensgebiete, oder sogar das favorisierte Interessensgebiet, herausstellen. Auch wenn Sie ggf. zu diesem Zeitpunkt noch kein klares Berufsfeld sehen, Sie haben eine essenzielle Phase durchlaufen. Sie haben sich die Frage gestellt: Was macht mir Spaß und womit verbringe ich gerne meine Zeit? Dies wird die Wahl ihres zukünftigen Berufsfelds beeinflussen: Entweder den beruflichen Inhalt und Kontext oder die Arbeits- und Rahmenbedingungen, damit Sie neben der Arbeit auch Zeit für andere Interessen haben. Im nächsten Schritt, damit Ihr Ziel greifbarer wird, beziehen wir Ihr Umfeld, die Realität mit ein, damit das Berufsfeld genauer definiert werden kann.

Die vorherigen Kapitel zeigen sehr deutlich die große Vielfalt und die verschiedenen Einstiegsmöglichkeiten als Psychologe oder Psychologin. Wenn Sie sich nun für eine der psychologischen Tätigkeiten entschieden haben, ist es hilfreich, bevor Sie mit Ihren Bewerbungen starten, mit den folgenden drei Schritten zu beginnen:

1. Sich selbst kennen:
   - Was ist meine Leidenschaft? Welche Berufsvorstellung zaubert ein Lächeln auf mein Gesicht?
   - Was sind meine Werte? Was ist mir im Leben sehr wichtig und könnte daher meine Berufswahl beeinflussen? Jeder hat andere Werte. Hier ein paar Beispiele: Familie, beruflicher Aufstieg, körperliche Fitness, Autonomie, Respekt, intellektuelle Herausforderung…
   - Was sind meine Stärken? Und was sind meine Entwicklungspotenziale?
   - Wie stelle ich mich dar? Kann ich meine Interessen und Kompetenzen artikulieren?
2. Das Berufsfeld kennen:
   - Was sind die Erwartungen in meinem ausgesuchten Berufsfeld (z. B. Kompetenzen, Arbeitsanforderungen)?
   - Was gibt es für Einstiegsmöglichkeiten?

3. Ein Netzwerk aufbauen, zum Austausch, zum Lernen, zur Akquise:
   - Wo treffen sich Leute in ähnlichen Berufsfeldern?
   - Wo kann ich potenzielle Arbeitgeber treffen?

Diese Schritte unterstützen Sie dabei, sich gezielt auf ein Berufsfeld vorzubereiten, bei der Jobsuche schneller fündig zu werden und im Bewerbungsprozess zu überzeugen. Ein schönes Werkzeug ist hier der nach E. Schein (2013) entwickelte „Karriereanker" (Erl 2020). Ein praktisches Arbeitsbuch stellt „Durchstarten zum Traumjob - das Workbook" von Richard Nelson Bolles dar.

Insbesondere das Thema der eigenen Werte sollte nicht unterschätzt werden. Ist man beispielsweise eine Person, der es wichtig ist, beruflichen Aufstieg planen zu können, ist potenziell eine größere Organisation (100+ Mitarbeiter) passend, da hier Strukturen und Wege oftmals vorgezeichnet sind. Wohingegen ein Start-Up oder eine andere kleine Organisation wenig klare Strukturen und Prozesse hat und man die eigene Karriere selbst in die Hand nehmen muss. Wer darauf keine Lust hat, wird sich nicht lange in so einem Arbeitsumfeld halten können. Mehr zu den Rahmenbedingungen eines Jobs und Fragen, welche man sich stellen sollte, sind in ▶ Kap. 37 aufgelistet.

Der Vorteil an einem Psychologiestudium ist, dass man sich in den meisten Fällen nicht sofort entscheiden muss. Wählt man einen Bachelor ohne Schwerpunkt, muss man sein „Arbeitsziel" noch nicht genau kennen. Man kann das theoretische Wissen aufnehmen und durch praxisnahe Beispiele Schritt für Schritt sein Interessensfeld definieren. Das erste Jahr geht im Flug vorüber und man erlernt erste Grundlagen. Im zweiten Jahr ist es meist ähnlich und man absolviert die ersten Praktika oder hat relevante Nebenjobs, vereinzelt kann man bereits Schwerpunkte im Studium wählen. Im dritten und potenziell im vierten Jahr (abhängig vom Angebot der Universität oder Hochschule) werden verschiedene Interessensfelder abdeckt und es sind oftmals eigene Schwerpunktsetzungen möglich. Darüber hinaus gibt es jedoch auch Bachelorstudiengänge, welche einen einzigen Themenschwerpunkt besetzen, sodass ein Themengebiet nicht erst im dritten oder vierten Jahr vertieft wird. Jegliche Arbeitserfahrung, welche man neben dem Studieren macht, ist sowohl relevant für zukünftige Arbeitgeber als auch für den eigenen Erfahrungsschatz und die damit verbundene anwendungspraktische Verknüpfung des psychologischen Wissens. Dabei sollte man auch bedenken, dass Arbeitserfahrung sich nicht nur auf ein Praktikum oder auf einen fachlichen Nebenjob bezieht. Sollten Sie sich in Vereinen, gemeinnützigen Organisationen, in der Politik oder in der Kunst engagieren, sammeln Sie auch hier relevante Erfahrungen wie z. B. Arbeiten im Team, Organisieren von Veranstaltungen oder Verhandeln mit Kunden.

Eine vertiefte Spezialisierung in der Psychologie ist in einem Masterstudiengang vorgesehen, was nicht bedeutet, dass man einen Master direkt an den Bachelor anschließen oder diesen in Erwägung ziehen muss. Während bis vor wenigen Jahren Arbeitgeber noch unsicher waren, wie sie Bachelorabsolventen einzuschätzen hatten, haben viele ihre Traineeprogramme, Arbeitsanforderungen und Gehaltstrukturen entsprechend darauf abgestimmt. Personalvorstände führender deutscher Unternehmen haben sich sogar öffentlich zur sinnvollen Eingliederung des Bachelors in ihre Unternehmen bekannt und eine Erklärung durch den Stifterverband für die Deutsche Wissenschaft unterzeichnet. Bei Großunternehmen sind mittlerweile fast 70 % der Einsteiger Bachelorabsolventen (▶ www.stifterverband.org). Auch wenn Mittelständler und kleine Unternehmen diese Zahlen noch nicht vorzeigen können, der Weg für Bachelorabsolventen ist damit mehr als geebnet. Wie schon erwähnt, es kommt darauf an, welches Ziel Sie verfolgen und welche Anforderungen Ihr potenzieller zukünftiger Job an Sie stellt. Ich wollte beispielsweise immer einen Master in Organisationspsychologie absolvieren, dies aber mit Praxiswissen verbinden. Viele meiner Kollegen aus dem Studium stiegen direkt in ein Masterprogramm ein, ich jedoch begann mein Jahr bei einer Beratungsfirma und legte zwischenzeitlich noch eine kleine Weltreise ein. Die Erfahrungswerte in diesem Jahr, auch die Reiseerfahrungen, ermöglichen mir, solide Praxiserfahrung zu sammeln und mein Ziel beziehungsweise mein Interessensfeld klarer zu definieren. Der Beratungsjob zeigte mir, welche Kompetenzen ich mitbringe und wo ich noch Weiterbildungsbedarf habe. Die Reise ermöglichte Einblicke in unterschiedliche Kulturen, welche meine Offenheit für Neues förderte. Eine Eigenschaft, die im Berufsleben immer wieder gefragt ist, wenn man beispielsweise in neuen Teams arbeitet oder wenn ein neuer Arbeitsansatz gefragt ist. Im Masterstudium wurde mir schnell klar, dass ich all meine Erfahrungen einbringen und Praxisbezug herstellen konnte.

Für andere Kommilitonen war es wichtiger, als erstes das akademische Wissen auszubauen. Diese akademische Grundlage war für diejenigen besonders hilfreich, die sich weiter wissenschaftlich an der Universität beschäftigten oder in den klinischen Bereich gingen. Alle meine ehemaligen Kommilitonen aus dem Bachelorstudium haben – basierend auf ihren Interessen und Kompetenzen – ihre Nische gefunden. Jeder hat seinen individuellen Weg eingeschlagen. Der eine ging direkt in die Wissenschaft, der andere zurück in die Heimat, um zu jobben, startete dann jedoch noch eine Promotion in Sozialpsychologie. Eine andere Kommilitonin fand sich in der statistischen Mathematik wieder. Heute ist sie leidenschaftliche Statistikerin und entwickelt Modelle für medizinische Geräte. Wir fingen alle gleich an, haben uns jedoch in die unterschiedlichsten Richtungen entwickelt, basierend auf dem, was für jeden von uns erstrebenswert war und entsprechend unserer Kompetenzen. Die eigene ganz persönliche Zielvorstellung ist eine wichtige Voraussetzung, um im Arbeitsalltag zufrieden und auch erfolgreich zu sein.

36.3 Entwicklung eines individuellen Kompetenzprofils

Während Sie nun langsam auf ein grob definiertes Ziel zusteuern, auf Ihr Interessenspaket, sollten Sie wissen, was Sie können und wo Sie potenziell Entwicklungsbedarf haben. Wichtig ist dabei immer, das eigene Ziel im Kontext der Realität zu sehen. Jeder kann etwas und jeder kann sogar etwas besonders gut. Dieses Wissen beeinflusst z. B. das, was Sie in Ihren Lebenslauf schreiben, was Sie im Bewerbungsgespräch erzählen und wie Sie sich nach außen darstellen. Dieses Wissen können Sie auf verschiedenen Wegen einholen. Entweder Sie schreiben auf, worin Sie immer besonders gut waren, wo Sie oftmals positives Feedback erhalten und in welchem Bereich Sie gute Noten erreicht haben. Alternativ können Sie Freunde, Familie, Bekannte, Lehrer, Arbeitgeber oder Professoren bitten, eine Liste mit den Kompetenzen aufzuschreiben, welche sie als Ihre Stärken erachten bzw. sie bitten, Ihre persönliche Einschätzung zu validieren. Dabei spielt Ihr Ziel immer eine zentrale Rolle bei der Identifikation von Entwicklungsmöglichkeiten – so können manche Ihrer Eigenschaften in Bezug auf ein Ziel eine Stärke darstellen, jedoch in Bezug auf ein anderes Ziel eine Schwäche sein. Dies wird besonders deutlich im später folgenden ▶ Kap. 38 zur Selbstständigkeit.

Als Psychologieabsolvent bringt man allein durch sein Studium zahlreiche vielseitig einsetzbare Kompetenzen mit. Durch wissenschaftliche Studien und Experimente werden unsere Beobachtungsgabe und Objektivität geschult, die Auswertung von Daten braucht analytische Fähigkeiten, gepaart mit anwendungsrelevantem Wissen in der Statistik. Letzteres ist gerade jetzt „en vogue": Im Zuge von künstlicher Intelligenz (KI) in der Arbeitswelt gibt es immer mehr Anforderungen hinsichtlich Daten Management, Analyse und Statistik. Dadurch, dass ein Großteil der Primärliteratur im Psychologiestudium in englischer Sprache abgefasst ist und auch Präsentationen auf Konferenzen und Publikationen in Fachzeitschriften in der Regel englischsprachig sind, sind wir gefordert, uns solide Englischkenntnisse anzueignen.

Hinzu kommt, dass wir durch Seminararbeiten und Forschungsberichte lernen, Daten aufzubereiten, daraus Abhandlungen zu erstellen und diese ggf. unter Berücksichtigung gängiger Richtlinien zur Zitierung und wissenschaftlicher Darstellung zu publizieren. Die Fähigkeiten, Sachverhalte zu analysieren, Wirkzusammenhänge zu beschreiben und daraus Handlungsempfehlungen darzustellen, werden in den meisten Berufssparten erwartet. Die DGPs verfügt über eine gute Zusammenfassung an derzeitigen Berufsbildern von Psychologen und Psychologinnen (▶ www.dgps.de/psychologie-studieren/berufsfelder).

Im nächsten Schritt ist es wichtig, Transferkompetenz zu erlangen, d. h. die im Studium erlernten Kompetenzen bei Anforderungen in der Arbeit direkt einzusetzen. In einem Bewerbungsprozess – egal ob im klinischen oder wirtschaftlichen Kontext – spielen anwendungspraktische Erfahrungen eine sehr große Rolle, da erfolgreiche Bewährung in einer thematisch verwandten vorherigen Beschäftigung als stärkerer Vorhersagefaktor für den Berufserfolg gilt als z. B. Studienleistungen. Erst neulich sprach ich mit einem Recruiter. Dieser meinte, dass die Studierenden zwar unglaublich schlau und fleißig seien, jedoch zu wenig Berufserfahrung mitbringen würden bei gleichzeitig zu hoher Erwartungshaltung bzgl. Verantwortung und Gehalt. Es ist daher wichtig, wie im Beispiel von Inge und Helge, Praktikums- oder Joberfahrung zu sammeln. Dabei geht es nicht darum, ein Praktikum im besten Krankenhaus oder im renommiertesten Unternehmen zu machen. Wenn Sie Sich dennoch entscheiden, sich bei einem attraktiven Großkonzern zu bewerben, seien Sie sich bewusst, dass diese Firmen meist aus einem großen Bewerberpool auswählen können und demzufolge teils hohe Erwartungen an Ihre Leistungen und praktischen Vorerfahrungen stellen. Auch wenn Firmennamen oder renommierte Krankenhäuser helfen und definitiv ein Hingucker auf dem Lebenslauf sind, das Tätigkeitsfeld sollte stimmen. So kann es sinnvoll sein, sich zunächst in einem kleineren Unternehmen erste Sporen zu verdienen, um sich im nächsten Schritt in einem Großkonzern zu bewerben. Alternativ zur Absolvierung von Praktika können Sie sich auch neben dem Studium einen Minijob, der zeitlich natürlich nicht mit dem Studium und der Lernzeit im Konflikt stehen darf, suchen. Hierbei kann ein erster Job im Servicebereich wichtige Kompetenzen im Bereich Kundenmanagement und Teamgeist vermitteln. Eine Bürotätigkeit fördert Organisation und möglicherweise Analysefähigkeit. Ein Pflegejob im Krankenhaus ermöglicht erste Einblicke in den Krankenhausalltag und die alltägliche Arbeit mit den Patienten. Die Mitarbeit in einem ehrenamtlichen Verein oder einer politischen Organisation fördert Kompetenzen wie Anpassungsfähigkeit, Kommunikation oder Verhandlungsgeschick. Lassen Sie sich auch nicht verunsichern, wenn Ihnen zu Beginn Ihres Studiums gesagt wird, dass das Studium möglichst in der Regelstudienzeit zu absolvieren ist und Freisemester für Praktika vermieden werden sollten. Aus der Sicht der Arbeitgeber ist genau das Gegenteil wichtig, ohne jedoch das Studienende vollständig aus den Augen zu verlieren. Erst eine individuelle, mit Praxisphasen angereicherte Biografie macht die Bewerberinnen und Bewerber interessant.

Die eigenen Stärken erkennen

Nutzen Sie die in ◘ Abb. 36.1. dargestellte Liste von Adjektiven, um herauszufiltern, welche Eigenschaften bei Ihnen besonders stark ausgeprägt sind. Die Liste beinhaltet sowohl Raum für Ihre Selbsteinschätzung als auch für eine Fremdeinschätzung durch andere Personen.

— Gehen Sie die Spalte Selbstbild durch und vergeben Sie Bewertungen zwischen 3 und −3 (3 bedeutet „sehr stark ausgeprägt", −3 bedeutet „schwach oder gar nicht ausgeprägt") für jedes Adjektiv.
— Falls Ihnen noch weitere Adjektive einfallen, dann ergänzen Sie einfach die Liste.
— Im nächsten Schritt lassen Sie diese Liste auch von einer weiteren Person, die Sie gut kennt, ausfüllen; so bekommen Sie auch ein Fremdbild und somit ein ganzheitlicheres Bild Ihrer Person. Wir schätzen uns oftmals anders ein oder sogar schlechter. Das Fremdbild hilft dabei, eine potenziell objektivere Bewertung zu bekommen.
— Als Ergebnis können Sie die Eigenschaften nun nach Ihrer Selbsteinschätzung absteigend ordnen, d. h. hohe Einschätzung zuerst. Ihre Stärken liegen da, wo Ihre hohe Einschätzung mit der Fremdeinschätzung übereinstimmt.

Anleitung	Die Übung dauert ca. 20 Minuten und zielt auf ein übersichtlichen ersten Persönlichkeitseindruck - das Selbstbild und Fremdbild. Dabei schätzen Sie sich selber ein, gefolgt von der Einschätzung einer Person, die sie gut kennt. Dabei ist es wichtig, dass die Person ihre Einschätzung vorher nicht gelesen hat. **Selbstbild**: Beurteilen Sie Ihre Ausprägung für jedes Adjektiv anhand der Legende. Wählen Sie dann in der Spalte "Selbstbild", anhand des Menüs die Punktzahl. Überlegen Sie dabei nicht zu lange. Falls Ihnen noch weitere Charakteradjektive einfallen können Sie diese unten hinzufügen. **Fremdbild**: Wenn Sie mit Ihrer Einschätzung fertig sind, lassen Sie sich die Spalte "Fremdbild" von jemanden ausfüllen, der Sie gut kennt

Selbstbild - Fremdbildanalyse			
Adjektiv	**Selbstbild**	**Fremdbild**	**Legende**
sympathisch			3 sehr stark ausgeprägt
vertrauenswürdig			2 deutlich ausgeprägt
vorsichtig			1 etwas stärker als der Durchschnitt ausgeprägt
lernbereit			0 normal, unauffällig, Durchschnitt
lernfähig			-1 eher weniger ausgeprägt
leistungsorientiert			-2 recht schwach ausgeprägt
sorgfältig			-3 sehr schwach oder gar nicht ausgeprägt
aufgeschlossen			
ausdauernd			
konformistisch			
dominant			
gerecht			
fleißig			
wagemütig			
zielstrebig			
geduldig			
flexibel			
anspruchsvoll			
gefühlsorientiert			
impulsiv			
durchsetzungsfähig			
sachorientiert			
fordernd			
höflich			
service-orientiert			
autoritär			
pflichtbewusst			

◘ **Abb. 36.1** Stärken erkennen

Sobald Sie Ihre Stärkenliste erstellt haben und sich Ihrer Kompetenzen bewusst geworden sind (z. B. die Fähigkeit detailliert und genau zu arbeiten), sollten Sie sich noch kurze Beispiele überlegen, in welchen Bereichen Ihre Kompetenzen zum Einsatz kommen könnten. Ähnlich können Sie vorgehen, um herauszufinden, was Sie noch lernen können oder was Sie verbessern möchten. Es ist wichtig zu wissen, wo man sich potenziell noch verbessern könnte, also welche Fähigkeiten noch ausbaubar sind. Jedoch bin ich überzeugt, dass man sich auf seine Stärken konzentrieren sollte, da dieser positive Fokus motiviert. Dieser Ansatz baut auf der positiven Psychologie auf, angefangen in den 90er-Jahren u. a. mit Martin Seligman (2002), einem Psychologen aus den USA. Mittlerweile haben viele Studien gezeigt, dass Menschen produktiver sind, wenn Sie sich zwar ihrer Verbesserungspotenziale bewusst sind, sich jedoch auf ihre Stärken konzentrieren. Dieser Ansatz, anfangs von Arbeitgebern belächelt, erhält mittlerweile immer mehr Einzug in die deutsche Arbeitswelt und wird von Personalabteilungen aufgegriffen. Stellen Sie sich einfach einmal mehrere Tätigkeiten vor, die Sie richtig gut können. Was für Gefühle entstehen bei Ihnen? Bei mir entsteht hier sofort ein positiver Zustand kombiniert mit Motivation und Willenskraft. Diesen kann und sollte man auch nutzen, wenn es darum geht, den nächsten Schritt zu gehen, z. B. einen zukünftigen Arbeitgeber zu finden oder ein Unternehmen zu gründen.

In den vorangegangenen Kapiteln konnten Sie bereits sehen, dass sich Psychologen in verschiedenen Berufsfeldern durch ein ganz bestimmtes Set an Kompetenzen von anderen Mitbewerbern abheben können. Um diese Kompetenzen, aber auch Entwicklungsfelder noch einmal themenübergreifend herauszuarbeiten, wurden Interviews mit vier Personen durchgeführt: einem Staffing Manager (eine Person, die Mitarbeiter gemäß ihren Fähigkeiten einem Projekt zuteilt), einer Seniormanagerin eines Beratungsunternehmens (Deutschland), einer HR Managerin für ein IT Unternehmen (England) und einer Klinischen Psychologin (England).

Folgende Kompetenzen wurden genannt:

- Strukturiertes Arbeiten, analytische Fähigkeiten (z. B. auch Auswertungen eines Assessment Centers oder klinischer Testreihen)
- Statistisches Wissen, Umgang mit Zahlen
- Datenanalyse bzw. -management (gerade im Hinblick auf digitale, datengetriebene Arbeitswelten ein klarer Vorteil)
- Soziale Kompetenzen und Erkennen von Verhaltensmustern zur positiven Gestaltung von Teamarbeit
- Effektive, zielgerichtete Kommunikation (im Hinblick darauf, dass Psychologen wissen, wie Kommunikation auf andere Menschen wirkt)
- Neugierde und Offenheit für Neues

Die Experten identifizierten auch das Weiterbildungspotenzial:

- Im wirtschaftlichen Arbeitskontext sollte man die „Unternehmenssprache" sprechen können, mit Kennzahlen umgehen können (z. B. Einblicke in die Betriebs-/Volkswirtschaftslehre, BWL/VWL).
- Im psychologischen/klinischen Kontext sollte man wissen, was die eigenen Grenzen und Hemmschwellen sind. Die eigenen Erfahrungswerte sind hier von großer Bedeutung.

Diese Einschätzung basierte bei allen auf den eigenen Erfahrungswerten sowie auf dem Austausch mit Kollegen, Vorgesetzten und

Mitarbeitern. In allen vorangegangenen Kapiteln wird detailliert für die jeweiligen Tätigkeitsfelder darauf eingegangen, welche Kompetenzen für den Berufseinstieg wichtig sind. Diese Informationen bieten in Kombination mit Ihren individuellen Stärken und Kompetenzen eine wertvolle Ausgangslage für die Ausarbeitung Ihres Weiterbildungspotenzials.

In nicht wenigen Fällen zeigen sich jedoch auch durch vermeintliche Zufälle Perspektiven auf, die man davor gar nicht gekannt hat. Das gilt genauso für das Kennenlernen von Tätigkeitsfeldern, das oftmals an Personen gebunden ist und somit nicht immer systematisch geplant werden kann. Bleiben Sie offen für neue Entwicklungen, aber bleiben Sie auch fokussiert, wenn Sie sich Ihrer Ziele bewusst sind.

36.4 Die eigene Darstellung nach außen

Sie kennen nun hoffentlich Ihre Interessensfelder, sind sich Ihrer Stärken bzw. Kompetenzen bewusst und haben sich Beispiele überlegt, wo Ihre Fähigkeiten bereits jetzt zum Einsatz kommen. Jetzt geht es darum, diese entsprechend zu kommunizieren. Wenn Leute nicht wissen, was Sie können, warum sollten Sie dann mit Ihnen zusammenarbeiten wollen? Sympathie ist sicherlich ein wichtiger Faktor, aber irgendwann kommt der Zeitpunkt, ab dem von jedem Leistung gefordert wird. D. h., dann werden Sie spätestens zeigen müssen, was Sie können. Stellen Sie sich folgende Kaufhaussituation vor. Sie wollen eine neue Kaffeemaschine kaufen, wissen aber noch nicht welche. Der Verkäufer zeigt Ihnen verschiedene Kaffeemaschinen, artikuliert aber nicht deren Vorteile. Was machen Sie? Möglicherweise verlassen Sie den Laden und gehen in den nächsten, um ausführlicher beraten zu werden. Dort erklärt Ihnen der Verkäufer die Vor- und Nachteile der jeweiligen Kaffeemaschinen. Sie wägen die Informationen ab und können eine Entscheidung treffen. Unterbewusst haben Sie gleichzeitig auch Vertrauen zu dem Verkäufer aufbauen können, denn er hat Sie mit seiner Kompetenz oder seinem Wissen überzeugen können. Dieses Beispiel zeigt, dass man durch Kompetenz, Wissen und die entsprechende Kommunikation Vertrauen schaffen kann. Daher ist es so wichtig, dass Sie Ihre Kompetenzen und ggf. Ihre Interessen kommunizieren können. Dies schafft Vertrauen und Neugierde. Darauf kann aufgebaut werden, auch im Bewerbungsgespräch.

Jetzt kennen Sie sich, Ihre Ziele und Ihre Kompetenzen. Nun geht es darum, Berufsfelder kennenzulernen. Hierbei können Sie verschiedene Wege einschlagen:

- Arbeitserfahrungen sammeln, z. B. durch Praktika, Nebentätigkeiten, Mitarbeit in einer Organisation oder in einem Verein (Kunst, Politik etc.)
- Mit Freunden, Eltern, Bekannten, Universitätsmitarbeitern, Beratungsstellen etc. sprechen
- Im Internet recherchieren, z. B. bei der Agentur für Arbeit das Berufsfeld erkunden
- Auf Vorträge, Messen und Fachveranstaltungen gehen
- Netzwerke aufbauen, z. B. mit ehemaligen Arbeitgebern, und in Kontakt bleiben
- Und natürlich mit diesem Buch die vielfältigen Tätigkeitsfelder der Psychologie kennenlernen und sich einen Überblick darüber verschaffen, was jedoch nur der erste Schritt sein kann.

Es gibt also auch hier verschiedene Optionen. Dabei kommt es nicht darauf an, wen man schon kennt oder wen die Eltern kennen, sondern auf Ihre persönliche Nutzung sowie den Aufbau von unterschiedlichen Quellen. In den Experteninterviews wurde die „Erkundung von Möglichkeiten" ganz klar als wichtiger Bestandteil der Karrierelaufbahn erwähnt.

Frage: „Welche Tipps würden Sie Psychologen mit auf den Karriereweg geben?"

Tomas Grundmann, Prüfungs- und Beratungsunternehmen, Deutschland

„Man sollte rechtzeitig Erfahrung sammeln, z. B. im Zuge eines Praktikums. Dabei ist es hilfreich, alle Bekannten (welche schon im Beruf stehen) anzurufen und kurze ‚Interviews' zu führen. Jeder Einblick, egal in welches Berufsfeld, hilft dabei, den eigenen Karrierepfad zu definieren. Gerade am Anfang einer Karriere/eines Berufslebens hat man unglaublich viele Möglichkeiten, welche es zu erörtern gilt. Damit man nicht den Überblick verliert, kann das Aufmalen eines Entscheidungsbaums hilfreich sein."

Ariane Köhler, Beratungsunternehmen, Deutschland

„Man sollte so viel wie möglich erkunden, viele Praktika machen, die Welt außerhalb des Studiums kennenlernen und dort sein Wissen anwenden. Dabei sollte man ruhig auch mal aus seiner Komfortzone heraustreten und einfach mal etwas anderes machen. Erfahrungen, welche auf den ersten Blick nicht zur Psychologie passen, kann man trotzdem gut in den Lebenslauf eingliedern. Dafür sollte man nur eine gute Begründung haben. D. h., man sollte erklären können, warum diese Erfahrung von Vorteil war. Den perfekten Lebenslauf gibt es meines Erachtens nicht. Für mich gibt es interessante Lebensläufe, die aus Bausteinen bestehen und sich wie ein Mosaik zusammenfügen."

Alessandra De Acutis, selbstständige Trainerin und Business Coachin, Therapeutin, England

„Es ist wichtig am Anfang viele Erfahrungen zu sammeln, z. B. durch Praktika oder Nebenjobs. Im therapeutischen Umfeld ist es darüber hinaus auch relevant, eine eigene Therapie gemacht zu haben bzw. sich einmal auf die Rolle ‚Patient/Kunde' eingelassen zu haben. Man muss wissen, wie es ist, auf der anderen Seite zu sitzen. Dabei sollte man auch seine eigenen Grenzen und Themen kennenlernen, da diese später in der psychologischen Beratung/Therapie hinderlich sein können. Insgesamt sollte man sich gut kennen, reflektiert sein und es auch bleiben."

Ingo Hock, Berater & Coach; managing partner creative careers, Deutschland

„Während des Studiums ist es sehr nützlich, Kontakte aufzubauen, Netzwerke zu pflegen und Praktika zu absolvieren (mindestens sechs Monate am Stück). Dabei sollte man jedoch nicht vergessen, immer wieder seinen eigenen Interessen und seiner Leidenschaft zu folgen."

Anhand der Antworten auf die Frage „Welche Tipps würden Sie Psychologen mit auf den Karriereweg geben?" erkennt man schnell, dass man über den Tellerrand blicken, Möglichkeiten wahrnehmen und Kontakte aufbauen sollte. Daher ist es sinnvoll, die Möglichkeiten genauer zu erörtern und zu überlegen: Wo möchte ich Kontakte knüpfen, in welchem Bereich möchte ich noch mehr lernen?

Folgende Schritte können dabei hilfreich sein:

- Vorträge/Veranstaltungen heraussuchen, die potenziell Ihr Interesse wecken.
- Potenzielle, für Sie interessante Persönlichkeiten auf einschlägigen Social-Media-Seiten identifizieren, die in einem für Sie interessanten Themenfeld tätig sind und diesen Personen folgen.

- Nach interessanten Vorträgen die Themengebiete weiter erörtern und gezielt auf weitere Veranstaltungen gehen
- Ab diesem Punkt ergeben sich schnell Möglichkeiten, sich Arbeitsgruppen anzuschließen und neue Leute kennenzulernen

Während meines Bachelorstudiums fing ich an, auf kostenfreie Vorträge des Regent's Colleges zu gehen. Nach zwei Veranstaltungen traf ich eine Trainerin und Coachin, die mir ein Praktikum in ihrer Firma anbot. Dies war der Beginn meiner Laufbahn im Bereich Training & Coaching. Noch heute suche ich mir Vorträge aus, wenn ich neue Kontakte knüpfen möchte. Es ist eine Art „natürliches Netzwerken". Ich dränge mich nicht auf, sondern folge Menschen mit ähnlichen Interessen, tausche mich aus und baue dadurch Kontakte auf – ein Netzwerk entsteht. Man sollte beim Netzwerken daran denken, dass Menschen generell gerne ihre Erfahrungen teilen und bereit sind zu helfen. Interessiert Sie eine Person, ein Thema, nehmen Sie Kontakt auf und beginnen Sie einen Wissensaustausch. Gerade wenn Sie noch am Anfang Ihrer Karriere stehen, sind erfahrene Leute oftmals bereit, ihren Erfahrungsschatz mit Ihnen zu teilen. Nutzen Sie diese Bereitschaft, wenn Sie Interesse an dem Thema oder an der Person haben. Das Wichtigste dabei ist, dass Ihr Interesse authentisch ist. Der Kontakt wird sich höchstwahrscheinlich zu einem guten Netzwerkkontakt entwickeln, wenn Sie der Person Ihr ehrliches Interesse schenken.

Sollten Sie nun so weit sein, dass Sie sich gut kennen, dass Sie wissen, was Sie wollen, dass Sie Ihre Kompetenzen einschätzen können und auch die Berufsfelder erörtert haben, geht es darum, sich zu bewerben. Psychologen werden immer öfter in den verschiedensten Berufssparten angefragt. Allgemein gilt: Sie haben gute Aufstiegschancen, auch in Bereichen, in denen Sie mit anderen Fachbereichen konkurrieren. Sie müssen sich nur immer wieder Ihrer Kompetenzen bewusst sein. Ihre Kompetenzen und Ihre Persönlichkeit sollten daher in der Bewerbung effektiv dargestellt werden.

Mittlerweile bewerben wir uns über Jobportale der Unternehmen/Organisationen, per E-Mail, über Social-Media-Präsenz oder werden über einschlägige Social-Media-Plattformen gefunden (wenn wir unsere Profile entsprechend pflegen). Sie sollten dabei immer ein Basispaket an Bewerbungsunterlagen parat haben, das immer wieder verwendet, ausgebaut und angepasst werden kann. Dieses Paket sollte aus folgenden Komponenten bestehen:
- Zeugnisse: Ausbildung, Schule, Universität, Preise/Auszeichnungen
- Arbeitszeugnisse: Lassen Sie sich immer ein Zeugnis ausstellen, auch wenn es ein Nebenjob war, eine gemeinnützige Arbeit. Man weiß nie, wann man es gebrauchen kann.
- Publikationen und Kongressbeiträge
- Basislebenslauf auf Deutsch und Englisch: Dieser enthält alle wichtigen Stationen (ohne Lücken). Mittlerweile ist auch in Deutschland der nichtchronologische Lebenslauf im Einsatz, d. h., Sie starten mit der aktuellsten Tätigkeit
- Basisanschreiben auf Deutsch und Englisch (viele Organisationen verzichten mittlerweile auf den sog. „Cover Letter", das Anschreiben, aber nicht alle)
- Elevator Speech auf Deutsch und Englisch
- Ihre digitale Präsenz, immer *up to date*: z. B. Social-Media-Profil auf beruflich interessanten Social-Media-Plattformen

Dieses Basispaket kann von nun an auf jede Stelle angepasst werden. Gerade der Lebenslauf oder auch das Anschreiben sind in der „Basisversion" lang und beinhalten alle für Sie relevanten Punkte. Jedoch sollte in Bezug auf jede Stelle die Version angepasst und gekürzt werden. Ein Lebenslauf und ein Anschreiben, mit dem Sie sich bewerben möchten, sind keine Auflistung Ihrer Lebensstationen.

Folgende Aspekte sind bei der Bewerbung wichtig:

- Welche Kompetenzen sind für die Stelle relevant? Stellen Sie diese im Lebenslauf und Anschreiben in den Vordergrund. Solche, welche für die Stelle irrelevant erscheinen, werden aus dem Lebenslauf genommen – dabei dürfen jedoch keine Lücken entstehen.
- Listen Sie Ihre Tätigkeiten nicht nur auf, sondern beschreiben Sie diese kurz und bewerten Sie diese wenn möglich auch, z. B. „Verantwortlich für die Entwicklung eines Verwaltungstools zur Bewerberselektion mit MS Excel – Reduktion der Bewerberdurchlaufzeit um 10 %." Das heißt, Sie stellen auch das Ergebnis Ihrer Tätigkeit dar.
- Bei den Social-Media-Profilen sollten Sie immer relevante Kompetenzen hervorheben. Algorithmen werden Sie finden, wenn die „Schlüsselbegriffe" (also relevante Kompetenzen und Erfahrungen) ein „Matching" ergeben.

In Vorbereitung für ein Interview sollten Sie Ihren Lebenslauf sehr gut kennen. Zu jedem Punkt müssen Sie Antworten und Beispiele nennen können. Folgende Aspekte sind für eine gute Vorbereitung auf ein Bewerbungsgespräch unabdingbar:

1. Sie müssen alle Stationen in Ihrem Lebenslauf mit passenden Beispielen und erfolgreichen oder schwierigen Situationen kennen.
2. Sie müssen zwei bis drei Ihrer Stärken und auch Entwicklungsmöglichkeiten kennen und diese mit konkreten Beispielen belegen können.
3. Sie müssen die Organisation sowie das zugehörige Umfeld kennen. Sie sollten darüber hinaus Fragen über die Arbeitsstelle und die Organisation haben, d. h. Sie sollten im Vorfeld die Organisation intensiv recherchiert haben und nach Möglichkeit auch über Ihre Netzwerke mit (ehemaligen) Mitarbeitern gesprochen haben.
4. Für das potenzielle Interview mit einem Computer bzw. mit einem ChatBot oder anderer KI, sollten Sie sich ebenfalls vorbereiten. Das heißt, lassen Sie sich nicht dadurch verunsichert, dass Sie im ersten Interviewprozess mit einer „Maschine" Konversation führen und ggf. Ihr Video dabei aufgenommen wird (im Vorfeld sollten Sie darüber natürlich informiert werden). Versuchen Sie, auch hier authentisch zu sein, und beantworten Sie die Fragen, wie Sie sie auch im Interview mit einem Menschen beantworten würden – klar und auf den Punkt gebracht.

Gerade der dritte Punkt wird oftmals unterschätzt. Man sollte nicht nur die Organisation kennen, sondern auch das Wettbewerbsumfeld, die Herausforderungen und Chancen, welcher sich die Organisation stellen muss. Dies ist besonders wichtig, wenn man sich in großen Konzernen für stark umworbene Stellen bewerben möchte. Was sind die Erwartungen des Recruiters? Im Allgemeinen ist es wichtig das Gefühl zu vermitteln, dass man sich gut vorbereitet hat (was Sie sind, wenn Sie die Punkte oben beachten) und dass Interesse und Motivation für die Arbeitsstelle besteht. Eine HR-Managerin Europa (Laurel Bailey, HR-Managerin, USA) meinte im Interview Folgendes:

„Ich möchte sehen, dass der Kandidat weiß, worauf er sich einlässt. Die Basisinformationen über den Job sollte er kennen, sowie einige Aspekte der Organisation. Darüber hinaus sollte er Neugierde zeigen und Fragen stellen. Des Weiteren sind professionelles Auftreten, wie z. B. Verhaltensregeln und Höflichkeit wichtig. Insgesamt müssen die Bewerber zeigen, dass sie sich gut einschätzen können. Sie sollten wissen, wo ihre Stärken liegen und diese mit Beispielen belegen können." Tipp: Um die „Selbstpräsentation" zu üben gibt es die „Banding Canvas" (z. B. von Big Name - kostenfrei)- ein nützlichen visuelles Werkzeug.

Sie sehen nun, dass die Frage „Was möchte ich, was kann ich und wie stelle ich mich nach außen dar?" von Anfang an und bis zum letzten Punkt in einem Bewerbungsprozess von Relevanz ist. Das Gute ist, Sie können sich vorbereiten, auch wenn Sie noch gar nicht genau wissen, wie es für Sie beruflich weitergehen wird. Wir verbringen einen großen Teil unseres Lebens bei der Arbeit, sodass die Entscheidung für einen zukünftigen Arbeitsplatz von zentraler Bedeutung ist. In den verschiedenen Stationen dieses Abschnittes haben Sie Tipps und relevante Werkzeuge vorgestellt bekommen, um sich diesem Prozess zu widmen. Lassen Sie sich darauf ein und erkunden Sie Ihre Persönlichkeit und Ihre Interessensgebiete mit Offenheit und Neugierde. Denken Sie auch immer daran, dass sich Ziele und Kompetenzen im Laufe der Jahre verändern können. Dabei sollte man sich auch auf Umwege gefasst machen und sich nicht entmutigen lassen. Manchmal probiert man einen beruflichen Weg aus und stellt nach einiger Zeit stellt fest, dass es nicht der richtige war. Kein Problem, Augen auf und weiterschauen, die nächste Möglichkeit kommt bestimmt und keine Erfahrung ist umsonst. Blicken Sie auch noch einmal auf die Biografien der Experten aus den vorherigen Kapiteln zurück. Viele sind erst über einige Zwischenstationen zu ihrem heutigen Arbeitsplatz oder sogar zu ihrem Traumberuf gelangt.

Effektive Außendarstellung und Aufbau tragfähiger Netzwerke

Das Ziel der nächsten Übung ist, sich darauf vorzubereiten, wie man sich effektiv nach außen darstellen kann. Hierzu bedienen wir uns der sog. Elevator Speech/Elevator Pitch. Sie benötigen nur ein Blatt Papier und Stift oder den Computer und ein Schreibprogramm.

Schreiben Sie einen kleinen Absatz über sich:
- Ich bin …
- Ich mache gerne …
- Dabei kann ich besonders gut …
- Meine Ziele sind daher folgende …

Mithilfe der Elevator Speech, also dieses kleinen Absatzes, können Sie sich innerhalb von wenigen Sekunden vorstellen: z. B. in einem Fahrstuhl (deshalb Elevator Speech), wo man unerwartet seinen potenziellen Arbeitgeber trifft, seine Kompetenzen und Ziele artikulieren, um Interesse zu wecken. Auch die bekannte Karriereberatungsagentur Hesse/Schrader gibt diesbezüglich gute Hinweise auf ihrer Webseite und hebt deutlich hervor, dass es unabdingbar ist, seine Kompetenzen zu kennen und seine Potenziale zu erörtern.

Diesen Absatz könnten Sie, in angepasster Form, auch als Einstieg für Ihr Social-Media-Profil verwenden.

Literatur

Berufsverband Deutscher Psychologinnen und Psychologen (BDP). www.bdp-verband.de. Zugegriffen am 14.05.2024.
Bolles, R. N. (2017). *What color is your parachute? A practical manual for job-hunters and career-changers.* Ten Speed Press.
Deutsche Gesellschaft für Psychologie (DGPs). Psychologie studieren: Studienführer zum Psychologiestudium. www.dgps.de/psychologie-studieren. Zugegriffen am 14.05.2024.
Deutsche Gesellschaft für Psychologie (DGPs). Berufsfelder. www.dgps.de/psychologie-studieren/berufsfelder. Zugegriffen am 14.05.2024.
Deutscher Akademischer Austauschdienst (DAAD). www.daad.de. Zugegriffen am 14.05.2024.
Hesse, J., & Schrader, H. (2010a). *Berufsorientierung, definieren Sie Ihre Potenziale*
Hesse, J., & Schrader, H. (2010b). *Was steckt wirklich in mir? Die Potenzialanalyse.* Eichborn.
Hesse/Schrader. Berufsorientierung. www.berufsstrategie.de/bewerbung-karriere-soft-skills/berufsorientierung-berufswahl-potenziale.php. Zugegriffen am 14.05.2024.
Klark, T., Osterwalder, A., & Pigneur, Y. (2010). *Business Model You, Dein Leben, Deine Karriere, Dein Spiel.* Campus.
Psychologie in Beruf und Praxis (pbp). www.pbp-muenchen.de. Zugegriffen am 14.05.2024.
Schein, E. H., & Van Maanen, J. (2013). *Career anchors: The changing nature of work and careers.* Wiley.
Seligman, M. (2002). *Authentic happiness: using the new positive psychology to realize your potential for lasting fulfillment.* Free Press.
Stifterverband. www.stifterverband.org. Zugegriffen am 14.05.2024.
Stipendium plus. www.stipendiumplus.de. Zugegriffen am 14.05.2024.
Weidlich, O. (2010). *Wie geht Karriere? Promis im Interview.* Meyers.

Vor dem Vertragsabschluss

Maximilian Mendius und Simon Werther

Inhaltsverzeichnis

37.1 Tätigkeiten in Festanstellung – 458

37.2 Tätigkeiten in freiberuflichen oder selbstständigen Arbeitsverhältnissen – 460

Literatur – 460

© Der/die Autor(en), exklusiv lizenziert an Springer-Verlag GmbH, DE, ein Teil von Springer Nature 2024
M. Mendius, S. Werther (Hrsg.), *Psychologie in Studium und Beruf*,
https://doi.org/10.1007/978-3-662-68508-2_37

In den meisten Fällen beginnt die berufliche Karriere in einem Angestelltenverhältnis. Haben Sie basierend auf Ihren Präferenzen und Kompetenzen eine/n Arbeitgeber:in identifiziert und war Ihr Bewerbungsprozess erfolgreich, so wird man Ihnen im Regelfall einen Arbeitsvertrag zukommen lassen. Bis vor Kurzem war es möglich, Arbeitsverträge mündlich abzuschließen, mit der Neuregelung des Nachweisgesetzes sind nun jedoch sämtliche Arbeitgeber:innen verpflichtet, Ihnen einen schriftlichen Vertrag mit sämtlichen relevanten Bestandteilen zur Verfügung zu stellen. Von dieser Möglichkeit sollten Sie dringend Gebrauch machen, da sonst bei etwaigen arbeitsrechtlichen Auseinandersetzungen Wort gegen Wort steht und damit ein Ausgang des Verfahrens mehr von der Willkür als von der realen Faktenlage abhängen kann. Im folgenden Kapitel werden Empfehlungen gegeben, welche Rahmenbedingungen Ihrer Angestelltentätigkeit Sie mit künftigen Arbeitgebenden abklären und ggf. im Arbeitsvertrag fixieren sollten, bevor Sie diesen unterschreiben.

37.1 Tätigkeiten in Festanstellung

Bezüglich der Rahmenbedingungen gibt es sicherlich von Institution zu Institution gewisse Unterschiede, beispielsweise zwischen einer Klinik, einem Unternehmen und einem Forschungsinstitut. Dennoch sollten einige Punkte vor der Vertragsunterzeichnung in jedem Fall abgeklärt werden. Die folgende Auflistung ist keinesfalls komplett. Ergänzen Sie diese beispielhafte Darstellung bedarfsorientiert um Aspekte, die Ihnen persönlich besonders wichtig sind.

- **Mobilität**
  - Sind Projektbesprechungen oder -einsätze in anderen Regionen in Deutschland vorgesehen? Wenn ja, wie häufig (insbesondere bei Verbundprojekten mit Projektpartner:innen in anderen Städten)? Wie lange dauern diese Treffen üblicherweise? Wo werden sie stattfinden?
  - Sind Kongressreisen geplant oder erforderlich? Wenn ja, in welchem Umfang? Besteht die Möglichkeit zur Kongressteilnahme, auch wenn keine eigenen Beiträge vorgestellt werden?
  - Welche Mitbestimmungsmöglichkeiten hat man bei der Planung von Dienstreisen, z. B. bzgl. der zeitlichen Planung und der Anreise?
  - Zu welchen Bedingungen reist man bzw. ist man untergebracht, z. B. 2. Klasse Bahn, kein Taxi etc.? In welchem Rahmen werden Spesen vom Arbeitgeber übernommen, z. B. Grenzen bei der Erstattung von Hotelkosten, Tagessätze für Verpflegung etc.?

- **Arbeitszeit**
  - Wie viele Stunden wird man tatsächlich pro Woche arbeiten? Werden beispielsweise unbezahlte Überstunden erwartet?
  - Werden ggf. anfallende Überstunden vergütet? Wenn ja, wie (Zeitausgleich oder Ausbezahlung)?
  - Ist es realistisch möglich, dass man die Tätigkeit mit einer Familie vereinbaren kann?
  - Gibt es eine Möglichkeit zu realistischer Teilzeit (z. B. wenn man Familie hat, einen Zweitjob ausüben oder eine Therapieausbildung machen möchte)?
  - Wie flexibel kann die Arbeitszeit gestaltet werden? Gibt es beispielsweise eine Gleitzeitregelung oder Kernzeiten, zu denen man anwesend sein muss?
  - Wird Wochenendarbeit erwartet?
  - Wie wird die Arbeitszeit erfasst?
  - Wie sieht ggf. das Verhältnis von Projektarbeit bzw. Arbeit am Lehrstuhl und Arbeit an der eigenen Dissertation aus (insbesondere bei Tätigkeiten an Universitäten, Hochschulen und Forschungseinrichtungen)?

Vor dem Vertragsabschluss

- Besteht die Möglichkeit, ganz oder teilweise mobil zu arbeiten, und wie wird die nicht vor Ort geleistete Arbeitszeit erfasst?

- **Bezahlung und sonstige Leistungen**
- Ist die Stelle eine 50 %-, 65 %- oder 100 %-Stelle?
- Wie erfolgt die Eingruppierung, wenn die Bezahlung nach TVöD/TV-L erfolgt? Gibt es einen Tarifvertrag bei Anstellungen in der Industrie, z. B. Metall- und Elektro oder Pharma Chemie? Werden ggf. vorhandene frühere Tätigkeiten als Dienstzeit für die Eingruppierung anerkannt?
- Wie hoch ist der Urlaubsanspruch?
- Gibt es Weihnachts- und/oder Urlaubsgeld? Wenn ja, in welcher Höhe?
- Werden übertarifliche Zulagen gewährt? Gibt es weitere geldwerte oder sachwerte Vorteile und Angebote, z. B. Dienstfahrzeug?
- Gibt es eine betriebliche Altersvorsorge? Wenn ja, in welcher Form?
- Gibt es eine erfolgsabhängige Bezahlungskomponente? Erfolgt eine Beteiligung der Mitarbeitenden am Unternehmenserfolg?

- **Entwicklungsmöglichkeiten**
- Welche Angebote zur Weiterbildung gibt es, z. B. allgemeine Weiterbildungsangebote der Institution, spezifische Workshops der Abteilung, finanzielle Ressourcen für die Teilnahme an externen Workshops und nationale sowie internationale Tagungsreisen?
- Wie viele Tage ist man pro Jahr für Weiterbildungen freigestellt?
- Besteht die Möglichkeit zur Promotion? Wenn ja, wie wird das Betreuungsverhältnis bei Dissertationen in etwa aussehen (d. h. wie viele Doktorand:innen gibt es am Lehrstuhl; wie viele Postdocs gibt es, die evtl. auch an der Betreuung der Doktorand:innen beteiligt sind; wie häufig ist die betreuende Person vor Ort und wie häufig finden Besprechungen statt)?
- Welche Literatur wird zur Verfügung gestellt? Auf welche Datenbanken und Onlineressourcen kann zurückgegriffen werden?
- Wird Hardware z. B. ein Arbeitslaptop, ein Tablet oder Telefon angeboten und kann diese ggf. auch privat genutzt werden? Wird relevante Software wie z. B. R, SPSS, Amos, MAXQDA bereitgestellt und können bei Bedarf zur Diagnostik benötigte Testbatterien genutzt werden? Sind die Programme auf dem aktuellen technischen und wissenschaftlichen Stand?
- Wie ist die Autor:innenregelung, wenn im Rahmen von Projekten Publikationen geplant sind? In welchem Umfang werden die Rechte an Arbeitgeber:in bzw. Auftraggeber:in abgetreten?
- Wie stehen die Chancen auf Anschlussverträge bzw. eine Festanstellung, falls es sich um ein befristetes Arbeitsverhältnis handelt?
- Welche Aufstiegschancen gibt es (z. B. zum Projektleiter:in) und an welche Bedingungen sind diese Aufstiegsmöglichkeiten geknüpft?
- Ist die Einrichtung eine akkreditierte klinische Weiterbildungsinstitution, sodass die Tätigkeit im Rahmen der Therapieausbildung anerkannt werden kann (insbesondere bei klinischen Tätigkeiten)?
- Erfolgt eine regelmäßige Beurteilung der erbrachten Leistung (insbesondere bei einer Tätigkeit in einem Unternehmen)? Gibt es diesbezüglich einen klaren an der Zielerreichung orientierten Prozess, aus dem sich auch etwaige Gehaltsanpassungen oder Personalentwicklungsmaßnahmen ableiten?

37.2 Tätigkeiten in freiberuflichen oder selbstständigen Arbeitsverhältnissen

Ist man freiberuflich oder selbstständig tätig, ergeben sich gänzlich verschiedene Rahmenbedingungen im Vergleich zu klassischen Angestelltenverhältnissen. Je nach Einsatzszenario muss man immer andere tätigkeitsspezifische Aspekte beachten. Man sollte diese lieber früher als später regeln, um nicht in zunächst unsichtbare Fallen zu tappen. Auch hier gilt: Ergänzen Sie diese Kriterien bedarfsorientiert je nach Ihren Erwartungen.

- **Mobilität**
- Werden An- und Abfahrtszeiten vergütet? Wenn ja, ab welcher Dauer des Trainings bzw. des Coachings und bis zu welchem Umfang bzw. in welcher Kategorie (z. B. 2. Klasse Bahn)?
- Übernimmt die auftraggebende Seite Unterkunft und Verpflegung vor Ort (z. B. 3-Sterne-Hotel bis 80 € pro Nacht inkl. Frühstück)?
- Werden Hotel und Anfahrt organisiert oder muss man sich selbst darum kümmern?

- **Arbeitszeit**
- Welche Arbeitszeiten sind für die Tätigkeit vorgesehen, muss beispielsweise bereits am Vortag für die Vorbereitung angereist werden?
- Ist eine Mindestdauer pro Sitzung definiert, sodass eine weite Anreise nicht für eine einzelne Coaching-, Beratungs- oder Begutachtungsstunde erfolgen muss?
- Besteht die Notwendigkeit, seitens der beauftragenden Seite Trainings, Begutachtungen oder andere Tätigkeiten ggf. an Wochenenden durchzuführen? Werden dafür Zuschläge gezahlt?

- **Bezahlung und sonstige Leistungen**
- Werden Materialkosten gezahlt oder wird das Material, z. B. Moderationskoffer und Flipchart, vor Ort gestellt?
- Sind spezifische Testverfahren notwendig, z. B. im Tätigkeitsbereich von Gutachter:innen, die auf eigene Kosten angeschafft werden müssen?
- Wird bei Trainings Konzeptionsgeld bezahlt, wenn das Trainingskonzept neu entwickelt wird, oder wird lediglich die Präsenzzeit vergütet?
- Erfolgt die Bezahlung pauschal oder nach der Anzahl angefallener Stunden? Wie hoch ist der Stundensatz, wenn eine Bezahlung nach Stunden erfolgt (z. B. auch bei Lehraufträgen)?

- **Entwicklungsmöglichkeiten**
- Welche Weiter- und Fortbildungsmöglichkeiten gibt es? Ist man bereit, zu solchen Veranstaltungen zu reisen und daran ggf. an mehreren Tagen teilzunehmen?
- Besteht die Möglichkeit, bei erfolgreicher Evaluation in einen Pool der auftraggebenden Seite aufgenommen zu werden, um weitere Aufträge zu akquirieren?
- Handelt es sich um feste Tagessätze oder besteht hier Spielraum, sodass bei längerer Erfahrung auch höhere Sätze bezahlt werden?

Literatur

Agentur für Arbeit. www.arbeitsagentur.de. Zugegriffen am 14.05.2024.

Berufsverband Deutscher Psychologinnen und Psychologen (BDP). www.bdp-verband.de. Zugegriffen am 14.05.2024.

Deutsche Industrie und Handelskammer (DIHK). Gründung und Nachfolge. www.dihk.de/themenfelder/gruendung-foerderung-unternehmensgruendung. Zugegriffen am 14.05.2024.

Hesse, J., & Schrader, H. (2010a). Berufsorientierung. Stark.

Hesse, J., & Schrader, H. (2010b). *Was steckt wirklich in mir? Die Potenzialanalyse*. Eichborn.

Hesse/Schrader. Berufsorientierung. www.berufsstrategie.de/bewerbung-karriere-soft-skills/berufsorientierung-berufswahl-potenziale.php. Zugegriffen am 14.05.2024.

Klark, T., Osterwalder, A., & Pigneur, Y. (2010). *Business Model You, Dein Leben, Deine Karriere, Dein Spiel*. Campus.

Kreditanstalt für Wiederaufbau (KfW). www.kfw.de. Zugegriffen am 14.05.2024.

Psychologie in Beruf und Praxis (pbp). www.pbp-muenchen.de. Zugegriffen am 14.05.2024.

Seligman, M. (2002). *Authentic happiness: using the new positive psychology to realize your potential for lasting fulfillment*. Free Press.

Stifterverband. www.stifterverband.org. Zugegriffen am 14.05.2024.

Weidlich, O. (2010). *Wie geht Karriere? Promis im Interview*. Meyers.

Selbstständigkeit

Viola K. Kraus

Inhaltsverzeichnis

Literatur – 468

© Der/die Autor(en), exklusiv lizenziert an Springer-Verlag GmbH, DE,
ein Teil von Springer Nature 2024
M. Mendius, S. Werther (Hrsg.), *Psychologie in Studium und Beruf*,
https://doi.org/10.1007/978-3-662-68508-2_38

Die Frage „was will ich?" beantworten viele mit der Aussage „ich möchte mein eigener Chef sein". In Deutschland sind in der Sparte selbstständige freie Heilberufe die Ärzte die Berufsgruppe, welche am häufigsten selbstständig ist. Ein Großteil der Psychologen und Psychologinnen geht ins klinische, therapeutische Umfeld. Dabei sind sie oftmals angestellt oder gründen eigene Praxen. Auch in anderen Bereichen, kann die Selbstständigkeit ein passendes berufliches Umfeld bieten. Die neuesten Berufsbilder, auch als kurze Videoclips, gibt es bei der DGPs (▶ www.dgps.de/psychologie-studieren/berufsfelder).

Bei der Selbstständigkeit kann ein Gewerbe angemeldet werden. Bei der Freiberuflichkeit ist dies nicht der Fall, da man hier in die Kategorie der „freien Berufe" fällt (z. B. auch Ärzte). In beiden Fällen ist man sein eigener Chef/seine eigene Chefin, jedoch gibt es bei der Steuererklärung erhebliche Unterschiede. Hier ist es wichtig, sich hier immer wieder vertrauensvoll und professionell beraten zu lassen. Die genaue Anzahl von selbstständigen oder freiberuflichen Psychologen ist schwer erfassbar. Viele Psychologen und Psychologinnen arbeiten in verschiedenen Branchen unter den verschiedensten Berufsbezeichnungen – das Spektrum reicht dabei vom Personalberater/-beraterin über Coach/Coachin bis hin zum Gesundheitsmanager/-managerin. Die Wege in die Selbstständigkeit sind unterschiedlich, genauso wie die Erfahrungswerte, welche mit auf den Weg gegeben werden können. Die Selbstständigkeit ist für viele das Richtige, aber nicht für jeden. Seit ich das Gymnasium abgeschlossen hatte, spielte ich mit dem Gedanken, etwas Eigenes zu machen, ein Produkt auf den Markt zu bringen oder für etwas bekannt zu werden. Viele Jahre wusste ich jedoch nicht genau, wie der Schritt in die Selbstständigkeit aussehen könnte. Darüber hinaus hatte ich auch nicht den nötigen Mut und die nötige Disziplin, dieses Ziel konsequent zu verfolgen.

Bevor man den Schritt in die Selbstständigkeit wagt, ist es hilfreich, sich im Vorfeld klarzumachen, welche Rahmenbedingungen einem bei der Arbeit wichtig sind:
- Ein fester Kolleg:innenkreis und geregelte Arbeitszeiten? Dann kann die Selbstständigkeit eine Enttäuschung werden …
- Eigene Regeln setzen können, immer wieder neue Herausforderungen annehmen wollen? Dann kann die Selbstständigkeit genau richtig sein …
- Planungssicherheit und regelmäßiges Einkommen? Dann wird es zumindest am Anfang einer Selbstständigkeit schwer …

Bei mir war es eine Kombination von verschiedenen Aspekten. Bei meiner ehemaligen Arbeitsstelle wurden Anforderungen an mich gestellt, welche mich auf Dauer nicht überzeugten. Hinzu kam, dass ich eine Idee hatte, von der ich überzeugt war. Drittens wurde mir immer klarer, dass ich mir gerne meine eigenen Regeln setzen wollte. Des Weiteren hatte ich durch die Arbeitserfahrungen der letzten Jahre Kompetenz und Selbstbewusstsein erlangt, was mich bestärkte. Das bedeutet nicht, dass man sich nicht auch direkt nach dem Studium selbstständig machen kann. Hierzu später einige Beispiele.

Meine eigene Erfahrung und die Gespräche mit anderen Selbstständigen haben gezeigt, dass sich viele im Vorfeld mindestens über die folgenden drei Punkte intensiv Gedanken machen:
1. Sicherheit: Wie überlebe ich die ersten Monate oder Jahre ohne sicheres Einkommen?
2. Können/Wissen: Reicht mein Wissen, meine Erfahrung, ist die Idee gut genug, um im Markt platziert zu werden?
3. Alleine oder als Team: Bin ich ein Einzelkämpfer oder brauche ich ein Team, um effektiv arbeiten zu können?

Punkt 1 kann man recht pragmatisch lösen, wenn man Sicherheit folgendermaßen definiert: Sicherheit bedeutet, die Lebenshaltungskosten decken zu können. Diesbezüglich gibt es verschiedene Fördermöglichkeiten in Deutschland, die einem in den ersten Monaten diese Sicherheit geben können. Die folgenden Institutionen bieten relevante Informationen:
- Deutsche Industrie und Handelskammer (DIHK; ▶ www.dihk.de/themenfelder/gruendung-foerderung/unternehmensgruendung)
- Agentur für Arbeit (▶ www.arbeitsagentur.de)
- Kreditanstalt für Wiederaufbau (KfW; ▶ www.kfw.de)
- Gründungszentren der Universitäten (z. B. ▶ www.iec.uni-muenchen.de)

Das Gründungsbüro der IHK und die Agentur für Arbeit halten Listen bereit, welche über Fördermöglichkeiten informieren. Die KfW informiert weiterhin über überregionale Fördermöglichkeiten und bietet die Möglichkeit, den Service eines Gründungscoachs anzunehmen. Dieser berät innerhalb des ersten Jahres, wie man den Anfang der Selbstständigkeit gut meistern kann. Gründungszentren innerhalb der Universitäten beraten hinsichtlich erster wichtiger Schritte. Neben verschiedensten Fördermöglichkeiten sollte man sich nach Möglichkeit ein kleines finanzielles Polster anlegen, bevor es in die Selbstständigkeit geht. Jeder Euro kann hier helfen. Ein weiterer Faktor zum Thema Sicherheit, der einen großen Einfluss nehmen kann, ist das Verständnis und die Neugierde der Familie und der Freunde. Es ist motivierend, wenn Familie und Freunde dem Wagnis positiv gegenüberstehen und sich für einen freuen – das kann eine wertvolle emotionale Sicherheit darstellen.

Punkt 2 ist eine gewisse Unbekannte, denn es wird gerade am Anfang einer Karriere immer Leute geben, die mehr Wissen oder Erfahrung haben oder eine noch bessere Idee besitzen. Das bedeutet, es ist wichtig, dass ich von dem, was ich machen will, überzeugt bin, jedoch auch realistisch meine Kompetenz diesbezüglich einschätze. Was biete ich, oder was kann ich vielleicht besser als andere? Was ist an meiner Idee so gut und wer wäre daran interessiert? Hier sollte man sich auch überlegen, welche weiteren Kompetenzen man für die Selbstständigkeit braucht. Nicht nur das Fachwissen ist ausschlaggebend, sondern auch unternehmerische Kenntnisse wie z. B. betriebswirtschaftliches Denken, Rechnungswesen und Marketing. Hier kann ich wiederum die IHK empfehlen, die effektive und kostengünstige Kurse anbietet, welche maßgeschneidert auf den Einstieg in die Selbstständigkeit vorbereiten.

Ich selbst hatte zuerst mit Punkt 1 und dann auch mit Punkt 3 am meisten zu kämpfen. Mit einem finanziellen Polster und einer Förderung der Agentur für Arbeit kündigte ich bei meinem damaligen Arbeitgeber, verließ einen sehr gut bezahlten Job und wagte den Schritt in die Selbstständigkeit. Dabei half immer wieder der Gedanke daran, dass ich zu meinem alten Arbeitgeber zurückgehen könnte. Hierbei war es von besonderer Bedeutung, sich von meinem Arbeitgeber im Guten getrennt zu haben und danach potenziell im Kontakt zu bleiben. Der Gedanke daran, alleine zu arbeiten, machte mich jedoch nervös. Schnell suchte ich mir „Gleichgesinnte" zum Austausch sowie gemeinschaftliche Büroräume, welche man tageweise mieten kann. Ich wollte zwar meine Idee alleine verwirklichen und nicht mit einem Partner zusammen, ich wusste jedoch auch, dass ich in der Gemeinschaft mit anderen effektiver arbeiten würde.

Nach mittlerweile 13 spannenden Jahren Selbstständigkeit kann ich für mich persönlich folgendes Resümee ziehen:
- Es war eine Achterbahnfahrt, was Einkünfte und psychisches Wohlbefinden betrifft.

- Nach den ersten sechs Monaten konnte ich durch Aufträge meine Lebenshaltungskosten decken, nach zwei Jahren konnte ich mir wieder etwas mehr „gönnen".
- Ich bin sehr stolz darauf, was ich innerhalb der ersten zwei Jahre geschafft und bis dato aufgebaut habe: einen verlässlichen Kundenstamm und immer wieder neue Kunden und Herausforderungen. Weiterhin bleibt es spannend, man muss immer 120 % geben und offen für Neues bleiben. Auch der Sprung ins kalte Wasser bleibt nicht aus.

Praktische Perspektiven zum Thema Selbstständigkeit

Es gibt verschiedene Möglichkeiten der Selbstständigkeit: der Alleingang, die Firmengründung mit Partnern oder eine freiberufliche Tätigkeit beispielsweise neben einer Teilzeitstelle. Die nächsten drei Interviews zeigen Beispiele, wie Psychologen den Weg in die Selbstständigkeit gegangen sind. Über diese Beispiele hinaus gibt es Psychologen, die Firmen gegründet haben und mittlerweile mehrere Mitarbeiter und Mitarbeiterinnen beschäftigen. Es muss nicht immer die One-Person-Show sein, jedoch fängt jeder einmal klein an. Die Interviewpartner sind ein Coach, Trainer und Personalberater, eine Therapeutin und ein Sozial- und Organisationspsychologe.

Was hat in Deiner Selbstständigkeit zum Erfolg geführt?

Ingo Hock, Berater & Coach; managing partner creative careers: „Zunächst sollte man sich fragen: Will ich wirklich selbstständig sein, kann ich ohne Firmenzugehörigkeit sein, ohne festes Team oder Kollegen? Möchte ich eine hohe Serviceorientierung an den Tag legen, kann ich mich auf der einen Seite zurücknehmen und auf der anderen Seite auch klar eigene Standpunkte argumentativ vertreten und die nötige Sicherheit ausstrahlen? Dabei muss man sich immer wieder auf neue Kunden einstellen können, flexibel bleiben und offen für Neues sein. Des Weiteren ist es wichtig von dem, was man tut, überzeugt zu sein und dafür zu brennen. Am Anfang ist es wichtig, die eigenen Kompetenzen aufzulisten und sich über die eigene Karriereplanung bewusst zu werden. Damit dann die ersten Erfolge erzielt werden können, spielen das persönliche Netzwerk und die Weiterempfehlung eine Rolle. Man muss mit den Leuten in Kontakt bleiben. Im Endeffekt verbindet man seine Kompetenzen mit Kontakten und man sollte sich dabei ein klares Profil ausarbeiten. Das bedeutet jedoch auch, dass man im Trial-and-Error-Verfahren herausfinden muss, was einem wirklich liegt bzw. was man gerne macht. Hierbei kann es auch mal passieren, dass man ‚in den sauren Apfel beißt'. Bei Vertragsverhandlungen gilt es, sich nicht unter Wert zu verkaufen und sich vorher auf alle Fälle darüber Gedanken zu machen, in welcher Liga man spielt. Wenn in den ersten Wochen und Monaten keine Aufträge kommen, muss man sich dieser Herausforderung stellen können. Diese Phasen kommen immer wieder, auch wenn man schon etablierter ist. D. h., auch wenn man mal keine Lust hat oder es schwerfällt, muss man immer 100 % geben und absolut zuverlässig sein. Eine Ablehnung vom Kunden darf man nicht persönlich nehmen, das gehört zur Selbstständigkeit dazu. Neben der fachlichen Arbeit ist man nicht nur für Akquise, sondern auch für Administration, Buchhaltung, Vorsorge und auch für seine eigene Weiterbildung zuständig. Dabei kann ich nur raten, dabei das eigene Privatleben nicht zu vernachlässigen, denn arbeiten kann man rund um die Uhr."

Dr. Christoph Burkhardt, PhD LMU, M. Sc. Social Organizational Psychology, LSE, und selbstständiger Innovationstrainer und „Speaker": „Erstens ist es wichtig, ein gutes Netzwerk zu haben und es auch zu pflegen. Dabei kann man auch mal etwas geben, was andere haben wollen, ohne etwas dafür zu verlangen. Zweitens sollte man daran denken, dass man von jedem etwas lernen kann. Man sollte in jedes Gespräch offen hineingehen und eine gewisse Neugierde an den Tag legen. Für mich persönlich war nach drei Monaten Findungsphase nach dem M. Sc. nicht klar, was ich machen sollte, und ich hatte keine wirkliche Idee. Mein Supervisor im Studium hat mich immer wieder gefragt, was ich machen will, und dann habe ich einfach mal das gemacht, was andere dachten, was ich machen sollte. Über meinen Professor bin ich dann an meinen ersten Auftrag gekommen. Dabei habe ich schnell festgestellt, dass man sich mit allen Leuten darüber unterhalten sollte, was man macht oder potenziell machen möchte. Dadurch kamen dann die nächsten Aufträge."

Welchen Rat würdest Du Psychologen mit auf den Weg geben?

Hock: „In der Selbstständigkeit sollte man unternehmerische Belange verstehen und betriebswirtschaftliche Zusammenhänge erkennen können. Es kann durchaus sinnvoll sein, zunächst in einer Festanstellung zu arbeiten und von erfahrenen Kollegen zu lernen. Das Studium ist zwar eine gute Basis, um Wissen aufzubauen, jedoch macht es einen Menschen noch nicht zwangsläufig zu einem guten Diagnostiker. Man sollte bereit sein, die eigenen Kompetenzen zu entwickeln und stets offen bleiben, Neues zu lernen. Wenn man noch unsicher bezüglich des eigenen beruflichen Weges ist und eine komplette Selbstständigkeit überfordernd wirkt, kann auch eine Teilselbstständigkeit sinnvoll sein. In meinem Feld wäre das beispielsweise eine freie Mitarbeit bei einer Beratung. Entscheidet man sich nun voll für die Selbstständigkeit, gibt es viele Vorteile: selbstbestimmter Umgang mit der eigenen Zeit, man ist sein eigener Chef und hat potenziell die Möglichkeit, viele verschiedene Organisationen und Personen kennenzulernen, und dabei die Option, aus diesem System immer wieder heraustreten zu können."

Burkhardt: „Kenn Deine Geschichte, also wer Du bist, was Du machst oder auch potenziell machen möchtest und erzähl diese. Das heißt jedoch nicht, dass man schon genau weiß, wo und wie. Beispielsweise wollte ich immer auf einer Bühne vor vielen Leuten stehen, daraus hat sich für mich eine Richtung entwickelt. Auch wenn es noch keine konkrete Berufsvorstellung beinhaltete, war es dennoch eine Richtungsweisung. Heute gebe ich Trainings."

Wie wir gesehen haben, haben die Interviewpartner verschiedene Wege in die Selbstständigkeit gewählt bzw. verschiedene Tipps. Im nächsten Interview sprechen wir mit Alessandra De Accutis, angestellte Gesprächstherapeutin in einem Krankenhaus in London. Sie ist am Anfang ihrer Selbstständigkeit und behält dabei noch ihre Stelle im Krankenhaus. Ihr Beispiel zeigt, wie man sich aus dem klinischen Bereich heraus in die Selbstständigkeit begibt, auch wenn man nicht eine klassische therapeutische Praxis eröffnen möchte.

Was hat Dich dazu bewegt, den Schritt in die Selbstständigkeit zu wagen?

Alessandra De Acutis, Gesprächstherapeutin in einem Krankenhaus, England: „Ich habe über drei Jahre darüber nachgedacht, wie ich mich selbstständig machen könnte. Noch während ich als Therapeutin Vollzeit arbeitete, ergab sich die Möglichkeit, ein Teamevent für unsere Angestellten zu organisieren.

Mir hat es so viel Spaß gemacht, dass ich einer anderen Firma sowie auch anderen Teams im Krankenhaus meinen Service anbot. Daraus ergaben sich dann immer mehr Teamevents, größtenteils für Krankenhausangestellte."

Was hat Dich motiviert, Deinen Job auf eine Teilzeitstelle zu reduzieren und Dich nebenher selbstständig zu machen?

De Acutis: „Ich habe immer von der Selbstständigkeit geträumt, hatte jedoch nie wirklich Zeit, mir genauer Gedanken darüber zu machen. Durch einen Umzug in ein anderes Stadtviertel fing ich an, eine neue Arbeitsstelle zu suchen, und teilte meine reguläre Arbeitszeit auf eine Vier-Tage-Woche auf, sodass ich freitags frei hatte. Dadurch beschäftigte ich mich stärker mit meinen beruflichen Zielen und die Selbstständigkeit rückte immer wieder in den Vordergrund. Durch den Austausch mit befreundeten Selbstständigen erhielt ich wertvolle Tipps, wie ich meine eigene Teameventberatungsfirma gründen könnte. Dabei war es ganz besonders wichtig für mich zu hören, welche Kompetenzen ich aus meinem derzeitigen Job mit in die Selbstständigkeit bringen würde. Die Teilzeitstelle gibt mir momentan die nötige Sicherheit, der freie Tag die Freiheit, mich gezielt auf die Selbstständigkeit vorzubereiten."

Die Interviews zeigen, dass es unabdingbar ist, sich mit seinen eigenen Zielen und Wünschen auseinanderzusetzen. Es gibt verschiedene Wege in die Selbstständigkeit, doch alle Interviewpartner waren sich einig, dass man seine Kompetenzen kennen sollte. Die Selbstständigkeit ist potenziell ein Weg für Sie, Ihre Kompetenzen im Berufsleben einzusetzen, vielleicht ist es aber auch ein gutes Jobangebot in einer Firma oder einer Organisation. Es kann jedoch auch sein, dass Sie erst einmal auf die Suche gehen müssen, da sich das passende Jobangebot nicht gleich findet. Das Thema Arbeitssuche und Arbeitslosigkeit behandeln wir im nächsten Kapitel.

Literatur

Agentur für Arbeit. www.arbeitsagentur.de. Zugegriffen am 14.05.2024.

Berufsverband Deutscher Psychologinnen und Psychologen (BDP). www.bdp-verband.de. Zugegriffen am 14.05.2024.

Bolles, R. N. (2017). *What color is your parachute? A practical manual for job-hunters and career-changers*. Ten Speed Press.

Deutsche Industrie und Handelskammer (DIHK). Gründung und Nachfolge. www.dihk.de/themenfelder/gruendung-foerderung/unternehmensgruendung. Zugegriffen am 14.05.2024.

Hesse/Schrader. Berufsorientierung. www.berufsstrategie.de/bewerbung-karriere-soft-skills/berufsorientierung-berufswahl-potenziale.php. Zugegriffen am 14.05.2024.

Hesse, J., & Schrader, H. (2010a). *Berufsorientierung, definieren Sie Ihre Potenziale*. Stark Verlag/Hallbergmoos.

Hesse, J., & Schrader, H. (2010b). *Was steckt wirklich in mir? Die Potenzialanalyse*. Eichborn.

Klark, T., Osterwalder, A., & Pigneur, Y. (2010). *Business Model You, Dein Leben, Deine Karriere, Dein Spiel*. Campus.

Kreditanstalt für Wiederaufbau (KfW). www.kfw.de. Zugegriffen am 14.05.2024.

LMU Innovation & Entrepreneurship Center (IEC). www.iec.uni-muenchen.de. Zugegriffen am 14.05.2024.

Schein, E. H., & Van Maanen, J. (2013). *Career anchors: The changing nature of work and careers*. Wiley.

Seligman, M. (2002). *Authentic happiness: Using the new positive psychology to realize your potential for lasting fulfillment*. Free Press.

Weidlich, O. (2010). *Wie geht Karriere? Promis im Interview*. Meyers.

Arbeitslosigkeit

Maximilian Mendius und Simon Werther

Inhaltsverzeichnis

39.1 Arbeitslosigkeit – was nun? – 470

39.2 Wie verbringe ich meine Zeit – 471

39.3 Wege aus der Arbeitslosigkeit – 471

Weiterführende Literatur – 472

© Der/die Autor(en), exklusiv lizenziert an Springer-Verlag GmbH, DE, ein Teil von Springer Nature 2024
M. Mendius, S. Werther (Hrsg.), *Psychologie in Studium und Beruf*,
https://doi.org/10.1007/978-3-662-68508-2_39

Auf den vorherigen Seiten haben wir uns immer wieder mit Kompetenzen und den eigenen Wünschen beschäftigt, welche als Ziel die „Beschäftigung" oder eine Arbeit haben. Manchmal klappt es jedoch nicht immer so, wie man gerade möchte, oder es gibt wirtschaftliche Umstände, die einen in die Arbeitslosigkeit schicken. Die Arbeitslosigkeit und alleine der Gedanke daran können Angst machen. Man denkt vielleicht, dass man nicht gut genug ist für den Arbeitsmarkt, man hat Angst, seine Lebenshaltungskosten nicht decken zu können, vielleicht schämt man sich sogar und verheimlicht seine Arbeitslosigkeit. Auch wenn es kein gutes Gefühl ist, arbeitslos zu sein oder keine Aufträge zu haben, der Gedanke daran gehört zum heutigen Alltag. Die Arbeitswelt fordert mehr Wechsel und es werden immer mehr Zeitverträge vergeben, welche uns mit einer ungewissen Zukunft konfrontieren und manchmal vielleicht auch überfordern. Arbeitslosigkeit ist immer noch ein oftmals tabuisiertes, angstbesetztes Thema, das wir im Zuge dieses Kapitels ebenfalls streifen wollen. Auch wenn sich der Arbeitsmarkt aufgrund des fortschreitenden Mangels an Erwerbspotenzial tendenziell immer bewerber:innenfreundlicher gestaltet, so wird es immer Situationen oder spezifische Kompetenzbereiche geben, in denen ein (temporäres) Überangebot an Arbeitskräften vorliegt. Insbesondere zu Beginn der Covid-19-Pandemie trat schlagartig hohe Arbeitslosigkeit auch in vermeintlich sicheren Branchen auf. Leider sind derartige Entwicklungen auch für die Zukunft nicht auszuschließen.

Sicher macht man sich bereits während des Studiums häufig Gedanken darüber, wie es danach weitergeht: Je näher der Abschluss rückt, desto konkreter wird die Tatsache, dass es nun mit dem Studierendendasein zu Ende geht und der Übergang ins Berufsleben ansteht. So gut man sich auch vorbereitet hat, so viele Praktika und Nebentätigkeiten das eigene Profil ergänzt haben, kann es doch passieren, dass man nicht direkt im Anschluss an das Studium einen Arbeitsplatz findet, der sich mit den eigenen Wünschen und Vorstellungen deckt. Es kann natürlich auch sein, dass man geeignete Arbeitsplätze entdeckt, die Bewerbungen aber scheitern und einem bis zum Abschluss langsam die Zeit davonrennt. Dann muss man seinen Plan ändern und dabei flexibel bleiben.

39.1 Arbeitslosigkeit – was nun?

Das Wichtigste zum Anfang: Arbeitslosigkeit ist nichts, weswegen man sich schämen muss. Sie kann die verschiedensten Ursachen haben. Sei es, dass aufgrund der wirtschaftlichen Situation gerade wenige Stellen verfügbar sind oder dass zusätzliche Anforderungen an die Bewerber:innen hinzugekommen sind, die Sie aktuell nicht erfüllen. Selbstverständlich ist es ein unangenehmes Gefühl, seiner Familie und seinem Bekanntenkreis zu berichten, dass es momentan mit der Jobsuche nicht so klappt, wie man es sich vorgestellt hat. Außerdem fühlt es sich auch etwas seltsam an, z. B. bei Eintrittskarten den Rabatt für Arbeitslose in Anspruch zu nehmen. Das Wichtigste aber ist, dass man nicht in Selbstmitleid verfällt und den Kopf in den Sand steckt. Auch in dieser Phase des Lebens kann man selbst bestimmen, wie es weitergeht. Eins ist jedoch klar, das Problem wird sich nicht von alleine lösen. Sie sollten sich nun arbeitslos melden. Wenn Sie Ihr Abschlusszeugnis in den Händen halten und Sie noch kein Angebot für einen Job angenommen oder vorliegen haben, sollte Sie einer Ihrer ersten Wege zur Bundesagentur für Arbeit führen, um sich arbeitslos zu melden. Das ist wichtig, denn nur, wenn Sie das tun, können Sie auf das volle Spektrum an Unterstützungsleistungen dieser Einrichtung zurückgreifen. Sie erhalten in der Regel kurz nach Ihrer Anmeldung einen Beratungstermin in einem sog. Jobcenter, bei dem Sie gemeinsam mit einer beratenden Person ein Bild über Ihre

Möglichkeiten und Optionen entwickeln und die weitere Strategie besprechen. Die Bundesagentur für Arbeit hilft Ihnen z. B. dabei, über eine eigene Jobbörse Kontakte zu potenziell interessanten Arbeitgeber:innen herzustellen und unterstützt Sie bei voriger Anmeldung auch bezüglich eventuell anfallender Reisekosten. Außerdem können Sie von der Bundesagentur sog. Bildungsgutscheine erhalten, die es Ihnen ermöglichen, sich während Ihrer Arbeitslosigkeit gezielt weiterzubilden und so Ihren Marktwert für zukünftige Bewerbungen zu erhöhen. Je nach Ihrer Vermögens-, Karriere- und Familiensituation wird auch entschieden, ob Sie Anspruch auf Arbeitslosengeld oder Bürgergeld (früher Arbeitslosengeld II) haben. Die genauen Festsetzungskriterien und den weiteren Leistungsumfang der Bundesagentur für Arbeit erschöpfend darzustellen, würde den Rahmen dieses Buches bei Weitem übersteigen. Wichtig ist es in jedem Fall, sich frühzeitig über die Arbeitslosigkeit und die dann verfügbaren Optionen zu informieren. Oftmals bietet die Bundesagentur eigene Beratungsteams an Hochschulen an, die schon während des Studiums mit Rat und Tat zur Seite stehen, um den Weg zum Traumjob wahrscheinlicher zu machen. Weitere Informationen können Sie auf der Homepage der Bundesagentur für Arbeit finden (▶ www.arbeitsagentur.de).

39.2 Wie verbringe ich meine Zeit

Besonders wichtig ist es, die Arbeitslosigkeit nicht als Freibrief fürs Nichtstun zu sehen, sondern gerade in dieser Zeit am Ball zu bleiben. Halten Sie sich geistig und auch körperlich fit, um bei einem Angebot direkt durchstarten zu können. Das bedeutet, dass Sie die freie Zeit zur Weiterentwicklung und Vertiefung der persönlichen Kompetenzen nutzen sollten. Es kann beispielsweise bei einer angestrebten Tätigkeit im Personalwesen oder einer Beratung sehr hilfreich sein, sich im Bereich Arbeits- und Sozialrecht oder Betriebswirtschaftslehre weiterzubilden. In späteren Bewerbungssituationen sollten Sie in der Lage sein, zu jedem Zeitraum Ihres Lebenslaufs auskunftsfähig zu sein. Es wirkt sehr positiv, wenn deutlich wird, dass Bewerbende auch in einer persönlich schwierigen Zeit stets daran gearbeitet hat, sich weiterzuentwickeln. Auf keinen Fall dürfen Sie Dinge in Ihrem Lebenslauf weglassen oder beschönigen – lückenlose oder geschönte Lebensläufe können ein (auch rückwirkender) Kündigungsgrund sein.

Setzen Sie sich auch während dieser schwierigen Phase Ziele im Hinblick darauf, was Sie bis wann erreicht haben wollen, und lassen Sie sich auch im Falle von abgelehnten Bewerbungen nicht entmutigen, sondern nutzen Sie diese, um Ansatzpunkte für die persönliche Weiterentwicklung zu finden. In Deutschland haben wir zusätzlich ein gutes Sozialsystem, das uns in dieser besonderen Situation unter die Arme greift. Das bedeutet vor allem, dass Sie Ihre Lebenshaltungskosten decken können.

Nutzen Sie die Zeit ohne feste Arbeit z. B. mit Fortbildungen der Arbeitsagentur und auch mit Hobbys. Seien Sie nicht untätig, bleiben Sie aktiv.

39.3 Wege aus der Arbeitslosigkeit

Früher oder später werden Sie Angebote für ein Beschäftigungsverhältnis erhalten. Wichtig ist es hier, den Spagat zwischen dem dringenden Wunsch nach einer Beschäftigung und der eigenen Anspruchshaltung sowie den eigenen Karrierezielen zu schaffen. Es kann durchaus vorkommen, dass Sie ein Angebot für eine Tätigkeit erhalten, die inhaltlich fast keine Schnittmenge mit Ihrer Ausbildung und Ihrem Berufsziel hat. Natürlich sollten Sie – gerade nach einer längeren Zeit der Arbeitslosigkeit – solche Angebote nicht achtlos aussortieren. Es ist aber empfehlenswert, auch auf das eigene Bauchgefühl zu hören. Wenn Sie sich mit der vorliegenden Option nicht vollständig wohl fühlen, sprechen Sie mit Ihrer Familie und Ihren Freund:innen darüber und überlegen Sie, ob Sie die Tätigkeit eventuell auch als Zwischenstufe in Ihrer Karriereplanung einbauen können. Es ist Ihnen ja nicht verboten, sich weiter nach Ihrem Traumjob umzusehen. Zumindest können Sie dann mit einschlägiger Berufserfahrung glänzen. Anders verhält es sich, wenn Sie Angebote erhalten, die bzgl. der Konditionen (Arbeitszeit, Bezahlung, Klima, Arbeitsbedingungen) so schlecht sind, dass Sie befürchten, psychische oder physische Schäden davonzutragen. Hier kann es mit dem Blick auf das Erwerbsleben, das noch vor Ihnen liegt, besser sein, diese Angebote auszuschlagen und vorerst weiterzusuchen.

> **Fazit**
>
> Jeder Werdegang und jeder Start ins Berufsleben ist individuell und somit nie komplett planbar. Jedoch können Sie sich vorbereiten, indem Sie sich anhand der aufgeführten Beispiele und Werkzeuge bewusst darüber werden, was Sie können und in welche Richtung es Sie zieht. Bleiben Sie dabei neugierig und offen für Neues, sprechen Sie mit Menschen in den unterschiedlichsten Berufen und erlangen Sie dadurch neue Einblicke. Ganz wichtig: Bleiben sie authentisch, sich selbst treu und geben Sie niemals auf! Es öffnet sich immer wieder eine neue Tür, es ergeben sich immer wieder neue Wege. Gerade am Anfang meiner eigenen Selbstständigkeit musste ich dies lernen, aber es hat sich bis heute immer wieder bewahrheitet; man muss nur durchhalten, Geduld haben und offen für Neues bleiben.

Weiterführende Literatur

Agentur für Arbeit. www.arbeitsagentur.de. Zugegriffen am 14.05.2024.

Berufsverband Deutscher Psychologinnen und Psychologen (BDP). www.bdp-verband.de. Zugegriffen am 14.05.2024.

Deutsche Industrie und Handelskammer (DIHK). Gründung und Nachfolge. www.dihk.de/themenfelder/gruendung-foerderung/unternehmensgruendung. Zugegriffen am 14.05.2024.

Hesse, J., & Schrader, H. (2010a). *Berufsorientierung, definieren Sie Ihre Potenziale*.

Hesse, J., & Schrader, H. (2010b). *Was steckt wirklich in mir? Die Potenzialanalyse*. Eichborn.

Hesse/Schrader. Berufsorientierung. www.berufsstrategie.de/bewerbung-karriere-soft-skills/berufsorientierung-berufswahl-potenziale.php. Zugegriffen am 14.05.2024.

Klark, T., Osterwalder, A., & Pigneur, Y. (2010). *Business Model You, Dein Leben, Deine Karriere, Dein Spiel*. Campus.

Kreditanstalt für Wiederaufbau (KfW). www.kfw.de. Zugegriffen am 14.05.2024.

Psychologie in Beruf und Praxis (pbp). www.pbp-muenchen.de. Zugegriffen am 14.05.2024.

Seligman, M. (2002). *Authentic happiness: Using the new positive psychology to realize your potential for lasting fulfillment*. Free Press.

Stifterverband. www.stifterverband.org. Zugegriffen am 14.05.2024.

Weidlich, O. (2010). *Wie geht Karriere? Promis im Interview*. Meyers.

Die Schweigepflicht als Wesensmerkmal des Psycholog:innenberufs

Jan Frederichs und Fredi Lang

Inhaltsverzeichnis

40.1 Die Begriffe Schweigepflicht und Geheimnis – 475

40.2 Der Schutz der Geheimnisse durch das Strafgesetzbuch – 476

40.3 „Als Psychologe" – 477

40.4 Die Offenbarung als Tathandlung – 478

40.5 Die Beteiligung von Mitwirkenden – 478

40.6 Befugnisse zur Offenbarung – 479

40.7 Schweigepflicht entfällt bei rechtfertigendem Notstand – 481

40.8 Zeugnisverweigerungsrechte als Fortsetzung der Schweigepflicht? – 482

40.9 Schweigepflicht und verfassungskonforme Auslegung – 482

40.10 Vertraulichkeit unter Druck – 483

40.11 Kein Wandel im Verständnis der Vertraulichkeit – 483

40.12 Geheimnisschutz im Wandel? – 484

© Der/die Autor(en), exklusiv lizenziert an Springer-Verlag GmbH, DE, ein Teil von Springer Nature 2024
M. Mendius, S. Werther (Hrsg.), *Psychologie in Studium und Beruf*,
https://doi.org/10.1007/978-3-662-68508-2_40

40.13 Allgemeine Aspekte der Schweigepflicht im Kontext des berufsethischen Handelns – 485

40.14 Konstellationen mit mehreren Klient:innen – 485

40.15 Ethik, Berufsethik und Recht – 488

Psycholog:innen lernen, sich für ihre Klient:innen und Patient:innen einzusetzen, dem in sie gesetzten Vertrauen gerecht zu werden und sie in ihrer Autonomie zu respektieren. Das betrifft insbesondere die Schweigepflicht, die für Psycholog:innen sogar strafbewehrt ist. Dass ihre Geheimnisse vertraulich bleiben, darauf müssen sich Klient:innen und Patient:innen von Psycholog:innen verlassen können. Dass Psycholog:innen diese Rolle auch ethisch verinnerlicht haben, zeigt das im Exkurs dargestellte Beispiel zur Schweigepflicht.

Ein Beispiel zur Schweigepflicht

Eine Psychologin arbeitet in einer Anlaufstelle für sexuell missbrauchte Frauen. 1994 wandte sich die Psychologin an die Staatsanwaltschaft, da sie möglicherweise hinsichtlich zweier Tötungsdelikte Hinweise geben könne. Eine ihrer Klientinnen habe von ihrer 20 Jahre alten Tochter erfahren, dass diese 13 Jahre zuvor, also im Alter von 7 Jahren, von dem Lebensgefährten der Mutter einer Mitschülerin, sexuell missbraucht bzw. vergewaltigt worden sei. Aufgrund der Tatmodalitäten habe die Klientin den Verdacht, dass der betreffende Mann mit zwei aktuellen Tötungsdelikten in Verbindung gebracht werden könne. Die Klientin sei zu Angaben bereit, doch sie wolle namentlich nicht erwähnt werden, da sie befürchte, dies würde dann auch Folgen für ihre Tochter haben. Mithilfe ihrer anonymen Angaben konnte mittlerweile der Beschuldigte als der Tatverdächtige identifiziert werden, der sich bei der Tochter der Klientin des sexuellen Missbrauchs schuldig gemacht hatte. Nach den Ermittlungen der Kriminalpolizei kommt er als Täter der beiden Tötungsdelikte nicht in Betracht. In dem von der Staatsanwaltschaft danach eingeleiteten Ermittlungsverfahren wegen sexuellen Missbrauchs bzw. Vergewaltigung gegen den Beschuldigten beantragte die Staatsanwaltschaft die richterliche Vernehmung der Psychologin als Zeugin. Weil die Psychologin aber in der Sache die Aussage verweigerte, wurde ihr ein Ordnungsgeld in Höhe von 100 DM oder ersatzweise Ordnungshaft auferlegt.

Die Psychologin hat sich also strikt an die Bitte ihrer Klientin gehalten. Diese wollte zwar über die Psychologin an der Aufklärung zweier Tötungsdelikte mitwirken, aber andererseits ihre Tochter schützen. Jenseits der Frage, ob es nicht doch sinnvoll wäre, wenn die Psychologin und dann wohl auch die Klientin als Zeugen zu einer Verfolgung der Straftat – zum Schutz der Tochter der Klientin, möglicherweise aber auch prospektiv zum Schutz möglicher anderer Opfer – beitragen würden, respektierte die Psychologin die Entscheidung ihrer Klientin und zwar sogar so weit, Ordnungshaft in Kauf zu nehmen. Zu Recht, wie dann das Landgericht Freiburg am 07.11.1996 auf ihre Beschwerde hin entschied.

An diesem Beispiel wird nachfolgend der Rechtsrahmen der Schweigepflicht dargestellt und anschließend ethische Aspekte der Schweigepflicht erörtert.

40.1 Die Begriffe Schweigepflicht und Geheimnis

Im allgemeinen Sprachgebrauch hat sich für die Strafvorschrift des § 203 Strafgesetzbuch der Begriff „Schweigepflicht" etabliert: „Wer unbefugt ein fremdes Geheimnis, namentlich ein zum persönlichen Lebensbereich gehörendes Geheimnis oder ein Betriebs- oder Geschäftsgeheimnis, offenbart, das ihm/ihr als [...] Berufspsychologen mit staatlich anerkannter wissenschaftlicher Abschlussprüfung [...] anvertraut worden oder sonst bekanntgeworden ist, wird mit Freiheitsstrafe bis zu einem Jahr oder mit Geldstrafe bestraft." Dieser Wortlaut des § 203 Strafgesetzbuch wird allgemein als Schweigepflicht bezeichnet. Die Strafvorschrift ist allerdings nicht mit „Schweigepflicht" überschrieben, sondern es hat sich die Überschrift „Verletzung von Privatgeheimnissen" etabliert. In der Tätigkeit der Psycholog:innen können mehrere Arten von Geheimnissen zum Tragen kommen. Primär geht es um die Privatgeheimnisse der Klient:innen und Patient:innen. Diese sind quasi deckungsgleich mit dem Begriff „Berufsgeheimnis", manchmal auch „Psycholog:innengeheimnis" genannt. Das Berufsgeheimnis ist also nicht etwa etwas Eigenständiges, sondern nur abgeleitet aus dem Privatgeheimnis der Klient:innen und Patient:innen. Je nach Kontext der Tätigkeit kann diese noch von anderen Arten von Geheimnissen erfasst sein. Als verbeamtete oder öffentlich angestellte Psycholog:innen kann das Erfahrene auch ein Amtsgeheimnis sein. Ist die Tätigkeit eine Sozialleistung, kann es auch ein Sozialgeheimnis sein. Außerdem unterliegt meistens das den Psycholog:innen Anvertraute auch dem Begriff des Datengeheimnisses.

Mit den anvertrauten Daten der Klient:innen und Patient:innen vertraulich umzugehen, ergibt sich noch aus weiteren Rechtsquellen: Für approbierte Psycholog:innen aus den Berufsordnungen ihrer Landespsychotherapeutenkammern (dort tatsächlich als „Schweigepflicht" überschrieben), für Angestellte als dienstliche oder arbeitsrechtliche Anweisung, aus Vertrag, ggf. sogar als sog. ungeschriebene Nebenpflicht aus Treu und Glauben gemäß § 242 Bürgerliches Gesetzbuch, aus dem Datenschutzrecht, ggf. dem Sozialdatenschutzrecht als unzulässige Datenübermittlung, möglicherweise aus Leitlinien, Allgemeinverfügung usw., soweit sie verbindlich sind. Aber jenseits rechtlicher Verpflichtung ist die Verschwiegenheit auch Gegenstand ethischer Erwägungen der *good* oder *best practice*. Alle diese Aspekte stehen zwar nebeneinander und müssen grundsätzlich jeweils für sich gesehen erfüllt sein. Dennoch steht die oben zitierte Strafvorschrift wegen ihrer Strafandrohung im Vordergrund, und mit „Schweigepflicht" wird in aller Regel darauf Bezug genommen.

40.2 Der Schutz der Geheimnisse durch das Strafgesetzbuch

Während im Datenschutzrecht insofern differenziert wird, als es „besondere personenbezogene Daten" gibt (§ 3 Abs. 9 BDSG), die einem verstärkten Datenschutz unterliegen, geht die Strafvorschrift davon aus, dass die anvertrauten Daten grundsätzlich immer als Geheimnisse zu schützen sind. Im Grundsatz sind also alle anvertrauten Daten Geheimnisse. Es soll nach Kommentarliteratur allerdings kleinere Einschränkungen geben, soweit die Daten offensichtlich nicht schutzbedürftig sind. Diese Einschränkung ist aber in aller Regel vernachlässigbar. Insbesondere den Psycholog:innen anvertraute Daten sind meist in toto Geheimnisse. Schon der Umstand, Klient:in oder Patient:in von Psycholog:innen zu sein, ist ein unter Strafandrohung zu schützendes Geheimnis.

Allerdings soll ein Geheimnis, wenn es allgemein bekannt ist, kein Geheimnis sein, obwohl es Psycholog:innen vielleicht unter Vorbehalt anvertraut worden ist. Auch diese vermeintliche Einschränkung ist allerdings vorsichtig zu handhaben. Einerseits kann man nie genau wissen, wem die anvertrauten Daten bekannt sind und ob man das bereits als „allgemein bekannt" annehmen darf. Andererseits ist die Tatsache, dass Psycholog:innen etwas anvertraut wird, an sich schon ein eigenständiges Geheimnis, das seinerseits keineswegs allgemein bekannt ist. Mithin ist auch z. B. das Wählen der Telefonnummer eines Klienten ein Geheimnis, nicht etwa, weil die Telefonnummer an sich geheim und nicht öffentlich bekannt wäre, sondern weil der Umstand, dass der Klient sie im Rahmen einer beruflichen Dienstleistung anvertraut hat, ein Geheimnis ist. Wenn also der Arbeitgebende von Psycholog:innen die telefonische Kommunikation innerhalb einer Einrichtung kontrolliert, so ist das nicht mit der Schweigepflicht der Psycholog:innen vereinbar.

Das Geheimnis ist nicht erst und nur dann ein solches, wenn es von Klient:innen/Patient:innen den Psycholog:innen anvertraut worden ist. Es geht auch um Geheimnisse, die „sonst bekannt geworden sind", z. B. weil Bezugspersonen diese den Psycholog:innen mitgeteilt haben. Auch müssen Klient:innen/Patient:innen nicht wissen, dass Psycholog:innen eines ihrer Geheimnisse kennen. Klassisches Beispiel ist die Diagnose, z. B. eine ICD-10-Diagnose, die Patient:innen noch gar nicht kennen.

40.3 „Als Psychologe"

Das Strafgesetz spricht zwar von „Berufspsychologen mit staatlich anerkannter wissenschaftlicher Abschlussprüfung". Wie der Rückschluss aus den § 182 und 184 Strafvollzugsgesetz zeigt, sind schlicht Psycholog:innen gemeint. „Psychologe" und „Berufspsychologe mit staatlich anerkannter wissenschaftlicher Abschlussprüfung" sind also synonym. Auch Bachelorabsolvent:innen sind selbst dann nicht von dieser Vorschrift erfasst, wenn das Studienhauptfach Psychologie gewesen ist. Denn sie sind mit diesem Abschlussniveau noch keine Psycholog:innen. Ein Bachelorabschluss soll zwar grundsätzlich berufsqualifizierend sein, befähigt aber im psychologischen Bereich nur zur Assistenztätigkeit. Abgesehen davon besteht weder eine nennenswerte Nachfrage am Arbeitsmarkt noch ein nennenswertes Interesse dieser Absolvent:innen, am Arbeitsmarkt aufzutreten – fast ausschließlich gehen Bachelorabsolvent:innen in die Masterausbildung, um damit Psycholog:innen zu werden. Entscheidend ist, dass es den Bachelorabsolvent:innen an der wissenschaftlichen Abschlussprüfung fehlt, sie verfassen keine schriftliche Abschlussarbeit im wissenschaftlichen Format. Nebenbei bemerkt unterliegen aber Bachelorabsolvent:innen als Assistent:innen von Psycholog:innen dennoch der gleichen Schweigepflicht, und zwar wegen ihrer Gehilfenrolle gemäß § 203 Abs. 3 Satz 2 Strafgesetzbuch.

Wesentliche Bedeutung kommt auch dem Wort „*als* Psychologe" zu. Es kommt auf die Sonderbeziehung an, die auf Vertrauen beruht. Es bedarf der bewussten Inanspruchnahme von Psycholog:innen in ihrer Berufsrolle. Wendet sich z. B. jemand abends in der Kneipe an eine berufsangehörige Person und diese verweigert sich nicht, dann sind es mitgeteilte Geheimnisse. Weiß die Person, die sich anvertraut, allerdings gar nicht, dass sie sich an eine berufsangehörige Person wendet, werden ihr auch keine Geheimnisse „*als* Psychologe" anvertraut.

Es ist auch nicht entscheidend, ob z. B. ein Psychologe sein Fachwissen anwendet, solange sich nicht die auf Vertrauen aufbauende Sonderbeziehung zeigt. Nehmen wir z. B. an, ein Psychologe hat als Kollege in einem Krankenhausteam bei einem Pfleger den Verdacht, er könnte vielleicht an einer psychischen Erkrankung leiden, die schädlich für das Team und die Patient:innen ist. Dann darf der Psychologe den Verdacht den Vorgesetzten gegenüber äußern. Denn er hat diesen Verdacht nicht als Psychologe, sondern als Teammitglied.

Auch können Klient:innen und Patient:innen die Sonderbeziehung und die Vertraulichkeit nur bedingt erzwingen. Wenn etwa der Freund einer Klientin, die sich wegen eines Beziehungsproblems von einer Psychologin beraten lässt, auf den Anrufbeantworter der Psychologin spricht, er bräuchte die Beratung noch viel dringender als seine Freundin, weil sie ihn betrüge, dann ist er in seinem Vertrauen nicht geschützt. Denn er weiß um die vorrangige Schutzpflicht der Psychologin gegenüber ihrer Klientin; die Psychologin darf daher diese Behauptung der Klientin mitteilen – anderen Dritten aber nicht, denn gleichwohl hat der anrufende Freund die Psychologin in ihrer Berufsausübung, also „als" solche kontaktiert.

40.4 Die Offenbarung als Tathandlung

„Offenbaren" ist jede Hinausgabe von Informationen aus dem Kreis der Wissenden und der zum Wissen Berufenen. Letztere sind insbesondere Gehilf:innen. Bei Minderjährigen wird nach der Urteils- und Einsichtsfähigkeit der minderjährigen Person unterschieden. Bei jüngeren Minderjährigen unterhalb dieser Schwelle nehmen die Erziehungsberechtigten die Rechte der minderjährigen Person wahr, ihre Information wird daher nicht als Offenbaren verstanden.

Vielfach wird ein Offenbaren durch Anonymisierung verhindert. Dabei ist aber die Anonymisierung sorgfältig vorzunehmen, eine Erkennbarkeit muss auch für beste Freunde oder Verwandte unmöglich gemacht werden. Je mehr individuelle Daten bestehen bleiben, desto höher das Risiko der Identifizierbarkeit. Es genügt schon, dass nur eine Person die scheinbar anonymisierten Daten individuell zuordnen kann. Deshalb ist es ratsam, die Anonymisierung mit Datenverfälschungen zu vermischen. Manche Sachverhalte, vor allem wenn sie Prominente betreffen, lassen sich kaum anonymisieren.

Die Offenbarung im Sinne der Strafvorschrift setzt keine bewusste gezielte Handlung in Richtung auf bestimmte Adressaten voraus. Es genügt auch, billigend in Kauf zu nehmen, dass irgendeine unbefugte dritte Person Kenntnis erhalten kann. Deshalb dürfen Geheimnisse (ohne Einverständnis der betroffenen Person) nicht per einfacher E-Mail verschickt werden, da diese von diversen Dritten wie eine Postkarte gelesen werden kann.

Eine Offenbarung kann auch indirekt erfolgen. Wird die Frage, ob Frau Mustermann gestern gekommen sei, verneint, kann darin die Offenbarung liegen, dass Frau Mustermann aber vielleicht an einem anderen Tag kommen könnte, also wahrscheinlich Klientin ist, was ein zu schützendes Geheimnis ist.

40.5 Die Beteiligung von Mitwirkenden

Zwar geht die Schweigepflicht grundsätzlich davon aus, dass die Geheimnisse nur zwischen zwei Personen vertraulich bleiben: den Klient:innen/Patient:innen einerseits und ihren Psycholog:innen andererseits. Insbesondere bei Angehörigen der anderen in § 203 Strafgesetzbuch genannten Berufe wie „Arzt, Anwalt oder Notar", aber auch bei nicht wenigen Psycholog:innen werden im Betrieb Hilfskräfte an der Berufsausübung beteiligt. Das können das Sekretariat und der Empfang sein, das können aber auch Assistent:innen und Kolleg:innen sein. Obwohl das im Gesetz bislang nicht eindeutig geregelt ist, wird davon ausgegangen, dass diese Personen im Betrieb der Psycholog:innen als Gehilf:innen sog. zum Wissen Berufene sind. Deren Kenntnisnahme von Geheimnissen wird einerseits nicht als Offenbaren durch die Psycholog:innen gewertet, zum anderen unterfallen diese Gehilf:innen derselben strafbewehrten Schweigepflicht.

Das Gesetz „zur Neuregelung des Schutzes von Geheimnissen bei der Mitwirkung Dritter an der Berufsausübung schweigepflichtiger Personen" von 2017 sieht nun explizit vor, dass „Mitwirkende" in den Kreis der Schweigepflichtigen aufgenommen werden. Das heißt einerseits, dass es für die Mitwirkenden im Betrieb, also die bei den Psycholog:innen berufsmäßig tätigen Gehilf:innen oder den bei ihnen zur Vorbereitung auf den Beruf tätigen Personen, keine Offenbarung im Sinne dieser Vorschrift ist, wenn Geheimnisse zugänglich gemacht werden. Das Gesetz sieht aber andererseits darüber hinausgehend vor, dass erforderlichenfalls auch externe Dienstleister beispielsweise Techniker:innen oder Systemadministrator:innen als „sonstige Mitwirkende" eingebunden werden können. Darüber hinaus können auch diese sonstigen Mitwirkenden erforderlichenfalls wiederum weitere sonstige Mitwirkende einbeziehen, die an der beruflichen oder dienstlichen Tätigkeit der Psycholog:innen beteiligt sind. Die Zugänglichmachung von Geheimnissen an die *sonstigen* Mitwirkenden ist zwar eine Offenbarung im Sinne der Vorschrift, bleibt aber straffrei, wenn die jeweils übermittelnde Person die sonstigen mitwirkenden Personen zur Geheimhaltung verpflichtet. Das Unterlassen dieser Verpflichtung auf die Geheimhaltung wird unter Strafe gestellt.

Mit dieser Ausweitung des Kreises der Mitwirkenden, erforderlichenfalls über die ganze Welt verstreut, wird der Kreis derjenigen Personen, die von den Geheimnissen der Klient:innen oder Patient:innen wissen, größer. Dafür, dass im Interesse von Klient:innen/Patient:innen der Kreis der Wissenden nicht übermäßig groß wird, soll der unbestimmte Rechtsbegriff „soweit erforderlich" sorgen. Diesem Begriff kommt daher eine große Bedeutung in der Berufsausübung der schweigeverpflichteten Berufe zu. Dass an diesem unbestimmten Rechtsbegriff die Strafbarkeit ggf. gleich mehrerer mitwirkender Personen hängt, ist vor dem Gebot der hinreichenden Bestimmbarkeit von Strafvorschriften zumindest bedenklich.

Begründet wird diese Neuregelung damit, dass die schweigepflichtigen Personen (etwa Psycholog:innen) bei ihrer Berufsausübung für einen wirtschaftlichen Betrieb nicht nur auf Berufsgehilf:innen, sondern auch auf spezialisierte Unternehmen und Selbstständige angewiesen seien. Auch Einrichtung, Betrieb, Wartung und Anpassung der informationstechnischen Anlagen, Anwendungen und Systeme, mit denen die Arbeitswelt heute umfassend ausgestattet ist, erforderten spezielle berufliche Kenntnisse, die bei Berufsgehilf:innen im Sinne des § 203 StGB nicht vorausgesetzt werden können, wohingegen die Einstellung von darauf spezialisiertem Personal vielfach nicht wirtschaftlich wäre. Diese Begründung ist grundsätzlich plausibel. Aber für Psycholog:innen wird kritisch zu würdigen sein, ob die Mitwirkung sonstiger Personen bei ihrer Berufsausübung wirklich erforderlich ist bzw. inwieweit und welche Geheimnisse diese Personen für ihre Mitwirkung erfahren müssen.

40.6 Befugnisse zur Offenbarung

Nach § 203 Strafgesetzbuch ist nur die unbefugte Offenbarung strafbar. Im Alltag kommt den Befugnisvorschriften erhebliche Bedeutung zu, und in so manchem Kontext erweist sich aufgrund von Offenbarungsbefugnissen oder gar Offenbarungspflichten die Schweigepflicht als löchrig.

Dieses Merkmal „unbefugt" spiegelt das Grundgesetz wider. Gemäß Art. 2 Grundgesetz ist zwar die allgemeine Handlungsfreiheit und als Unterfall das informationelle Selbstbestimmungsrecht mit Verfassungsrang geschützt, und § 203 Strafgesetzbuch ist im besonderen Kontext des Anvertrauens an bestimmte schweigepflichtige Berufsangehörige eine Umsetzung dieses Rechts. Artikel 2 Grundgesetz sieht aber auch vor, dass in dieses Recht „durch oder aufgrund eines Gesetzes" eingegriffen werden darf. Das sind dann Befugnisnormen im Sinne des § 203 StGB.

Es gibt eine ganze Reihe von spezialgesetzlichen Offenbarungsregelungen, die an die Angehörigen schweigepflichtiger Berufe gerichtet sind. Das können gesetzliche oder ggf. auf Basis einer ausreichend bestimmten gesetzlichen Ermächtigung auch untergesetzliche Vorschriften sein. Die Rechtsprechung geht noch weiter. Das Bundesverwaltungsgericht entschied 1989, dass sich die Befugnis zum Offenbaren des Patientengeheimnisses aus jeder Rechtsvorschrift ergeben könne, die freilich ihrerseits mit der verfassungsrechtlichen Ordnung im Einklang stehen muss. Das heißt: Einerseits muss eine Befugnisnorm nicht explizit regeln, dass es um die schweigeverpflichteten Berufe geht, und es wird ausdrücklich geregelt, dass diese zur Offenbarung von Geheimnissen befugt oder verpflichtet sind. Andererseits ist das Gebot der Normenklarheit zu beachten, sodass nicht schon eine Regelung ausreicht, die die Kommunikation allermöglichen Beteiligten im Großen und Ganzen betrifft. Deshalb sind Vorschriften, die ganz allgemein die Kommunikation betreffen, wie etwa Vorschriften zur Amtshilfe, Zusammenarbeitsvorschriften, Kontrollbefugnisse oder Rechtsaufsicht, keine Befugnisnormen im Sinne des § 203 Strafgesetzbuch. Denn sie beziehen sich nicht hinreichend deutlich (auch) auf die Offenbarung von Berufsgeheimnissen. Es gibt aber gelegentlich Vorschriften, bei denen streitig ist, ob sie die Offenbarung von Berufsgeheimnissen ausreichend deutlich adressieren.

Insbesondere sind Psycholog:innen wie alle anderen Bürger:innen in bestimmten Situationen verpflichtet zu handeln, also Geheimnisse zu offenbaren, wenn deren Unterlassen strafbar wäre. So sind bestimmte geplante Straftaten wie Mord, Totschlag, Freiheitsberaubung, Raub, räuberische Erpressung, Kriegsverbrechen, Geld- und Wertpapierfälschung oder Brandstiftung, Angriffe auf den Luft- und Seeverkehr und einige weitere in § 138 Strafgesetzbuch genannten Straftaten zur Anzeige zu bringen. Und dies gilt ganz unabhängig davon, ob damit das Vertrauen gebrochen und auf diese Weise die eigene Leistung abgebrochen wird. Für Psychotherapeut:innen, also Psycholog:innen mit Approbation sowie Kinder- und Jugendlichenpsychotherapeut:innen, ist in § 139 Strafgesetzbuch die Sammlung der anzeigepflichtigen Straftaten nochmals etwas reduziert. Andere Straftaten, z. B. auch sexueller Missbrauch, Vergewaltigung, Kindesmisshandlung oder Kindesentziehung, sowie alle sonstigen hier nicht genannten Straftaten müssen nicht kategorisch angezeigt werden (allerdings kann die Schweigepflicht u. U. durchaus wegen eines rechtfertigenden Notstands gebrochen werden, dazu unten).

Auch kann das Unterlassen der Offenbarung den Tatbestand der unterlassenen Hilfeleistung gemäß § 323c Strafgesetzbuch erfüllen. Das gilt, wenn eine Situation eines Unglücksfalls, einer gemeinen Gefahr oder einer gemeinen Not vorliegt, in der geholfen werden muss. So ist etwa bei Klient:innen und Patient:innen von Psycholog:innen bei sehr stark eingeschränkter Selbstbestimmungsfähigkeit und zugleich akuter Suizidalität davon auszugehen, dass es sich nicht um einen freien Willen handelt, den Freitod zu begehen, sondern um einen Unglücksfall oder eine Notlage, in dem bzw. in der man die Schweigepflicht brechen und die akut gefährdeten Patient:innen oder Klient:innen bis zum Eintreffen von Polizei, Notärzt:innen oder Ordnungsdienst zurückhalten sollte.

Psycholog:innen können u. U. auch eine Garantenstellung innehaben, aus der heraus sie handeln und damit ggf. die Schweigepflicht brechen müssen. Allerdings ist dies weniger berufstypisch, sondern kann sich aus dem Kontext ergeben, wenn z. B. ein Klient beraten wird, der stationär untergebracht ist, sodass die Psychologin als Teil bzw. Vertreterin der Einrichtung deren Garantenstellung erfüllen muss. Ansonsten ergibt sich insbesondere bei Kindern und Jugendlichen während der Sitzung eine Garantenstellung für diese Klient:innen/Patient:innen, wenn Erziehungsberechtigte nicht anwesend sind.

Spezialgesetzliche Regelungen sind solche, die sich explizit an bestimmte schweigeverpflichtete Berufe richten. Insbesondere sind bei Psycholog:innen mit Approbation und Kassenzulassung für die ambulante psychotherapeutische Behandlung von Kassenpatient:innen Regelungen im fünften Sozialgesetzbuch zu nennen. Psycholog:innen, die im Strafvollzug tätig sind, haben sich gemäß § 182 Abs. 2 Satz 2 Strafvollzugsgesetz gegenüber dem Anstaltsleiter zu offenbaren, soweit dies für die Aufgabenerfüllung der Vollzugsbehörde oder zur Abwehr von erheblichen Gefahren für Leib oder Leben des Gefangenen oder dritter Personen erforderlich ist.

Bei anderen Vorschriften werden die Psycholog:innen nicht direkt erwähnt, sie sollten aber trotzdem als Befugnisnorm im Sinne des § 203 StGB zu verstehen sein. So wurde gerichtlich entschieden, dass das Landesrechnungsprüfungsamt auch Akten einer Psychiatrie prüfen kann. Insofern stünde die Schweigepflicht der Ärzt:innen zurück, weil die Befugnisse des Landesrechnungshof als Befugnisnorm im Sinne des § 203 StGB zu werten seien. Hier war also die hinreichende Klarheit allein in der Vorschrift für den Landesrechnungshof für ausreichend erachtet worden, obwohl sich die Vorschriften für den Landesrechnungshof nicht explizit auf Berufsgeheimnisse Bezug nehmen.

40.7 Schweigepflicht entfällt bei rechtfertigendem Notstand

Die Schweigepflicht darf gebrochen werden, wenn dies zur Abwendung einer gegenwärtigen, nicht anders abwendbaren Gefahr für Leben, Leib, Freiheit, Ehre, Eigentum oder ein anderes Rechtsgut erfolgt, um die Gefahr von sich oder einem anderen abzuwenden, und wenn bei Abwägung der widerstreitenden Interessen, namentlich der betroffenen Rechtsgüter und des Grades der ihnen drohenden Gefahr das geschützte Interesse das beeinträchtigte gemäß § 34 Strafgesetzbuch wesentlich überwiegt. Das Rechtsgut der Schweigepflicht, nämlich der Schutz der Privatgeheimnisse durch schweigeverpflichtete Berufe, hat zwar durchaus Gewicht, sodass z. B. das Strafverfolgungsinteresse an der Aufklärung und Sühne vergangener Straftaten häufig bzw. bei kleineren Vergehen in der Regel zurücksteht. Aber es gibt freilich auch Rechtsgüter die schwerer wiegen. Erfährt ein Psychologe z. B. von fortlaufenden, sich wiederholenden schweren Körperverletzungen, dann wiegt das Schutzgut dieser Vorschrift, nämlich die körperliche Unversehrtheit, schwerer als das Privatgeheimnis, und der Psychologe darf die Schweigepflicht brechen. Je nach Zuspitzung des konkreten Sachverhalts geht es nicht mehr nur darum, dass man die Schweigepflicht brechen darf, sondern dass man sie brechen muss. Dies gilt, wenn bereits bei Unterlassen der Straftatbestand einer unterlassenen Hilfeleistung gemäß § 323c Strafgesetzbuch erfüllt wäre.

Weil in der Praxis die Subsumtion unter diese Vorschrift bisweilen auch Probleme bereitet, wenn z. B. die Gegenwärtigkeit der Gefahr einzuschätzen ist, hat bezogen auf den Schutz von Minderjährigen der Gesetzgeber 2011 die Vorschrift des § 4 des Gesetzes zur Kooperation und Information im Kinderschutz eingeführt. Danach sind u. a. Psycholog:innen bei gewichtigen Anhaltspunkten für eine Kindeswohlgefährdung befugt, das Jugendamt zu informieren, wenn sie es für erforderlich halten, dass diese Behörde tätig wird, um eine Gefährdung des Wohls eines Kindes oder Jugendlichen abzuwenden.

40.8 Zeugnisverweigerungsrechte als Fortsetzung der Schweigepflicht?

Die Schweigepflicht wird in ihrer Wirkung eingeschränkt, wenn sie zwar grundsätzlich besteht, aber Psycholog:innen vor Gerichten als Zeug:innen die Geheimnisse offenbaren müssten. Über das Merkmal „unbefugt" und über die Regelung von Zeugenpflichten in den Prozessordnungen (in der Strafprozessordnung wird die Zeugenpflicht wegen Selbstverständlichkeit sogar nicht explizit geregelt) geschieht genau dies: Die Zeugenpflichtregelungen werden als Befugnisnormen im Sinne des § 203 Strafgesetzbuch verstanden. Aber es gibt in den Prozessordnungen explizite Regelungen des Zeugnisverweigerungsrechts. Als zentrale Vorschrift ist § 383 Absatz 1 Nummer 6 der Zivilprozessordnung zu nennen, auf die mehrere Prozessordnungen verweisen. Dort wird wiederum auf die schweigeverpflichteten Berufe und damit auf § 203 StGB verwiesen. Auf diese Weise wird – etwas zirkelschlüssig – letztlich doch die Schweigepflicht als Zeugnisverweigerungsrecht fortgesetzt, sodass Psycholog:innen in Gerichtsverfahren vor den Zivil-, Familien-, Sozial- und Verwaltungsgerichten das Zeugnis verweigern müssen, soweit sie nicht von der Schweigepflicht entbunden sind.

Jedoch weichen die Regelungen des Zeugnisverweigerungsrechts in der Strafprozessordnung und in der Finanzgerichtsordnung von der oben genannten Vorschrift in der Zivilprozessordnung ab. Dort sind zwar die approbierten Psycholog:innen, also die psychologischen Psychotherapeut:innen mit Zeugnisverweigerungsrecht erfasst, die Psycholog:innen hingegen nicht. Das heißt, Psycholog:innen müssen, wenn sie vor Strafgerichten oder Finanzgerichten zur Zeugenaussage geladen werden, die ihnen anvertrauten Geheimnisse wahrheitsgemäß offenbaren. Dies ist politisch betrachtet völlig inakzeptabel und schadet auch der Allgemeinheit: Psycholog:innen in Beratungssettings können ihren Klient:innen keine Vertraulichkeit vor Straf- und Finanzgerichten versprechen. Damit wird die Berufsausübung der Psycholog:innen zum Wohle nicht nur der Klient:innen, sondern auch der Allgemeinheit nicht unwesentlich behindert.

40.9 Schweigepflicht und verfassungskonforme Auslegung

Da die Schweigepflicht gemäß § 203 StGB mit dem Schutzgut der Privatgeheimnisse einerseits und der Öffnung über Befugnisnormen andererseits die Regelung des Artikels 2 Grundgesetz widerspiegelt, ist in der Anwendung immer auch an die verfassungskonforme Auslegung und deren methodisches Vorgehen zu denken und zwar bei der Auslegung der Befugnisnormen.

Hier ist wieder auf den zu Anfang geschilderten Sachverhalt zurückzukommen. Die Psychologin unterlag zwar prinzipiell der Schweigepflicht, und darauf hat ihre Klientin auch vertraut. Aber es ging um die Vernehmung der Psychologin durch ein Strafgericht. Dort hatte die Psychologin kein Zeugnisverweigerungsrecht. Sie verweigerte die Aussage zum Schutz ihrer Klientin trotzdem und bekam letztlich Recht. Die strafprozessuale Zeugenpflicht von Zeugen schränkt das informationelle Selbstbestimmungsrecht ihrer Klientin und damit ein Rechtsgut von Verfassungsrang ein. Deshalb muss die Zeugenpflicht als einschränkende Pflicht wiederum im Lichte des eingeschränkten Rechts betrachtet werden: Die infrage stehenden Belange müssen in der Abwägung verhältnismäßig sein. Das verneinte das Landgericht Freiburg überzeugend und entschied, dass die Abwägung der gegensätzlichen Belange unter Berücksichtigung der vom Bundesverfassungsgericht vorgegebenen Bewertungsmaßstäbe

Folgendes ergäbe: Der Psychologin stehe in diesem Fall ein Recht zur Verweigerung der Aussage über im Beratungsgespräch erlangte Informationen aus der Privatsphäre der Klientin zu und in der Folge auch deren Tochter. Die Aussageverweigerung der Psychologin durfte deshalb nicht mit Ordnungsmitteln geahndet werden.

40.10 Vertraulichkeit unter Druck

Während im Grundsatz die Schutzbedürftigkeit der Geheimnisse, die den Psycholog:innen anvertraut werden, nicht angezweifelt wird, sehen sich Psycholog:innen im beruflichen Alltag gleichwohl auf vielfältige Weise der Frage ausgesetzt, ob, wie und wann bei der Schweigepflicht differenziert werden muss. Gelegentlich werfen Psycholog:innen sogar selbst die Frage auf, ob nicht doch aus guten Gründen die anvertrauten Geheimnisse auch weiteren Personen, Einrichtungen oder Behörden mitgeteilt werden sollten. Es sind aber meistens Dritte, die meinen, Geheimnisse des Klient:innen/Patient:innen erfahren zu müssen oder zu dürfen. Das sind insbesondere Familienangehörige, Mitbehandler:innen oder Sozialbehörden, die es mehr oder weniger für selbstverständlich halten, dass sie zur eigenen Aufgabenerfüllung bestimmte Geheimnisse erfahren müssten. Es sind aber im Umfeld bisweilen auch Vorgesetzte, Kolleg:innen oder dritte Auftraggeber:innen, die nicht so recht Verständnis für den Geheimnisschutz aufbringen können oder argumentieren, sie gehörten doch mit zum Kreis derjenigen, denen sich die betroffene Person anvertraut habe.

Außerdem wollen und müssen auch Psycholog:innen mit der Zeit gehen und ihre eigene Dienstleistung im Rahmen einer modernen Arbeitsteilung verbessern. Das betrifft sowohl die fachliche Berufsausübung, bei der man z. B. Spezialist:innen mit einbindet. Das betrifft aber auch schlicht den technischen Arbeitsablauf, wenn Computer zum Einsatz kommen. Kommt es zu Problemen, können häufig nur externe Dienstleister:innen für Abhilfe sorgen.

40.11 Kein Wandel im Verständnis der Vertraulichkeit

Zukünftig werden nicht nur die Klient:innen und Patient:innen, sondern auch die Psycholog:innen erheblich vernetzt sein. Längst ist zu beobachten, dass viele Nutzer:innen moderner Medien scheinbar sorglos auf Vertraulichkeit verzichten. Mehr oder weniger bewusst als Preis für die modernen medialen Möglichkeiten wird in Kauf genommen, dass Daten übermittelt und eine vielfältige, heute noch nicht bekannte Datengenerierung durch Algorithmen ermöglicht wird. Aber auch weit weniger kritisch wird für eine Dienstleistung nicht nur in Kauf genommen, sondern sogar gesucht und begrüßt, dass zur Optimierung der Dienstleistung nicht nur einer dienstleistenden Person, sondern gleich einem ganzen Team, das die betroffene Person im Einzelnen gar nicht kennt, Geheimnisse anvertraut werden. Denn Arbeitsteilung ist natürlich nichts Schlechtes. Auch bei psychologischen Dienstleistungen hat die Aufteilung auf Spezialist:innen Einzug gehalten, wenn auch nicht verbreitet. Wer als Klient:in/Patient:in heutzutage ausnahmslose Vertraulichkeit sucht, wird womöglich überhaupt keine dienstleistende Person mehr finden, der das kategorisch versprechen will oder kann.

Außerdem fragt sich, wie Vertraulichkeit zu verstehen ist, wenn zunehmend über Medien kommuniziert wird. Wandelt sich das Verständnis von Vertraulichkeit, wenn das Internet eine Öffentlichkeit herstellt, in der Daten und Informationen bisweilen weltweit veröffentlicht werden, die vormals typischerweise nur im kleinen – eben vertraulichen – Kreis kundgetan wurden?

Dennoch ist die Vertraulichkeit für Psycholog:innen weiterhin eine feste Größe, die in ihrer Dienstleistung stets zu achten ist. Mögen sich aus dem bereits Erwähnten auch allerlei Fragen bezüglich der Relativierung der Vertraulichkeit ergeben, so bleibt der Grundsatz, dass Vertraulichkeit anzustreben und bestmöglich zu gewährleisten ist, in den Grenzbereichen zumindest als Abwägungsmaxime erhalten.

40.12 Geheimnisschutz im Wandel?

Das Gesetz „zur Neuregelung des Schutzes von Geheimnissen bei der Mitwirkung Dritter an der Berufsausübung schweigepflichtiger Personen" von 2017 sieht die potenziell mögliche Ausweitung des Kreises der Mitwisser so weit vor, wie es erforderlich ist. Der Gesetzgeber beabsichtigt Rechtssicherheit, wenn Berufsgeheimnisträger, also auch Psycholog:innen, „Mitwirkende" einbeziehen. Schon bis zu diesem Gesetz gab es einen ähnlichen Effekt dadurch, dass allgemein angenommen wurde, die für die Berufsgeheimnisträger:innen tätigen Gehilf:innen seien, sog. zum Wissen Berufene, sodass die Offenbarung von Geheimnissen an diese straffrei bleibt. Die Rechtsunsicherheit ist insoweit aufgekommen, als diese Gehilf:innen inzwischen nicht mehr klassischerweise im Betrieb der Berufsgeheimnisträger:innen tätig sind, sondern es sich um externe Dienstleister:innen handelt.

Aber an dieser Entwicklung wird deutlich, dass es hier um eine pragmatische Rechtssicherheit geht, bei der die Vertraulichkeit als abstrakter Wert nicht direkt im Vordergrund steht. Denn dass die Geheimnisse grundsätzlich auch gegenüber Mitwirkenden schutzwürdig sein können, wird in dem Gesetzentwurf schlicht nicht thematisiert. Indes geht damit nicht unbedingt ein Wandel im Geheimnisschutz einher. In der Vergangenheit wurde die Offenbarung beim Geheimnisschutz des Öfteren über nicht ohne Weiteres überzeugende, aber pragmatische Konstruktionen für rechtmäßig erklärt. Bedenkt man, dass Psycholog:innen ansonsten von Strafe bedroht sind, sollte man solche pragmatischen Ansätze keineswegs ablehnen. So bleibt nur festzustellen, dass der Geheimnisschutz zwar grundsätzlich unter Strafandrohung steht, aber auch über einige Konstruktionen aufgeweicht wurde. Das ist z. B. bei der schon erwähnten Konstruktion der „zum Wissen Berufenen" der Fall oder auch häufiger über „konkludente Einwilligungen", die bei den Anvertrauenden bisweilen sogar im Wege der Sozialadäquanz angenommen werden. Auf solchen Wegen ist also schon früher der Geheimnisschutz auf Dritte ausgedehnt worden, wenn es für angemessen gehalten wurde. Angemessen sei dies insbesondere deshalb, weil man angenommen hat, dass diese Einbeziehung Dritter erforderlich sei. Betrachtet man alle Berufsgeheimnisträger:innen gemeinsam, dann steckt darin die Verallgemeinerung, dass, wer die sich betreffenden Geheimnisse einer Person, die das Privatgeheimnis unter Strafandrohung zu schützen hat, anvertraut, ihr auch darin vertrauen muss, dass sie Dritte einbezieht, wenn das erforderlich ist. Vor diesem Hintergrund ist der Begriff „Mitwirkender" durchaus sinnvoll.

Insbesondere für Psycholog:innen stellt sich aber die Frage, welche Mitwirkung Dritter „erforderlich" ist, nach welchen Kriterien die Erforderlichkeit zu beurteilen ist, wer darüber entscheidet bzw. inwieweit es dabei einen eigenen Beurteilungsspielraum der Psycholog:innen gibt.

Und damit bewegt man sich von den rechtlichen Rahmenbedingungen langsam hin zu den ethischen Überlegungen des guten Handelns im Sinne von *Best Practice* als eine von mehreren rechtlich zulässigen Handlungsmöglichkeiten. Die nachfolgende Abhandlung ethischer Dilemmata lässt bewusst eine rechtliche Erörterung, ob bereits rechtliche Rahmenbedingungen tangiert sind, offen und widmet sich der

Frage, welche Handlung, welches Vorgehen ethisch ratsam ist.

40.13 Allgemeine Aspekte der Schweigepflicht im Kontext des berufsethischen Handelns

Für Klient:innen sind der Schutz ihrer persönlichen Geheimnisse und die Erwartung einer hohen fachlichen Kompetenz bei psychologischen Fragestellungen eine wesentliche Voraussetzung dafür, dass psychologische Dienstleistungen in Anspruch genommen werden. Diese Erwartungen prägen die Beziehung zwischen Psycholog:innen und Klient:innen sehr stark. Im Hinblick auf den potenziellen Bruch des Geheimnisschutzes sind daher die folgenden ethischen Dimensionen berührt: der Respekt vor der Autonomie und dem (informationellen) Selbstbestimmungsrecht der Klient:innen, die Geradlinigkeit und die Offenheit in Kommunikation und beruflichem Handeln, insbesondere im Hinblick auf das im Raum stehende und anfänglich gegebene Vertraulichkeitsversprechen, die Förderung der Interessen und des Wohls der Klient:innen und die Vermeidung von Schaden für den/die erste:n und ggf. weitere Klient:innen oder andere Dritte.

Der Schutz der Vertraulichkeit und der persönlichen Geheimnisse der Klient:innen ist daher ein besonders hohes Gut. In der ethischen Abwägung werden vor einem Bruch der Vertraulichkeit weitere und mildere Maßnahmen zu bedenken sein. Die bevorzugte Variante besteht natürlich darin, die Einwilligung der Klient:innen nach erfolgter Aufklärung einzuholen, bevor man die für den jeweiligen Zweck notwendigen Daten weitergeben kann. In diesem Zusammenhang kann dann auch das ethische Dilemma dargestellt und die Konsequenzen den Klient:innen gegenüber offengelegt werden, die damit verbunden sind, dass man beabsichtigt, die Daten weiterzugeben. Grundsätzlich ist bei der Speicherung und Weitergabe von Daten immer der Aspekt der „Sparsamkeit" zu beachten; es geht also darum, so wenig wie möglich an so wenige Personen wie nötig weiterzugeben. Das zu Beginn des Kapitels angeführte Beispiel zeigt Folgendes: Neben möglichen Aktivitäten zur Vermeidung des Bruchs des Geheimnisschutzes können auch Varianten gefunden werden, mit einer nur teilweisen Offenlegung der Geheimnisse die Interessen der Klient:innen trotzdem zu schützen und zugleich besondere Geheimnisse zu wahren.

Psycholog:innen haben es häufig nicht nur mit einzelnen Klient:innen zu tun, sondern mit mehreren, die noch dazu unterschiedliche Rechte haben.

40.14 Konstellationen mit mehreren Klient:innen

In einigen Fällen ist der Ratsuchende als direkter Auftraggeber der Hauptklient, und die berufliche Beziehung zu dieser Person wird durch die berufsethischen Regeln wesentlich bestimmt. Die Interessen und Rechte zweiter und dritter Klient:innen sind in der Regel nur in Abwägung zu deren Rechten und Interessen bedeutsam. Weitere Klient:innen in maßgeblicher Position können beispielsweise Kostenträger wie Jugendamt, Krankenkasse, Berufsgenossenschaft, Arbeitgeber etc. sein. Hier bestehen häufig Informationspflichten, beispielsweise bezogen auf Personendaten und Zeitpunkte der Dienstleistungserbringung. Bei der Berufsausübung in angestellter Tätigkeit (also in Beratungsstellen, Krankenhäusern, Justizvollzugsanstalten etc.) ist der Arbeitgeber ein zusätzlicher Klient im Sinne eines zweiten Auftraggebers. Es kommen Kollegen im Team hinzu, ggf. in der Rolle von „Mitbehandler:innen". Der Geheimnisschutz gilt selbstverständlich auch hier und insbesondere gegenüber dem Arbeitgeber.

Rechtlich kann man dabei die folgende Auffassung vertreten: Vor dem Hintergrund der Wahrnehmung der Klient:innen, dass ein Team vorhanden ist, besteht eine Art konkludente Zustimmung zur Aufhebung des Geheimnisschutzes gegenüber Kolleg:innen schon dann, wenn sich die Klient:innen nicht explizit anders äußern. Aus berufsethischer Perspektive besteht der Geheimnisschutz grundsätzlich immer, es sei denn, eine Einwilligung der Klient:innen zu dessen Aufhebung liegt vor. Das ethische Gebot in den berufsethischen Richtlinien, eine Einwilligung nach vorheriger Aufklärung einzuholen, setzt deutlich höhere Maßstäbe als die Annahme einer konkludenten Einwilligung im Kontext der Wahrnehmung von Teamarbeit in der Institution. So kann es ethisch durchaus fraglich sein, ob es sinnvoll ist, Kolleg:innen, die nicht explizit Mitbehandler:innen sind, in besondere persönliche Geheimnisse von Klient:innen im Kontext einer Teamsitzung einzuweihen. Dies kann besonders bedeutsam bei Beratungsstellen freier Träger:innen und Mitarbeiter:innen sein, die weder im Rahmen der Institution noch persönlich als Angehörige eines Berufs an einen beruflichen Geheimnisschutz gebunden sind.

Bei Mitarbeitenden in einer Institution oder in einer psychologischen oder therapeutischen Praxis und bei weniger intimen Geheimnissen, die im Rahmen der gemeinsamen Bearbeitung erforderlich sind (wie Name, Wohnort etc.), kann in ethischer Abwägung eher von einer konkludenten Zustimmung ausgegangen werden. Diese umfasst allerdings nicht immer automatisch auch die Erlaubnis der Einsicht in Aufzeichnungen, Diagnostik etc. Es ist darauf zu achten, nur erforderliche Einsichtnahmen vorzusehen und andere zu vermeiden sowie gemessen am Maßstab der Erforderlichkeit den Personenkreis eng zu beschränken. In Einrichtungen des Gesundheitswesens, beispielsweise in Krankenhäusern, bestehen Routinen zu allen erforderlichen Einwilligungsprozessen und geklärte Rahmenbedingungen, die eine konkludente Zustimmung zur gemeinsamen Aktenführung und sparsamen Datenweitergabe sicherstellen. Obwohl eine einheitliche Krankenakte rechtlich über die (konkludente) Einwilligung von Patient:innen vertretbar ist, stellt sich ethisch die folgende Frage: Ist den Patient:innen die Kenntnisnahme durch sonstiges Klinikpersonal bewusst, wenn sie dem/der Psycholog:in intime Geheimnisse anvertrauen? Ethisch sinnvoll ist es daher, mindestens im Einzelfall, wenn nicht sogar stets, darauf hinzuwirken, dass die psychologischen Aufzeichnungen zwar (zwecks leichter Ermöglichung der Akteneinsicht der Patient:innen in ihre „vollständige" Akte – siehe § 631g BGB) in einer Krankenakte zusammengefasst werden, jedoch die Zugriffsmöglichkeit auf den psychologischen Teil der Akte auf sehr wenige Personen zu beschränken. Das lässt sich insbesondere bei elektronischen Akten ohne großen Aufwand bewerkstelligen.

Insbesondere wenn kein Unterstellungsverhältnis im Rahmen einer Fachaufsicht, sondern arbeitsrechtlich lediglich eine Dienstaufsicht besteht, kann nicht davon ausgegangen werden, dass die Forderung nach einer Einsichtnahme sachlich begründet ist und im Rahmen einer konkludenten Zustimmung zu Beginn der Beratung oder Diagnostik von den Klient:innen quasi vorausgesehen und daher diesbezüglich erteilt wurde.

Im Hinblick auf das oben im Text angesprochene Beispiel, bei dem ein Techniker mit der Rettung der Festplatte in einer psychologischen bzw. psychotherapeutischen Praxis beauftragt wird, ist diese Person unter der Maßgabe der oben genannten gesetzlichen Bestimmung als „zum Wissen Berufener" zu betrachten. Deshalb würden sich beispielsweise die folgenden Einschränkungen und Vorkehrungen anbieten. Im ersten Schritt könnte man mit dem zu beauftragenden

Techniker vorab und vertraglich Folgendes klären: Er soll, wenn er bei seinen Arbeiten auf Dateien mit ihm bekannten Namen stößt, deren Inhalt nicht einsehen, über seine Wahrnehmungen entsprechend der rechtlichen Verpflichtung zum Geheimnisschutz in seiner Funktion als sonstiger Mitwirkender Stillschweigen bewahren und zusätzlich den Auftraggeber darüber informieren. Es wäre auch denkbar, aus Sicherheitsgründen einen Techniker aus einer etwas weiter entfernteren Stadt zu beauftragen und somit das Risiko zu mindern, dass Verknüpfungen zwischen Daten aus dem beruflichen Kontext der Psychologin und privaten Kontakten des „Gehilfen" möglich werden. Auch wenn diese Maßnahmen rechtlich nicht erforderlich sind und Umstände machen, wären sie im Sinne einer guten Praxis ethisch sinnvoll.

Es gibt Berufsrollen in der Psychologie, bei denen die Rechte der Auftraggeber deutlich stärker in die Rechte der unmittelbaren Klient:innen eingreifen, sodass es im Extremfall, beispielsweise bei der Gutachtenerstellung, dazu kommt, dass der Auftraggeber der erste Klient ist und die zu begutachtenden Personen als zweiter und dritter Klient ausdrücklich keinen Anspruch auf Geheimnisschutz haben. Der Auftrag besteht in diesem Fall nicht in der Unterstützung der befragten Personen, sondern in der Klärung einer objektiven Fragestellung, die durch Dritte oder auch sogar durch die befragte Person selbst vorgegeben wird und deren Beantwortung den Dienstleistungsauftrag darstellt. In diesen Fällen wird den Beteiligten vorab eindeutig mitgeteilt, dass eine Schweigepflicht insoweit nicht besteht und alle erhobenen Daten verwendet werden können.

In anderen Fällen, wie beispielsweise der Beratung durch Anstaltspsycholog:innen im Justizvollzug, besteht die Schweigepflicht grundsätzlich auch, wird aber dadurch eingeschränkt, dass der Psychologe als Mitarbeiter des Vollzugs dienstrechtlich auch gehalten ist, Gefahren abzuwehren, die das vollzugliche Handeln im Sinne einer starken Gefährdung betreffen. Nehmen wir einmal an, dass ein Inhaftierter von einer großen Wut und damit zusammenhängenden beabsichtigten tätlichen Handlungen gegenüber anderen Bediensteten im Vollzug berichtet. Dann wäre der Psychologe nach Klärung der Frage, wie konkret die Absicht wirklich ist, ggf. gehalten, diese Information intern weiterzugeben. Auch in dieser Berufsrolle ist es übliche ethische Praxis, diese im Kontext der Vollzugsgesetze besondere Einschränkung der Geheimnispflicht schon beim ersten Kontakt mitzuteilen.

Eine weitere häufig vorkommende Einschränkung beim Geheimnisschutz besteht in der Therapie bzw. Beratung von Kindern, da die Sorgeberechtigten in ihrer rechtlichen Position in der Regel auch das Recht auf Einsichtnahme in die Akten haben. Wenn ein hoher Schaden abgewendet werden muss und die Psycholog:innen dies als Rechtfertigung geltend machen, ist es möglich, die Einsichtnahme zu verweigern. Dies könnte beispielsweise im Falle von Aussagen des ersten Klient:innen und eines dabei auftretenden Verdachts auf Kindesmisshandlung oder -missbrauch sein und dem Begehren potenzieller Täter:innen nach Einsichtnahme.

Die beiden zuletzt genannten Beispiele verdeutlichen, dass besondere Sorgfalt angezeigt ist. Das gilt insbesondere auch, wenn der Geheimnisschutz nach Abwägung der Argumente zum Bruch der Vertraulichkeit eingeschränkt ist. Ein leichtfertiger Umgang der Berufsgruppe mit dem Vertraulichkeitsgebot könnte sehr schnell dazu führen, dass die Klient:innen die Dienstleistungen nicht mehr in Anspruch nehmen, und dies aus Angst davor, dass ihre Probleme öffentlich bekannt werden. Damit würde die Möglichkeit einer fachlichen Intervention gänzlich entfallen, die sie in ihrer Entwicklung unterstützen würde.

40.15 Ethik, Berufsethik und Recht

Die berufsethischen Dimensionen im Hinblick auf den Schutz persönlicher Geheimnisse gehen über die Frage der Strafbarkeit bei der Verletzung des Geheimnisschutzes deutlich hinaus. Die rechtliche Grenze der Strafbarkeit stellt den Schwellenwert dar, ab dem der Geheimnisbruch nicht strafbar ist. Hier handelt es sich insofern um die untere Grenze bezüglich der Verletzung der Persönlichkeitsrechte von Klient:innen im Verhältnis zu den Rechten anderer und zu dem Strafanspruch des Staates bei der Verletzung von Gesetzen allgemein. Das Recht stellt in diesem Kontext insofern eine kodifizierte Form früherer ethischer Diskurse im Sinne eines Minimalanspruchs auf der Basis historisch geronnener ethischer Diskurse dar. Die ethischen Fragestellungen und dabei möglichen Lösungen zielen regelhaft darüber hinaus auf die Ebene der guten Praxis bzw. der besten Praxis ab. Sie führen daher über die rechtlichen Grenzen hinaus zu weiteren Anforderungen im praktischen fachlichen Umgang mit der jeweiligen Fragestellung bzw. Aufgabe.

Ein Beispiel dafür stellen Interventionen dar, wenn Suizidgedanken geäußert werden. Die nachfolgende ethische Erörterung ist zwar auch rechtlich im Rahmen der Güterabwägung ähnlich, doch ist der ethische Blickwinkel anders und in Bezug auf die berufliche Rolle tiefer gehend. Zwar liegt angesichts der Äußerung einer Suizidabsicht zunächst scheinbar eindeutig eine Selbstgefährdung vor, die bis zum Urteil des Bundesverfassungsgerichts vom 26.02.2020 zum Recht auf selbstbestimmtes Sterben auch ohne Zustimmung und Information des/der Klient:in den Bruch des Geheimnisschutzes und das Einschalten des sozialpsychiatrischen Dienstes, um eine Zwangsunterbringung einzuleiten, rechtfertigte. Das Urteil hat die rechtliche Wertung zur Hilfeleistung bei Suizidabsichten und demgemäß auch die Strafbarkeit dabei erheblich verändert. Während davor der Schutzzweck des Lebens maßgeblich für den rechtlichen Umgang mit Suizidalität bzw. Selbstgefährdung war, ist es nun stärker das Persönlichkeitsrecht. Das Recht auf selbstbestimmtes Sterben wurde als Teil des Persönlichkeitsrechts eingeordnet, das unabhängig vom Alter oder vom Vorliegen einer Erkrankung besteht. Zur Gewährleistung des Schutzes des Lebens ist rechtlich allerdings das Vorliegen der sog. Freiverantwortlichkeit erforderlich, d. h., dass Einsichts- und Steuerungsfähigkeit besteht, die Entscheidung gereift und ernsthaft ist, dauerhaft besteht und dass keine inneren oder äußeren Umstände die aktuellen Perspektive maßgeblich beeinflussen bzw. den Wunsch hervorbringen.

Wenn diese Aspekte wesentlich bejaht werden, entfällt aus rechtlicher Perspektive die potenzielle Strafbarkeit im Hinblick auf unterlassene Hilfeleistung bzw. kann mit Blick auf die Persönlichkeitsrechte sogar die Unterstützung des Suizidwunsches geboten sein. Im Hinblick auf mögliche ethische Konflikte besteht für Berufsangehörige jedoch keine Verpflichtung, Hilfestellung bei einem Suizidwunsch zu leisten. Mit dem Urteil des Bundesverfassungsgerichts rückt in der Praxis die weiterhin im Raum stehende rechtliche Drohung der Unterlassung in den Hintergrund und die ethische Perspektive mit dem Diskurs darüber, ob es sich um einen Verzweiflungswunsch handelt oder eine zu respektierende reflektierte Entscheidung, in den Vordergrund des Umgangs und der gemeinsamen Bestimmung möglicher Maßnahmen.

Aus ethischer Perspektive ist die Autonomie und das Selbstbestimmungsrecht der Klient:innen und die Anforderung einer Einwilligung zu Interventionen nach erfolgter Aufklärung prinzipiell zu berücksichtigen. Diese Dimensionen drücken sich auch auf der rechtlichen Seite z. B. dadurch aus, dass der/die erwachsene Klient:in am Tag nach einer solchen Zwangsmaßnahme sein/ihr Selbstbestimmungsrecht wahrnehmen könnte, um sich selbst aus der Zwangsunterbringung zu entlassen. Das zentrale Ziel psychologischer Interventionen besteht in der Unterstützung von Menschen bei der Bewältigung von Belastungen und der Veränderung von Problemen. Im Hinblick darauf wäre es insofern angezeigt, andere sinnvolle und notwendige Maßnahmen zu ergreifen, beispielsweise eine Art vertragliche Absprache zur Kontaktaufnahme vor einer möglichen suizidalen Handlung oder auch eine Einwilligung des/der Klient:in zu einer vorübergehenden Unterbringung bei sehr hohen Belastungen. Die ethischen Anforderungen, in ihrem wohlverstandenen Eigeninteresse Schaden von Klient:innen abzuwenden, und das Selbstbestimmungsrecht des/der Klient:in stehen bei der beruflichen Aufgabenstellung von Psycholog:innen in solchen Fällen in Konflikt zueinander.

Im Hinblick auf den Respekt vor dem Selbstbestimmungsrecht und der Autonomie wäre insofern im ersten Schritt zu prüfen, ob die Einsichtsfähigkeit und/oder die Fähigkeit zur selbstbestimmten Entscheidung bei Klient:innen stark bzw. sehr stark eingeschränkt ist, sodass mit hoher Plausibilität eine Situation angenommen werden kann, in der einer potenziellen suizidalen Entscheidung der Charakter einer Verzweiflungstat oder einer zufälligen Tat zugeordnet werden kann. In einem solchen Fall könnte die Einleitung einer Zwangsmaßnahme auch gegen den Willen von Klient:innen eine sinnvolle und fürsorgliche Handlung sein. Meistens stellt aber die Mitteilung einer suizidalen Absicht einen Hilferuf und eine Bitte um Unterstützung dar, bei der Zwangsmaßnahmen nur begrenzt hilfreich sind.

Der Bruch des Geheimnisschutzes im Kontext geäußerter Suizidabsichten ist lediglich eine von mehreren möglichen Handlungen, und es besteht keine unmittelbare Verpflichtung dazu.

Wenn eine suizidale Absicht mitgeteilt wird, werden in der Regel weitere Abklärungen angestrebt und umgesetzt. Dabei wird die Fähigkeit zur Einsicht und zur Selbstbestimmung beurteilt. Je nach Ernsthaftigkeit und Akutheit der Absicht werden psychologische Maßnahmen ergriffen, um die Situation zu bewältigen. Dazu können im wohlverstandenen Interesse auch Zwangsmaßnahmen gehören, selbst auf die Gefahr hin, dass die therapeutische Beziehung gestört und deshalb die Behandlung abgebrochen wird.

Nehmen wir einmal einen extremen Grenzfall an, wie Konstellationen mit palliativpsychologischem Charakter – also in der Endphase einer tödlichen Erkrankung. Dann ist es denkbar, dass dem Selbstbestimmungsrecht nach eingehender ethischer Abwägung Vorrang gegenüber einer Einleitung von Zwangsmaßnahmen eingeräumt wird. Aber auch in palliativpsychologischen Konstellationen ist die Vorstellung einer Lösung durch einen Suizid in der Regel durch Ängste und Projektionen geprägt. Diese ranken sich um Befürchtungen, eine schmerzvolle und qualvolle letzte Phase zu erleben und den Angehörigen zur Last zu fallen. Sie lösen sich häufig auf, wenn über die Möglichkeiten von Schmerztherapie aufgeklärt wird und eine Beratung zu und mit den Angehörigen gegenseitige Projektionen auflöst.

An diesen Beispielen wird Folgendes deutlich: Das Recht steckt einen weiten Handlungsrahmen ab, und es müssen ethische Erwägungen sowie zusätzlich fachliche Aspekte bedacht werden, wie jeweils am besten mit der Situation umgegangen werden kann. In Konstellationen ethischer Dilemmata kann mittels der Heranziehung und Abwägung der berufsethischen Prinzipien ein fachlich hochwertiges Vorgehen innerhalb des rechtlichen Rahmens gefunden werden, und dies kann je nach Konstellation auch zu unterschiedlichen Optionen führen. Derlei Abwägungen können schon im Falle eines/einer einzigen Klient:in sehr komplex ausfallen, werden aber in Konstellationen mit mehreren Klient:innen noch problematischer. Bei schwierigen ethischen

Fragestellungen kann es ratsam sein, sich an Kolleg:innen, Supervisor:innen oder Vorgesetzte zu wenden und deren Rat einzuholen und ggf. auch weitere Beratungsmöglichkeiten beim Berufsverband oder anderen fachlichen Instanzen in Anspruch zu nehmen.

Ein grundsätzliches und nicht ganz auflösbares Problem ergibt sich aus den potenziellen Differenzen zwischen individueller Ethik, institutioneller Ethik und Berufsethik. Dies gilt insbesondere bei der Interpretation des Spielraumes zwischen der Möglichkeit des Bruchs der Schweigepflicht und der Entscheidung, es tun zu müssen – ggf. auch unterhalb der Schwelle der absoluten Erforderlichkeit zur Abwehr schwerer Gefahren. So könnte es beispielsweise Folgendes sein: Wenn man etwas über schwere und fortgesetzte häusliche Gewalt gegenüber der erwachsenen Klientin erfährt, ist der individuelle ethische Anspruch des/der Psycholog:in, dies den Strafverfolgungsbehörden auch gegen den Willen der Klientin mitzuteilen, sehr hoch. Und ggf. weist auch die institutionelle Ethik einer Arbeitsstelle (hier z. B. die Frauenberatungsstelle) in diese Richtung. Die Abwägungen im Rahmen berufsethischer Überlegungen können jedoch zu folgendem Schluss führen: Die Gefahr einer Verletzung ist nicht so hoch, dass gegen den Willen der Klientin der Bruch des Geheimnisschutzes gerechtfertigt wäre. Das Selbstbestimmungsrecht und das hohe Gut des Geheimnisschutzes als Vertrauensbasis stehen auf der einen Seite der Abwägung und wiegen jeweils schwer. Auch in solchen Fällen ist sicherlich die professionelle Arbeit mit der betroffenen Klientin, mit dem Ziel der Ermächtigung, die Übergriffe zu einem Ende zu führen, ein richtiger Weg. Dieses Beispiel zeigt, dass bei der Abwägung berufsethischer Fragestellungen auch mögliche Einflüsse der eigenen subjektiven ethischen Vorstellungen und die der Institution bzw. des Sektors, in dem man tätig ist, zu berücksichtigen sind. Da es zentral um Klient:innenrechte und weniger um individuelle Wünsche und Vorstellungen der Expert:innen geht, spielen die berufsethischen Abwägungen bei der Entscheidungsfindung zum beruflichen Handeln die wichtigste Rolle. Im Extremfall kann es dazu kommen, dass man bei einem nicht auflösbaren schweren Konflikt zwischen individueller Ethik und Normen aus der Berufsethik eine:n Klient:in an eine:n Kolleg:in abgeben muss, der/die die berufsethisch gebotene Entscheidung mit seiner/ihrer individuellen Ethik besser vereinbaren kann.

Ausblick

Maximilian Mendius und Simon Werther

■ **Liebe Leser:innen,**

unsere gemeinsame Reise ist nun zu Ende und wir hoffen, dass Sie das Entdecken der vielfältigen Betätigungsfelder von Psycholog:innen im Arbeitsleben inspiriert hat und dass Sie die individuell passenden Schlüsse daraus für Ihre eigene berufliche Entwicklung und für eine erfüllte Karriere ziehen können.

Ein wirkliches Ende kann und wird die Reise durch die Psychologie nie finden, da sich unentwegt neue Betätigungsfelder für Psycholog:innen herausbilden. In gleichem Maß, wie sich die Gesellschaft stetig weiterentwickelt, soll und muss auch die Psychologie mit ihr Schritt halten, um den aktuellen Gegebenheiten des Erlebens und Verhaltens des Menschen gerecht zu werden. Wir wünschen Ihnen deshalb bei der Erweiterung vorhandener und bei der Erschließung neuer Tätigkeitsfelder viel Freude, viel Pioniergeist und viel Mut – auf zu neuen Ufern!

Doch auch in den etablierten Betätigungsfeldern ergeben sich unentwegt zusätzliche Herausforderungen und neue Trends, sodass die Arbeit als Psycholog:in insgesamt eine sehr dynamische Tätigkeit mit sich bringt. Lebenslanges Lernen und die damit verbundene persönliche Weiterentwicklung dürfen hier nicht nur Schlagwörter bleiben. Nichtsdestotrotz sind wir gemeinsam mit allen Autor:innen dieses Werkes davon überzeugt, dass wir als Psycholog:innen aufgrund eines fundierten Studiums ein sehr gutes Rüstzeug besitzen, das uns hilft, den kommenden Herausforderungen erfolgreich zu begegnen.

Dieses Buch kann Ihnen Ansatzpunkte für Ihre persönliche Entwicklung geben, Ihnen diese Aufgabe aber nicht abnehmen. Dabei sollten immer Ihre eigenen Ziele und Motive im Mittelpunkt stehen, da unserer Erfahrung nach nur durch die Berücksichtigung dieser wertvollen Ressourcen ein erfülltes und sinnhaftes Arbeitsleben erreicht werden kann. In Zeiten von Diskussionen um New Work in der Arbeitswelt sind wir als Psycholog:innen in einer besonderen Situation, da wir in vielen Berufsfeldern andere dabei unterstützen können, dass sie ihr Arbeitsleben erfüllt und sinnhaft erleben. Gleichzeitig ist es für uns selbst umso wichtiger, dass wir die Stellschrauben unserer eigenen Karriere so bedienen, dass wir unser eigenes Arbeitsleben positiv wahrnehmen. Die Überbewertung finanzieller Aspekte oder anderer vermeintlich rationaler Kriterien als Entscheidungsgrundlage für oder gegen eine Tätigkeit führen tendenziell in eine Sackgasse. Nehmen Sie sich die Zeit, um in sich hineinzuhören und nach Möglichkeit auch die leisen Stimmen in Ihnen zu hören und diesen in angemessener Art und Weise Rechnung zu tragen.

Ein letztes Wort möchten wir an alle Psycholog:innen und damit auch an Sie als die kommende Generation richten. Die Psychologie bietet wie keine andere Wissenschaft Möglichkeiten zur Untersuchung und Beeinflussung des Erlebens und Verhaltens des Menschen. Damit tragen die Psychologie und wir als Psycholog:innen eine große Mitverantwortung im Sinne der Humanisierung des Zusammenlebens der gesamten Menschheit. Das wirkt auf den ersten Blick als großes und schwer erreichbares Ziel. Doch können nicht gerade Psycholog:innen wichtige Beiträge dazu leisten? In der heutigen Zeit existieren wenige greifbare Feinde und Gegner. Trotzdem zeigen sich beispielsweise bei der Vernichtung wertvoller Ressourcen, bei den Krisen der globalen Finanz- und Wirtschaftswelt und bei grausamen Kriegen und Militäreinsätzen doch sehr fragwürdige und menschenunwürdige Entwicklungen, für die es aus psychologischer Sicht dennoch zahlreiche Erklärungsmuster gibt. Diese Erklärungsmuster aufzuzeigen und alle uns zur Verfügung stehenden Mittel zu nutzen, um aktiv und sichtbar, aber ohne die Anwendung von Manipulation oder Gewalt für eine humanere Welt einzustehen, halten wir für die Pflicht aller Psycholog:innen. Das beginnt bei jeder und jedem Einzelnen von uns, sowohl im Arbeitsalltag als auch im persönlichen Leben. Zivilcouragiert handeln und nicht vor Verantwortung zurückschrecken ist – im Sinne des gewaltlosen Widerstands nach Mahatma Gandhi – für jeden von uns möglich und in unserer heutigen Zeit aktueller denn je.

Darüber hinaus möchten wir jeden von Ihnen dazu ermutigen, groß zu denken und die eigenen Ziele langfristig zu verfolgen. Wir haben den Eindruck, dass Unternehmertum und Start-up-Mentalität sowie -Kompetenzen in der Psychologie sowohl in der Grundhaltung vieler Dozent:innen und Studierenden als auch in den Lehrplänen weiterhin viel zu wenig Raum finden. Gerade heute sind Offenheit und Neugier in diese Richtungen aber besonders wichtig. Schließlich müssen wir Psycholog:innen unsere bisherige Tätigkeit in Zukunft in umfassender Form auch digital ausüben, wie die Erfahrungen aus den Pandemiejahren gezeigt haben. Dabei dürfen wir uns nicht von technologischen und rechtlichen Rahmenbedingungen treiben lassen, sondern wir müssen sie proaktiv und vorausschauend mitgestalten und uns auf dieser Basis ganz neue Anwendungsszenarien erschließen. Sowohl in der Wirtschaftspsychologie – Stichwort digitale Transformation – als auch in therapeutischen Arbeitsbereichen – Stichwort Onlinetherapie – nimmt die Dynamik der technologischen Entwicklung immer weiter zu. Die Offenheit in Kontinenten wie Asien und Amerika ist hier oftmals größer als bei uns im deutschsprachigen Raum – umso mehr müssen wir uns dem öffnen. Dabei geht es um eine kritische Einschätzung von Chancen und um eine überlegte Umsetzung von Strategien in Zeiten der Digitalisierung – schließlich muss der Mensch weiterhin im Mittelpunkt jeder psychologischen Tätigkeit stehen.

Wir wünschen Ihnen weiterhin eine gute Reise durch die Psychologie, spannende Inspirationen, Neugier in alle Richtungen und viel Erfolg auf Ihrem persönlichen Weg!

Herzliche Grüße,

Maximilian Mendius und Simon Werther

MIX
Papier aus verantwortungsvollen Quellen
Paper from responsible sources
FSC® C105338

If you have any concerns about our products,
you can contact us on
ProductSafety@springernature.com

In case Publisher is established outside the EU,
the EU authorized representative is:
Springer Nature Customer Service Center GmbH
Europaplatz 3, 69115 Heidelberg, Germany

Printed by Libri Plureos GmbH
in Hamburg, Germany